《资本论》简论与导读

罗雄飞　熊　俊　编著

经济管理出版社

ECONOMY & MANAGEMENT PUBLISHING HOUSE

图书在版编目（CIP）数据

《资本论》简论与导读 / 罗雄飞，熊俊编著. —
北京：经济管理出版社，2010.7

ISBN 978-7-5096-1023-7

Ⅰ. ①资… Ⅱ. ①罗… ②熊… Ⅲ. ①资本论—马
克思著作研究—高等学校—教材 Ⅳ. ①A811.23

中国版本图书馆 CIP 数据核字（2010）第 108695 号

出版发行：**经济管理出版社**

北京市海淀区北蜂窝 8 号中雅大厦 11 层

电话：（010）51915602　邮编：100038

印刷：世界知识印刷厂	经销：新华书店
组稿编辑：王光艳	责任编辑：王光艳
技术编辑：杨国强	责任校对：蒋　方

720mm × 1000mm/16　　29.25印张　497千字

2010 年 7 月第 1 版　　2010 年 7 月第 1 次印刷

定价：58.00元

书号：ISBN 978-7-5096-1023-7

选 编 说 明

《〈资本论〉简论与导读》是作为高校"《资本论》选读"课程的教材编选的，适用对象是本科高年级学生、硕士研究生和博士研究生。目的是为已经系统学习过"马克思政治经济学"的青年学子进一步阅读《资本论》原著提供必要的入门帮助。基于这种教学对象和教学目的，本次选编力求体现以下原则：

一、突出马克思经济理论的基本方法及其理论思维特征

长期以来，一些人对《资本论》的质疑、否定、不理解，很大程度上都是由于没有真正理解马克思经济学的基本方法及其理论思维特征。一些学者对马克思经济学的所谓"发展"，更多地体现着将马克思经济学"新古典化"的思路。这种思路虽然对一些具体问题的"精确化"研究有所帮助，但又完全放弃了马克思经济学的基本研究范式，且将新古典经济学的一些严重的逻辑缺陷植入马克思经济学中，使新古典分析方法本身的逻辑缺陷即"资本计量问题"魔术般地转化成所谓马克思经济学无法克服的"转形问题"，因此，名义上的发展往往在事实上损害了马克思劳动价值论的声誉。可见，认真领会、深入把握马克思经济理论的基本方法及其理论思维特征，具有极为重要的理论意义和现实意义。为此，我们首先选编了一组集中体现马克思经济理论的基本方法及其理论思维特征的文献。对于《资本论》原著的选读，我们大致上是围绕马克思自己概括的三个主要创新点来决定节选的具体内容。马克思在 1867 年 8 月 24 日和 1868 年 1 月 8 日的通信中（参看《马克思恩格斯〈资本论〉通信集》）谈到这三个创新点。它们是：（1）首先研究剩余价值的一般形式，并从一般形式推导出利润、利息、地租等特殊的形式。（2）劳动二重性。（3）把工资描写成隐藏在它后面的一种关系的不合理的表现形式。在这三个创新点中，马克思尤其重视前两点，事实上，前两点是相互联系的一个问题的两个方面，而这两点正是《资本论》的基本方法和理论思维特征的集中体现。由此可见，单纯从经济学的学术意义看，《资本论》的创新主要体现为"经济学范式"的革命。我们选取这些内容，目的就是引导青年学子准确把握马克思经济理论的思想方法，并依照其思想方法来阅读、理解《资本论》原著。本书的第一部分是笔者撰写的学术论文，前三篇是对《资本论》基本研究范式、逻辑关系和难点问题的探讨。希望这些论文能够激发青年学子对马克思经济学的方法论思想的关注，起到抛砖引玉的作用。

二、力求将《资本论》选读与学术研究前沿联系起来

我们在第一部分对国内外的学术研究状况进行了专题性评述，评述侧重于国内外对马克思经济学方法论思想的研究和 2001 年以来国内关于马克思劳动价值论创新、发展的几种思路。根据这一原则，在原著节选方面，我们特别选取了一些难点和存在学术分歧的内容。其中有些内容在《资本论》中还表现为不很完善的状态，如复杂劳动还原、国际价值等。对于这些内容的阅读和理解，同样需要依照马克思经济学的基本方法和理论思维特征。这些内容往往成为我们依照其基本研究范式和内在逻辑进程推进劳动价值论创新、发展的重要切入点。这些内容的阅读有助于激发青年学子们的学习和研究热情。

三、尽可能保持所选内容的完整性

在整部《资本论》中，除了第三卷第五篇特别是其中的第 33、34、35 三章的文字稍嫌松散之外，真正称得上是"艺术的整体"，如果把少量的"插叙"内容作为独立内容看的话，各卷、各篇、各章乃至每一个段落和句子之间，可以说环环相连、丝丝入扣、浑然一体。因此，寻章摘句的做法容易使原文"破碎化"，从而使阅读者难以领略到原文的逻辑力和艺术美感。然而，为了保持所选内容的相对完整性，我们便不得不忍痛牺牲由篇、章、节构成的整个框架的完整性。鉴于选修该课程的学子们已经系统学习过"马克思政治经济学"，授课教师可以联系已学知识，在教学过程中对其他篇章进行简略的介绍和连接。

这部教材内容分为三部分：一是笔者撰写的"《资本论》简论"，由 4 篇论文组成，这些论文反映了笔者对《资本论》的研究方法、对象、内在逻辑关系、理论意义以及学术研究现状的拙见，主要供授课教师参阅；二是"《资本论》方法论相关论著选读"，选编了一部分集中体现马克思《资本论》写作的方法论思想的原著，这些内容对学子们理解《资本论》有帮助，只有从这些论著中把握了马克思的方法论思想，才可能真正领会《资本论》的精义所在；三是"《资本论》原著选读"。

最后需要说明的是，限于篇幅，这里选入的内容是有限的。有兴趣的学子可自行拓展阅读范围，特别是在把握马克思经济学的基本方法和理论思维特征方面，应该将马克思的《〈政治经济学批判〉导言》中的"政治经济学方法"、《1844 年经济学哲学手稿》中的"对黑格尔的辩证法和整个哲学的批判"等，与恩格斯的《反杜林论》、《路德维希·费尔巴哈与德国古典哲学的终结》、《卡尔·马克思的"政治经济学批判"》、《〈资本论〉第三卷增补》等论著的相关内容进行认真细致的比较。还要注意把握马克思所处的时代和马克思的历史活动、思想发展历程。这就需要阅读马克思的传记和马克思留下的大量书信，特别是与《资本论》写作相关的书信。为此，我们在书中附录了一份参考书目。

本书选用的《资本论》版本，是1975年人民出版社出版的中共中央马恩列斯著作编译局的译本，章节顺序及名称一律依照原著，原文中有少数词汇如"那末""象"等，和当前的规范用法"那么""像"不一致，为了尊重历史，书中仍保持原貌。其他论著的版本出处则在正文中注明。

目　录

第一部分　《资本论》简论

第二部分　《资本论》方法论相关论著选读

第三部分 《资本论》原著选读

《资本论》第一卷 资本的生产过程

《资本论》第二卷 资本的流通过程

《资本论》第三卷　资本主义生产的总过程

第一部分

《资本论》简论

《资本论》的基本方法、研究对象及其"范式革命"意义

马克思经济理论是在深刻批判"斯密教条"和庸俗经济学的基础上创立的。尽管这一理论还存在这样那样的局限，有待进一步完善和发展，但在探索如何克服从亚当·斯密开始一直"贯穿整个政治经济学的令人难以置信的错误"[①] 方面，这一理论不仅在当时，而且直到今天仍然是独一无二的，并且，由"斯密教条"遗传下来的根本缺陷即脱离现实、"资本计量问题"等，至今还困扰着现当代的经济学家。因此，马克思经济理论具有极为重大的"范式革命"意义。然而，由于马克思本人偏于哲学的思维，他虽然对其研究方法、研究对象有所交代，却又没有具体到经济学层面做明确的阐释。这给后人的理解留下了一些困难。因此，长期以来，这方面研究不仅极不充分，而且偏于一般性方法论思想的研究，或者侧重于从具体内容的论述过程中发掘其具体方法。这样，其"范式革命"的意义至今没有受到重视。本文试图把马克思经济理论还原到马克思理论体系的整体中，从理论整体的不同层面的耦合关系来理解其经济理论的研究范式，发掘其"范式革命"的意义。

[①] 马克思：《资本论》第 3 卷，北京：人民出版社 1975 年版，第 946 页。

一、《资本论》的基本方法

马克思在《〈政治经济学批判〉导言》中指出，作为"政治经济学方法"，从抽象上升到具体的方法是"科学上正确的方法"①。在《资本论》第 1 卷"第二版跋"中，马克思又指出，《资本论》的方法"不正是辩证方法吗"？② 关于《资本论》的研究方法，我们首先要理解马克思已经说明了的东西，然后探讨他尚未说明但有可能向我们说明的东西。我们的研究必须沿着这样的思路来进行。

（一）如何理解马克思从抽象上升到具体的"方法"

要准确理解马克思从抽象上升到具体的方法论思想，首先应该明确"具体"和"抽象"这两个范畴的含义。在《资本论》中，具体不是通常意义的直观的、表象的认识，而是指完整的、有机的、鲜活的整体；抽象也不应该从形式逻辑意义上来理解，它不是外延扩张和内涵简化的思维抽象物，而是现实生活中的"共同的""一般的"因素。因此，它一方面是"共同的""一般的"，另一方面又是非本质的"一般的"表象，是一种具有本质意义的能够相对独立存在的关键的环节、要素。③

马克思关于从抽象上升到具体的"方法"的论述，集中体现在《〈政治经济学批判〉导言》中。在这里，马克思首先批判了古典经济学的抽象的"自然人"假设；批判了古典经济学把生产作为一般生产或生产一般的错误实质，认为这种手法的目的，就在于把资本主义的各种关系"当做社会一般的颠扑不破的自

---

① 马克思：《〈政治经济学批判〉导言》，《马克思恩格斯选集》第 2 卷，北京：人民出版社 1972 年版，第 103 页。
② 马克思：《资本论》第 1 卷，北京：人民出版社 1975 年版，第 23 页。
③ 参看［苏］伊利延科夫著：《马克思〈资本论〉中抽象和具体的辩证法》，郭铁民等译，福州：福建人民出版社 1986 年版，第 1—8 页。日本学者见田石介也有类似看法，他认为《资本论》中的"一般"不能理解为抽象的一般，而应该理解为具有本质意义的"特殊"的主要环节（参看［日］见田石介著：《资本论的方法》第四章二、三两节，北京：中国文史出版社 2005 年版）。

然规律";① 批判了古典经济学的"一个真正的三段论式",即把生产当一般,把分配和交换当特殊,把消费当个别,阐明了社会的生产、分配、交换和消费之间的关系。其主旨在于说明供给和需求是一定生产条件和分工制度下的特定社会的社会供给和社会需求。在此基础上,马克思对"政治经济学的方法"进行了系统的阐发。最后,从唯物史观层面指出了一些有待进一步研究的与政治经济学相关的问题。这些问题是:如何运用唯物史观阐释军事手段的发展?如何阐释文化史?如何阐释生产关系的一些特殊发展机制?如何阐释唯物史观与自然唯物主义的关系?如何阐释一定生产力和生产关系条件下概念的辩证发展及其与现实差别的关系?如何看待物质生产发展与艺术生产的不平衡性?

在这里,马克思把政治经济学理论形成过程分解为思维的两个行程。它首先表现为从具体上升到抽象的科学过程,然后是被当成精神上的具体通过从抽象上升到具体的"具体再生产"过程。它表现为从具体上升到抽象与从抽象上升到具体的两个思维行程的有机统一。并且,作为一种理论思维而言,从抽象上升到具体是其根本的思维特征。马克思指出,当我们从政治经济学方面研究某一国家的时候,着手之点是它的人口,生产与消费,商品价格,等等。他先以人口为例说明从具体上升到抽象的过程,他说:如果我抛开了人口所由以构成的譬如阶级,人口是一个抽象;如果我不认识阶级所依据的譬如雇佣劳动、资本之类,阶级又是一句空话。而这些因素又以交换、分工、价格等为前提。譬如资本,如果没有雇佣劳动,没有价值、货币、价格等,它就什么也不是。因此,要是我从人口着手,那么这是一个关于整体的混沌的表象,通过更加仔细的规定之后,我从分析中得出越来越是简单的概念;从表象中的具体达到越来越是浅显的抽象,直到我达到一些最简单的规定。总之,在第一条道路上,"完整的表象蒸发为抽象的规定"②。我们可以把这样一个思维行程简化为如下系列:

(1)人口→(2)阶级→(3)雇佣劳动、资本→(4)交换、分工、价格→(5)雇佣劳动、价值、货币、价格

在这一系列中,作为起点的(1)的人口,是在资本主义社会生产、生活着的人口;第(2)个环节的阶级,是指阶级划分,除了阶级划分,还可以对人口

---

① 马克思:《〈政治经济学批判〉导言》,《马克思恩格斯选集》第2卷,北京:人民出版社1972年版,第90页。

② 马克思:《〈政治经济学批判〉导言》,《马克思恩格斯选集》第2卷,北京:人民出版社1972年版,第103页。

进行职业或地域分布等方面的划分，因此，这一环节的"阶级"不同于阶级社会作为生产关系的集中表现的"阶级关系"；第（3）个环节的"雇佣劳动"与第（5）个环节的"雇佣劳动"具有不同的含义，前者是作为阶级划分的基础，后者则作为价值源泉；第（4）个环节的"价格"与第（5）个环节的"价格"也具有不同的含义，前者是交换关系中形成的价格，是价格的现象形态，后者是价值的货币表现。经过这样的抽象获得对现象的本质及其各个要素的内在联系的认识之后，马克思强调思维行程必须掉过头来，沿着从抽象上升到具体的路径把头脑中的认识叙述出来，直到最后回到人口，再现出精神上的具体。这时，"人口"在人的意识中不再是关于整体的一个混沌的表象，它表现为一个丰富的、由许多规定和关系形成的总体。这是第二个思维行程。由思维如此加工过的人口这一"具体"，表现为许多规定的总结，表现为思维的结果而不是出发点，成为复杂物的有机体。

这里有两点需要我们着重加以理解。首先，马克思为什么强调第二个思维行程是"科学上正确的方法"[①]？也许在马克思看来，从具体上升到抽象的过程只是从现象到本质的研究过程，研究的成果只能为经济理论的阐述提供不同层次的抽象"规定"，如果停留于抽象的规定，把现实经济关系当成"超历史的"关系来认识，那么，这种脱离现实基础的"超历史的"分析也就"不可能理解任何一个现实的历史的生产阶段"[②]。古典经济学家和庸俗经济学家的历史经验也说明了这一点。他们为说明抽象的范畴，必然忽略由这些范畴所抽象出来的丰富的现实差异性，把生产关系看成抽象的生产者、消费者、劳动、分工、需求、价格等抽象"规定"之间的关系，以至把"人"看成是非历史的渔夫或猎人，即抽象的自然人（经济人）。这些抽象规定什么也说明不了。并且，理论的研究是一回事，理论的叙述和运用理论分析现实经济关系是另一回事。并且，被抽象出来的生产者、消费者、劳动、分工、需求、价格等，依然是一般的表象，它们是"实在"（现实存在）的一般或普遍的"实在"。它们不是作为社会机体的资本主义生产的"细胞"，更体现不了资本主义生产的本质。它对现实经济的说明仍然是以有待说明的现实的具体，例如"要素收入"为出发点。因此，这样一种理论不能不陷入"斯密教条"的逻辑循环中不能自拔。"斯密教条"把

① 马克思：《〈政治经济学批判〉导言》，《马克思恩格斯选集》第 2 卷，北京：人民出版社 1972 年版，第 103 页。

② 马克思：《〈政治经济学批判〉导言》，《马克思恩格斯选集》第 2 卷，北京：人民出版社 1972 年版，第 91 页。

商品价格（价值）看成利润、地租和工资的加总。这样，价值源泉便与各自独立的要素分别联系起来，商品价格因此脱离价值基础，劳动价值论由此事实上转化为要素价值论。这与斯密关于价值的科学定义相互矛盾，价值源泉和剥削关系也被遮蔽起来。不仅如此，这种价格决定方式在逻辑上存在一系列循环论证问题，即工资决定工资、利润决定利润、收入决定收入、价格决定价格等。这种循环论证也就是后世学者揭示的所谓"资本计量问题"。正因为如此，马克思一方面肯定古典经济学将价值和剩余价值归结为劳动，将商品流通当成纯粹的形态变化，将利息、地租归结为利润的一部分，是一项伟大的功绩；而另一方面又认为，古典经济学甚至其最优秀的代表"也还或多或少地被束缚在他们曾经批判地予以揭穿的假象世界里，因而，都或多或少地陷入不彻底性、半途而废和没有解决的矛盾中"①。他指出，斯密"对价值理论的为数不多的深刻而惊人的运用是偶然表现出来的，对他的理论本身的发展没有起任何影响"②。他还指出："李嘉图的错误恰好是，他在论价值的第一章里就把尚待阐明的所有一切范畴都预定为已知的。"③ "斯密并没有把剩余价值本身作为一个专门范畴同它在利润和地租中所具有的特殊形式区别开来。斯密尤其是李嘉图在研究中的许多错误和缺点，都是由此产生的。"④ 可见，马克思虽然继承了古典经济学关于劳动决定价值的科学思想，而在研究范式方面，则不仅不同于古典经济学，相对于古典经济学甚至可以说是经济学范式的一次"革命"。马克思并不是排除前一个思维行程，只是把它置于基础地位，从而把研究过程与理论逻辑的展开过程区别开来。对此，马克思在《资本论》第1卷的"第二版跋"中做了清楚的交代。因此，从抽象上升到具体的独特之处，就在于把第一个思维行程作为基础，通过第二个思维行程来阐述资本主义经济关系的本质、内在联系及其转化，即外化和具体化，从而克服了古典经济学和庸俗经济学的种种弊端。马克思总结的《资本论》的特色正是集中在这一方面。马克思在1867年8月24日给恩格斯的信中指出："我的书最好的地方是：（1）……劳动的二重性；（2）研究剩余价值时，撇开了它的特殊形态——利润、利息、地租等等。"⑤ 1868年1月8日给恩格斯的信中，更是首先撇开利润、利息、地租等，直接研究剩余价值的一般形式，作为《资本论》摆在首位的特色，劳动二重性被放到第二

① 马克思：《资本论》第3卷，北京：人民出版社1975年版，第939页。
②《马克思恩格斯〈资本论〉通信集》，北京：人民出版社1976年版，第351页。
③《马克思恩格斯〈资本论〉通信集》，北京：人民出版社1976年版，第282页。
④《马克思恩格斯全集》第26卷（第1册），北京：人民出版社1974年版，第60、61页。
⑤《马克思恩格斯〈资本论〉通信集》，北京：人民出版社1976年版，第225页。

位,同时增加了劳动力价值方面的规定。^①在马克思 1868 年 1 月列出的三个"崭新因素"中,劳动力价值的规定虽然有非常重要的意义,但还是一个较为单纯的"技术性"创新,而第一点则是确立了一种不同于古典经济学和庸俗经济学的新的思想方法。至于劳动二重性,它与第一点是相互关联的,它把社会劳动看成商品的价值对象性,看成价值实体,并由此确立了这种价值实体的计量方式,这是第二个思维行程能够展开的基础。正因为第一点和第二点是一个问题的两个方面,马克思本人也难以区分它们的优先顺序。正是基于这种崭新的理论思维,马克思的经济学理论很大程度上纠正了从亚当·斯密开始一直"贯穿整个政治经济学的令人难以置信的错误"^②。

另一个需要说明的是,第二个思维行程与黑格尔哲学的联系和差别。在《导言》中,马克思将从抽象上升到具体的思维行程与黑格尔哲学进行了比较。他指出:从抽象上升到具体的方法,仅仅是思维掌握具体而把它当成一个精神上的具体再生产出来的方式,但"决不是具体本身的产生过程"^③。他以"交换价值"这个范畴为例,说明它"只能作为一个既与的、具体的、生动的整体的抽象片面的关系而存在"^④。在黑格尔的哲学意识看来,正在理解着的思维才是现实的人,被思维理解了的世界才是现实的世界,范畴的运动表现为现实的生产行为,而世界是它的结果即精神外化的结果。对此,马克思强调:这样的看法就"具体总体作为思维总体、作为思维具体,事实上是思维的、理解的产物"而论,也有其合理之处,但"决不是处于直观和表象之外或驾于其上而思维着的、自我发展着的概念的产物",它只是"直观和表象加工成概念这一过程的产物"^⑤。因此,尽管在头脑中当做思维整体而出现的那样的整体,是思维着的头脑的产物,现实的主体,在头脑只是思辨地、理论地对待它时,它同从前一样仍然保持着它的独立性而留在头脑之外。这种比较可以看出,在马克思看来,从抽象上升到具体的方法与黑格尔哲学的思维形式具有共同之处,而这种共同之处在一定意义上也就是黑格尔陷入幻想的重要原因。因此,黑格尔的错误就在于离开了第一个思维行程,看不到头脑之外保持着独立性的现实的主

---

① 参看《马克思恩格斯〈资本论〉通信集》,北京:人民出版社 1976 年版,第 250 页。
② 马克思:《资本论》第 3 卷,北京:人民出版社 1975 年版,第 946 页。
③ 马克思:《〈政治经济学批判〉导言》,《马克思恩格斯选集》第 2 卷,北京:人民出版社 1972 年版,第103 页。
④ 马克思:《〈政治经济学批判〉导言》,《马克思恩格斯选集》第 2 卷,北京:人民出版社 1972 年版,第103、104 页。
⑤ 马克思:《〈政治经济学批判〉导言》,《马克思恩格斯选集》第 2 卷,北京:人民出版社 1972 年版,第104 页。

体才是思维的前提,把直观和表象看成是概念或精神的产物。因此,黑格尔哲学是一种颠倒的哲学,它颠倒了精神和现实主体的关系。

古典经济学和庸俗经济学只把握了第一个思维行程,并停留在微观经济活动的一般性表象层面(大致是马克思所说的第(4)个环节),没有也不可能揭示经济关系的本质和内在联系,在逻辑上循环论证,因此,对于现实经济关系的内在联系,什么问题也说明不了。黑格尔哲学则一定意义上把握住了第二个思维行程,但脱离了现实的主体,不承认第一个思维行程的基础性和前提性作用。马克思批判地继承和超越了英国古典经济学和德国古典哲学,把两个思维行程有机地结合起来。就其实质而言,这种方法可以称为"唯物辩证法",但我们不能依照唯物史观对这种方法简单地加以理解。这种方法不同于自然辩证法,也不同于社会存在的辩证发展,更不同于黑格尔式的概念的自我展开。它是唯物辩证法在政治经济学中的独特运用。就其两个思维行程看,第一个思维行程是依照唯物主义及其方法论的抽象过程,也包含形式逻辑的分析与综合;第二个思维行程表面上看是概念、范畴的辩证展开的过程,与黑格尔的思维形式有些类似,实质上则是思维对直观与表象进行加工之后,生产出精神上的具体的过程,由此形成的经济学理论表面上看"象一个先验的结构"[①],但它绝没有脱离现实的"既与的主体",逻辑展开过程也不是概念的自我演绎,而是"被展开"、"被叙述"的过程。就像认识对象始终独立存在着一样,认识主体即"叙述者"同样始终存在着。因此,我们把马克思经济学的方法称为"唯物辩证法",只能是一种宽泛的说法。

这里需要指出的是,作为唯物辩证法的独特运用的经济学方法,除了唯物辩证法的一般性之外,必然有自身的特殊性。任何一门学科,必然要有自己的特殊方法和研究对象,否则,学科之间的差别就不存在了。马克思在《〈政治经济学批判〉导言》中所阐明的"方法",揭示了作为经济理论的思想方法的特质和理论思维特征,但还不是本真意义的经济学方法。

(二)唯物辩证法在《资本论》中的地位

在《资本论》第1卷"第二版跋"中,马克思明确肯定《资本论》的方法正是唯物辩证法。那么,应该如何理解唯物辩证法在马克思经济理论中的地位

---

① 马克思:《资本论》第1卷,北京:人民出版社1975年版,第24页。

与作用呢？要理解这一点，我们需要回到马克思的理论体系的整体中，从理论体系各层面的相互关系以及特殊层面与整体的关系来把握其特质。为了形象起见，我们把这种理论层面的相互关系用图1表示。

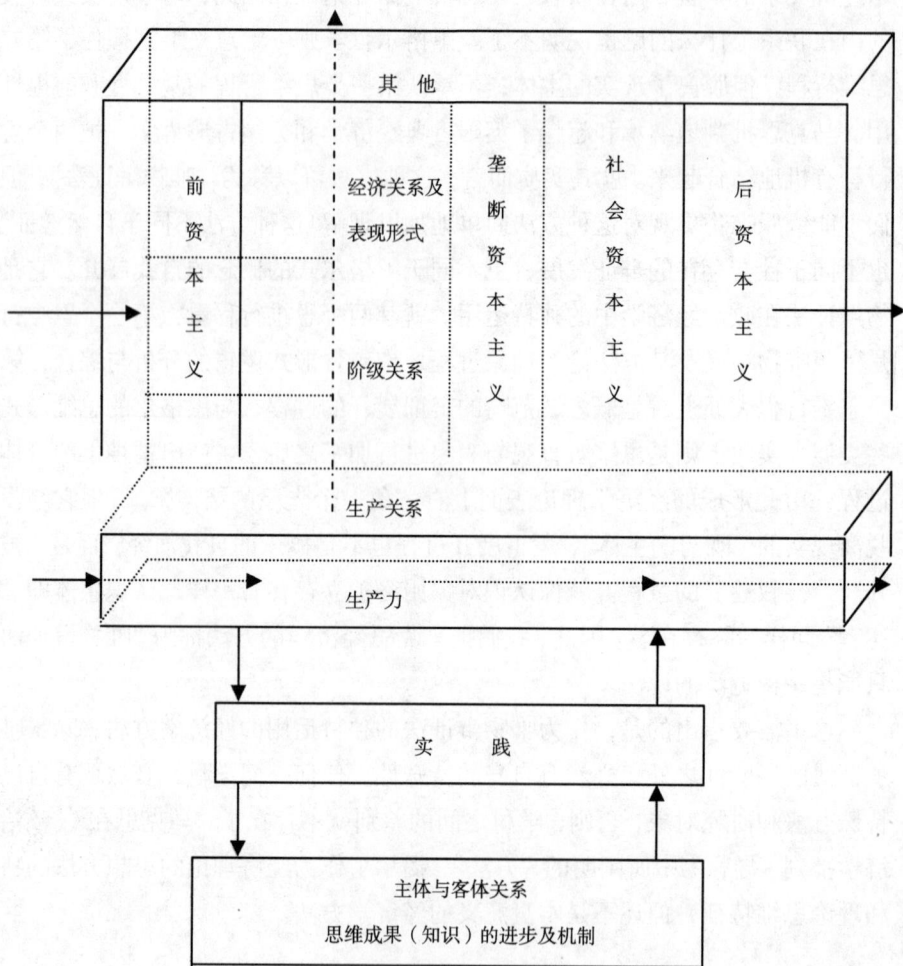

图 1

图1描绘了马克思理论体系及其唯物辩证法所具有的动态性、立体性和系统性。从图1沿水平方向自左往右的箭头可以看出，在马克思理论体系中，生产力的发展是社会历史发展的根本，以唯物史观为灵魂的社会发展理论居于核心地位。作为基础性分析，唯物辩证法作为一种历史观和方法论，在社会发展

理论中直接体现为历史唯物主义的方法。这种历史分析，既要超越不同社会形态抽象考察生产力与生产关系、上层建筑的关系；又要联系不同社会形态的演化说明社会发展的历史进程，以及不同社会形态中社会发展规律的特殊表现形式和特定形态的特殊规律。社会发展理论还必须联系作为哲学理论的实践理论和本体论思想，否则，生产力如何发展的问题，得不到合理说明。社会发展中人的主体性地位也显示不出来。不断克服人的异化状态、最终实现人的个性的自由全面发展，是社会发展的主线，不联系哲学理论，这一主线同样不能从社会的历史发展中得到清楚的说明。在社会发展中，自然科学、经济、政治、文化处于不同的层面，各自有着独立的历史进程。意识形态和上层建筑一旦形成，也就成为社会存在和相对于作为主体性存在的人的客体的一部分，并与主体性的人形成对立统一的关系，对经济基础和生产力的发展具有一种反作用。但归根到底，意识形态和上层建筑及其经济基础，都要受生产力发展的制约。因此，每个社会形态，尽管不同层面的发展进程在幼年期和衰老期可能存在大的差异乃至处于尖锐矛盾中，而在其成熟阶段，不同发展层面的历史进程必然是基本接近的。

社会发展特别是生产力的发展与实践的关系，实践与主客体之间的矛盾运动的关系，是马克思哲学思想的基本出发点。这种哲学理论首先由历史观、实践观和本体论三大部分构成其世界观的不同层面，居于其上的是作为认识论和方法论的唯物辩证法。唯物史观既是社会发展理论的灵魂，同时又是马克思哲学的历史观层面，"历史的全部运动，既是……经验存在的诞生活动……同时，对它的思维着的意识来说，又是它的被理解和被认识到的生成运动"[1]。实践是人民群众的实践，它体现了人的主体性和理性，作为人的实践，"思维和存在虽有区别，但同时彼此又处于统一中"[2]。 一方面，存在是实践的前提，一定的生产力发展水平及其生产关系，约束着人们的实践活动和水平；另一方面，人的实践总是受一定的思维成果指导的实践，而社会存在又是在既有的思想认识指导下的实践活动的产物。并且，当生产关系及上层建筑成为生产力发展的阻碍因素的时候，革命实践还可以打破其束缚，解放生产力。因此，马克思基于实践的唯物主义，"既不同于唯心主义，也不同于唯物主义，同时又是把这二者结合起来的真理"[3]。在哲学体系中，主体是一种特殊存在物，它不但具有

---

① 马克思：《1844 年经济学哲学手稿》，北京：人民出版社 2000 年版，第 80 页。
② 马克思：《1844 年经济学哲学手稿》，北京：人民出版社 2000 年版，第 84 页。
③ 马克思：《1844 年经济学哲学手稿》，北京：人民出版社 2000 年版，第 105 页。

内在的物质和精神的需要，同时还具有不同于其他一切存在物的特殊的高级的思维能力。因此，主客体之间的矛盾运动也就是存在系统的内在矛盾运动，这种矛盾运动推动着思维及其智慧结晶——知识的进步，知识的传播及其与生产活动的结合，转化为社会存在，形成现实的生产力。马克思虽然提出了对传统唯物主义和唯心主义的双重超越的理论任务，强调了存在和思维在实践中的统一性，却没有明确提出存在系统内在矛盾运动决定思维的思想。不过，从马克思关于人与自然斗争、资本之间的竞争推动生产力发展的思想中，这一命题似可推论出来。从历史观、实践观和本体论三者之间的关系看，一方面，存在系统的内在矛盾运动的水平决定着思维水平及其知识进步的程度，而由此获得的思想认识又指导着人们的实践，人们的实践及其成果——物质生产成果及其生产关系的变革，确定着生产力的发展水平和发展速度；另一方面，生产力及生产关系的现状约束着人们的实践，从而形成生产力、生产关系和实践的约束与超越的矛盾关系。这种关系投影到本体论中，便成为主客体之间的矛盾关系。这种矛盾是存在系统的内在矛盾，它首先表现为人与自然的矛盾关系，且必然转化为人与人、阶级与阶级之间争夺生存资源的矛盾，转化为生产关系与生产力的矛盾。不仅如此，当思想文化、上层建筑成为一种社会存在之后，也就成为存在系统内在矛盾运动的作用因素，影响着人们的思维和实践。因此，它们同样具有独立的能动作用。可见，马克思的哲学作为世界观是我们理解人类行为和一切社会形态的基础，居于其上的认识论和方法论——唯物辩证法，则是适用于各门学科的一般方法和根本方法。

在马克思的理论体系中，政治经济学是对社会发展特定阶段即自由竞争资本主义时期的经济关系的理论说明。它把当时资本主义商品关系最为发达的英国作为现实的研究对象，并且对英国的发达商品关系进一步加以抽象，假定只存在资产阶级、雇佣工人和土地所有者三个阶层，即假定一切中间阶层都已经消失，从而把研究对象假定为纯粹的自由竞争条件下的资本主义关系。从不同理论层面的构图中可以看出，这种典型研究实质上是把资本主义生产及生产关系定格在一定时点进行研究。因此，一般均衡、完全竞争、完全信息、理性经济人等新古典经济学的前提，在马克思的经济理论中都明显地或暗含地存在，在这方面两者是高度一致的。它们的不同之处，根本上在于方法论的差异。新古典经济学完全抛弃了古典经济学的劳动价值基础，它从那些前提出发，着重研究市场的理想状态即一般均衡是如何达成的。它把市场机制的作用绝对化，强调微观主体依照局部均衡的方法进行的自我调整，能够达到经济整体的一般均衡。在具体方法方面，它通过经验归纳的方法建构了各种分析模型和工具。尽管新古典经济学在具体分析方法方面有很大成就，却完全没有克服"斯密教条"和庸俗经济学的根本缺陷，即缺乏历史感、流于抽象的形式化的分析[①]，缺乏价值论基础，逻辑上循环论证。可见，由"斯密教条"开始的经济学研究范式没有得到根本变革，其研究范式存在的重大缺陷也没有真正被克服。因此，它不能揭示经济发展的一般趋势，不能真正进行长期分析，也不能对不同发展水平和货币体系的经济体做出科学的比较研究。

马克思经济理论则是在同新古典经济学相同的前提下，把一般均衡单纯作为分析的前提，着重研究纯粹资本主义条件下的社会经济关系。它以劳动费用为基础，从广泛的市场交换中依据市场自身的作用机制抽象出价值实体及其量的规定，从而在一定程度上解决了商品（或资本）的通约问题，并通过原始积累理论从历史发展的角度解决了剩余价值与资本的相互决定难题，从而完全跳出了循环论证的怪圈。其经济理论的确立过程，首先是在一定生产关系及阶级关系的基础上分析收入分配关系；进而在社会总生产条件下，探讨价值总量和剩余价值总量的社会化、市场化分配问题，说明等量资本取得等量利润的原则；然后在理论上说明市场价格（不能等同于现实的市场价格）、生产价格的价值基础及剩余价值的生产；最后探讨价值与劳动的关系，抽象出劳动二重性和商品二重性。理论上的逻辑展开过程则依照相反的行程。这是唯物辩证法的一种独特运用，它从现实的事实出发，又最终回过来说明事实，接受现实的检验，这完全符合科学的法则。我们从马克思理论体系的不同层面的耦合关系得到的这些认识，与从抽象上升到具体的原则是内在一致的。马克思经济理论依照从抽象上升到具体的基本原则的逻辑展开过程，不是历史的展开，也不是概念的黑格尔式展开，而是"被展开"、"被叙述"的过程。作为认识主体的两个思维行程，要真正统一起来，认识对象的确定性是一个必要的前提。只有在这一前提下，才能对认识对象进行双向"互通"式理解。这样，《资本论》既把"头足倒立"的黑格尔哲学"颠倒"过来，又把"头足正立"的即从现实收入关系出发

---

① 英国研究方法论的著名经济学家马克·布劳格指出：新古典经济学"普遍地不愿把结论同事实相对照"（[英]马克·布劳格：《经济学方法论》，北京：商务印书馆1992年版，第251页）。美国经济学家艾克纳批评新古典经济学"过分强调完全公式化理论体系的发展，而缺乏足够的……经验基础"（[美]艾克纳：《经济学为什么还不是一门科学》，北京：北京大学出版社1990年版，第42页）。诺斯也批评新古典经济学缺乏历史感（[美]诺斯：《制度、制度变迁与经济绩效》，上海：上海三联书店1994年版，第177页）。熊彼特同样认为，其"根本性错误，大部分是缺乏历史的经验"（[美]熊彼特：《经济分析史》，北京：商务印书馆1996年版，第29页）。

的古典经济学"颠倒"过来。它不是从各种收入出发理解价格（价值），而是从价格背后被重重遮蔽了的价值出发，理解表面的各种收入和经济关系。这使它对古典经济学乃至斯密教条基础上发展起来的后世经济学实现了质的超越。基于这一意义，马克思指出："庸俗经济学家不去揭示事物的内部联系，却傲慢地断言事物从现象上看不是这样的时候，他们自认为这是做出了伟大的发现。实际上，他们夸耀的是他们紧紧抓住了现象，并且把它当做最终的东西。这样，科学究竟有什么用处呢？"① "庸俗经济学所做的事情，实际上不过是对于局限在资产阶级生产关系中的生产当事人的观念，教条式地加以解释、系统化和辩护。"② "庸俗经济学无非是对实际的生产当事人的日常观念进行训导式的、或多或少教条式的翻译，把这些观念安排在某种合理的秩序中。"③ 在谈到庸俗经济学脱离劳动价值这一基础的问题时，马克思还明确指出："这是亚当·斯密创始的。"④

　　这里需要指出的是，马克思的经济学分析虽然是一种典型研究，它将纯粹的自由竞争资本主义生产方式定格在一种"非发展"状态进行研究，但它具有一个基于唯物史观的动态分析基础，因此，它除了能够依照从抽象上升到具体的向上的方向拓展之外，还可以向前或向后进行理论的重构，从而说明不同社会形态及同一形态不同阶段的经济关系，或是对处于历史发展不同阶段的同一时期的不同经济类型进行较为合理的比较研究。然而，这决不是既有理论的简单运用，在生产力和生产关系的变化超过一定限度的情况下，需要根据变化了的社会基础依照其基本范式对既有的理论进行合理调整，否则，以既有经验为基础的理论同样难以说明经验之外的现象。这种简单运用与马克思唯物辩证的世界观和方法论是不相容的。并且，对经济现象的分析总是放在由政治、文化、经济乃至国际关系的大背景下进行的，因此，这里总会在一定程度上牵涉政治、文化与经济的关系，而典型条件下被抽象出来的经济范畴也总是存在自身的历史。此外，由于马克思把政治经济学关于被"定格"的对象的研究确立在唯物史观的动态历史分析的基础上，是在动态发展基础上对"活的生命体"的"静态"分析，因此，把握"动"与"静"之间的关系，成为理解这种分析方法的关键。这种"动""静"关系既体现了被"解剖"的具有生命运动的研究对象的要求，又体现着马克思理

①《马克思恩格斯〈资本论〉通信集》，北京：人民出版社 1976 年版，第 283 页。
② 马克思：《资本论》第 3 卷，北京：人民出版社 1975 年版，第 923 页。
③ 马克思：《资本论》第 3 卷，北京：人民出版社 1975 年版，第 939 页。
④《马克思恩格斯〈资本论〉通信集》，北京：人民出版社 1976 年版，第 351 页。

论体系不同层面的耦合关系。基于这种耦合关系,《资本论》中的一些基本范畴往往存在双重的含义,并需要还原到不同理论层面加以理解。

(三)如何理解作为马克思政治经济学特殊方法的基本方法

从前面的分析不难看出,马克思已经谈到的"方法",大致是方法论意义的"方法",他还没有从哲学意义的"方法"中引申出本真意义的经济学方法。这在《资本论》第1卷"第二版跋"中体现得更为明确。在这里,马克思列举的那位俄国学者是联系《〈政治经济学批判〉序言》来谈马克思的"方法"的,而马克思在这篇序言中着重阐述的正是唯物史观。这位学者谈到《资本论》的理论任务、唯物史观和研究对象(特定社会有机体的特殊规律),并认为马克思把研究对象看成生物有机体。至于马克思如何进行理论的阐明,那位学者并没有明确的说法,只是泛泛地说"通过准确的科学研究"。① 因此,马克思这里针对那位俄国学者所说的"辩证方法",只能是方法论意义的"方法"。而他在《〈政治经济学批判〉导言》中阐述的"政治经济学方法",同样是方法论意义的"方法",或者说是唯物辩证法如何运用于政治经济学研究的问题。他在这里所说的研究方法与叙述方法的不同,也只是逻辑顺序的不同,而不是具体的研究手段的差异。这与马克思的思维习惯有关,他偏于哲学思维,不太注重作为具体学科的特殊方法的论述,也基本不谈论具体研究手段问题。

尽管如此,马克思关于方法论思想的阐述,对于我们理解其研究对象的特性和存在形式是有启示作用的。从认识主体的两个思维行程来看,要真正把两个行程统一起来,认识对象必须是一个确定对象。否则,就难以对认识对象进行双向"互通"式理解。另一方面,从马克思理论体系不同理论层面的耦合关系看,政治经济学的研究对象以动态的历史发展为基础,对它的研究服务于社会发展理论,但它又是以特定历史阶段的生产力为基础的典型的、纯粹的自由竞争资本主义生产关系,因此,同样是"静态"的、"非发展"的。此外,马克思对于俄国学者的"动植物机体"的比喻,没有表示丝毫的异议。他本人在谈到其研究对象时,也常常有意无意地进行类似的类比。他把商品比喻为"细胞",把经济研究比喻为"人体解剖",把物的关系看成"赋有生命"的关系,把社会看成人格化的"主体",他还直接把对社会制度的内在联系的研究称为"生

---

① 马克思:《资本论》第1卷,北京:人民出版社1975年版,第14—25页。

理学"① 研究。并且，他高度肯定达尔文的生物进化理论对我们理解社会的进化有极为重要的意义。可见，马克思把《资本论》的研究对象看成一个"活的生命体"，即"赋有生命"的社会关系的"有机体"。

基于研究对象的特性和被"定格"的存在形式，以及不同理论层面的耦合关系，我们可以把马克思政治经济学的特殊的研究方法概括为：基于唯物史观的整体主义的社会有机结构分析方法。马克思把纯粹的自由竞争资本主义作为"活的生命体"，将其放到理想的典型的"实验室"中，用"抽象力"进行观察、解剖和技术处理，然后用理论形式把某方面的研究结果叙述出来，从理论上再现完整的鲜活的"生命体"的某个系统。因此，其研究方法应分为三个层次：一是结合历史分析，即对特定种类的"生命"演化历史和"个体生命"的成长过程，考察"生命体"中特定要素的发育情况，这是一项基础性、一般性工作，不能以此代替对"生命体"及特定系统的研究；二是把"生命体"作为一个活的整体，把作为经济关系的子系统放到"生命体"的整体联系中考察；三是对"生命体"的特定系统例如血液循环系统进行结构分析。这种社会有机结构分析是基于"活的生命体"的分析，它不同于"机械原理"的结构分析，它不是先把生产、分配等作为动力机和工作机分开来研究，然后再找出两者的机械性联系，而是处处体现着不同要素的互为前提、相互作用、相互影响的关系，尽管它们在系统结构中的地位和功能各不相同。因此，这种分析虽然是对"生命体""既与状态"的特定系统的分析，具有"静态"性，却不同于基于"机械论"的比较静态分析。它是要通过静态的解剖，揭示"生命体"的运动规律和运行趋势。在这里，社会有机结构分析方法是马克思经济理论的基本方法，前面两个定语则确定了这一基本方法的理论特质，从抽象上升到具体的叙述方式体现了独特的社会有机结构分析的理论思维特征。

这里要特别指出的是，马克思的静态解剖与李嘉图有着本质差别，这主要体现在以下两个方面：其一，马克思以唯物辩证法和唯物史观为基础，把研究对象确立在历史发展的特定阶段上，确立了经济学理论与社会发展理论的耦合关系，并把历史处理的方法引进到经济理论中；其二，马克思的社会有机结构分析不是单纯的"生理学解剖"，而是"生理学解剖"+模拟实验分析，他把"细胞"从"生命体"中单独取出来，放到人为设定的严格的实验条件下进行模拟实验，揭示出它的内在本质规定，对于剩余价值的生产和实现也

---

① 《马克思恩格斯全集》第 26 卷（Ⅱ），北京:人民出版社 1973 年版，第 182、183 页。

采取了类似的处理手法。这是他能够克服李嘉图的形而上学的单纯的"生理学解剖"无法克服的种种理论难题的根本原因。"生理学解剖"要求把构成"生命整体"的要素看成互为前提、互相依赖、互相影响的辩证关系;模拟实验分析就是模拟科学实验,是一种基于现实而又高于现实的典型分析方法,它可以人为设定"历史的"情景,但这种设定必须基于现实,并为现实研究服务。"生理学解剖"+模拟实验分析+从抽象上升到具体的思维特征,构成马克思经济理论的基本的研究范式。

从方法论思想意义上看,唯物辩证法是《资本论》的指导思想和一般原则,也可以称为一般方法。作为马克思政治经济学特殊方法的基本方法,它不同于一般的方法论思想,在这里,形式逻辑层面的分析综合方法和辩证法层面的辩证分析,都只是作为具体的方法,是一般方法的具体运用;而另一方面,相对于具体分析方法和手段,它又是抽象的,是对具体方法的抽象概括。这种基本方法与唯物辩证法是特殊与一般的关系,前者适用于特定学科,后者适用于各门学科;它与具体分析手段之间,则是抽象与具体的关系。

我们把握《资本论》的基本方法,还需要注意以下几个方面:第一,要注意逻辑与历史的关系。恩格斯在《卡尔·马克思〈政治经济学批判〉》一文中集中论述了把握逻辑与历史关系的原则。从唯物史观的角度看,逻辑分析在总体上要与特定的历史阶段的生产力及其生产关系相适应,经济范畴只能从作为研究对象的现实经济关系中抽象出来,并且有自身的历史联系,因此,从这些方面的特定意义看,这一原则是合理的。然而,我们不能把这种原则理解为:从抽象上升到具体的过程,总是与经济发展的历史进程相对应。事实上,马克思本人也没有阐述过这一原则。对此,我们在下文关于《资本论》研究对象的内涵的探讨,将进一步加以说明。第二,要注意方法论层面的一般方法、经济学层面的基本方法与工具层面的具体方法的区别。对具体内容的分析,马克思运用了多种具体方法,如分析与综合相结合的方法、归纳法、演绎法、数学方法等。即便是最一般的方法,也有方法论层面的指导性作用和微观层面的技术性运用两个层面,如唯物辩证法,它一方面体现为整个经济理论的思想基础,另一方面又被运用于具体内容的分析。第三,要注意不同理论层面及其基本方法的相互关系。不能把居于基础地位的社会发展理论及其分析方法与马克思政治经济学特殊的基本方法混为一谈,否则,就可能事实上取消政治经济学以及其他特殊的学科,也无法准确理解《资本论》的结构、体系和内在逻辑关系,对其研究对象和拓展原则的认识也必然是模糊不清的。在一些传统的政治经济学教科书中，唯物史观的分析方法即历史唯物主义一定程度上被当成这门特殊学科的基本方法，这是不容忽视的偏差。此外，还要区分《资本论》基本方法的特质与具体特征的关系。所谓理想分析法、科学抽象法，都是其基本方法的具体特征。就像科学家在具有严格条件的实验室中做实验一样，马克思对经济关系的本质的揭示总是在省略诸多次要因素的最严格的条件下进行的，这是分析方法的一个显著特征。然而，就像"偶蹄"不能体现偶蹄动物的本质规定一样，"科学抽象法"、"理想分析法"的提法，也不能反映《资本论》基本方法不同于其他经济学理论的特质。

二、《资本论》研究对象的内涵

在前文探讨《资本论》作为政治经济学的基本方法时，我们仅仅涉及研究对象的特性和存在形式。接下来，我们就研究对象的内涵进行专门的探讨。

关于《资本论》研究对象的内涵，学术界一直没有达成共识。在《资本论》第1卷的第一版序言中，马克思开宗明义地指出："我要在本书研究的，是资本主义生产方式以及和它相适应的生产关系和交换关系"，[①]"本书的最终目的就是揭示现代社会的经济运动规律"。[②]然而，人们对这一论述，尤其是其中的"生产方式"的理解很不一致。有人把"生产方式"理解为生产关系或生产关系的总和，从而把研究对象理解为资本主义生产关系。有人把它理解为相对于生产关系、交换关系的生产力或生产的技术方式、劳动方式，把生产力包含到《资本论》的研究对象中，有人甚至将生产力看成《资本论》潜在的首要研究对象，而成为研究对象的生产力又在一定程度上被具体化为生产要素或资源的配置和经济发展问题。有人把"生产方式"理解为生产力与生产关系的统一，或理解为劳动者与生产资料的结合方式，由于"结合方式"包含技术结合和社会结合，后者与前者并没有质的差异，但在对《资本论》研究对象的内涵的理解方面，这两部分学者的侧重点明显不同，前者力求把生产力突出出来，后者则强调尽管对生产关系的研究必须联系生产力乃至上层建筑，需要把它们包含

---

① 马克思：《资本论》第1卷，北京：人民出版社1975年版，第8页。
② 马克思：《资本论》第1卷，北京：人民出版社1975年版，第11页。

到研究范围中，而真正的研究对象只能是资本主义生产关系。

对于研究对象内涵的把握，必须准确理解最基本的范畴及相互关系。由于马克思对政治经济学的阐述涉及不同理论层面，它以哲学和社会发展理论为基础，因此，一些基本范畴必然对应不同理论层面具有多重含义。生产力可区分为生产力Ⅰ和生产力Ⅱ，作为生产力Ⅰ，主要指生产的技术条件和手段，也包含劳动者的技术、技能水平和劳动对象被利用的程度等；而作为特定历史环境下的生产力Ⅱ，它是指："工人的平均熟练程度，科学的发展水平和它在工艺上应用的程度，生产过程的社会结合，生产资料的规模和效能，以及自然条件。"[①]它隐含生产过程的社会分工、组织形式和生产者之间的技术联系。生产力Ⅰ通常与广泛意义上的生产关系一同使用，生产力Ⅱ被当成生产力Ⅰ的派生形式；生产力Ⅱ通常运用于特定社会的经济活动的生产环节的考察，包含生产的技术条件及特殊的作用方式。从生产力Ⅱ与生产力Ⅰ的关系看，生产力Ⅱ以生产力Ⅰ为基础。生产关系同样可以分为两层含义，一是指整个社会的经济关系，这是广义的理解；另一层是指具有一定社会性质的生产环节的社会关系，主要是生产者与生产资料的社会结合方式。就生产方式而言，也应该区分为生产方式Ⅰ和生产方式Ⅱ两个层面。作为生产方式Ⅰ，必须从唯物史观的理论层面理解，它是与生产力Ⅰ和广义生产关系相适应的一个范畴，应该理解为生产力与生产关系的统一。在生产方式Ⅰ中，生产力Ⅰ的发展水平是前提、是基础，而生产资料的所有制形式和劳动形式决定着生产关系的性质，进而决定生产方式的性质，因此，劳动者与生产资料的特殊结合方式有重要意义，至于生产力Ⅱ，它作为生产力Ⅰ的派生形式，在唯物史观层面是没有必要进行具体考察的。生产方式Ⅰ特别是其中的所有制形式，规定着不同历史阶段的社会性质，或者被看成一定社会的基本经济制度，从而成为从经济上划分不同社会形态的依据。从这个意义上看，这一含义的生产方式总是要联系特定的社会性质来使用。作为生产方式Ⅱ，通常指一定历史时期特定社会的生产条件及其技术的、社会的结合形式。它既包含特定的生产方法、技术手段和社会分工协作的情况，又包含物质生产采取的社会形式。商品生产就是资本主义社会占统治地位的经济活动的社会形式，因此，马克思有"这个历史上一定的生产方式即商品生产"[②]的说法。在某种意义上，生产方式Ⅱ与生产力Ⅱ具有等同的意义，它同样以生产力Ⅰ为基础。在马克思的政治经济学中，考察价值量与生产力关系等场合，一

---

① 马克思：《资本论》第1卷，北京：人民出版社1975年版，第53页。
② 马克思：《资本论》第1卷，北京：人民出版社1975年版，第93页。

般都是指生产力Ⅱ；在需要直接联系唯物史观分析不同环节的经济关系时，生产力往往被区分为不同层次，这时候，生产方式Ⅱ具有指代生产力Ⅱ的功能。

　　理解了这些范畴的含义和相互关系之后，我们应该回到马克思的《〈政治经济学批判〉导言》的思想来把握《资本论》的研究对象，因为这篇文献是马克思写作《资本论》的指导性文献。在这里，马克思把经济活动区分为生产、分配、交换和消费四个环节。依照马克思的基本方法，对这些环节的考察必须联系生产力的发展情况。基于这样一种思路，马克思关于《资本论》研究对象的论述就不难理解。他所说的"资本主义生产方式以及和它相适应的生产关系和交换关系"，可以理解为：资本主义时期的生产条件及技术的、社会的结合方式，以及在此基础上形成的生产关系和交换关系。这里的"生产关系"，是指特定的生产环节表现出来的各种关系，即狭义的生产关系；这里的"生产方式"，应该理解为生产方式Ⅱ或生产力Ⅱ；而"资本主义"则应该理解为一种限制语，相当于"资本主义时代"，或者把"资本主义生产方式"也分为两个层次，把这里的"资本主义生产方式"当做狭义的范畴，它与生产方式Ⅱ对应起来。马克思指出："必须变革劳动过程的技术条件和社会条件，从而变革生产方式本身，以提高劳动生产力。"[①] 这里说的生产方式便具有生产方式Ⅱ或生产力Ⅱ的含义。通常意义的"资本主义生产方式"可以作为一个广义的范畴来理解，这一范畴只有在唯物史观理论层面才是合理的，它在《资本论》中出现时，总是直接或间接地相对于"封建主义生产方式"等范畴而言的。也许有人会提出疑问：既然这里的"生产方式"是指生产方式Ⅱ，相当于生产力Ⅱ，生产关系、交换关系则是经济活动的诸环节的具体关系，那么，马克思为什么只提到四个环节中的两个环节。这要从四个环节的相互关系来理解。马克思虽然把经济活动分为四个环节，这种区分只是对经济活动的直观的区分。从理论上，有些环节是可以合并考察的，例如分配关系，马克思认为它在本质上"和生产关系是同一的，是生产关系的反面"[②]；"一定分配关系只是历史规定的生产关系的表现"[③]。至于消费，马克思认为它外在于资本的循环过程，即便对于资本的再生产，也只是物质资料和生产关系再生产的条件，并且，《资本论》只是一般原理的研究，这种研究以社会供给与社会需求全面一致为前提，因此，马克思指出以消费为基础的表现为供求关系的"竞争的实际运动不在我们的研究计划之内，我们只

①　马克思：《资本论》第1卷，北京：人民出版社1975年版，第350页。
②　马克思：《资本论》第3卷，北京：人民出版社1975年版，第993页。
③　马克思：《资本论》第3卷，北京：人民出版社1975年版，第997页。

需要把资本主义生产方式的内部组织，在它的可说是理想的平均形式中表现出来"①。对生产与分配、交换、消费诸环节的关系，也应该从不同理论层面的相互关系来考察。从唯物史观层面看，生产对分配、交换、消费诸环节具有决定作用，生产资料及其劳动方式发展到什么水平，直接决定着分配、交换、消费的对象、数量、水平和结构，也决定着它们的社会性质；从作为政治经济学研究对象的"活的生命体"来看，生产和分配、交换、消费的关系是一种互为前提、相互作用、相互决定的关系，就像"生命体"中的五脏六腑缺一不可一样。前者把发展的历史作为研究对象，后者则意在揭示特定"生命体"的生命运动规律。

由于马克思的政治经济学既以唯物史观为基础，又具有自身独特的基本方法。与不同理论相对应，生产力、生产关系、生产方式等基本范畴都具有双重含义。因此，在联系生产、分配、交换、消费诸环节考察经济关系时，我们不能简单把"生产方式"理解为生产关系的总和，或理解为生产力与生产关系的统一。在政治经济学层面，"生产方式"具有生产力的属性，是生产力的进一步具体化。即便在这一含义的"生产方式"前面加上"资本主义"的修饰语，它与唯物史观层面的"资本主义生产方式"的内涵也迥然有别。这只是突出了这一"生产方式"条件下的资本主义生产的社会特征，即商品生产的普遍性和为剩余价值进行生产。因此，可以把它理解为对分配、交换、消费起基础性、决定性作用的"生产"。在这一基础上，人们发生着一定的生产关系、分配关系和交换关系。尽管如此，依照马克思政治经济学的基本方法和不同理论层面的相互关系，我们认为，《资本论》的研究对象仍然是资本主义生产中展现出来的广义的生产关系，并且是典型的、纯粹的自由竞争资本主义条件下的生产关系。这是因为，在马克思的经济理论中，生产力充当着资本的生产力。马克思在联系相对剩余价值的生产考察生产力发展时指出："随着相对剩余价值在真正的独特的资本主义生产方式下的发展……这些生产力以及劳动在直接劳动过程中的社会联系，都好象由劳动转移到资本身上了。"② 马克思这里指出的"这些生产力以及劳动在直接劳动过程中的社会联系"，与生产方式 II 的内涵大体上是相一致的。然而，这种生产力及社会联系在"资本主义生产方式"下，从属于资本的统治。因此，在"资本主义生产方式"下，资本主义生产只是前提和基础，对生产关系的研究当然要联系这一基础，但它又仅仅是基础。从这一前提和基

①　马克思：《资本论》第 3 卷，北京：人民出版社 1975 年版，第 939 页。
②　马克思：《资本论》第 3 卷，北京：人民出版社 1975 年版，第 935 页。

础出发，马克思为既有理论确立了一系列的逻辑前提，如生产要素自由流动、商品按价值（或生产价格）出售、社会供给与社会需求一致、单位商品价值与劳动生产力成反比等。在《资本论》中，对生产力发展仅仅限于对发展过程的历史描述，即对从简单协作到工场手工业、机器大工业的历史过程的描述，并且，这也是以揭示相对剩余价值的剥削为目的的，是对"相对剩余价值"这一经济学范畴的一种历史说明。因为马克思是在纯粹的自由竞争资本主义生产条件下来说明其生产关系的，因此，从简单协作到机器大生产的发展虽然没有超出自由竞争资本主义的范围，但同样不是马克思关注的重点所在。即便是关于资本主义的发展趋势的说明，也是从生产关系的研究中引申出来的，是从自由竞争资本主义社会的基本矛盾和内在的"生命运动"中反映出来的必然趋势或"未来的先兆"，① 没有涉及历史发展过程，更谈不上所谓资源配置。对于《资本论》第一版序言中的"经济运动规律"也应如是看，即只是从"生命体"的生命运动规律来看其发展趋势，关于其发育、成长、衰亡过程的考察仅仅是辅助性说明。因此，不能把资源配置和经济增长、发展等看成其研究对象，马克思也没有给自己提出这样的理论任务。这并不是说马克思脱离生产力及其生产活动片面研究生产关系，但他确实将这些方面紧紧束缚在逻辑前提中，使之处于潜在的研究对象状态。

关系到研究对象的另一个问题，是《资本论》的逻辑起点问题。人们对此同样难以达成共识。有的学者把《资本论》开篇的商品理解为资本主义商品或从资本主义商品一般的意义上来理解，也有人把这里的商品理解为简单商品生产条件下的商品。前者可以从马克思的一些论述中得到说明，马克思在《资本论》第 1 卷开宗明义指出："资本主义生产方式占统治地位的社会的财富，表现为'庞大的商品堆积'，单个的商品表现为这种财富的元素形式。因此，我们的研究就从分析商品开始。"② 他又强调："对资产阶级社会说来，劳动产品的商品形式，或者商品的价值形式，就是经济的细胞形式。"③ 而马克思对商品价值的考察又预设了这样的前提："资本主义生产方式的规律是以纯粹的形式展开的。"④ "（1）原始共产主义的解体；（2）一切不发达的、资产阶级前的生产方式（在这种生产方式中，交换还没有完全占支配地位）的解体。"⑤ 因此，《资本论》

---

① 《马克思恩格斯全集》第 46 卷（上），北京：人民出版社 1979 年版，第 458 页。
② 马克思：《资本论》第 1 卷，北京：人民出版社 1975 年版，第 47 页。
③ 马克思：《资本论》第 1 卷，北京：人民出版社 1975 年版，第 8 页。
④ 马克思：《资本论》第 3 卷，北京：人民出版社 1975 年版，第 196 页。
⑤ 《马克思恩格斯〈资本论〉通信集》，北京：人民出版社 1976 年版，第 132 页。

开篇作为逻辑起点的商品，似乎完全可以看成资本主义商品，或看成资本主义生产条件下的商品一般。它作为一个"细胞"，既不是从人体和猴体抽象出来的抽象一般，也不是有待发育的"卵细胞"，而是从发育成熟的自由竞争的资本主义生产这一"生命体"中抽取出来的"细胞"。因此，这种"细胞"研究没有也不可能脱离其被定格的特定的解剖对象。

把简单商品生产的商品当做逻辑起点的看法，主要是依据恩格斯关于逻辑与历史相一致的思想。在 1859 年的《卡尔·马克思的〈政治经济学批判〉》一文中，恩格斯集中阐述了这一思想。他强调：历史从哪里开始，思想进程也应当从哪里开始，"整个说来，经济范畴出现的顺序同它们在逻辑发展中的顺序是一样的"。① 他将逻辑分析看成简化了的历史研究工作，认为政治经济学从商品开始，也就是"从产品由个别人或原始公社相互交换的时刻"② 开始。1878年在《反杜林论》中，恩格斯再一次论述了这一思想，并提出了"广义政治经济学"的概念。不过，这两个地方都可以看成是恩格斯关于唯物辩证法的阐述，没有与《政治经济学批判》和《资本论》的具体内容明显挂钩。而在《资本论》第 3 卷"序言"和"《资本论》第 3 卷增补"中，恩格斯对这一思想做了进一步阐发，并且是直接联系《资本论》的内容阐发的。他指出："马克思在第一卷的开头从他作为历史前提的简单商品生产出发，然后从这个基础进到资本"，"（他）从简单商品出发，而不是从一个在概念上和历史上都是派生的形式，即已经在资本主义下变形的商品出发"③。在"增补"中，恩格斯全面论述了价值规律在前资本主义的简单商品生产中甚至在整个前资本主义的 5000 年至 7000 年的时间里起支配作用。这些结论正是基于逻辑与历史相一致的思想得出的。事实上，马克思本人并没有明确论述这一思想，他仅仅这样表述过："商品按照它们的价值或接近于它们的价值进行的交换，比那种按照它们的生产价格进行的交换，所要求的发展阶段要低得多"，"把商品价值看作不仅在理论上，而且在历史上先于生产价格，是完全恰当的。这适用于生产资料归劳动者所有的那种状态，这种状态，无论在古代世界还是在近代世界，都可以在自耕农和手工业者那里看到。这也符合我们先前所说的见解，即产品发展为商品，是由不同共同体之间的交换……引起的"④。恩格斯的"增补"正是以这段话为依据的。

① 《马克思恩格斯选集》第 2 卷，北京：人民出版社 1972 年版，第 122 页。
② 《马克思恩格斯选集》第 2 卷，北京：人民出版社 1972 年版，第 123 页。
③ 马克思：《资本论》第 3 卷，北京：人民出版社 1975 年版，第 17 页。
④ 马克思：《资本论》第 3 卷，北京：人民出版社 1975 年版，第 197、198 页。

　　依据马克思政治经济学的基本方法和不同理论层面的相互关系，《资本论》作为一种基于唯物史观的对"既与主体"的"解剖"理论，其研究对象仅仅是自由竞争资本主义的经济关系，它不但以当时自由竞争资本主义发展得最为典型的英国为现实对象，还抽象掉了诸多过渡性的中间阶层，在纯粹的、理想的状态下研究其既定的对象。这种对发育成熟的"人体"的"解剖"得到的基本认识，可以作为透视"猴体"的钥匙，但要真正认识"猴体"，就必须根据生产力与生产关系的不同历史阶段的情况，基于马克思政治经济学的基本范式对理论进行重构，而不能运用一般原理进行简单化的"透视"，因为"钥匙"毕竟是"钥匙"。对于垄断资本主义时期和社会主义时期的政治经济学分析，也应该如此。如果没有理论本身的发展，简单地运用现有理论抽象地分析非自由竞争状态的经济关系，就会像庸俗经济学一样，陷入以有限的经验为基础的理论与现实经济的动态发展相矛盾的窘境。

　　基于上述分析，《资本论》的逻辑起点所研究的商品，只能是自由竞争资本主义条件下的商品。这种结论不但可以从前文引用的马克思的论断中得到说明，还可以从《资本论》的逻辑结构和分析手法上得到印证。由于《资本论》研究的是典型的、纯粹的自由竞争资本主义经济关系，其研究对象是"既与主体"（社会主体），[①] 马克思强调，必须按照不同范畴在"既与主体"中的地位来安排篇章结构，而不能按范畴出现的历史先后来安排。[②] 因此，除了具有总论或导论性质的开篇和终篇之外，《资本论》正是按照产业资本、商业资本、货币资本、资本主义地租的顺序来使理论逐步展开的，并且，关于前资本主义的商业资本和高利贷资本的说明，则是相应放在商业资本和货币资本的篇末作为"附录"性质来处理的，资本原始积累和现代殖民理论则放在资本积累的篇末。这种篇章结构表明，《资本论》主要不是历史分析，而是对作为"活的生命体"的"解剖"对象的结构分析。正因为如此，马克思分析商品价值向生产价格的转化时，对简单商品的分析，只是例证式地假定生产者Ⅰ和生产者Ⅱ的生产和交换情况，这种例证还采取了插叙的手法，事实上是放在自由竞争资本主义环境下进行论证。这里完全没有历史的分析，恩格斯也正是由此产生误解，并写了"《资本论》第 3 卷增补"作为补充。马克思关于价值形式的分析，也采取了抽象的理论逻辑分析。对此，在《资本论》出版前夕，恩格斯曾建议马克思应该

---

　　① 马克思使用"主体"一词，一般是针对表现为有机生命特征的现象，例如，马克思将价值看成"自动的主体"（参看《资本论》第 1 卷第 175、176 页），就是从价值自我运动、自行增殖的方面来说的。

　　② 这与恩格斯"经济范畴出现的顺序同它们在逻辑发展中的顺序是一样的"思想存在明显差异。

加强历史的论证，而马克思却没有接受这一建议。^①马克思经济理论的基本方法，是由其特定的研究对象决定的。事实上，商品和价值虽然有一个历史发展过程，它们的成熟形态只能是商品"交换已经十分广泛和十分重要"^②的时期，没有这种条件，劳动的社会性质就无法真正抽象出来，作为通约手段的社会必要劳动及其量的规定也无法真正确定。对此，我们将在后文做进一步的说明。正因为如此，马克思在论述前资本主义的商业资本时，强调其商品交换的基本特征不是等价交换，而是贱买贵卖的非等价交换。既然是非等价交换，前资本主义时期的任何商品交换虽然具有价值关系的外表，但不可能形成真正意义的价值关系，相互交换的两个商品的比例不可能真正由商品中包含的价值量来确定。这也许就是马克思不接受恩格斯建议的内在原因。在马克思的价值形式分析中，构成简单价值形式的商品 A 和商品 B 只能是自由竞争资本主义生产条件下最简单、最一般的商品抽象，而简单价值形式向货币形式的发展，不是历史发展的反映，而是最简单、最一般的价值关系向具体的还原过程。正因为如此，马克思曾经明确指出：交换价值在简单商品流通中的"这种经济的形式关系只是一种外表上的形式，一种形式上的规定，而真正的实体处在这种规定的范围之外，并且这种规定同上述实体本身根本不发生关系"。"交换价值和使用价值之间的真正的关系还不曾出现"，"货币即交换价值不过是转瞬即逝的媒介"。^③

由于《资本论》以唯物史观为基础，唯物史观是它的灵魂。因此，在考察经济范畴的时候，总是要结合其现实存在的载体和历史联系。就其实质而言，"价值"是《资本论》的逻辑起点。马克思在最初制定写作计划时，正是以"价值"为起点。1858 年 3 月 11 日马克思致信拉萨尔说，这个手稿^④的第一分册包括：（1）价值，（2）货币，（3）资本一般。同年 4 月 2 日又在给恩格斯的信中指出：资本第一篇"资本一般"包括价值、货币和资本三部分内容。《资本论》最终把逻辑起点确定为商品或者说商品与货币，把价值作为商品的一种属性来论述，可以说进一步突出了唯物主义的特色，从而完全摆脱了黑格尔式的概念自我运动的色彩。不仅如此，作为起点的商品及其货币，又有自身的历史。作为一种唯物主义的态度，对这种历史是有必要进行考察的。马克思指出：如果没有一个商品稳定地充当一般等价物，没有一般的相对价值形式，那么，相互

---

① 参看 1867 年 6 月 16 日恩格斯致马克思的信和同年 6 月 22 日马克思的回信（《马克思恩格斯〈资本论〉通信集》，北京：人民出版社 1976 年版，第 213—215 页）。

② 马克思：《资本论》第 1 卷，北京：人民出版社 1975 年版，第 90 页。

③《马克思恩格斯全集》第 46 卷（上），北京：人民出版社 1979 年版，第 225 页。

④ 指《政治经济学批判》手稿。

交换的劳动产品"并不是作为商品，而只是作为产品或使用价值彼此对立着"，"劳动产品的价值性质只是通过劳动产品作为价值量发生作用才确定下来"。① 有了一般等价物，劳动产品才"作为价值，从而作为商品彼此发生关系"。② 因此，"随着劳动产品转化为商品，商品就在同一程度上转化为货币"。③ 并且，随着交换日益突破地方的限制，商品价值才可能"日益发展为一般人类劳动的化身"。④ 马克思还指出："在世界贸易中，商品普遍地展开自己的价值。因此，在这里，商品独立的价值形态，也是作为世界货币与商品对立。只有在世界市场上，货币才充分地作为这样一种商品起作用，这种商品的自然形式同时就是抽象的人类劳动的直接的社会实现形式。货币的存在方式与货币概念相适合了。"⑤ 这表明，尽管自从有一部分劳动产品有意为交换而生产的时候开始，它们的使用价值便同交换价值分离开来，而要从商品交换中抽象出一般人类劳动，则必须具有"交换已经十分广泛和十分重要"⑥ 的条件，以至能够突破地方的限制。严格说来，这种条件以商品生产在全社会占统治地位为基础。并且，商品市场越是发展为世界市场，商品和货币包含的社会劳动就越是具有一般人类劳动的性质。马克思的论述表明，尽管有了一般等价物之后，商品有可能作为"价值量"互相比较，但是，交换的狭隘性、有限性使得作为一般等价物的商品也同样具有狭隘性、有限性，因而总是在有限的意义上代表一般人类劳动，从而使商品交换的比例难以真正体现足够广泛的一定社会具有平均劳动性质的社会必要劳动的比例。因此，马克思认为，前资本主义的商品交换很大程度上表现为贱买贵卖的非等价交换。可见，具有典型意义的价值内涵的商品范畴只能以自由竞争资本主义的商品为现实基础。正因为如此，马克思强调：作为商品一般，它们"或多或少属于一切社会形式"，⑦ 但这只是在特定的意义上来说的。这里的特定意义，也就是指："在有本质区别的形式上""资产阶级的范畴包含着一种适用于一切其他社会形式的真理"。⑧ 因此，尽管商品范畴有它的历史存在，作为《资本论》的逻辑起点，则不应该认定为它的历史形式。

　　至于逻辑与历史相一致的原则，在特定意义上是合理的，对此，前文已略

---

① 马克思：《资本论》第1卷，北京：人民出版社1975年版，第91页。
② 马克思：《资本论》第1卷，北京：人民出版社1975年版，第104页。
③ 马克思：《资本论》第1卷，北京：人民出版社1975年版，第105页。
④ 马克思：《资本论》第1卷，北京：人民出版社1975年版，第107页。
⑤ 马克思：《资本论》第1卷，北京：人民出版社1975年版，第163页。
⑥ 马克思：《资本论》第1卷，北京：人民出版社1975年版，第90页。
⑦《马克思恩格斯选集》第2卷，北京：人民出版社1972年版，第111页。
⑧《马克思恩格斯选集》第2卷，北京：人民出版社1972年版，第108页。

做说明（参看第一部分最后一段）。这里需要进一步说明的是，在马克思的理论中，商品价值向生产价格的转化，尽管表现为逻辑的"被展开"，这种转化与商品经济发展的历史进程也是相符合的。这是因为，如果撇开一般等价物所含社会劳动作为一般人类劳动的程度的差异的话，商品按价值交换既适合雇佣劳动与生产资料相分离的情况，也适合生产资料归劳动者所有的情况；既适合商品生产占统治地位的情况，也适合商品生产处于从属地位的情况。而生产资料归劳动者所有的商品生产总是要早于资本主义的商品生产，可以忽略资本有机构成的差异的商品生产又总是存在于资本主义商品生产的早期阶段。但是，这种历史联系又必须在特定意义上来认识，这是因为历史上不存在一个占统治地位的简单商品生产时代，而马克思关于简单商品生产的论述是以"交换已经十分广泛和十分重要"①为条件的，并通过广泛的交换抽象出价值、社会必要劳动诸范畴，复杂劳动还原也是通过广泛的交换来实现的。因此，从逻辑与历史相一致的原则出发，将《资本论》的逻辑起点前推到5000年至7000年前的物物交换时刻，并把商品生产和交换的全部历史都当成《资本论》的研究对象，进而断定价值规律在前资本主义社会的5000年至7000年居于支配地位，这很难说与马克思写作《资本论》的本意相互吻合。事实上，这是将唯物史观及其分析方法简单地套用到马克思的政治经济学领域，从而忽视了政治经济学自身的学科特质。马克思在谈到《政治经济学批判》中的"商品"亦即《资本论》开篇的商品时，还明确指出："通过最简单的形式，即商品形式，阐明资产阶级生产的特殊社会的，而决不是绝对的性质。"②他还强调："资本的理论即现代社会结构的理论"，③尽管价值概念先于资本概念，"价值概念的纯粹发展又要以建立在资本上的生产方式为前提"，④"只有在资本主义生产的基础上，商品才在事实上成为财富的一般元素"。⑤马克思在论述资本原始积累时甚至表达了这样一种思想："资本的历史前提"不同于它的理论起点，就像农奴逃往城市是城市的历史前提但"不是发达的城市制度的条件"和现实的要素一样；"要揭示资产阶级经济的规律，无须描述生产关系的真实历史"，通过对已经形成的发达的资本主义生产关系的考察和科学分析，可以透视这一制度的前史，也可以揭

---

① 马克思：《资本论》第1卷，北京：人民出版社1975年版，第90页。
② 《马克思恩格斯〈资本论〉通信集》，北京：人民出版社1976年版，第149页。
③ 《马克思恩格斯〈资本论〉通信集》，北京：人民出版社1976年版，第358页。
④ 《马克思恩格斯全集》第46卷（上），北京：人民出版社1979年版，第205页。
⑤ 《马克思恩格斯全集》第49卷，北京：人民出版社1979年版，第5页。

示这一制度本身被扬弃的"未来的先兆"①。可见，马克思对《资本论》的研究对象所做的交代总的说来是明确的，我们不能夸大马克思有些论述中的特定意义，否则，就会产生认识偏差。

三、《资本论》在经济理论方面的"范式革命"意义

《资本论》的发表，具有重要的政治意义，在经济学理论的"范式革命"方面更具有巨大的革命性意义。长期以来，其政治意义被充分发挥（甚至被一些人过度利用），而经济学本身的理论意义则没有得到足够的发现和认识。《资本论》继承了古典经济学的合理成分，更是在深刻批判古典经济学特别是其中的"斯密教条"和庸俗经济学的基础上，对古典经济学和庸俗经济学发动的一次基本范式的革命。② 其革命性意义主要体现在以下方面：

第一，古典经济学以"斯密教条"为基础的研究范式和庸俗经济学，把人们的经济活动抽象为不同社会形态共同具有的活动，或者说是财富一般的生产。它把经济活动的主体抽象为人类一般或抽象的生产者和消费者，并使理论的分析主要限于这种被抽象出来的脱离了作为一定历史存在的社会总体及其生产条件、生产的社会形式、分配关系的微观主体的活动方式方面，以及没有特殊社会内容的抽象的劳动和分工。一方面，这种抽象分析脱离了自身的真实的经验基础和历史地存在着的现实关系。另一方面，这种基于形式逻辑的抽象分析又仍然停留在"共同的""一般的"表象上，没有也不可能深入经济现象的本质和内在联系。因为被抽象出来的微观主体的没有社会历史特征的超历史的活动，依然是"共同的""一般的"表象。这种"共同的""一般的"事物仅仅是对现实的、历史的存在进行简化，所以仍然停留于表象。著名经济学家马克·布劳格、艾克纳、熊彼特乃至诺斯都曾严肃批评新古典经济学缺乏"历史感"。事实上，这是体现"斯密教条"精神的古典经济学研究范式以至现代西方经济学的

---

① 《马克思恩格斯全集》第46卷（上），北京：人民出版社1979年版，第456—458页。
② 不少人认为，马克思经济理论是对古典经济学的继承和发展，这种认识是不科学的，马克思只是继承了它关于生产劳动是价值源泉的思想，但就研究范式而言，与其说是继承，毋宁说是根本性的批判和颠覆。

一个共同的根本缺陷。而与此同时，这种缺乏"历史感"的分析又还是一种对微观主体的微观的、短期的活动缺乏历史内容的经验分析，它不可能从经济的基础性层面揭示人与人之间的现实的、制度的关系，以及社会的整体联系和内在运动规律。马克思则首先把商品生产的物的关系看成自由竞争资本主义条件下特定的人与人之间关系的一种颠倒的反映，从现实的人的关系出发来理解现实的经济关系。这就突显了这种经济关系的实质以及与其他社会形态条件下的经济关系的本质差异，从而把自由竞争资本主义的经济关系放在特定的时代条件下来理解。这一方面避免了从抽象的模型出发理解现实经济关系可能造成的偏差，另一方面又避免了基于"共同的"、"一般的"表象的所谓"抽象分析"依然流于经验分析的局限。正是在这一意义上，马克思、恩格斯有时把庸俗经济学看成一种"唯心主义"的经济学，即主观经验分析的经济学，这种主观经验分析是其脱离现实和数学形式化的思想根源。正是在这个意义上，马克思的政治经济学称得上是一次唯物主义革命。

第二，古典经济学以"斯密教条"为基础的研究范式和庸俗经济学，把商品价值或价格与收入联系起来，从而把要素当成收入和价值的源泉，并从这种现象形态的收入出发，在脱离现实的市场背景、分配关系等的基础上来理解生产者和消费者的抽象活动及其行为。这就必然陷于微观分析，仅仅成为"微观经济学"的分析工具。马克思的政治经济学则首先把价值限定在生产过程"所耗费的人类劳动的物的表现"，① 并把价值看成是生产者基于劳动获得的支配使用价值的合理的社会权力。那种不是来源于自身劳动的支配他人生产的使用价值的权力，则被看成一种异化的权力。他把价值与财富区分开来，价值是财富的最抽象即最具有本质意义的表现形式，具体的使用价值是财富的物质内容。对于特定的商品，其价值内涵与财富内涵的关系，被当成类似于作为社会关系符号的银行家与一般意义的人的关系。银行家是人的一种抽象的、社会的表现形式，体现现实的社会关系。把银行家作为人来研究，首先要理解人的近乎自然的"共同的"规定，然后理解作为银行家的意义。人的自然规定是银行家存在的前提，社会规定是银行家的具体的现实规定，单纯作为社会关系来理解，银行家不是人，从它总是由一定的人来充当看，它又是人的特定的社会形式的存在。从价值与财富的关系看，在特定意义上价值也就是特定社会形式的财富，充当独立的价值形式的货币不仅是财富的符号，而且可以兑换任何具体的财富，

---

① 马克思：《资本论》第 1 卷，北京：人民出版社 1975 年版，第 91 页。

就像作为"社会关系"的银行家或其他社会角色的"物质内容"总是张三、李四等具体的自然存在着的个体一样。从特定意义来理解，一定使用价值所含的社会权力只能来源于劳动，而不是来自特定财富的自然基础的生产条件。基于这种思想，马克思把经济关系归结为一种权力关系，而市场机制的自发作用，必然导致资本与资本之间和资本与雇佣劳动之间的矛盾关系。这种矛盾尽管在微观层面会不断自我调适，却无法在宏观层面得到根本的克服，这就必然引起周期性经济危机。这就把经济学的重点从微观层面转到了宏观层面，并从对生产者、消费者的行为分析转向整体经济的内在联系和一般趋势的研究。

第三，古典经济学以"斯密教条"为基础的研究范式和庸俗经济学，将商品价值（或价格）看成不同要素的收入的加总，从而脱离了劳动价值这一基础，并导致逻辑上的循环决定，即收入决定收入，工资决定工资，价格决定价格。这实质上便是后世学者所说的资本计量问题。现代西方经济学继承了"斯密教条"的传统，并且至今无法解决这一基础性问题，正因为如此，1981年彼特·德鲁克才在《走向下一种经济学》一文中提出，将价格理论确立在以知识进步为价值源泉的价值理论基础之上，是西方经济学摆脱理论危机的根本出路。[①] 这一逻辑上无法克服的根本缺陷，使得"斯密教条"的研究范式直到现代西方经济学只能停留于短期分析，也不能对异质经济体及不同货币体系的经济体进行合理的比较研究，使得国际经济比较研究和经济史学的研究无法真正深入进行。马克思的《资本论》首先在广泛的市场交换条件下抽象出社会必要劳动及其量的规定，使社会必要劳动成为商品的内在的、客观的价值尺度，同时将货币看成商品价值的外在尺度，把价格确立在价值即劳动费用的基础上。这就在一定程度上解决了商品（或资本）的通约问题。如果我们沿着马克思的思路，设计出复杂劳动还原的合理机制，从而将知识进步内生到理论中，这一基础性问题就有可能进一步得到解决，德鲁克期盼的"下一种经济学"就可能在马克思经济理论的基础上获得实现。总之，马克思为解决这一问题确立了一个正确的方向。

第四，古典经济学以"斯密教条"为基础的研究范式和庸俗经济学乃至于现代西方经济学，一直没有脱离"平面线性的"函数分析（或因果分析）的模式。它们习惯于从现实经济关系中抽象出一些变量，然后确立变量之间的因果联系，建立模型。马克思的政治经济学则确立了一种"立体式结构分析"方法。

---

① 参看［美］丹尼尔·贝尔主编：《经济理论的危机》，陈彪如等译，上海：上海译文出版社1985年版，第11—29页。

它把社会经济看成一个"活的生命体",即有机的完整的整体,价值代表最一般的社会权力,商品是"生命体"中的细胞;它把经济活动还原到立体交织的复杂的社会关系中加以考察。

第五,古典经济学以"斯密教条"为基础的研究范式和庸俗经济学,以特定的市场条件和经验为基础建立分析模型。这些模型的适应性要求市场环境是相对稳定的,而模型对经验的总结总是事后进行的,因此,难以应付市场环境的质的变化或不同的市场环境。马克思政治经济学的既有理论尽管也是将自由竞争资本主义生产"定格"在一定的时段乃至具有纯粹意义的时点上加以研究,因此,我们不能脱离其特定前提抽象地将其原理运用于不同的环境,至多只能通过"透视"效果获得一些借鉴性认识。而另一方面,它不仅对经济"生命体"的内在运动规律有所把握,而且将理论建立在生产力、生产关系的动态发展基础上,它不是把经济范畴限定在僵硬的定义中,而是给每个范畴加上了一个历史维度,其内在的逻辑结构也为理论的重构确定了基本的原则和方向。因而,马克思确立的是一种动态开放的理论体系,它是一个可以向上、向前、向后不断重构的活的体系。也许是马克思晚年敏锐地感觉到第二次工业革命带来的深刻变化,进而感受到其既有理论在现实适应性方面已经在一定程度上滞后于社会发展,因而有进一步拓展的必要,因此,他并不想急着出版已经相当成熟的《资本论》剩余部分,而是把主要精力放在历史学和人类学的研究方面。他的这种研究或许正是为了在既有基本范式的基础上为《资本论》的进一步拓展确定一个牢固的基础,为后人定一个方向。他晚年或许认为这比已有成果的出版更加紧迫。

马克思的《资本论》应该说实现了经济学基本范式的革命,对古典经济学和庸俗经济学实现了质的超越。正是基于这种全新的经济学范式和超越时空的天才眼光,就连马克思关于某些具体经济问题的深刻论述在150多年后也依然没有过时,如经济危机理论,虚拟经济理论,等等。1858年1月马克思在给恩格斯的信中还提出了反周期的货币理论。如果撇开由"斯密教条"发展而来的现代西方经济学与马克思经济学之间直接或间接体现出来的意识形态分歧的话,由于基本范式不同,这两种理论并不存在根本的冲突。从单纯的经济学意义而言,它们是相互补充的关系。由"斯密教条"遗传给后世经济学的根本缺陷即脱离现实和"资本计量问题"至今依然是极大地困扰着西方经济学的"紧箍咒"。关于"资本计量问题",古典经济学家虽然没有明确意识到逻辑上的循环决定问题,但明确认识到商品需要一个客观的通约手段,并试图用劳动时间来解决这一问题，只是由于对劳动二重性缺乏明确的认识，他们未能最终确立解决这一问题的方案。新古典经济学诞生早期，庞巴维克、维克塞尔等也没有忘记这一问题，他们都为这一问题的解决做过努力，并把解决这一问题的希望寄托在劳动时间上。后来，这一问题被西方经济学家淡忘了，直到20世纪五六十年代，琼·罗宾逊等人重新发现了这一问题。斯拉法把问题的源头追溯到"斯密教条"那里，他除了为此设计了一种"标准商品"之外，还试图从亚当·斯密的劳动还原法中找到出路。事实上，斯拉法的方案并不是合理的方案，也没有真正解决这一基础性问题。① 20世纪70年代，随着"滞胀"危机的发展和凯恩斯理论"失灵"，一些西方学者开始反思现代西方经济学的局限，谋求摆脱其经济理论危机的出路。彼特·德鲁克正是在这一背景下提出了"下一种经济学"的方向性问题，把利润源泉问题和价格的客观基础问题当做经济理论必须克服的基本问题。马克·布劳格、艾克纳、熊彼特、诺斯等则对新古典经济学"缺乏历史感"的缺陷进行了深刻的反思。这些经济学家的认识在西方经济学家中是较为深刻的，然而，马克思早在100多年前就提出了和他们相同的问题，这集中体现在《资本论》终篇对"斯密教条"特别是三位一体的收入公式的批判方面。《资本论》终篇是整个"剩余价值学说史"的总结，可以看成马克思写作《资本论》的导论及文献综述。他对"斯密教条"的深刻认识正是他批判古典经济学研究范式和庸俗经济学的锐利武器。可见，从经济学理论方面看，马克思的《资本论》正是为克服"斯密教条"及以之为基础的整个西方经济学的基本范式的根本缺陷进行的成功探索。尽管这种探索还有待进一步的推进，它对现代西方经济学走出理论困境有重要的启示意义。

从经济学角度看，马克思经济学也有局限。由于马克思把他的经济理论定位为无产阶级的政治经济学，很大程度上限于对现实经济关系的抽象理论说明。他对自由竞争资本主义生产关系的理论阐述虽然联系到资本主义生产，但资本主义生产的一些具体内容如经济增长、价格作用机制等并没有纳入其既有的理论研究范围，因此，他没有沿着从抽象上升到具体的逻辑思路，真正到达现实的经济层面，没有真正在思维行程中再现理论的具体。正因为如此，尽管他实现了经济学范式的革命，他的既有理论确实还不能充分地阐释资源配置、经济增长、价格运行机制等问题，他也没有把解答这些问题当做自己的任务。只要我们把握了他的基本方法和理论发展的逻辑，这些局限不但是可以克服的，还

① 罗雄飞：《转形问题与马克思劳动价值论拓展》，北京:中国经济出版社2008年版，第211—227页。

可能实现马克思经济理论与现代西方经济学的综合。

自由竞争资本主义时代虽然已经成为过去，对马克思经济理论的拓展依然必须首先以自由竞争的商品生产为基础，并遵循从抽象上升到具体的思维行程。首先应通过复杂劳动的还原和其他约束条件的放松，使知识进步内生到理论中，并在基本理论层面将德鲁克的知识经济学、熊彼特的创新理论及艾克纳等人的成果综合到马克思的经济学中；在此基础上，进而在社会经济关系及收入分配层面综合新剑桥的思想和凯恩斯理论；最后在微观层面综合新古典经济学中各种分析模型和自由主义的不同流派的思想。所有这些综合，都必须以马克思的经济学范式为基础。在实现基本理论的向上拓展之后，才能依照垄断竞争时代和社会主义市场经济的生产力和生产关系发展要求，根据基本理论范式，结合琼·罗宾逊的垄断竞争理论、列宁的帝国主义理论及其他一些理论，重构出能够解释现代经济关系、解答现实经济问题的理论体系。那种急于回应当前政策，且外在于马克思思维方式和内在逻辑要求的所谓"发展"、"创新"，在理论方面是没有意义的。

《资本论》的理论层次与逻辑关系

一、社会发展理论与政治经济学的耦合关系

理解《资本论》的理论脉络及逻辑关系必须从唯物史观出发。对于社会发展的历史进程，马克思曾经从哲学层面将其划分为三个阶段。他指出："人的依赖关系（起初完全是自然发生的），是最初的社会形态，在这种形态下，人的生产能力只是在狭窄的范围内和孤立的地点上发展着。以物的依赖性为基础的人的独立性，是第二大形态，在这种形态下，才形成普遍的社会物质变换，全面的关系，多方面的需求以及全面的能力的体系。建立在个人全面发展和他们共同的社会生产能力成为他们的社会财富这一基础上的自由个性，是第三阶段。"① 这一思想把社会的发展看成生产力和人的发展相互促进的进程，看成人不断摆脱异化获得自身解放和人的个性自由全面发展的历史进程。马克思从所有制角度和单纯的历史层面对历史发展的五个阶段的划分，应该是以这一思想为灵魂

---

① 《马克思恩格斯全集》第46卷（上），北京：人民出版社1979年版，第104页。

的。① 可见，在他看来，社会的发展基于生产力的进步（其本质是知识的进步），社会的发展进程同时就是人的个性不断丰富的进程，是人作为主体逐步摆脱自然的、社会的束缚，最终获得真正的自由、解放的进程，也是在生产力高度发展的基础上回归自我及其"类存在物"的进程。而资本主义社会是人类社会的最后一个对抗性社会形态，它的基本特征是以物的生产的全面依赖及生产资料所有者对劳动者的支配为基础的人的"自由"的契约性存在，人与人的关系表现为物与物的关系。因此，人的自由、平等是非本质的现象，甚至可以说是一种假象。当然，自由契约关系相对于以往的人身直接依附关系，总还是一种进步，具有相对文明的一面。这样一种社会，一方面具有历史合理性，另一方面具有历史的暂时性，是向着人的个性自由全面发展的一个历史性过渡形式。基于这种唯物史观及其历史分析，马克思在政治经济学中的理论任务，就是揭示资本主义生产方式中被神秘化的表现为物与物之间关系的经济关系背后的人与人之间关系的本质。在资本主义生产方式下，一切社会关系都表现为物与物的关系，或是以此为基础的法的关系，而经济关系处于最基础的地位。经济关系阐述清楚了，其他社会关系才能够依据唯物主义观点加以阐明。总之，揭示资本主义生产方式下社会关系的基本特征和本质，是《资本论》服务于唯物史观

---

① 马克思在《〈政治经济学批判〉序言》中指出："大体说来，亚细亚的、古代的、封建的和现代资产阶级的生产方式可以看做是社会经济形态演进的几个时代。"（《马克思恩格斯选集》第 2 卷，北京：人民出版社 1972 年版，第 83 页）这是五阶段理论的主要依据。马克思在《德意志意识形态》中指出："以一定的方式进行生产活动的一定的个人，发生一定的社会关系和政治关系……应当根据经验来揭示社会结构和政治结构同生产的联系。"（《马克思恩格斯选集》第 1 卷，北京：人民出版社 1972 年版，第 29 页）从这一思想出发，他依据所有制关系，结合德国既有的历史发展水平，阐述了"部落所有制"、"古代公社所有制和国家所有制"、"封建的或等级的所有制"三种所有制形态。他同时指出，第一种所有制的"家庭"中隐蔽地存在着奴隶制，这种奴隶制会"随着人口和需求的增长，随着同外界往来（表现为战争或交易）的扩大而逐渐发展起来"，并且，这种奴隶制在第二种所有制形式中会继续保存着（《马克思恩格斯选集》第 1 卷，北京：人民出版社 1972 年版，第 26 页）。从这些论述看，马克思把所有制看成广义生产方式（社会形态意义上的生产方式）的核心，尽管限于"德意志意识形态"这一主题和德国发展的现状，马克思没有进一步论述其他两种所有制形式，他把社会发展划分为五阶段的思想则已经非常明显。这里完全没有把"奴隶制"作为一个普遍的社会发展阶段，从主要生产资料的所有制情况看，"作为会说话的财产的奴隶"所有制也只能是所有制关系的一种补充成分，或者看成生产资料的利用方式。在《1857—1858 年经济学手稿》中，马克思又把"亚细亚所有制"、"古代所有制"、"日尔曼所有制"归并到"公社制"中，把它们看作"原始所有制"的"各种形式"，而"公社制"又可分为两种类型，即部落所有制形式和公社所有与家庭所有相结合的形式。在谈到前资本主义生产关系解体时，马克思把封建时代的手工业者和"公社"社员归并到一起，同时又把奴隶和农奴合并到一起。可见，作为生产资料利用形式的狭义生产关系不同于所有制形式。从马克思的思想发展脉络看，其后他很可能把"公社制"分成了两种形式，"亚细亚的"代表氏族所有制或部落所有制，"古代的"代表公社所有与家庭所有相结合的形式，加上"封建的或等级的所有制"、资本主义所有制和后资本主义所有制，共五种所有制形式。奴隶制、农奴制和独立的手工业者，都是生产资料的利用形式，是低一层次的范畴，不能由它们来规定所有制形式的社会发展阶段。明确了社会发展的主线和五阶段划分的依据，对于马克思五阶段划分的内涵及其与三阶段划分的关系，也就不难理解。

的既定目标。政治经济学的基本方法不同于历史分析，但又离不开唯物主义的历史分析。它以动态发展的社会历史为基础，又把对经济关系的分析定格在一定的历史时点，是对纯粹的、典型的自由竞争资本主义经济关系的历史截面的分析。因此，这种分析虽然联系到经济范畴的历史发展，而对定格的社会结构的分析本质上是"非发展"的，但这种"非发展"不能理解为"静态"，这是由研究对象的特性决定的。

《资本论》把资本主义生产方式当做"活的生命体"，把商品当"细胞"，把经济研究看成"生理解剖"。因此，其基本方法可以理解为"社会有机结构分析方法"。这种方法可以进一步具体化为"生理解剖"以及在此基础上的模拟实验，是一种以有机结构分析为核心的实验科学主义的方法，并遵循从抽象上升到具体的方法论原则。它要阐明的不是猴体如何演变为人体，也不是"活的生命体"如何成长的问题，而是被定格的"静态"的"活的生命体"的内在机理和内在的"动态"运动规律及运动趋势。因此，其研究对象一方面是"静态"的，是"生命体"的特定的典型的定格在一定时段的存在状态；另一方面又是"动态"的，是运动着的"活的生命"。尽管选择的"解剖"对象可以是同一"生命体"的不同成长阶段的典型，可以分别进行"解剖"，从而使经济学的分析与对象的历史发展对应起来。但马克思已经"解剖"的只是自由竞争资本主义的纯粹的、典型的状态，对于垄断竞争资本主义和政府干预条件下的市场经济关系的"解剖"，需要后人运用马克思的方法论思想和基本方法去完成。马克思晚年致力于历史学、人类学的研究，或许正是力图在其基本研究范式基础上，为后人确定下一步研究的基础，为后人的政治经济学研究确定一个方向。也许在他看来，为后人确定一个研究方向比《资本论》后几卷的出版更为急迫，因为他在晚年已经感受到第二次工业革命的蓬勃兴起。因此，我们对《资本论》的基本内容及逻辑关系的理解，不能脱离特定的"既与主体"，我们的阅读必须像马克思阐述这一理论时所做的那样，时刻让定格在一定时间上的"既与主体"浮现在自己的眼前。

二、《资本论》的理论层次

从内容来看，我们通常认为《资本论》可以分为关于资本主义生产方式的"细胞论"、"本质论"、"现象论"和"导论"四部分。前"三论"遵循从抽象上升到具体的叙述脉络，而真正把自由竞争的资本主义作为"活的生命体"进行研究的，集中体现在"本质论"和"现象论"中，这两部分在逻辑上成为一个整体，是一根完整的逻辑链条。"本质论"包含第 1 卷第 2 篇至第 7 篇、整个第 2 卷；"现象论"包含第 3 卷第 1 篇至第 6 篇。"导论"即第 3 卷第 7 篇，它又是《资本论》的终篇。"细胞论"是《资本论》的开篇，同时具有总论色彩。

具有"终篇"和"导论"双重性质的《资本论》最后一篇，在整个《资本论》的逻辑体系中有着极为重要的意义。从内在逻辑关系看，这一篇处于"枢纽"地位。后文的分析表明，如果把剩余价值学说史看成文献综述，且在逻辑上与"导论"按我们通常的思维习惯连接起来的话，我们便会发现，马克思在同一个标题下从不同角度连续两次阐述了同一个主题，从而在理论批判与资本原理之间确立了一个双轨并行的"转换点"。这是一种非常独特的逻辑安排，这种安排从批判和建构两个方面对"斯密教条"进行了最有力的批判。

这一篇的导论性质，需要结合《资本论》的写作过程来理解。马克思在谈到《德意志意识形态》的写作动机时指出：在发表我的正面阐述政治经济学原理的著作之前，"先发表一部反对德国哲学和那一时期产生的德国社会主义的论战性著作，是很重要的。为了使读者能够了解我的同迄今为止的德国科学根本对立的政治经济学的观点，这是必要的"。马克思认为这是在"《政治经济学》出版以前必须完成的"工作。[①] 1858 年初，马克思在给恩格斯的信中指出："我已经推翻了迄今存在的全部利润学说。"[②] 随后，他在谈到《政治经济学批判》的分册出版计划时指出："应当首先出版的著作是对经济学范畴的批判，或者，也可以说是对资产阶级经济学体系的批判。这同时也是对上述体系的叙述和在叙述过程中对它进行的批判。"[③] 这里所指的"应当首先出版的著作"显然不是后来仅含商品和货币内容的《政治经济学批判》第 1 分册，而是包含"资本"章在内。正因为马克思把自己的政治经济学理论建立在对以往哲学、经济学的广泛批判的基础上，尽管马克思认为，关于经济学说史和"社会主义"思想史及对它们的批判，"应当是另一部著作的对象"，[④] 然而在其经济学手稿特别是《1857—1858 年经济学手稿》中，不仅"每一章的结尾都有该章所探讨的理论

①《马克思恩格斯〈资本论〉通信集》，北京：人民出版社 1976 年版，第 8 页。
②《马克思恩格斯〈资本论〉通信集》，北京：人民出版社 1976 年版，第 121 页。
③《马克思恩格斯〈资本论〉通信集》，北京：人民出版社 1976 年版，第 123 页。
④《马克思恩格斯〈资本论〉通信集》，北京：人民出版社 1976 年版，第 174 页。

问题的批判史"，① 而且这种批判大量穿插在经济理论的阐述过程中。可见，《1857—1858年经济学手稿》虽然处于手稿状态，只是为经济理论的正式建构进行的准备性研究，其中却较为直接地体现了理论的批判性和自身理论建构的一些重要的、基本的和指导性的思想。它与《德意志意识形态》是直接接应的。我们了解了马克思的这一写作思路，也就不难理解1877年马克思关于《资本论》写作的说明。他指出："我的著作的各个部分是交替着写的。实际上，我开始写《资本论》的顺序同读者将要看到的顺序恰恰是相反的（即从第三部分②——历史部分开始写的），只不过是我最后着手写的第一卷当即做好了付印的准备，而其他两卷仍然处于……初稿形式。"③ 这是我们理解《资本论》写作过程的关键，至于"交替"的细节的考证，倒是其次的。

就像通常的论著写作过程一样，马克思也有一个思路逐步清晰化过程。1857年的世界性经济危机爆发后，马克思开始正式着手政治经济学著作的写作。这年12月他在给拉萨尔的信中明确指出："目前的商业危机促使我认真着手研究我的政治经济学原理。"④ 他稍后指出，这是他进行了15年的研究之后正式动笔。1858年3月他首次谈到写作计划。计划把全部著作分为六个分册：（1）资本（包括一些绪论性的章节）；（2）地产；（3）雇佣劳动；（4）国家；（5）国际贸易；（6）世界市场。这就是人们所说的"六册计划"。另外，他还打算写一部关于经济学说史和"社会主义"思想史的著作，写一部经济范畴或经济关系发展简史。在六个分册中，他打算把"资本"分册写成相对独立的内容，包括"（1）价值，（2）货币，（3）资本一般（资本的生产过程，流通过程，两者的统一，或资本和利润、利息）"。⑤ 他强调，六个分册不打算写得同样详尽，后三册"只打算作一些基本的叙述"，前三册专门阐述基本经济原理，"不免要作详细的解释"。⑥ 在这年4月2日给恩格斯的信中，马克思除了介绍"六册计划"外，着重说明了"资本"部分的内部结构和写作纲要。其拟订的"资本"分册由四部分构成：（a）资本一般；（b）竞争或许多资本相互作用；（c）信用；（d）股份资本。而"资本一般"又分为"价值"、"货币"、"资本"三部分。同年8月，马克思在《〈政治经济学〉导言》中指出：其经济学著作"应当这样来分篇：

---

① 《马克思恩格斯〈资本论〉通信集》，北京：人民出版社1976年版，第415页。
② 指《剩余价值理论》，即"剩余价值学说史"部分。
③ 《马克思恩格斯〈资本论〉通信集》，北京：人民出版社1976年版，第352页。
④ 《马克思恩格斯〈资本论〉通信集》，北京：人民出版社1976年版，第120页。
⑤ 《马克思恩格斯〈资本论〉通信集》，北京：人民出版社1976年版，第130页。
⑥ 《马克思恩格斯〈资本论〉通信集》，北京：人民出版社1976年版，第130页。

（1）一般的抽象规定……（2）形成资产阶级社会内部结构并且成为基本阶级的依据的范畴。资本、雇佣劳动、土地所有制。它们相互之间的关系。城市和乡村。它们之间的交换。流通，信用事业（私的）。（3）资产阶级社会在国家形式上的概括……（4）生产的国际关系……（5）世界市场和危机"。① 从马克思的思路整理过程可以看出：一方面，他一直把研究重点放在前三册；另一方面，其思维有一个从简单到丰富、从发散到集中的趋势。在 1858 年的 3、4 月份，他先是仅仅把"资本一般"作为"资本"分册的绪论性章节，相隔 10 天之后，他的阐述虽然将价值、货币外在于"资本一般"，而价值、货币、资本一般却占了"资本"分册的全部内容，三周后又把"资本"分为相互平行的四个组成部分，并把价值、货币纳入"资本一般"。这是由简单到丰富的过程。"五篇结构"计划则把资本、雇佣劳动、土地所有制合为一部分。这里已显示了将原理性部分合并阐述的动向，只是没有正式把后三个分册搁置起来，且重新把价值、货币等"一般的抽象规定"从"资本一般"中独立出来。因此，这里的分篇说明，也是对《政治经济学批判》第 1 分册只包含商品和货币两章内容的一个交代。

从 1859 年 2 月马克思给魏德迈的信中可以看出，他这时候仍然维持"六册计划"，并将"资本"分为四篇。这与 1858 年 4 月 2 日给恩格斯的信是完全相同的。但这时所说的"六册计划"，只是一种习惯性说法。这时第 1 分册即将出版，但它只包含商品和货币两章，如果依照这两封信的思路将商品、货币纳入"资本一般"的话，单是"资本一般"至少就得占两个分册，何况"资本"部分还有资本竞争、信用、股份资本内容。马克思再次谈到写作计划是在 1862 年 12 月 28 日，他正式宣布"资本"章虽然是第 1 分册的续篇，但将以《资本论》为标题单独出版，而"政治经济学批判"只作为副标题。他还强调：这是"政治经济学原理"的东西，它和第 1 分册内容都是"精髓"所在，"至于余下的问题……别人就容易在已经打好的基础上去探讨了"。② 这封信表明，马克思已经正式将后三个分册搁置起来，而商品和货币将继续放在"资本一般"的框架之中。至于雇佣劳动和土地所有制，按新的思路显然已经不作为独立部分对待。1863 年 8 月马克思指出："我曾不得不把一切统统推翻。"③ 他指的就是此前写作计划的重大调整。这种调整的酝酿，可能要稍早一些。前文已经指出，

---

① 马克思：《〈政治经济学批判〉导言》，《马克思恩格斯选集》第 2 卷，北京：人民出版社 1972 年版，第 111 页。

②《马克思恩格斯〈资本论〉通信集》，北京：人民出版社 1976 年版，第 170 页。

③《马克思恩格斯〈资本论〉通信集》，北京：人民出版社 1976 年版，第 185 页。

"五篇计划"已有调整的动向，起码是把前三部分作为一个整体的思路已被考虑过。马克思最后下决心进行大的调整可能是在 1862 年的夏天。早在 1844 年以前，马克思就已着手研究地租问题，但直到 1862 年 6 月 18 日，他在给恩格斯的信中才宣布："现在我终于顺便把地租这个烂摊子清理出来了。"① 这年 6 月 16 日至 8 月 9 日，马克思有四封信主要谈地租问题。这时他最终把地租理论与剩余价值理论基本上打通了。因此，写作计划的调整是以更加成熟的思考为基础的。1866 年初马克思在谈到手稿中的地租部分时指出："两年以前，我结束了对地租所做的探讨。正好在这一期间，许多新的东西出现了，并且完全证实了我的理论。"②这也印证了研究计划的调整与地租理论有关的设想。调整后的写作计划，也就是"四册计划"。1865 年 7 月他谈道："再写三章就可以结束理论部分（前三册）。然后得写第四册，即历史文献部分。"③ 这一计划定下之后，基本没有变化。如果说有变化，也只是在分卷方面。在现在的《资本论》第 1 卷出版以前，马克思曾计划把第 1 册、第 2 册作为一个整体出版，把现在的第 3 卷作为第 2 卷，把理论史作为第 3 卷。后来，他又有过把现在的第 2 卷、第 3 卷合为一卷的想法。

马克思的写作思路有一个逐步清晰的过程，写作计划也经过重大的调整，但其理论任务则始终保持一致。这就是揭示资本主义经济关系的本质，批判以往经济学家、生产当事人乃至其他理论家的表象化认识，把深深隐蔽起来的资本主义社会的内在的本质关系"再发现出来"。④ 这种批判服务于、服从于社会发展理论，旨在证明资本主义生产关系的历史合理性、文明性和历史暂时性。这种批判又是科学的批判，是通过建构科学的政治经济学理论进行的批判。1857 年马克思刚刚着手政治经济学原理的写作时，他就明确表示，这项工作之所以非常必要，就在于它能够"使公众认清事物的实质"⑤。这需要推翻"迄今存在的全部利润学说"⑥。1858 年初谈到写作计划时，他又指出：李嘉图对利润问题的阐述"与自己（正确的）价值定义发生了矛盾"，李嘉图作为资产者"不能不犯即使从严格的经济学观点看来的错误"，因此，"不能不反驳李

---

① 《马克思恩格斯〈资本论〉通信集》，北京：人民出版社 1976 年版，第 28—161 页。
② 《马克思恩格斯〈资本论〉通信集》，北京：人民出版社 1976 年版，第 200、201 页。
③ 《马克思恩格斯〈资本论〉通信集》，北京：人民出版社 1976 年版，第 196 页。从写作顺序看，这与 1877 年 11 月马克思自己的说明似乎不一致，因此，这里说的应该是指手稿成熟阶段的写作情况。
④ 马克思：《剩余价值学说史》第 3 卷，郭大力译，北京：人民出版社 1978 年版，第 583 页。
⑤ 《马克思恩格斯〈资本论〉通信集》，北京：人民出版社 1976 年版，第 119 页。
⑥ 《马克思恩格斯〈资本论〉通信集》，北京：人民出版社 1976 年版，第 121 页。

嘉图"^①。1867 年马克思在谈到关于《资本论》的评论应该如何处理时指出：《资本论》用唯物主义方法考察了实际的经济关系，"证明现代社会，从经济上来考察孕育着一个新的更高的形态"，"消灭了所有制的社会主义，也就是所有乌托邦主义"。它把对现代运动、现代社会发展过程的最后结果的表述，与现实经济的实际发展相对区别开来。^② 在马克思看来，这样评论才能在文字上对世俗口味一定程度上加以迎合的同时，保持其精神实质。这些不随写作计划的变化而变化的稳定东西，这些在做出必要妥协时需要保持的东西，也就是其理论最终需要阐明的最深层的东西。《1857—1858 年经济学手稿》也能说明这一点。在"货币章"中，主要内容分为两部分，第一部分是在阐明货币与商品经济内在关系的同时，对蒲鲁东主义的"劳动货币"进行了批判；第二部分是"商品流通和货币流通"，主要介绍了货币的职能。而在第一部分专门设有两节，说明资本主义社会的特征：其一，是"既不同于资本主义前的各社会形态，又不同于未来的共产主义社会的资产阶级社会的一般特征"；其二，是"资产阶级社会条件下的社会关系的物化"。这在"货币章"总共 8 个三级标题中占了 2/8。

从马克思的写作过程可以看出，他对政治经济学原理的阐发是以推翻以往"全部利润学说"为目标的，并且，这种理论阐发服务于、服从于社会发展理论。其根本宗旨在于揭示资本主义社会的基本特征，并通过从经济理论上把握资本主义社会被"物化"的社会关系，来理解"拜物教"的本质，从而在唯物史观的基础上说明这一社会的历史暂时性。"各种收入及其源泉"作为"导论"，首先与这一写作主旨紧密相关。这一篇可以分为三部分：（1）第 48 章"三位一体的公式"属于第一部分。除了恩格斯从第 6 篇的"插叙"中辑录的三个片段^③外，大致可以分为两节。第 3 卷第 924 页最后一行到第 934 页倒数第二自然段，是第 1 节。它简要介绍了《资本论》的研究对象：从一般的社会生产过程考察了资本主义生产过程的特征、历史合理性及历史暂时性；说明了资本主义分配与收入的关系；阐述了以"颠倒"形式表现出来的收入关系引起的错误认识。第 3 卷第 934 页倒数第一自然段至第 940 页为第 2 节。它概述了《资本论》的基本内容，这也是对价值源泉被掩盖过程的简要说明；这里对《资本论》研究内容的界定做出了必要的交代，即研究限于"理想的平均形式"，还交代了被

---

① 《马克思恩格斯〈资本论〉通信集》，北京：人民出版社 1976 年版，第 124 页。
② 《马克思恩格斯〈资本论〉通信集》，北京：人民出版社 1976 年版，第 244、245 页。
③ 这三个片段与整个第 7 篇的内容及逻辑关系并不一致，应作为单独的内容看待，后文的难点解析将做专门探讨。

排除在作为研究任务将要揭示的"神秘化"之外的种种情况。（2）第49章、第
50章和第51章构成这一篇的第二部分。这部分对"斯密教条"进行了深入系
统的批判。这种批判与《剩余价值学说史》有直接的关系，具有总评总论形式
的文献综述性质。在《剩余价值学说史》中，最后一篇的标题是："收入及其源
泉。庸俗经济学"，然而，马克思在第6小节即"庸俗社会主义反对利息的斗争"
中提到，"在论庸俗经济学家的那一节，我们还要回头来说到这一层。这里只是
预先说上几句。"① 但接下去的第7小节即最后一节是"利息问题的历史背景"，
主题是对蒲鲁东的批判。可见，该篇虽然涉及庸俗经济学，标题上的"庸俗经
济学"并没有在专题上得到体现。这表明马克思的写作思路在手稿写作过程中
可能发生了变化。因此，《资本论》最后一篇与《剩余价值学说史》的最后一篇
应该说标题是完全一样的。从内容看，两者却有些差异。《剩余价值学说史》的
最后一篇以"资本——利息"为主线，批判的矛头主要是庸俗经济学和庸俗
社会主义。虽然庸俗经济学的三位一体公式与"斯密教条"一脉相承，但在这里
马克思还是一定程度上突出了古典经济学与庸俗经济学的区别。而在《资本论》
最后一篇的第二部分，矛头似乎直指"斯密教条"本身。这种差异可以从两个方
面来解释。一方面，马克思对"斯密教条"的认识有一个逐步深化的过程。《剩
余价值学说史》手稿是"1861—1863年经济学手稿"的重要组成部分，而1868
年6月马克思还惊异地发现，斯密居然把利润列入原始费用，并针对斯密的
前后矛盾不无讽刺地说："对这个人来说，小便器官和生殖器官在精神领域内
也是一致的。"② 恩格斯整理出版的《资本论》第3卷，其手稿"完成于1869—
1870年"。③ 因此，同一标题的两次写作相隔了5年多时间，像马克思那样的
伟大思想家，在这么长的时间里思想发生一些变化是很正常的。另一方面，完
全一样的专题是放在不同背景下叙述的。《剩余价值学说史》重在批判，作为对
整个批判的总结，主要是突出这种非科学认识的最普遍的表现和批判对象的"成
熟"形态。《资本论》虽然也是要揭示资本主义社会的特征和非科学认识后面的
实质，而这种揭示是通过科学理论的建构来完成的，作为《资本论》的"导论"，
必须从源头上认识、把握"三位一体"的公式。因为这一公式"是亚当·斯密创
始的"，④ 它不仅在斯密自己的理论中成为"占主导地位的见解"，而且"为庸

---

① 马克思：《剩余价值学说史》第3卷，郭大力译，北京：人民出版社1978年版，第592页。
②《马克思恩格斯〈资本论〉通信集》，北京：人民出版社1976年版，第277页。
③《马克思恩格斯〈资本论〉通信集》，北京：人民出版社1976年版，第415页。
④《马克思恩格斯〈资本论〉通信集》，北京：人民出版社1976年版，第351页。

俗经济学大开了方便之门"。① 因此，只有深入批判这一教条，揭示其"超历史"分析的错误和逻辑上的荒谬，才能为新理论的建构打下思想基础，并通过新的理论彻底纠正从斯密开始一直"贯穿整个政治经济学的令人难以置信的错误"。② 鉴于此，马克思对"斯密教条"的反复批判，也就体现着建构新理论的要求。他对斯密把不变资本还原为收入的批判更是集中体现了这一点。在《资本论》第 2 卷中，结合两大部类的实物补偿和价值补偿关系，他用了长达 30 多页的篇幅批判斯密的不变资本还原思想。③ 在第 3 卷中，又用了整个第 49 章阐发这一问题。事实上，斯密并没有排除将不变资本作为独立于三种收入之外的"第四要素"的思想，因此，在不变资本的处理上，他虽然将两种思路并存，与马克思的思路却并没有直接冲突。马克思本人已经注意到斯密在论述国民收入时"把第四个要素，即资本的要素偷偷塞了进来"。④ 而且在论述个别资本的生产时，斯密所举的普通农场主的例子，也包含着不变资本的补偿。尽管其他例子没有明确这一点，但并不能推论斯密没有把不变资本当做一个独立要素，因为他举例子只是为了说明各种收入可能被混淆的各种情况。⑤ 因此，在这个问题上，马克思似乎有点过度解读，因为斯密的还原思想着眼的是长期，而马克思强调的是"年生产"。当然，斯密在这个问题上并不是没有错误，细分起来，其错误主要有两个不同层面：一是暗含资本主义是永恒的生产关系这样一个假定，因为要最终将不变资本还原为收入，必须无限上溯，直至原始时期；二是把不变资本从生产和收入的前提变为收入的结果，从而形成一条逻辑上上溯的通道，因此，这种上升通道是以要素源泉论为基础的。不过，这种上升可以随时根据研究的需要停止脚步，因此，与马克思的思路并没有直接冲突，只要加上一个"时期差异"就可以把两者调和起来。这些错误实质马克思都分析到了，但他似乎还没有把它们与不变资本的还原问题直接联系起来，起码是内在逻辑关联没有清晰地突显出来。在这个具体问题上，马克思更多的是抓住不变资本被还原掉的"事实"不放，并就此强调：斯密不理解不变资本与可变资本的关系，不理解价值决定与价值转移的关系，不理解实物补偿与价值补偿的关系，不理解两大部类之间的关系，不理解收入的价值基础，不理解年产品价值与年价值产品的区别。这种批判似乎更多地突出了斯密与自身的差异，其

---

① 马克思：《资本论》第 2 卷，北京：人民出版社 1975 年版，第 413 页。

② 马克思：《资本论》第 3 卷，北京：人民出版社 1975 年版，第 946 页。

③ 马克思：《资本论》第 2 卷，北京：人民出版社 1975 年版，第 401—434 页。

④ 马克思：《资本论》第 2 卷，北京：人民出版社 1975 年版，第 402 页。

⑤ ［英］亚当·斯密：《国富论》（上），杨敬年译，西安：陕西人民出版社 2001 年版，第 67、68 页。

批判的力度显得不足，但强烈反映了马克思不愿与斯密"范式"简单调和的态度。马克思不愿意与斯密调和，目的应该是为他从抽象上升到具体的思维方法确定一个坚实的"唯一性"基础。而他所强调的斯密的理论局限，正是他在理论上要建构的东西。

第三部分是第 52 章"阶级"，这一章进一步从阶级关系方面突出了资本主义社会物与物的关系所具有的人与人关系的实质。有些人对马克思以这一章结尾的做法不很理解。前文的分析表明，在马克思的理论体系中，社会发展理论处于核心地位，政治经济学服务于、服从于他的社会发展理论，旨在揭示资本主义社会的基本特征，阐述表面的物与物的关系的内在本质，并说明资本主义社会的历史合理性与历史暂时性。只有理解了这种不同理论层面的耦合关系，才能真正把握马克思的思路。由此出发，我们既不能用历史分析代替经济学分析，又不能脱离历史分析。两者存在一种离异与回归的关系。马克思首先做的，就是对以往经济学说的批判，推翻以往的全部利润学说，这种批判是以马克思头脑中已经成熟的新理论为武器的。与此同时，马克思在批判的基础上建构起自己的经济学说，把头脑中的理论"外化"，使人们能够通过这一理论认清资本主义经济关系的实质。需要注意的是，经济理论的建构虽然以社会发展理论为基础，且为其服务，而两者又具有根本差异。社会发展理论主要是揭示社会动态演化的基本规律，经济理论则是阐明被"定格"的历史阶段"赋有生命"的特定生产方式内在"生命运动"的规律。因此，两者形成一种相互补充、相互耦合的关系。从这种耦合关系和政治经济学的理论任务出发，经济分析最终要回归到社会发展理论层面。有了这种回归，才能在社会发展理论层面说明资本主义生产方式被未来更高级生产方式替代的必然性。基于这种"批判"、"建构"、"回归"的思路，《剩余价值学说史》承担批判的任务，现有《资本论》部分承担理论建构的任务。如果把《剩余价值学说史》看成文献综述的话，作为"导论"，《资本论》最后一篇也就成为两者的结合点，它必须在文献综述的基础上，提出经济理论研究的总任务。因此，在深入批判"斯密教条"的基础上，通过对收入分配关系以及分配关系与生产关系的联系的分析，最终回到阶级关系的分析，正是这一思路的必然归宿。因为在阶级社会，生产关系集中体现为阶级关系，而生产力与生产关系的矛盾运动是社会发展的根本动力。这样，经济理论与社会发展理论也就实现了耦合，成为一个有机的理论体系的不同构成部分。我们的这种分析模式，可以从《〈政治经济学批判〉导言》中获得进一步的说明。在《导言》中，"生产"和"生产与分配、交换、消费的一般关系"两节，主要是对斯密和李嘉图的批判。马克思指出：这种批判之所以必要，是因为他们"非历史"的分析方法被巴师夏、凯里、蒲鲁东等人"引进最新的经济学中来"。[①] 这种利用当然还包括萨伊等人。"政治经济学的方法"一节，则提出了建构新理论的方法论原则。而最后一节，则回归到社会发展理论，提出了一系列有待阐明的问题。《导言》和《资本论》最后一篇还有一个共同的现象，即两者的最后一节都处于"未完稿"状态。这种一致性也许不完全是"偶然"的巧合，合理的解释是：这两处都已是回归到了不同于经济理论的社会发展理论层面，相应的更广泛的内容是有待社会发展理论来阐明的，因此，马克思只是就其与经济理论相关联的内容做出简要的提示性说明。而从总体上看，马克思的社会发展理论还停留在唯物史观的抽象说明和某些例证式的历史分析状态，还需要进一步完善。因此，"未完稿"也就可以看成马克思预留的两个理论层面的接口。另外，马克思对地租理论高度重视，从 1844 年开始，他对土地制度的研究花费了大量的精力。为此，他还专门学习了俄语，他去世的时候，尚未整理的这方面资料有几个立方米。如果掌握了他的研究思路，这种执著精神也是不难理解的。他曾指出："只有在农业体系里才能首先发现经济领域里的三个阶级及其相互关系。"[②] 可见，这种土地制度研究同样服从于资本主义社会关系的分析。

《资本论》最后一篇又确实具有"终篇"性质。从另一角度看，第 3 卷第 48 章也就是对《资本论》的研究对象和基本内容的简要总结。第 49 章"关于生产过程的分析"，在区别年产品价值与年价值产品的基础上，从收入形式上阐明了不变资本和可变资本的补偿；通过区分总收益、总收入和纯收入，批判了斯密把不变资本还原为收入的思想，揭示了引起斯密错误认识的理论根源和现实根源。第 50 章"竞争的假象"，在阐述商品价值构成及变动规则、剩余价值的分割及其与收入的关系的基础上，集中揭示了"斯密教条"关于商品价值（价格）决定必然引起的逻辑混乱和理论后果，剖析了成为错误的价值（价格）决定思想的基础的种种现实观念的错觉。第 51 章"分配关系和生产关系"，批判了把资本主义生产关系乃至分配关系看成超历史关系的错误，说明了资本主义生产方式的历史暂时性和时代特征，指出了把资本主义生产过程混同于简单劳动过程的实质。这些都只有联系已经阐明的经济原理，才能得到更加透彻的说明，才能使读

---

① 马克思：《〈政治经济学批判〉导言》，《马克思恩格斯选集》第 2 卷，北京：人民出版社 1972 年版，第 87 页。

② 《马克思恩格斯〈资本论〉通信集》，北京：人民出版社 1976 年版，第 358 页。

者最终理解并加以接受。第52章则是两个理论层面的耦合关系的最终建立。

马克思对"各种收入及其源泉"的逻辑安排所体现的材料处理手法，还可以从他对"资本原始积累"的处理方式中得到印证。按照历史的顺序，"资本原始积累"作为资本主义生产的历史前提，本应该在"货币转化为资本"之前加以阐述。然而，马克思却把这一内容放在《资本论》第1卷第7篇的第24章、25章则是对"资本原始积累"的进一步论证和说明。这种逻辑安排使资本积累在历史方面和理论方面获得双重的说明，从而充分突显了积累的资本主义性质。

《资本论》第1卷第1篇"商品和货币"，是需要重点剖析的又一个理论环节。从逻辑链条看，它同样是一个相对独立的部分。这是因为，作为商品范畴的内在矛盾关系，并不能自动导出资本主义生产。资本主义生产是历史运动的产物，只有借助资本原始积累理论，才能把两段逻辑链条之间的缝隙填平。这一篇一般分为商品和货币两部分，但把它拆分为三个部分可能更加合理。如果分为三个部分，第一部分相当于第1章前3节和第2章，这部分在广泛的商品交换的"简单商品生产"这样一个理想化的条件下，阐述了商品二重性和劳动二重性，从广泛的商品交换中抽象出商品的价值实体、价值量规定，以及价值的表现形式。第二部分相当于第3章，这部分分析了货币的五种职能。关于"拜物教"的分析可以抽取出来作为第三部分。它是从商品价值的"社会关系"属性中引申出来的。马克思在《政治经济学批判》中是将"拜物教"作为交换价值的特征来说明的。在《资本论》第1章中，被突出为专门的一节。从逻辑联系看，这一节设在"商品"章是合适的，但从《资本论》的整体结构、理论任务和不同理论层面的耦合关系看，把这一节看成独立于商品、货币的第三部分更为合适。在资本主义社会的经济关系中，人与人的真实关系表现为物与物的关系，社会劳动表现为商品的等同的价值对象性这种物的形式（货币形式），并取得了相应的量的规定。作为社会劳动结晶物的商品，是一个天生的平等派，而作为社会劳动的商品的生产，则是以人的异化和异化了的劳动成果即资本对劳动者的统治为前提，资本力量的增长过程也就是资本主义生产关系的成长过程。人们对商品和货币的崇拜实质上也就是对资本魔力的崇拜。在资本主义社会，这种人与人的关系被物的关系所遮蔽。因此，马克思写作《资本论》的根本目的，就是为了揭示被物的关系所遮蔽的社会关系的本质，并揭示其经济运动的一般趋势。这样，剩余价值的源泉及量的规定和形态转化，也就成为《资本论》的核心。可见，对"拜物教"的分析，也就是对全书主旨的阐发。对这种"拜物教"性质，马克思一方面是通过商品的价值关系来揭示的，另一方面又把它放在唯物史观层面来理解。从鲁滨逊的故事到"自由人联合体",马克思进行了系统的比较研究,并以"直接社会化的劳动"来说明特定的资本主义社会中商品所含社会劳动的实质及物与物关系的本质。

从"商品和货币"的内容看,这一篇也具有双重性质,它既是"开篇",又是"总论"。作为"开篇",它通过商品和劳动的二重性分析,对商品、货币、价值、使用价值、社会必要劳动等基本范畴进行了本质的说明。这些说明以资本主义商品为抽象一般的对象,因为前资本主义的商品货币关系的发展尽管是资本主义生产方式的历史前提,却不具备抽象出资本主义经济关系的基本范畴的典型意义。这些被抽象出来的基本范畴,是关于资本主义经济关系的理论逻辑能够依照从抽象上升到具体的路径"被展开"的前提和基础。"开篇"还通过"拜物教"的分析,提示了经济理论研究的总任务或最终归宿。作为"总论",它在最抽象的层次上,在严格的约束条件下,把商品、货币和交换关系的历史形式与典型的自由竞争资本主义的现实条件结合起来,用一种类似"模拟实验"的方法即基于资本主义现实而又高于现实的典型分析方法,通过从资本主义社会这一"活的生命体"中抽取出来的"细胞"的实验分析,在最深的层次上揭示了价值规律,并结合唯物史观说明了资本主义经济关系的"拜物教"本质,即人与人关系的物化及物的主体化、人格化。这种内在的本质关系与生产当事人和以往经济学家头脑中的观念或作为条理化的现实观念的"理论"认识是完全不同的。鉴于这种双重性质,《资本论》第1篇和最后1篇虽然层次不同,内容也不同,其在逻辑链条上可以看成两段独立的部分,它们之间却又存在一种前后呼应的关系。并且,第1卷第1篇与第3卷第7篇都充满对错误观念的批判,这除了对"拜物教"的说明之外,第2章作为第1章的基础(第1章的分析是以广泛的交换为基础的),在分析了交换关系和商品、货币的发展历史之后,最终落实在对错误的货币观念的澄清方面。

三、资本主义生产的内在逻辑关系

马克思是科学家,他对资本主义经济关系的研究,遵循从具体上升到抽象、又从抽象上升到具体的原则,这种研究基于资本主义生产的现实,又最终回到现实中接受检验，这与科学研究的要求是相符合的。因此，作为这种"科学研究"的成果，《资本论》仅仅是一份研究报告。它不是玄学，没有也没必要刻意追求基本范畴自我展开的逻辑链条的完美性、同一性，它只要把科学研究的成果"叙述"清楚就足够了。从这样一种判断出发，我们认为《资本论》并不是一条从逻辑起点到逻辑终点的首尾连贯的完美的同质性的逻辑链条。它可以分为三段不同特质的逻辑链条，它们相互衔接在一起。开篇"商品和货币"是一条独立的逻辑链条，其主要特征是形式逻辑分析，是从各式各样的资本主义商品中，抽象出共同的特征，并概念化为基本范畴。即便是价值形式，尽管体现着价值和使用价值的互为前提的关系，它仍然是各种商品表现价值的共同形式，依然可以看成形式逻辑的抽象。作为"细胞"分析，这一篇又构成从抽象上升到具体的一个理论阶梯。这与该段逻辑链条的特质是不矛盾的，这是因为，作为资本主义生产的逻辑起点，和在严格约束条件下对作为这一起点的商品进行形式逻辑的分析，并不是一回事。《资本论》终篇即"各种收入及其源泉"，也可以看成一条独立的逻辑链条，它既是对《资本论》研究对象和研究内容的概述，又通过"斯密教条"的批判，对经济理论研究的总任务进行了最集中的阐述。这里的概述和批判，大体上也是以形式逻辑为主要分析工具。这里所说的"资本主义生产"，指的是资本主义生产的总过程，它不同于狭义的相对于流通的生产环节。它从货币转化为资本开始，以剩余价值的分配结束，这是《资本论》原理的主体部分。这是关于研究对象的整体研究，主要采取了互为前提、互相依赖的辩证分析方法。这一逻辑链条可以分为"本质论"和"现象论"两个层面。

"本质论"又可以分为四个部分：第1卷第2篇即"货币转化为资本"是第一部分。其基本内容是：劳动力成为商品，货币转化为资本。劳动力成为商品，是资本主义生产的前提，因此，对资本主义生产本质的分析，必须以此为前提，为起点。该篇对劳动力商品的分析，是与资本总公式及总公式的矛盾相联系的，它是在"商品生产和发达的商品流通"这一"历史前提"[①] 下考察资本总公式的矛盾的基础上，作为资本主义生产的前提被提出来的。这样，劳动力商品的分析也就成为资本主义生产的本质分析的基点。

第1卷第3篇"绝对剩余价值的生产"，第4篇"相对剩余价值的生产"，第5篇"绝对剩余价值和相对剩余价值的生产"，第6篇"工资"，第7篇"资

---

① 马克思：《资本论》第1卷，北京：人民出版社1975年版，第167页。

本的积累过程"，构成"本质论"的第二部分。在生产要素自由流动、商品按价值出售、平均的资本有机构成等约束条件下，这部分对资本主义经济的直接生产环节进行了研究，阐述了剩余价值的生产和剩余价值转化为资本的机理，揭示了剩余价值（利润）的源泉和资本主义生产的目的。这部分还可以分为两小节：第 3 篇至第 6 篇可以作为一个小节，它以单个产业资本的一个"孤立"的生产环节为基础，考察了价值形成过程、剩余价值的生产方式和工资的实质；另一小节是第 7 篇，这一篇是在"假定资本按正常的方式完成自己的流通过程"的前提条件下进行阐释的，即假定资本家能够按价值"卖掉自己的商品，并把由此得到的绝大部分货币再转化为资本"，并暂时忽略剩余价值在资本主义现实经济关系中的分割问题，把"资本主义的生产者当作全部剩余价值的所有者，或者……当作所有参加分赃的人的代表"，因此，这是"暂时抛开掩盖它的机构的内部作用的一切现象"的"纯粹的分析"。^① 马克思把这些假定的内容留待第 2 卷和第 3 卷研究，这是为叙述的需要在逻辑上做出的一种安排。这反映出叙述过程仅仅是理论逻辑"被展开"的过程。这一篇揭示了资本主义的积累规律，即一边是资本积累，一边是过剩人口的积累；一边是财富的积累，一边是贫困的积累。这里已经隐含了关于资本主义生产方式的历史暂时性的论证。这一篇在逻辑上具有双重作用。一方面，它在忽略了流通和剩余价值分割的条件下，基于再生产考察了剩余价值转化为资本和资本主义生产的发展趋势，从单纯的生产环节看，这是经济理论的总任务的完成，并体现着经济理论与社会发展理论的耦合关系。另一方面，由于这里的分析暂时忽略了第 2 卷和第 3 卷的内容，因此，通过约束条件的放开，可以自然而然地过渡到后两卷的研究，从而成为理论逻辑上的一个转折点。

《资本论》第 2 卷第 1 篇"资本形态变化及其循环"和第 2 篇"资本周转"，构成"本质论"的第三部分。第 1 篇研究了单个产业资本在不同阶段所具有的不同形态和不同职能，以及资本不同形态的循环。第 2 篇不再把资本循环当成孤立的过程，"而是当作周期性的过程"。^② 这是在第 1 篇孤立、静止地考察资本的一次循环的基础上，进一步对资本循环做动态考察。它主要研究两个问题，一是影响资本周转的因素，二是资本周转对资本增殖的影响。

《资本论》第 2 卷第 3 篇"社会总资本的再生产和流通"，是"本质论"的第四部分。它研究社会整体资本（限于产业资本）的循环运动，是社会再生产

① 马克思：《资本论》第 1 卷，北京：人民出版社 1975 年版，第 619、620 页。
② 马克思：《资本论》第 2 卷，北京：人民出版社 1975 年版，第 174 页。

理论的基础性内容。这一篇阐述了简单再生产和扩大再生产的价值补偿与实物补偿问题，提出了社会再生产如何按比例进行的问题。这一篇从理论逻辑方面看，也具有双重作用。一方面，这是流通过程的具体化，因为前面两篇研究单个产业资本的形态变化、循环和周转，而这一篇是研究各个单个资本循环、周转的总和。马克思说："社会资本的运动，由社会资本的各个独立部分的运动的总和，即各个单个资本的周转的总和构成。"① 因此，这一篇是在忽略第 3 卷将要考察的剩余价值的分配问题的条件下阐述资本流通的整体。另一方面，资本主义流通、社会资本的运动不同于简单商品流通，它不仅包含商品和货币的互为媒介的运动，而且包含货币资本向生产资本的转化、生产资本向商品资本的转化，还包含一般商品的流通。正因为如此，社会总资本的再生产"既包括……直接的生产过程，也包括真正流通过程的两个阶段……包括全部循环"，② 社会总资本的流通过程"就是再生产过程的形式"。③ 因此，作为再生产理论，它不仅是前两篇的具体化，还是整个资本主义生产过程的具体化。应该说，整个第 2 卷是第 1 卷第 7 篇所假定的"资本按正常的方式完成自己的流通过程"这一约束条件的展开，因此，对社会总资本运动的考察，也就是从流通过程研究再生产实现条件的基础上，进一步深化了再生产问题的研究。从这一意义看，这一篇既是资本主义流通过程的具体化，又是生产过程的具体化，是生产过程与流通过程的统一，是"本质"分析中资本主义总生产过程的整体性分析。正是基于这种整体性分析的需要，这一篇特意安排了一章"导言"。

　　《资本论》第 3 卷前 6 篇，可以看成关于资本主义生产的现象层面的说明，它从资本主义生产的本质关系出发，对生产当事人及其理论上的代言人从现象得出的"日常观念"，做出合乎价值规律的说明。"现象论"也可以分为两部分。《资本论》第 3 卷第 1 篇"剩余价值转化为利润和剩余价值率转化为利润率"，第 2 篇"利润转化为平均利润"，第 3 篇"利润率趋向下降的规律"，这三篇构成第一部分，其核心是阐释等量资本取得等量利润的原则和利润率趋于下降的趋势。第 1 篇首先把资本主义生产的本质规定转化为"成本价格"、"利润"、"利润率"等生产当事人所熟悉的日常观念。这种转化仍然以单个产业资本为基础。这里的"成本价格"、"利润"等，在量和质方面都与本质规定具有同一性，只是表现形式有所不同。这一篇的分析依然建立在一系列假设前提之上：商品按

---

① 马克思：《资本论》第 2 卷，北京：人民出版社 1975 年版，第 390 页。
② 马克思：《资本论》第 2 卷，北京：人民出版社 1975 年版，第 389 页。
③ 马克思：《资本论》第 2 卷，北京：人民出版社 1975 年版，第 392 页。

价值出售，供求一致，忽略商业资本、生息资本、土地所有权等，产业资本家被当做所有参与分赃的人的代表等。第2篇考察了利润率在具有不同有机构成的不同生产部门之间的平均化过程，以及总利润在不同生产部门之间的分配，从而在价值规律的基础上说明了等量资本取得等量利润的原则和生产价格的价值基础。具体而言，这一篇研究了三个转化问题，即利润率转化为平均利润率；利润转化为平均利润；价值转化为生产价格。第3篇运用价值决定与资本有机构成的关系，说明平均利润率趋于下降的"现象"。在马克思所处的时代，由于生产结构和消费结构的变动不是很快，新部门、新产品占的比重很小，因此，如果没有市场的扩张，随着资本密度上升和生产效率提高，相应部门的利润率乃至整个社会的平均利润率趋于下降。就像等量资本取得等量利润的原则一样，平均利润率趋于下降的规律，是当时生产当事人普遍感受到而又难以解释的一种"现象"，也是经济学家面对的一个"事实"。正因为如此，即便是在更晚期的新古典经济学那里，利润率与资本密度也是呈逆向单调关系，利润率与劳动生产率同样呈逆向单调关系。这两个"逆向单调关系"是新古典经济学最重要的命题之一，尽管新古典经济学有不同的理论阐释，它与马克思经济理论在这一问题上的基本结论是一致的，或者说，两者都是从这一"事实"出发的。可见，马克思关于利润率的下降趋势的阐释，是把这一趋势当做一种"现象"来说明的。

《资本论》第3卷第4篇"商品资本和货币资本转化为商品经营资本和货币经营资本（商人资本）"，第5篇"利润分为利息和企业主收入。生息资本"，第6篇"超额利润转化为地租"，这三篇构成"现象论"的第二部分。其核心是对剩余价值表面化了的各种独立形态即商业利润、利息、企业主收入、地租、股息等分别进行了阐释，揭示了这些独立形态与剩余价值的内在逻辑关系，分析了不同资本家之间瓜分剩余价值的问题。第4篇把商业资本作为独立的资本与产业资本相对立，把商业利润当做剩余价值的特殊形式与产业利润相对立，把商业资本家与产业资本家相对立。由于把商业资本从产业资本运动中独立出来考察，且以产业资本为基础揭示了商业资本参与利润率平均化的机理，这就使一般利润率和生产价格进一步落实到现实经济关系中。第5篇分析了产业资本中的货币资本独立化为生息资本的一系列问题，揭示了作为日常观念的利息和企业主收入与剩余价值的内在逻辑关系，说明了生息资本的各种形式即借贷资本、银行资本、股份资本、虚拟资本与职能资本（产业资本）的关系，说明了"所有权"对生息资本的意义。第6篇通过资本主义地租的分析，揭示了土地所有者凭借土地私有权参与瓜分剩余价值的经济关系，说明了级差地租、绝对地租和垄断地租的源泉及其决定机制，揭示了资本主义社会中地租的资本主义性质，从理论上阐明了产权对剩余价值分配的影响，并以价值为基础对没有价值的物品的"价格"做出了较为合理的说明。为了把地租限定在资本范畴下进行分析，这一篇安排了一章"导论"，说明地租分析的假定条件、资本主义土地所有权的实现及资本主义地租的特定内涵等。

在理解资本主义生产的逻辑关系时，我们还必须注意以下几个方面：

（1）经济理论的不同层次都有相应的约束条件。从总体上看，整个理论都以理想的、纯粹的自由竞争资本主义生产为前提，都包含完全竞争、完全信息、一般均衡、理性经济人这样一些条件，并假定劳动为简单同质劳动，忽略非市场性劳动和国际贸易等。关于资本主义商品这一"细胞"的分析，除了广泛的商品交换和自由竞争的一般条件外，还把资本主义商品生产放到简单商品生产这样一种特殊的历史形式中加以分析。"本质论"则在自由竞争的一般条件之外，还假定资本有机构成一致、商品按价值出售、工资等同于劳动力价值、剩余价值全部属于产业资本家、忽略所有权及个人意志对价格的影响等。"现象论"则放松了前面两个层次特有的约束条件，但仍然保持纯粹的自由竞争资本主义的一般条件。

（2）"本质论"和"现象论"都以产业资本为核心。其理论阐述依以下顺序（见图2）展开：

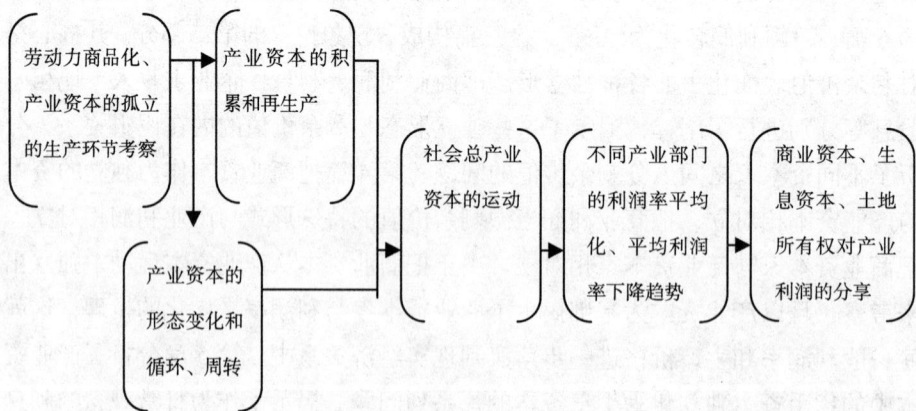

图2

（3）在"本质论"和"现象论"中，逻辑主线体现了资本主义生产内在结构分析的需要，相关的历史分析一般都经过精心的处理。有关资本原始积累、前资本主义商业、前资本主义高利贷资本和地租发展历史的分析，都被刻意安排在相关内容的篇末。这种安排，一方面使资本积累、商业资本、生息资本和资本主义地租获得理论和历史的双重说明；另一方面又避免了历史分析对理论逻辑展开的干扰，保持了逻辑链条的单纯性、连贯性和逻辑严密性。这种刻意安排既把经济学分析与历史分析相对区分开来，又把不同理论层面巧妙地耦合在一起。

（4）由于马克思把资本主义生产看成"活的生命体"，因此，必然把"生命体"的不同方面看成互为前提的关系。这在第 1 卷第 7 篇体现得最为明显。在这一篇中，有长达 2 页的"引文"，专门阐述资本积累与第 2 卷、第 3 卷内容之间的关系。在《资本论》各篇中，这是存在"引文"的仅有的一篇，第 2 卷第 3 篇的"导言"与此类似。① 从形式上看，似乎这一篇与其他各篇不一致，这反映了马克思不拘泥于形式上的整齐划一，而非常注重各篇的逻辑顺序和逻辑关系。当然，这种互为前提的关系并不限于资本积累与资本流通和剩余价值分配的关系，也不限于社会资本再生产的分析。事实上，整个生产过程都是以流通过程为前提，剩余价值的生产是以商品按价值出售和供求一致为前提的，只是这一前提在价值实体及其量的规定中已经潜在地包含着。因此，在马克思看来，没有单独集中说明的必要。反过来，流通过程也是以生产过程为前提，这体现在第 2 卷与第 1 卷的关系中。

（5）从抽象上升到具体，不仅体现在"细胞论"、"本质论"和"现象论"的逻辑顺序中，还体现在经济理论的不同层次。这里必须注意的是，从抽象上升到具体的"抽象"，不是形式逻辑意义的"抽象"。这种抽象分析是指暂时把普遍的、一般的典型要素在一定约束条件下"孤立"起来分析。从抽象上升到具体的过程也就是约束条件的不断放松、外部联系不断丰富的过程。"细胞论"是对资本主义商品的"孤立"研究，"本质论"是对产业资本的"孤立"研究。从"细胞论"到"本质论"、"现象论"，也就是不同理论层次的"孤立"状态不断打破的过程。而在每一理论层次内部，则同样体现着从抽象上升到具体的过程。在"细胞论"中，先分析单个商品的二重性和价值规定，然后从两个商品之间的关系中分析价值形式和货币本质，接着剖析整体的商品关系背后的拜物教性质，最后分析交换过程的历史发展和现象层面的货币职能。"本质论"同样

---

① 第 2 卷第 3 篇的"导言"说明了与前后文的关系，第 3 卷第 6 篇的"导论"则是对本篇研究的地租范畴的界定。

体现了这种逻辑顺序。它首先分析单个产业资本的"孤立"的生产环节；再分析资本积累和"孤立"的再生产问题；接着分析单个产业资本的循环和周转；最后分析产业总资本的运动，这里则包含了剩余价值的生产、积累和资本流通。从主要逻辑关系看，"现象论"也是遵循这样一种逻辑顺序，即从单个产业资本和单个产业部门扩展到不同产业部门的相互联系，进而分析产业资本、商业资本、生息资本、土地所有者的整体关系。需要强调的是，在这里抽象的典型分析得出的理论说明并不是特殊的，而是具有一般的、普遍的或本质的意义。因此，单个商品、单个产业资本的分析，都必须按点面结合、以点带面的原则来理解其理论上的典型价值。

《资本论》难点解析

要理解《资本论》中的难点，需要把握以下几个方面：首先，《资本论》的研究对象是自由竞争资本主义的商品生产，马克思把这样的商品生产关系看成"活的生命体"。其次，这样一个研究对象被定格在纯粹的、理想的状态，被当做确定的"生理解剖"和模拟实验对象，是"非发展"的典型的稳定存在状态。商品按价值或生产价格出售是其基本前提条件，这一条件又包含完全竞争、完全信息乃至一般均衡等理想的自由竞争资本主义所必需的条件，理性经济人的假设也包含其中。再次，《资本论》不是通过对商品经济或资本主义商品生产发展历史的研究揭示其经济运动规律和社会发展趋势，而是通过"生理解剖"和"模拟实验"的科学研究揭示其内在的制度关系、"生命"运动规律及发展趋势。最后，《资本论》的理论任务是双重的，从政治经济学方面看，是揭示自由竞争资本主义经济这一"活的生命体"的内在的本质关系及其运动规律；从唯物史观方面看，则是揭示资本主义社会形态所具有的"以物的全面依赖关系为基础的人的独立性"这一基本特征，证明其历史合理性及其走向衰亡的必然趋势。把两方面综合起来看，就是通过理解资本主义商品生产关系的规律，揭示商品（货币）拜物教的本质，并最终揭去其神秘纱幕。

1. 如何理解"关于价值理论和货币理论的历史部分，现在自然完全删去"的意义？ ［第一版序言，第 1 卷 7 页］

为把《政治经济学批判》改写为《资本论》第 1 篇，马克思删除了大部分的历史方面的内容。这里透露出这样一些信息，即《资本论》不同理论层次的逻辑主线是"非历史的"，它实际上是按经济活动和经济范畴在"被定格"了的资本主义生产方式中的地位来展开的。历史分析仅仅是基础性和补充性说明。经济分析确立在发展着的特定历史阶段之上，是对特定历史阶段特定的生产方式进行的分析，对历史发展规律及其必然趋势的把握，成为经济分析的"历史前提"，因此，这种历史分析是经济分析的基础，但对"历史前提"的分析不是经济理论本身的逻辑主线，不能以历史分析代替经济分析。而价值、货币等特定范畴的历史，在经济理论体系中只是起补充性说明的作用。从《资本论》的结构来看，有关历史的分析，总的说来是分散的，而不是系统的。例如，关于前资本主义的高利贷资本、商业资本和地租形式的论述，都是分散在相应主题的篇末。简单协作到机器大生产的历史说明，则是与相对剩余价值的生产结合在一起。关于资本原始积累，尽管是资本主义生产的历史前提，却也没有放到"货币转化为资本"那章，而是在阐明资本积累之后才进行说明。而在开篇，针对价值关系的历史考察，马克思明确指出："对人类生活形式的思索，从而对它的科学分析，总是采取同实际发展相反的道路。这种思索是从事后开始的，就是说，是从发展过程的完成的结果开始的。……只有商品价格的分析才导致价值量的决定，只有商品共同的货币表现才导致商品的价值性质的确定。"[①] 因此，即便是关于"交换过程"的说明，也不是采取真正意义的历史分析，而是采取一种"回溯"的方式。

2. 如何理解"分析经济形式，既不能用显微镜，也不能用化学试剂。二者都必须用抽象力来代替"？ ［第一版序言，第 1 卷 8 页］

马克思把资本主义经济关系看成"活的生命体"。对这一"生命体"的研究，无论是对"生命整体"的各要素及其相互关系的研究，还是对"细胞"的单独研究，马克思都借鉴了科学实验的方法，他既要通过科学研究揭示"生命运动"

---

① 马克思：《资本论》第 1 卷，北京：人民出版社 1975 年版，第 92 页。

的一般规律和发展趋势，还要应用"生命运动"的一般规律阐释种种"生命现象"，并接受现实的检验，因此，这是把自然科学方法运用于经济分析的大胆尝试。但是，经济分析终究不同于自然科学，对商品"细胞"的内在特性分析不是通过显微镜的观察可以实现，价值形成过程也不是化学作用过程，因此，对"细胞"的剖析和对价值的"无中生有"的把握，都必须以抽象力为主要手段。这既是对"生命体"各部分互为前提的辩证关系的分析，也离不开形式逻辑的抽象。

3. 如何理解"对资产阶级社会说来，劳动产品的商品形式，或者商品的价值形式，就是经济的细胞形式"？［第一版序言，第1卷8页］

关键是要理解价值和商品的关系。劳动产品都有价值规定的内容，但只有采取商品形式，"价值"的社会关系的性质才能通过物的关系表现出来，才成为产品（商品）的一种属性，这样的商品才成为体现资本主义生产方式下的社会关系的细胞。从马克思劳动价值论的理论任务看，它只考察商品形式的价值规定，但不能因此误解为只有商品才有价值内容，误解为非商品的劳动产品不具有价值规定的内容。因此，"价值是凝集在商品中的无差别的一般人类劳动"的说法是不准确的。而倒过来说，"凝集在商品中的无差别的一般人类劳动"就是价值，可能更科学。因为后者只是强调价值内容与价值表现形式的统一，而没有排除非商品的劳动产品具有价值规定内容的一面。不过，非商品的劳动产品尽管有价值规定的内容，却无法通过产品来表现社会关系。

4. 如何理解"我要在本书研究的，是资本主义生产方式以及和它相适应的生产关系和交换关系"？［第一版序言，第1卷8页］

人们对这一论述尤其是其中的"生产方式"的理解很不一致。有人把"生产方式"理解为生产关系或生产关系的总和，从而把研究对象理解为资本主义生产关系。有人把它理解为相对于生产关系、交换关系的生产力或生产的技术方式、劳动方式，把生产力包含到《资本论》的研究对象中，有人甚至将生产力看成《资本论》潜在的首要研究对象，而成为研究对象的生产力又在一定程度上被具体化为生产要素或资源的配置和经济发展问题。有人把"生产方式"理解为生产力与生产关系的统一，或理解为劳动者与生产资料的结合方式，由于"结合方式"包含技术结合和社会结合，可以看成所有制关系的派生形式，因此，后者与前者并没有质的差异。

这里的"生产方式"直接关系到人们对《资本论》的研究对象的理解。笔者认为，必须从马克思理论体系的整体即从经济理论与社会发展理论的耦合关系来理解这一范畴。基于这种耦合关系，《资本论》中的一些基本范畴往往具有双重或多重含义。

生产力可区分为生产力Ⅰ和生产力Ⅱ，作为生产力Ⅰ，主要指生产的技术条件和手段，也包含劳动者的技术、技能水平和劳动对象被利用的程度等；而作为特定历史环境下的生产力Ⅱ，它是指："工人的平均熟练程度，科学的发展水平和它在工艺上应用的程度，生产过程的社会结合，生产资料的规模和效能，以及自然条件。"① 它隐含生产过程的社会分工、组织形式和生产者之间的技术联系。生产力Ⅰ通常与广泛意义上的生产关系一同使用，生产力Ⅱ被当成生产力Ⅰ的派生形式；生产力Ⅱ通常运用于特定社会的经济活动的生产环节的考察，包含生产的技术条件及特殊的作用方式。从生产力Ⅱ与生产力Ⅰ的关系看，生产力Ⅱ以生产力Ⅰ为基础。生产关系同样可以分为两层含义：一是指整个社会的经济关系，这是广义的理解；另一层是指具有一定社会性质的生产环节的社会关系，主要是生产者与生产资料的社会结合方式。就生产方式而言，也应该区分为生产方式Ⅰ和生产方式Ⅱ两个层面。作为生产方式Ⅰ，必须从唯物史观的理论层面理解，它是与生产力Ⅰ和广义生产关系相适应的一个范畴，应该理解为生产力与生产关系的统一。但是，这种统一不能理解为生产力与生产关系的简单相加。在《剩余价值学说史》中，马克思把资本主义生产即"资产阶级体系"区分为内部的生理学和现象形态两个层面，且把生产关系、交换关系看成现象形态的内容。② 基于这种认识，生产力与生产关系的统一，应理解为两者背后的深层关系，资本与劳动的对立是资本主义生产方式的本质规定，而这种生产方式应从生产力的历史发展过程来把握。在生产方式Ⅰ中，生产力Ⅰ的发展水平是前提、是基础，而生产资料的所有制形式和劳动形式决定着生产关系的性质，进而决定生产方式的性质，因此，劳动者与生产资料的特殊结合方式有重要意义。至于生产力Ⅱ，它作为生产力Ⅰ的派生形式，在唯物史观层面是没有必要进行具体考察的。生产方式Ⅰ特别是其中的所有制形式，规定着不同历史阶段的社会性质，或者被看成一定社会的基本经济制度，从而成为从经济上划分不同社会形态的依据。从这个意义上看，这一含义的生产方式总是

① 马克思：《资本论》第 1 卷，北京：人民出版社 1975 年版，第 53 页。

② 马克思：《剩余价值学说史》第 2 卷，郭大力译，北京：人民出版社 1978 年版，第 178–180 页。

要联系特定的社会性质来使用。作为生产方式Ⅱ，通常指一定历史时期特定社会的生产条件及其技术的、社会的结合形式。它既包含特定的生产方法、技术手段和社会分工协作的情况，又包含物质生产采取的社会形式。商品生产就是资本主义社会占统治地位的经济活动的社会形式，因此，马克思有"这个历史上一定的生产方式即商品生产"①的说法。在某种意义上，生产方式Ⅱ与生产力Ⅱ具有等同的意义，它同样以生产力Ⅰ为基础。在马克思的政治经济学中，考察价值量与生产力关系等场合，一般都是指生产力Ⅱ；在需要直接联系唯物史观分析不同环节的经济关系时，生产力往往被区分为不同层次，这时候，生产方式Ⅱ具有指代生产力Ⅱ的功能。

这里所说的"资本主义生产方式以及和它相适应的生产关系和交换关系"，可以理解为：资本主义时期的生产条件及技术的、社会的结合方式，以及在此基础上形成的生产关系和交换关系。这里的"生产关系"，是指特定的生产环节表现出来的各种关系，即狭义的生产关系；这里的"生产方式"，应该理解为生产方式Ⅱ或生产力Ⅱ；而"资本主义"则应该理解为一种限制语，相当于"资本主义时代"，或者把"资本主义生产方式"也分为两个层次，把这里的"资本主义生产方式"与生产方式Ⅱ对应起来。马克思指出："必须变革劳动过程的技术条件和社会条件，从而变革生产方式本身，以提高劳动生产力。"② 这里说的生产方式便具有生产方式Ⅱ或生产力Ⅱ的含义。

从另一个角度看，这句话也可以这么理解，即把生产关系、交换关系看成资本主义生产的现象形态，把资本主义生产方式看成资本主义生产的"内部生理学"，这样，把资本主义生产方式理解为生产力与生产关系的统一，同样合乎逻辑。对于上述两种理解，我们前文采用的是前一种，即把生产方式理解为"生产力Ⅱ"。

5. 如何理解"正像 18 世纪美国独立战争给欧洲中产阶级敲起了警钟一样，19 世纪美国南北战争又给欧洲工人阶级敲起了警钟"？[第一版序言，第 1 卷 11 页]

美国独立战争预示欧洲的殖民活动开始遇到反抗，所以为欧洲中产阶级敲起了警钟。而美国的南北战争则预示欧洲特别是英国的经济垄断地位开始动

---

① 马克思：《资本论》第 1 卷，北京：人民出版社 1975 年版，第 93 页。
② 马克思：《资本论》第 1 卷，北京：人民出版社 1975 年版，第 350 页。

摇，因此，欧洲资产阶级在获得国际垄断利润的基础上有可能对国内工人阶级进行某种让步的可能性也变小了，这就为欧洲工人阶级敲起了警钟。随着阶级矛盾的尖锐化，变革社会关系的必要性也会日益突显出来。

6. 如何理解"本书的最终目的就是揭示现代社会的经济运动规律"？〔第一版序言，第1卷11页〕

不能把这里的"经济运动规律"等同于"经济发展规律"。马克思把资本主义经济关系看成"活的生命体"，但作为经济分析，其重点不是研究猴体如何演变为人体，也不是研究人体如何从卵细胞开始发育成长并逐步衰亡的过程，这种研究是相互关联的另一个理论层面的任务。他在经济分析中着重研究的，是"生命体"的内在"生命运动规律"及其发展趋势。马克思在论述资本原始积累时甚至表达了这样一种思想："资本的历史前提"不同于它的理论起点，就像农奴逃往城市是城市的历史前提但"不是发达的城市制度的条件"和现实的要素一样；"要揭示资产阶级经济的规律，无须描述生产关系的真实历史"，通过对已经形成的发达的资本主义生产关系的考察和科学分析，可以透视这一制度的前史，也可以揭示这一制度本身被扬弃的"未来的先兆"。[①] 可见，马克思只是通过特定"生命"对象的研究，揭示出"生命运动"的规律和趋势。

7. 如何理解"第二版跋"中的"辩证方法"含义？〔第二版跋，第 1 卷 20—23 页〕

在这里，马克思列举的那位俄国学者是联系《〈政治经济学批判〉序言》来谈马克思的"方法"的，而马克思在这篇序言中着重阐述的是唯物史观。这位学者谈到《资本论》的理论任务、唯物史观和研究对象（特定社会有机体的特殊规律），并认为马克思把研究对象看成生物有机体。至于马克思如何进行理论的阐明，那位学者并没有明确的说法，只是泛泛地说"通过准确的科学研究"。[②] 因此，马克思这里针对那位俄国学者所说的"辩证方法"，只能是方法论意义的"方法"，或者说是唯物辩证法如何运用于政治经济学研究的问题。他在这里所说的研究方法与叙述方法的不同，也只是逻辑顺序的不同，而不是具体的研究手段

①《马克思恩格斯全集》第46卷（上），北京：人民出版社1979年版，第456—458页。
② 马克思：《资本论》第1卷，北京：人民出版社1975年版，第20页。

的差异。这与马克思的思维习惯有关，他偏于哲学思维，不太注重作为具体学科的特殊方法的论述，也基本不谈论具体研究手段问题。

8. 如何理解"在形式上，叙述方法必须与研究方法不同"？[第二版跋，第1卷23页]

马克思的经济理论研究过程有两个思维行程：一是从具体上升到抽象，这是研究的过程；二是从抽象上升到具体，这是叙述方法。从既有的政治经济学的理论思维而言，从抽象上升到具体，不但是经济理论的建构原则，当我们运用这样建构起来的理论来研究现实经济关系时，叙述的方法也就是运用马克思政治经济学研究现实问题的方法。

萨伊等人的经济学通过研究的思维行程到达"抽象的""一般的"表象，然后在最为抽象的、一般的表象中兜圈子，运用生产者、消费者、分工、需求、价格、资本等"一般"的概念对现实经济进行脱离历史背景的"超历史"分析，把资本主义生产关系当成永恒的关系。

与此相对，马克思强调，研究的行程仅仅是基础性的，唯一科学的方法是，首先对抽取出来的"一般的"表象，例如资本主义商品进行科学的剖析，揭示其本质，形成基本范畴或一般性概念，由此形成的概念不能单纯理解为抽象共性的概括，作为"商品"概念，它是普遍实在及其本质和内在联系的思维的具体，即是对具有一般意义的商品的全面的、具体的、本质的认识。作为抽象共性的商品二重性，是以"商品"范畴为载体的。然后，以资本主义"商品"为起点，从抽象上升到具体，使整个研究对象作为完整的、有机的具体在理论思维中再现出来。可见，马克思所说的抽象虽然包含着形式逻辑的"抽象"，而实质上与形式逻辑的抽象具有不同的内涵。

这里说的两个思维行程，是一种方法论思想，它旨在阐明唯物辩证法如何运用于经济理论的构建，它同时也是运用马克思经济理论研究现实经济关系的指导思想。然而，它还不是政治经济学这一学科的基本方法。这一指导思想也不排除简单的分析、综合和辩证方法的具体运用，这些都是研究具体问题的具体方法。

马克思说"从抽象上升到具体"是唯一正确的方法，是特指经济理论思维而言，即理论的构建和运用原则。马克思这里所说的"叙述方法必须与研究方法不同"，是指思维的顺序不同，马克思在这里并没有涉及真正意义的"方法"。

从具体方法的运用看，无论是研究过程，还是叙述过程，各种分析手段如归纳和演绎、分析和综合、辩证分析等，都是同时被运用的，而不是以一种排斥另一种，也不是各自被单纯地运用于不同的思维行程，至多只能理解各有侧重。

马克思在谈叙述方法时指出：“材料的生命一旦观念地反映出来，呈现在我们面前的就好象是一个先验的结构了。”[①] 这里要注意“好象是”三个字。马克思的经济学不同于玄学，它与黑格尔的著作有本质差异，因此，《资本论》不是一个先验结构。不仅如此，它也不是基本范畴自我展开的神秘理论。关于这一点，可以参看前一篇“《资本论》的脉络与逻辑关系”的第三部分。

9. 如何理解“交换价值首先表现为一种使用价值同另一种使用价值相交换的量的关系或比例，这个比例随着时间和地点的不同而不断改变。因此，交换价值好象是一种偶然的、纯粹相对的东西，也就是说，商品固有的、内在的交换价值似乎是一个形容语的矛盾”？ ［第 1 卷第 1 篇第 1 章，第 1 卷 49 页］

从实质上讲，交换价值是价值的表现形式，一定量商品 A 与一定量商品 B 交换，如果商品 B 是商品 A 的等价物，那么，一定量的商品 A 的价值就表现为与之交换的商品 B 的一定物量，商品 B 的一定物量也就是货币的一定量，它和一定量黄金或白银是一个意思。可见，一定量商品 A 的交换价值就是它能够换回的一定量等价物。我们这样理解，是建立在“价值”、“等价物”、“价值形式”这些范畴已经确定的前提下，由此可见，两种商品的交换比例不是随意确定的，它由比例背后所耗费的同等“社会必要劳动”时间确定，因此，我们不能简单地把“交换价值”看成两种商品的交换比例。

但是，在《资本论》的这一场合，“价值”、“等价物”、“价值形式”这些范畴都还没有确定下来。马克思这时候的理论任务就是从商品与商品的交换中抽象出“第三种东西”或者说两个商品所具有的同质的“共同东西”。然后，才能考察使用价值与“共同东西”的关系，考察具体劳动与抽象劳动的关系。最后才能提出“价值”概念，完成关于“价值实体”的说明。马克思关于价值形式的分析，又反过来说明两种商品的交换比例从价值关系看必须是以价值为基础的，这种比例是在广泛的交换过程中由社会确立的。

许多教科书把“一种使用价值同另一种使用价值相交换的量的关系或比例”

---

① 马克思：《资本论》第 1 卷，北京：人民出版社 1975 年版，第 23、24 页。

当做"交换价值"的定义，这是极为错误的。有些学者基于亚当·斯密把交换价值看成一种商品对他种货物的购买力的思想，认为商品的交换价值量正是商品能换回的"一定量物化劳动或价值量这一范畴"。[①]且认为交换价值量在简单商品生产时期、自由竞争资本主义商品生产时期和垄断资本主义商品生产时期可分别与商品的价值量、生产价格和垄断价格相等同。对"交换价值"的这种扩展也是值得商榷的。生产价格、垄断价格不同于商品价值，它们在量上是有差别的，因此，作为价值表现形式的交换价值，不能同时作为生产价格和垄断价格的表现形式。如果反过来把生产价格、垄断价格理解为交换价值的表现形式，而交换价值又是价值的表现形式，那么，它们之间的量的差异实质上就被取消了。可见，价值—价格关系的重构以这样一个定义为"直接基础"，其理论逻辑就可能存在一些难以克服的缺陷。

10. 如何理解"同一的人类劳动力"？［第 1 卷第 1 篇第 1 章，第 1 卷 52 页］

同一的人类劳动力，也就是同质的平均的人类劳动力。从事不同劳动的劳动力之所以能够"具有社会平均劳动力"的性质，首先，是同一部门同一工序的劳动可以通过平均化获得完成一项工序平均耗费的劳动时间；其次，无论是同一部门内部，还是不同部门之间，由于机械化的发展，各种产品的生产过程都简化为一道道较为简单的工序，工人在不同部门、不同岗位都只需要接受简单培训就能上岗；再次，马克思假定劳动力是自由、充分地流动的，工人可以时而采取这种劳动形式，时而采取那种劳动形式。这样，各种劳动的特殊性质就

[①] 白暴力：《财富劳动与价值——经济学基础理论的重构》，北京：中国经济出版社 2003 年版，第 159 页。这是马克思明确批判过的思想（参看马克思：《剩余价值学说史》第 1 卷，郭大力译，北京：人民出版社 1978 年版，第 43—53 页）。马克思指出：这一思想使"价值成了价值的标准尺度和说明理由，因此这里有了一个恶性循环"（马克思：《剩余价值学说史》第 1 卷，第 45 页）；"即使劳动者占有他自己的劳动产品，占有他自己的产品的价值……（这种思想）也是错误的，不合理的"（马克思：《剩余价值学说史》第 1 卷，第 47、48 页）；斯密"把一种商品能够购买到的劳动的量当作价值尺度来看"这一事实，在斯密阐明价值理论，说明竞争对利润率的影响的地方，扰乱了斯密的说明，总的来说，破坏了他的著作的统一性，甚至把许多根本问题排在他的研究范围之外（马克思：《剩余价值学说史》第 1 卷，第 49 页）。该书则引用了马克思的如下一句话："从那时起，一方面，物满足直接需要的效用和物用于交换的效用的分离固定下来了。它们的使用价值同它们的交换价值分离开来。"（《资本论》第 1 卷，第 106 页）作者由这句话推论：显然，马克思这里把商品的交换价值等同于交换的效用（脚注又有进一步说明），并据此证明：马克思也在这个意义上，即与斯密相同的意义上，使用了交换价值的概念。我们暂且不说作者对所引用的原文理解是否准确，把长达 10 页的长篇论述弃置一旁，而又努力地从片言只语中发掘"微言大义"，这不是很让人费解吗？愿意阅读原著的读者自己去核对原文，我想，这并不是难以搞清楚的问题。

消除了，工人都成为了同一的人类劳动力。与此相应，生产出来的商品，也被当做是每种商品的"平均样品"。可见，同一的人类劳动力是以大规模的机械化生产为基础的，生产的机械化、自动化水平越高，工人越成为"机器"，也就越具有同一的人类劳动力性质，反之，"同一的人类劳动力"就只能具有近似的意义。

11. 如何理解"社会必要劳动"的定义和单位商品价值"与这一劳动的生产力成反比"的矛盾？［第 1 卷第 1 篇第 1 章，第 1 卷 52—54 页］

马克思指出："社会必要劳动时间是在现有的社会正常的生产条件下，在社会平均的劳动熟练程度和劳动强度下制造某种使用价值所需要的劳动时间。"（52 页），同时又指出："商品的价值量与体现在商品中的劳动的量成正比，与这一劳动的生产力成反比。"（53－54 页）一方面是在"现有的社会正常的生产条件"下讨论社会必要劳动时间，另一方面是在生产条件即劳动的生产力变动条件下讨论商品的价值量即耗费的社会必要劳动时间量。如果理解为社会必要劳动时间只能在确定了的"正常生产条件"下才能确定，那么，上述说法似乎存在矛盾，由于"正常生产条件"的改变，一种"正常生产条件"下的"社会必要劳动时间"与另一种"正常生产条件"下的"社会必要劳动时间"是两种不同的"社会必要劳动时间"。

我们知道，马克思在第 1 卷和第 2 卷中总是假定"商品按价值出售"或"按价值买卖"。① 如果全社会所有商品都按价值出售，那么，在资本有机构成的差异被忽略的条件下，也就是一般均衡的实现，即所有商品都处于特定市场背景的供求一致状态。所以马克思说："商品流通就它只引起商品价值的形式变换来说，在现象纯粹地进行的情况下，就只引起等价物的交换"，在这种情况下，人们往往"假定供求是一致的"。② 他还指出："如果商品都能够按照它们的市场价值出售，供求就是一致的……在政治经济学上必须假定供求是一致的。"③ 这种一般均衡是马克思全部经济理论的基本前提，这也是社会必要劳动 II 的基本含义。社会必要劳动（有人称为社会必要劳动 I）是在这一前提下抽象出来的。根据这一前提，生产力的任何变化，都意味着某种一般均衡状态的打破，并

① 马克思：《资本论》，北京：人民出版社 1975 年版，第 1 卷，第 173、180—183、258、349、353、567、620 页；第 2 卷，第 32、49、52、77、123、146、391 页；第 3 卷，第 45、195、197、198、199 页。
② 马克思：《资本论》第 1 卷，北京：人民出版社 1975 年版，第 180 页。
③ 马克思：《资本论》第 3 卷，北京：人民出版社 1975 年版，第 211、212 页。

且必然导向另一种一般均衡状态。因此，任何一种产品生产的生产率的变化，都会引起一般均衡的连续变化，直至新的一般均衡的实现。而单位商品价值与生产力的"成反比"的动态变化过程，仅仅是研究前提的确立过程，两种"社会必要劳动时间"是从不同的"正常生产条件"下抽象出来的，它们有不同的前提。马克思在这里阐述的不是一个命题，仅仅是"社会必要劳动时间"如何抽象出来的过程，它与前文阐述"价值"如何从商品的交换比例中抽象出来是异曲同工的。

不过，从《资本论》的前后文看，马克思又在一定程度上把"商品的价值量……与这一劳动的生产力成反比"当作一个"命题"来使用。作为一个"命题"，它只是现实观察的结果，没有从马克思自身的理论逻辑上进行任何论证。因此，与其说是一个"命题"，不如说是一个"假设"。马克思通过这一假设，把不同的正常生产条件"看成"同质的，从而暂时忽略了财富的动态增长对生产关系研究的影响，并在"价值总量"不随劳动复杂程度的变化而变化①的情况下，把社会价值总量的分配当做一个分配比例问题来研究。从马克思研究的重点仅仅是生产关系来说，这种假定是合理的，有助于简化理论研究的复杂性。这对"活的生命体"的运动规律及其发展趋势的研究，也没有影响。因此，这种假设具有简化的好处。但是，这种假设忽略了不同"正常生产条件"下同一商品生产的"社会必要劳动"的复杂程度的差异，事实上，生产同样性能的产品，在不同时期的平均劳动是存在复杂程度差异的。这种忽略对经济增长的研究也是有影响的。由于生产条件和分配制度的变化必然导致一种均衡状态向另一种均衡状态的转化，并伴随经济的动态增长，对于不同生产条件下的复杂程度不同的"社会必要劳动"，如果不建立一种复杂劳动还原机制，就不可能真正把握经济增长问题。当然，从马克思所处的时代和他的理论任务看，他没有必要把经济增长作为自己的研究对象。

12. 如何理解劳动二重性是"理解政治经济学的枢纽"？［第1卷第1篇第1章，第1卷55页］

这需要联系前文的"价值"和"社会必要劳动"的抽象过程来理解。价值实体及其量的规定，是马克思全部政治经济学的最基本范畴或者说基石，没有

---

① 从社会结合劳动看，劳动生产力的提高，可以当成劳动复杂程度的提高，所以，马克思具有把劳动生产力更高的劳动看成复杂程度更高的劳动的思想。而另一方面，从微观的劳动主体的活动方式看，劳动生产力的提高，也会使劳动者的劳动简化。

劳动二重性的区分，这些范畴就不可能真正抽象出来。马克思的政治经济学是从抽象上升到具体逐步展开的，没有劳动二重性理论，这种理论展开是不可能进行的。正因为如此，1867年8月马克思曾经指出：“我的书最好的地方是：（1）……劳动的二重性；（2）研究剩余价值时，撇开了它的特殊形态——利润、利息、地租等。”① 这两点是相互关联的，通过劳动二重性的区分，马克思把社会劳动看成商品的价值对象性，看成价值实体，并由此确立了这种价值实体的计量方式，这是从抽象上升到具体的思维行程能够展开的基础。正因为第一点和第二点是一个问题的两个方面，马克思本人也难以区分它们的优先顺序，但从理论任务看，前者是为后者服务的，后者是理论构建的根本路径问题。因此，在1868年1月的一封信中，马克思又把两者的顺序颠倒过来叙述。

13. 如何理解“简单平均劳动”与“复杂劳动还原”的关系？社会过程如何实现复杂劳动还原？［第1卷第1篇第1章，第1卷58页］

马克思指出，“每个没有任何专长的普通人的机体平均具有的简单劳动力的耗费”就是简单平均劳动。“**简单平均劳动**虽然在不同的国家和不同的文化时代具有不同的性质，但在一定的社会里是一定的。比较复杂的劳动只是**自乘的**或不如说多倍的简单劳动，因此，少量的复杂劳动等于多量的简单劳动。经验证明，这种简化是经常进行的。一个商品可能是最复杂的劳动的产品，但是它的**价值**使它与简单劳动的产品相等，因而本身只表示一定量的简单劳动。各种劳动化为当做它们的计量单位的简单劳动的不同比例，是在生产者背后由社会过程决定的，因而在他们看来，似乎是由习惯确定的。”②

这里的“简单平均劳动”、“简单劳动”应该是同一范畴。复杂劳动要还原为简单劳动，两者应该首先具有同质性和可通约性，这又涉及机械化和分工、交换的高度发展。这与前文“同一人类劳动力”的说明是一致的。在性质上，简单平均劳动与社会必要劳动是相同的，但是，如果还原的基准发生变化，其量的表现形式也会发生变化。社会必要劳动必须以“中等复杂劳动”为还原基准，如果以最简单的劳动为还原基准，还原的结果不会与社会必要劳动在量上相一致，因为按社会必要劳动的定义，如果劳动人数和工作日长度不变，价值总量便是一个恒量，个别劳动的劳动强度或熟练程度的提高不会改变总量，而

---

① 《马克思恩格斯〈资本论〉通信集》，北京：人民出版社1976年版，第225页。

② 马克思：《资本论》第1卷，北京：人民出版社1975年版，第57、58页。

马克思认为劳动强度更大或更熟练的劳动，也就是较复杂劳动的某种表现。不过，即便以"中等复杂劳动"为还原基准，虽然性质和量的表现形式能够与社会必要劳动相一致，引入复杂劳动还原的概念之后，其理论思维也会有所差异。运用复杂劳动还原的思路，生产效率较高、劳动强度较大、熟练程度较高的劳动者在相同时间内获得较多价值的问题，可以得到简单明了的说明。而在单位商品价值与劳动生产力成反比的假定条件下，其生产者获得较多价值，只能通过个别价值与社会价值的差异，以及价值决定与价值实现的关系，进行曲折的说明。这种说明方式对于某些现实问题如国际价值等的阐明，也存在一定困难。并且，即使生产技术不变，仅仅由于管理制度的加强，如果全社会生产同一产品的平均劳动强度提高，劳动生产力也会提高。按这种假定，这种提高了的平均劳动强度，也就被当成"正常生产条件"，因而与价值量没有任何关系。正因为这样，复杂劳动还原的思路作为一条虚线在《资本论》中始终若隐若现地存在着，每当遇到既有的逻辑思路难以阐释的问题，马克思似乎都会回头求助于复杂劳动还原的思路。这就引申出一个问题：马克思为什么要坚持单位商品价值与劳动生产力成反比的假设条件，从而忽略不同时期同一产品生产的平均劳动的复杂程度差异呢？可能的原因是：复杂劳动还原马上会引出一种均衡状态向另一种均衡状态的转化及其两者的量的关系问题，从而使经济增长、发展问题无法暂时舍弃掉。这样，就不能把研究重点聚焦到资本主义生产关系的研究方面。这可以参看前文关于商品价值与劳动生产力成反比的阐释。

14. 如何理解"生产力当然始终是有用的具体劳动的生产力"？［第 1 卷第 1 篇第 1 章，第 1 卷 59 页］

在以既与的"一般均衡"为前提和复杂劳动还原以"中等复杂程度"的劳动为基准的条件下，生产力与价值决定无关，只与使用价值的生产效率有关。在这里，"单位商品价值与劳动生产力成反比"是一个必要条件，它是马克思考察一般均衡状态的形成、变化并由此抽象出价值实体及量的规定的合理假定。然而，既然是一个假定条件，这一条件是可以放松的，一旦"成反比"的假定放松，生产力就不仅与使用价值相关，而且必然与价值决定建立起内在联系。正因为如此，马克思在第 1 卷第 10 章指出："生产力特别高的劳动起了自乘的劳动的作用，或者说，在同样的时间内，它所创造的价值比同种社会平均劳动要多。"① 当然，马克思把生产力特别高的劳动看成更复杂的劳动仅限于特定场合，它没有成为《资本论》的主要理论逻辑。这一点我们后文将做进一步探讨。

15. 如何理解马克思关于价值形式的分析？〔第 1 卷第 1 篇第 1 章，第 1 卷 61—87 页〕

马克思对价值形式的分析，不能理解为对价值形式的历史发展的分析。从交换关系的历史发展看，前资本主义的商品交换还不能说遵循价值规律，这种交换关系最典型的代表——前资本主义的商业资本，按照马克思的说法，只是从事贱买贵卖的不等价交换。由于那时的生产、生活限于狭隘的地域空间，且受制于自然，许多产品的生产不具有普遍性，即便具有普遍性，不同地域的生产成本也可能相差悬殊。因此，商品交换也可以看成是遵循绝对比较优势的地域分工原则。可见，货币在前资本主义的交换关系中，更多是充当交换手段和财富一般的职能，而作为价值尺度的职能总是很模糊的，因为那时的商品虽然具有价值规定的内容，价值实体及其衡量手段则只能在广泛频繁的交换中通过市场来形成。可见，这种价值形式的分析虽然从形式上看合乎历史的进程，从内容上看必然是超历史分析。另一方面，这种价值形式分析虽然合乎资本主义商品生产的内在规定，却又不是对资本主义商品生产的直接分析，而是暂时去除了次要的属性，然后作为理论上的"简单商品"进行分析。因此，这种分析又是超现实的。事实上，这种超历史、超现实的价值形式分析，我们可以看成一种具有严格约束条件的实验室中的模拟实验分析，它始终没有离开特定的现实的研究对象——自由竞争资本主义的商品，而又把特定的研究对象放到严格环境的特定条件下分析，它是基于现实而又高于现实的典型分析，因此，价值形式是从价值概念中产生出来的。

关于价值形式，马克思首先是在"完全撇开……价值关系的量的方面"② 来考察的。这里撇开的既是价值关系中对立双方的物量，也是表现为物量的价值量。因此，历史的考察是单纯的形式方面的考察，因为"劳动产品的价值性质，只是通过劳动产品作为价值量发生作用才确定下来"。③ 而要进一步考察价值表现中的量的关系，那么，哪怕最简单的价值关系，也只能是自由竞争资

---

① 马克思：《资本论》第 1 卷，北京：人民出版社 1975 年版，第 354 页。
② 马克思：《资本论》第 1 卷，北京：人民出版社 1975 年版，第 63 页。
③ 马克思：《资本论》第 1 卷，北京：人民出版社 1975 年版，第 91 页。

本主义条件下处于一般均衡状态下的商品交换关系。因此，这种考察实质上丝毫没有离开被研究的既定的对象，历史的说明只仅仅是形式性的、辅助性的。正因为如此，马克思没有采纳恩格斯关于这部分内容应该加强历史论证的修改意见。① 并且，马克思明确指出，"直接的产品交换一方面具有简单价值表现形式，另一方面还不具有这种形式"，② 因为交换比例的"固定"需要经历漫长的过程。他还指出："价值表现的秘密，即一切劳动由于而且只是由于都是一般人类劳动而具有的等同性和同等意义，只有在人类平等概念已经成为国民的牢固的成见的时候，才能揭示出来。而这只有在这样的社会里才有可能，在那里，商品形式成为劳动产品的一般形式，从而人们彼此作为商品所有者的关系成为占统治地位的社会关系。"③ 他还强调："劳动产品分裂为有用物和价值物，实际上只是发生在交换已经十分广泛和十分重要的时候，那时有用物是为了交换而生产的，因而物的价值性质还在生产时就被注意到了"；④ 对价值关系的认识"要有十分发达的商品生产"。⑤ 因此，我们不能把关于简单价值关系的考察，理解为对原始社会后期的交换关系的考察。

16. 如何理解简单价值形式中商品交换关系与价值关系的差异？［第 1 卷第 1 篇第 1 章，第 1 卷 62 页］

这里要注意两种关系的区别和联系。在"商品 A=商品 B"的价值关系中，商品 A 处于相对价值形式地位，它的相对价值需要被充当，但它自身的自然形式并不能充当自己的相对价值形式；商品 B 把自己当成等价物，充当商品 A 的相对价值形式，从而能够与商品 A 交换。价值表现及价值关系，就是说明商品 A 的相对价值是如何被另一种商品充当的。可见，在价值关系中，处于相对价值形式的是商品 A，而最终成为商品 A 的相对价值形式的，则是商品 B。"商品 A=商品 B"的价值关系，必须以足够广泛的商品交换为基础，没有足够广泛的商品交换，商品 A 与商品 B 无法形成合比例的价值关系。

在"商品 A=商品 B"的交换关系中，商品 A 体现的是自身的使用价值，商

---

① 参看 1867 年 6 月 16 日恩格斯致马克思的信和同年 6 月 22 日马克思的回信（《马克思恩格斯〈资本论〉通信集》，北京：人民出版社 1976 年版，第 213—215 页）。
② 马克思：《资本论》第 1 卷，北京：人民出版社 1975 年版，第 105 页。
③ 马克思：《资本论》第 1 卷，北京：人民出版社 1975 年版，第 74、75 页。
④ 马克思：《资本论》第 1 卷，北京：人民出版社 1975 年版，第 90 页。
⑤ 马克思：《资本论》第 1 卷，北京：人民出版社 1975 年版，第 92 页。

品 B 则把自己的使用价值当做等价物，充当商品 A 的相对价值，成为商品 A 的价值的一种价值表现形式，一定量商品 B 成为一定量商品 A 的交换价值量。因此，商品 A 与商品 B 的交换过程，也就是商品 A 让渡自身的使用价值，取回自身的交换价值的交易过程。

17. 如何理解"拜物教"的性质？为什么商品的神秘性质来自商品形式本身？［第 1 卷第 1 篇第 1 章，第 1 卷 88 页］

　　"拜物教"是一种比喻的说法，其实质是指人与人的关系表现为物与物的关系，其背后的人与人关系，是商品和货币自我增殖、钱能生钱的社会基础，人们对商品和货币的崇拜是由此衍生出来的，这种崇拜在马克思的"拜物教"一词中是派生的次要的含义，因此，我们对"拜物教"的理解不能把重点放在意识形态方面。马克思从哲学层面划分历史发展阶段时指出："人的依赖关系（起初完全是自然发生的）是最初的社会形态……以物的依赖性为基础的人的独立性，是第二大形态……建立在个人全面发展和他们共同的社会生产能力成为他们的社会财富这一基础上的自由个性，是第三阶段。"① 三阶段的演进是以生产力（知识）进步为基础的人的解放过程，是以人为本的。历史进步的动力机制则与马克思人本主义的实践唯物主义哲学紧密相关。因此，这里的"拜物教"与马克思所要揭示的人类社会的"第二大形态"的社会特征及其本质联系在一起，它体现的是商品经济居于支配地位的"第二大形态"的基本社会关系及其表现特征，也是这一阶段作为生产主体的人的表面的"自由"、"平等"背后的本质关系。理解这一点极为重要，这是马克思政治经济学的出发点和归宿点，是其主旨所在，也是马克思经济学与社会发展理论乃至哲学的结合点。

　　"拜物教"之所以由商品形式本身决定，而不是由价值规定的内容决定，这是因为，价值规定的内容与各种劳动形式相联系，而只有商品形式，人与人的关系才能表现为物与物的关系，人类劳动的等同性才表现为等同的价值对象性，人类劳动才取得价值量的规定。

---

① 《马克思恩格斯全集》第 46 卷（上），北京：人民出版社 1979 年版，第 104 页。

18. 如何理解"直接的产品交换一方面具有简单价值表现形式，另一方面还不具有这种形式"？［第 1 卷第 1 篇第 2 章，第 1 卷 105 页］

作为价值表现的形式，"商品 A＝商品 B"的交换关系，不应该是偶然的比例关系，其交换比例必须是"固定"的合比例的，必须是交换双方以等量价值为基础的物量比例，否则，它呈现出来的只是价值表现形式的外表，而非实质。那种仅仅是偶然形成的交换关系，其比例不是基于各自耗费的社会必要劳动时间，因此，还处于直接的产品交换形式，它们只是作为产品彼此对立着。这种对立的一方要求把产品作为价值来实现，另一方则要求首先证明产品的有用性，这种矛盾必须通过交换实践，使产品日益发展为一般人类劳动的化身才能获得解决。

19. 如何理解"商品的价格或货币形式，同商品的所有价值形式一样，是一种与商品的可以捉摸的实在的物体形式不同的，因而只是观念的或想象的形式"？［第 1 卷第 1 篇第 3 章，第 1 卷 113 页］

货币的价值尺度，也就是用充当等价物（货币）的使用价值的一定量表现商品价值的功能，商品价值表现所需的交换价值量即货币量，是基于一定"标准"量的等价物的社会必要劳动时间耗费，充当等价物的使用价值及其一定标准量所耗费的社会必要劳动时间发生变化，其衡量尺度必然随之变化。因此，一定的充当价值形式的物量，仅仅是一定量社会必要劳动的"代表"或化身，这个化身的外形如何是无关紧要的，并且可以用法律来规定货币标准。货币在执行价值尺度职能时，商品不需要转化为真实的货币，只要用想象的或法律规定的货币，标记出它耗费的社会必要劳动量。由于货币的流通手段职能可以由价值符号代替，在实际的交换过程中，并不一定需要发生真实的价值关系。

20. 如何理解"有些东西本身并不是商品，例如良心、名誉等等，但是也可以被它们的所有者出卖以换取金钱，并通过它们的价格，取得商品形式。因此，没有价值的东西在形式上可以具有价格。在这里，价格表现是虚幻的，就象数学中的某些数量一样"？［第 1 卷第 1 篇第 3 章，第 1 卷 120—121 页］

在这里，最为关键的是"所有者"三个字。马克思在第 3 卷论述地租资本化和股票价格时，说明了这种"形式上"的价格是如何产生的。在那里，马克思引入了"垄断权"或所有权对价格决定的影响。这一思路提出了虚拟资本与实体经济的关系问题，也可以进一步将产权运用于生产价格、让渡价格、垄断价格等的说明，从而进一步说明总价格的市场化分配和价格机制的市场化运行问题。关于产权与价格决定的关系，我们后文将进一步加以说明。

21. 如何理解"金的使用价值只是观念地表现在相对价值表现的系列上，金通过这个相对价值表现的系列，同对立着的商品发生关系，把它们当做自己的实际使用形态的总和"？[第1卷第1篇第3章，第1卷123页]

这里需要结合价值关系与交换关系来理解。就价值关系而言，与金交换的所有商品处于相对价值形式，金处于等价形式；就交换关系而言，与金交换的所有商品是它自身的使用价值，金不但是其他商品的一般价值形式，而且是货币形式，表现为商品的交换价值。也可以反过来理解，即把其他所有商品作为相对价值表现的系列，当作金的扩大的价值形式，这时，从交换关系看，金是使用价值，充当相对价值表现的系列商品是它的交换价值。然而，作为"使用价值"的金，并不限于金本身的具体用途，人们想得到金，看重的是它充当着其他商品的价值形式。因此，这里所说的"金的使用价值"，是由它的价值形式带来的。因为"所有价值形式……只是观念的或想象的形式"，所有商品作为金的扩大的价值形式，也是"观念的"、"想象的"，金这一商品的价值不会为特定形式所束缚。也就是说，我们把金作为"使用价值"来理解的时候，金是财富的一般代表，我们仍然需要联系它的价值形式功能。金作为所有商品的"观念的"价值形式，总是与一切实际的使用形态的总和相对应，可以和一切实际的使用形态相交换，并转化为一切实际的使用形态。因此，"金的使用价值"也就观念地表现在相对价值表现的系列上。总之，金的相对价值和"使用价值"都可以理解为观念地表现在相对价值表现的系列上，后者以前者为基础，因为金的相对价值表现在一切商品上，或反过来，一切商品的相对价值表现在金上，它才可以与一切商品交换，可以与一切商品交换，才能转化为一切商品的实际使用形态。

22. 如何理解"生产力特别高的劳动起了自乘的劳动的作用，或者说，在同样的时间内，它所创造的价值比同种社会平均劳动要多"？［第1卷第4篇第10章，第1卷354页］

这里的关键是，要理解"撇开后面这种情况"和"甚至在这种场合"的具体含义。① 从上下文看，"后面这种情况"就是指商品属于必要生活资料范围、参加劳动力价值决定的情况；"这种场合"也就是商品撇开了参加劳动力价值决定的场合。对这样的情况和场合，既有的相对剩余价值生产理论是无法合理解释的。为此，马克思只能回到复杂劳动还原的思路中加以阐释。按照复杂劳动与简单劳动的关系，生产力特别高的劳动从社会结合劳动看，是更复杂的劳动，尽管这种由于生产力的提高而提高了复杂程度的劳动，它形成的价值会由于具体劳动者的劳动的相反的趋势即简化的趋势而抵消一部分，但总的来看，在同样的时间内，它所创造的价值比同种社会平均劳动要多。

复杂劳动还原的思路是《资本论》中一条未充分展开的若隐若现的理论逻辑虚线，这条思路首先在第1卷第1章的"体现在商品中的劳动二重性"那一节留下伏笔，基本上是备而不用的，但当遇到既有理论逻辑难以解释的特例，马克思往往求助于这条思路。②

23. 如何理解"价值规律在国际上的应用，还会由于下述情况而发生更大的变化：只要生产效率较高的国家没有因竞争而被迫把它们的商品的出售价格降低到和商品的价值相等的程度，生产效率较高的国民劳动在世界市场上也被算作强度较大的劳动"？［第1卷第6篇第20章，第1卷614页］

这与上一条基于同一个原理，但场合不同。在国际贸易中，同一产品的生产在不同国家有不同的"中等强度"，生产条件和平均的熟练程度也相应不同。虽然可以在理论上人为设定"世界劳动的平均单位"，并以此近似地确定"商品价值"，但是，商品价值必须在完全竞争的市场上通过竞争来确定。然而，即便在今天的经济全球化时代，国家之间的竞争也是很不充分的，生产效率较高的国家的商品，在大多数情况下不可能"因竞争"而被迫把它们的商品的出售价格降

---

① 马克思：《资本论》第1卷，北京：人民出版社1975年版，第352—355页。

② 要把这条虚线连接起来理解，可参看《资本论》第1卷58、223、224、354、448—450、573、574、614页。

低到和商品的价值相等的程度，即以"世界劳动的平均单位"来出售。因此，在国际贸易中，难以真正通过市场竞争形成商品价值，而人为设定的"世界劳动的平均单位"只不过是一种主观的"商品价值"，它不是真正意义的商品价值。

在世界性的商品价值难以通过既有的理论得到阐明的情况下，在这里，马克思又一次求助于复杂劳动还原的思路，将生产效率较高的国民劳动，在世界市场上算作强度较大的劳动，亦即较复杂的劳动，因为劳动强度是劳动复杂程度差异的一个方面。据此，马克思指出："一个国家的三个工作日也可能同另一个国家的一个工作日交换，价值规律在这里有了重要的修正。"[1]

24. 如何理解资本原始积累的意义？［第1卷第7篇第24章，第1卷第782—832页］

马克思早在1844年对经济理论做初步的分析时，就发现了那时经济理论存在的循环论证问题。他发现，萨伊到处以价值的概念来代替诸如"财富"、"资本"、"分配劳动"等概念，而在解释价值时，又反过来以这些概念为前提。在《1857—1858年经济学手稿》中，更是透彻地分析了价值与资本的循环论证问题。[2] 依照唯物辩证法，事物的不同方面往往是互为前提、相互决定的。正因为如此，尽管马克思尽可能避免这种循环论证，在相互作用的关系中区分出主次来，但在最基础的关系方面，仍然难以避免这种情况。事实上，在《资本论》中，剩余价值与资本便形成一种相互生成关系。马克思不同于其他经济学家的地方是，把相互决定的"生命运动"确定在历史的动态发展基础上，因此，他既承认这种互为前提和互相决定的关系，又能够运用历史的处理方法，探寻其历史前提。而整个《资本论》关于"拜物教"的揭示，也是以历史发展的特定阶段为基础。通过引入历史分析，建立经济学与社会发展理论的耦合关系，这是马克思政治经济学不同于当时其他经济理论的显著特色。马克思对资本积累的分析，是集中体现这一特色的一个重要例证。

25. 如何理解马克思的下面这段话："一个商品的生产价格，对它的买者来说，就是成本价格，并且可以作为成本价格加入另一个商品的价格形成。因为生产价格可以偏离商品的价值，所以，一个商品的包含另一个商品的这个生

---

① 马克思：《剩余价值学说史》第3卷，郭大力译，北京：人民出版社1978年版，第111、112页。
②《马克思恩格斯全集》第46卷（上），北京：人民出版社1979年版，第205页。

产价格在内的成本价格，可以高于或低于它的总价值中由加到它里面的生产资料的价值构成的部分。必须记住成本价格这个修改了的意义，因此，必须记住，如果在一个特殊生产部门把商品的成本价格看作和生产该商品时所消费的生产资料的价值相等，那就总可能有误差。对我们现在的研究来说，这一点没有进一步考察的必要。"〔第 3 卷第 2 篇第 9 章，第 3 卷 184—185 页〕

这是有关所谓"转形问题"的一个关键段落。所谓"转形问题"，也就是总利润与总剩余价值、总生产价格与总价值能否同时相等的"问题"。长期以来，许多学者认为这两对关系只有在特殊条件下才能同时相等，在一般条件下不能同时相等，因此，他们认为《资本论》的第 1 卷与第 3 卷存在重大的几乎是无法克服的逻辑问题。而琼·罗宾逊则认为：生产价格理论"大体上是正确的"，"根据这个理论自己的假设是无懈可击的"。① 她又指出：马克思的"平均利润率也不是一个均衡率或资本的一个供给价格。它不过是资本主义制度随时可以产生的总剩余中的一个平均份额而已"。② 她对"转形问题"的争论不以为然，认为批评的观点只是"反对马克思的肤浅的观点"，且认为马克思主义者被"拖入诡辩中去"，从而帮了批评者的大忙。③ 对于这种分歧，关键是要反思、把握马克思《资本论》的研究范式，并与人们的检验方式进行认真的比对。着重考察人们的检验方式是否与马克思"自己的假设"和理论逻辑相符。如果检验方式与马克思的研究范式不符，那么，所谓"转形问题"的产生就会有两种可能，一是《资本论》可能存在逻辑问题，二是检验手段自身可能存在逻辑问题。这就需要具体考察"转形问题"是由哪方面原因引起的。那种不分青红皂白一口咬定马克思的做法是不科学的。

事实上，这一问题是在"三重"误解的基础上形成的伪问题。第一重误解是，把马克思作为抽象规定的生产价格误解为现实的市场价格，从而有意无意忽视"价格"的价值基础。这是"转形问题"产生的前提和基础。第二重误解，是对这一条目所列举的这段话的曲解。人们通过这段话，并结合马克思对简化了的五部门转化例子的分析，好像发现了一个巨大的逻辑问题。这就是：马克思只是把产出转化为生产价格，而没有把投入转化为生产价格，因此，马克思

① 〔英〕琼·罗宾逊：《经济学论文集》，顾准译，北京：商务印书馆 1984 年版，第 25 页。
② 〔英〕乔安·罗宾逊：《论马克思经济学》，纪明译，北京：商务印书馆 1962 年版，第 13 页。
③ 〔英〕乔安·罗宾逊：《马克思、马歇尔和凯恩斯》，北京大学经济系译，北京：商务印书馆 1963 年版，第 20 页。

的转化只走了半程。作为一个逻辑大师，马克思竟然犯下如此低级的逻辑错误，简直不可思议。而实质上，这只是一个天大的误解而已。这是因为，根据劳动价值论的基本原理，投入的总资本有机构成不变是劳动价值转化为生产价格的必备条件。要保证投入的总资本有机构成不变，投入的生产资料和生活资料的生产价格与自身的价值的偏离就必须相互抵消，其最终结果与投入没有转化为生产价格在理论上是完全一致的。这就是马克思没有将投入转化为生产价格的内在动因。如果总资本有机构成变化了，哪怕投入的总资本不变，在剩余价值率相等的前提条件下，总剩余价值和产出的总价值都会发生变化，相应的产出的总利润和总生产价格也会跟着变化。因此，马克思采用了在"投入的总资本有机构成不变"这一特定条件下分析转化问题，并以此为基础，对一般的、动态的结论进行合理的推论。总之，这段话并不隐含所谓重大逻辑问题。或者说，根本不应该把投入没有转化为生产价格看成是马克思的重大疏忽。第三重误解是由前两个误解中引申出来的。既然马克思谈的生产价格可直接理解为市场价格，既然马克思"不合理"地只转化了半程，且声称这种"不合理"的转化不影响他的一般结论。那么，就应该运用新古典均衡分析方法进行"必要的"检验。而检验的结果是，在特殊条件下马克思的观点是合理的，而在一般条件下，马克思的结论不能成立。这就产生了第三重误解。所谓特殊条件，经过一步一步还原，无非就是"投入的总资本有机构成不变"，也就是投入可以不转化为生产价格。马克思的分析实际上也只是在这个限度内，更为一般的结论可以以此为基础进行简单而合理的推论。而在一般条件下，新古典均衡分析由于价格和利润率同时决定，从而隐含无法解决的"资本计量问题"。而这样一个"资本计量问题"在检验过程中也就不知不觉地成为所谓"转形问题"的核心环节。就投入的生产资料和生活资料而言，无论生产价格与价值如何偏离，总是一个预先确定的量和确定的有机构成，而在这种均衡分析中，这种预先的确定性已经不存在了。因此，这种所谓一般条件下的检验，已经悄悄地离开了马克思的逻辑路径，这里只有价格决定问题，这种价格决定是不受价值约束的。

值得注意的是，马克思在《资本论》第3卷和《剩余价值学说史》中，都系统论证过，"斯密教条"尽管在理论上是不合理的，但在特殊条件下，商品总"价值"的分解与其要素收入的加总是能够相一致的，但在一般条件下，两者不能相一致。马克思对"斯密教条"的这一说明，与人们提出的所谓"转形问题"是多么的一致啊！如果人们用"斯密教条"的方式来检验马克思的转化理论，得出这一结论是必然的，并且马克思早就预见到了。而新古典经济学中的"资本计量问题"，正是由"斯密教条"的遗传基因带来的。

26. 如何理解"市场价值，一方面，应看作是一个部门所生产的商品的平均价值，另一方面，又应看作是在这个部门的平均条件下生产的、构成该部门的产品很大数量的那种商品的个别价值。只有在特殊的组合下，那些在最坏条件下或在最好条件下生产的商品才会调节市场价值，而这种市场价值又成为市场价格波动的中心，不过市场价格对同类商品来说是相同的……在一定的价格下，一种商品只能在市场上占有一定的地盘；在价格发生变化时，这个地盘只有在价格的提高同商品量的减少相一致，价格的降低同商品量的增加相一致的情况下，才能保持不变……如果需求非常强烈，以致当价格由最坏条件下生产的商品的价值来调节时也不降低，那末，这种在最坏条件下生产的商品就决定市场价值。这种情况，只有在需求超过通常的需求，或者供给低于通常的供给时才可能发生……如果所生产的商品的量大于这种商品按中等的市场价值可以找到销路的量，那末，那种在最好条件下生产的商品就调节市场价值……这里关于市场价值所说的，也适用于生产价格，只要把市场价值换成生产价格就行了。生产价格是在每个部门中调节的，并且是按照特殊的情况调节的。不过它本身又是一个中心，日常的市场价格就是围绕着这个中心来变动，并且在一定时期内围绕这个中心来拉平的"？［第3卷第2篇第10章，第3卷199—200页］

这段话集中体现了市场价值① 与资本主义竞争的关系。马克思曾计划将"资本"分为四个部分即资本一般、资本的竞争、信用、股份资本，而现在的《资本论》主要限于"资本一般"的内容，后面三部分没有展开，但在第3卷中都简略地涉及这些内容。如果我们要进一步研究资本主义竞争条件下的价值——价格关系，复杂劳动还原、商品和价格的第二定义② 和这一章的内容，应该是我们进行理论拓展的出发点和基础。

这里首先谈到"市场价值"确定的方式，它与第1卷有些不同，第1卷的

① 这里所说的"中等的市场价值"与"市场价值"应该是同一个范畴。"中等市场价值"只是强调市场价值在社会供给与社会需求相等的前提下由中等的生产条件确定，以区别于供给大于或小于社会供给的情况下中等生产条件的必要劳动耗费。

② 商品和价格的第二定义可参看《资本论》第3卷第714页。在这里马克思指出：必须牢牢记住，那些本身没有任何价值，即不是劳动产品的东西（如土地），或者至少不能由劳动再生产的东西（如古董、某些名家的艺术品等）的价格，可以由一系列非常偶然的情况来决定。要出售一件东西，唯一需要的是，它可以被独占，并且可以让渡。

商品价值是按简单平均的方式确定，这里则是按加权平均的方式确定，因此，市场价值既是"平均价值"，又可以看成是在这个部门的平均条件下生产的、构成该部门的产品很大数量的那种商品的个别价值。这种加权平均比简单平均更接近现实。

其次，在马克思看来，供给和需求是社会的供给和社会的需求，不能离开特定的社会条件抽象地加以考察，它们是由特定历史条件下的生产条件和分配制度确定的，因此，一般均衡是社会供给与社会需求的均衡，而在资本主义条件下，这种均衡往往是低水平均衡。市场价值是在这种均衡条件下确定的，它是社会供给等于社会需求的条件下，商品生产平均耗费的劳动时间，即社会必要劳动时间。资本主义竞争条件下的短期均衡价格^①围绕市场价值波动。其价格运行机制可以由图3来理解。

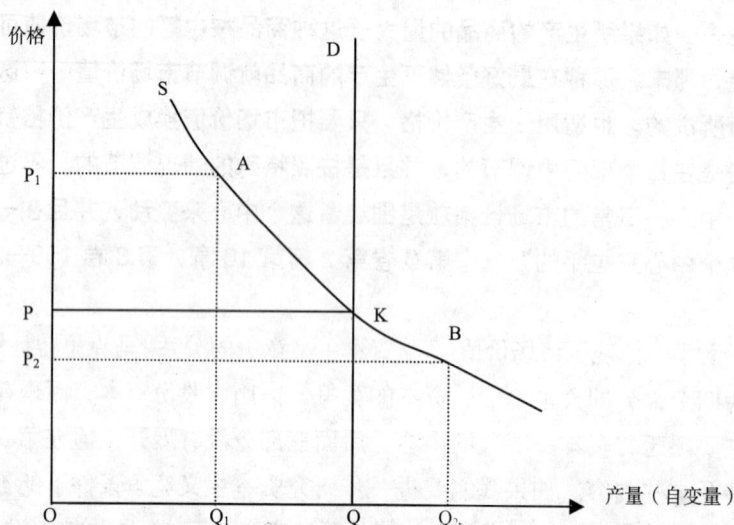

图3

在图3中，产量用Q表示，短期均衡价格用P表示。D是需求曲线，它由社会需求决定；S是供给曲线，由于产量的变动是自变量，价格是因变量，因此，它由左向右下方倾斜，表示供给与价格的逆向单调关系。P是与市场价值相对应的市场价格；如果产量处于Q₁位置，即少于社会需要的供给，那么，市

① 因为"市场价格对同类商品来说是相同的"，所以这里谈到的价格或市场价格应该理解为短期均衡价格。

· 78 ·

场价格会上升到 P_1；反之，如果产量处于 Q_2 位置，即多于社会需要的供给，那么，市场价格会下降到 P_2。但是，市场价格的变动不是抽象的变动，它受社会的需求和市场价值约束，因此，价格变动遵循一定的原则，这就是：一种商品只能在市场上占有一定的地盘；在价格发生变化时，价格的提高必须同商品量的减少相一致，价格的降低必须同商品量的增加相一致。也就是说，P_1AQ_1O、P_2BQ_2O 与 PKQO 的面积必须相等，可见，短期均衡价格的变动受社会的需求制约，不是抽象的无节制的。

最后，当供给少于社会需要的供给量时，短期均衡价格高于市场价值。这时，短期均衡价格是现有商品的平均价格，大部分商品的价格是高于市场价值来实现的，即便是最差的生产条件，它的个别价值如果大于或等于市场价值，也能按市场价值来实现，因此，市场价值可能由最差生产者的个别价值决定。当然，这是一种表面的假象，真正的决定因素是社会的供给与社会需求的均衡，是这种均衡产量的平均劳动耗费决定的，这里的所谓"决定"，只是最差生产条件的个别价值等同于市场价值的意思。相反，如果供给多于社会需要的供给量，短期均衡价格便低于市场价值，这时，最好生产条件的生产者的个别价值才可能按市场价值来实现，大部分产品的个别价值都不能按市场价值来实现，因此，市场价值就由最好生产条件生产的商品来调节，即最好生产条件生产的商品的平均耗费的劳动时间，接近市场价值体现的社会必要劳动时间。

基于上述理解，马克思强调："如果供求调节着市场价格，或者确切地说，调节着市场价格同市场价值的偏离，那么另一方面，市场价值调节着供求关系。或者说，调节着一个中心，供求的变动使市场价格围绕着这个中心发生波动。"[①] 因此，应该从价值这一确定的基础和尺度出发理解供求关系，而不应该从供求关系出发简单地抽象地理解市场价格。

此外，这里阐明的原理不仅适合市场价值，也适合生产价格。如果考虑到资本有机构成的差异，社会的供给等于社会需求的情况下，短期均衡价格以生产价格为中心发生波动。那么，上面所说的市场价值就必须换成生产价格。

27. 如何理解"不变资本同可变资本相比的逐渐增加，必然会有这样的结果：在剩余价值率不变或资本对劳动的剥削程度不变的情况下，一般利润率会逐渐下降。但是，随着资本主义生产方式的发展，可变资本同不变资本相比，

---

① 马克思：《资本论》第 3 卷，北京：人民出版社 1975 年版，第 202 页。

从而同被推动的总资本相比，会相对减少，这是资本主义生产方式的规律"？
[第3卷第3篇第13章，第3卷236页]

　　《资本论》第3卷的整个第3篇，都是围绕这里提出的"一般利润率逐渐下降的趋势"进行理论上的说明。马克思关于一般利润率逐渐下降趋势的说明，是建立在工人的剩余劳动是商品价值的唯一源泉——这样一个基本前提之上的。这种下降趋势又是以资本有机构成逐步提高的规律为基础。这里要注意的是，资本有机构成的提高不同于固定资本与活劳动的比例的提高，因为有机构成是不变资本与可变资本的比例，不变资本既包含固定资本，又包含流动不变资本。因此，资本有机构成逐步提高，主要表现为社会平均的劳动生产率逐步提高。对此，马克思曾经指出："不变资本中的流动部分即原料等等，就数量来说，和劳动生产力的提高成比例地不断增加，而固定资本即厂房、机器、照明设备、取暖设备等等却不是这样。虽然机器随着它的体积的增大绝对地变得更贵了，但它相对地却变得更便宜了。当五个工人生产的商品为以前的十倍时，固定资本的支出并不因此为以前的十倍；虽然不变资本中这个部分的价值随着生产力的发展而增加，但它远不是按同一比例增加。"[①] 可见，一般利润率的下降主要是与劳动生产率的提高相联系的。依照马克思的假定前提，从理论逻辑上看，这是完全合理的。从理论与现实经济的关系看，这一"规律"也是存在的，如果撇开生产结构和消费结构的变化，利润率必然会随着劳动生产率的普遍提高及资本有机构成的提高而趋于下降，资本有机构成的提高也是必然的趋势。

　　这里确实也存在一些需要进一步研究的问题。其一，由于资本之间的竞争没有从理论上得到充分的展开，因此，在阐述资本绝对过剩和人口相对过剩并存的现象时，显得有些不很充分。其二，关于利润率下降与全社会范围内资本的加速积累的关系方面，马克思认为，资本积累比利润率下降速度更快，从而在利润率下降条件下，利润量有可能进一步增加。这一结论的论证似乎有待进一步加强。由于资本积累只能通过剩余价值转化为资本来实现，因此，在利润率不断下降的情况下，就全社会的整体情况看，资本积累速度高于利润率下降速度的事实，确实是一个理论难题。马克思谈到，资本家将剩余价值（利润）用于个人消费的比重会随利润的增加而下降，从而有助于促进积累。这是一个重要的因素。除此之外，也可能存在一些更深层的根源。其三，马克思尽管提

---

　　① 马克思：《资本论》第3卷，北京：人民出版社1975年版，第289、290页。

到，随着生产力的发展，"生产部门会多样化"，[①] 但总的看来，马克思对于新产品、新需求即一国内部因生产力发展带来的市场深化问题，以及这种市场深化对利润率的影响，是基本忽略的。如果考虑到这一因素，在生产结构和消费结构升级节奏加快到一定程度之后，一般利润率的变动趋势可能会出现一些新的情况。对这些问题的进一步研究，需要对劳动价值论进行合理的拓展，特别是要解决复杂劳动的还原问题，并在此基础上研究资本之间的竞争及其价格机制、供求关系等。

28. 如何理解《资本论》第3卷第7篇第48章前面三个片段隐含的意义？[第3卷第7篇第48章，第3卷919—924页]

这三个片段在马克思手稿中分散在第6篇即地租理论中，恩格斯整理手稿时辑录出来，放到了第7篇第48章的最前面。这三个片段的内容与地租理论迥然有别，与第7篇倒是可以归为一类。然而，马克思是极为严谨的学者，一生那么多信件都非常完整地井然有序地保存了下来，这么严谨的学者把这么大段大段的应该属于第7篇的东西掺进到第6篇中，显然不能从简单失误方面来理解。并且，这三个片段在内容上与第7篇并不完全一致，它侧重于从庸俗经济学的角度分析三位一体公式，而第7篇则直接针对"斯密教条"本身。这几个片段可能在一定程度上折射出马克思研究地租理论时遇到的困难和理论发展的可能思路。

马克思对地租理论的研究很早，花的时间、精力也很多，研究过程不但和整个《资本论》研究相始终，而且《资本论》的整理出版暂时中止之后，他把很大一部分精力用于收集、研究俄罗斯和美国的土地制度材料，并为此从头开始学习俄语。从现有材料看，在《1844年经济学哲学手稿》中，"地租"被当做一个专题；1851年1月7日马克思给恩格斯的信表明，那时他对地租问题极为重视；1862年6月他宣布把地租这个"烂摊子"清理出来了。在这近20年的时间里，马克思面临的主要困难似乎是绝对地租问题，直到转化理论成熟后，这一问题才得到解决。因此，正是在绝对地租问题解决之后，马克思开始着手《资本论》第3卷手稿的写作。然而，在写作《资本论》第3卷的地租理论的过程中，马克思可能遇到了垄断地租这个难题。简单地运用转化理论似乎难以

[①] 马克思：《资本论》第3卷，北京：人民出版社1975年版，第289、296页。

作出令人信服的说明。

　　解决问题的可能手段就是把产权（所有权）引进总价值的市场化分配和价格机制中。事实上，马克思在《资本论》第 3 卷中，虽然巧妙地运用生产价格理论，解决了价值规律与等量资本取得等量利润原则的矛盾以及价格与价值的背离问题；运用虚拟资本理论解决了没有价值的物品（包括土地在内）为什么有价格及价格的确定机制问题；运用转化理论解决了绝对地租问题。但是，在这些问题中，产权问题似乎逐渐显现为无法回避的问题。剩余价值转化为生产价格暗含着产权问题；虚拟资本定价涉及租金收入和利息率的关系，如果不引进产权，仅仅从生产价格理论理解租金与利息率的关系，像垄断地租之类必然在逻辑上得不到充分解释；生产者对消费者的"让渡利润"①也需要从产权方面来说明。面对这些情况，马克思似乎意识到在劳动费用基础上引入产权说明价格形成机制的必要。因此，在这三个片段中，他一方面否定了把要素本身看成收入源泉从而理解垄断地租的路径；另一方面用资本—土地所有权—雇佣劳动这样的特定的历史形式代替资本（生产资料）—土地—劳动这一"超历史"的抽象形式。这已经显示了运用产权说明地租乃至总剩余价值的市场化分配倾向。并且，正是在地租理论中，马克思在一定意义上提出了"商品"和"价格"的第二种定义问题。他指出："在考察地租的表现形式，即为取得土地的使用权（无论是为生产的目的还是为消费的目的）而以地租名义支付给土地所有者的租金时，必须牢牢记住，那些本身没有任何价值，即不是劳动产品的东西（如土地），或者至少不能由劳动再生产的东西（如古董，某些名家的艺术品等等）的价格，可以由一系列非常偶然的情况来决定。要出售一件东西，唯一需要的是，它可以被独占，并且可以让渡。"②可见，在《资本论》第 3 卷关于价值与价格关系的认识中，"产权"的作用已经是呼之欲出。

　　但是，马克思还是没有明确引入产权，以进一步完善其生产价格理论、虚拟资本定价理论和地租理论等，他似乎想暂时回避这一问题。可能的解释是，尽管在他看来，资本主义生产方式既有历史暂时性，又有历史合理性，因此，肯定产权的历史合理性是很自然的、必然的。然而，1862—1864 年即写作《资本论》第 3 卷手稿的这一段时间，他对无产阶级革命的前景满怀憧憬。因此，在大好的革命形势下，他不想过于突出产权的"历史合理性"。当然，可能还有

---

　　① 马克思在《资本论》第 3 卷第 941 页便谈到商品低于价值出售，以至部分剩余价值转移给购买者不能在价格中体现的情况，以及相反的情况造成的"平均运动"和相互抵消的问题。

　　② 马克思：《资本论》第 3 卷，北京：人民出版社 1975 年版，第 714 页。

理论上的困难，如果要突出产权对价格机制的影响，需要解决价值总量与价格总量的一致性问题。而《资本论》的既有理论，实际上是在商品价值与劳动生产力成反比的假定条件下，从收入分配的"比例"关系出发来研究问题的。

29. 如何理解"必然王国"和"自由王国"的关系？［第 3 卷第 7 篇第 48 章，第 3 卷 926—927 页］

这段话必须从社会发展理论的层面来理解。所谓"必然王国"，就是物质资料的生产。这种生产是人类为维持和再生产自己的生命必需与自然进行的斗争，即"由必需和外在的目的规定要做的劳动"。这种"自然必然性的王国"会随人的发展及需要的扩大而扩大。在"必然王国"获得"自由"，也就意味着对自然的支配，因而不再让自然作为盲目的力量来统治自己。这种"自由"是人们对"自然"必然规律的把握和利用。因此，"必然王国"包括"一切社会形态"和"一切可能的生产方式"，但在"必然王国"获得"自由"是特定社会形态下才有可能。因为只有"联合起来的生产者"，才能合理地调节他们和自然之间的物质变换，把它置于他们的共同控制之下。

"自由王国"则是劳动本身成为快乐的源泉，劳动成为一种自由的创造和身心享受。"自由王国"的标志，是整个社会追求充分的"非就业"，不得不从事劳动的情况降低到可以忽略的程度，因此，"自由王国"是在"必然王国"的彼岸开始的，那时，人类能力的发展不再是手段，而成为目的本身。可见，"自由王国"的"自由"，是人自身的自由，是身心的自由，它不同于"必然王国"的"自由"。这里还需注意的是，因为"必然王国"是物质资料的生产，因此，它是一切社会形态都存在的，"自由王国"建立在"必然王国"之上，"自由王国"中也有"必然王国"，只是"必然王国"的生产高度自动化了，人们已经摆脱了"必然王国"的束缚，"自由王国"成为了人类社会的主色调。

30. 如何理解"靠人们花费收入来得到报酬的那种劳动，是从工资、利润或地租中得到报酬的，因而它不形成它作为报酬得到的那些商品的价值部分。因此，在分析商品价值及其分割成的各个组成部分时，这种劳动可以不必考察"？［第 3 卷第 7 篇第 49 章，第 3 卷 942 页］

这里涉及生产劳动与非生产劳动的关系。马克思的价值理论是以物质生产为基础的，生产劳动包括工业、农业、矿产采掘业、建筑业和为生产服务的物流运输业等，图书出版等生产物化产品的劳动，由于产品以一定物质为载体，且生产与消费可分离，这类劳动也应当是生产劳动。

这段话还涉及非生产劳动如何参与总价值的分配问题。非生产劳动可以通过政府的二次分配获得收入，他们的收入来自税收，这是对初次分配的扣除；也可以通过提供服务获得收入。从物质生产的角度看，服务劳动不形成价值，但劳动力是有产权的，服务可基于产权获得报酬。如果是服务于生产的生产性服务，其收入即工资，应是对物质生产的总剩余价值的分割，这种结果也可以转化为物质生产的条件之一，表现为一种预付的工资，并在表象上加入出售产品的成本价格之中，工资的高低依然由劳动力价值决定。服务业的利润也可以看成一种基于产权的垄断价格超出作为服务者的劳动力价值的部分，这同样是对物质生产部门的利润的分割。直接服务于人们的消费的消费性服务，同样可以基于劳动力价值获得报酬，但不是对物质生产部门的利润的分割，正像马克思在这里所说的情形一样，它是从人们用于消费的收入中获得报酬。个人提供的特殊服务，比如高级医生的服务，可以从复杂劳动力价值和垄断价格来解释。利用自己的形象提供的广告服务，完全没有劳动力的耗费，应根据马克思关于"商品"和"价格"的第二定义来解释，它转化为生产企业的成本，直接分割利润，是一种类似于地租的"租金"。在以物质生产为基础考察全社会总价值时，生产性服务及其利润，以及税收对利润的扣除，应该还原到物质生产企业的利润中，但不应重复还原；作为对初次收入的再分割，所得税和消费性服务收入则不用进行这种还原。科研和教育虽然可通过提高劳动力的复杂程度和社会结合劳动的复杂性，在现代社会成为价值的最主要源泉，但是从价值的最终完成来看，依然可以看成生产性服务的范畴。

马克思把价值形成限定在物质生产领域，是有深意的。这与他的唯物史观和社会发展理论有深层的联系，因为生产力的发展和物质资料的巨大丰富，是人类获得解放、最终由必然王国走向自由王国的基础和前提，社会的发展必须从物质生产来把握。

31. 如何理解终篇关于未来社会的"价值决定"问题？ ［第 3 卷第 7 篇第 49 章，第 3 卷 963 页］

马克思在这里指出："在资本主义生产方式消灭以后，但社会生产依然存在的情况下，价值决定仍会在下述意义上起支配作用：劳动时间的调节和社会劳动在各类不同生产之间的分配，最后，与此有关的簿记，将比以前任何时候都更重要。"① 人们对这段话常常是有分歧的。

马克思很少脱离广泛的商品交换的前提谈论"价值决定"或"价值规定"。离开了这一前提，从其整个理论的前提和价值实体的内涵看，"价值决定"只能从特定含义来理解。在商品经济条件下，商品价值的决定，是以完全竞争和一般均衡为条件的，只有在这一条件下，商品才能"按价值出售"。因此，"价值决定"在宏观面上也就暗含社会总劳动按社会供给与社会需求相等的要求实现合理分配的内容，而供给与需求又是由特定历史条件的生产条件和分配制度等确定的。

马克思在这里所说的"价值决定"，因为劳动产品不具有商品形式，不是也不可能是劳动产品的真正意义的价值决定。在未来社会，由于人的全面发展和生产的高度自动化，不同部门的物质生产的劳动不需要市场的还原，便具有同质性、可通约性。那么，从劳动的同质性、合比例性来说，这种劳动具有价值的本质规定即内容上的规定，就像鲁滨逊的个人劳动的分配具有价值的本质规定一样。因为都是鲁滨逊的劳动，因而是同质的；其劳动是按需要合理分配的，因而具有合比例性。正是在这一意义上，马克思认为未来社会的劳动规定是"鲁滨逊的劳动的一切规定""在社会范围内重演"。② 所不同的是，鲁滨逊除了极少的劳动时间用于得到精神享受的"祈祷"活动外，绝大部分时间都必须用于物质生产，否则，他就不能生存下去。而未来社会，这种用于物质生产的劳动时间，只会占极小的以至可以忽略的比例。然而，无论是鲁滨逊，还是未来社会，劳动分配以及劳动者与劳动产品的关系，都是"简单明了的"③，不存在产品与产品之间的价值关系，就像农奴的产品不存在产品与产品之间的价值关系一样。在这两种情况下，也不存在区别于个人劳动的一般人类劳动的必要劳动形式，因为个人劳动与社会劳动实现了直接的等同。总之，不存在劳动产品的价值决定问题，也不存在马克思经济学中作为基本范畴的"价值"规定，其核心只能是劳动分配的"合比例性"。对此，马克思曾经强调："按一定比例分配社会劳动必要性，决不可能被社会生产的一定形式所取消，而可能改变的只是它的表现形式……自然规律是根本不能取消的。在不同的历史条件下能够发

---

① 马克思：《资本论》第 3 卷，北京：人民出版社 1975 年版，第 963 页。
② 马克思：《资本论》第 1 卷，北京：人民出版社 1975 年版，第 95 页。
③ 马克思：《资本论》第 1 卷，北京：人民出版社 1975 年版，第 94 页。

生变化的，只是这些规律借以实现的形式。而在社会劳动联系体现为个人劳动产品的私人交换的社会制度下，这种劳动按比例分配所借以实现的形式，正是这些产品的交换价值。"①

在《资本论》第 2 卷中，有同一个农奴 6 天的劳动"所创造的价值"的说法。② 这里的"价值"也只能理解为同一农奴的同质劳动。另外，马克思在《1857—1858 年经济学手稿》中谈到，在未来社会，尽管时间的节约和有计划分配仍然是"首要的经济规律"，然而，这与"用劳动时间计量交换价值（劳动或劳动产品）有本质区别"，这是因为，在他看来，未来社会的劳动所具有的"质的同类性，同一性"有着不同的性质。③ 可见，通过广泛的商品交换抽象出社会必要劳动这一范畴及其量的规定，是考察资本主义社会价值决定的前提，未来社会的"价值决定"与资本主义社会的价值决定具有不同的性质和形式，决不能把它们混为一谈。这段话包含的思想与马克思关于价值规定的内容有一定联系，可以相互参照（具体参看《资本论》第 1 卷，第 8、61—87、88 页的相关内容的阐释）。

---

① 《马克思恩格斯〈资本论〉通信集》，北京：人民出版社 1976 年版，第 282 页。
② 马克思：《资本论》第 1 卷，北京：人民出版社 1975 年版，第 428 页。
③ 《马克思恩格斯全集》第 46 卷（上），北京：人民出版社 1979 年版，第 120 页。

《资本论》研究的文献综述

一、关于马克思经济理论基本方法及
研究对象的研究

（一）国外代表性学者的相关成果述评

国外关于马克思经济理论特别是《资本论》的方法论和认识论的研究，来自传统马克思主义者和西方马克思主义者及非马克思主义者两个方面。前者除了老一辈的列宁、普列汉诺夫、拉布里奥拉等之外，较近的代表人物有苏联的卢森贝、罗森塔尔、伊利延科夫等；后者具有代表性的人物有法国的路易·阿尔都塞、日本的见田石介等。另外，意大利的德拉－奥尔佩，匈牙利的卢卡奇，英国的马克·布劳格、斯威齐、L.梅扎罗斯，法国的鲍德里亚，日本的宇野弘藏等人的看法也有一定价值。这里从经济学角度依据他们与《资本论》的密切程度，主要介绍罗森塔尔、伊利延科夫、阿尔都塞、见田石介的代表性作品。

1. 罗森塔尔与伊利延科夫——传统马克思主义者的基本看法及其发展

（1）罗森塔尔。罗森塔尔的看法基本上可以代表传统马克思主义者的主流观点，他关于马克思经济理论的方法论和认识论的思想集中体现在《马克思

〈资本论〉中的辩证法问题》一书中。该书认为,《资本论》把关于世界的唯物主义说明和辩证的研究方法融为一炉,第一次从辩证唯物主义立场深刻地解决了一系列的认识论问题,例如本质与现象的关系问题,分析与综合、归纳与演绎的关系问题,感性材料、知觉和抽象的关系以及它们在认识过程的作用问题,关于客观真理认识过程基本阶段问题,等等。该书把重点放在从《资本论》中发掘出认识论的具体方法、并还原出具体方法与唯物辩证法的关系方面。罗森塔尔和绝大多数传统马克思主义者一样,受到恩格斯"逻辑与历史统一"思想的严重束缚,认为在《资本论》中"逻辑无条件地是资本主义经济关系历史发展的反映"[①],"逻辑的研究方法就是一种在理论上总结历史进程的方法"[②]。因此,他在一定程度上把马克思的经济理论简单地看成唯物史观的具体化,把适合于马克思各个理论层面的一般方法——唯物辩证法直接当做马克思经济理论的基本方法(特殊方法),并着重考察一般方法与具体方法的关系,从而未能对马克思经济理论的基本方法提出清晰的认识。这里需要指出的是,罗森塔尔并不是一个保守的人物。当伊利延科夫提出了一些受到"非议"的新见解的时候,正是他给予了坚定的支持。

(2)伊利延科夫。相对于罗森塔尔,伊利延科夫虽然还属于传统马克思主义者行列,其观点则已经大大突破了前人(乃至为数众多的后人)的见解,以致在苏联一再受到点名批评。他的《马克思〈资本论〉中抽象和具体的辩证法》一书,被译成了18种文字,其影响在一定程度上超越了当时的社会主义国家。其理论价值主要有以下几方面:

其一,伊利延科夫从唯物辩证法的方法论思想出发,对"抽象"和"具体"做出了不同于形式逻辑的阐释。他指出:"马克思把具体规定为'多样性的统一'",而统一是"某个系统、总和中的各种现象的相互联系和相互作用",因此,具体"应理解为对象存在的各种形式内在地被分解的总和",统一"是由它们的差别和对立来实现的"。[③] 总之,具体即具体性,是完整的、有机的整体,其内在要素互为前提、相互作用,"是对象的客观范畴"[④],"是差异和对立

①[苏]罗森塔尔:《马克思〈资本论〉中的辩证法问题》,冯维静译,北京:生活·读书·新知三联书店1957年版,第321页。

②[苏]罗森塔尔:《马克思〈资本论〉中的辩证法问题》,冯维静译,北京:生活·读书·新知三联书店1957年版,第327页。

③[苏]伊利延科夫:《马克思〈资本论〉中抽象和具体的辩证法》,郭铁民等译,福州:福建人民出版社1986年版,第1、2页。

④[苏]伊利延科夫:《马克思〈资本论〉中抽象和具体的辩证法》,郭铁民等译,福州:福建人民出版社1986年版,第3页。

的统一"①。无论如何,具体不是感性、直观的现象形态,也不能与感性的被接受的个别画等号。他又认为:在马克思那里,"抽象"不是旧逻辑学中单纯的思维形式,而是"用来说明那些不以感觉中得到的反映与否为转移的,在感觉之外存在的、实在的现象和关系的特征"。② 他引用马克思关于交换价值"只能作为一个既与的、具体的生动的整体的抽象片面的关系而存在"③ 的思想,认定最简单的范畴,不是具体范畴的抽象一般的名称,而是"对象在意识中的任何一方面的、不充分的、片面的反映",④ 最基本范畴只是研究对象中最基础、最关键的特殊性存在的概念化反映,具有"细胞"或"种子"的特点。与此相应,他把形式逻辑的抽象普遍即个别的共性与具体普遍区别开来。对于具体普遍或具体一般,在他看来,"不是作为感性的一切现象的理性抽象……而是作为普遍、特殊和个别的实在统一",具体普遍与个别的关系问题"是作为感性的事实与感性的事实的关系问题,作为对象与自己本身的内部关系——它的各个方面彼此的内部联系,作为对象本身的具体性的内部区别问题而出现的,是在这个基础上,作为在自己的联系中展示客观的分成部分的具体性的这种概念之间的关系问题而出现的","概念应当反映的不是抽象普遍的东西……而是'体现着特殊、个体、个别东西的丰富性'的普遍的东西,是具体普遍的东西"。⑤ 概念"反映的是这样一种实在,这种实在由于是一种完全特殊的现象,所以同时也是真正普遍的、具体普遍的成分,是一切其余的特殊现象的'细胞'"。⑥ 总之,在马克思经济理论的逻辑链条中,最基本的范畴是"被理解为相互转化的对立面的统一、同一,被理解为反映对象的现实矛盾的概念的具体一般",具体一般即实在(现实存在)的一般或者说"普遍的实在",这种"具体一般""在自己的规定中包含有内部矛盾"。⑦ 总的看来,他认为马克思的"抽象""具体"与形式逻辑的概念规定没有任何相同之处,"如果有'共同之处'的话,那在于'抽象'和'具体'

---

① [苏] 伊利延科夫:《马克思〈资本论〉中抽象和具体的辩证法》,郭铁民等译,福州:福建人民出版社1986年版,第55页。

② [苏] 伊利延科夫:《马克思〈资本论〉中抽象和具体的辩证法》,郭铁民等译,福州:福建人民出版社1986年版,第3页。

③《马克思恩格斯选集》第2卷,北京:人民出版社1972年版,第103、104页。

④ [苏] 伊利延科夫:《马克思〈资本论〉中抽象和具体的辩证法》,郭铁民等译,福州:福建人民出版社1986年版,第7页。

⑤ [苏] 伊利延科夫:《马克思〈资本论〉中抽象和具体的辩证法》,郭铁民等译,福州:福建人民出版社1986年版,第41—42页。

⑥ [苏] 伊利延科夫:《马克思〈资本论〉中抽象和具体的辩证法》,郭铁民等译,福州:福建人民出版社1986年版,第45页。

⑦ [苏] 伊利延科夫:《马克思〈资本论〉中抽象和具体的辩证法》,郭铁民等译,福州:福建人民出版社1986年版,第262、263页。引文中括号内的内容为引者所加,后文不再一一说明。

两个都是词"。① 这种对基本概念的阐释，对理解马克思独特的思想方法有重要的意义，如果不理解"抽象""具体"的特定内涵，我们就难以真正理解《资本论》的内在逻辑关系。马克思在评论庸俗经济学时，一方面指出它们脱离现实的历史关系，抽象地看问题；另一方面又指出它们在表象中兜圈子，不能从本质上把握现实经济关系，且不能不陷于逻辑上的循环论证。如果依照形式逻辑的思维来理解"抽象"和"具体"，这两种说法似乎不很协调。一旦跳出日常经验的思维，我们就容易把这两种说法统一起来了。这有助于我们理解《资本论》开篇中的"商品"及其价值规定。②

这里还有一个与基本范畴相关的"认识主体"问题。伊利延科夫认为，不应把"人"当做一个单一抽象的认识主体，而应该把认识主体作为社会的、实践的主体来认识，他可以通过"话语"交流，获得千百只眼睛和其他感觉的感性、直观的材料，或通过批判地利用社会积累的材料来揭示现象的本质。因此，主体对客体的直观，不是孤立的鲁滨逊式的直观，任何对经验的归纳都不是单纯进行的，而是受一定社会的意识形态的指导，其直观感受的有选择的表达本身，就是一种演绎的思维，纯粹的经验归纳是做不到的。

其二，伊利延科夫对"逻辑与历史相一致"做了全新的阐释，把"逻辑与历史相一致"转化为逻辑与资本主义商品生产的内在结构相统一的问题，从而把逻辑的、有机结构分析方法看成马克思经济理论的主要方法。他首先要求把抽象历史主义与具体历史主义区别开来。他指出，抽象的历史主义把"概念前提的历史当做概念（自身）的历史"。③ 他认为这种抽象的历史主义，是粗俗的经验主义。而具体历史主义论述的不应该是历史一般或笼统的历史，它"必须是具体对象的具体历史"。④ 要把具体对象的具体历史从庞杂的历史经验中区别出来，首先要"严格确定它的历史起点"，并"在其发展的必然的合乎规律

---

① ［苏］伊利延科夫：《马克思〈资本论〉中抽象和具体的辩证法》，郭铁民等译，福州：福建人民出版社1986年版，第70页。

② 伊利延科夫指出，马克思通过对简单价值形式的分析，"获得了价值一般的真正普遍的规定，即获得既是对货币，又是对利润都具有具体普遍意义的规定"，这种普遍规定不是从广泛的个别中抽象出来的，而是从资本主义商品生产体系的价值运动的极为偶然的罕见的特例中分析出来的（参看［苏］伊利延科夫：《马克思〈资本论〉中抽象和具体的辩证法》，第45、46页）。这种具体普遍的范畴"能够逻辑必然地反映商品资本主义结构产生的真正原因……能够作为真正发展对象理论规定的整个体系的起点"（［苏］伊利延科夫：《马克思〈资本论〉中抽象和具体的辩证法》，第221页）。

③ ［苏］伊利延科夫：《马克思〈资本论〉中抽象和具体的辩证法》，郭铁民等译，福州：福建人民出版社1986年版，第200页。

④ ［苏］伊利延科夫：《马克思〈资本论〉中抽象和具体的辩证法》，郭铁民等译，福州：福建人民出版社1986年版，第201页。

的因素中，彻底研究它以后的发展"。① "每一个新开始的具体历史过程，都有自身的具体历史起点"。② 他的意思是，由苹果和梨嫁接而成的"苹果梨"，不能把苹果和梨的历史当做自己的历史，而必须以第一次嫁接成功作为自身的历史起点。其次，他强调：逻辑和历史相一致，只能是逻辑与具体对象的历史发展相一致，而不是与直观经验的历史进程相一致。他指出："范畴的时间顺序……应当再现出研究对象形成过程及其结构组合过程进行的实在历史顺序。"③ 最后一点也是最为关键的一点是：他认为历史是在历史基础上发展的，历史发展的高级形式总是包含低级形式的某些要素，这些要素原先是新体系产生、发展的外部条件即历史前提，但新体系形成之后，又在体系内部再生产这些要素，原来的前提被作为结果再生产出来。因此，在历史发展的高级阶段，特定状态下的历史横断面会以类似树木年轮的形式，将具体对象的历史发展轨迹以简化的形式拓印下来。他说：特定主体的历史发展过程的客观结果本身，会"把自己原来的历史以发生了某种程度变化的'拓印下来的'形式保存下来"④。这种历史的抽象所保留的正是"发展的具体——普遍因素"，而偶然的、非本质的因素则用历史自动清除。⑤ 这样，"逻辑问题就变成了发展的历史过程与其自身结果之间的有规律的关系问题"。⑥ 依照这种认识，逻辑与历史相统一，也可以理解为历史发展体现在特定的逻辑结构中。通过高级阶段内部结构的范畴的逻辑顺序"能最先接近于了解对象产生的历史这种结构形成规律"。⑦ 因此，"形式上是逻辑的（理解），实质上是历史的理解"。⑧ "思维在分析了发展了的（被定格的）对象时，有可能洞察它'被拓印下来'的历史"⑨。基于这种认识，伊利延科夫把马克思对资本主义商品生产的分析首先理解为结构分析，

---

① [苏]伊利延科夫：《马克思〈资本论〉中抽象和具体的辩证法》，郭铁民等译，福州：福建人民出版社1986年版，第202页。

② [苏]伊利延科夫：《马克思〈资本论〉中抽象和具体的辩证法》，郭铁民等译，福州：福建人民出版社1986年版，第204页。

③ [苏]伊利延科夫：《马克思〈资本论〉中抽象和具体的辩证法》，郭铁民等译，福州：福建人民出版社1986年版，第201页。

④⑦ [苏]伊利延科夫：《马克思〈资本论〉中抽象和具体的辩证法》，郭铁民等译，福州：福建人民出版社1986年版，第193页。

⑤ [苏]伊利延科夫：《马克思〈资本论〉中抽象和具体的辩证法》，郭铁民等译，福州：福建人民出版社1986年版，第196页。

⑥ [苏]伊利延科夫：《马克思〈资本论〉中抽象和具体的辩证法》，郭铁民等译，福州：福建人民出版社1986年版，第197页。

⑧ [苏]伊利延科夫：《马克思〈资本论〉中抽象和具体的辩证法》，郭铁民等译，福州：福建人民出版社1986年版，第194页。

⑨ [苏]伊利延科夫：《马克思〈资本论〉中抽象和具体的辩证法》，郭铁民等译，福州：福建人民出版社1986年版，第208页。

而"商品资本主义机体结构的每一个方面，每一种因素，因此都获得了自己的具体理论表述。"[①] 依照这种有机结构分析的思路，伊利延科夫没有把商品与商品的直接交换看成一种前资本主义的历史形式，而是把它看成马克思设想的"唯一的、在发达的资本主义内部极罕见的人与人之间的实际关系"，"分析这单个经济关系形式，其结果得到的是发达的资本主义，即充分发展的具体性所有现象和范畴的客观普遍形式之理论表述"。[②] 他还指出：在简单商品形式范围内"商品与商品的交换，不可能表现出社会生产不同领域内所耗费的社会必要劳动量"。[③]

其三，通过与古典经济学、形而上学、黑格尔哲学的广泛比较，特别是通过辩证法与形式逻辑的细致比较，充分阐明了唯物辩证法作为一种方法论的科学价值和独特意义。他强调：被简单抽象的概念"是比生动的直观形象更为贫乏的东西"，是"感性所得到的具体性的破坏"；形式逻辑的抽象，"结果仅仅是作为从提供直接直观的现实离开"。[④] 他认为形式逻辑的抽象是"许多单个事物彼此僵死的同一"，"完全不能表示它们的相互联系的原则"。[⑤] 他把形式逻辑称为"日常思维"，认为它"比较难以发现思维的普遍的规律性和形式"，"是以揭示思维一般的普遍规律为目的的研究的一个不适合的对象"，强调它所隐含的"高级东西的迹象"只有当这个高级东西本身已经是众所周知的时候"才能被正确理解"。[⑥] 他说：我们可以把一只活兔剖析为化学元素，分解为机械"微粒"，却又无法通过相反的行程理解"为什么它们在被剖析之前的结合体刚好就是一只活兔"。[⑦] 通过这种比较，他反复阐明以辩证法为特质的马克思"从抽象上升到具体"的方法是比经验的归纳和简单抽象更加科学的方法。

伊利延科夫的主要局限有以下几个方面：

---

① ［苏］伊利延科夫：《马克思〈资本论〉中抽象和具体的辩证法》，郭铁民等译，福州：福建人民出版社1986年版，第202页。

② ［苏］伊利延科夫：《马克思〈资本论〉中抽象和具体的辩证法》，郭铁民等译，福州：福建人民出版社1986年版，第210、211页。

③ ［苏］伊利延科夫：《马克思〈资本论〉中抽象和具体的辩证法》，郭铁民等译，福州：福建人民出版社1986年版，第252页。

④ ［苏］伊利延科夫：《马克思〈资本论〉中抽象和具体的辩证法》，郭铁民等译，福州：福建人民出版社1986年版，第18、19页。

⑤ ［苏］伊利延科夫：《马克思〈资本论〉中抽象和具体的辩证法》，郭铁民等译，福州：福建人民出版社1986年版，第56页。

⑥ ［苏］伊利延科夫：《马克思〈资本论〉中抽象和具体的辩证法》，郭铁民等译，福州：福建人民出版社1986年版，第68、69页。

⑦ ［苏］伊利延科夫：《马克思〈资本论〉中抽象和具体的辩证法》，郭铁民等译，福州：福建人民出版社1986年版，第215页。

其一，从抽象上升到具体的"方法"被赋予了太多的内涵和具体的研究手段。从理论到实践，从认识的经验阶段到理性阶段，从普遍、特殊、个别相统一的"实在"上升为多样性统一的具体，都被纳入从抽象上升到具体的"方法"中。他还认为从抽象上升到具体"实现了逻辑学、认识论和辩证法的一致性……实现了归纳和演绎、分析与综合的一致性"。[①] 因此，这一"方法"还被看成是归纳和演绎互为前提、互相作用、对立统一的方法，被看成归纳与演绎、分析与综合有机结合的更高级的思维方法，并且它把概念分析与事实分析有机结合起来。这一"方法"被认为既是"人类理论发展的自然规律"，又是"对概念中直观和表象进行逻辑加工的特殊形式"。[②] 这样，尽管他把"从抽象上升到具体"的方法认定为"唯一符合辩证法的（从理论上）发展事实客观现实性的方法"，并认为"只有它才能保证解决……科学研究的中心任务"。[③] 然而，由于赋予了过多的东西，反而使这一基本"方法"成为抽象的框，并把方法论意义的"方法"与理论加工的特殊形式、具体加工手段混为一谈，从而失去了经济理论的基本方法的意义。而事实上，伊利延科夫更多地把辩证的演绎方法认定为《资本论》的基本方法，并在一定程度上把《资本论》看成超越经济学层面的哲学方法论著作，强调自己的任务是，"区分出马克思在分析经济材料的思维运动中一般的逻辑因素，区分出由于其一般性也能运用于其他任何一门理论学科的逻辑形式"。[④] 而不是重点考察辩证方法是如何在政治经济学中获得独特运用的。从而未能理清马克思理论体系不同理论层面的关系。

其二，直接把价值作为逻辑起点，把商品看作"价值的化身"，把商品的内在矛盾直接当成"价值的矛盾性"，进而把理论逻辑的展开过程看成价值范畴的自我运动过程。[⑤] 这体现了将价值与使用价值等量齐观的倾向，也在一定程度上体现了黑格尔思维的倾向。他指出：《资本论》是对价值范畴进行最精湛的

① [苏] 伊利延科夫：《马克思〈资本论〉中抽象和具体的辩证法》，郭铁民等译，福州：福建人民出版社1986年版，第155页。

② [苏] 伊利延科夫：《马克思〈资本论〉中抽象和具体的辩证法》，郭铁民等译，福州：福建人民出版社1986年版，第145页。

③ [苏] 伊利延科夫：《马克思〈资本论〉中抽象和具体的辩证法》，郭铁民等译，福州：福建人民出版社1986年版，第147页。

④ [苏] 伊利延科夫：《马克思〈资本论〉中抽象和具体的辩证法》，郭铁民等译，福州：福建人民出版社1986年版，第210页。

⑤ [苏] 伊利延科夫：《马克思〈资本论〉中抽象和具体的辩证法》，郭铁民等译，福州：福建人民出版社1986年版，第258页。

分析为起点的"。① "价值始终是一个矛盾，是一个解决不了和不可能被解决的矛盾"，"《资本论》中的全部理论思维运动，仿佛就是两个原先被揭示出来的价值表现的极的闭合"。② 他强调："《资本论》中的每一个具体范畴，都是一种价值和使用价值互相变换的形式，也就是在研究开头，在分析被研究的机体的'细胞'时就已表现出来的那种两个彼此对立的极，即那种在自己对立统一中的两个极，它们构成作为范畴以后整个演绎基础的最初一般范畴的内容"；"范畴的整个演绎，是价值的两个极在其相互转换过程中必经的整个中介环节链条的复杂化过程"，任何一个新的经济实在"只有它成为价值作为其内部对立面的生动对立同一的实现形式的情况下，才是有意义的"。③ 总之，他认为资本主义社会的矛盾"包含于简单商品交换中，包含于整个体系的'细胞'中"，并且，"包含于价值的那个矛盾本身发展的必然结果，正像包含于胚胎中，包含于种子中的那样矛盾一样"。④ 这种认识既存在神秘主义的倾向，又把《资本论》的逻辑链条理想化，看不到其中的断层，并忽视了作为认识主体的逻辑展开者和理论叙述者——马克思的存在。

其三，在逻辑与历史的关系方面，没有彻底摆脱将政治经济学在本质上看成历史科学的思维惯性，表现出一种折中调和态度。他指出："逻辑的发展既要符合整体内部的分解，又要符合具体的形成发展"。⑤ 基于这种认识，他一方面强调，对形成发展着的普遍性的认识，只有通过对某一阶段的"典型"的分析来加以把握，因为有限的经验永远不能归纳出对发展着的普遍性规律的认识。⑥ 另一方面，他又批评李嘉图，认为他虽然把资本主义商品经济理解为一个统一的、生产关系与分配关系互为条件的有机整体，却没有把这个有机整体理解为历史发展着的有机的生产关系的总和，而是理解为"非发展的"、"自然

① ［苏］伊利延科夫：《马克思〈资本论〉中抽象和具体的辩证法》，郭铁民等译，福州：福建人民出版社1986年版，第210页。

② ［苏］伊利延科夫：《马克思〈资本论〉中抽象和具体的辩证法》，郭铁民等译，福州：福建人民出版社1986年版，第259、260页。

③ ［苏］伊利延科夫：《马克思〈资本论〉中抽象和具体的辩证法》，郭铁民等译，福州：福建人民出版社1986年版，第268、269页。

④ ［苏］伊利延科夫：《马克思〈资本论〉中抽象和具体的辩证法》，郭铁民等译，福州：福建人民出版社1986年版，第273页。

⑤ ［苏］伊利延科夫：《马克思〈资本论〉中抽象和具体的辩证法》，郭铁民等译，福州：福建人民出版社1986年版，第149页。

⑥ ［苏］伊利延科夫：《马克思〈资本论〉中抽象和具体的辩证法》，郭铁民等译，福州：福建人民出版社1986年版，第151、152页。

的"永恒形式。① 他强调"科学应当从现实历史开始的地方开始"。② 这种折中的态度在一定程度上反映了他对马克思经济方法的把握还存在一些不透彻的地方。事实上，马克思的方法虽然具有历史眼光，并把一些历史的处理问题的方法运用于经济理论，但并不是严格意义的历史研究。另一方面，这种方法虽然包含对有机整体的"分解"，但也不是单纯的生理学"解剖"。简单地把其方法理解为"整体内部的分解"＋"形成发展"的历史研究，还不能真正把握其方法的特质。这种理解对于较为具体的经济范畴的理论规定来说是合适的，但由此上升为对研究对象的整体把握的方法，"整体分解"与历史分析便难以协调一致。马克思在批评李嘉图时并没有指责他缺乏历史分析，而是批评他"缺乏抽象力"，③ 马克思甚至认为："要揭示资产阶级的经济规律，无须描绘生产关系的真实历史"，通过对已经形成的发达的资本主义生产关系的考察和科学分析，可以透视这一制度的前史，也可以揭示这一制度本身被扬弃的"未来的先兆"。④ 这是值得我们深思的，他对李嘉图的批评或许能给我们提供理解其经济研究方法的钥匙。

其四，对于实践在马克思哲学中的意义以及马克思哲学如何超越唯心主义和传统唯物主义没有实质性的理论突破。在谈到建筑师在建造出房子之前总是在头脑中先有"房子"这一经验事实与存在决定意识这一理论规定的矛盾时，他指出：我们必须在以唯物主义为出发点的前提下，"理解意识是从改变事物的能动实践、感性活动中产生出来的过程"。⑤ 在谈到科学的继承与发展的关系问题时，他指出："思维发展的最切近的基础不是自然界本身，而恰恰是社会的人改造自然界的实践"。⑥ "在科学上……真正的向前运动总是通过有价值的东西的进一步发展而实现的，而这种有价值的东西……是靠理论的开化了的大脑来创造的"，并且离不开"先前的发展"。⑦ 他认为，对事实之间的内在理论联

---

① ［苏］伊利延科夫：《马克思〈资本论〉中抽象和具体的辩证法》，郭铁民等译，福州：福建人民出版社1986年版，第177页。

② ［苏］伊利延科夫：《马克思〈资本论〉中抽象和具体的辩证法》，郭铁民等译，福州：福建人民出版社1986年版，第185页。

③ 《马克思恩格斯全集》第26卷（Ⅱ），北京：人民出版社1973年版，第211页。

④ 《马克思恩格斯全集》第46卷（上），北京：人民出版社1979年版，第456—458页。

⑤ ［苏］伊利延科夫：《马克思〈资本论〉中抽象和具体的辩证法》，郭铁民等译，福州：福建人民出版社1986年版，第243页。

⑥ ［苏］伊利延科夫：《马克思〈资本论〉中抽象和具体的辩证法》，郭铁民等译，福州：福建人民出版社1986年版，第135页。

⑦ ［苏］伊利延科夫：《马克思〈资本论〉中抽象和具体的辩证法》，郭铁民等译，福州：福建人民出版社1986年版，第137页。

系的认识"必须由直观过渡到可感觉的实际经验，过渡到人类与其整个历史范围内的社会实践"，"只有社会的人类实践，即社会的人与自然现实相互作用的历史发展形式的总和，才是理论分析和综合正确性的基础和标准"。① 这些认识表现出超越传统唯物主义和唯心主义的倾向，但这一思想仅仅是一笔带过，并没有展开。我们无法真正理解意识如何从实践过程中产生出来。

此外，在阐述辩证法与形式逻辑的关系时，他虽然强调科学的理论思维应该重视"日常的思维"即形式逻辑，"没有它们就不可能有任何的具体普遍的概念"，"它们是产生复杂的科学概念的前提和条件"。② 但是，他又把形式逻辑看成"处于原本状态的不那么发展"③ 的思维形式；认为它应该从属于辩证法思维，并且只有"自觉地为本质上是历史主义的研究方法服务"，才"能够成为对经验事实进行加工提高的最有效的逻辑手段"。④ 这就基本上否定了形式逻辑独立存在的价值。这种看法起码还是值得进一步商榷的。

2. 阿尔都塞和见田石介——非传统马克思主义者的重要代表

（1）阿尔都塞。阿尔都塞是著名的西方马克思主义哲学家，"结构主义马克思"的代表人物，福柯、德里达和布尔迪厄等都是他的学生。他对马克思经济理论的看法主要集中在《读〈资本论〉》一书中。他认为，马克思的经济理论作为"批判政治经济学"，提出了一个同既有的政治经济学"相对立的新的总问题和新的对象"，⑤ 把政治经济学应研究怎样一个对象作为一个问题提了出来，因此，只有理解了《资本论》的科学对象的性质和特点，才能确切地意识到马克思的发现所引起的理论革命的意义。阿尔都塞认为，马克思抛弃了人本学与经济现象同质空间相统一的政治经济学，即抽象的人与抽象的没有时代差异及空间差异的经济活动相结合的经济学。他认为，特定时空的社会整体是一个作为历史产物的"历史的"既与的复杂深刻的系统结构，马克思用"生产方式"的总结构概念说明经济现象，不仅使经济在社会整体的总结构中占据着自己的

① ［苏］伊利延科夫：《马克思〈资本论〉中抽象和具体的辩证法》，郭铁民等译，福州：福建人民出版社1986年版，第217页。

② ［苏］伊利延科夫：《马克思〈资本论〉中抽象和具体的辩证法》，郭铁民等译，福州：福建人民出版社1986年版，第52页。

③ ［苏］伊利延科夫：《马克思〈资本论〉中抽象和具体的辩证法》，郭铁民等译，福州：福建人民出版社1986年版，第69页。

④ ［苏］伊利延科夫：《马克思〈资本论〉中抽象和具体的辩证法》，郭铁民等译，福州：福建人民出版社1986年版，第220页。

⑤ ［法］路易·阿尔都塞：《读〈资本论〉》，李其庆等译，北京：中央编译出版社2008年版，第143页。

位置，形成社会结构中的一个层次，而且这种经济在自己的位置上作为区域性结构执行职能并作为区域性结构来决定自己的各个要素，因此，同样是一个复杂深刻的空间，构成和决定经济学对象结构的是生产力与生产关系的统一。而另一方面，阿尔都塞又认为，这种结构概念是理论的对象概念（或认识对象），不是具体的经济事实（或现实对象）。在他看来，同样的现实对象，由于不同理论的反映角度、层次、内在联系不同，其理论的"对象概念"也就不同，对象概念是由经济事实加工而成的要素、原料，政治经济学就是对自己的对象概念进行阐述（相当于马克思说的叙述），而对象概念（认识对象）通过人的认识即通过人的阐述和运用，可以掌握现实对象。基于这种思想，他认为利润、地租、利息在马克思的经济理论中依然不是经验具体，而是一种"抽象"、概念，是对经济现实的抽象思维的产物（相当于马克思所说的精神具体），而不是经验存在本身。因此，《资本论》第 1 卷向第 3 卷的过渡，不是思维抽象向现实具体的过渡。在《读〈资本论〉》中，他没有具体谈到生产价格、市场价格的性质，但其"抽象"的性质也是可以从这一思想中推论出来的。

在阿尔都塞看来，庸俗经济学、现代经济学乃至古典经济学，都把经济现象作为直接的研究对象，且把经济现象看成无限同质的（无历史差异的、永恒的）空间，以经济人即具有抽象的自然需要的人为主体，是人本学与经济现象统一的经济学。因此，其分析方法表现为平面的（大概指同质空间的截面）线性因果分析，并以此构建模型。阿尔都塞认为，如果把经济学的对象理解为"历史的"深刻复杂的立体空间结构，就必须用立体式结构分析方法思考结构中的各个要素、要素间的联系、要素与结构的关系等；本质与现象的关系只有放在"历史的"立体结构中来理解才是合理的，这是因为本质——现象这一对概念是笛卡儿哲学的因果关系与黑格尔哲学的因果关系的共同基础，也是马克思经济理论与古典经济学、庸俗经济学的共同基础，只有理解了它们的基本范式的差异，才能真正理解不同理论的区别。对于历史与逻辑的关系，阿尔都塞对"历史与逻辑相统一"的原则明确加以否定。他把这一原则称为"历史主义"，强调马克思主义不是"历史主义"。他指出：恩格斯的这种理解把"恰恰表现出马克思的一致性概念的理论力量的东西当做由概念产生的缺陷"，[①] 这给人们理解《资本论》乃至马克思的哲学思想造成了一定的思想混乱。

阿尔都塞的这些认识，具有重要的理论意义。他把认识对象和现实对象区

---

① [法] 路易·阿尔都塞：《读〈资本论〉》，李其庆等译，北京：中央编译出版社 2008 年版，第 70 页。

别开来，并把生产价格、市场价格、利润、地租、利息等看成"抽象"概念，可以从根本上消除人们对生产价格（或"市场价格"）与现实经济中的价格现象的混淆，使人们真正回到马克思的抽象思维进程来理解《资本论》的转化理论从而有助于消除 100 多年来的所谓"转形问题"的争论。这是因为，产生所谓"转形问题"的根本原因就在于，人们习惯于将马克思的生产价格或"市场价格"与现实的价格现象混为一谈，并用新古典方法进行"逆检验"。阿尔都塞把研究对象理解为"历史的"（指静态的历史结果，而非历史发展）立体式系统结构，把系统的结构分析方法看成马克思经济理论的基本方法，这在一定程度上合乎马克思经济理论的理论特质，有助于把马克思的经济理论与他的哲学和历史理论区别开来，从而走出"历史主义"[①]的误区。这有助于避免把马克思的政治经济学简单地看成唯物史观的具体化，有助于把马克思的经济理论从技术决定论中拯救出来，使人们真正认识到马克思经济理论在范式革命方面的巨大理论意义和现实意义。

阿尔都塞的这种系统结构分析理论在对《资本论》的认识方面也具有明显的缺陷或认识错误。具体表现在以下几个方面：

其一，阿尔都塞本质上依然是一个机械唯物主义者即"科学主义"者。他认为，由于生产力、经济关系、政治、宗教、文化等，都各有自己的发展进程，不存在必然的社会发展趋势，因此，每一个特定的历史时段作为一个有机整体都是特殊的，"历史的"，"这一时段"与前一时段和后一时段不具有同质的连续性，不同的民族或社会都是异质的。这样，他就不可能看到 19 世纪的英国与德国的共性。在他看来，必然性通过偶然事件为自己开辟道路是一种"令人惊异的机械论"，"就是把两种毫无关系的现实相提并论"，是借助"术语交错""短路"形成的"荒谬推理"。[②] 因此，他所承认的"经济必然性"只不过是被认识到的特定社会经济结构发生作用的基本规则，是一种没有自己的起源和历史的被人们认识到的特定的"历史的"对象的原理。他又认为，一定社会中的经济和非经济，属于不同的对象，是各自独立的，它们之间不存在本质与现象的

---

① 称为"泛历史学"可能更为准确。恩格斯强调："政治经济学本质上是一门历史的科学"（《马克思恩格斯选集》第 3 卷，人民出版社 1972 年版，第 186 页）。他又认为："凡不是自然科学的科学都是历史科学"（《马克思恩格斯选集》第 2 卷，人民出版社 1972 年版，第 117 页）。这种把一切社会科学当成历史科学的"泛历史学"思想值得商榷，它可能使人们对马克思哲学和经济理论的认识发生偏差，使历史理论之外的马克思的丰富深刻的思想成为模式化的教条，从而使其本真的思想被淹没在历史的浊流中，但唯物史观本身仍然需要肯定，它是马克思理论体系中居于基础地位和核心地位的思想，也是马克思与恩格斯在思想认识上的主要交集。

② ［法］路易·阿尔都塞：《读〈资本论〉》，李其庆等译，北京：中央编译出版社 2008 年版，第 98、99 页。

关系。这实质上是否定了经济基础的决定性作用。他还强调：只存在"个性的历史存在形式的概念问题"，① 不应当把个人的作用放到历史必然性中加以考察。在他看来，个人作用与历史必然性的关系问题是一种"荒谬推理"。从本质来看，这些认识依然属于机械唯物主义范畴，他把每个时代、每个民族、每个社会共同体呈现出来的各不相同的"历史的"存在，当做理论思维的决定性前提。阿尔都塞不同于传统唯物主义的地方，是把特定的"历史的"对象作为一个系统结构来考察并揭示其中各要素的联系，从而克服了传统唯物主义的片面性和平面线性思维，但其思维依然具有静止和孤立的特征。孤立表现为系统结构的孤立，即系统结构的非联系性；静止表现为对历史发展必然性的否定，把发展的历史观作为"历史主义"完全加以排斥。

其二，阿尔都塞虽然指出了马克思经济理论的研究对象是一个系统结构，但没有说明这一系统结构的性质。事实上，他是把它看作一个系统的机械结构。这种机械结构像是天然形成的某种地质结构，它成为"历史的"独特的地质结构是各种作用力相互作用的结果，它仅仅是"历史的"存在物，既没有必然形成的机理，也没有必然的未来趋势。如果说它有"发展"的历史，那只是思维主体的认识的发展，也就是阿尔都塞所说的"认识史"或"理论实践史"。马克思本人则把系统结构看成一个"活的生命体"，即"赋有生命"的社会关系的"有机体"。所以，马克思把商品比喻为"细胞"，把经济研究比喻为"人体解剖"，把社会看成人格化的"主体"，他还直接把对社会制度的内在联系的研究称为"生理学"② 研究。因为研究对象被看成"活的生命体"，因此，尽管马克思把成熟的、典型的"生命体"放在实验室的理想环境中进行研究，这种系统全面的研究及其研究基础上的理论说明，仍然不同于机械主义的比较静态分析，而且总是要联系"生命体"的历史发展和个体生命的成长过程来论述。

其三，由于阿尔都塞把马克思的经济理论与唯物史观对立起来，他不可能真正理解马克思理论体系中不同理论层面之间的耦合关系。马克思把政治经济学关于"既与主体"的结构分析建立在动态的唯物史观的历史分析基础上，但从经济理论的基本方法的特质看，是对特定时空条件下纯粹的、典型的自由竞争资本主义的特殊状态的研究，因此，表现为基于"活的生命体"的"静态"研究。然而，由于两个理论层面相互耦合，马克思的经济理论具有很强的两面性。它既是非历史的"静态"的结构分析，又是动态的历史分析。对此，阿尔

---

① [法] 路易·阿尔都塞：《读〈资本论〉》，李其庆等译，北京：中央编译出版社 2008 年版，第 99 页。
② 《马克思恩格斯全集》第 26 卷（Ⅱ），北京：人民出版社 1973 年版，第 182、183 页。

都塞缺乏必要的认识。他从认识史理论即理论实践史"理论"出发，仅仅在不同"认识"之间建立某种"历史"联系。他认为，这种"认识"之间的继承与发展关系，可以通过"症候阅读法"揭示出来。可见，他的系统结构分析与唯物史观是完全脱节的。事实上，他把马克思的经济理论与马克思的哲学和唯物史观割裂开来。正因为如此，他一方面认识到《资本论》在经济学基本范式方面的革命性意义，在基本方法、研究对象、历史与逻辑的关系等方面得出了有一定合理性的认识，且将这些认识建立在唯物主义的基础上；另一方面，他又简单地认定"历史分析方法"不是马克思的方法，以致不能辩证地把握系统结构分析与历史分析的关系，不能真正把握马克思的经济理论与哲学理论和历史理论的关系。事实上，历史分析在马克思理论体系中处于核心地位，在其经济理论中处于基础地位，只是不能据此把马克思的哲学简化为历史唯物主义，进而把他的经济理论简化为历史唯物主义及其唯物史观的副产品。

其四，阿尔都塞对马克思劳动二重性理论估计不够充分。由于这一缺陷，他不能真正理解马克思经济思想的发展过程，以及不同阶段的差异与联系，从而把"青年马克思"与"后来的马克思"对立起来。这样，他就不能真正把握价值与财富的关系，也不能充分认识价值实体的抽象及其量的规定在马克思实现的经济学范式革命中的意义。这可能是阿尔都塞为了避免"意识形态回答"和避免"走入平均主义实践歧途"而刻意突出差异的必然结果。

（2）见田石介。见田石介是日本著名的哲学家，在黑格尔哲学和《资本论》方法论研究方面有重要成就，他的《资本论的方法》一书在日本马克思经济学家中有广泛的影响。见田在书中着重探讨了《资本论》从抽象上升到具体的叙述方法，对历史与逻辑的关系进行了独特的分析，论述了"逻辑＝历史说"的一般特征及"错误"根源。他指出，对已知对象的抽象、分析、综合，从而发现已知对象（既与主体）的内在本质、构成要素、构成法则，是逻辑分析的基础，但不能把逻辑进程与历史进程等同起来。他强调，马克思的方法以辩证唯物主义世界观为基础，包含两个层面：一是作为简单的分析与综合的具有形式逻辑意义的"分析方法"，二是以抽象范畴和具体范畴互相包含、互为前提为特征的"本真意义上"的辩证法方法。在他看来，后者以前者为基础，但后者应理解为认识把握资本概念的各个内在要素、各个侧面的相互关系的方法，其逻辑进程不过是资本由普遍到特殊、个别的叙述过程，是对资本的内在的统一和矛盾关系的揭示。因此，他认为，即便是价值形式的发展，也仅仅是从价值本性、价值概念引出价值的种种形态，而不是价值形式的历史发展。

关于简单商品诸范畴与资本一般的关系，见田否定了简单商品生产自我发展为资本主义生产的看法，从而否定了逻辑与历史相一致的一个重要依据。事实上，马克思一开始就是在典型的、纯粹的自由竞争资本主义条件下讨论商品的价值属性及其历史联系。因此，简单商品生产不能成为也没有成为《资本论》的逻辑起点，资本主义生产的起源只能从原始积累中得到说明。

见田方法论思想的主要局限是：其一，未能把握马克思的唯物史观与经济理论的耦合关系。他把基于唯物史观的历史分析方法看成"本真意义"的辩证法方法的基础，认为两者的关系相当于经济基础与上层建筑的关系，这是非常有见地的。但是，他没有真正理解两种方法各自在马克思经济理论中的功用和作用机制。其二，他对《资本论》方法的理解依然偏重于具体的分析手段及其运用，未能把形式逻辑意义上的"分析方法"和辩证法方法这两种较为具体的方法统一到由马克思经济学特定研究对象所要求的某种更为抽象的"基本方法"上。[①] 他虽然把分析方法相对于辩证法方法的关系看成低级器官相对于高级器官的关系，[②] 但有时又自相矛盾，事实上，在他那里两种方法并没有显示出明确的地位差异，[③] 因此，难以摆脱"二元论"的质疑，他本人也只能感叹其见解"很难被一般人所理解"。[④] 其三，他对理论发生史与对象发生史的关系也没有完全理清。他虽然在很大程度上认识到马克思经济学的研究对象是"生物有机体"，甚至把马克思的《资本论》看成"解剖学"，但还没能将马克思经济学的研究对象定格为"非发展的""历史的"特定"解剖"对象。因此，作为"解剖"对象，有时又被看成是发展的，当然，这里的发展不是猴体向人体的发展，而是限于"人体"自身的发育过程。

---

① 他把《资本论》划分为两个阶段，即"作为资本要素的商品阶段和从资本概念出发考察资本主义生产方式本身的结构和运动规律的阶段"，并且强调：前一阶段的内部"也是同样的结构分析方法，在更小的范围内重复着"（[日]见田石介：《资本论的方法》，张小金等译．北京：中国文史出版社2005年版，第53页）。这似乎可以认为见田把结构分析方法（甚至有机结构分析方法）看成《资本论》的基本方法。不过，这一思想并没有被明确表述，而是被一笔带过了。由于他未能把握马克思的唯物史观与经济理论的耦合关系，这一思想也难以真正成熟起来。

② 为了说明这一思想，他举了一个青蛙的例子。他指出：把青蛙最高级的中枢神经即相当于大脑的部分切除，用大头针把青蛙固定在墙上，然后对它的脚时而用药物给予刺激，时而用大头针给予刺激，即使大脑被切除了也有反应。用浸染了药物的纸粘在它的脚上，它能用另一只脚将药纸去掉。那样高难度的动作也能做到。低级神经中枢以及神经具有相对独立性，在它们之上大脑控制着。而与此同时，相当于青蛙下层构造的生物体也与青蛙共存（[日]见田石介：《资本论的方法》第258页）。这种说明可谓别具一格。

③ 作为两种具体的分析手段，原本就没有地位上的差异，见田有时似乎想有所区分，但无法确立一以贯之的思路。这里需要指出的是，唯物辩证法与辩证法方法还是有区别的，前者属于方法论思想，后者属于分析手段，不过，即便是前者，也可以区分为宏观指导与微观运用两个层次。

④ [日]见田石介：《资本论的方法》，张小金等译，北京：中国文史出版社2005年版，第306页。

（二）国内研究现状

关于马克思经济理论——《资本论》的基本范式，国内学者围绕基本方法、研究对象乃至体系结构进行过几次讨论，研究人员横跨哲学、经济学两个学科。出版的著作有王学文的《关于〈资本论〉方法论的几个问题》、田光的《〈资本论〉的逻辑》、吴传启的《〈资本论〉的辩证法问题》、张薰华的《〈资本论〉脉络》、刘景泉的《马克思〈资本论〉与黑格尔〈逻辑学〉》、李建平的《〈资本论〉第一卷辩证法探索》、郑道传的《〈资本论〉方法论研究》、胡培兆的《〈资本论〉研究之研究》、刘永佶的《〈资本论〉逻辑论纲》等多部、刘炯忠的《〈资本论〉方法论研究》、何干强的《唯物史观的经济分析范式及其运用》等两部、俞忠英的《〈资本论〉的整体方法探讨》、张小金的《〈资本论〉与科学研究方法》、章士嵘的《〈资本论〉的逻辑》、蒋绍进的《〈资本论〉的结构》、陈俊明的《〈资本论〉终篇研究》、蒋海益的《〈资本论〉骨架和叙事过程》、王金岭的《〈资本论〉第一卷方法论析要》。除以上学者之外，王亚南、孙冶方、卓炯、马家驹、卫兴华、陈征、谷书堂、刘诗白、洪远朋、洪银兴、程恩富、胡均、沈佩林、刘涤源、奚兆永、熊映梧、白暴力等发表了重要的研究成果。陈征、严正主编的《〈资本论〉的对象、方法和结构》一书，则收录了1982年以前的一些有代表性的论文。接下来我们分几个专题进行评述。

1. 马克思经济理论的基本方法

关于马克思经济理论的基本方法，大致可以归纳为以下几类：第一类学者认为，唯物辩证法或唯物辩证法+历史唯物主义，是《资本论》的根本方法。王亚南、王学文、张薰华、刘景泉、李建平、何干强、张雷声等，都坚持唯物辩证法是《资本论》根本方法的观点，而把其他方法如从抽象上升到具体方法、系统分析方法、抽象法等，作为从属于辩证法的方法，或是当做低一层次的方法。①胡培兆把历史唯物主义当做根本方法，谢翔则把唯物辩证法与历史唯物

---

① 王亚南、王学文、张薰华的看法可参看陈征等编《〈资本论〉的对象、方法和结构》（福州：福建人民出版社1982年版）中的相关论文；刘景泉的看法参看《光明日报》1963年5月31日的文章；李建平的观点参看《〈资本论〉第一卷辩证法探索》一书（社会科学文献出版社2006年版）；何干强的观点参看《论唯物史观的经济分析范式》（《中国社会科学》2007年第5期）；张雷声的观点参看《〈资本论〉探索资本主义生产方式运动规律的方法论体系》（《中国人民大学学报》2008年第2期）。

主义结合起来。① 这里之所以把他们归并到一起，是因为他们有一个共同特征，即没有突出马克思经济理论自身的特殊性质，把适合多个理论领域的共同的一般方法直接等同于马克思经济理论的基本方法。正因为这一立场取向，尽管有些学者将《资本论》的方法当做一个方法论体系，列举了多种较为具体的方法，有的还将具体方法区分为不同层次，而总的看来，并没有抽象出一个处于一般方法与具体方法之间的、体现马克思经济理论特质的基本方法。张昆仑、张小金似乎也可以归入这一类，但他们似乎有意突出"方法群"或"方法系统"，仅仅把一般方法放在一个无须论证的指导性地位，从而显示出一般方法与经济学方法的区别。②

第二类学者则在作为一般方法承认唯物辩证法的基础性地位的同时，力图抽象出作为马克思经济理论的特殊方法（或基本方法）。刘诗白、林子力认为，科学抽象法是马克思经济理论的主干方法（或基本方法）。③ 刘涤源认为，从抽象上升到具体的方法"是马克思对自己研究政治经济学的方法的概括"，④ 他有时把这一方法直接称为"科学抽象法"。马家驹认为，马克思经济理论表现为一种"内在观察的结构分析方法"。⑤ 郑道传认为，《资本论》逻辑方法的核心是矛盾分析法。⑥ 田光的观点较为特殊，他认为马克思经济理论有三个基本方法，即从抽象上升到具体的方法，从一般到特殊、个别的方法，从形式到内容、再从内容到形式的方法。⑦ 还有学者将"具体——抽象——具体"或"现象——本质——现象"的方法看成马克思经济理论的基本方法。⑧ 陈俊明也可以归入第二类，他强调马克思经济理论的研究形式"并非仅仅是唯物辩证法的直接套用"，认为马克思的研究范式不能"简单地归结为唯物辩证法、对立统一规律"。⑨他把"从抽象上升到具体"方法和"直接性——间接性——直接性间接性统一"

①③⑥ 王代敬：《关于〈资本论〉总方法问题的学术争论的述评》，《天府新论》1985 年第 4 期。

② 张昆仑的看法参看《马克思〈资本论〉研究方法探新》（《经济评论》2007 年第 6 期）；张小金的看法参看《〈资本论〉与科学研究方法》一书（社会科学文献出版社 2005 年版）。

④ 刘涤源：《马克思〈资本论〉中从抽象上升到具体的科学分析方法》，《社会科学辑刊》1981 年第 2 期。

⑤ 马家驹：《论〈资本论〉的方法》，《〈资本论〉研究》第一集，北京：中国社会科学出版社 1983 年版，第 139 页。

⑦ 田光：《马克思建立〈资本论〉结构的三个基本方法》，《学术月刊》1981 年第 10 期。

⑧ 参看陈征等编《〈资本论〉的对象、方法和结构》（福州：福建人民出版社 1982 年版）中的署名"求知"的论文。

⑨ 陈俊明：《马克思对斯密双重观察法的批判及研究范式的创新》，《当代经济研究》2009 年第 9 期。

的方法看成是马克思经济学中相互补充的两种基本方法。①

第三类学者一般是结合逻辑与历史的关系来考察马克思的研究方法，比较强调认识主体的认识功能，突出了范畴之间的逻辑关系及逻辑自身的运动。这类学者中有些人也在唯物辩证法的基础上提出某个"基本方法"，但侧重点与第二类观点有些差别。刘永佶认为，"《资本论》的方法论，就是总体辩证法"，而"总体辩证法"的核心和主体"就是概念的运动"，"概念运动由概念规定、概念展开、概念批判和改造、概念完善、概念转化以及概念体系的演进等环节构成"。② 白暴力在认定历史唯物主义和辩证法是马克思基本方法的同时，明确指出："正是马克思所使用的思维的辩证法确定了《资本论》的表述体系"，③ 从而把思维辩证法放在突出的地位。在他那里，抽象法尽管以经济现实为起点，事实上，更多地被当成范畴辩证运动的表现，是抽象范畴落实到现实的过程；这种观点与前辈学者卓炯的观点有些类似，卓炯认为，《资本论》的方法，是主观辩证法与客观辩证法的统一。④ 林世昌认为，马克思构建《资本论》的理论体系，是将构成要素建立在成熟和典型性形态的逻辑考察基础上，使各个范畴的内在规定和相互之间的内在联系在理想的平均形式中表现出来。⑤

2. 关于逻辑与历史相统一的原则及《资本论》的逻辑起点问题

逻辑与历史的关系是哲学中一个很基本的问题。康德已经提出了这一问题，黑格尔进行了系统论证。"逻辑与历史统一"是黑格尔哲学的重要思想。在黑格尔那里，绝对知识决定着自然界、人类社会和人的思维，绝对知识不断外化的过程，也就是自然和人类社会的生成过程，人的思维也是绝对知识的外化，因而"客观逻辑"（可以理解为绝对知识不以人的意志为转移的外化秩序）与作为人的思维的"主观逻辑"最终是同一的。因此，黑格尔关于逻辑与历史相统一的原则，也就是逻辑决定历史的原则。事实上，马克思本人在其经济理论中似乎从来没有作为贯穿《资本论》的原则，对逻辑与历史的"统一"进行明确的

---

① 陈俊明：《〈资本论〉终篇研究》，广州：暨南大学出版社 1996 年版，第 270—287 页。陈俊明认为，所谓"直接性—间接性—直接性间接性统一"的方法，就是黑格尔"自在—自为—自在自为"的思想方法。事实上，也可以理解为：存在—本质—存在与本质相统一。这在方法论思想方面对"从抽象上升到具体"的方法论原则是个重要补充。不过，它和"从抽象上升到具体"一样，还是带有哲学色彩的方法论原则，还不能看成经济学意义的基本方法。

② 刘永佶：《〈资本论〉在经济学性质、原则和方法上的革命意义》，《教学与研究》1997 年第 8 期。

③ 白暴力：《〈资本论〉方法论的若干思考》（上），《高校理论战线》2009 年第 9 期。

④ 参看陈征等编《〈资本论〉的对象、方法和结构》（福州：福建人民出版社 1982 年版）中的相关论文。

⑤ 林世昌：《科学范式：〈资本论〉的逻辑构造方法及其运用规则》，《上海行政学院学报》2006 年第 1 期。

论述。他只是宽泛地谈到人体解剖对于猴体解剖的意义，他也强调过经济范畴作为一个概念来说，不只是逻辑的，而且具有历史的性质。集中体现马克思这一思想的出处似乎是下面一段文字：马克思在论述价值转化为生产价格的时候指出："商品按照它们的价值或接近于它们的价值进行的交换，比那种按照它们的生产价格进行的交换，所要求的发展阶段要低得多。而按照它们的生产价格进行的交换，则需要资本主义的发展达到一定的高度……把商品价值看作不仅在理论上，而且在历史上先于生产价格，是完全恰当的。"① 恩格斯在"《资本论》第 3 卷增补"中阐述逻辑与历史的统一性时，主要是以这段文字为依据的。在此之前，恩格斯在《卡尔·马克思的〈政治经济学批判〉》一文中，系统地论述了这种逻辑与历史统一的思想，认为历史从哪里开始，思想进程也应该从哪里开始。《反杜林论》进一步发挥了这一思想。在恩格斯涉及这一思想的四处文字中，似乎只有《资本论》第 3 卷"序言"和"《资本论》第 3 卷增补"才将这一思想与《资本论》直接联系起来理解。恩格斯的这一思想是对黑格尔"逻辑与历史相统一"思想的唯物主义改造。从唯物史观以及范畴和历史现实的关系看，这种改造是合理的，有重要的理论意义。但恩格斯把这一原则当做理解马克思经济理论的钥匙，进而把马克思的经济理论看成一种"历史学"，把《资本论》开篇中的"商品"看成简单商品，把价值规律看成前资本主义时期 5000—7000 年间起支配作用的规律，这似乎有重新研究的必要。这一思想通过苏联学者卢森贝的《〈资本论〉注释》和 20 世纪 50 年代苏联的《政治经济学教科书》加以发挥之后，对人们理解《资本论》产生了重大的影响。

依照逻辑与历史相统一的原则，把《资本论》当做"历史学"来理解，这在中国学术界乃至全世界的马克思主义经济学者中，已经成为阐释《资本论》的一个根深蒂固的模式。我国研究《资本论》方法论的学者中，所有三类学者的大部分都认同这一原则。前文关于国外研究状况的评述表明，法国的阿尔都塞、日本的见田石介，都明确否定这一原则，苏联的伊利延科夫也表现出超越这一原则的倾向。国内一些学者受到这些思想的影响，对这一原则曾经提出质疑。沈佩林受见田思想的启发，1981 年发表《〈资本论〉中范畴的逻辑顺序和历史顺序问题》一文。认为"在《资本论》的方法中，并没有把'逻辑顺序与历史顺序相一致'当做一条原则来加以贯彻"；他还公开声明，张薰华、洪远朋的《〈资本论〉提要》、陈征的《〈资本论〉解说》、北京大学经济学系主编的《〈资

---

① 马克思：《资本论》第 3 卷，北京：人民出版社 1975 年版，第 197、198 页。

本论〉释义》等国内流行的《资本论》研究入门书，"似乎都还没有摆脱卢森贝或罗森塔尔的影响，没有摆脱黑格尔主义的框框"[①]。这篇论文随后引起了一场学术争鸣。沈佩林的看法虽然没有得到国内学术界的认可，但也引起了一些学者对逻辑与历史关系的反思。刘炯忠虽然坚持"逻辑与历史相一致"是贯穿《资本论》的原则，他同时也认识到，在马克思那里，"资本的理论，即现代社会结构的理论"，[②] 因此，要按照当时资本的发展已经成熟、商品生产已经普遍化的社会内部结构，"来安排各个经济范畴的顺序"，不能按经济范畴在历史上占统治地位的先后来安排逻辑顺序。[③] 他还提出，不能把《资本论》的逻辑主线理解为："好像它是要在《资本论》的逻辑中，再现出数千年前就已经产生的商品及其价值，如何在漫长的历程中发展到炫人的货币、资本……等等形态的历史。如果认为它的逻辑是以一般的社会发展史为主体，那么，这样建立起来的逻辑，决不是以资本为主体的发展史的逻辑，而是一般的社会发展史逻辑。"[④] 这在一定程度上已经涉及马克思唯物史观为基础的历史理论与马克思经济理论的关系问题。其他一些学者如胡培兆、刘涤源、陈俊明等，与刘炯忠具有类似的看法。[⑤] 刘永佶则更进一步，他把《资本论》方法论的核心和主体看成"概念的运动"，而将逻辑与历史相统一的关系放到"一系列的概念运动"之后来考察，因而事实上已经将这一原则限定在唯物史观的层面。[⑥] 这一思路尽管存在进一步深化的余地，其方向是合理的。这些学者的认识都已触及到了问题的实质，然而，由于专业分工的局限，他们未能从包括哲学、政治经济学、历史理论在内的马克思理论的整体及不同理论层面相互耦合的关系中，把这一问题真正阐释清楚。

《资本论》逻辑起点问题与前一问题紧密相关。关于逻辑起点，主要有以下几种看法：卫兴华认为，《资本论》第一篇《商品和货币》，是研究货币转化为资本前的商品与价值关系及其发展历史过程的，这与老一辈学者如王亚南、

---

① 沈佩林：《〈资本论〉中范畴的逻辑顺序和历史顺序问题》，《中国社会科学》1981 年第 2 期。

②《马克思恩格斯全集》第 34 卷，北京：人民出版社 1976 年版，第 343 页。

③ 刘炯忠：《〈资本论〉方法论研究》，北京：中国人民大学出版社 1991 年版，第 415 页。

④ 刘炯忠：《〈资本论〉方法论研究》，北京：中国人民大学出版社 1991 年版，第 417、418 页。

⑤ 胡培兆：《〈资本论〉研究之研究》，成都：四川人民出版社 1985 年版，第 73—85 页；刘涤源：《马克思〈资本论〉中从抽象上升到具体的科学分析方法》，《社会科学辑刊》，1981 年第 2 期；陈俊明：《〈资本论〉：客体与主体的统一》，《福建论坛》，2006 年第 10 期。陈俊明在一定程度上还具有概念自我运动的认识倾向（参看陈俊明《〈资本论〉终篇研究》，广州：暨南大学出版社 1996 年，第 14、20—22 页）。

⑥ 刘永佶：《〈资本论〉在经济学性质、原则和方法上的革命意义》，《教学与研究》1997 年第 8 期。还可参看刘永佶：《〈资本论〉逻辑论纲》，保定：河北大学出版社 1999 年版，第 402—426 页。

王学文等人的观点相一致。而卫兴华又进一步认为，分析简单商品与价值关系所得出的价值规律、货币流通规律等，对包括资本主义商品生产在内的一切商品生产都是适用的，因而，研究"简单商品等于是研究商品一般"。[①] 李建平在分析了恩格斯的相关论述之后认为，《资本论》的逻辑起点有两层含义：一是指分析起点的商品同商品生产的历史的起点相一致；二是指逻辑起点与资本主义社会商品生产的历史起点相一致。他强调，"后一个一致是主要的、基本的"。[②] 陈俊明从客体与主体统一的角度出发，认为《资本论》开篇的"简单商品"，"它一方面是暂时抽去资本关系的商品，另一方面又是资产阶级财富的细胞"。[③] 李绪蔼指出：马克思对商品和货币进行最抽象的分析时，并没有离开资本主义这个"主体"，那种认为分析起点的商品是前资本主义商品的观点，"使马克思的分析离开了资本主义社会这个主体"。[④] 骆耕漠、葆良在 20 世纪 60 年代初发表过类似的看法。[⑤] 在这些观点中，由于受逻辑与历史相统一的认识影响，无论是把分析起点看成是前资本主义简单商品，还是看成资本主义商品，大致上都是把逻辑起点与历史起点对应起来，只有陈俊明的看法似乎在一定程度实现了两者的脱离，即把逻辑起点看成对于资本主义商品研究的不同于历史起点的单纯逻辑起点。不过，上述几种观点都在一定程度上意识到了恩格斯"《资本论》第 3 卷增补"中存在的认识偏差，所不同的是，有些人委婉地承认这种偏差，有些人则力图加以调和。对这一问题的看法，直接影响到人们对《资本论》的体系和逻辑结构的认识。

3. "生产方式"内涵与研究对象

对于《资本论》的研究对象，国内一直没有达成广泛共识。这一问题与人们对"生产方式"概念的理解有直接联系。马克思在《资本论》第一版序言中指出："我要在本书中研究的，是资本主义生产方式以及和它相适应的生产关系和交换关系。"[⑥] 对于这句话中的"生产方式"的含义，国内学者争论了几十年，发表了上百篇论文，但至今仍各执一词。我们这里把他们分为三类。第一类以卫兴华、何炼成、奚兆永为代表。他们大体上是从生产关系层面阐释"生

① 卫兴华：《〈资本论〉的研究对象、结构和学习的意义》，《当代经济研究》2002 年第 11 期。
② 李建平：《掌握〈资本论〉方法 正确理解劳动价值论》，《当代经济研究》2002 年第 1 期。
③ 陈俊明：《〈资本论〉：客体与主体统一》，《福建论坛》（人文社会科学版）2006 年第 10 期。
④ 李绪蔼：《〈资本论〉中的唯物主义方法》，《学术界》1996 年第 3 期。
⑤ 蒋绍进：《〈资本论〉研究综述》，福州：福建人民出版社 1984 年版，第 58 页。
⑥ 马克思：《资本论》第 1 卷，北京；人民出版社 1975 年版，第 8 页。

产方式"。^① 这三位学者的看法似乎居于主导地位，老一辈学者如王学文、王亚南、谷书堂、陈征等，大多持这一看法。与此相应，他们普遍认为《资本论》的研究对象是生产关系，但并不排斥把生产力包含到研究范围中，只是认为研究对象不同于研究范围。第二类学者认为，"生产方式"包含生产力及特定生产的条件、形式、生产关系等。这类学者又分为两部分。一部分以熊映梧、周治平、张魁峰等为代表，他们大体上把"生产方式"理解为生产力与生产关系的统一。^② 在马克思经济学的研究对象方面，他们仍有认识差异，有人直接将这种生产方式作为研究对象，要求研究生产力的发展问题，有人甚至认为生产力应该是首要的研究对象，只是由于特定的条件和时代任务，马克思才主要限于生产关系的研究；有人则认为，《资本论》主要以生产关系为研究对象，但要联系生产力来研究。另一部分学者以徐茂魁、于金富等为代表，他们虽然把"生产方式"的主要内容看成"资本主义生产"、"资产阶级生产"^③ 或"生产过程的形式与条件"，^④ 但也可以理解为包含了生产关系。不过，他们想要突出的不是生产关系，而是前者。因此，他们强调，《资本论》的研究对象应该包含资源配置、经济运行等问题。第三类学者基本上从生产力方面理解"生产方式"。这部分人中，有田光、马家驹等老一辈学者，也有吴易风、胡钧等在当前仍有直接影响的学者。马家驹、陈招顺、李石泉、吴易风等，大致把"生产方式"看成介于生产力与生产关系之间、起中介作用的一个范畴，基本上是指生产过程的技术联系及生产的社会组织形式；林白鹏、胡钧则把资本主义"生产方式"理解为生产的技术方式或具体的劳动方式。^⑤ 有些人还直接把"生产方式"理解为生产力。这部分学者对研究对象的看法有些差异。老一辈学者主要把他们

① 卫兴华：《〈资本论〉的研究对象、结构和学习的意义》，《当代经济研究》2002 年第 11 期；何炼成：《〈资本论〉第一卷教学与研究中的学术争鸣》，《湘潭大学学报》2005 年第 5 期；奚兆永：《我的政治经济学研究对象观》，《当代经济研究》1998 年第 6 期。

② 熊映梧、张魁峰观点参看蒋绍进主编《〈资本论〉研究综述》，福州：福建人民出版社 1984 年版，第 1—16 页；周治平的观点参看陈征等编《〈资本论〉的对象、方法和结构》中的相关论文。

③ 徐茂魁：《正确理解和把握马克思主义政治经济学的研究对象》，《理论学习》2002 年第 2 期。单就"生产方式"的理解而言，冯文光、陈俊明等持大致相同的看法（参看陈俊明：《〈资本论〉终篇研究》，广州：暨南大学出版社 1996 年版，第 13 页）。不过，陈俊明虽然认为"直接性对象和间接性对象构成了整个《资本论》的研究对象总体"（陈俊明：《〈资本论〉终篇研究》，第 260 页），而直接性对象又包含资本主义生产的诸环节，但他又认为：资本主义财富及其生产"以资本关系为灵魂"（陈俊明：《〈资本论〉终篇研究》，第 27 页），因此，其研究对象似乎还是侧重生产关系。

④ 于金富：《从〈资本论〉结构重新认识政治经济学研究对象》，《当代经济研究》2001 年第 3 期。

⑤ 马家驹、陈招顺、李石泉、林白鹏的观点参看蒋绍进主编：《〈资本论〉研究综述》，福州：福建人民出版社 1984 年版，第 1—16 页；吴易风的观点参看《论政治经济学或经济学的研究对象》一文（《中国社会科学》1997 年第 2 期）；胡钧的观点参看《对〈资本论〉研究对象的再认识》（《经济学家》1997 年第 2 期）。

理解的生产方式作为生产关系的基础看待。另一部分学者则试图以此说明政治经济学研究经济运行、资源配置的必要性。以上各类学者的观点表明，国内围绕研究对象的争论有两个显著特点：一是具有注释学特征，各种观点都从注释同一句原文引申出来；二是具有显著的功用性特征，一些学者试图通过阐释"生产方式"来为现实政策服务，或是为建构社会主义政治经济学服务。为现实服务无可厚非，但这种做法显得有点简单化，这无助于实质性推进马克思经济理论的创新、发展，无助于真正提高马克思经济理论对现实的解释力。

二、关于马克思经济理论发展方向的研究

国内外学者结合基本范式研究马克思经济理论发展方向的论著不是太多。有些是先有结论，再回头从"马克思的"方法论中寻找依据，对此，这里暂不深论。在国外，传统马克思主义经济学侧重于运用马克思的既有经济理论的原理分析当代资本主义的一些现实问题，在基础理论方面没有实质性发展。真正意义的西方马克思主义者的研究重点则在哲学方面，他们在经济哲学方面的一些成果如阿尔都塞的《读〈资本论〉》一书，对于增强我们对《资本论》的理解有重要的借鉴意义，但他们在通常意义的经济理论层面的研究还是较为缺乏，鲁克俭的《国外马克思经济学研究的热点问题》一书，完全没有涉及这方面内容。

从"范式"角度涉及马克思经济理论的发展问题的研究，更多地体现在新古典马克思主义和后现代马克思主义经济思想中。新古典马克思主义的代表人物有置盐信雄、森岛通夫（毛利西马）、约翰·罗默等。他们运用现代西方经济学，特别是新古典的均衡分析方法对马克思经济理论中涉及的问题进行研究，创建了一些模型，对马克思的经济思想进行新古典验证，并加以精确化。这种研究对于某些较为具体的理论命题来说，是值得肯定的。马克思本人就有过对经济危机理论进行数学论证的想法，但考虑到涉及变量太多，最终未能落实。在马克思看来，剩余价值率与利润率的关系的研究，也可以运用数学分析方法，他在这方面还留下了一些数学手稿。其他运用到数学方法的地方还不少，这里不一一列举。但另一方面，这种所谓"精确化"研究，又有很大局限，这主要表现在以下方面：其一，置盐信雄、森岛通夫（毛利西马）、约翰·罗默等实质

上是新古典经济学家，他们自己就是这么定位的。因此，他们实质上仅仅是将"劳动时间"当做一种特殊货币或资本计量方式，试图将马克思的劳动价值理论纳入新古典经济学的理论框架。由于这种方向性偏差，注定他们是不可能真正成功的。这是因为，新古典经济学侧重于工具性方法，主要是运用一般的、特殊的、个别的方法对经济运行中的具体的、微观的问题进行研究，偏重于短期分析、微观分析和比较静态分析。而马克思的经济理论偏于经济运行的内在原理及一般趋势分析。它的研究对象虽然是既定的（既与的），但它以动态的历史分析即唯物史观为基础，并把作为研究对象的"既与的主体"作为"活的生命体"来研究。因此，他运用的系统结构分析方法与新古典经济学的片面考察生命器官或把研究对象看成"机械综合体"的方法，具有本质差异。这样一种研究范式是不可能被纳入具有机械唯物主义（科学主义）特征的新古典理论框架的。其二，马克思的《资本论》正是在批判斯密教条和庸俗经济学的基础上实现了经济学范式的创新。一部《剩余价值学说史》，也就是一部关于古典经济学和庸俗经济学的批判史。马克思指出了它们的两大根本缺陷：一是从经济现象中抽象出劳动、分工、生产者、消费者等抽象范畴，并以此为基础建立超历史的模型，从而把特定历史条件下的经济关系看成永恒的关系，并以此忽略经济关系的现实差异和时代差异，以致对特定经济现实的整体系统来说什么也说明不了；二是以各种收入来说明价格决定，使价格决定脱离了价值基础，从而在逻辑上陷入收入决定收入、价格决定价格、工资决定工资的循环论证错误。这些根本缺陷正是马克思构建自己的经济理论时力图克服的东西，而新古典经济学恰恰继承了这两大缺陷，后世学者揭示的"资本计量问题"，正是马克思从斯密教条中揭示出来的逻辑循环论证问题。现在新古典马克思主义者反过来用新古典经济学方法检验马克思的理论，使之"精确化"，如果撇开具体问题不谈的话，这种所谓新发展必然把新古典经济学自身的根本缺陷植入马克思的经济理论中。事实上，由这种"新古典化"引起的所谓"转形问题"，正是"资本计量问题"的一种特殊表现形式。由于在新古典范式中"资本计量问题"是不可能解决的，因此，"转形问题"也不可能通过新古典方法得到彻底解决。如果我们回到马克思的经济学范式，这一"问题"是不存在的，完全是一个"伪问题"。其他问题例如所谓"负价值"问题等，都是曲解马克思经济学范式的产物，并且是没有量纲的脱离现实的数学形式化产物。可见，由于新古典经济学范式存在无法克服的逻辑缺陷，它只能运用于某些具体的、微观问题的论证，如果试图使马克思经济学"新古典化"，不但不能使这一理论更加科学，而且必然从根本上削弱该理论的逻辑力量，从而引起思想混乱，并最终丧失学术影响力。正因为如此，森岛通夫最终不得不承认这种"新古典化"是行不通的，以致表示"最终放弃了劳动价值论"。[①] 西方著名的马克思经济学家德塞在 2000年发表于《政治经济学和新资本主义》一书的文章中，更是宣称："西方马克思主义死了"。[②] 然而，国内一些盲目崇信现代西方经济学教条的学者，却要用这种已经被证明行不通的新古典思路代替马克思经济学自身的基本范式，认为这样才能使马克思经济学"科学化"、"精确化"。在他们看来，马克思劳动价值论的发展只能是"新古典化"。一种自身还没有也不可能成为"科学"的经济学范式，怎么能使马克思经济理论"科学化"呢？

冷战结束后，一些新自由主义者试图用"后现代经济学"否定、取代"现代主义经济学"，与此相应，有些学者提出了"新马克思经济学"或"后现代马克思主义经济学"的概念，试图将马克思经济理论引向"后现代"之路。美国学者斯奎帕尼（E. Screpanti）就是这样一位代表人物。2000 年他发表《经济学中的后现代危机与后现代主义革命》一文。他认为，传统的马克思主义经济学和新古典主义、福利经济学等，都具有"现代主义"的基本特征，即确信"理性人"的存在、一种实体论的价值论、社会结构均衡、人类主体可依据自己的目的塑造世界。他又把这类"现代主义"称为"决定论"和"实在论"。他指出：劳动价值论的确定性与生产价格不确定性不相容（即所谓"转形问题"），资本主义的未来发展也不像马克思宣称的那样合乎"历史目的"，因此，应该将传统马克思经济学"后现代化"。所谓"后现代化"，他认为有以下特征：无人本主义本体论，对实体的价值论的否定，放弃一般均衡假说，把历史解释成一种目标开放（不存在必然趋势）的过程。落实到马克思经济学，就是要求放弃劳动价值论和综合的整体主义的分析方法，放弃决定论和历史目的论。从根本上看，他要否定的正是劳动价值论和历史唯物主义这两个最重要的命题。这种所谓"后现代主义"革命，不是要克服马克思经济学的缺陷，而是要取消马克思经济学。但另一方面，"后现代主义"在把握时代发展新趋势方面也有值得重视的地方，例如，法国的让·鲍德里亚，他的《消费社会》、《生产之镜》、《符号政治经济学批判》、《象征交换与死亡》等著作，通过文化人类学、消费社会学、社会心理学等多学科的交叉研究，对人与人的交换行为进行了深入研究，他提出的一些问题，是需要通过马克思劳动价值论的拓展及价值——价格关系的重构才能

---

① 转引杨玉生：《价值·资本·增长》，北京：中国经济出版社 2006 年版，第 175 页。
② 转引朱仲棣：《当代国外马克思主义经济理论研究》，北京：人民出版社 2004 年版，第 3 页。

说明的。因此，他的结论虽然不正确，其提出的问题必须引起我们的重视。

在国内，最近十几年以来，关于马克思劳动价值论提出了不少创新、发展的思路，主要有财富论、广义价值论、整体劳动价值论、社会劳动价值论等，白暴力则对价值——价格关系进行了重构。这些我们将在下一部分进行专门评述。由于几十年来人们对马克思经济学的研究对象、基本方法一直没有达成广泛共识，这些创新、发展都难以得到学术界的广泛认同。至于从方法论或"范式"层面论证马克思经济学如何发展的研究成果，则显得十分薄弱。洪银兴从研究对象、研究领域、研究方法等方面提出了马克思政治经济学范式转型问题。[①] 程恩富、张建伟分析了"苏联范式"和"美国范式"所面临的现实挑战，提出了构建中国新政治经济学的一些思路。[②] 陈俊明则提出，马克思的经济学研究，要在深入揭示内在本质规定的基础上，阐明内在规定如何转化为外在的具体表现。[③] 依据这一认识，他认为马克思经济学的发展、创新必须遵循"具体化"的路径。胡炳麟具体分析了《资本论》在研究对象范围、研究对象的逻辑层次、研究对象叙述方法等三方面的逻辑局限，并提出了克服三大逻辑局限、拓展马克思劳动价值论的意义和思路。[④] 这种严格遵循马克思经济理论的基本范式拓展其既有理论的做法，应该说是一种更为科学的态度，值得提倡。颜鹏飞的《马克思政治经济学体系构建与西方"范式"理论》、牛福增的《对象与范围：关于经济学范式的思考》两文，也都从基本范式的要求考察了马克思经济学的发展问题。其他学者大多将这一问题与"研究对象"结合起来讨论。对此，前文已有述评，这里毋庸赘述。

三、国内近十多年来关于马克思劳动
价值论发展的几种思路

近十几年来，国内围绕马克思劳动价值论的创新发展问题出现多种思想相

---

① 洪银兴：《处于社会主义阶段的政治经济学范式》，《理论视野》2006 年第 3 期。

② 程恩富、张建伟：《问题意识与政治经济学革新》，《经济学家》1999 年第 11 期。

③ 陈俊明：《〈资本论〉：深化与外化的统一》，《中国人民大学学报》2006 年第 5 期。

④ 胡炳麟：《关于〈资本论〉的三大逻辑局限及其在当代的拓展研究》，《厦门特区党校学报》2005 年第 1
期。

互交锋的局面，有代表性的观点有以下几方面：

（一）以卫兴华、刘诗白、陈征等教授为代表的一批学者

他们强调理论研究必须遵循马克思原著的内在逻辑和基本原理。其基本创新思路体现在三个方面：将劳动概念的内涵、外延进行拓展，将科技劳动、管理劳动、部分服务劳动看成是创造价值的劳动；强调财富论相对于价值论的独立性，认为可以用财富论指导当前的实践；认为价值分配与价值创造可以分离，非劳动生产要素虽不创造价值，也可参与价值的合理分配。这些学者对一、三方面普遍持类似看法，一部分学者鲜明地持第二方面观点。

这些观点都能从马克思原著和内在逻辑中找到根据，也在一定程度上实现了马克思劳动价值论与当代实践的结合。局限性主要有以下几点：其一，马克思虽认可科技劳动、管理劳动在价值创造中的作用，由于他省略了复杂劳动还原为简单劳动的逻辑环节或者把"中等劳动"作为劳动还原的基准，知识进步没有内生到价值形成过程中，这些劳动的特殊意义没有得到充分体现。因此，马克思劳动价值论的既有逻辑体系事实上以同质简单劳动为基本范畴，把一定劳动人数和工作日长度下的价值总量看成一个恒量，单位商品价值则与劳动生产力成反比（这说明事实上由社会过程实现的复杂劳动的还原并没有真正在量上得到体现）。这样，价值增长及其与经济增长的关系在理论上难以得到完整的说明。其二，在马克思的劳动价值论中，"财富"概念可以有多种含义。因此，要把"财富论"作为相对独立的理论看待，需要对"财富"概念进行具体的界定。在马克思的原著里，财富在本质上被看成使用价值，就此而论，是不能进行比较和统计的，财富增长不能得到有效说明，对 GDP 的性质也说不清楚。马克思认为交换价值是财富的最抽象的表现形式，据此似乎也可以将财富理解为交换价值或价值，这样，"财富论"也就是特殊的价值论，这就需要说明"财富论"与原有劳动价值论的联系和区别，必须弄清两者在源泉方面是否有本质区别以及如何区别？有的论者似乎将财富当成抽象化的"客观效用"，这在马克思原著中是找不到依据的，因此，其理论根据有待说明，也需要说明这样的"财富论"与他们所批评的晏智杰教授的财富观或"价值观"的区别以及如何区别？其三，将价值创造与价值分配区分开来，这与马克思劳动价值论相符合。但是，马克思正是从这种分离来说明私有制的不合理性，也就是说，我们可以推断马克思认为两者应该相一致。因此，用这种分离说明现存制度的合理性是有困难

的。事实上，只能倒过来先说明现存制度的合理性，再说明两者分离的合理性。可见，这种说明不是理论自身逻辑的必然结论，这难以让人信服。但是，如果不用这种分离合理性来解释，单纯拓展劳动的内涵并不足以解释现实的收入分配问题，除非把劳动扩展到"物"的劳动。

（二）以晏智杰教授为代表的一些学者

他们认为，马克思劳动价值论只是特例，是相对真理，为了更好地解释当前的现实问题特别是收入分配问题，要求对其进行改造。

晏智杰教授认为，马克思劳动价值论的主要局限，在于价值概念脱离人与物的关系，在于财富源泉多元性、价格决定多元性与劳动价值一元性的矛盾，从而脱离发展生产力的根本要求。他认为马克思劳动价值论暗含了非劳动要素的无偿使用和生产商品的劳动为简单劳动的假定，也就相应假定了商品交换为物物交换，因此，只适用于"人类历史上最初的原始的实物交换"时代，难以为社会主义市场经济的发展提供坚实的理论基础。[①] 为此，他提出要在"三结合"的基础上重建劳动价值论。所谓"三结合"，即将经济学的价值概念同一般意义的价值概念统一起来，"将经济学的价值概念视为一般价值概念的具体化，将商品价值界定为商品体同人的需要之间的关系"；将价值论与财富论统一起来，使价值理论"能够反映社会财富形成和发展的一般规律"；将价值论与价格理论统一起来，从而"能够为科学地说明市场经济的最基本的规律提供理论依据"。[②] 由于他强调供给价值的"客观效用"性，又强调需求价值决定于各种社会、自然条件，是客观存在的社会需求，因此，他所说的"价值"是符合社会需求的抽象化的客观效用。

晏教授提出的问题切中要害，值得重视。"三结合"思想在方向上是正确的，把价值归于抽象的"客观效用"也有其合理性。他还在此基础上提出，交换价值和使用价值在商品生产和流通的整体上是"统一的，不可分割的"，[③] 这也值得我们研究。但是，他试图通过对"价值"概念和商品二重性的重新解读重塑一种多元价值理论，将商品价值的源泉和创造视同为"商品体或使用价值的源泉

---

① 晏智杰：《灯火集》，北京：北京大学出版社 2002 年版，第 4 页。
② 晏智杰：《灯火集》，北京：北京大学出版社 2002 年版，第 217 页。
③ 晏智杰：《灯火集》，北京：北京大学出版社 2002 年版，第 82 页。

和创造问题"，^① 并直接将价值源泉归结为"各种相关的生产要素"，且以"要素生产率"为价值分配的依据。^② 这难以让人信服。在马克思劳动价值论暗含前提和适用范围方面的观点也值得商榷。这种观点与萨缪尔森观点是很吻合的。他认为，生产价格论是"对劳动价值论的背离与否定"。^③ 又认为"价格决定是比价值决定更高层次、更带普遍性和根本性的问题，价值决定只是价格决定中的一种，并且理应从属于价格决定的一般法则"。^④ 这些观点也是值得斟酌的。

（三）蔡继明教授等的"广义价值论"

蔡继明教授提出的广义价值论在学术界已经产生了一定的影响。所谓商品的广义价值，实质上就是所含社会必要劳动时间不同的两种商品以比较利益率相等的交换原则实现"不等价交换"后，由两种商品各自耗费的社会必要劳动时间得出的算术平均值。^⑤ 这一理论试图将知识和技术进步内生到商品的价值形成过程，从而论证劳动生产力与价值成正比的关系；它还试图将部门内的价值决定上升为部门间的价值决定。

该理论存在的主要问题是在逻辑推导方面。根据广义价值论的定义，属于不同部门的两件商品如打火机和碗，如果按其比较收益率相等的原则，一个打火机和一只碗的交换恰好是"正常"交换的话，尽管一个打火机的必要劳动是2小时，而一只碗的必要劳动是1小时，由于一个打火机或一只碗的广义价值被认为是两者必要劳动的算术平均值，它们的广义价值也就分别是1.5小时。商品所含广义价值与该部门的比较生产力成"正比"，这是广义价值论的核心论点。从研究方法上看，这一核心论点是通过简单的静态比较得出的。广义价值论认为，由于某部门同与它相交换部门的生产力相比的比较生产力较高，商品

---

① 晏智杰：《灯火集》，北京：北京大学出版社2002年版，第229页。
② 晏智杰：《灯火集》，北京：北京大学出版社2002年版，第7页。
③ 晏智杰：《灯火集》，北京：北京大学出版社2002年版，第34页。
④ 晏智杰：《灯火集》，北京：北京大学出版社2002年版，第35页。
⑤ 参看蔡继明、李仁君：《广义价值论》，北京：经济科学出版社2001年版。比较利益率相等，指生产者通过交换获得的比较利益与生产用于交换的使用价值的劳动成本的比率相等。假如生产者1生产商品U_1和商品U_2的劳动时间分别为1小时和2小时，生产者2生产商品U_1和商品U_2的劳动时间分别为4小时和2小时。如果生产者1生产商品U_1，生产者2生产商品U_2，那么，在1单位商品U_1交换1单位商品U_2的情况下，生产者1比自己生产商品U_2节省1小时，比较收益率为100/100；生产者2比自己生产商品U_1节省2小时，比较收益率也为100/100。这样，1单位商品U_1交换1单位商品U_2就符合比较收益率相等原则。如果把两个生产者看成不同的部门，把各自的生产时间看成部门的社会必要劳动时间，从1小时劳动与2小时劳动相交换的量上考察，这是一种不等价交换。在下文的例子中，商品U_1相当于碗，商品U_2相当于打火机。

的广义价值必然大于自身的必要劳动，而相应的比较生产力较低的部门，商品的广义价值必然小于自身的必要劳动，正像 1.5>1 和 1.5<2 一样。因此，商品的广义价值与生产商品的比较生产力成"正比"。这一推论方法是不正确的。所谓"成正比"，也就是指比较生产力提高必然有商品广义价值量的相应提高。由于研究方法的失误，广义价值论必然偏离"成正比"的固有含义。如果生产一个打火机的必要劳动由 2 小时降低为 1.5 小时，这时生产打火机的比较生产力显著提高了，而一个打火机或一只碗的广义价值都降低为 1.25 小时。在这里，尽管由于 1.25>1 且 1.25<1.5，依然可以按广义价值论的逻辑得出商品的广义价值与生产商品的比较生产力成"正比"的结论，而事实上一个打火机和一只碗的广义价值都已经由 1.5 小时降低为 1.25 小时，只是与生产打火机的必要劳动由 2 小时降低到 1.5 小时相比，它们的广义价值由 1.5 小时降低到 1.25 小时的下降速率相对慢一些而已。当然，这只是一种近似的推论，如果生产一个打火机的必要劳动时间由 2 小时降低到 1.5 小时，按照其比较收益率相等的原则，商品交换比例可能发生变动。也就是说，如果原先一个打火机和一只碗的交换恰好符合这一原则的话，现在的交换比例可能不再是 1：1。尽管如此，通过其比较价值公式得出的答案并不影响我们的结论。总体上看，由于研究方法的失误，广义价值论得出的一系列结论都是似是而非的。[①]

另外，广义价值论以比较利益率相等为商品交换的基本原则，在此基础上，将类似于含 2 小时必要劳动的一个打火机与含 1 小时必要劳动的一只碗的交换看成是普遍的正常的交换。这一点也是值得商榷的。这一交换原则与等量资本取得等量利润的现实交换原则难以协调一致。并且，商品生产者通过交换获得的"比较收益"是一种虚拟的收益，它以自己生产所购商品可能耗费的劳动时间为前提，将交换带来的相对于自己生产该商品的劳动时间的节约看成收益，这不符合现实经济的收益率计算规则。

尽管广义价值论在逻辑上是难以成立的，其研究方法可能存在问题，但它想要达到的两个理论目标还是有价值的，把握住了马克思劳动价值论创新发展的切入点和方向。事实上，不少经济学者都已经认识到了这一点。谷书堂、柳欣、程恩富、马艳、王志国等学者都提出过类似命题，或进行过论证。劳动生产力与价值成正比的命题，是谷书堂教授最早在学术界正式提出来的。

---

① 罗雄飞：《广义价值论的逻辑问题》，《经济评论》2008 年第 2 期。

（四）白暴力教授等关于价值——价格关系的重构

白暴力教授著有《财富劳动与价值——经济学基础理论的重构》一书。在这部著作中，白暴力教授通过价值范畴的分解建立了一套关于财富和劳动价值理论的体系。该理论认为社会财富具有同时存在的两个实体，即物质实体和劳动实体，抽象劳动和抽象物质分别构成财富的劳动实体和物质实体，具体劳动和具体物质使财富具有效用；通过对财富生产的三类过程即自然过程、人类过程和社会过程的考察，论证了人类劳动在财富生产中的特殊地位；通过不同的理论视角，说明了马克思劳动价值论与现代西方主流经济学各自具有的合理性。该理论还提出了"价格是价值的分配形式"[①]的观点，这对于我们深化和拓展马克思的劳动价值论，更好地理解价值——价格关系提供了一个有益的视角。

主要局限是：该理论认为，商品的交换价值是"价值的转化形式"，交换价值量正是商品能换回的"一定量物化劳动或价值量这一范畴"。[②] 因此，交换价值量在简单商品经济时代、大工业自由竞争资本主义时代和垄断资本主义时代可分别与商品的价值、生产价格和垄断价格相对应。这样一个概念是否符合马克思劳动价值论的原意有待商榷。[③] 而白教授关于价值——价格关系的全部理论都是以这样一个有待商榷的"交换价值"范畴为直接基础的，因此，这一范畴对整个理论的逻辑有着决定性的影响。此外，该理论对价值如何成为价格决定的最终基础未能作出令人信服的理论论证，对这一作为整个理论的基础和前提的重要命题，似乎需要更多地靠人们内心的信念来确认。

---

① 白暴力：《财富劳动与价值——经济学基础理论的重构》，北京：中国经济出版社 2003 年版，第 174 页。

② 白暴力：《财富劳动与价值——经济学基础理论的重构》，北京：中国经济出版社 2003 年版，第 159 页。

③ "交换价值"表现为一种使用价值与另一种使用价值相交换的量的关系或比例。这种比例的确定，可以以价值为基础，也可以以生产价格或垄断价格为基础，就此而言，白教授对"交换价值"的理解似乎是合理的。但另一方面，马克思在使用这一概念时，一般限于简单商品经济条件之下，马克思指出："我们曾经依照通常的说法，说商品是使用价值和交换价值，严格说来，这是不对的。商品是使用价值或使用物品和'价值'。"（马克思《资本论》第 1 卷第 75 页）可见，正是在简单商品经济条件下，"交换价值"成为价值的表现形式，甚至成为价值的代名词。不过，马克思本人并没有基于商品交换比例的现实基础引出"交换价值"可以是生产价格或垄断价格的表现形式的命题。对"交换价值"范畴的这种发展似乎也不足以理清价值与价格的关系，特别是价值作为价格最终基础所涉及的一些理论难题还难以由此获得充分的说明。事实上，只要真正从理论上确立了价值在价格决定中的最终基础地位，生产价格和垄断价格可以看成一定社会经济关系下的长期均衡价格，可以直接归入价格问题来研究。因此，作为考察社会经济关系的一个基础性范畴，笔者倾向于保留"交换价值"的原有内涵，以体现以社会必要劳动为基础进行商品交换的社会经济关系的基本原则。

（五）社会劳动价值论与整体劳动价值论

社会劳动价值论认为，商品价值由社会劳动决定。核心论点是：物化劳动也能创造价值。整体劳动价值论是钱津教授耗费十几年时间完成的，其理论由《劳动论》、《劳动价值论》、《劳动效用论》三部著作构成。这一理论认为，创造价值的劳动是劳动主体与劳动客体相统一的整体劳动。上述两种理论都将物化劳动看成是决定价值的劳动之一，只是理论表述方面有所不同，不过，整体劳动价值论试图将知识进步内生到理论中，这把握住了劳动价值论发展的根本方向问题。这两种理论都与马克思劳动价值论的基本思想不怎么相符。但这些观点的提出，在客观上活跃了关于马克思劳动价值论的讨论。并且，只要不把这种观点说成马克思的劳动价值论，作为一种学术观点是应当得到尊重的，特别是整体劳动价值论，值得我们认真对待。

第二部分

《资本论》方法论相关

论著选读

《政治经济学批判》序言[*]

我考察资产阶级经济制度是按照以下的次序：**资本、土地所有制、雇佣劳动；国家、对外贸易、世界市场**。在前三项下，我研究现代资产阶级社会分成的三大阶级的经济生活条件；其他三项的相互联系是一目了然的。第一册论述资本，其第一篇由下列各章组成：（1）商品，（2）货币或简单流通，（3）资本一般。前两章构成本分册的内容。我面前的全部材料都是专题论文，它们是在相隔很久的几个时期内写成的，目的不是为了付印，而是为了自己弄清问题，至于能否按照上述计划对它们进行系统整理，就要看环境如何了。

我把已经起草好的一篇总的导言压下了，因为仔细想来，我觉得预先说出正要证明的结论总是有妨害的，读者如果真想跟着我走，就要下定决心，从个别上升到一般。不过在这里倒不妨谈一下我自己研究政治经济学的经过。

我学的专业本来是法律，但我只是把它排在哲学和历史之次当做辅助学科来研究。1842—1843 年间，我作为《莱茵报》的主编，第一次遇到要对所谓物质利益发表意见的难事。莱茵省议会关于林木盗窃和地产析分的讨论，当时的莱茵省总督冯·沙培尔先生就摩塞尔农民状况同《莱茵报》展开的官方论战，最后，关于自由贸易和保护关税的辩论，是促使我去研究经济问题的最初动因。另一方面，在善良的"前进"愿望大大超过实际知识的时候，在《莱茵报》上可以听到法国社会主义和共产主义的带着微弱哲学色彩的回声。我曾表示反对这种肤浅言论，但是同时在和《奥格斯堡总汇报》的一次争论中坦率承认，我以往的研究还不容许我对法兰西思潮的内容本身妄加评判。我倒非常乐意利用

＊《马克思恩格斯选集》第 2 卷，人民出版社 1972 年版，第 81—85 页。

《莱茵报》发行人以为把报纸的态度放温和些就可以使那已经落在该报头上的死刑判决撤销的幻想，以便从社会舞台退回书房。

为了解决使我苦恼的疑问，我写的第一部著作是对黑格尔法哲学的批判性的分析，这部著作的导言曾发表在1844年巴黎出版的《德法年鉴》上。我的研究得出这样一个结果：法的关系正象国家的形式一样，既不能从它们本身来理解，也不能从所谓人类精神的一般发展来理解，相反，它们根源于物质的生活关系，这种物质的生活关系的总和，黑格尔按照十八世纪的英国人和法国人的先例，称之为"市民社会"，而对市民社会的解剖应该到政治经济学中去寻求。我在巴黎开始研究政治经济学，后来因基佐先生下令驱逐移居布鲁塞尔，在那里继续进行研究。我所得到的、并且一经得到就用于指导我的研究工作的总的结果，可以简要地表述如下：人们在自己生活的社会生产中发生一定的、必然的、不以他们的意志为转移的关系，即同他们的物质生产力的一定发展阶段相适合的生产关系。这些生产关系的总和构成社会的经济结构，即有法律的和政治的上层建筑竖立其上并有一定的社会意识形式与之相适应的现实基础。物质生活的生产方式制约着整个社会生活、政治生活和精神生活的过程。不是人们的意识决定人们的存在，相反，是人们的社会存在决定人们的意识。社会的物质生产力发展到一定阶段，便同它们一直在其中活动的现存生产关系或财产关系（这只是生产关系的法律用语）发生矛盾。于是这些关系便由生产力的发展形式变成生产力的桎梏。那时社会革命的时代就到来了。随着经济基础的变更，全部庞大的上层建筑也或慢或快地发生变革。在考察这些变革时，必须时刻把下面两者区别开来：一种是生产的经济条件方面所发生的物质的、可以用自然科学的精确性指明的变革，一种是人们借以意识到这个冲突并力求把它克服的那些法律的、政治的、宗教的、艺术的或哲学的，简言之，意识形态的形式。我们判断一个人不能以他对自己的看法为根据，同样，我们判断这样一个变革时代也不能以它的意识为根据；相反，这个意识必须从物质生活的矛盾中，从社会生产力和生产关系之间的现存冲突中去解释。无论哪一个社会形态，在它们所能容纳的全部生产力发挥出来以前，是决不会灭亡的；而新的更高的生产关系，在它存在的物质条件在旧社会的胎胞里成熟以前，是决不会出现的。所以人类始终只提出自己能够解决的任务，因为只要仔细考察就可以发现，任务本身，只有在解决它的物质条件已经存在或者至少是在形成过程中的时候，才会产生。大体说来，亚细亚的、古代的、封建的和现代资产阶级的生产方式可以看做是社会经济形态演进的几个时代。资产阶级的生产关系是社会生产过程的最后一个对抗形式，这里所说的对抗，不是指个人的对抗，而是指从个人的社会生活条件中生长出来的对抗；但是，在资产阶级社会的胎胞里发展的生产力，同时又创造着解决这种对抗的物质条件。因此，人类社会的史前时期就以这种社会形态而告终。

自从弗里德里希·恩格斯批判经济学范畴的天才大纲（在《德法年鉴》上）发表以后，我同他不断通讯交换意见，他从另一条道路（参看他的《英国工人阶级状况》）得出同我一样的结果，当 1845 年春他也住在布鲁塞尔时，我们决定共同钻研我们的见解与德国哲学思想体系的见解之间的对立，实际上是把我们从前的哲学信仰清算一下。这个心愿是以批判黑格尔以后的哲学的形式来实现的。八开本两厚册的原稿早已送到威斯特伐里亚的出版所，后来我们才接到通知说，由于情况改变，不能付印。既然我们已经达到了我们的主要目的——自己弄清问题，我们就情愿让原稿留给老鼠的牙齿去批判了。在我们当时从这方面或那方面向公众表达我们见解的各种著作中，我只提出我与恩格斯合著的《共产党宣言》和我自己发表的《关于自由贸易的演说》。我们见解中有决定意义的论点，在我的 1847 年出版的为反对蒲鲁东而写的著作《哲学的贫困》中第一次作了科学的、虽然只是论战性的表述。我用德文写的关于《雇佣劳动》一书，汇集了我在布鲁塞尔德意志工人协会上对于这个问题的讲演，这本书的印刷由于二月革命和我因此被迫离开比利时而中断。

1848 年和 1849 年《新莱茵报》的出版以及随后发生的一些事变，打断了我的经济研究工作，到 1850 年我在伦敦才能重新进行这一工作。英国博物馆中堆积着政治经济学史的大量资料，伦敦对于考察资产阶级社会是一个方便的地点，最后，随着加利福尼亚和澳大利亚金矿的发现，资产阶级社会似乎踏进了新的发展阶段，这一切决定我再从头开始，用批判的精神来透彻地研究新的材料。这些研究一部分自然要涉及到似乎完全属于本题之外的学科，在这方面不得不多少费些时间。但是使我所能够支配的时间特别受到限制的，是谋生的迫切需要。八年来，我一直为第一流英美报纸《纽约每日论坛报》撰稿（写作真正的报纸通讯在我只是例外），这使我的研究工作必然时时间断。然而，由于评论英国和大陆突出经济事件的论文在我的投稿中占着很大部分，我不得不去熟悉政治经济科学本身范围以外的实际的细节。

我以上简短地叙述了自己在研究政治经济学方面的经过，这只是要证明，我的见解，不管人们对它怎样评论，不管它多么不合乎统治阶级的自私的偏见，却是多年诚实探讨的结果。但是在科学的入口处，正象在地狱的入口处一样，必须提出这样的要求：

　　"这里必须根绝一切犹豫；

　　这里任何怯懦都无济于事。"

卡尔·马克思

1859 年 1 月于伦敦

载于 1859 年在柏林出版的

《政治经济学批判》一书

原文是德文

选自《马克思恩格斯全集》

第 13 卷第 7—11 页。

《政治经济学批判》导言[*]

(摘自 1857—1858 年经济学手稿)

I、生产、消费、分配、交换（流通）

1. 生　产

（a）面前的对象，首先是**物质生产**。

在社会中进行生产的个人，——因而，这些个人的一定社会性质的生产，自然是出发点。被斯密和李嘉图当做出发点的单个的孤立的猎人和渔夫，应归入十八世纪鲁滨逊故事的毫无想象力的虚构，鲁滨逊故事决不象文化史家设想的那样，仅仅是对极度文明的反动和想要回到被误解了的自然生活中去。同样，卢梭的通过契约来建立天生独立的主体之间的相互关系和联系的社会契约论，也不是奠定在这种自然主义的基础上的，这是错觉，只是美学上大大小小的鲁滨逊故事的错觉。这倒是对于十六世纪以来就进行准备、而在十八世纪大踏步走向成熟的"市民社会"的预感。在这个自由竞争的社会里，单个的人表现为摆脱了自然联系等等，后者在过去历史时代使他成为一定的狭隘人群的附属物。这种十八世纪的个人，一方面是封建社会形式解体的产物，另一方面是十六世

---

[*]《马克思恩格斯选集》第 2 卷，人民出版社 1972 年版，第 86—114 页。

纪以来新兴生产力的产物，而在十八世纪的预言家看来（斯密和李嘉图还完全以这些预言家为依据），这种个人是一种理想，它的存在是过去的事；在他们看来，这种个人不是历史的结果，而是历史的起点。因为，按照他们关于人类天性的看法，合乎自然的个人并不是从历史中产生的，而是由自然造成的。这样的错觉是到现在为止的每个新时代所具有的。斯图亚特在许多方面同十八世纪对立并作为贵族比较多地站在历史基础上，从而避免了这种局限性。

我们越往前追溯历史，个人，也就是进行生产的个人，就显得越不独立，越从属于一个更大的整体：最初还是十分自然地在家庭和扩大成为氏族的家庭中；后来是在由氏族间的冲突和融合而产生的各种形式的公社中。只有到十八世纪，在"市民社会"中，社会结合的各种形式，对个人说来，才只是达到他私人目的的手段，才是外在的必然性。但是，产生这种孤立个人的观点的时代，正是具有迄今为止最发达的社会关系（从这种观点看来是一般关系）的时代。人是最名副其实的社会动物，不仅是一种合群的动物，而且是只有在社会中才能独立的动物。孤立的一个人在社会之外进行生产——这是罕见的事，偶然落到荒野中的已经内在地具有社会力量的文明人或许能做到——就象许多个人不在**一起**生活和彼此交谈而竟有语言发展一样，是不可思议的。在这方面无需多说。十八世纪的人们有这种荒诞无稽的看法本是可以理解的，如果不是巴师夏、凯里和蒲鲁东等人又把这种看法郑重其事地引进最新的经济学中来，这一点本来可以完全不提。蒲鲁东等人自然乐于用编造神话的办法，来对一种他不知道历史来源的经济关系的起源作历史哲学的说明，说什么这种观念对亚当或普罗米修斯已经是现成的，后来它就被付诸实行等等。再没有比这类想入非非的陈词滥调更加枯燥乏味的了。

因此，说到生产，总是指在一定社会发展阶段上的生产——社会个人的生产。因而，好象只要一说到生产，我们或者就要把历史发展过程在它的各个阶段上——加以研究，或者一开始就要声明，我们指的是**某个**一定的历史时代，例如，是现代资产阶级生产——这种生产事实上是我们研究的本题。可是，生产的一切时代有某些共同标志，共同规定。**生产一般**是一个抽象，但是只要它真正把共同点提出来，定下来，免得我们重复，它就是一个合理的抽象。不过，这个**一般**，或者说，经过比较而抽出来的共同点，本身就是有许多组成部分的、分别有不同规定的东西。其中有些属于一切时代，另一些是几个时代共有的，[有些]规定是最新时代和最古时代共有的。没有它们，任何生产都无从设想；如果说最发达语言的有些规律和规定也是最不发达语言所有的，但是构成语言发展的恰恰是有别于这一般和共同点的差别，那末，对生产一般适用的种种规定所以要抽出来，也正是为了不致因见到统一（主体是人，客体是自然，这总是一样的，这里已经出现了统一）就忘记本质的差别。而忘记这种差别，正是那些证明现存社会关系永存与和谐的现代经济学家的全部智慧所在。例如，他们说，没有生产工具，哪怕这种生产工具不过是手，任何生产都不可能。没有过去的、积累下来的劳动，哪怕这种劳动不过是由于反复操作而积聚在野蛮人手上的技巧，任何生产都不可能。资本，别的不说，也是生产工具，也是过去的、客体化了的劳动。可见资本是一种一般的、永存的自然关系；这就是说，如果我们恰好抛开了正是使"生产工具"、"积累下来的劳动"成为资本的那个特殊的话。因此，生产关系的全部历史，例如在凯里看来，是历代政府的恶意篡改。

如果没有生产一般，也就没有一般的生产。生产总是一个**特殊的**生产部门——如农业、畜牧业、制造业等，或者是它们的**总体**。可是，政治经济学不是工艺学。生产的一般规定在一定社会阶段上对特殊生产形式的关系，留待别处（后面）再说。

最后，生产也不只是特殊的生产，而始终是一定的社会体即社会的主体在或广或窄的由各生产部门组成的总体中活动着。科学的叙述对现实运动的关系，也还不是这里所要说的。生产一般。特殊生产部门。生产的总体。

现在时髦的做法，是在经济学的开头摆上一个总论部分——就是标题为《生产》的那部分（参看约翰·斯图亚特·穆勒的著作），用来论述一切生产的**一般条件**。

这个总论部分包括或者好象应当包括：

（1）进行生产所必不可缺少的条件。因此，这实际上不过是要说明一切生产的基本要素。可是，我们将会知道，实际上归纳起来不过是几个十分简单的规定，却扩展成浅薄的同义反复。

（2）或多或少促进生产的条件，如象亚当·斯密所说的前进的和停滞的社会状态。要把这些在斯密那里作为提示而具有价值的东西提到科学意义上来，就得研究各个民族的发展过程中**生产率程度**不同的各个时期——这种研究超出本题应有的范围，但就属于本题范围来说，在叙述竞争、积累等等时是要谈到的。照一般的提法，答案总是这样一个一般的说法：一个工业民族，当它一般地达到它的历史高峰的时候，也就达到它的生产高峰。实际上，一个民族的工业高峰是在它还不是以既得利益为要务，而是以争取利益为要务的时候。在这一点上，美国人胜过英国人。或者是这样的说法：例如，某一些种族、素质、气候、自然条件如离海远近、土地肥沃程度等等，比另外一些更有利于生产。这又是同义反复，即财富的主客观因素越是在更高的程度上具备，财富就越容易创造。

但是，经济学家在这个总论部分所真正要谈的并不是这一切。相反，照他们的意见，生产不同于分配等等（参看穆勒的著作），应当被描写成局限在脱离历史而独立的永恒自然规律之内的事情，于是**资产阶级**关系就被乘机当做社会一般的颠扑不破的自然规律偷偷地塞了进来。这是整套手法的多少有意识的目的。反之，在分配上，好象人们事实上可以随心所欲。即使根本不谈生产和分配的这种粗暴割裂与生产和分配的现实关系，下面这一点总应该是一开始就明白的：无论在不同社会阶段上分配如何不同，总是可以象在生产中那样提出一些共同的规定来，可以把一切历史差别混合和融化在**一般人类规律**之中。例如，奴隶、农奴、雇佣工人都得到一定量的食物，使他们能够作为奴隶、农奴和雇佣工人来生存。靠贡赋生活的征服者、靠税收生活的官吏、靠地租生活的土地占有者、靠施舍生活的僧侣，或者靠什一税生活的教士，都得到一份社会产品，而决定这一份产品的规律不同于决定奴隶等等那一份产品的规律。一切经济学家在这个项目下提出的两个要点是：（1）所有制，（2）司法、警察等等对所有制的保护，对此要极简单地答复一下：

关于第一点，一切生产都是个人在一定社会形式中并借这种社会形式而进行的对自然的占有。在这个意义上，说所有制（占有）是生产的一个条件，那是同义反复。但是，可笑的是从这里一步就跳到所有制的一定形式，如私有制。（而且还把对立的形式即**无所有**作为条件。）历史却表明，公有制是原始形式（如印度人、斯拉夫人、古克尔特人等等），这种形式在公社所有制形式下还长期起着显著的作用。至于财富在这种还是那种所有制形式下能更好地发展的问题，还根本不是这里所要谈的。可是，如果说在任何所有制形式都不存在的地方，就谈不到任何生产，因此也就谈不到任何社会，那末，这是同义反复。什么也不据为己有的占有，是自相矛盾。

关于第二点，对既得物的保护等等。如果把这些滥调还原为它们的实际内容，它们所表示的就比它们的说教者所知道的还多。就是说，每种生产形式都产生出它所特有的法权关系、统治形式等等。粗率和无知之处正在于把有机地联系着的东西看成是彼此偶然发生关系的、纯粹反射联系中的东西，资产阶级经济学家只模糊地感到，在现代警察制度下，比在例如强权下能更好地进行生产，他们只是忘记了，强权也是一种法权，而且强者的法权也以另一种形式继续存在于他们的"法治国家"中。

当与生产的一定阶段相应的社会状态刚刚产生或者已经衰亡的时候,自然会出现生产上的紊乱,虽然程度和影响有所不同。

总之:一切生产阶段所共同的、被思维当做一般规定而确定下来的规定,是存在的,但是所谓一切生产的**一般条件**,不过是这些抽象要素,用这些要素不可能理解任何一个现实的历史的生产阶段。

2. 生产与分配、交换、消费的一般关系

在进一步分析生产之前,必须观察一下经济学家拿来与生产并列的几个项目。

肤浅的表象是:在生产中,社会成员占有(开发、改造)自然产品供人类需要;分配决定个人分取这些产品的比例;交换给个人带来他想用分配给他的一份去换取的那些特殊产品;最后,在消费中,产品变成享受的对象,个人占有的对象。生产创造出适合需要的对象;分配依照社会规律把它们分配;交换依照个人需要把已经分配的东西再分配;最后,在消费中,产品脱离这种社会运动,直接变成个人需要的对象和仆役,被享受而满足个人需要。因而,生产表现为起点,消费表现为终点,分配和交换表现为中间环节,这中间环节又是二重的,因为分配被规定为从社会出发的要素,交换被规定为从个人出发的要素。在生产中,人客体化,在人中,物主体化;在分配中,社会以一般的、居于支配地位的规定的形式,担任生产和消费之间的媒介;在交换中,生产和消费由偶然的个人的规定性来媒介。

分配决定产品归个人的比例(分量);交换决定个人对于分配给自己的一份所要求的产品。

生产、分配、交换、消费因此形成一个正规的三段论法;生产是一般,分配和交换是特殊,消费是个别,全体由此结合在一起。这当然是一种联系,然而是一种肤浅的联系。生产决定于一般的自然规律;分配决定于社会的偶然情况,因此它能够或多或少地对生产起促进作用;交换作为形式上的社会运动介于两者之间;而消费这个不仅被看成终点而且被看成最后目的的结束行为,除了它又会反过来作用于起点并重新引起整个过程之外,本来不属于经济学的范围。

反对政治经济学家的人们,——不论这些反对者是不是他们的同行,——责备他们把联系着的东西粗野地割裂了,这些反对者或者是同他们站在同一个

基础上，或者是在他们之下。最庸俗不过的责备就是，说政治经济学家过于重视生产，把它当做目的本身。说分配也是同样重要的。这种责备的立足点恰恰是那种把分配当做与生产并列的独立自主的领域的经济见解。或者是这样的责备，说没有把这些要素放在其统一中来理解。好象这种割裂不是从现实进到教科书中去的，而相反地是从教科书进到现实中去的，好象这里的问题是要把概念作辩证的平衡，而不是解释现实的关系！

（a）［生产和消费］

生产直接也是消费。双重的消费，主体的和客体的：个人在生产当中发展自己的能力，也在生产行为中支出和消耗这种能力，同自然的生殖是生命力的一种消耗完全一样。第二，生产资料的消费，生产资料被使用、被消耗、一部分（如在燃烧中）重新分解为一般元素。原料的消费也是这样，原料不再保持自己的自然形式和特性，这种自然形式和特性倒是消耗掉了。因此，生产行为本身就它的一切要素来说也是消费行为。不过，这一点是经济学家所承认的，他们把直接与消费同一的生产，直接与生产合一的消费，称做**生产的消费**。生产和消费的这种同一性，归结起来是斯宾诺莎的命题："规定即否定"。但是，提出生产的消费这个规定，只是为了把与生产同一的消费跟原来意义上的消费区别开来，后面这种消费被理解为起消灭作用的与生产相对的对立面，我们且观察一下这个原来意义上的消费。

消费直接也是生产，正如自然界中的元素和化学物质的消费是植物的生产一样。例如，吃喝是消费形式之一，人吃喝就生产自己的身体，这是明显的事。而对于以这种或那种形式从某一方面来生产人的其他任何消费形式也都可以这样说。消费的生产。可是，经济学却说，这种与消费同一的生产是第二种生产，是靠消灭第一种生产的产品引起的。在第一种生产中，生产者物化，在第二种生产中，生产者所创造的物人化。因此，这种消费的生产——虽然它是生产和消费的直接统一——是与原来意义上的生产根本不同的。生产同消费合而为一和消费同生产合而为一的这种直接统一，并不排斥它们的直接两立。

可见，生产直接是消费，消费直接是生产。每一方直接是它的对方。可是同时在两者之间存在着一种媒介运动。生产媒介着消费，它创造出消费的材料，没有生产，消费就没有对象。但是消费也媒介着生产，因为正是消费替产品创造了主体，产品对这个主体才是产品。产品在消费中才得到最后完成。一条铁路，如果没有通车、不被磨损、不被消费，它只是可能性的铁路，不是现实的铁路。没有生产，就没有消费，但是，没有消费，也就没有生产，因为如果这样，生产就没有目的。消费从两方面生产着生产：

（1）因为只是在消费中产品才成为现实的产品，例如，一件衣服由于穿的行为才现实地成为衣服；一间房屋无人居住，事实上就不成其为现实的房屋；因此，产品不同于单纯的自然对象，它在消费中才证实自己是产品，才**成为**产品。消费是在把产品消灭的时候才使产品最后完成，因为产品之所以是产品，不是它作为物化了的活动，而只是作为活动着的主体的对象。

（2）因为消费创造出**新的**生产的需要，因而创造出生产的观念上的内在动机，后者是生产的前提。消费创造出生产的动力；它也创造出在生产中作为决定目的的东西而发生作用的对象。如果说，生产在外部提供消费的对象是显而易见的，那末，同样显而易见的是，消费**在观念上提出**生产的对象，作为内心的意象、作为需要、作为动力和目的。消费创造出还是在主观形式上的生产对象。没有需要，就没有生产。而消费则把需要再生产出来。

与此相应，就生产方面来说：

（1）它为消费提供材料，对象。消费而无对象，不成其为消费；因而，生产在这方面创造出、生产出消费。

（2）但是，生产为消费创造的不只是对象。它也给予消费以消费的规定性、消费的性质，使消费得以完成。正如消费使产品得以完成其为产品一样，生产使消费得以完成。**首先**，对象不是一般的对象，而是一定的对象，是必须用一定的而又是由生产本身所媒介的方式来消费的。饥饿总是饥饿，但是用刀叉吃熟肉来解除的饥饿不同于用手、指甲和牙齿啃生肉来解除的饥饿。因此，不仅消费的对象，而且消费的方式，不仅客体方面，而且主体方面，都是生产所生产的。所以，生产创造消费者。

（3）生产不仅为需要提供材料，而且它也为材料提供需要。在消费脱离了它最初的自然粗陋状态和直接状态之后，——如果停留在这种状态，那也是生产停滞在自然粗陋状态的结果，——消费本身作为动力是靠对象作媒介的。消费对于对象所感到的需要，是对于对象的知觉所创造的。艺术对象创造出懂得艺术和能够欣赏美的大众，——任何其他产品也都是这样。因此，生产不仅为主体生产对象，而且也为对象生产主体。

因此，生产生产着消费：（1）是由于生产为消费创造材料，（2）是由于生产决定消费的方式,（3）是由于生产靠它起初当做对象生产出来的产品在消费者身上引起需要。因而，它生产出消费的对象、消费的方式和消费的动力。同样，消费生产出生产者的**素质**，因为它在生产者身上引起追求一定目的的需要。

因此，消费和生产之间的同一性表现在三方面：

（1）**直接的同一性**：生产是消费；消费是生产。消费的生产。生产的消费。政治经济学家把两者都称为生产的消费，可是还作了一个区别。前者表现为再生产；后者表现为生产的消费。关于前者的一切研究是关于生产的劳动或非生产的劳动的研究；关于后者的研究是关于生产的消费或非生产的消费的研究。

（2）每一方表现为对方的手段；以对方为媒介；这表现为它们的相互依存；这是一个运动，它们通过这个运动彼此发生关系，表现为互不可缺，但又各自处于对方之外。生产为消费创造作为外在对象的材料；消费为生产创造作为内在对象、作为目的的需要。没有生产就没有消费；没有消费就没有生产。这在经济学中以多种多样的形式表现出来。

（3）生产不仅直接是消费，消费也不仅直接是生产；而且生产不仅是消费的手段，消费不仅是生产的目的，——就是说，每一方都为对方提供对象，生产为消费提供外在的对象，消费为生产提供想象的对象；两者的每一方不仅直接就是对方，不仅媒介着对方，而且，两者的每一方当自己实现时也就创造对方，把自己当做对方创造出来。消费完成生产行为，只是在消费使产品最后完成其为产品的时候，在消费把它消灭，把它的独立的物体形式毁掉的时候；在消费使得在最初生产行为中发展起来的素质通过反复的需要达到完美的程度的时候；所以，消费不仅是使产品成为产品的最后行为，而且也是使生产者成为生产者的最后行为。另一方面，生产生产出消费，是在生产创造出消费的一定方式的时候，然后是在生产把消费的动力、消费能力本身当做需要创造出来的时候。这第三项所说的这个最后的同一性，经济学在论述需求和供给、对象和需要、社会创造的需要和自然需要的关系时，曾多次加以解释。

这样看来，对于一个黑格尔主义者来说，把生产和消费同一起来，是最简单不过的事。不仅社会主义美文学家这样做过，而且平庸的经济学家也这样做过，萨伊就是个例子；他的说法是，就一个民族来说，它的生产也就是它的消费。或者，就人类一般来说，也是这样。施托尔希指出过萨伊的错误，因为例如一个民族不是把自己的产品全部消费掉，而是还要创造生产资料等等、固定资本等等。此外，把社会当做一个单独的主体来观察，是对它作了不正确的观察，思辨式的观察。就一个主体来说，生产和消费表现为一个行为的两个要素。这里要强调的主要之点是：如果我们把生产和消费看做一个主体的或者许多单个个人的活动，它们无论如何表现为一个过程的两个要素，在这个过程中，生产是实际的起点，因而也是居于支配地位的要素。消费，作为必需，作为需要，本身就是生产活动的一个内在要素。但是生产活动是实现的起点，因而也是实现的居于支配地位的要素，是整个过程借以重新进行的行为。个人生产出一个对象，因消费了它而再回到自己身上，然而，他是作为生产的个人，把自己再生产的个人。所以，消费表现为生产的要素。

但是，在社会中，产品一经完成，生产者对产品的关系就是一种外在的关系，产品回到主体，取决于主体对其他个人的关系。他不是直接获得产品。如果说他是在社会中生产，那末直接占有产品也不是他的目的。在产品和生产者之间插进了**分配**，分配借社会规律决定生产者在产品世界中的份额，因而插在生产和消费之间。

那末，分配是否作为独立的领域，处于生产之旁和生产之外呢?

（b）［生产和分配］

如果看看普通的经济学著作，首先令人注目的是，在这些著作里什么都被提出两次。举例来说，在分配上出现的是地租、工资、利息和利润，而在生产上作为生产要素出现的是土地、劳动、资本。说到资本，一看就清楚，它被提出了两次：（1）当做生产要素；（2）当做收入源泉，当做决定一定的分配形式的东西。利息和利润，就它们作为资本增殖和扩大的形式，因而作为资本自身的生产的要素来说，本身也出现在生产中。利息和利润作为分配形式，是以资本作为生产要素为前提的。它们是以资本作为生产要素为前提的分配方式。它们又是资本的再生产方式。

同样，工资也是在另一个项目中被考察的雇佣劳动：在一处作为生产要素的劳动所具有的规定性，在另一处表现为分配的规定。如果劳动不是规定为雇佣劳动，那末，它参与产品分配的方式，也就不表现为工资，如在奴隶制度下就是这样。最后，地租——我们直接来看地产参与产品分配的最发达形式——的前提，是作为生产要素的大地产（其实是大农业），而不是通常的土地，就象工资的前提不是通常的劳动一样。所以，分配关系和分配方式只是表现为生产要素的背面。个人以雇佣劳动的形式参与生产，就以工资形式参与产品、生产成果的分配。分配的结构完全决定于生产的结构，分配本身就是生产的产物，不仅就对象说是如此，而且就形式说也是如此。就对象说，能分配的只是生产的成果，就形式说，参与生产的一定形式决定分配的特定形式，决定参与分配的形式。把土地放在生产上来谈，把地租放在分配上来谈，等等，简直是幻觉。

因此，象李嘉图那样的经济学家，最受责备的就是他们眼中只有生产，他们却专门把分配规定为经济学的对象，因为他们本能地把分配形式看成是一定社会中的生产要素得以确定的最确切的表现。

在单个的个人面前，分配自然表现为一种社会规律，这种规律决定他在生产中——指他在其中进行生产的那个生产——的地位，因而分配先于生产。这个个人一开始就没有资本，也没有地产。他一出生就由社会分配指定专门从事雇佣劳动。但是这种指定本身是资本和地产作为独立的生产要素存在的结果。

就整个社会来看，从一方面说，分配似乎先于生产，并且决定生产，似乎是先经济的事实。一个征服者民族在征服者之间分配土地，因而造成了地产的一定的分配和形式，由此决定了生产。或者，它使被征服的民族成为奴隶，于是使奴隶劳动成为生产的基础。或者，一个民族经过革命把大地产粉碎成小块，从而通过这种新的分配使生产有了一种新的性质。或者，立法使地产永久属于一定的家庭，或者，把劳动［当做］世袭的特权来分配，因而把它象等级一样地固定下来。在所有这些历史上有过的情况下，似乎不是生产安排和决定分配，而相反地是分配安排和决定生产。

照最浅薄的理解，分配表现为产品的分配，因此它仿佛离开生产很远，对生产是独立的。但是，在分配是产品的分配之前，它是（1）生产工具的分配，（2）社会成员在各类生产之间的分配（个人从属于一定的生产关系）——这是上述同一关系的进一步规定。这种分配包含在生产过程本身中并且决定生产的结构，产品的分配显然只是这种分配的结果。如果在考察生产时把包含在其中的这种分配撇开，生产显然是一个空洞的抽象；反过来说，有了这种本来构成生产的一个要素的分配，产品的分配自然也就确定了。正因为如此，力求在一定的社会结构中来理解现代生产并且主要是研究生产的经济学家李嘉图，不是把生产而是把分配说成现代经济学的本题。从这里，又一次显出了那些把生产当做永恒真理来论述而把历史限制在分配范围之内的经济学家是多么荒诞无稽。

这种决定生产本身的分配究竟和生产处于怎样的关系，这显然是属于生产本身内部的问题。如果有人说，既然生产必须从生产工具的一定的分配出发，至少在这个意义上分配先于生产，成为生产的前提，那末就应该答复他说，生产实际上有它的条件和前提，这些条件和前提构成生产的要素。这些要素最初可能表现为自然发生的东西。通过生产过程本身，它们就从自然发生的东西变成历史的东西了，如果它们对于一个时期表现为生产的自然前提，对于另一个时期就是生产的历史结果了。它们在生产内部被不断地改变。例如，机器的应用既改变了生产工具的分配，也改变了产品的分配。现代大土地所有制本身既是现代商业和现代工业的结果，也是现代工业在农业上应用的结果。

上面提出的一些问题，归根到底就是：一般历史条件在生产上是怎样起作用的，生产和一般历史运动的关系又是怎样的。这个问题显然属于对生产本身的讨论和分析。

然而，这些问题即使照上面那样平庸的提法，也可以同样给予简短的回答。所有的征服有三种可能。征服民族把自己的生产方式强加于被征服的民族（例如，本世纪英国人在爱尔兰所做的，部分地在印度所做的）；或者是征服民族让旧生产方式维持下去，自己满足于征收贡赋（如土耳其人和罗马人）；或者是发生一种相互作用，产生一种新的、综合的生产方式（日耳曼人的征服中一部分就是这样）。在所有的情况下，生产方式，不论是征服民族的，被征服民族的，还是两者混合形成的，总是决定新出现的分配。因此，虽然这种分配对于新的生产时期表现为前提，但它本身又是生产的产物，不仅是一般历史生产的产物，而且是一定历史生产的产物。

例如，蒙古人把俄罗斯弄成一片荒凉，这样做是适合于他们的生产、畜牧的，大片无人居住的地带是畜牧的主要条件。在日耳曼蛮族，用农奴耕作是传统的生产，过的是乡村的孤独生活，他们能够非常容易地让罗马各省服从这些条件，因为那里发生的土地所有权的集中已经完全推翻了旧的农业关系。

有一种传统的观念，认为在某些时期人们只靠劫掠生活。但是要能够劫掠，就要有可以劫掠的东西，因此就要有生产。而劫掠方式本身又决定于生产方式。例如，劫掠一个从事证券投机的民族就不能同劫掠一个游牧民族一样。

奴隶直接被剥夺了生产工具。但是奴隶受到剥夺的国家的生产必须安排得容许奴隶劳动，或者必须建立一种适于使用奴隶的生产方式（如在南美等）。

法律可以使一种生产资料，例如土地，永远属于一定家庭。这些法律，只有当大土地所有权适合于社会生产的时候，如象在英国那样，才有经济意义。在法国，尽管有大土地所有权，但经营的是小规模农业，因而大土地所有权就被革命摧毁了。但是，土地析分的状态是否例如通过法律永远固定下来了呢？尽管有这种法律，土地所有权却又集中起来了。法律在巩固分配关系方面的影响和它们由此对生产发生的作用，要专门加以确定。

（c）最后，交换和流通

流通本身只是交换的一定要素，或者也是从总体上看的交换。

　　既然**交换**只是生产以及由生产决定的分配一方和消费一方之间的媒介要素，而消费本身又表现为生产的一个要素，交换当然也就当做生产的要素包含在生产之内。

　　首先很明显，在生产本身中发生的各种活动和各种能力的交换，直接属于生产，并且从本质上组成生产。第二、这同样适用于产品交换，只要产品交换是用来制造供直接消费的成品的手段。在这个限度内，交换本身是包含在生产之中的行为。第三、所谓企业家之间的交换，从它的组织方面看，既完全决定于生产，而且本身也是生产行为。只有在最后阶段上，当产品直接为了消费而交换的时候，交换才表现为独立于生产之外，与生产漠不相干。但是，（1）如果没有分工，不论这种分工是自然发生的或者本身已经是历史的成果，也就没有交换；（2）私的交换以私的生产为前提；（3）交换的深度、广度和方式都是由生产的发展和结构决定的。例如，城乡之间的交换，乡村中的交换，城市中的交换等等。可见，交换就其一切要素来说，或者是直接包含在生产之中，或者是由生产决定。

　　我们得到的结论并不是说，生产、分配、交换、消费是同一的东西，而是说，它们构成一个总体的各个环节、一个统一体内部的差别。生产既支配着生产的对立规定上的自身，也支配着其他要素。过程总是从生产重新开始。交换和消费不能是起支配作用的东西，那是自明之理。分配，作为产品的分配，也是这样。而作为生产要素的分配，它本身就是生产的一个要素。因此，一定的生产决定一定的消费、分配、交换和**这些不同要素相互间的一定关系**。当然，生产**就其片面形式来说**也决定于其他要素。例如，当市场扩大，即交换范围扩大时，生产的规模也就增大，生产也就分得更细。随着分配的变动，例如，随着资本的集中，随着城乡人口的不同的分配等等，生产也就发生变动。最后，消费的需要决定着生产。不同要素之间存在着相互作用。每一个有机整体都是这样。

3．政治经济学的方法

　　当我们从政治经济学方面观察某一国家的时候，我们从该国的人口、人口的阶级划分、人口在城乡海洋的分布、在不同生产部门的分布，输出和输入，全年的生产和消费，商品价格等等开始。

　　从实在和具体开始，从现实的前提开始，因而，例如在经济学上从作为全部社会生产行为的基础和主体的人口开始，似乎是正确的。但是，更仔细地考察起来，这是错误的。如果我抛开构成人口的阶级，人口就是一个抽象。如果我不知道这些阶级所依据的因素，如雇佣劳动、资本等等，阶级又是一句空话。而这些因素是以交换、分工、价格等等为前提的。比如资本，如果没有雇佣劳动、价值、货币、价格等等，它就什么也不是。因此，如果我从人口着手，那末这就是一个混沌的关于整体的表象，经过更切近的规定之后，我就会在分析中达到越来越简单的概念；从表象中的具体达到越来越稀薄的抽象，直到我达到一些最简单的规定。于是行程又得从那里回过头来，直到我最后又回到人口，但是这回人口已不是一个混沌的关于整体的表象，而是一个具有许多规定和关系的丰富的总体了。第一条道路是经济学在它产生时期在历史上走过的道路。例如，十七世纪的经济学家总是从生动的整体，从人口、民族、国家、若干国家等等开始；但是他们最后总是从分析中找出一些有决定意义的抽象的一般的关系，如分工、货币、价值等等。这些个别要素一旦多少确定下来和抽象出来，从劳动、分工、需要、交换价值等等这些简单的东西上升到国家、国际交换和世界市场的各种经济学体系就开始出现了。后一种显然是科学上正确的方法。具体之所以具体，因为它是许多规定的综合，因而是多样性的统一。因此它在思维中表现为综合的过程，表现为结果，而不是表现为起点，虽然它是现实中的起点，因而也是直观和表象的起点。在第一条道路上，完整的表象蒸发为抽象的规定；在第二条道路上，抽象的规定在思维行程中导致具体的再现。因而黑格尔陷入幻觉，把实在理解为自我综合、自我深化和自我运动的思维的结果，其实，从抽象上升到具体的方法，只是思维用来掌握具体并把它当做一个精神上的具体再现出来的方式。但决不是具体本身的产生过程。举例来说，最简单的经济范畴，如交换价值，是以人口、以在一定关系中进行生产的人口为前提的；也是以某种形式的家庭、公社或国家等为前提的。它只能作为一个既与的、具体的、生动的整体的抽象片面的关系而存在。相反，作为范畴，交换价值却有一种洪水期前的存在。因此，在意识看来——而哲学意识就是被这样规定的：在它看来，正在理解着的思维是现实的人，因而，被理解了的世界本身才是现实的世界——范畴的运动表现为现实的生产行为（只可惜它从外界取得一种推动），而世界是这种生产行为的结果；这——不过又是一个同义反复——只有在下面这个限度内才是正确的：具体总体作为思维总体、作为思维具体，事实上是思维的、理解的产物；但是，决不是处于直观和表象之外或驾于其上而思维着的、自我产生着的概念的产物，而是把直观和表象加工成概念这一过程的产物。整体，当它在头脑中作为被思维的整体而出现时，是思维着的头脑的产物，这个头脑用它所专有的方式掌握世界，而这种方式是不同于对世界的艺术的、宗教的、实践—精神的掌握的。实在主体仍然是在头脑之外保持着它的独立性；只要这个头脑还仅仅是思辨地、理论地活动着。因此，就是在理论方法上，主体，即社会，也一定要经常作为前提浮现在表象面前。

但是，这些简单的范畴在比较具体的范畴以前是否也有一种独立的历史存在或自然存在呢？要看情况而定。比如，黑格尔论法哲学，是从主体的最简单的法的关系即占有开始的，这是对的。但是，在家庭或主奴关系这些具体得多的关系之前，占有并不存在。相反，如果说有这样的家庭和氏族，它们还只是**占有**，而没有**所有权**，这倒是对的。所以，这种比较简单的范畴，表现为简单的家庭的或氏族的公社在所有权方面的关系。它在比较高级的社会中表现为一个发达的组织的比较简单的关系。但是那个以占有为关系的具体的基础总是前提。可以设想有一个孤独的野人占有东西。但是在这种情况下，占有并不是法的关系。说占有在历史上发展为家庭，是错误的。占有倒总是以这个"比较具体的法的范畴"为前提的。但是，不管怎样总可以说，简单范畴是这样一些关系的表现，在这些关系中，不发展的具体可以已经实现，而那些通过较具体的范畴在精神上表现出来的较多方面的联系和关系还没有产生；而比较发展的具体则把这个范畴当做一种从属关系保存下来。在资本存在之前，银行存在之前，雇佣劳动等等存在之前，货币能够存在，而且在历史上存在过。因此，从这一方面看来，可以说，比较简单的范畴可以表现一个比较不发展的整体的处于支配地位的关系，或者可以表现一个比较发展的整体的从属关系，后面这些关系，在整体向着以一个比较具体的范畴表现出来的方面发展之前，在历史上已经存在。在这个限度内，从最简单上升到复杂这个抽象思维的进程符合现实的历史过程。

另一方面，可以说，有一些十分发展的、但在历史上还不成熟的社会形式，其中有最高级的经济形式，如协作、发达的分工等等，却不存在任何货币，秘鲁就是一个例子。就在斯拉夫公社中，货币以及作为货币的条件的交换，也不是或者很少是出现在个别公社内部，而是出现在它的边界上，出现在与其他公社的交往中，因此，把同一公社内部的交换当做原始构成因素，是完全错误的。相反地，与其说它起初发生在同一公社内部的成员间，不如说它发生在不同公社的相互关系中。其次，虽然货币很早就全面地发生作用，但是在古代它只是在片面发展的民族即商业民族中才是处于支配地位的因素。甚至在最文明的古代，在希腊人和罗马人那里，货币的充分发展——在现代的资产阶级社会中这是前提——只是在他们解体的时期。因此,这个十分简单的范畴,在历史上只有在最发达的社会状态下才表现出它的充分的力量。它决没有历尽一切经济关系。例如,在罗马帝国,在它最发达的时期,实物税和实物租仍然是基础。那里,货币制度原来只是在军队中得到充分发展。它也从来没有掌握劳动的整个领域。

可见,比较简单的范畴,虽然在历史上可以在比较具体的范畴之前存在,但是,它的充分深入而广泛的发展恰恰只能属于一个复杂的社会形式,而比较具体的范畴在一个比较不发展的社会形式中有过比较充分的发展。

劳动似乎是一个十分简单的范畴。它在这种一般性——作为劳动一般——上的表象也是古老的。但是,在经济学上从这种简单性上来把握的"劳动",和产生这个简单抽象的那些关系一样,是现代的范畴。例如,货币主义把财富看成还是完全客观的东西,看成存在于货币中的物。同这个观点相比,重工主义或重商主义把财富的源泉从对象转到主体的活动——商业劳动和工业劳动,已经是很大的进步,但是,他们仍然只是局限地把这种活动本身理解为取得货币的活动。同这个学派相对立的重农学派把劳动的一定形式——农业——看做创造财富的劳动,不再把对象本身看做裹在货币的外衣之中,而是看做产品一般,看做劳动的一般成果了。这种产品还与活动的局限性相应而仍然被看做自然规定的产品——农业的产品,主要是土地的产品。

亚当·斯密大大地前进了一步,他抛开了创造财富的活动的一切规定性,——干脆就是劳动,既不是工业劳动、又不是商业劳动、也不是农业劳动,而既是这种劳动,又是那种劳动。有了创造财富的活动的抽象一般性,也就有了被规定为财富的对象的一般性,这就是产品一般,或者说又是劳动一般,然而是作为过去的、物化的劳动。这一步跨得多么艰难,多么远,只要看看连亚当·斯密本人还时时要回到重农学派的观点上去,就可想见了。这会造成一种看法,好象由此只是替人——不论在哪种社会形式下——作为生产者在其中出现的那种最简单、最原始的关系找到了一个抽象表现。从一方面看来这是对的,从另一方面看来就不是这样。

对任何种类劳动的同样看待,以一个十分发达的实在劳动种类的总体为前提,在这些劳动种类中,任何一种劳动都不再是支配一切的劳动。所以,最一般的抽象总只是产生在最丰富的具体的发展的地方,在那里,一种东西为许多东西所共有,为一切所共有。这样一来,它就不再只是在特殊形式上才能加以思考了。另一方面,劳动一般这个抽象,不仅仅是具体的劳动总体的精神结果。

对任何种类劳动的同样看待，适合于这样一种社会形式，在这种社会形式中，个人很容易从一种劳动转到另一种劳动，一定种类的劳动对他们说来是偶然的，因而是无差别的。这里，劳动不仅在范畴上，而且在现实中都是创造财富一般的手段，它不再是在一种特殊性上同个人结合在一起的规定了。在资产阶级社会的最现代的存在形式——美国，这种情况最为发达。所以，在这里，"劳动"、"劳动一般"、直截了当的劳动这个范畴的抽象，这个现代经济学的起点，才成为实际真实的东西。所以，这个被现代经济学提到首位的、表现出一种古老而适用于一切社会形式的关系的最简单的抽象，只有作为最现代的社会的范畴，才在这种抽象性上表现为实际真实的东西。人们也许会说，在美国表现为历史产物的东西——对任何劳动同样看待——在俄罗斯人那里，比如说，就表现为天生的素质了。但是，首先，是野蛮人具有适应于一切的素质还是文明人自动去适应一切，是大有区别的。并且，在俄罗斯人那里，实际上同对任何种类劳动同样看待这一点相适应的，是传统地固定在一种十分确定的劳动上的状态，他们只是由于外来的影响才从这种状态中解脱出来。

劳动这个例子确切地表明，哪怕是最抽象的范畴，虽然正是由于它们的抽象而适用于一切时代，但是就这个抽象的规定性本身来说，同样是历史关系的产物，而且只有对于这些关系并在这些关系之内才具有充分的意义。

资产阶级社会是历史上最发达的和最复杂的生产组织。因此，那些表现它的各种关系的范畴以及对于它的结构的理解，同时也能使我们透视一切已经覆灭的社会形式的结构和生产关系。资产阶级社会借这些社会形式的残片和因素建立起来，其中一部分是还未克服的遗物，继续在这里存留着，一部分原来只是征兆的东西，发展到具有充分意义，等等。人体解剖对于猴体解剖是一把钥匙。低等动物身上表露的高等动物的征兆，反而只有在高等动物本身已被认识之后才能理解。因此，资产阶级经济为古代经济等等提供了钥匙。但是，决不是象那些抹杀一切历史差别、把一切社会形式都看成资产阶级社会形式的经济学家所理解的那样。人们认识了地租，就能理解代役租、什一税等等。但是不应当把它们等同起来。

其次，因为资产阶级社会本身只是发展的一种对抗的形式，所以，那些早期形式的各种关系，在它里面常常只以十分萎缩的或者漫画式的形式出现。公社所有制就是个例子。因此，如果说资产阶级经济的范畴包含着一种适用于一切其他社会形式的真理这种说法是对的，那末，这也只能在一定意义上来理解。这些范畴可以在发展了的、萎缩了的、漫画式的种种形式上，然而总是在有本质区别的形式上，包含着这些社会形式。所谓的历史发展总是建立在这样的基础上的：最后的形式总是把过去的形式看成是向着自己发展的各个阶段，并且因为它很少而且只是在特定条件下才能够进行自我批判，——这里当然不是指作为崩溃时期出现的那样的历史时期，——所以总是对过去的形式作片面的理解。基督教只有在它的自我批判在一定程度上，所谓在可能范围内准备好时，才有助于对早期神话作客观的理解。同样，资产阶级经济只有在资产阶级社会的自我批判已经开始时，才能理解封建社会、古代社会和东方社会。在资产阶级经济没有把自己神话化而同过去完全等同起来时，它对于前一个社会，即它还得与之直接斗争的封建社会的批判，是与基督教对异教的批判或者新教对旧教的批判相似的。

在研究经济范畴的发展时，正如在研究任何历史科学、社会科学时一样，应当时刻把握住：无论在现实中或在头脑中，主体——这里是现代资产阶级社会——都是既与的；因而范畴表现这个一定社会的、这个主体的存在形式、存在规定，常常只是个别的侧面；因此，这个一定社会**在科学上**也决不是在把它**当做这样一个社会**来谈论的时候才开始存在的。这必须把握住，因为这对于分篇直接具有决定的意义。例如，从地租开始，从土地所有制开始，似乎是再自然不过的了，因为它是同土地结合着的，而土地是一切生产和一切存在的源泉，并且它又是同农业结合着的，而农业是一切多少固定的社会的最初的生产方式。但是，这是最错误不过的了。在一切社会形式中都有一种一定的生产支配着其他一切生产的地位和影响，因而它的关系也支配着其他一切关系的地位和影响。这是一种普照的光，一切其他色彩都隐没其中，它使它们的特点变了样。这是一种特殊的以太，它决定着它里面显露出来的一切存在的比重。以畜牧民族为例（纯粹的渔猎民族还处于真正发展的起点之外）。在他们中间出现一定形式的，即偶然的耕作。土地所有制由此决定了。它是公有的，这种形式依这些民族保持传统的多少而或多或少地遗留下来，斯拉夫人中的公社所有制就是个例子。在从事定居耕作——这种定居已是一大进步——的民族那里，象在古代社会和封建社会，耕作居于支配地位，那里连工业、工业的组织以及与工业相应的所有制形式都多少带着土地所有制的性质；或者象在古代罗马人中那样工业完全附属于耕作；或者象中世纪那样工业在城市中和在城市的各种关系上模仿着乡村的组织。在中世纪，甚至资本——只要不是纯粹的货币资本——作为传统的手工工具等等，也带着这种土地所有制的性质。

在资产阶级社会中情况则相反。农业越来越变成仅仅是一个工业部门，完全由资本支配。地租也是如此。在土地所有制居于支配地位的一切社会形式中，自然联系还占优势。在资本居于支配地位的社会形式中，社会、历史所创造的因素占优势。不懂资本便不能懂地租。不懂地租却完全可以懂资本。资本是资产阶级社会的支配一切的经济权力。它必须成为起点又成为终点，必须放在土地所有制之前来说明。分别考察了两者之后，必须考察它们的相互关系。

因此，把经济范畴按它们在历史上起决定作用的先后次序来安排是不行的，错误的。它们的次序倒是由它们在现代资产阶级社会中的相互关系决定的，这种关系同看来是它们的合乎自然的次序或者同符合历史发展次序的东西恰好相反。问题不在于各种经济关系在不同社会形式的相继更替的序列中在历史上占有什么地位，更不在于它们在"观念上"（**蒲鲁东**）（在历史运动的一个模糊表象中）的次序。而在于它们在现代资产阶级社会内部的结构。

古代世界中商业民族——腓尼基人、迦太基人——表现的单纯性（抽象规定性），正是由农业民族占优势这种情况决定的。作为商业资本和货币资本的资本，在资本还没有成为社会的支配因素的地方，正是在这种抽象中表现出来。伦巴第人和犹太人对于经营农业的中世纪社会，也是处于这种地位。

还有一个例子，说明同一些范畴在不同的社会阶段有不同的地位，这就是资产阶级社会的最新形式之一：**股份公司**。但是，它还在资产阶级社会初期就曾以特权的、有垄断权的大商业公司的形式出现。

国民财富这个概念，在十七世纪经济学家看来，无形中是说财富的创造仅仅是为了国家，而国家的实力是与这种财富成比例的，——这种观念在十八世纪的经济学家中还部分地保留着。这是一种还不自觉的伪善形式，在这种形式下财富本身和财富的生产被宣布为现代国家的目的，而现代国家被看成只是生产财富的手段。

显然，应当这样来分篇：（1）一般的抽象的规定，因此它们或多或少属于一切社会形式，不过是在上面所分析过的意义上。（2）形成资产阶级社会内部结构并且成为基本阶级的依据的范畴。资本、雇佣劳动、土地所有制。它们相互之间的关系。城市和乡村。三大社会阶级。它们之间的交换。流通。信用事业（私的）。（3）资产阶级社会在国家形式上的概括。就它本身来考察。"非生产"阶级。税。国债。公的信用。人口。殖民地。向外国移民。（4）生产的国际关系。国际分工。国际交换。输出和输入。汇率。（5）世界市场和危机。

4．生产。生产资料和生产关系。生产
关系和交往关系。国家形式和意识
形式同生产关系和交往关系的关系。
法的关系。家庭关系

注意：应该在这里提到而不该忘记的各点：

（1）**战争**比和平发达得早；某些经济关系，如雇佣劳动、机器等等，怎样在战争和军队等等中比在资产阶级社会内部发展得早。生产力和交往关系的关系在军队中也特别显著。

（2）**历来的观念的历史编纂法同现实的历史编纂法的关系。特别是所谓文化史，**旧时的宗教史和政治史。（顺便也可以说一下历来的历史编纂法的各种不同方式。所谓客观的。主观的（伦理的等等）。哲学的。）

（3）**第二级的和第三级的东西，总之，派生的、转移来的、**非原生的生产关系。国际关系在这里的影响。

（4）**对这种见解中的唯物主义的种种非难；同自然唯物主义的关系。**

（5）**生产力（生产资料）的概念和生产关系的概念的辩证法，这样一种辩证法，**它的界限应当确定，它不抹杀现实差别。

（6）**物质生产的发展例如同艺术生产的不平衡关系。**进步这个概念决不能在通常的抽象意义上去理解。现代艺术等等。这种不平衡在理解上还不是象在实际社会关系本身内部那样如此重要和如此困难。例如教育。美国同欧洲的关系。可是，这里要说明的真正困难之点是：生产关系作为法的关系怎样进入了不平衡的发展。例如罗马私法（在刑法和公法中这种情形较少）同现代生产的关系。

（7）**这种见解表现为必然的发展。**但承认偶然。怎样。（对自由等也是如此。）（交通工具的影响。世界史不是过去一直存在的；作为世界史的历史是结果。）

（8）**出发点当然是自然规定性；**主观地和客观地。部落、种族等。

关于艺术，大家知道，它的一定的繁盛时期决不是同社会的一般发展成比例的，因而也决不是同仿佛是社会组织的骨骼的物质基础的一般发展成比例的。例如，拿希腊人或莎士比亚同现代人相比。就某些艺术形式，例如史诗来说，甚至谁都承认：当艺术生产一旦作为艺术生产出现，它们就再不能以那种在世界史上划时代的、古典的形式创造出来；因此，在艺术本身的领域内，某些有重大意义的艺术形式只有在艺术发展的不发达阶段上才是可能的。如果说在艺术本身的领域内部的不同艺术种类的关系中有这种情形，那末，在整个艺术领域同社会一般发展的关系上有这种情形，就不足为奇了。困难只在于对这些矛盾作一般的表述。一旦它们的特殊性被确定了，它们也就被解释明白了。

我们先拿希腊艺术同现代的关系作例子，然后再说莎士比亚同现代的关系。大家知道，希腊神话不只是希腊艺术的武库，而且是它的土壤。成为希腊人的幻想的基础，从而成为希腊〔神话〕的基础的那种对自然的观点和对社会关系的观点，能够同自动纺机、铁道、机车和电报并存吗？在罗伯茨公司面前，武尔坎又在哪里？在避雷针面前，丘必特又在哪里？在动产信用公司面前，海尔梅斯又在哪里？任何神话都是用想象和借助想象以征服自然力，支配自然力，把自然力加以形象化；因而，随着这些自然力之实际上被支配，神话也就消失了。在印刷所广场旁边，法玛还成什么？希腊艺术的前提是希腊神话，也就是已经通过人民的幻想用一种不自觉的艺术方式加工过的自然和社会形式本身。这是希腊艺术的素材。不是随便一种神话，就是说，不是对自然（这里指一切对象，包括社会在内）的随便一种不自觉的艺术加工。埃及神话决不能成为希腊艺术的土壤和母胎。但是无论如何总得是**一种**神话。因此，决不是这样一种社会发展，这种发展排斥一切神话地对待自然的态度和一切把自然神话化的态度；并因而要求艺术家具备一种与神话无关的幻想。

从另一方面看：阿基里斯能够同火药和弹丸并存吗？或者，《伊利亚特》能够同活字盘甚至印刷机并存吗？随着印刷机的出现，歌谣、传说和诗神缪斯岂不是必然要绝迹，因而史诗的必要条件岂不是要消失吗？

但是，困难不在于理解希腊艺术和史诗同一定社会发展形式结合在一起。困难的是，它们何以仍然能够给我们以艺术享受，而且就某方面说还是一种规范和高不可及的范本。

一个成人不能再变成儿童，否则就变得稚气了。但是，儿童的天真不使他感到愉快吗？他自己不该努力在一个更高的阶梯上把自己的真实再现出来吗？在每一个时代，它的固有的性格不是在儿童的天性中纯真地复活着吗？为什么历史上的人类童年时代，在它发展得最完美的地方，不该作为永不复返的阶段而显示出永久的魅力呢？有粗野的儿童，有早熟的儿童。古代民族中有许多是属于这一类的。希腊人是正常的儿童。他们的艺术对我们所产生的魅力，同它在其中生长的那个不发达的社会阶段并不矛盾。它倒是这个社会阶段的结果，并且是同它在其中产生而且只能在其中产生的那些未成熟的社会条件永远不能复返这一点分不开的。

写于 1857 年 8 月底—9 月中

第一次发表于 1902—1903 年

《新时代》第 1 卷第 23—25 期

原文是德文

选自《马克思恩格斯全集》

第 12 卷第 733—762 页

马克思致恩格斯[*]

1858 年 4 月 2 日

下面是第一部分的简单纲要。这一堆讨厌的东西将分为六个分册：1. 资本；2. 地产；3. 雇佣劳动；4. 国家；5. 国际贸易；6.世界市场。

一、**资本**又分成四篇。（a）资本一般（这是**第一分册的材料**）；（b）**竞争**或许多资本的相互作用；（c）**信用**，在这里，整个资本对单个的资本来说，表现为一般的因素；（d）**股份资本**，作为最完善的形式（导向共产主义的），及其一切矛盾。资本向地产的转化同时又是历史的转化，因为现代形式的地产是资本对封建地产和其他地产发生影响的产物。同样，地产向雇佣劳动的转化不仅是辩证的转化，而且也是历史的转化，因为现代地产的最后产物就是雇佣劳动的普遍建立，而这种雇佣劳动就是这一堆讨厌的东西的基础。好吧（今天我感到写东西困难），我们现在来谈 corpus delicti。^①

（一）**资本。第一篇。资本一般。**（在整个这一篇里，假定工资总是等于它的最低额。工资本身的运动，工资最低额的降低或提高放在论雇佣劳动的那一部分去考察。其次还假定：地产=0，就是说，地产这一特殊的经济关系在这里还不加以考察。只有这样，才能在研究每一个别关系时不致老是牵涉到一切问题。）

1. 价值。

纯粹归结为劳动量；时间作为劳动的尺度。使用价值（无论是主观上把它看做劳动的有用性，或者客观上把它看做产品的有用性）在这里仅仅表现为价值的物质前提，这种前提暂时完全退出经济的形式规定。价值本身除了劳动本

---

* 《马克思恩格斯〈资本论〉书信集》，人民出版社 1976 年版，第 131—135 页。

① 直译是：犯罪构成；这里的意思是：研究的主要对象。

身没有别的任何"物质"。首先由配第大致指出，后来由李嘉图清楚地阐明的这种价值规定只是资产阶级财富的最抽象的形式。这种规定本身就已经假定：（1）原始共产主义的解体（如印度等）；（2）一切不发达的、资产阶级前的生产方式（在这种生产方式中，交换还没有完全占支配地位）的解体。虽然这是一种抽象，但它是历史的抽象，它只是在一定的社会经济发展的基础上才能产生出来。对价值的这个规定提出的一切反对意见，不是以比较不发达的生产关系为出发点，就是以下面这种混乱的思想为根据，即把比较具体的经济规定（价值是从这些规定中抽象出来的，因而另一方面也可以把这些规定看做价值的进一步发展）拿来和这种抽象的不发展的形式中的价值相对立。由于经济学家先生们自己弄不清这种抽象同资产阶级财富的各种比较晚期、比较具体的形式有什么关系，这些反对意见就或多或少地被认为是有道理的。

从价值的一般特点（这也是后来表现在货币中的那些一般特点）同它表现为某种商品的物质存在等等之间的矛盾中产生出货币这个范畴。

2. 货币。

关于作为货币关系体现者的贵金属的几点说明。

（a）**作为尺度的货币**。对斯图亚特、阿特伍德和乌尔卡尔特的**观念的**尺度的几点评论；在劳动货币的鼓吹者（格雷、布雷等人，顺便给蒲鲁东主义者一些打击。）那里则以比较容易理解的形式表述出来。转变为货币的商品价值，是商品的**价格**，这种价格暂时只是在同价值的这种**纯粹形式上的**区别中表现出来。根据一般的价值规律，一定数量的货币只表现一定数量的物化劳动。货币只要是尺度，它自身的价值的变化就无关紧要。

（b）**作为交换手段的货币或简单的流通**。这里要考察的只是这种流通的简单形式。给这种流通以进一步的规定的一切情况都和这种形式无关，因此留待以后再考察。（这一切情况都以比较发展的关系为前提。）如果我们用 W 表示商品，用 G 表示货币，那末，简单的流通就表现为以下两种循环过程或两种终结：W—G—G—W 和 G—W—W—G（后者构成了向 c 的转化），但是起点和终点绝不重合，或者只是偶然重合。经济学家所提出的所谓规律，大多数不是在货币流通本身的范围内观察货币流通，而是把它看做从属于较高级的运动并由这种运动所规定的东西。这一切都应当撇开不谈。（一部分属于信用理论的范围，另一部分也应放到货币重新出现但却被进一步规定的那些地方去考察。）因此，货币在这里是流通手段（**铸币**），但同时也是价格的**实现**（不仅仅是一瞬间的实现）。

商品，在它真正同货币交换以前，在规定**价格**时，已经在想象中同货币交换了，从这一简单的规定中自然地得出下面这个重要的经济规律：**流通媒介的数量由价格决定，而不是相反**。（在这里，提出有关这一点的争论经过中的一些东西。）其次，从这里还可以推论出：流通速度可以代替货币数量；但**一定的货币数量**对同时进行的交换行为是必要的，只要这些行为本身不象正和负那样互相抵销，但这种相互抵销在这里我只是预先提一下。我对这一篇不准备在这里进一步发挥。只是还要指出，分解 W—G 和 G—W，这是最抽象和最表面的形式，在这个形式中已经表现出危机的可能性。从阐明流通数量由价格决定这一规律中可以看出，在这里设想了一些决不是一切社会形态下都存在的前提。因此，例如，把货币从亚洲流入罗马而对那里的物价所起的作用简单地同现代的商业关系等量齐观，那是荒谬的。这些极其抽象的规定，在对它们作比较精确的考察时，总是表明了更加具体的规定了的历史基础。（这是当然的事情，因为它们正是从这种基础中，在这种规定性中抽象出来的。）

（c）**作为货币的货币**。这是 G—W—W—G 这一形式的发展。货币是不依赖于流通而独立的价值存在；是抽象财富的物质存在。既然货币不仅表现为流通手段，而且还表现为实现着的价格，这一点在流通中就显露出来了。对于特性（c）来说，（a）和（b）只表现为职能，而在特性（c）中，货币则是契约中的一般商品（在这里，由劳动时间所决定的货币的价值的变化变得重要了），是贮藏的对象。（这种职能目前在亚洲仍然是重要的，而在古代和中世纪到处都是重要的。目前它只从属地存在于银行业务中。在危机时期，这种形式的货币又具有重要的意义。考察这种形式的货币以及由它所产生的世界历史上的错觉等等；货币的破坏性等等。）作为将表现为一切较高形式的价值的实现；一切价值关系得到外部完成所采取的确定的形式。但是，货币既然固定在这种形式中，就不再是经济关系，这种形式消失在货币的物质体现者金和银中间。另一方面，只要货币进入流通，而且又和商品交换，则最后的过程，即商品的消费也脱离经济关系。简单的货币流通本身不包含自我再生产的原则，因而要求超出其界限。货币——正如其规定发展所指明的那样——包含着这样一种要求，即要求进入流通、保持在流通中、同时还以这种流通为前提的价值，也就是要求**资本**。这种转化同时也是历史的转化。资本的太古形式是经常发展货币的商业资本。同时，真正的资本是从货币或占有生产的商业资本中产生出来的。

（d）从这种简单流通本身（它是资产阶级社会的表面，这里掩盖了产生简单流通的各种较深刻的过程）来考察，除了形式上的和转瞬即逝的区别以外，它并不暴露各个交换主体之间的任何区别。这就是**自由、平等和以"劳动"为基础的所有制的王国**。在这里以贮藏的形式出现的积累只是较大的节约等等的结果。一方面是经济谐和论者、现代自由贸易派（巴师夏、凯里等等）的庸俗伎俩：他们把这种最表面的和最抽象的关系当做**他们的真理**应用到较发展的生产关系以及这些关系的对立中去。另一方面是蒲鲁东主义者以及类似的社会主义者的庸俗伎俩：他们把适应于这种等价交换（或被认为是等价交换）的平等观念等等拿来同这种交换所导致和所由产生的不平等等等相对立。通过劳动来占有，等价交换，在这一范围内就表现为占有规律，因为交换只是以另一种物质形式再现同样的价值。总而言之，在这里，一切都是"美妙的"，但同时都会得到一种可怕的结果，而这正是等价规律的缘故。现在我们就来谈

3. 资本

实际上，这是这第一分册中最重要的部分，关于这部分我特别需要你的意见。但是我今天不能继续写下去了。讨厌的胆病使我难于执笔，一低头写字就感到头晕。因此下次再谈吧。

马克思致恩格斯*

1868 年 1 月 8 日

……这个家伙并没有觉察到这部书①中的三个崭新的因素：

（1）过去的**一切**经济学**一开始**就把表现为地租、利润、利息等固定形式的剩余价值特殊部分当作已知的东西来加以研究，与此相反，我首先研究剩余价值的一般形式，在这种形式中所有这一切都还没有区分开来，可以说还处于融合状态中。

（2）经济学家们毫无例外地都忽略了这样一个简单的事实：既然商品有二重性——使用价值和交换价值，那末，体现在商品中的劳动也必然具有二重性，而象斯密、李嘉图等人那样只是单纯地分析劳动，就必然处处都碰到不能解释的现象。实际上，这就是批判地理解问题的全部秘密。

（3）工资第一次被描写为隐藏在它后面的一种关系的不合理的表现形式，这一点通过工资的两种形式即计时工资和计件工资得到了确切的说明。(在高等数学中常常可以找到这样的公式，这对我很有帮助。)

至于说到杜林先生对价值规定所提出的温和的反对意见，那末，他在第二卷②中将会惊奇地看到："直接的"价值规定在资产阶级社会中的作用是多么小。实际上，**没有一种**社会**形态**能够阻止社会所支配的劳动时间以这种或那种方式调整生产。但是，只要这种调整不是通过社会对自己的劳动时间所进行的直接的自觉的控制——这只有在公有制之下才有可能——来实现，而是通过商品价格的变动来实现，那末事情就始终象你在《德法年鉴》中已经十分正确地说过的那样。

---

* 《马克思恩格斯〈资本论〉书信集》，人民出版社 1976 年版，第 250 页。

① "这家伙"指杜林，"这部书"指《资本论》。

② 这里所说的 "第二卷"包含现在的《资本论》第 2 卷和第 3 卷。

对黑格尔的辩证法和

整个哲学的批判*①

在这一部分，为了便于理解和论证，对黑格尔的整个辩证法，特别是《现象学》和《逻辑学》中有关辩证法的叙述，以及最后对现代批判运动同黑格尔的关系略作说明，也许是适当的。——

现代德国的批判着意研究旧世界的内容，而且批判的发展完全拘泥于所批判的材料，以致对批判的方法采取完全非批判的态度，同时，对于我们如何对待黑格尔的**辩证法**这一**表面上看来是形式**的问题，而实际上是**本质的**问题，则完全缺乏认识。对于现代的批判同黑格尔的整个哲学，特别是同辩证法的关系问题是如此缺乏认识，以致像**施特劳斯**和**布鲁诺·鲍威尔**这样的批判家——前者是完全地，后者在自己的《符类福音作者》中（与施特劳斯相反，他在这里用抽象的人的"自我意识"代替了"抽象的自然界"的实体），甚至在《基督教真相》中，至少有可能完全地——还是拘泥于黑格尔的逻辑学。例如《基督教真相》一书中说：

"自我意识设定世界、设定差别，并且在它所创造的东西中创造自身，因为它重新扬弃了它的创造物同它自身的差别，因为它只是在创造活动中和运动中才是自己本身，——）这个自我意识在这个运动中似乎就没有自己的目的了"，等等。或者说："他们〈法国唯物主义者〉还未能看到，宇宙的运动只有作为自我意识的运动，才能实际上成为自为的运动，从

---

* 《1844 年经济学哲学手稿》，人民出版社 2000 年版，第 97—119 页。

① 这一篇单纯讨论哲学问题，供有兴趣的学生课外阅读。除了这一篇之外，还可参看《黑格尔法哲学批判导言》、《德意志意识形态》、《关于费尔巴哈的提纲》、《哲学的贫困》等。马克思从 1846 年以后便再没有回到哲学研究上来，哲学教科书反映的内容大多以恩格斯的《反杜林论》、《费尔巴哈与德国古典哲学的终结》、《自然辩证法》为基础，恩格斯与马克思在历史观、自然观和方法论方面基本是一致的，但在本体论层面，他们对于存在与思维的关系似乎存在值得我们重视的差异，这需要进一步的研究。

而达到同自身的统一。"

这些说法甚至在语言上都同黑格尔的观点毫无区别，而毋宁说是在逐字逐句重述黑格尔的观点。

[XII] 鲍威尔在他的《自由的正义事业》一书中对格鲁培先生提出的"那么逻辑学的情况如何呢？"这一唐突的问题避而不答，却让他去问未来的批判家。这表明，鲍威尔在进行批判活动（鲍威尔《符类福音作者》）时对于同黑格尔辩证法的关系是多么缺乏认识，而且在物质的批判活动之后也还缺乏这种认识。

但是，即使现在，在**费尔巴哈**不仅在收入《轶文集》的《纲要》中，而且更详细地在《未来哲学》中从根本上推翻了旧的辩证法和哲学之后；在无法完成这一事业的上述批判反而认为这一事业已经完成，并且宣称自己是"纯粹的、坚决的、绝对的、洞察一切的批判"之后；在批判以唯灵论的狂妄自大态度把整个历史运动归结为世界的其他部分——它把这部分世界与它自身对立起来而归入"群众"这一范畴——和它自身之间的关系，并且把一切独断的对立消融于它本身的聪明和世界的愚蠢之间、批判的基督和作为"**群氓**"的人类之间的**一个**独断的对立中之后；在批判每日每时以群众的愚钝无知来证明它本身的超群出众之后；在批判终于宣称这样一天——那时整个正在堕落的人类将聚集在批判面前，由批判加以分类，而每一类人都将得到一份贫困证明书——即将来临，即以这种形式宣告批判的**末日审判**之后；在批判于报刊上宣布它既对人的感觉又对它自己独标一格地雄踞其上的世界具有优越性，而且只是不时从它那好讥讽嘲笑的口中发出奥林帕斯诸神的哄笑声之后，——在以批判的形式消逝着的唯心主义（青年黑格尔主义）做出这一切滑稽可笑的动作之后，这种唯心主义甚至一点也没想到现在已经到了同自己的母亲即黑格尔辩证法批判地划清界限的时候，甚至一点也没表明它对费尔巴哈辩证法的批判态度。这是对自身持完全非批判的态度。

费尔巴哈是惟一对黑格尔辩证法采取**严肃的、批判的**态度的人；只有他在这个领域内作出了真正的发现，总之，他真正克服了旧哲学。费尔巴哈成就的伟大以及他把这种成就贡献给世界时所表现的那种谦虚纯朴，同批判所持的相反的态度形成惊人的对照。

费尔巴哈的伟大功绩在于：（1）证明了哲学不过是变成思想的并且通过思维加以阐明的宗教，不过是人的本质的异化的另一种形式和存在方式；因此哲学同样应当受到谴责；

（2）创立了**真正的唯物主义和实在的科学**，因为费尔巴哈也使"人与人之间的"社会关系成了理论的基本原则；

（3）他把基于自身并且积极地以自身为根据的肯定的东西同自称是绝对肯定的东西的那个否定的否定对立起来。

费尔巴哈这样解释了黑格尔的辩证法（从而论证了要从肯定的东西即从感觉确定的东西出发）：

黑格尔从异化出发（在逻辑上就是从无限的东西、抽象的普遍的东西出发），从实体出发，从绝对的和不变的抽象出发，就是说，说得更通俗些，他从宗教和神学出发。

第二，他扬弃了无限的东西，设定了现实的、感性的、实在的、有限的、特殊的东西。（哲学，对宗教和神学的扬弃。）

第三，他重新扬弃了肯定的东西，重新恢复了抽象、无限的东西。宗教和神学的恢复。

由此可见，费尔巴哈把否定的否定**仅仅**看作哲学同自身的矛盾，看作在否定神学（超验性等等）之后又肯定神学的哲学，即同自身相对立而肯定神学的哲学。

否定的否定所包含的肯定或自我肯定和自我确证，被认为是对自身还不能确信因而自身还受对立面影响的、对自身怀疑因而需要证明的肯定，即被认为是没有用自己的存在证明自身的、没有被承认的［XIII］肯定；因此，感性确定的、以自身为根据的肯定是同这种肯定直接地而非间接地对立着的。

费尔巴哈还把否定的否定、具体概念看作在思维中超越自身的和作为思维而想直接成为直观、自然界、现实的思维。

但是，因为黑格尔根据否定的否定所包含的肯定方面把否定的否定看成真正的和惟一的肯定的东西，而根据它所包含的否定方面把它看成一切存在的惟一真正的活动和自我实现的活动，所以他只是为历史的运动找到**抽象的、逻辑的、思辨的**表达，这种历史还不是作为一个当作前提的主体的人的**现实**历史，而只是人的**产生的活动**、人的**形成的历史**。——我们既要说明这一运动在黑格尔那里所采取的抽象形式，也要说明这一运动在黑格尔那里同现代的批判即同费尔巴哈的《基督教的本质》一书所描述的同一过程的区别；或者更正确些说，要说明这一在黑格尔那里还是非批判的运动所具有的**批判的**形式。——

现在看一看黑格尔的体系。必须从黑格尔的《**现象学**》即从黑格尔哲学的真正诞生地和秘密开始。

现象学

（A）自我意识。

Ⅰ．**意识**。（α）感性确定性或这一个和**意谓**。（β）**知觉**，或具有特性的事物和幻觉。（γ）力和知性，现象和超感觉世界。

Ⅱ．**自我意识**。自身确定性的真理。（a）自我意识的独立性和非独立性，主人和奴隶。（b）自我意识的自由。斯多亚主义，怀疑主义，苦恼的意识。

Ⅲ．**理性**。理性的确定性和真理。（a）观察的理性；对自然界和自我意识的观察。（b）理性的自我意识通过自身来实现。快乐和必然性。心的规律和自大狂。德行和世道。（c）自在和自为地实在的个性。精神的动物界和欺骗，或事情本身。立法的理性。审核法律的理性。

（B）精神。

Ⅰ．**真的精神；伦理**。Ⅱ．自我异化的精神，教养。Ⅲ．确定自身的精神，道德。

（C）宗教。自然宗教，艺术宗教，启示宗教。

（D）绝对知识。——

因为黑格尔的《**哲学全书**》以逻辑学，以**纯粹的思辨的思想**开始，而以**绝对知识**，以自我意识的、理解自身的哲学的或绝对的即超人的抽象精神结束，所以整整一部《**哲学全书**》不过是哲学精神的**展开的本质**，是哲学精神的自我对象化；而哲学精神不过是在它的自我异化内部通过思维理解即抽象地理解自身的、异化的宇宙精神。——**逻辑学**是精神的**货币**，是人和自然界的思辨的、**思想的价值**——人和自然界的同一切现实的规定性毫不相干地生成的因而是非现实的本质，——是**外化**的因而是从自然界和现实的人抽象出来的**思维**，即抽象思维。——**这种抽象思维的外在性**就是……**自然界**，就像自然界对这种抽象思维所表现的那样。自然界对抽象思维来说是外在的，是抽象思维的自我丧失；而抽象思维也是外在地把自然界作为抽象的思想来理解，然而是作为外化的抽象思维来理解。——最后，**精神**，这个回到自己的诞生地的思维，在它终于发现自己和肯定自己是**绝对知识**因而是绝对的即抽象的精神之前，在它获得自己的自觉的、与自身相符合的存在之前，它作为人类学的、现象学的、心理学的、伦理的、艺术的、宗教的精神，总还不是自身。因为它的现实的存在是**抽象**。……　——

黑格尔有双重错误。

第一个错误在黑格尔哲学的诞生地《现象学》中表现得最为明显。例如，当他把财富、国家权力等等看成同**人的**本质相异化的本质时，这只是就它们的思想形式而言…… 它们是思想本质，因而只是**纯粹的即抽象的哲学思维**的异化。因此，整个运动是以绝对知识结束的。这些对象从中异化出来的并以现实性自居而与之对立的，恰恰是抽象的思维。**哲学家**——他本身是异化的人的抽象形象——把自己变成异化的世界的尺度。因此，全部**外化历史**和外化的全部**消除**，不过是抽象的、绝对的〔XVII〕（见第 XIII 页）思维的**生产史**，即逻辑的思辨的思维的**生产史**。因而，**异化**——它从而构成这种外化的以及这种外化之扬弃的真正意义——是**自在**和**自为**之间、**意识**和**自我意识**之间、**客体**和**主体**之间的对立，就是说，是抽象的思维同感性的现实或现实的感性在思想本身范围内的对立。其他一切对立及其运动，不过是这些惟一有意义的对立的**外观**、**外壳**、**公开**形式，这些惟一有意义的对立构成其他世俗对立的**含义**。在这里，不是人的本质**以非人的方式**同自身对立的**对象化**，而是人的本质以**不同于抽象思维**的方式并且同抽象思维**对立**的**对象化**，被当作异化的被设定的和应该扬弃的本质。

〔XVIII〕因此，对于人的已成为对象而且是异己对象的本质力量的占有，首先不过是那种在**意识**中、在**纯思维**中即在**抽象**中发生的**占有**，是对这些作为**思想和思想运动**的对象的占有；因此，在《现象学》中，尽管已有一个完全否定的和批判的外表，尽管实际上已包含着往往早在后来发展之前就先进行的批判，黑格尔晚期著作的那种非批判的实证主义和同样非批判的唯心主义——现有经验在哲学上的分解和恢复——已经以一种潜在的方式，作为萌芽、潜能和秘密存在着了。**其次**，要求把对象世界归还给人——例如，有这样一种认识：**感性**意识不是**抽象的**感性意识，而是**人的**感性意识；宗教、财富等等不过是人**的**对象化的异化了的现实，是客体化了的**人的**本质力量的异化了的现实；因此，宗教、财富等等不过是通向真正**人的**现实的**道路**，——这种对人的本质力量的占有或对这一过程的理解，在黑格尔那里是这样表现的：**感性、宗教**、国家权力等等是**精神的**本质，因为只有**精神**才是人的**真正的**本质，而精神的真正的形式则是思维着的精神，逻辑的、思辨的精神。自然界的**人性**和历史所创造的自然界——人的产品——的**人性**，就表现在它们是抽象精神的**产品**，因此，在这个限度内，它们是**精神的**环节即思想本质。可见，《现象学》是一种隐蔽的、自身还不清楚的、神秘化的批判；但是，因为《现象学》坚持人的**异化**，——尽管人只是以精神的形式出现，——所以它潜在地包含着批判的**一切**要素，而且这些要素往往已经以远远超过黑格尔观点的方式**准备好**和**加过工**了。关于"苦恼的意识"、"诚实的意识",关于"高尚的意识和卑鄙的意识"的斗争等等、等等这些章节,包含着对宗教、国家、市民生活等整个整个领域的**批判的**要素,不过也还是通过异化的形式。正像**本质、对象**表现为思想本质一样,**主体**也始终是**意识**或**自我意识**,或者更正确些说,对象仅仅表现为**抽象的**意识,而人仅仅表现为**自我意识**。因此,在《现象学》中出现的异化的各种不同形式,不过是意识和自我意识的不同形式,正像抽象的意识**本身**——对象就被看成这样的意识——仅仅是自我意识的一个差别环节一样,这一运动的结果表现为自我意识和意识的同一,绝对知识,那种已经不是向外部而是仅仅在自身内部进行的抽象思维运动,就是说,纯思想的辩证法是结果。(下接第 XXII 页)

[XXII](见第 XVIII 页)因此,黑格尔的《**现象学**》及其最后成果——辩证法,作为推动原则和创造原则的否定性——的伟大之处首先在于,黑格尔把人的自我产生看作一个过程,把对象化看作非对象化,看作外化和这种外化的扬弃;可见,他抓住了**劳动**的本质,把对象性的人、现实的因而是真正的人理解为他**自己的劳动**的结果。人同作为类存在物的自身发生**现实的、能动的**关系,或者说,人作为现实的类存在物即作为人的存在物的实现,只有通过下述途径才有可能:人确实显示出自己的全部**类力量**——这又只有通过人的全部活动、只有作为历史的结果才有可能——并且把这些力量当作对象来对待,而这首先又只有通过异化的形式才有可能。

我们将以《现象学》的最后一章——绝对知识——来详细说明黑格尔的片面性和局限性。这一章既包含经过概括的《现象学》的精神,包含《现象学》同思辨的辩证法的关系,也包含黑格尔对这二者及其相互关系的**理解**。

且让我们先指出一点:黑格尔站在现代国民经济学家的立场上。他把**劳动**看作人的**本质**,看作人的自我确证的本质;他只看到劳动的积极的方面,没有看到它的消极的方面。劳动是**人**在**外化**范围之内的或者作为**外化的**人的**自为的生成**。黑格尔惟一知道并承认的劳动是**抽象的精神的**劳动。因此,黑格尔把一般说来构成哲学的**本质**的那个东西,即**知道自身的人的外化或者思考自身的、外化的科学**,看成劳动的本质;因此,同以往的哲学相反,他能把哲学的各个环节加以总括,并且把自己的哲学描述成**这种哲学**。其他哲学家做过的事情——把自然界和人类生活的各个环节看作自我意识的而且是抽象的自我意识的环节——黑格尔则认为是哲学**所做**的事情。因此,他的科学是绝对的。

现在让我们转向我们的本题。

绝对知识。《现象学》的最后一章。

主要之点就在于：**意识的对象无非是自我意识**；或者说，对象不过是**对象化的自我意识**、作为对象的自我意识。（设定人＝自我意识。）

因此，需要克服**意识的对象**。**对象性**本身被认为是人的**异化了的**、同人的**本质**即自我意识不相适应的关系。因此，**重新占有**在异化规定内作为异己的东西产生的人的对象性本质，不仅具有扬弃**异化**的意义，而且具有扬弃**对象性**的意义，就是说，因此，人被看成非**对象性的**、**唯灵论**的存在物。

黑格尔对**克服意识的对象**的运动作了如下的描述：

对象不仅表现为向**自我**［das *Selbst*］复归的东西（在黑格尔看来，这是对这一运动的**片面的**即只抓住了一个方面的理解）。设定人＝自我。但是，自我不过是被**抽象地**理解的和通过抽象产生出来的人。人是自我的［selbstisch］。人的眼睛、人的耳朵等等都是**自我的**；人的每一种本质力量在人身上都具有**自我性**［*Selbstigkeit*］这种特性。但是，正因为这样，说**自我意识**具有眼睛、耳朵、本质力量，就完全错了。毋宁说，**自我意识**是人的自然即人的眼睛等等的质，而并非人的自然是［XXIV］自我意识的质。

本身被抽象化和固定化的自我，是作为**抽象的利己主义者**的人，他被提升到自己的纯粹抽象、被提升到思维的**利己主义**（下文还要谈到这一点）。

人的本质，人，在黑格尔看来＝自我意识。因此，人的本质的全部异化**不过是自我意识的异化**。自我意识的异化没有被看作人的本质的**现实异化**的**表现**，即在知识和思维中反映出来的这种异化的表现。相反，**现实的**即真实地出现的异化，就其潜藏在**内部最深处的**——并且只有哲学才能揭示出来的——本质来说，不过是现实的人的本质即**自我意识**的**异化现象**。因此，掌握了这一点的科学就叫作**现象学**。因此，对异化了的对象性本质的全部重新占有，都表现为把这种本质合并于自我意识：掌握了自己本质的人，**仅仅**是掌握了对象性本质的自我意识。因此，对象向自我的复归就是对象的重新占有。——

意识的对象的克服可全面表述如下：

（1）对象本身对意识来说是正在消逝的东西；

（2）自我意识的外化设定物性；

（3）这种外化不仅有**否定的**意义，而且有**肯定的**意义；

（4）它不仅**对我们**有这种意义或者说自在地有这种意义，而且**对它本身**也有这种意义；

（5）对象的否定，或对象的自我扬弃，**对意识**所以有**肯定的**意义，或者说，它所以**知道**对象的这种虚无性，是由于它把自身外化了，因为它在这种外化中把**自身**设定为对象，或者说，为了**自为存在**的不可分割的统一性而把对象设定为自身；

（6）另一方面，这里同时包含着另一个环节，即意识扬弃这种外化和对象性，同样也把它们收回到自身，因此，它在**自己的异在本身**中就是**在自身**；

（7）这就是意识的运动，因而也是意识的各个环节的总体；

（8）意识必须依据对象的各个规定的总体来对待对象，同样也必须依据这个总体的每一个规定来把握对象。对象的各个规定的这种总体使对象**自在地**成为**精神的本质**，而对意识来说，对象所以真正成为**精神的本质**，是由于把这个总体的每一个别的规定理解为**自我**的规定，或者说，是由于对这些规定采取了上述的**精神**的态度。

补入（1）。所谓对象本身对意识来说是正在消逝的东西，就是上面提到的**对象向自我的复归**。

补入（2）。**自我意识的外化**设定**物性**。因为人=自我意识，所以人的外化的、对象性的本质即**物性**（**对他来说是对象**的那个东西，而且只有对他来说是本质的对象并因而是他的**对象性的**本质的那个东西，才是他的真正的对象。既然被当作主体的不是**现实的人**本身，因而也不是**自然**——人是**人的自然**——而只是人的抽象，即自我意识，所以物性只能是外化的自我意识）=**外化的自我意识**，而**物性**是由这种外化设定的。一个有生命的、自然的、具备并赋有对象性的即物质的本质力量的存在物，既拥有它的本质的**现实的**、自然的**对象**，而它的自我外化又设定一个**现实的**、却以**外在性**的形式表现出来因而不属于它的本质的、极其强大的对象世界，这是十分自然的。这里并没有什么不可捉摸的和神秘莫测的东西。相反的情况倒是神秘莫测的。但是，同样明显的是，**自我意识**通过自己的外化所能设定的只是**物性**，即只是抽象物、抽象的物，而不是**现实的物**。[XXVI] 此外还很明显的是：物性因此对自我意识来说决不是什么**独立的、实质的东西**，而只是纯粹的创造物，是自我意识所**设定的东西**，这个被设定的东西并不证实自己，而只是证实设定这一行动，这一行动在一瞬间把自己的能力作为产物固定下来，使它**表面上**具有独立的、现实的本质的作用——但仍然只是一瞬间。

当现实的、肉体的、站在坚实的呈圆形的地球上呼出和吸入一切自然力的人通过自己的外化把自己现实的、对象性的**本质力量**设定为异己的对象时，**设定并不是主体**；它是**对象性的**本质力量的主体性，因此这些本质力量的活动也必须是**对象性的**活动。对象性的存在物进行对象性活动，如果它的本质规定中不包含对象性的东西，它就不进行对象性活动。它所以只创造或设定对象，因为它是被对象设定的，因为它本来就是**自然界**。因此，并不是它在设定这一行动中从自己的"纯粹的活动"转而**创造对象**，而是它的**对象性**的产物仅仅证实了它的**对象性**活动，证实了它的活动是对象性的自然存在物的活动。

我们在这里看到，彻底的自然主义或人道主义，既不同于唯心主义，也不同于唯物主义，同时又是把这二者结合起来的真理。我们同时也看到，只有自然主义能够理解世界历史的行动。

//人直接地是**自然存在物**。人作为自然存在物，而且作为有生命的自然存在物，一方面具有**自然力**、**生命力**，是**能动的**自然存在物；这些力量作为天赋和才能、作为**欲望**存在于人身上；另一方面，人作为自然的、肉体的、感性的、对象性的存在物，同动植物一样，是**受动的**、受制约的和受限制的存在物，就是说，他的欲望的**对象**是作为不依赖于他的**对象**而存在于他之外的；但是，这些对象是他的**需要**的对象；是表现和确证他的本质力量所不可缺少的、重要的**对象**。说人是**肉体的**、有自然力的、有生命的、现实的、感性的、对象性的存在物，这就等于说，人有**现实的**、**感性的对象**作为自己本质的即自己生命表现的对象；或者说，人只有凭借现实的、感性的对象才能**表现**自己的生命。说一个东西**是**对象性的、自然的、感性的，又说，在这个东西自身之外有对象、自然界、感觉，或者说，它自身对于第三者来说是对象、自然界、感觉，这都是同一个意思。//**饥饿**是自然的**需要**；因此，为了使自身得到满足，使自身解除饥饿，它需要自身之外的**自然界**、自身之外的**对象**。饥饿是我的身体对某一**对象**的公认的需要，这个对象存在于我的身体之外，是使我的身体得以充实并使本质得以表现所不可缺少的。太阳是植物的**对象**，是植物所不可缺少的、确证它的生命的对象，正像植物是太阳的对象，是太阳的唤醒生命的力量的**表现**，是太阳的**对象性**的本质力量的**表现**一样。

一个存在物如果在自身之外没有自己的自然界，就不是**自然**存在物，就不能参加自然界的生活，一个存在物如果在自身之外没有对象，就不是对象性的存在物。一个存在物如果本身不是第三存在物的对象，就没有任何存在物作为自己的**对象**，就是说，它没有对象性的关系，它的存在就不是对象性的存在。

[XXVII] 非对象性的存在物是**非存在物** [Unwesen]。

假定一种存在物本身既不是对象，又没有对象。这样的存在物首先将是一个**惟一的**存在物，在它之外没有任何存在物存在，它孤零零地独自存在着。因为，只要有对象存在于我之外，只要我不是独自存在着，那么我就是和在我之外存在的对象不同的**他物**、**另一个现实**。因此，对这个第三对象来说，我是和它不同的**另一个现实**，也就是说，我是**它的**对象。这样，一个存在物如果不是另一个存在物的对象，那么就要以**没有一个**对象性的存在物存在为前提。只要我有一个对象，这个对象就以我作为对象。但是，**非对象性的**存在物，是一种非现实的、非感性的、只是思想上的即只是想象出来的存在物，是抽象的东西。说一个东西是**感性的**即现实的，这是说，它是感觉的对象，是**感性的**对象，从而在自身之外有感性的对象，有自己的感性的对象。说一个东西是感性的，是说它是**受动的**。

因此，人作为对象性的、感性的存在物，是一个**受动的**存在物；因为它感到自己是受动的，所以是一个**有激情的**存在物。激情、热情是人强烈追求自己的对象的本质力量。

//但是，人不仅仅是自然存在物，而且是**人的**自然存在物，就是说，是自为地存在着的存在物，因而是**类存在物**。他必须既在自己的存在中也在自己的知识中确证并表现自身。// //因此，正像人的对象不是直接呈现出来的自然对象一样，直接地**存在着**的、客观地存在着的**人的感觉**，也不是人的感性、人的对象性。自然界，无论是客观的还是主观的，都不是直接同**人的**存在物相适合地存在着。//

正像一切自然物必须**形成**一样，人也有自己的形成过程即**历史**，但历史对人来说是被认识到的历史，因而它作为形成过程是一种有意识地扬弃自身的形成过程。历史是人的真正的自然史。——（关于这一点以后还要回过来谈。）

第三，因为物性的这种设定本身不过是一种外观，一种与纯粹活动的本质相矛盾的行为，所以这种设定也必然重新被扬弃，物性必然被否定。

补入（3）、（4）、（5）、（6）。（3）意识的这种外化不仅有**否定的**意义，而且也有**肯定的**意义。（4）它不仅**对我们**有这种肯定的意义或者说自在地有这种肯定的意义，而且对它即意识本身也有这种肯定的意义。（5）对象的否定，或对象的自我扬弃，**对意识**所以有**肯定的**意义，或者说，它所以**知道**对象的这种虚无性，是由于它把**自身**外化了，因为意识在这种外化中**知道**自身是对象，或者说，由于**自为存在**的不可分割的统一性而知道对象是它自身。（6）另一方面，这里同时包含着另一个环节，即意识扬弃这种外化和对象性，同样也把它们收回到自身，因此，它在自己的**异在本身**中就是**在自身**。

我们已经看到，异化的对象性本质的占有，或在**异化**——它必然从漠不关心的异己性发展到现实的、敌对的异化——这个规定内的对象性的扬弃，在黑格尔看来，同时或甚至主要地具有扬弃**对象性**的意义，因为并不是对象的**一定的**性质，而是它的**对象性**的性质本身，对自我意识来说是一种障碍和异化。因此，对象是一种否定的东西、自我扬弃的东西，是一种**虚无性**。对象的这种虚无性对意识来说不仅有否定的意义，而且有**肯定的**意义，因为对象的这种**虚无性**正是它自身的非对象性的即［XXVIII］**抽象的**自我确证。对于**意识本身**来说，对象的虚无性所以有肯定的意义，是因为意识**知道**这种虚无性、这种对象性本质是它自己的**自我外化**，知道这种虚无性只是由于它的自我外化才存在……意识的存在方式，以及对意识来说某个东西的存在方式，这就是**知识**。知识是意识的惟一的行动。因此，只要意识**知道**某个东西，那么这个东西对意识来说就生成了。知识是意识的惟一的对象性的关系。——意识所以知道对象的虚无性，就是说，意识所以知道对象同它之间的差别的非存在，对象对它来说是非存在，是因为意识知道对象是它的**自我外化**，就是说，意识所以知道自己——作为对象的知识——是因为对象只是对象的**外观**、障眼的云雾，而就它的本质来说不过是知识本身，知识把自己同自身对立起来，从而把某种**虚无性**，即在知识之外没有**任何**对象性的某种东西同自身对立起来；或者说，知识知道，当它与某个对象发生关系时，它只是**在自身之外**，使自身外化；它知道**它本身**只**表现为**对象，或者说，对它来说表现为对象的那个东西仅仅是它本身。

另一方面，黑格尔说，这里同时包含着另一个环节，即意识扬弃这种外化和对象性，同样也把它们收回到自身，因此，它在自己的**异在本身**中就是**在自身**。

这段议论汇集了思辨的一切幻想。

第一，意识、自我意识在**自己的异在本身**中就是**在自身**。因此，自我意识——或者，如果我们在这里撇开黑格尔的抽象而设定人的自我意识来代替自我意识——在**自己的异在本身**中就是**在自身**。

这里首先包含着：意识——作为知识的知识——作为思维的思维——直接地冒充为它自身的**他物**，冒充为感性、现实、生命，——在思维中超越自身的思维。（费尔巴哈。）这里所以包含着这一方面，是因为仅仅作为意识的意识所碰到的障碍不是异化了的对象性，而是**对象性本身**。

第二，这里包含着：因为有自我意识的人认为精神世界——或人的世界在精神上的普遍存在——是自我外化并加以扬弃，所以他仍然重新通过这个外化的形态确证精神世界，把这个世界冒充为自己的真正的存在，恢复这个世界，假称在**自己的异在本身**中就是**在自身**。因此，在扬弃例如宗教之后，在承认宗教是自我外化的产物之后，他仍然在作为**宗教的宗教**中找到自身的确证。黑格尔的**虚假的**实证主义或他那只是**虚有其表**的批判主义的根源就**在于此**，这也就是费尔巴哈所说的宗教或神学的设定、否定和恢复，然而这应当以更一般的形式来表述。因此，理性在作为非理性的非理性中就是在自身。一个认识到自己在法、政治等等中过着外化生活的人，就是在这种外化生活本身中过着自己的真正的人的生活。因此，与自身相**矛盾**的，既与知识又与对象的本质相矛盾的自我肯定、自我确证，是真正的**知识**和真正的**生活**。

因此，现在不用再谈关于黑格尔对宗教、国家等等的适应了，因为这种谎言是他的原则的谎言。

［**XXIX**］如果我**知道**宗教是**外化的**人的自我意识，那么我也就知道，在作为宗教的宗教中得到确证的不是我的自我意识，而是我的外化的自我意识。这就是说，我知道我的属于自身的、属于我的本质的自我意识，不是在**宗教**中，倒是在**被消灭、被扬弃的**宗教中得到确证的。

因此，在黑格尔那里，否定的否定不是通过否定假本质来确证真本质，而是通过否定假本质来确证假本质或同自身相异化的本质，换句话说，否定的否定是否定作为在人之外的、不依赖于人的对象性本质的这种假本质，并使它转化为主体。

因此，把否定和保存即肯定结合起来的**扬弃**起着一种独特的作用。

例如，在黑格尔法哲学中，扬弃了的**私法**＝**道德**，扬弃了的道德＝**家庭**，扬弃了的家庭＝**市民社会**，扬弃了的市民社会＝**国家**，扬弃了的国家＝**世界历史**。在**现实**中，私法、道德、家庭、市民社会、国家等等依然存在着，它们只是变成**环节**，变成人的存在和存在方式，这些存在方式不能孤立地发挥作用，而是互相消融，互相产生等等。**运动的环节**。

在它们的现实存在中它们的**运动的**本质是隐蔽的。这种本质只是在思维中、在哲学中才表露、显示出来；因此，我的真正的宗教存在是我的**宗教哲学的**存在，我的真正的政治存在是我的**法哲学的**存在，我的真正的自然存在是**自然哲学的**存在，我的真正的艺术存在是**艺术哲学的**存在，我的真正的**人的**存在是我的**哲学的**存在。同样，宗教、国家、自然界、艺术的真正存在＝宗教**哲学**、自然**哲学**、国家**哲学**、艺术**哲学**。但是，如果只有宗教哲学等等对我来说才是真正的宗教存在，那么我也就只有作为**宗教哲学家**才算是真正信教的，而这样一来我就否定了**现实的**宗教信仰和现实的**信教的**人。但是，我同时**确证**了它们：一方面，是在我自己的存在中或在我使之与它们相对立的那个异己的存在中，因为异己的存在仅仅**是**它们的**哲学的**表现，另一方面，则是在它们自己的最初形式中，因为在我看来它们不过是**虚假的**异在、譬喻，是隐蔽在感性外壳下面的它们自己的真正存在即我的**哲学的**存在的形式。

同样地，扬弃了的**质=量**，扬弃了的量=**度**，扬弃了的度=**本质**，扬弃了的本质=**现象**，扬弃了的现象=**现实**，扬弃了的现实=**概念**，扬弃了的概念=**客观性**，扬弃了的客观性=**绝对观念**，扬弃了的绝对观念=**自然界**，扬弃了的自然界=**主观精神**，扬弃了的主观精神=**伦理的客观精神**，扬弃了的伦理精神=**艺术**，扬弃了的艺术=**宗教**，扬弃了的宗教=**绝对知识**。

一方面，这种扬弃是思想上的本质的扬弃，就是说，**思想上的**私有财产在道德的**思想**中的扬弃。而且因为思维自以为直接就是和自身不同的另一个东西，**即感性的现实**，从而认为自己的活动也是**感性的现实的**活动，所以这种思想上的扬弃，在现实中没有触动自己的对象，却以为实际上克服了自己的对象；另一方面，因为对象对于思维来说现在已成为一个思想环节，所以对象在自己的现实中也被思维看作思维本身的即自我意识的、抽象的自我确证。

[XXX]因此，从一方面来说，黑格尔在哲学中**扬弃**的存在，并不是**现实的**宗教、国家、自然界，而是已经成为知识的对象的宗教本身，即**教义学；法学、国家学、自然科学**也是如此。因此，从一方面来说，黑格尔既同**现实的**本质相对立，也同直接的、非哲学的**科学**或这种本质的非哲学的**概念**相对立。因此，黑格尔是同它们的通用的概念相矛盾的。

另一方面，信奉宗教等等的人可以在黑格尔那里找到自己的最后的确证。

现在应该考察——在异化这个规定之内——黑格尔辩证法的**积极的**环节。

//（a）**扬弃**是把外化**收回到**自身的、对象性的运动。——这是在异化之内表现出来的关于通过扬弃对象性本质的异化来**占有**对象性本质的见解；这是异化的见解，它主张人的**现实的对象化**，主张人通过消灭对象世界的**异化的**规定、通过在对象世界的异化存在中扬弃对象世界而现实地占有自己的对象性本质，//正像无神论作为神的扬弃就是理论的人道主义的生成，而共产主义作为私有财产的扬弃就是要求归还真正人的生命即人的财产，就是实践的人道主义的生成一样；或者说，无神论是以扬弃宗教作为自己的中介的人道主义，共产主义则是以扬弃私有财产作为自己的中介的人道主义。只有通过扬弃这种中介——但这种中介是一个必要的前提——积极地从自身开始的即**积极的**人道主义才能产生。

然而，无神论、共产主义决不是人所创造的对象世界的消逝、舍弃和丧失，即决不是人的采取对象形式的本质力量的消逝、舍弃和丧失，决不是返回到非自然的、不发达的简单状态去的贫困。恰恰相反，它们倒是人的本质的或作为某种现实东西的人的本质的现实的生成，对人来说的真正的实现。

这样，因为黑格尔理解到——尽管又是通过异化的方式——有关自身的否定具有的**积极**意义；所以同时也把人的自我异化、人的本质的外化、人的非对象化和非现实化理解为自我获得、本质的表现、对象化、现实化。//简单地说，他——在抽象的范围内——把劳动理解为人的**自我产生的行动**，把人对自身的关系理解为对异己存在物的关系，把作为异己存在物的自身的实现理解为生成着的**类意识和类生活**。//

（b）但是，撇开上述的颠倒说法不谈，或者更正确地说，作为上述颠倒说法的结果，在黑格尔那里，这种行动，第一，**仅仅是形式的**，因为它是抽象的，因为人的本质本身仅仅被看作**抽象的、思维着的本质**，即自我意识；而

第二，因为这种观点是**形式的和抽象的**，所以外化的扬弃成为外化的确证，或者说，在黑格尔看来，**自我产生、自我对象化**的运动，作为**自我外化和自我异化**的运动，是**绝对的**因而也是最后的、以自身为目的的、安于自身的、达到自己本质的**人的生命表现**。因此，［这个运］动在其抽象［XXXI］形式上，作为辩证法，被看成**真正人的生命**；而因为它毕竟是人的生命的抽象、异化，所以它被看成**神性的过程**，然而是人的神性的过程，——人的与自身有区别的、抽象的、纯粹的、绝对的本质本身所经历的过程。

第三，这个过程必须有一个承担者、主体；但主体只作为结果出现；因此，这个结果，即知道自己是绝对自我意识的主体，就是**神，绝对精神**，就是**知道自己并且实现自己的观念**。现实的人和现实的自然界不过是成为这个隐蔽的非现实的人和这个非现实的自然界的谓语、象征。因此，主语和谓语之间的关系被绝对地相互颠倒了：这就是**神秘的主体—客体**，或**笼罩在客体上的主体性**，作为**过程的绝对主体**，作为使自身外化并且从这种外化返回到自身的、但同时又把外化收回到自身的**主体**，以及作为这一过程的主体；这就是在自身内部的纯粹的、**不停息的圆圈**。

关于第一：对人的自我产生的行动或自我对象化的行动的**形式的和抽象的**理解。

因为黑格尔设定人=自我意识，人的异化了的对象，人的异化了的本质现实性，不外是**意识**，只是异化的思想，是异化的**抽象的**因而无内容的和非现实的表现，即**否定**。因此，外化的扬弃也不外是对这种无内容的抽象进行抽象的、

无内容的扬弃，即**否定的否定**。因此，自我对象化的内容丰富的、活生生的、感性的、具体的活动，就成为这种活动的纯粹抽象，**绝对的否定性**，而这种抽象又作为抽象固定下来并且被想像为独立的活动，即干脆被想像为活动。因为这种所谓否定性无非是上述现实的、活生生的行动的**抽象的无内容的**形式，所以它的内容也只能是**形式的**、抽去一切内容而产生的内容。因此，这就是普遍的，抽象的，适合于任何内容的，从而既超脱任何内容同时又恰恰对任何内容都有效的，脱离**现实**精神和**现实**自然界的**抽象形式**、思维形式、逻辑范畴。（下文我们将阐明绝对的否定性的**逻辑**内容。）

黑格尔在这里——在他的思辨的逻辑学里——所完成的积极的东西在于：独立于自然界和精神的**特定概念**、普遍的**固定的思维形式**，是人的本质普遍异化的必然结果，因而也是人的思维普遍异化的必然结果；因此，黑格尔把它们描绘成抽象过程的各个环节并且把它们联贯起来了。例如，扬弃了的存在是本质，扬弃了的本质是概念，扬弃了的概念……是绝对观念。然而，绝对观念究竟是什么呢？如果绝对观念不想再去从头经历全部抽象行动，不想再满足于充当种种抽象的总体或充当理解自我的抽象，那么绝对观念也要再一次扬弃自身。但是，把自我理解为抽象的抽象，知道自己是无；它必须放弃自身，放弃抽象，从而达到那恰恰是它的对立面的本质，达到**自然界**。因此，全部逻辑学都证明，抽象思维本身是无，绝对观念本身是无，只有**自然界**才是某物。〔XXXII〕绝对观念、**抽象**观念，

"从它与自身统一这一方面来**考察**就是**直观**"（黑格尔《全书》第3版第222页），它"在自己的绝对真理中**决心**把自己的特殊性这一环节，或最初的规定和异在这一环节，即作为自己的反映的**直接观念**，从自身释放出去，就是说，把自身作为**自然界从自身释放出去**"（同上），

举止如此奇妙而怪诞、使黑格尔分子伤透了脑筋的这整个观念，无非始终是**抽象**，即抽象思维者，这种抽象由于经验而变得聪明起来，并且弄清了它的真相，于是在某些——虚假的甚至还是抽象的——条件下决心**放弃自身**，而用自己的异在，即特殊的东西、特定的东西，来代替自己的在自身的存在（非存在），代替自己的普遍性和不确定性；决心把那只是作为抽象、作为思想物而隐藏在它里面的**自然界从自身释放出去**，就是说，决心抛弃抽象而去观察一番**摆脱**了它的自然界。直接成为**直观**的抽象观念，无非始终是那种放弃自身并且决心成为**直观**的抽象思维。从逻辑学到自然哲学的这整个过渡，无非是对抽象思维者来说如此难以实现、因而由他作了如此离奇的描述的从**抽象**到**直观**的过渡。有一种**神秘**

的感觉驱使哲学家从抽象思维转向直观，那就是**厌烦**，就是对内容的渴望。

（同自身相异化的人，也是同自己的**本质**即同自己的自然的和人的本质相异化的思维者。因此，他的那些思想是居于自然界和人之外的僵化的精灵。黑格尔把这一切僵化的精灵统统禁锢在他的逻辑学里，先是把它们每一个都看成否定，即**人的**思维的**外化**，然后又把它们看成否定的否定，即看成这种外化的扬弃，看成人的思维的**现实**表现；但是，这种否定的否定——尽管仍然被束缚在异化中——，一部分是使原来那些僵化的精灵在它们的异化中恢复；一部分是停留于最后的行动中，也就是在作为这些僵化的精灵的真实存在的外化中自身同自身相联系{（这就是说，黑格尔用那在自身内部绕圈的抽象行动来代替这些僵化的抽象概念；于是，他就有了这样的贡献：他指明了就其起源来说属于各个哲学家的一切不适当的概念的诞生地，把它们综合起来，并且创造出一个在自己整个范围内穷尽一切的抽象作为批判的对象，以代替某种特定的抽象。）（我们在下面将会看到，黑格尔为什么把思维同**主体**分隔开来；但就是现在也已经很清楚：如果没有人，那么人的本质表现也不可能是人的，因此思维也不能被看作是人的本质表现，即在社会、世界和自然界生活的有眼睛、耳朵等等的人的和自然的主体的本质表现。）}；一部分则由于这种抽象理解了自身并且对自身感到无限的厌烦，所以，在黑格尔那里放弃抽象的、只在思维中运动的思维，即无眼、无牙、无耳、无一切的思维，便表现为决心承认**自然界**是本质并且转而致力于直观。）

〔XXXIII〕但是，被抽象地理解的，自为的，被确定为与人分隔开来的**自然界**，对人来说也是无。不言而喻，这位决心转向直观的抽象思维者是抽象地直观自然界的。正像自然界曾经被思维者禁锢于他的这种对他本身来说也是隐秘的和不可思议的形式即绝对观念、思想物中一样，现在，当他把自然界从自身释放出去时，他实际上从自身释放出去的只是这个**抽象的自然界**——不过现在具有这样一种意义，即这个自然界是思想的异在，是现实的、被直观的、有别于抽象思维的自然界——，只是自然界的**思想物**。或者，如果用人的语言来说，抽象思维者在它直观自然界时了解到，他在神性的辩证法中以为是从无、从纯抽象中创造出来的那些本质——在自身中转动的并且在任何地方都不向现实看一看的思维劳动的纯粹产物——无非是**自然界诸规定的抽象概念**。因此，对他来说整个自然界不过是在感性的、外在的形式下重复逻辑的抽象概念而已。他重新把自然界**分解**为这些抽象概念。因此，他对自然界的直观不过是他把对自然界的直观加以抽象化的确证行动，不过是他有意识地重复的他的抽象概念的产生过程。例如，时间=自身同自身相联系的否定性（前引书，第238页）。扬弃了的运动即物质——在自然形式中——同扬弃了的生成即定在相符合。光是**反射于自身**的**自然**形式。像月亮和彗星这样的物体，是**对立物**的**自然**形式，按照《逻辑学》，这种对立物一方面是**以自身为根据的肯定的东西**，而另一方面又是以自身为根据的**否定的东西**。地球是作为对立物的否定性统一的逻辑**根据**的**自然**形式，等等。

作为自然界的自然界，这是说，就它还在感性上不同于它自身所隐藏的神秘的意义而言，与这些抽象概念分隔开来并与这些抽象概念不同的自然界，就是**无**，是**证明**自己为无的无，是**无意义的**，或者只具有应被扬弃的外在性的意义。

"有限的**目的论的**观点包含着一个正确的前提，即自然界本身并不包含着绝对的目的。"（第225页）

自然界的目的就在于对抽象的确证。

"结果自然界成为具有**异在**形式的观念。既然**观念**在这里表现为对自身的否定或外在于自身的东西，那么自然界并非只在相对的意义上对这种观念来说是外在的，而是**外在性**构成这样的规定，观念在其中表现为自然界。"（第227页）

在这里不应把**外在性**理解为**显露在外的**并且对光、对感性的人敞开的**感性**；在这里应该把外在性理解为外化，理解为不应有的偏差、缺陷。因为真实的东西毕竟是观念。自然界不过是观念的**异在的形式**。而既然抽象思维是**本质**，那么外在于它的东西，就其本质来说，不过是某种外在的东西。抽象思维者同时**承认感性**、同**在自身中**转动的思维相对立的**外在性**，是自然界的本质。但是，他同时又把这种对立说成这样，即**自然界的这种外在性**，自然界同思维的**对立**，是自然界的**缺陷**；就自然界不同于抽象而言，自然界是个有缺陷的存在物。[XXXIV]一个不仅对我来说、在我的眼中有缺陷而且本身就有缺陷的存在物，在它自身之外有一种为它所缺少的东西。这就是说，它的本质是不同于它自身的另一种东西。因此，对抽象思维者来说，自然界必须扬弃自身，因为他已经把自然界设定为潜在地**被扬弃的**本质。

"对我们来说，精神以**自然界**为自己的**前提**，精神是自然界的**真理**，因而对自然界来说，精神也是某种**绝对第一性的东西**。在这个真理中自然界消逝了，结果精神成为达到其自为的存在的观念，而**概念**则既是观念的**客体**，又是概念的**主体**。这种同一性是**绝对的否定性**，因为概念在自然界中有自己的完满的外在的客观性，但现在它的这种外化被扬弃了。而概念在这种外化中成了与自身同一的东西。因此，概念只有作为从自然界的回归才是这种同一性。"（第392页）

　　"**启示**，作为**抽象**观念，是向自然界的直接的过渡，是自然界的**生成**，而作为自由精神的启示，则是自由精神把自然界**设定**为**自己的**世界，——这种设定，作为反思，同时又是把世界**假定**为独立的自然界。概念中的启示，是精神把自然界创造为自己的存在，而精神在这个存在中获得自己的自由的**确证**和**真理**。""**绝对的东西是精神**；这是绝对的东西的最高定义。"

《资本论》第一卷第一版序言*

现在我把这部著作的第一卷交给读者。这部著作是我 1859 年发表的《政治经济学批判》的续篇。初篇和续篇相隔很久，是由于多年的疾病一再中断了我的工作。

前书的内容已经概述在这一卷的第一章中。这样做不仅是为了联贯和完整，叙述方式也改进了。在情况许可的范围内，前书只是略略提到的许多论点，这里都作了进一步的阐述；相反地，前书已经详细阐述的论点，这里只略略提到。关于价值理论和货币理论的历史的部分，现在自然完全删去了。但是前书的读者可以在本书第一章的注释中，找到有关这两种理论的历史的新材料。

万事开头难，每门科学都是如此。所以本书第一章，特别是分析商品的部分，是最难理解的。其中对价值实体和价值量的分析，我已经尽可能地做到通俗易懂。以货币形式为其完成形态的价值形式，是极无内容和极其简单的。然而，两千多年来人类智慧在这方面进行探讨的努力，并未得到什么结果，而对更有内容和更复杂的形式的分析，却至少已接近于成功。为什么会这样呢？因为已经发育的身体比身体的细胞容易研究些。并且，分析经济形式，既不能用显微镜，也不能用化学试剂。二者都必须用抽象力来代替。而对资产阶级社会说来，劳动产品的商品形式，或者商品的价值形式，就是经济的细胞形式。在浅薄的人看来，分析这种形式好象是斤斤于一些琐事。这的确是琐事，但这是显微镜下的解剖所要做的那种琐事。

因此，除了价值形式那一部分外，不能说这本书难懂。当然，我指的是那些想学到一些新东西、因而愿意自己思考的读者。

---

* 《资本论》第 1 卷，人民出版社 1975 年版，第 7—13 页。

物理学家是在自然过程表现得最确实、最少受干扰的地方考察自然过程的，或者，如有可能，是在保证过程以其纯粹形态进行的条件下从事实验的。我要在本书研究的，是资本主义生产方式以及它相适应的生产关系和交换关系。到现在为止，这种生产方式的典型地点是英国。因此，我在理论阐述上主要用英国作为例证。但是，如果德国读者看到英国工农业工人所处的境况而伪善地耸耸肩膀，或者以德国的情况远不是那样坏而乐观地自我安慰，那我就要大声地对他说：这正是说的阁下的事情！

问题本身并不在于资本主义生产的自然规律所引起的社会对抗的发展程度的高低。问题在于这些规律本身，在于这些以铁的必然性发生作用并且正在实现的趋势。工业较发达的国家向工业较不发达的国家所显示的，只是后者未来的景象。

撇开这点不说。在资本主义生产已经在我们那里完全确立的地方，例如在真正的工厂里，由于没有起抗衡作用的工厂法，情况比英国要坏得多。在其他一切方面，我们也同西欧大陆所有其他国家一样，不仅苦于资本主义生产的发展，而且苦于资本主义生产的不发展。除了现代的灾难而外，压迫着我们的还有许多遗留下来的灾难，这些灾难的产生，是由于古老的陈旧的生产方式以及伴随着它们的过时的社会关系和政治关系还在苟延残喘。不仅活人使我们受苦，而且死人也使我们受苦。死人抓住活人！

德国和西欧大陆其他国家的社会统计，与英国相比是很贫乏的。然而它还是把帷幕稍稍揭开，使我们刚刚能够窥见幕内美杜莎的头。如果我国各邦政府和议会象英国那样，定期指派委员会去调查经济状况，如果这些委员会象英国那样，有全权去揭发真相，如果为此能够找到象英国工厂视察员、编写《公共卫生》报告的英国医生、调查女工童工受剥削的情况以及居住和营养条件等等的英国调查委员那样内行、公正、坚决的人们，那末，我国的情况就会使我们大吃一惊。柏修斯需要一顶隐身帽来追捕妖怪。我们却用隐身帽紧紧遮住眼睛和耳朵，以便有可能否认妖怪的存在。

决不要在这上面欺骗自己。正象十八世纪美国独立战争给欧洲中产阶级敲起了警钟一样，十九世纪美国南北战争又给欧洲工人阶级敲起了警钟。在英国，变革过程已经十分明显。它达到一定程度后，一定会波及大陆。在那里，它将采取较残酷的还是较人道的形式，那要看工人阶级自身的发展程度而定。所以，现在的统治阶级，不管有没有较高尚的动机，也不得不为了自己的切身利益，把一切可以由法律控制的、妨害工人阶级发展的障碍除去。因此，我在本卷中用了很大的篇幅来叙述英国工厂法的历史、内容和结果。一个国家应该而且可以向其他国家学习。一个社会即使探索到了本身运动的自然规律，——本书的最终目的就是揭示现代社会的经济运动规律，——它还是既不能跳过也不能用法令取消自然的发展阶段。但是它能缩短和减轻分娩的痛苦。

为了避免可能产生的误解，要说明一下。我决不用玫瑰色描绘资本家和地主的面貌。不过这里涉及到的人，只是经济范畴的人格化，是一定的阶级关系和利益的承担者。我的观点是：社会经济形态的发展是一种自然历史过程。不管个人在主观上怎样超脱各种关系，他在社会意义上总是这些关系的产物。同其他任何观点比起来，我的观点是更不能要个人对这些关系负责的。

在政治经济学领域内，自由的科学研究遇到的敌人，不只是它在一切其他领域内遇到的敌人。政治经济学所研究的材料的特殊性，把人们心中最激烈、最卑鄙、最恶劣的感情，把代表私人利益的复仇女神召唤到战场上来反对自由的科学研究。例如，英国高教会宁愿饶恕对它的三十九个信条中的三十八个信条展开的攻击，而不饶恕对它的现金收入的三十九分之一进行的攻击。在今天，同批评传统的财产关系相比，无神论本身是一种很轻的罪。但在这方面，进步仍然是无可怀疑的。以最近几星期内发表的蓝皮书《关于工业和工联问题同女王陛下驻外公使馆的通讯》为例。英国女王驻外使节在那里坦率地说，在德国，在法国，一句话，在欧洲大陆的一切文明国家，现有的劳资关系的变革同英国一样明显，一样不可避免。同时，大西洋彼岸的美国副总统威德先生也在公众集会上说：在奴隶制废除后，资本关系和土地所有权关系的变革会提到日程上来！这是时代的标志，不是用紫衣黑袍遮掩得了的。这并不是说明天就会出现奇迹。但这表明，甚至在统治阶级中间也已经透露出一种模糊的感觉：现在的社会不是坚实的结晶体，而是一个能够变化并且经常处于变化过程中的机体。

这部著作的第二卷将探讨资本的流通过程（第二册）和总过程的各种形式（第三册），第三卷即最后一卷（第四册）将探讨理论史。

任何的科学批评的意见我都是欢迎的。而对于我从来就不让步的所谓舆论的偏见，我仍然遵守伟大的佛罗伦萨诗人的格言：

走你的路，让人们去说罢！

卡尔·马克思
1867 年 7 月 25 日于伦敦

《资本论》第一卷第二版跋*

  我首先应当向第一版的读者指出第二版中所作的修改。很明显的是，篇目更加分明了。各处新加的注，都标明是第二版注。就正文说，最重要的有下列各点：

  第一章第一节更加科学而严密地从表现每个交换价值的等式的分析中引出了价值，而且明确地突出了在第一版中只是略略提到的价值实体和由社会必要劳动时间决定的价值量之间的联系。第一章第三节（价值形式）全部改写了，第一版的双重叙述就要求这样做。——顺便指出，这种双重叙述是我的朋友，汉诺威的路·库格曼医生建议的。1867年春，初校样由汉堡寄来时，我正好访问他。他劝我说，大多数读者需要有一个关于价值形式的更带讲义性的补充说明。——第一章最后一节《商品的拜物教性质及其秘密》大部分修改了。第三章第一节（价值尺度）作了详细的修改，因为在第一版中，考虑到《政治经济学批判》（1859 年柏林版）已有的说明，这一节是写得不够细致的。第七章，特别是这一章的第二节，作了很大的修改。

  原文中局部的、往往只是修辞上的修改，用不着一一列举出来。这些修改全书各处都有。但是，现在我校阅要在巴黎出版的法译本时，发现德文原本某些部分需要更彻底地修改，某些部分需要更好地修辞或更仔细地消除一些偶然的疏忽。可是我没有时间这样做，因为只是在 1871 年秋，正当我忙于其他迫切的工作的时候，我才接到通知说，书已经卖完了，而第二版在 1872 年 1 月就要付印。

---

  * 《资本论》第 1 卷，人民出版社 1975 年版，第 14—25 页。

《资本论》在德国工人阶级广大范围内迅速得到理解，是对我的劳动的最好的报酬。一个在经济方面站在资产阶级立场上的人，维也纳的工厂主迈尔先生，在普法战争期间发行的一本小册子中说得很对：被认为是德国世袭财产的卓越的理论思维能力，已在德国的所谓有教养的阶级中完全消失了，但在德国工人阶级中复活了。

在德国，直到现在，政治经济学一直是外来的科学。古斯达夫·冯·居利希在他的《商业、工业和农业的历史叙述》中，特别是在1830年出版的该书的前两卷中，已经大体上谈到了妨碍我国资本主义生产方式发展、因而也妨碍我国现代资产阶级社会建立的历史条件。可见，政治经济学在我国缺乏生存的基础。它作为成品从英国和法国输入；德国的政治经济学教授一直是学生。别国的现实在理论上的表现，在他们手中变成了教条集成，被他们用包围着他们的小资产阶级世界的精神去解释，就是说，被曲解了。他们不能把在科学上无能为力的感觉完全压制下去，他们不安地意识到，他们必须在一个实际上不熟悉的领域内充当先生，于是就企图用博通文史的美装，或用无关材料的混合物来加以掩饰。这种材料是从所谓官房学——各种知识的杂拌，满怀希望的德国官僚候补者必须通过的炼狱之火——抄袭来的。

从1848年起，资本主义生产在德国迅速地发展起来，现在正是它的欺诈盛行的时期。但是我们的专家还是命运不好。当他们能够公正无私地研究政治经济学时，在德国的现实中没有现代的经济关系。而当这种关系出现时，他们所处的境况已经不再容许他们在资产阶级的视野之内进行公正无私的研究了。只要政治经济学是资产阶级的政治经济学，就是说，只要它把资本主义制度不是看作历史上过渡的发展阶段，而是看作社会生产的绝对的最后的形式，那就只有在阶级斗争处于潜伏状态或只是在个别的现象上表现出来的时候，它还能够是科学。

拿英国来说。英国古典政治经济学是属于阶级斗争不发展的时期的。它的最后的伟大的代表李嘉图，终于有意识地把阶级利益的对立、工资和利润的对立、利润和地租的对立当作他的研究的出发点，因为他天真地把这种对立看作社会的自然规律。这样，资产阶级的经济科学也就达到了它的不可逾越的界限。还在李嘉图活着的时候，就有一个和他对立的人西斯蒙第批判资产阶级的经济科学了。

随后一个时期，从1820年到1830年，在英国，政治经济学方面的科学活动极为活跃。这是李嘉图的理论庸俗化和传播的时期，同时也是他的理论同旧的学派进行斗争的时期。这是一场出色的比赛。当时的情况，欧洲大陆知道得很少，因为论战大部分是分散在杂志论文、关于时事问题的著作和抨击性小册子上。这一论战的公正无私的性质——虽然李嘉图的理论也例外地被用作攻击资产阶级经济的武器——可由当时的情况来说明。一方面，大工业刚刚脱离幼年时期；大工业只是从1825年的危机才开始它的现代生活的周期循环，就证明了这一点。另一方面，资本和劳动之间的阶级斗争被推到后面：在政治方面是由于纠合在神圣同盟周围的政府和封建主同资产阶级所领导的人民大众之间发生了纠纷；在经济方面是由于工业资本和贵族土地所有权之间发生了纷争。这种纷争在法国是隐藏在小块土地所有制和大土地所有制的对立后面，在英国则在谷物法颁布后公开爆发出来。这个时期英国的政治经济学文献，使人想起魁奈医生逝世后法国经济学的狂飙时期，但这只是象晚秋晴日使人想起春天一样。1830年，最终决定一切的危机发生了。

法国和英国的资产阶级夺得了政权。从那时起，阶级斗争在实践方面和理论方面采取了日益鲜明的和带有威胁性的形式。它敲响了科学的资产阶级经济学的丧钟。现在问题不再是这个或那个原理是否正确，而是它对资本有利还是有害，方便还是不方便，违背警章还是不违背警章。不偏不倚的研究让位于豢养的文丐的争斗，公正无私的科学探讨让位于辩护士的坏心恶意。甚至以工厂主科布顿和布莱特为首的反谷物法同盟抛出的强迫人接受的小册子，由于对地主贵族展开了论战，即使没有科学的意义，毕竟也有历史的意义。但是从罗伯特·皮尔爵士执政以来，这最后一根刺也被自由贸易的立法从庸俗经济学那里拔掉了。

1848年大陆的革命也在英国产生了反应。那些还要求有科学地位、不愿单纯充当统治阶级的诡辩家和献媚者的人，力图使资本的政治经济学同这时已不容忽视的无产阶级的要求调和起来。于是，以约翰·斯图亚特·穆勒为最著名代表的毫无生气的混合主义产生了。这宣告了"资产阶级"经济学的破产，关于这一点，俄国的伟大学者和批评家尼·车尔尼雪夫斯基在他的《穆勒政治经济学概述》中已作了出色的说明。

可见，在资本主义生产方式的对抗性质在法英两国通过历史斗争而明显地暴露出来以后，资本主义生产方式才在德国成熟起来，同时，德国无产阶级比德国资产阶级在理论上已经有了更明确的阶级意识。因此，当资产阶级政治经济学作为一门科学看来在德国有可能产生的时候，它又成为不可能了。

在这种情况下，资产阶级政治经济学的代表人物分成了两派。一派是精明的、贪利的实践家，他们聚集在庸俗经济学辩护论的最浅薄的因而也是最成功的代表巴师夏的旗帜下。另一派是以经济学教授资望自负的人，他们追随约·斯·穆勒，企图调和不能调和的东西。德国人在资产阶级经济学衰落时期，也同在它的古典时期一样，始终只是学生、盲从者和模仿者，是外国大商行的小贩。

所以，德国社会特殊的历史发展，排除了"资产阶级"经济学在德国取得任何独创的成就的可能性，但是没有排除对它进行批判的可能性。就这种批判代表一个阶级而论，它能代表的只是这样一个阶级，这个阶级的历史使命是推翻资本主义生产方式和最后消灭阶级。这个阶级就是无产阶级。

德国资产阶级的博学的和不学无术的代言人，最初企图象他们在对付我以前的著作时曾经得逞那样，用沉默置《资本论》于死地。当这种策略已经不再适合时势的时候，他们就借口批评我的书，开了一些单方来"镇静资产阶级的意识"，但是他们在工人报刊上（例如约瑟夫·狄慈根在《人民国家报》上发表的文章）遇到了强有力的对手，至今还没有对这些对手作出答复。

1872年春，彼得堡出版了《资本论》的优秀的俄译本。初版三千册现在几乎已售卖一空。1871年，基辅大学政治经济学教授尼·季别尔先生在他的《李嘉图的价值和资本的理论》一书中就已经证明，我的价值、货币和资本的理论就其要点来说是斯密—李嘉图学说的必然的发展。使西欧读者在阅读他的这本出色的著作时感到惊异的，是纯理论观点的始终一贯。

人们对《资本论》中应用的方法理解得很差，这已经由各种互相矛盾的评论所证明。

例如，巴黎的《实证论者评论》一方面责备我形而上学地研究经济学，另一方面责备我——你们猜猜看！——只限于批判地分析既成的事实，而没有为未来的食堂开出调味单（孔德主义的吗？）。关于形而上学的责备，季别尔教授指出：

"就理论本身来说，马克思的方法是整个英国学派的演绎法，其优点和缺点是一切最优秀的理论经济学家所共有的。"

莫·布洛克先生在《德国的社会主义理论家》（摘自1872年7月和8月《经济学家杂志》）一文中，指出我的方法是分析的方法，他说：

"马克思先生通过这部著作而成为一个最出色的具有分析能力的思想家"。

德国的评论家当然大叫什么黑格尔的诡辩。彼得堡的《欧洲通报》在专谈《资本论》的方法一文（1872年5月号第427—436页）中，认为我的研究方法是严格的现实主义的，而叙述方法不幸是德国辩证法的。作者写道：

"如果从外表的叙述形式来判断，那末最初看来，马克思是最大的唯心主义哲学家，而且是德国的即坏的唯心主义哲学家。而实际上，在经济学的批判方面，他是他的所有前辈都无法比拟的现实主义者……决不能把他称为唯心主义者。"

我回答这位作者先生的最好的办法，是从他自己的批评中摘出几段话来，这几段话也会使某些不懂俄文原文的读者感到兴趣。

这位作者先生从我的《政治经济学批判》序言（1859 年柏林版第 4—7 页，在那里我说明了我的方法的唯物主义基础）中摘引一段话后说：

"在马克思看来，只有一件事情是重要的，那就是发现他所研究的那些现象的规律。而且他认为重要的，不仅是在这些现象具有完成形式和处于一定时期内可见到的联系中的时候支配着它们的那种规律。在他看来，除此而外，最重要的是这些现象变化的规律，这些现象发展的规律，即它们由一种形式过渡到另一种形式，由一种联系秩序过渡到另一种联系秩序的规律。他一发现了这个规律，就详细地来考察这个规律在社会生活中表现出来的各种后果……所以马克思竭力去做的只是一件事：通过准确的科学研究来证明一定的社会关系秩序的必然性，同时尽可能完善地指出那些作为他的出发点和根据的事实。为了这个目的，只要证明现有秩序的必然性，同时证明这种秩序不可避免地要过渡到另一种秩序的必然性就完全够了，而不管人们相信或不相信，意识到或没有意识到这种过渡。马克思把社会运动看作受一定规律支配的自然历史过程，这些规律不仅不以人的意志、意识和意图为转移，反而决定人的意志、意识和意图……既然意识要素在文化史上只起着这种从属作用，那末不言而喻，以文化本身为对象的批判，比任何事情更不能以意识的某种形式或某种结果为依据。这就是说，作为这种批判的出发点的不能是观念，而只能是外部的现象。批判将不是把事实和观念比较对照，而是把一种事实同另一种事实比较对照。对这种批判唯一重要的是，把两种事实尽量准确地研究清楚，使之真正形成相互不同的发展阶段，但尤其重要的是，同样准确地把各种秩序的序列、把这些发展阶段所表现出来的联贯性和联系研究清楚……但是有人会说，经济生活的一般规律，不管是应用于现在或过去，都是一样的。马克思否认的正是这一点。在他看来，这样的抽象规律是不存在的……根据他的意见，恰恰相反，每个历史时期都有它自己的规律。一旦生活经过了一定的发展时期，由一定阶段进入另一阶段时，它就开始受另外的规律支配。总之，经济生活呈现出的现象，和生物学的其他领域的发展史颇相类似……旧经济学家不懂得经济规律的性质，他们把经济规律同物理学定律和化学定律相比拟……对现象所作的更深刻的分析证明，各种社会机体象动植物机体一样，彼此根本不同……由于各种机体的整个结构不同，它们的各个器官有差别，以及器官借以发生作用的条件不一样等等，同一个现象却受完全不同的规律支配。例如，马克思否认人口规律在任何时候在任何地方都是一样的。相反地，他断言每个发展阶段有它自己的人口规律……生产力的发展水平不同，生产关系和支配生产关系的规律也就不同。马克思给自己提出的目的是，从这个观点出发去研究和说明资本主义经济制度，这样，他只不过是极其科学地表述了任何对经济生活进行准确的研究必须具有的目的……这种研究的科学价值在于阐明了支配着一定社会机体的产生、生存、发展和死亡以及为另一更高的机体所代替的特殊规律。马克思的这本书确实具有这种价值"。

这位作者先生把他称为我的实际方法的东西描述得这样恰当，并且在考察我个人对这种方法的运用时又抱着这样的好感，那他所描述的不正是辩证方法吗？

当然，在形式上，叙述方法必须与研究方法不同。研究必须充分地占有材料，分析它的各种发展形式，探寻这些形式的内在联系。只有这项工作完成以后，现实的运动才能适当地叙述出来。这点一旦做到，材料的生命一旦观念地反映出来，呈现在我们面前的就好象是一个先验的结构了。

我的辩证方法，从根本上来说，不仅和黑格尔的辩证方法不同，而且和它截然相反。在黑格尔看来，思维过程，即他称为观念而甚至把它变成独立主体的思维过程，是现实事物的创造主，而现实事物只是思维过程的外部表现。我的看法则相反，观念的东西不外是移入人的头脑并在人的头脑中改造过的物质的东西而已。

将近三十年以前，当黑格尔辩证法还很流行的时候，我就批判过黑格尔辩证法的神秘方面。但是，正当我写《资本论》第一卷时，愤懑的、自负的、平庸的、今天在德国知识界发号施令的模仿者们，却已高兴地象莱辛时代大胆的莫泽斯·门德尔森对待斯宾诺莎那样对待黑格尔，即把他当作一条"死狗"了。因此，我要公开承认我是这位大思想家的学生，并且在关于价值理论的一章中，有些地方我甚至卖弄起黑格尔特有的表达方式。辩证法在黑格尔手中神秘化了，但这决不妨碍他第一个全面地有意识地叙述了辩证法的一般运动形式。在他那里，辩证法是倒立着的。必须把它倒过来，以便发现神秘外壳中的合理内核。

辩证法，在其神秘形式上，成了德国的时髦东西，因为它似乎使现存事物显得光彩。辩证法，在其合理形态上，引起资产阶级及其夸夸其谈的代言人的恼怒和恐怖，因为辩证法在对现存事物的肯定的理解中同时包含对现存事物的否定的理解，即对现存事物的必然灭亡的理解；辩证法对每一种既成的形式都是从不断的运动中，因而也是从它的暂时性方面去理解；辩证法不崇拜任何东西，按其本质来说，它是批判的和革命的。

使实际的资产者最深切地感到资本主义社会充满矛盾的运动的，是现代工业所经历的周期循环的变动，而这种变动的顶点就是普遍危机。这个危机又要临头了，虽然它还处于预备阶段；由于它的舞台的广阔和它的作用的强烈，它甚至会把辩证法灌进新的神圣普鲁士德意志帝国的暴发户们的头脑里去。

卡尔·马克思
1873 年 1 月 24 日于伦敦

第三部分

《资本论》原著选读

《资本论》

第一卷

资本的生产过程

第一篇
商品和货币

第一章
商　品

1. 商品的两个因素：使用价值和价值（价值实体，价值量）

资本主义生产方式占统治地位的社会的财富，表现为"庞大的商品堆积"，单个的商品表现为这种财富的元素形式。因此，我们的研究就从分析商品开始。

商品首先是一个外界的对象，一个靠自己的属性来满足人的某种需要的物。这种需要的性质如何，例如是由胃产生还是由幻想产生，是与问题无关的。这里的问题也不在于物怎样来满足人的需要，是作为生活资料即消费品来直接满足，还是作为生产资料来间接满足。

每一种有用物，如铁、纸等等，都可以从质和量两个角度来考察。每一种这样的物都是许多属性的总和，因此可以在不同的方面有用。发现这些不同的方面，从而发现物的多种使用方式，是历史的事情。为有用物的量找到社会尺度，也是这样。商品尺度之所以不同，部分是由于被计量的物的性质不同，部分是由于约定俗成。

物的有用性使物成为使用价值。但这种有用性不是悬在空中的。它决定于商品体的属性，离开了商品体就不存在。因此，商品体本身，例如铁、小麦、金刚石等等，就是使用价值，或财物。商品体的这种性质，同人取得它的使用属性所耗费的劳动的多少没有关系。在考察使用价值时，总是以它们有一定的量为前提，如几打表，几码布，几吨铁等等。商品的使用价值为商品学这门学科提供材料。使用价值只是在使用或消费中得到实现。不论财富的社会形式如何，使用价值总是构成财富的物质内容。在我们所要考察的社会形式中，使用价值同时又是交换价值的物质承担者。

交换价值首先表现为一种使用价值同另一种使用价值相交换的量的关系或比例，这个比例随着时间和地点的不同而不断改变。因此，交换价值好象是一种偶然的、纯粹相对的东西，也就是说，商品固有的、内在的交换价值似乎是一个形容语的矛盾。现在我们进一步考察这个问题。

某种一定量的商品，例如一夸特小麦，同 x 量鞋油或 y 量绸缎或 z 量金等等交换，总之，按各种极不相同的比例同别的商品交换。因此，小麦有许多种交换价值，而不是只有一种。既然 x 量鞋油、y 量绸缎、z 量金等等都是一夸特小麦的交换价值，那末，x 量鞋油、y 量绸缎、z 量金等等就必定是能够互相代替的或同样大的交换价值。由此可见，第一，同一种商品的各种有效的交换价值表示一个等同的东西。第二，交换价值只能是可以与它相区别的某种内容的表现方式，"表现形式"。

我们再拿两种商品例如小麦和铁来说。不管二者的交换比例怎样，总是可以用一个等式来表示：一定量的小麦等于若干量的铁，如 1 夸特小麦 =a 呾铁。这个等式说明什么呢？它说明在两种不同的物里面，即在 1 夸特小麦和 a 呾铁里面，有一种等量的共同的东西。因而这二者都等于第三种东西，后者本身既不是第一种物，也不是第二种物。这样，二者中的每一个只要是交换价值，就必定能化为这第三种东西。

用一个简单的几何学例子就可以说明这一点。为了确定和比较各种直线形的面积，就把它们分成三角形，再把三角形化成与它的外形完全不同的表现——底乘高的一半。各种商品的交换价值也同样要化成一种共同东西，各自代表这种共同东西的多量或少量。

这种共同东西不可能是商品的几何的、物理的、化学的或其他的天然属性。商品的物体属性只是就它们使商品有用，从而使商品成为使用价值来说，才加以考虑。另一方面，商品交换关系的明显特点，正在于抽去商品的使用价值。在商品交换关系中，只要比例适当，一种使用价值就和其他任何一种使用价值完全相等。或者象老巴尔本说的：

"只要交换价值相等，一种商品就同另一种商品一样。交换价值相等的物是没有任何差别或区别的。"

作为使用价值，商品首先有质的差别；作为交换价值，商品只能有量的差别，因而不包含任何一个使用价值的原子。

如果把商品体的使用价值撇开，商品体就只剩下一个属性，即劳动产品这个属性。可是劳动产品在我们手里也已经起了变化。如果我们把劳动产品的使用价值抽去，那末也就是把那些使劳动产品成为使用价值的物质组成部分和形式抽去。它们不再是桌子、房屋、纱或别的什么有用物。它们的一切可以感觉到的属性都消失了。它们也不再是木匠劳动、瓦匠劳动、纺纱劳动，或其他某种一定的生产劳动的产品了。随着劳动产品的有用性质的消失，体现在劳动产品中的各种劳动的有用性质也消失了，因而这些劳动的各种具体形式也消失了。各种劳动不再有什么差别，全都化为相同的人类劳动，抽象人类劳动。

现在我们来考察劳动产品剩下来的东西。它们剩下的只是同一的幽灵般的对象性，只是无差别的人类劳动的单纯凝结，即不管以哪种形式进行的人类劳动力耗费的单纯凝结。这些物现在只是表示，在它们的生产上耗费了人类劳动力，积累了人类劳动。这些物，作为它们共有的这个社会实体的结晶，就是价值——商品价值。

我们已经看到，在商品的交换关系本身中，商品的交换价值表现为同它们的使用价值完全无关的东西。如果真正把劳动产品的使用价值抽去，就得到刚才已经规定的它们的价值。因此，在商品的交换关系或交换价值中表现出来的共同东西，也就是商品的价值。研究的进程会使我们再把交换价值当作价值的必然的表现方式或表现形式来考察，但现在，我们应该首先不管这种形式来考察价值。

可见，使用价值或财物具有价值，只是因为有抽象人类劳动体现或物化在里面。那末，它的价值量是怎样计量的呢？是用它所包含的"形成价值的实体"即劳动的量来计量。劳动本身的量是用劳动的持续时间来计量，而劳动时间又是用一定的时间单位如小时、日等作尺度。

可能会有人这样认为，既然商品的价值由生产商品所耗费的劳动量来决定，那末一个人越懒，越不熟练，他的商品就越有价值，因为他制造商品需要花费的时间越多。但是，形成价值实体的劳动是相同的人类劳动，是同一的人类劳动力的耗费。体现在商品世界全部价值中的社会的全部劳动力，在这里是当作一个同一的人类劳动力，虽然它是由无数单个劳动力构成的。每一个这种单个劳动力，同别一个劳动力一样，都是同一的人类劳动力，只要它具有社会平均劳动力的性质，起着这种社会平均劳动力的作用，从而在商品的生产上只使用平均必要劳动时间或社会必要劳动时间。社会必要劳动时间是在现有的社会正常的生产条件下，在社会平均的劳动熟练程度和劳动强度下制造某种使用价值所需要的劳动时间。例如，在英国采用蒸汽织布机以后，把一定量的纱织成布所需要的劳动可能比过去少一半。实际上，英国的手工织布工人把纱织成布仍旧要用以前那样多的劳动时间，但这时他一小时的个人劳动的产品只代表半小时的社会劳动，因此价值也降到了它以前的一半。

可见，只是社会必要劳动量，或生产使用价值的社会必要劳动时间，决定该使用价值的价值量。在这里，单个商品是当作该种商品的平均样品。因此，含有等量劳动或能在同样劳动时间内生产出来的商品，具有同样的价值量。一种商品的价值同其他任何一种商品的价值的比例，就是生产前者的必要劳动时间同生产后者的必要劳动时间的比例。"作为价值，一切商品都只是一定量的凝固的劳动时间。"

因此，如果生产商品所需要的劳动时间不变，商品的价值量也就不变。但是，生产商品所需要的劳动时间随着劳动生产力的每一变动而变动。劳动生产力是由多种情况决定的，其中包括：工人的平均熟练程度，科学的发展水平和它在工艺上应用的程度，生产过程的社会结合，生产资料的规模和效能，以及自然条件。例如，同一劳动量在丰收年表现为 8 蒲式耳小麦，在歉收年只表现为 4 蒲式耳。同一劳动量用在富矿比用在贫矿能提供更多的金属等等。金刚石在地壳中是很稀少的，因而发现金刚石平均要花很多劳动时间。因此，很小一块金刚石就代表很多劳动。杰科布曾经怀疑金是否按其全部价值支付过。至于金刚石，就更可以这样说了。厄什韦葛说过，到 1823 年，巴西金刚石矿八十年的总产量的价格还赶不上巴西甘蔗种植园或咖啡种植园一年半平均产量的价格，虽然前者代表的劳动多得多，从而价值也多得多。如果发现富矿，同一劳动量就会表现为更多的金刚石，而金刚石的价值就会降低。假如能用不多的劳动把煤变成金刚石，金刚石的价值就会低于砖的价值。总之，劳动生产力越高，生产一种物品所需要的劳动时间就越少，凝结在该物品中的劳动量就越小，该物品的价值就越小。相反地，劳动生产力越低，生产一种物品的必要劳动时间就越多，该物品的价值就越大。可见，商品的价值量与体现在商品中的劳动的量成正比，与这一劳动的生产力成反比。

　　一个物可以是使用价值而不是价值。在这个物并不是由于劳动而对人有用的情况下就是这样。例如，空气、处女地、天然草地、野生林等等。一个物可以有用，而且是人类劳动产品，但不是商品。谁用自己的产品来满足自己的需要，他生产的就只是使用价值，而不是商品。要生产商品，他不仅要生产使用价值，而且要为别人生产使用价值，即生产社会的使用价值。│而且不只是单纯为别人。中世纪农民为封建主生产交代役租的粮食，为神父生产纳什一税的粮食。但不管是交代役租的粮食，还是纳什一税的粮食，都并不因为是为别人生产的，就成为商品。要成为商品，产品必须通过交换，转到把它当作使用价值使用的人的手里。│最后，没有一个物可以是价值而不是使用物品。如果物没有用，那末其中包含的劳动也就没有用，不能算作劳动，因此不形成价值。

2.　体现在商品中的劳动的二重性

　　起初我们看到，商品是一种二重的东西，即使用价值和交换价值。后来表明，劳动就它表现为价值而论，也不再具有它作为使用价值的创造者所具有的那些特征。商品中包含的劳动的这种二重性，是首先由我批判地证明了的。这一点是理解政治经济学的枢纽，因此，在这里要较详细地加以说明。

　　我们就拿两种商品如 1 件上衣和 10 码麻布来说。假定前者的价值比后者的价值大一倍。假设 10 码麻布=W，则 1 件上衣=2W。

　　上衣是满足一种特殊需要的使用价值。要生产上衣，就需要进行特定种类的生产活动。这种生产活动是由它的目的、操作方式、对象、手段和结果决定的。由自己产品的使用价值或者由自己产品是使用价值来表示自己的有用性的劳动，我们简称为有用劳动。从这个观点来看，劳动总是联系到它的有用效果来考察的。

　　上衣和麻布是不同质的使用价值，同样，决定它们存在的劳动即缝和织，也是不同质的。如果这些物不是不同质的使用价值，从而不是不同质的有用劳动的产品，它们就根本不能作为商品来互相对立。上衣不会与上衣交换，一种使用价值不会与同种的使用价值交换。

　　各种使用价值或商品体的总和，表现了同样多种的、按照属、种、科、亚种、变种分类的有用劳动的总和，即表现了社会分工。这种分工是商品生产存在的条件，虽然不能反过来说商品生产是社会分工存在的条件。在古代印度公社中就有社会分工，但产品并不成为商品。或者拿一个较近的例子来说，每个工厂内都有系统的分工，但是这种分工不是通过工人交换他们个人的产品来实现的。只有独立的互不依赖的私人劳动的产品，才作为商品互相对立。

可见，每个商品的使用价值都包含着一定的有目的的生产活动，或有用劳动。各种使用价值如果不包含不同质的有用劳动，就不能作为商品互相对立。在产品普遍采取商品形式的社会里，也就是在商品生产者的社会里，作为独立生产者的私事而各自独立进行的各种有用劳动的这种质的区别，发展成一个多支的体系，发展成社会分工。

对上衣来说，无论是裁缝自己穿还是他的顾客穿，都是一样的。在这两种场合，它都是起使用价值的作用。同样，上衣和生产上衣的劳动之间的关系，也并不因为裁缝劳动成为专门职业，成为社会分工的一个独立的部分就有所改变。在有穿衣需要的地方，在有人当裁缝以前，人已经缝了几千年的衣服。但是，上衣、麻布以及任何一种不是天然存在的物质财富要素，总是必须通过某种专门的、使特殊的自然物质适合于特殊的人类需要的、有目的的生产活动创造出来。因此，劳动作为使用价值的创造者，作为有用劳动，是不以一切社会形式为转移的人类生存条件，是人和自然之间的物质变换即人类生活得以实现的永恒的自然必然性。

上衣、麻布等等使用价值，简言之，种种商品体，是自然物质和劳动这两种要素的结合。如果把上衣、麻布等等包含的各种不同的有用劳动的总和除外，总还剩有一种不借人力而天然存在的物质基质。人在生产中只能象自然本身那样发挥作用，就是说，只能改变物质的形态。不仅如此，他在这种改变形态的劳动中还要经常依靠自然力的帮助。因此，劳动并不是它所生产的使用价值即物质财富的唯一源泉。正象威廉·配第所说，劳动是财富之父，土地是财富之母。

现在，我们放下作为使用物品的商品，来考察商品价值。

我们曾假定，上衣的价值比麻布大一倍。但这只是量的差别，我们先不去管它。我们要记住的是，假如1件上衣的价值比10码麻布的价值大一倍，那末，20码麻布就与1件上衣具有同样的价值量。作为价值，上衣和麻布是有相同实体的物，是同种劳动的客观表现。但缝和织是不同质的劳动。然而在有些社会状态下，同一个人时而缝时而织，因此，这两种不同的劳动方式只是同一个人的劳动的变化，还不是不同的人的专门固定职能，正如我们的裁缝今天缝上衣和明天缝裤子只是同一个人的劳动的变化一样。其次，一看就知道，在我们资本主义社会里，随着劳动需求方向的改变，总有一定部分的人类劳动时而采取缝的形式，时而采取织的形式。劳动形式发生这种变换时不可能没有摩擦，但这种变换是必定要发生的。如果把生产活动的特定性质撇开，从而把劳动的有用性质撇开，生产活动就只剩下一点：它是人类劳动力的耗费。尽管缝和织是不同质的生产活动，但二者都是人的脑、肌肉、神经、手等等的生产耗费，从这个意义上说，二者都是人类劳动。这只是耗费人类劳动力的两种不同的形式。当然，人类劳动力本身必须已有一定的发展，才能以这种或那种形式耗费。但是，商品价值体现的是人类劳动本身，是一般人类劳动的耗费。正如在资产阶级社会里，将军或银行家扮演着重要的角色，而人本身则扮演极卑微的角色一样，人类劳动在这里也是这样。它是每个没有任何专长的普通人的机体平均具有的简单劳动力的耗费。**简单平均劳动**虽然在不同的国家和不同的文化时代具有不同的性质，但在一定的社会里是一定的。比较复杂的劳动只是**自乘的**或不如说**多倍的**简单劳动，因此，少量的复杂劳动等于多量的简单劳动。经验证明，这种简化是经常进行的。一个商品可能是最复杂的劳动的产品，但是它的**价值**使它与简单劳动的产品相等，因而本身只表示一定量的简单劳动。各种劳动化为当作它们的计量单位的简单劳动的不同比例，是在生产者背后由社会过程决定的，因而在他们看来，似乎是由习惯确定的。为了简便起见，我们以后把各种劳动力直接当作简单劳动力，这样就省去了简化的麻烦。

因此，正如在作为价值的上衣和麻布中，它们的使用价值的差别被抽去一样，在表现为这些价值的劳动中，劳动的有用形式即缝和织的区别也被抽去了。作为使用价值的上衣和麻布是有一定目的的生产活动同布和纱的结合，而作为价值的上衣和麻布，不过是同种劳动的凝结，同样，这些价值所包含的劳动之所以算作劳动，并不是因为它们同布和纱发生了生产的关系，而只是因为它们是人类劳动力的耗费。正是由于缝和织具有不同的质，它们才是形成作为使用价值的上衣和麻布的要素；而只是由于它们的特殊的质被抽去，由于它们具有相同的质，即人类劳动的质，它们才是上衣价值和麻布价值的实体。

可是，上衣和麻布不仅是价值，而且是一定量的价值。我们曾假定，1件上衣的价值比 10 码麻布的价值大一倍。它们价值量的这种差别是从哪里来的呢？这是由于麻布包含的劳动只有上衣的一半，因而生产后者所要耗费劳动力的时间必须比生产前者多一倍。

因此，就使用价值说，有意义的只是商品中包含的劳动的质，就价值量说，有意义的只是商品中包含的劳动的量，不过这种劳动已经化为没有质的区别的人类劳动。在前一种情况下，是怎样劳动，什么劳动的问题，在后一种情况下，是劳动多少，劳动时间多长的问题。既然商品的价值量只是表示商品中包含的劳动量，那末，在一定的比例上，各种商品应该总是等量的价值。

如果生产一件上衣所需要的一切有用劳动的生产力不变，上衣的价值量就同上衣的数量一起增加。如果一件上衣代表 x 个工作日，两件上衣就代表 2x 个工作日，依此类推。假定生产一件上衣的必要劳动增加一倍或减少一半。在前一种场合，一件上衣就具有以前两件上衣的价值，在后一种场合，两件上衣就只有以前一件上衣的价值，虽然在这两种场合，上衣的效用和从前一样，上衣包含的有用劳动的质也和从前一样。但生产上衣所耗费的劳动量有了变化。

更多的使用价值本身就是更多的物质财富，两件上衣比一件上衣多。两件上衣可以两个人穿，一件上衣只能一个人穿，依此类推。然而随着物质财富的量的增长，它的价值量可能同时下降。这种对立的运动来源于劳动的二重性。生产力当然始终是有用的具体的劳动的生产力，它事实上只决定有目的的生产活动在一定时间内的效率。因此，有用劳动成为较富或较贫的产品源泉与有用劳动的生产力的提高或降低成正比。相反地，生产力的变化本身丝毫也不会影响表现为价值的劳动。既然生产力属于劳动的具体有用形式，它自然不再同抽去了具体有用形式的劳动有关。因此，不管生产力发生了什么变化，同一劳动在同样的时间内提供的价值量总是相同的。但它在同样的时间内提供的使用价值量会是不同的：生产力提高时就多些，生产力降低时就少些。因此，那种能提高劳动成效从而增加劳动所提供的使用价值量的生产力变化，如果会缩减生产这个使用价值量所必需的劳动时间的总和，就会减少这个增大的总量的价值量。反之亦然。

一切劳动，从一方面看，是人类劳动力在生理学意义上的耗费；作为相同的或抽象的人类劳动，它形成商品价值。一切劳动，从另一方面看，是人类劳动力在特殊的有一定目的的形式上的耗费；作为具体的有用劳动，它生产使用价值。

3. 价值形式或交换价值

商品是以铁、麻布、小麦等等使用价值或商品体的形式出现的。这是它们的日常的自然形式。但它们所以是商品，只因为它们是二重物，既是使用物品又是价值承担者。因此，它们表现为商品或具有商品的形式，只是由于它们具有二重的形式，即自然形式和价值形式。

商品的价值对象性不同于快嘴桂嫂，你不知道对它怎么办。同商品体的可感觉的粗糙的对象性正好相反，在商品体的价值对象性中连一个自然物质原子也没有。因此，每一个商品不管你怎样颠来倒去，它作为价值物总是不可捉摸的。但是如果我们记住，商品只有作为同一的社会单位即人类劳动的表现才具有价值对象性，因而它们的价值对象性纯粹是社会的，那末不用说，价值对象性只能在商品同商品的社会关系中表现出来。我们实际上也是从商品的交换价值或交换关系出发，才探索到隐藏在其中的商品价值。现在我们必须回到价值的这种表现形式。

谁都知道——即使他别的什么都不知道，——商品具有同它们使用价值的五光十色的自然形式成鲜明对照的、共同的价值形式，即货币形式。但是在这里，我们要做资产阶级经济学从来没有打算做的事情：指明这种货币形式的起源，就是说，探讨商品价值关系中包含的价值表现，怎样从最简单的最不显眼的样子一直发展到炫目的货币形式。这样，货币的谜就会随着消失。

显然，最简单的价值关系就是一个商品同另一个不同种的商品（不管是哪一种商品都一样）的价值关系。因此，两个商品的价值关系为一个商品提供了最简单的价值表现。

A. 简单的、个别的或偶然的价值形式

x 量商品 A=y 量商品 B，或 x 量商品 A 值 y 量商品 B。

（20 码麻布=1 件上衣，或 20 码麻布值 1 件上衣。）

（1）价值表现的两极：相对价值形式和等价形式

一切价值形式的秘密都隐藏在这个简单的价值形式中。因此，分析这个形式确实困难。

两个不同种的商品 A 和 B，如我们例子中的麻布和上衣，在这里显然起着两种不同的作用。麻布通过上衣表现自己的价值，上衣则成为这种价值表现的材料。前一个商品起主动作用，后一个商品起被动作用。前一个商品的价值表

现为相对价值，或者说，处于相对价值形式。后一个商品起等价物的作用，或者说，处于等价形式。

相对价值形式和等价形式是同一价值表现的互相依赖、互为条件、不可分离的两个要素，同时又是同一价值表现的互相排斥、互相对立的两端即两极；这两种形式总是分配在通过价值表现互相发生关系的不同的商品上。例如我不能用麻布来表现麻布的价值。20 码麻布=20 码麻布，这不是价值表现。相反，这个等式只是说，20 码麻布无非是 20 码麻布，是一定量的使用物品麻布。因此，麻布的价值只能相对地表现出来，即通过另一个商品表现出来。因此，麻布的相对价值形式要求有另一个与麻布相对立的商品处于等价形式。另一方面，这另一个充当等价物的商品不能同时处于相对价值形式。它不表现自己的价值。它只是为别一个商品的价值表现提供材料。

诚然，20 码麻布=1 件上衣，或 20 码麻布值 1 件上衣，这种表现也包含着相反的关系：1 件上衣=20 码麻布，或 1 件上衣值 20 码麻布。但是，要相对地表现上衣的价值，我就必须把等式倒过来，而一旦我这样做，成为等价物的就是麻布，而不是上衣了。可见，同一个商品在同一个价值表现中，不能同时具有两种形式。不仅如此，这两种形式是作为两极互相排斥的。

一个商品究竟是处于相对价值形式，还是处于与之对立的等价形式，完全取决于它当时在价值表现中所处的地位，就是说，取决于它是价值被表现的商品，还是表现价值的商品。

（2）相对价值形式

（a）相对价值形式的内容

要发现一个商品的简单价值表现怎样隐藏在两个商品的价值关系中，首先必须完全撇开这个价值关系的量的方面来考察这个关系。人们通常的做法正好相反，他们在价值关系中只看到两种商品的一定量彼此相等的比例。他们忽略了，不同物的量只有化为同一单位后，才能在量上互相比较。不同物的量只有作为同一单位的表现，才是同名称的，因而是可通约的。

不论 20 码麻布=1 件上衣，或=20 件上衣，或=x 件上衣，也就是说，不论一定量的麻布值多少件上衣，每一个这样的比例总是包含这样的意思：麻布和上衣作为价值量是同一单位的表现，是同一性质的物。麻布=上衣是这一等式的基础。

但是，这两个被看作质上等同的商品所起的作用是不同的。只有麻布的价值得到表现。是怎样表现的呢？是通过同上衣的关系，把上衣当作它的"等价物"，或与它"能交换的东西"。在这个关系中，上衣是价值的存在形式，是价值物，因为只有作为价值物，它才是与麻布相同的。另一方面，麻布自身的价值显示出来了，或得到了独立的表现，因为麻布只有作为价值才能把上衣当作等值的东西，或与它能交换的东西。比如，丁酸是同甲酸丙酯不同的物体。但二者是由同一些化学实体——碳（C）、氢（H）、氧（O）构成，而且是以相同的百分比构成，即 $C_4H_8O_2$。假如甲酸丙酯被看作与丁酸相等，那末，在这个关系中，第一，甲酸丙酯只是 $C_4H_8O_2$ 的存在形式，第二，就是说，丁酸也是由 $C_4H_8O_2$ 构成的。可见，通过使甲酸丙酯同丁酸相等，丁酸与自身的物体形态不同的化学实体被表现出来了。

如果我们说，商品作为价值只是人类劳动的凝结，那末，我们的分析就是把商品化为价值抽象，但是并没有使它们具有与它们的自然形式不同的价值形式。在一个商品和另一个商品的价值关系中，情形就不是这样。在这里，一个商品的价值性质通过该商品与另一个商品的关系而显露出来。

例如当上衣作为价值物被看作与麻布相等时，前者包含的劳动就被看作与后者包含的劳动相等。固然，缝上衣的劳动是一种与织麻布的劳动不同的具体劳动。但是，把缝看作与织相等，实际上就是把缝化为两种劳动中确实等同的东西，化为它们的人类劳动的共同性质。通过这种间接的办法还说明，织就它织出价值而论，也和缝毫无区别，所以是抽象人类劳动。只有不同种商品的等价表现才使形成价值的劳动的这种特殊性质显示出来，因为这种等价表现实际上是把不同种商品所包含的不同种劳动化为它们的共同东西，化为一般人类劳动。

然而，只把构成麻布价值的劳动的特殊性质表现出来，是不够的。处于流动状态的人类劳动力或人类劳动形成价值，但本身不是价值。它在凝固的状态中，在物化的形式上才成为价值。要使麻布的价值表现为人类劳动的凝结，就必须使它表现为一种"对象性"，这种对象性与麻布本身的物体不同，同时又是麻布与其他商品所共有的。这个问题已经解决了。

在麻布的价值关系中，上衣是当作与麻布同质的东西，是当作同一性质的物，因为它是价值。在这里，它是当作表现价值的物，或者说，是以自己的可以捉摸的自然形式表示价值的物。当然，上衣，作为商品体的上衣，只是使用价值。一件上衣同任何一块麻布一样，不表现价值。这只是证明，上衣在同麻布的价值关系中，比在这种关系之外，多一层意义，正象许多人穿上镶金边的上衣，比不穿这种上衣，多一层意义一样。

在上衣的生产上，人类劳动力的确是以缝的形式被耗费的。因此，上衣中积累了人类劳动。从这方面看，上衣是"价值承担者"，虽然它的这种属性即使把它穿破了也是看不出来的。在麻布的价值关系中，上衣只是显示出这一方面，也就是当作物体化的价值，当作价值体。即使上衣扣上了纽扣，麻布在它身上还是认出与自己同宗族的美丽的价值灵魂。但是，如果对麻布来说，价值不同时采取上衣的形式，上衣在麻布面前就不能表示价值。例如，如果在 A 看来，陛下不具有 B 的仪表，因而不随着国王的每次更换而改变容貌、头发等等，A 就不会把 B 当作陛下。

可见，在上衣成为麻布的等价物的价值关系中，上衣形式起着价值形式的作用。因此，商品麻布的价值是表现在商品上衣的物体上，一个商品的价值表现在另一个商品的使用价值上。作为使用价值，麻布是在感觉上与上衣不同的物；作为价值，它却是"与上衣等同的东西"，因而看起来就象上衣。麻布就这样取得了与它的自然形式不同的价值形式。它的价值性质通过它和上衣相等表现出来，正象基督徒的羊性通过他和上帝的羔羊相等表现出来一样。

我们看到，一当麻布与别的商品即上衣交往时，商品价值的分析向我们说明的一切，现在就由麻布自己说出来了。不过它只能用它自己通晓的语言即商品语言来表达它的思想。为了说明劳动在人类劳动的抽象属性上形成它自己的价值，它就说，上衣只要与它相等，从而是价值，就和麻布一样是由同一劳动构成的。为了说明它的高尚的价值对象性不同于它的浆硬的物体，它就说，价值看起来象上衣，因此它自己作为价值物，就同上衣相象，正如两个鸡蛋相象一样。顺便指出，除希伯来语以外，商品语言中也还有其他许多确切程度不同的方言。例如，要表达商品 B 同商品 A 相等是商品 A 自己的价值表现，德文《Wertsein》〔价值，价值存在〕就不如罗曼语的动词 valere，valer，valoir〔值〕表达得确切。巴黎确实值一次弥撒！

可见，通过价值关系，商品 B 的自然形式成了商品 A 的价值形式，或者说，商品 B 的物体成了反映商品 A 的价值的镜子。商品 A 同作为价值体，作为人类劳动的化身的商品 B 发生关系，就使 B 的使用价值成为表现 A 自己价值的材料。在商品 B 的使用价值上这样表现出来的商品 A 的价值，具有相对价值形式。

（b）相对价值形式的量的规定性

凡是价值要被表现的商品，都是一定量的使用物品，如 15 舍费耳小麦、100

磅咖啡等等。这一定量的商品包含着一定量的人类劳动。因而，价值形式不只是要表现价值，而且要表现一定量的价值，即价值量。因此，在商品 A 和商品 B 如麻布和上衣的价值关系中，上衣这种商品不仅作为一般价值体被看作在质上同麻布相等，而且是作为一定量的价值体或等价物如 1 件上衣被看作同一定量的麻布如 20 码麻布相等。

"20 码麻布=1 件上衣，或 20 码麻布值 1 件上衣"这一等式的前提是：1 件上衣和 20 码麻布正好包含有同样多的价值实体。就是说，这两个商品量耗费了同样多的劳动或等量的劳动时间。但是生产 20 码麻布或 1 件上衣的必要劳动时间，是随着织或缝的生产力的变化而变化的。现在我们要较详细地研究一下这种变化对价值量的相对表现的影响。

I. 麻布的价值起了变化，上衣的价值不变。如果生产麻布的必要劳动时间由于种植亚麻的土地肥力下降而增加一倍，那末麻布的价值也就增大一倍。这时不是 20 码麻布=1 件上衣，而是 20 码麻布=2 件上衣，因为现在 1 件上衣包含的劳动时间只有 20 码麻布的一半。相反地，如果生产麻布的必要劳动时间由于织机改良而减少一半，那末，麻布的价值也就减低一半。这样，现在是 20 码麻布=$\frac{1}{2}$ 件上衣。可见，在商品 B 的价值不变时，商品 A 的相对价值即它表现在商品 B 上的价值的增减，与商品 A 的价值成正比。

II. 麻布的价值不变，上衣的价值起了变化。在这种情况下，如果生产上衣的必要劳动时间由于羊毛歉收而增加一倍，现在不是 20 码麻布=1 件上衣，而是 20 码麻布=$\frac{1}{2}$ 件上衣。相反地，如果上衣的价值减少一半，那末，20 码麻布=2 件上衣。因此，在商品 A 的价值不变时，它的相对的、表现在商品 B 上的价值的增减，与商品 B 的价值变化成反比。

我们把 I、II 类的各种情形对照一下就会发现，相对价值的同样的量的变化可以由完全相反的原因造成。所以，20 码麻布=1 件上衣变为：1. 20 码麻布=2 件上衣，或者是由于麻布的价值增加一倍，或者是由于上衣的价值减低一半；2. 20 码麻布=$\frac{1}{2}$ 件上衣，或者是由于麻布的价值减低一半，或者是由于上衣的价值增加一倍。

III. 生产麻布和上衣的必要劳动量可以按照同一方向和同一比例同时发生变化。在这种情况下，不管这两种商品的价值发生什么变动，依旧是 20 码麻布=1 件上衣。只有把它们同价值不变的第三种商品比较，才会发现它们的价值的变化。如果所有商品的价值都按同一比例同时增减，它们的相对价值就保持不变。它们的实际的价值变化可以由以下这个事实看出：在同样的劳动时间内，现在提供的商品量都比过去多些或少些。

IV. 生产麻布和上衣的各自的必要劳动时间，从而它们的价值，可以按照同一方向但以不同的程度同时发生变化，或者按照相反的方向发生变化，等等。这种种可能的组合对一种商品的相对价值的影响，根据 I、II、III 类的情况就可以推知。

可见，价值量的实际变化不能明确地，也不能完全地反映在价值量的相对表现即相对价值量上。即使商品的价值不变，它的相对价值也可能发生变化。即使商品的价值发生变化，它的相对价值也可能不变，最后，商品的价值量和这个价值量的相对表现同时发生的变化，完全不需要一致。

（3）等价形式

我们说过，当商品 A（麻布）通过不同种商品 B（上衣）的使用价值表现自己的价值时，它就使商品 B 取得一种特殊的价值形式，即等价形式。商品麻布显示出它自身的价值，是通过上衣没有取得与自己的物体形式不同的价值形式而与它相等。这样，麻布表现出它自身具有价值，实际上是通过上衣能与它直接交换。因此，一个商品的等价形式就是它能与另一个商品直接交换的形式。

如果一种商品例如上衣成了另一种商品例如麻布的等价物，上衣因而获得了一种特殊的属性，即处于能够与麻布直接交换的形式，那末，这根本没有表明上衣与麻布交换的比例。既然麻布的价值量已定，这个比例就取决于上衣的价值量。不管是上衣表现为等价物，麻布表现为相对价值，还是相反，麻布表现为等价物，上衣表现为相对价值，上衣的价值量总是取决于生产它的必要劳动时间，因而和它的价值形式无关。但是一当上衣这种商品在价值表现中取得等价物的地位，它的价值量就不是作为价值量来表现了。在价值等式中，上衣的价值量不如说只是当作某物的一定的量。

例如，40 码麻布"值"什么呢？2 件上衣。因为上衣这种商品在这里起着等价物的作用，作为使用价值的上衣与麻布相对立时是充当价值体，所以，一定量的上衣也就足以表现麻布的一定的价值量。因此，两件上衣能够表现 40 码麻布的价值量，但是两件上衣决不能表现它们自己的价值量，即上衣的价值量。在价值等式中，等价物始终只具有某物即某种使用价值的单纯的量的形式，对这一事实的肤浅了解，使贝利同他的许多先驱者和后继者都误认为价值表现只是一种量的关系。其实，商品的等价形式不包含价值的量的规定。

在考察等价形式时看见的第一个特点，就是使用价值成为它的对立面即价值的表现形式。

商品的自然形式成为价值形式。但是请注意，对商品 B（上衣、小麦或铁等等）来说，这种转换只有在任何别的商品 A（麻布等等）与它发生价值关系时，只有在这种关系中才能实现。因为任何商品都不能把自己当作等价物来同自己发生关系，因而也不能用它自己的自然外形来表现它自己的价值，所以它必须把另一商品当作等价物来同它发生关系，或者使另一商品的自然外形成为它自己的价值形式。

为了说明这一点，可以用衡量商品体本身即使用价值的尺度作例子。塔糖是物体，所以是重的，因而有重量，但是我们看不见也摸不着塔糖的重量。现在我们拿一些不同的铁块来，这些铁块的重量是预先确定了的。铁的物体形式，就其自身来说，同塔糖的物体形式一样，不是重的表现形式。要表现塔糖是重的，我们就要使它和铁发生重量关系。在这种关系中，铁充当一种只表示重而不表示别的东西的物体。因此，铁的量充当糖的重量尺度，对糖这个物体来说，它只是重的体现，重的表现形式。铁只是在糖或其他任何要测定重量的物体同它发生重量关系的时候，才起这种作用。如果两种物都没有重，它们就不能发生这种关系，因此一种物就不能成为另一种物的重的表现。如果把二者放在天平上，我们就会在实际上看到，当作有重的物，它们是相同的，因而在一定的比例上也具有同样的重量。铁这个物体作为重量尺度，对于塔糖来说，只代表重，同样，在我们的价值表现中，上衣这个物体对于麻布来说，也只代表价值。

但是，类比只能到此为止。在塔糖的重量表现中，铁代表两个物体共有的自然属性，即它们的重，而在麻布的价值表现中，上衣代表这两种物的超自然属性，即它们的价值，某种纯粹社会的东西。

一种商品例如麻布的相对价值形式，把自己的价值表现为一种与自己的物体和物体属性完全不同的东西，例如表现为与上衣相同的东西，因此，这个表现本身就说明其中隐藏着某种社会关系。等价形式却相反。等价形式恰恰在于：商品体例如上衣这个物本身就表现价值，因而天然就具有价值形式。当然，只是在商品麻布把商品上衣当作等价物的价值关系中，才是这样。但是，既然一物的属性不是由该物同他物的关系产生，而只是在这种关系中表现出来，因此上衣似乎天然具有等价形式，天然具有能与其他商品直接交换的属性，就象它天然具有重的属性或保暖的属性一样。从这里就产生了等价形式的谜的性质，这种性质只是在等价形式以货币这种完成的形态出现在政治经济学家的面前的时候，才为他的资产阶级的短浅的眼光所注意。这时他用不太耀眼的商品代替金银，并以一再满足的心情反复列举各种曾经充当过商品等价物的普通商品，企图以此来说明金银的神秘性质。他没有料到，最简单的价值表现，如 20 码麻布=1 件上衣，就已经提出了等价形式的谜让人们去解决。

充当等价物的商品的物体总是当作抽象人类劳动的化身，同时又总是某种有用的、具体的劳动的产品。因此，这种具体劳动就成为抽象人类劳动的表现。例如，如果上衣只当作抽象人类劳动的实现，那末，在上衣内实际地实现的缝劳动就只当作抽象人类劳动的实现形式。在麻布的价值表现中，缝劳动的有用性不在于造了衣服，从而造了人，而在于造了一种物体，使人们能看出它是价值，因而是与物化在麻布价值内的劳动毫无区别的那种劳动的凝结。要造这样一面反映价值的镜子，缝劳动本身就必须只是反映它作为人类劳动的这种抽象属性。

缝的形式同织的形式一样，都是人类劳动力的耗费。因此，二者都具有人类劳动的一般属性，因而在一定的情况下，比如在价值的生产上，就可以只从这个角度来考察。这并不神秘。但是在商品的价值表现上事情却反过来了。例如，为了表明织不是在它作为织这个具体形式上，而是在它作为人类劳动这个一般属性上形成麻布的价值，我们就要把缝这种制造麻布的等价物的具体劳动，作为抽象人类劳动的可以捉摸的实现形式与织相对立。

可见，等价形式的第二个特点，就是具体劳动成为它的对立面即抽象人类劳动的表现形式。

既然这种具体劳动，即缝，只是当作无差别的人类劳动的表现，它也就具有与别种劳动即麻布中包含的劳动等同的形式，因而，尽管它同其他一切生产商品的劳动一样是私人劳动，但终究是直接社会形式上的劳动。正因为这样，它才表现在一种能与别种商品直接交换的产品上。可见，等价形式的第三个特点，就是私人劳动成为它的对立面的形式，成为直接社会形式的劳动。

如果我们回顾一下一位伟大的研究家，等价形式的后两个特点就会更容易了解。这位研究家最早分析了许多思维形式、社会形式和自然形式，也最早分析了价值形式。他就是亚里士多德。

首先，亚里士多德清楚地指出，商品的货币形式不过是简单价值形式——一种商品的价值通过任何别一种商品来表现——的进一步发展的形态，因为他说：

"5 张床=1 间屋"

"无异于"：

"5 张床=若干货币"。

其次，他看到：包含着这个价值表现的价值关系本身，要求屋必须在质上与床等同，这两种感觉上不同的物，如果没有这种本质上的等同性，就不能作为可通约的量而互相发生关系。他说："没有等同性，就不能交换，没有可通约性，就不能等同。"但是他到此就停下来了，没有对价值形式作进一步分析。"实际上，这样不同种的物是不能通约的"，就是说，它们不可能在质上等同。这种等同只能是某种和物的真实性质相异的东西，因而只能是"应付实际需要的手段"。

可见，亚里士多德自己告诉了我们，是什么东西阻碍他作进一步的分析，这就是缺乏价值概念。这种等同的东西，也就是屋在床的价值表现中对床来说所代表的共同的实体是什么呢？亚里士多德说，这种东西"实际上是不可能存在的"。为什么呢？只要屋代表床和屋二者中真正等同的东西，对床来说屋就代表一种等同的东西。这就是人类劳动。

但是，亚里士多德不能从价值形式本身看出，在商品价值形式中，一切劳动都表现为等同的人类劳动，因而是同等意义的劳动，这是因为希腊社会是建立在奴隶劳动的基础上的，因而是以人们之间以及他们的劳动力之间的不平等为自然基础的。价值表现的秘密，即一切劳动由于而且只是由于都是一般人类劳动而具有的等同性和同等意义，只有在人类平等概念已经成为国民的牢固的成见的时候，才能揭示出来。而这只有在这样的社会里才有可能，在那里，商品形式成为劳动产品的一般形式，从而人们彼此作为商品所有者的关系成为占统治地位的社会关系。亚里士多德在商品的价值表现中发现了等同关系，正是在这里闪耀出他的天才的光辉。只是他所处的社会的历史限制，使他不能发现这种等同关系"实际上"是什么。

（4）简单价值形式的总体

一个商品的简单价值形式包含在它与一个不同种商品的价值关系或交换关系中。商品 A 的价值，通过商品 B 能与商品 A 直接交换而在质上得到表现，通过一定量的商品 B 能与既定量的商品 A 交换而在量上得到表现。换句话说，一个商品的价值是通过它表现为"交换价值"而得到独立的表现。在本章的开头，我们曾经依照通常的说法，说商品是使用价值和交换价值，严格说来，这是不对的。商品是使用价值或使用物品和"价值"。一个商品，只要它的价值取得一个特别的、不同于它的自然形式的表现形式，即交换价值形式，它就表现为这样的二重物。孤立地考察，它绝没有这种形式，而只有同第二个不同种的商品发生价值关系或交换关系时，它才具有这种形式。只要我们知道了这一点，上述说法就没有害处，而只有简便的好处。

我们的分析表明，商品的价值形式或价值表现由商品价值的本性产生，而不是相反，价值和价值量由它们的作为交换价值的表现方式产生。但是，这正是重商主义者和他们的现代复兴者费里埃、加尼耳之流的错觉，也是他们的反对者现代自由贸易贩子巴师夏之流的错觉。重商主义者看重价值表现的质的方面，也就是看重在货币上取得完成形态的商品等价形式，相反地，必须以任何价格出售自己的商品的现代自由贸易贩子，则看重相对价值形式的量的方面。因此，在他们看来，商品的价值和价值量只存在于由交换关系引起的表现中，也就是只存在于每日行情表中。苏格兰人麦克劳德，由于他的职责是用尽可能博学的外衣来粉饰伦巴特街的杂乱的观念，而成了迷信的重商主义者和开明的自由贸易贩子之间的一个成功的综合。

更仔细地考察一下商品 A 同商品 B 的价值关系中所包含的商品 A 的价值表现，就会知道，在这一关系中商品 A 的自然形式只是充当使用价值的形态，而商品 B 的自然形式只是充当价值形式或价值形态。这样，潜藏在商品中的使用价值和价值的内部对立，就通过外部对立，即通过两个商品的关系表现出来了，在这个关系中，价值要被表现的商品只是直接当作使用价值，而另一个表现价值的商品只是直接当作交换价值。所以，一个商品的简单的价值形式，就是该商品中所包含的使用价值和价值的对立的简单表现形式。

在一切社会状态下，劳动产品都是使用物品，但只是历史上一定的发展时代，也就是使生产一个使用物所耗费的劳动表现为该物的"对象的"属性即它的价值的时代，才使劳动产品转化为商品。由此可见，商品的简单价值形式同时又是劳动产品的简单商品形式，因此，商品形式的发展是同价值形式的发展一致的。

一看就知道，简单价值形式是不充分的，是一种胚胎形式，它只有通过一系列的形态变化，才成熟为价格形式。

商品 A 的价值表现在某种商品 B 上，只是使商品 A 的价值同它自己的使用价值区别开来，因此也只是使商品 A 同某一种与它自身不同的商品发生交换关系，而不是表现商品 A 同其他一切商品的质的等同和量的比例。与一个商品的简单相对价值形式相适应的，是另一个商品的个别等价形式。所以，在麻布的相对价值表现中，上衣只是对麻布这一种商品来说，具有等价形式或能直接交换的形式。

然而个别的价值形式会自行过渡到更完全的形式。通过个别的价值形式，商品 A 的价值固然只是表现在一个别种商品上，但是这后一个商品不论是哪一种，是上衣、铁或小麦等等，都完全一样。随着同一商品和这种或那种不同的商品发生价值关系，也就产生它的种种不同的简单价值表现。它可能有的价值表现的数目，只受与它不同的商品种类的数目的限制。这样，商品的个别的价值表现就转化为一个可以不断延长的、不同的简单价值表现的系列。

B.　总和的或扩大的价值形式

z 量商品 A=u 量商品 B，或=v 量商品 C，或=w 量商品 D，

或=x 量商品 E，或=其他

（20 码麻布=1 件上衣，或=10 磅茶叶，或=40 磅咖啡，或=1 夸特小麦，或=2 盎斯金，

或=$\frac{1}{2}$ 吨铁，或=其他）

（1）扩大的相对价值形式

现在，一种商品例如麻布的价值表现在商品世界的其他无数的元素上。每一种其他的商品体都成为反映麻布价值的镜子。这样，这个价值本身才真正表现为无差别的人类劳动的凝结。因为形成这个价值的劳动现在十分清楚地表现为这样一种劳动，其他任何一种人类劳动都与之等同，而不管其他任何一种劳动具有怎样的自然形式，即不管它是物化在上衣、小麦、铁或金等等之中。因此，现在麻布通过自己的价值形式，不再是只同另一种商品发生社会关系，而是同整个商品世界发生社会关系。作为商品，它是这个世界的一个公民。同时，商品价值表现的无限的系列表明，商品价值是同它借以表现的使用价值的特殊形式没有关系的。

在第一种形式即 20 码麻布=1 件上衣中，这两种商品能以一定的量的比例相交换，可能是偶然的事情。相反地，在第二种形式中，一个根本不同于偶然现象并且决定着这种偶然现象的背景马上就显露出来了。麻布的价值无论是表现在上衣、咖啡或铁等等无数千差万别的、属于各个不同所有者的商品上，总是一样大的。两个单个商品所有者之间的偶然关系消失了。显然，不是交换调节商品的价值量，恰好相反，是商品的价值量调节商品的交换比例。

（2）特殊等价形式

每一种商品，上衣、茶叶、小麦、铁等等，都在麻布的价值表现中充当等

价物，因而充当价值体。每一种这样的商品的一定的自然形式，现在都成为一个特殊的等价形式，与其他许多特殊等价形式并列。同样，种种不同的商品体中所包含的多种多样的一定的、具体的、有用的劳动，现在只是一般人类劳动的同样多种的特殊的实现形式或表现形式。

（3）总和的或扩大的价值形式的缺点

第一，商品的相对价值表现是未完成的，因为它的表现系列永无止境。每当新出现一种商品，从而提供一种新的价值表现的材料时，由一个个的价值等式连结成的锁链就会延长。第二，这条锁链形成一幅由互不关联的而且种类不同的价值表现拼成的五光十色的镶嵌画。最后，象必然会发生的情形一样，如果每一种商品的相对价值都表现在这个扩大的形式中，那末，每一种商品的相对价值形式都是一个不同于任何别的商品的相对价值形式的无穷无尽的价值表现系列。——扩大的相对价值形式的缺点反映在与它相适应的等价形式中。既然每一种商品的自然形式在这里都是一个特殊的等价形式，与无数别的特殊等价形式并列，所以只存在着有局限性的等价形式，其中每一个都排斥另一个。同样，每个特殊的商品等价物中包含的一定的、具体的、有用的劳动，都只是人类劳动的特殊的因而是不充分的表现形式。诚然，人类劳动在这些特殊表现形式的总和中，获得自己的完全的或者总和的表现形式。但是它还没有获得统一的表现形式。

扩大的相对价值形式只是由简单的相对价值表现的总和，或第一种形式的等式的总和构成，例如：

$$20 \text{ 码麻布} = 1 \text{ 件上衣，}$$
$$20 \text{ 码麻布} = 10 \text{ 磅茶叶，等等。}$$

但是每一个这样的等式倒转过来也包含着一个同一的等式：

$$1 \text{ 件上衣} = 20 \text{ 码麻布，}$$
$$10 \text{ 磅茶叶} = 20 \text{ 码麻布，等等。}$$

事实上，如果一个人用他的麻布同其他许多商品交换，从而把麻布的价值表现在一系列其他的商品上，那末，其他许多商品所有者也就必然要用他们的商品同麻布交换，从而把他们的各种不同的商品的价值表现在同一个第三种商品麻布上。——因此，把 20 码麻布=1 件上衣，或=10 磅茶叶，或=其他等等这个系列倒转过来，也就是说，把事实上已经包含在这个系列中的相反关系表示出来，我们就得到：

C. 一般价值形式

$$
\left.\begin{array}{l}
\text{1 件上衣}= \\[4pt]
\text{10 磅茶叶}= \\[4pt]
\text{40 磅咖啡}= \\[4pt]
\text{1 夸特小麦}= \\[4pt]
\text{2 盎斯金}= \\[4pt]
\dfrac{1}{2}\ \text{吨铁}= \\[6pt]
\text{x 量商品 A}= \\[4pt]
\text{其他商品}=
\end{array}\right\}\ \text{20 码麻布}
$$

（1）价值形式的变化了的性质

现在，商品价值的表现：1. 是简单的，因为都是表现在唯一的商品上；2. 是统一的，因为都是表现在同一的商品上。它们的价值形式是简单的和共同的，因而是一般的。

第一种形式和第二种形式二者都只是使一种商品的价值表现为一种与它自身的使用价值或商品体不同的东西。

第一种形式提供的价值等式是：1 件上衣=20 码麻布，10 磅茶叶=$\dfrac{1}{2}$ 吨铁，等等。上衣的价值表现为与麻布等同，茶叶的价值表现为与铁等同，等等，但是与麻布等同和与铁等同——上衣和茶叶各自的这种价值表现是不相同的，正如麻布和铁不相同一样。很明显，这种形式实际上只是在最初交换阶段，也就是在劳动产品通过偶然的、间或的交换而转化为商品的阶段才出现。

第二种形式比第一种形式更完全地把一种商品的价值同它自身的使用价值区别开来，因为例如上衣的价值现在是在一切可能的形式上与它的自然形式相对立，上衣的价值现在与麻布等同，与铁等同，与茶叶等同，与其他一切东西等同，只是不与上衣等同。另一方面，在这里商品的任何共同的价值表现都直接被排除了，因为在每一种商品的价值表现中，其他一切商品现在都只是以等价物的形式出现。扩大的价值形式，事实上是在某种劳动产品例如牲畜不再是偶然地而已经是经常地同其他不同的商品交换的时候，才出现的。

新获得的形式使商品世界的价值表现在从商品世界中分离出来的同一种商品上，例如表现在麻布上，因而使一切商品的价值都通过它们与麻布等同而表现出来。每个商品的价值作为与麻布等同的东西，现在不仅与它自身的使用价值相区别，而且与一切使用价值相区别，正因为这样才表现为它和一切商品共有的东西。因此，只有这种形式才真正使商品作为价值互相发生关系，或者使它们互相表现为交换价值。

前两种形式表现一种商品的价值，或者是通过一个不同种的商品，或者是通过许多种与它不同的商品构成的系列。在这两种情况下，使自己取得一个价值形式可以说是个别商品的私事，它完成这件事情是不用其他商品帮助的。对它来说，其他商品只是起着被动的等价物的作用。相反地，一般价值形式的出现只是商品世界共同活动的结果。一种商品所以获得一般的价值表现，只是因为其他一切商品同时也用同一个等价物来表现自己的价值，而每一种新出现的商品都要这样做。这就表明，由于商品的价值对象性只是这些物的"社会存在"，所以这种对象性也就只能通过它们全面的社会关系来表现，因而它们的价值形式必须是社会公认的形式。

现在，一切商品，在与麻布等同的形式上，不仅表现为在质上等同，表现为价值，而且同时也表现为在量上可以比较的价值量。由于它们都通过同一个材料，通过麻布来反映自己的价值量，这些价值量也就互相反映。例如，10磅茶叶=20码麻布，40磅咖啡=20码麻布。因此，10磅茶叶=40磅咖啡。或者说，一磅咖啡所包含的价值实体即劳动，只等于一磅茶叶所包含的$\frac{1}{4}$。

商品世界的一般的相对价值形式，使被排挤出商品世界的等价物商品即麻布，获得了一般等价物的性质。麻布自身的自然形式是这个世界的共同的价值形态，因此，麻布能够与其他一切商品直接交换。它的物体形式是当作一切人类劳动的可以看得见的化身，一般的社会的蛹化。同时，织，这种生产麻布的私人劳动，也就处于一般社会形式，处于与其他一切劳动等同的形式。构成一般价值形式的无数等式，使实现在麻布中的劳动，依次等于包含在其他商品中的每一种劳动，从而使织成为一般人类劳动的一般表现形式。这样，物化在商品价值中的劳动，不仅消极地表现为被抽去了实在劳动的一切具体形式和有用属性的劳动。它本身的积极的性质也清楚地表现出来了。这就是把一切实在劳动化为它们共有的人类劳动的性质，化为人类劳动力的耗费。

把劳动产品表现为只是无差别人类劳动的凝结物的一般价值形式，通过自身的结构表明，它是商品世界的社会表现。因此，它清楚地告诉我们，在这个世界中，劳动的一般的人类的性质形成劳动的特殊的社会的性质。

（2）相对价值形式和等价形式的发展关系

等价形式的发展程度是同相对价值形式的发展程度相适应的。但是必须指出，等价形式的发展只是相对价值形式发展的表现和结果。

一种商品的简单的或个别的相对价值形式使另一种商品成为个别的等价物。扩大的相对价值形式，即一种商品的价值在其他一切商品上的表现，赋予其他一切商品以种种不同的特殊等价物的形式。最后，一种特殊的商品获得一般等价形式，是因为其他一切商品使它成为它们统一的、一般的价值形式的材料。

价值形式发展到什么程度，它的两极即相对价值形式和等价形式之间的对立，也就发展到什么程度。

第一种形式——20 码麻布=1 件上衣——就已经包含着这种对立，但没有使这种对立固定下来。我们从等式的左边读起，麻布是相对价值形式，上衣是等价形式，从等式的右边读起，上衣是相对价值形式，麻布是等价形式。在这里，要把握住两极的对立还相当困难。

在第二种形式中，每一次总是只有一种商品可以完全展开它的相对价值，或者说，它自身具有扩大的相对价值形式，是因为而且只是因为其他一切商品与它相对立，处于等价形式。在这里，不能再变换价值等式（例如 20 码麻布=1 件上衣，或=10 磅茶叶，或=1 夸特小麦等等）的两边的位置，除非改变价值等式的全部性质，使它从总和的价值形式变成一般的价值形式。

最后，后面一种形式，即第三种形式，给商品世界提供了一般的社会的相对价值形式，是因为而且只是因为除了一个唯一的例外，商品世界的一切商品都不能具有一般等价形式。因此，一种商品如麻布处于能与其他一切商品直接交换的形式，或者说，处于直接的社会的形式，是因为而且只是因为其他一切商品都不是处于这种形式。

相反地，充当一般等价物的商品则不能具有商品世界的统一的、从而是一般的相对价值形式。如果麻布，或任何一种处于一般等价形式的商品，要同时具有一般的相对价值形式，那末，它必须自己给自己充当等价物。于是我们得到的就是 20 码麻布=20 码麻布，这是一个既不表现价值也不表现价值量的同义反复。要表现一般等价物的相对价值，我们就必须把第三种形式倒过来。一般等价物没有与其他商品共同的相对价值形式，它的价值相对地表现在其他一切商品体的无限的系列上。因此，扩大的相对价值形式，即第二种形式，现在表现为等价物商品特有的相对价值形式。

（3）从一般价值形式到货币形式的过渡

一般等价形式是价值的一种形式。因此，它可以属于任何一种商品。另一方面，一种商品处于一般等价形式（第三种形式），是因为而且只是因为它被其他一切商品当作等价物排挤出来。这种排挤最终限制在一种特殊的商品上，从这个时候起，商品世界的统一的相对价值形式才获得客观的固定性和一般的社会效力。

等价形式同这种特殊商品的自然形式社会地结合在一起，这种特殊商品成了货币商品，或者执行货币的职能。在商品世界起一般等价物的作用就成了它特有的社会职能，从而成了它的社会独占权。在第二种形式中充当麻布的特殊等价物，而在第三种形式中把自己的相对价值共同用麻布来表现的各种商品中间，有一种商品在历史过程中夺得了这个特权地位，这就是金。因此，我们在第三种形式中用商品金代替商品麻布，就得到：

D.　货币形式

$$
\left.\begin{array}{l}
20\text{ 码麻布}= \\
1\text{ 件上衣}= \\
10\text{ 磅茶叶}= \\
40\text{ 磅咖啡}= \\
1\text{ 夸特小麦}= \\
\dfrac{1}{2}\text{ 吨铁}= \\
x\text{ 量商品 A}=
\end{array}\right\}\ 2\text{ 盎斯金}
$$

在第一种形式过渡到第二种形式，第二种形式过渡到第三种形式的时候，都发生了本质的变化。而第四种形式与第三种形式的唯一区别，只是金代替麻布取得了一般等价形式。金在第四种形式中同麻布在第三种形式中一样，都是一般等价物。唯一的进步是在于：能直接地一般地交换的形式，即一般等价形式，现在由于社会的习惯最终地同商品金的特殊的自然形式结合在一起了。

金能够作为货币与其他商品相对立，只是因为它早就作为商品与它们相对立。与其他一切商品一样，它过去就起等价物的作用：或者是在个别的交换行为中起个别等价物的作用，或者是与其他商品等价物并列起特殊等价物的作用。渐渐地，它就在或大或小的范围内起一般等价物的作用。一当它在商品世界的价值表现中独占了这个地位，它就成为货币商品。只是从它已经成为货币商品的时候起，第四种形式才同第三种形式区别开来，或者说，一般价值形式才转化为货币形式。

一种商品（如麻布）在已经执行货币商品职能的商品（如金）上的简单的相对的价值表现，就是价格形式。因此，麻布的"价格形式"是：

20 码麻布=2 盎斯金，

如果 2 盎斯金的铸币名称是 2 镑，那就是：

20 码麻布=2 镑。

理解货币形式的困难，无非是理解一般等价形式，从而理解一般价值形式即第三种形式的困难。第三种形式倒转过来，就化为第二种形式，即扩大的价值形式，而第二种形式的构成要素是第一种形式：20 码麻布=1 件上衣，或者 x 量商品 A=y 量商品 B。因此，简单的商品形式是货币形式的胚胎。

4. 商品的拜物教性质及其秘密

最初一看，商品好象是一种很简单很平凡的东西。对商品的分析表明，它却是一种很古怪的东西，充满形而上学的微妙和神学的怪诞。商品就它是使用价值来说，不论从它靠自己的属性来满足人的需要这个角度来考察，或者从它作为人类劳动的产品才具有这些属性这个角度来考察，都没有什么神秘的地方。很明显，人通过自己的活动按照对自己有用的方式来改变自然物质的形态。例如，用木头做桌子，木头的形状就改变了。可是桌子还是木头，还是一个普通的可以感觉的物。但是桌子一旦作为商品出现，就变成一个可感觉而又超感觉的物了。它不仅用它的脚站在地上，而且在对其他一切商品的关系上用头倒立着，从它的木脑袋里生出比它自动跳舞还奇怪得多的狂想。

可见，商品的神秘性质不是来源于商品的使用价值。同样，这种神秘性质也不是来源于价值规定的内容。因为，第一，不管有用劳动或生产活动怎样不同，它们都是人体的机能，而每一种这样的机能不管内容和形式如何，实质上都是人的脑、神经、肌肉、感官等等的耗费。这是一个生理学上的真理。第二，说到作为决定价值量的基础的东西，即这种耗费的持续时间或劳动量，那末，劳动的量可以十分明显地同劳动的质区别开来。在一切社会状态下，人们对生产生活资料所耗费的劳动时间必然是关心的，虽然在不同的发展阶段上关心的程度不同。最后，一旦人们以某种方式彼此为对方劳动，他们的劳动也就取得社会的形式。

可是，劳动产品一采取商品形式就具有的谜一般的性质究竟是从哪里来的呢？显然是从这种形式本身来的。人类劳动的等同性，取得了劳动产品的等同的价值对象性这种物的形式；用劳动的持续时间来计量的人类劳动力的耗费，取得了劳动产品的价值量的形式；最后，劳动的那些社会规定借以实现的生产者的关系，取得了劳动产品的社会关系的形式。

可见，商品形式的奥秘不过在于：商品形式在人们面前把人们本身劳动的社会性质反映成劳动产品本身的物的性质，反映成这些物的天然的社会属性，从而把生产者同总劳动的社会关系反映成存在于生产者之外的物与物之间的社会关系。由于这种转换，劳动产品成了商品，成了可感觉而又超感觉的物或社会的物。正如一物在视神经中留下的光的印象，不是表现为视神经本身的主观兴奋，而是表现为眼睛外面的物的客观形式。但是在视觉活动中，光确实从一物射到另一物，即从外界对象射入眼睛。这是物理的物之间的物理关系。相反，商品形式和它借以得到表现的劳动产品的价值关系，是同劳动产品的物理性质以及由此产生的物的关系完全无关的。这只是人们自己的一定的社会关系，但它在人们面前采取了物与物的关系的虚幻形式。因此，要找一个比喻，我们就得逃到宗教世界的幻境中去。在那里，人脑的产物表现为赋有生命的、彼此发生关系并同人发生关系的独立存在的东西。在商品世界里，人手的产物也是这样。我把这叫做拜物教。劳动产品一旦作为商品来生产，就带上拜物教性质，因此拜物教是同商品生产分不开的。

商品世界的这种拜物教性质，象以上分析已经表明的，是来源于生产商品的劳动所特有的社会性质。

使用物品成为商品，只是因为它们是彼此独立进行的私人劳动的产品。这种私人劳动的总和形成社会总劳动。由于生产者只有通过交换他们的劳动产品才发生社会接触，因此，他们的私人劳动的特殊的社会性质也只有在这种交换中才表现出来。换句话说，私人劳动在事实上证实为社会总劳动的一部分，只是由于交换使劳动产品之间、从而使生产者之间发生了关系。因此，在生产者面前，他们的私人劳动的社会关系就表现为现在这个样子，就是说，不是表现为人们在自己劳动中的直接的社会关系，而是表现为人们之间的物的关系和物之间的社会关系。

劳动产品只是在它们的交换中，才取得一种社会等同的价值对象性，这种对象性是与它们的感觉上各不相同的使用对象性相分离的。劳动产品分裂为有用物和价值物，实际上只是发生在交换已经十分广泛和十分重要的时候，那时有用物是为了交换而生产的，因而物的价值性质还在生产时就被注意到了。从那时起，生产者的私人劳动真正取得了二重的社会性质。一方面，生产者的私人劳动必须作为一定的有用劳动来满足一定的社会需要，从而证明它们是总劳动的一部分，是自然形成的社会分工体系的一部分。另一方面，只有在每一种特殊的有用的私人劳动可以同任何另一种有用的私人劳动相交换从而相等时，生产者的私人劳动才能满足生产者本人的多种需要。完全不同的劳动所以能够相等，只是因为它们的实际差别已被抽去，它们已被化成它们作为人类劳动力的耗费、作为抽象的人类劳动所具有的共同性质。私人生产者的头脑把他们的私人劳动的这种二重的社会性质，只是反映在从实际交易、产品交换中表现出来的那些形式中，也就是把他们的私人劳动的社会有用性，反映在劳动产品必须有用，而且是对别人有用的形式中；把不同种劳动的相等这种社会性质，反映在这些在物质上不同的物即劳动产品具有共同的价值性质的形式中。

可见，人们使他们的劳动产品彼此当作价值发生关系，不是因为在他们看来这些物只是同种的人类劳动的物质外壳。恰恰相反，他们在交换中使他们的各种产品作为价值彼此相等，也就使他们的各种劳动作为人类劳动而彼此相等。他们没有意识到这一点，但是他们这样做了。价值没有在额上写明它是什么。不仅如此，价值还把每个劳动产品变成社会的象形文字。后来，人们竭力要猜出这种象形文字的涵义，要了解他们自己的社会产品的秘密，因为使用物品当作价值，正象语言一样，是人们的社会产物。后来科学发现，劳动产品作为价值，只是生产它们时所耗费的人类劳动的物的表现，这一发现在人类发展史上划了一个时代，但它决没有消除劳动的社会性质的物的外观。彼此独立的私人劳动的特殊的社会性质表现为它们作为人类劳动而彼此相等，并且采取劳动产品的价值性质的形式——商品生产这种特殊生产形式所独具的这种特点，在受商品生产关系束缚的人们看来，无论在上述发现以前或以后，都是永远不变的，正象空气形态在科学把空气分解为各种元素之后，仍然作为一种物理的物态继续存在一样。

产品交换者实际关心的问题，首先是他用自己的产品能换取多少别人的产品，就是说，产品按什么样的比例交换。当这些比例由于习惯而逐渐达到一定的稳固性时，它们就好象是由劳动产品的本性产生的。例如，1 吨铁和 2 盎斯金的价值相等，就象 1 磅金和 1 磅铁虽然有不同的物理属性和化学属性，但是重量相等一样。实际上，劳动产品的价值性质，只是通过劳动产品作为价值量发生作用才确定下来。价值量不以交换者的意志、设想和活动为转移而不断地变动着。在交换者看来，他们本身的社会运动具有物的运动形式。不是他们控制这一运动，而是他们受这一运动控制。要有十分发达的商品生产，才能从经验本身得出科学的认识，理解到彼此独立进行的、但作为自然形成的社会分工部分而互相全面依赖的私人劳动，不断地被化为它们的社会的比例尺度，这是因为在私人劳动产品的偶然的不断变动的交换关系中，生产这些产品的社会必要劳动时间作为起调节作用的自然规律强制地为自己开辟道路，就象房屋倒在人的头上时重力定律强制地为自己开辟道路一样。因此，价值量由劳动时间决定是一个隐藏在商品相对价值的表面运动后面的秘密。这个秘密的发现，消除了劳动产品的价值量纯粹是偶然决定的这种假象，但是决没有消除这种决定所采取的物的形式。

对人类生活形式的思索，从而对它的科学分析，总是采取同实际发展相反的道路。这种思索是从事后开始的，就是说，是从发展过程的完成的结果开始的。给劳动产品打上商品烙印、因而成为商品流通的前提的那些形式，在人们试图了解它们的内容而不是了解它们的历史性质（人们已经把这些形式看成是不变的了）以前，就已经取得了社会生活的自然形式的固定性。因此，只有商品价格的分析才导致价值量的决定，只有商品共同的货币表现才导致商品的价值性质的确定。但是，正是商品世界的这个完成的形式——货币形式，用物的形式掩盖了私人劳动的社会性质以及私人劳动者的社会关系，而不是把它们揭示出来。如果我说，上衣、皮靴等等把麻布当作抽象的人类劳动的一般化身而同它发生关系，这种说法的荒谬是一目了然的。但是当上衣、皮靴等等的生产者使这些商品同作为一般等价物的麻布（或者金银，这丝毫不改变问题的性质）发生关系时，他们的私人劳动同社会总劳动的关系正是通过这种荒谬形式呈现在他们面前。

这种种形式恰好形成资产阶级经济学的各种范畴。对于这个历史上一定的社会生产方式即商品生产的生产关系来说，这些范畴是有社会效力的，因而是客观的思维形式。因此，一旦我们逃到其他的生产形式中去，商品世界的全部神秘性，在商品生产的基础上笼罩着劳动产品的一切魔法妖术，就立刻消失了。

既然政治经济学喜欢鲁滨逊的故事，那末就先来看看孤岛上的鲁滨逊吧。不管他生来怎样简朴，他终究要满足各种需要，因而要从事各种有用劳动，如做工具，制家具，养羊驼，捕鱼，打猎等等。关于祈祷一类事情我们在这里就不谈了，因为我们的鲁滨逊从中得到快乐，他把这类活动当作休息。尽管他的生产职能是不同的，但是他知道，这只是同一个鲁滨逊的不同的活动形式，因而只是人类劳动的不同方式。需要本身迫使他精确地分配自己执行各种职能的时间。在他的全部活动中，这种或那种职能所占比重的大小，取决于他为取得预期效果所要克服的困难的大小。经验告诉他这些，而我们这位从破船上抢救出表、账簿、墨水和笔的鲁滨逊，马上就作为一个道地的英国人开始记起账来。他的账本记载着他所有的各种使用物品，生产这些物品所必需的各种活动，最后还记载着他制造这种种一定量的产品平均耗费的劳动时间。鲁滨逊和构成他自己创造的财富的物之间的全部关系在这里是如此简单明了，甚至连麦·维尔特先生用不着费什么脑筋也能了解。但是，价值的一切本质上的规定都包含在这里了。

现在，让我们离开鲁滨逊的明朗的孤岛，转到欧洲昏暗的中世纪去吧。在这里，我们看到的，不再是一个独立的人了，人都是互相依赖的：农奴和领主，陪臣和诸侯，俗人和牧师。物质生产的社会关系以及建立在这种生产的基础上的生活领域，都是以人身依附为特征的。但是正因为人身依附关系构成该社会的基础，劳动和产品也就用不着采取与它们的实际存在不同的虚幻形式。它们作为劳役和实物贡赋而进入社会机构之中。在这里，劳动的自然形式，劳动的特殊性是劳动的直接社会形式，而不是象在商品生产基础上那样，劳动的共性是劳动的直接社会形式。徭役劳动同生产商品的劳动一样，是用时间来计量的，但是每一个农奴都知道，他为主人服役而耗费的，是他本人的一定量的劳动力。缴纳给牧师的什一税，是比牧师的祝福更加清楚的。所以，无论我们怎样判断中世纪人们在相互关系中所扮演的角色，人们在劳动中的社会关系始终表现为他们本身之间的个人的关系，而没有披上物之间即劳动产品之间的社会关系的外衣。

要考察共同的劳动即直接社会化的劳动，我们没有必要回溯到一切文明民族的历史初期都有过的这种劳动的原始的形式。这里有个更近的例子，就是农民家庭为了自身的需要而生产粮食、牲畜、纱、麻布、衣服等等的那种农村家长制生产。对于这个家庭来说，这种种不同的物都是它的家庭劳动的不同产品，但它们不是互相作为商品发生关系。生产这些产品的种种不同的劳动，如耕、牧、纺、织、缝等等，在其自然形式上就是社会职能，因为这是这样一个家庭的职能，这个家庭就象商品生产一样，有它本身的自然形成的分工。家庭内的分工和家庭各个成员的劳动时间，是由性别年龄上的差异以及随季节而改变的劳动的自然条件来调节的。但是，用时间来计量的个人劳动力的耗费，在这里本来就表现为劳动本身的社会规定，因为个人劳动力本来就只是作为家庭共同劳动力的器官而发挥作用的。

最后，让我们换一个方面，设想有一个自由人联合体，他们用公共的生产资料进行劳动，并且自觉地把他们许多个人劳动力当作一个社会劳动力来使用。在那里，鲁滨逊的劳动的一切规定又重演了，不过不是在个人身上，而是在社会范围内重演。鲁滨逊的一切产品只是他个人的产品，因而直接是他的使用物品。这个联合体的总产品是社会的产品。这些产品的一部分重新用作生产资料。这一部分依旧是社会的。而另一部分则作为生活资料由联合体成员消费。因此，这一部分要在他们之间进行分配。这种分配的方式会随着社会生产机体本身的特殊方式和随着生产者的相应的历史发展程度而改变。仅仅为了同商品生产进行对比，我们假定，每个生产者在生活资料中得到的份额是由他的劳动时间决定的。这样，劳动时间就会起双重作用。劳动时间的社会的有计划的分配，调节着各种劳动职能同各种需要的适当的比例。另一方面，劳动时间又是计量生产者个人在共同劳动中所占份额的尺度，因而也是计量生产者个人在共同产品的个人消费部分中所占份额的尺度。在那里，人们同他们的劳动和劳动产品的社会关系，无论在生产上还是在分配上，都是简单明了的。

在商品生产者的社会里，一般的社会生产关系是这样的：生产者把他们的产品当作商品，从而当作价值来对待，而且通过这种物的形式，把他们的私人劳动当作等同的人类劳动来互相发生关系。对于这种社会来说，崇拜抽象人的基督教，特别是资产阶级发展阶段的基督教，如新教、自然神教等等，是最适当的宗教形式。在古亚细亚的、古希腊罗马的等等生产方式下，产品变为商品、从而人作为商品生产者而存在的现象，处于从属地位，但是共同体越是走向没落阶段，这种现象就越是重要。真正的商业民族只存在于古代世界的空隙中，就象伊壁鸠鲁的神只存在于世界的空隙中，或者犹太人只存在于波兰社会的缝隙中一样。这些古老的社会生产机体比资产阶级的社会生产机体简单明了得多，但它们或者以个人尚未成熟，尚未脱掉同其他人的自然血缘联系的脐带为基础，或者以直接的统治和服从的关系为基础。它们存在的条件是：劳动生产力处于低级发展阶段，与此相应，人们在物质生活生产过程内部的关系，即他们彼此之间以及他们同自然之间的关系是很狭隘的。这种实际的狭隘性，观念地反映在古代的自然宗教和民间宗教中。只有当实际日常生活的关系，在人们面前表现为人与人之间和人与自然之间极明白而合理的关系的时候，现实世界的宗教反映才会消失。只有当社会生活过程即物质生产过程的形态，作为自由结合的人的产物，处于人的有意识有计划的控制之下的时候，它才会把自己的神秘的纱幕揭掉。但是，这需要有一定的社会物质基础或一系列物质生存条件，而这些条件本身又是长期的、痛苦的历史发展的自然产物。

诚然，政治经济学曾经分析了价值和价值量（虽然不充分），揭示了这些形式所掩盖的内容。但它甚至从来也没有提出过这样的问题：为什么这一内容要采取这种形式呢？为什么劳动表现为价值，用劳动时间计算的劳动量表现为劳动产品的价值量呢？一些公式本来在额上写着，它们是属于生产过程支配人而人还没有支配生产过程的那种社会形态的，但在政治经济学的资产阶级意识中，它们竟象生产劳动本身一样，成了不言而喻的自然必然性。因此，政治经济学对待资产阶级以前的社会生产机体形式，就象教父对待基督教以前的宗教一样。

商品世界具有的拜物教性质或劳动的社会规定所具有的物的外观，怎样使一部分经济学家受到迷惑，也可以从关于自然在交换价值的形成中的作用所进行的枯燥无味的争论中得到证明。既然交换价值是表示消耗在物上的劳动的一定社会方式，它就象汇率一样并不包含自然物质。

由于商品形式是资产阶级生产的最一般的和最不发达的形式（所以它早就出现了，虽然不象今天这样是统治的、从而是典型的形式），因而，它的拜物教性质显得还比较容易看穿。但是在比较具体的形式中，连这种简单性的外观也消失了。货币主义的幻觉是从哪里来的呢？是由于货币主义没有看出：金银作为货币代表的一种社会生产关系，不过采取了一种具有奇特的社会属性的自然物的形式。而蔑视货币主义的现代经济学，一当它考察资本，它的拜物教不是也很明显吗？认为地租是由土地而不是由社会产生的重农主义幻觉，又破灭了多久呢？

为了不致涉及以后的问题，这里仅仅再举一个关于商品形式本身的例子。假如商品能说话，它们会说：我们的使用价值也许使人们感到兴趣。作为物，我们没有使用价值。作为物，我们具有的是我们的价值。我们自己作为商品物进行的交易就证明了这一点。我们彼此只是作为交换价值发生关系。现在，让我们听听经济学家是怎样说出商品内心的话的：

"价值〈交换价值〉是物的属性，财富〈使用价值〉是人的属性。从这个意义上说，价值必然包含交换，财富则不然。""财富〈使用价值〉是人的属性，价值是商品的属性。人或共同体是富的；珍珠或金刚石是有价值的……珍珠或金刚石作为珍珠或金刚石是有价值的。"

　　直到现在，还没有一个化学家在珍珠或金刚石中发现交换价值。可是那些自命有深刻的批判力、发现了这种化学物质的经济学家，却发现物的使用价值同它们的物质属性无关，而它们的价值倒是它们作为物所具有的。在这里为他们作证的是这样一种奇怪的情况：物的使用价值对于人来说没有交换就能实现，就是说，在物和人的直接关系中就能实现；相反，物的价值则只能在交换中实现，就是说，只能在一种社会的过程中实现。在这里，我们不禁想起善良的道勃雷，他教导巡丁西可尔说：

　　"一个人长得漂亮是环境造成的，会写字念书才是天生的本领"。

第二章
交换过程

商品不能自己到市场去，不能自己去交换。因此，我们必须找寻它的监护人，商品所有者。商品是物，所以不能反抗人。如果它不乐意，人可以使用强力，换句话说，把它拿走。为了使这些物作为商品彼此发生关系，商品监护人必须作为有自己的意志体现在这些物中的人彼此发生关系，因此，一方只有符合另一方的意志，就是说每一方只有通过双方共同一致的意志行为，才能让渡自己的商品，占有别人的商品。可见，他们必须彼此承认对方是私有者。这种具有契约形式的（不管这种契约是不是用法律固定下来的）法的关系，是一种反映着经济关系的意志关系。这种法的关系或意志关系的内容是由这种经济关系本身决定的。在这里，人们彼此只是作为商品的代表即商品所有者而存在。在研究进程中我们会看到，人们扮演的经济角色不过是经济关系的人格化，人们是作为这种关系的承担者而彼此对立着的。

商品所有者与商品不同的地方，主要在于：对商品来说，每个别的商品体只是它本身的价值的表现形式。商品是天生的平等派和昔尼克派，它随时准备不仅用自己的灵魂而且用自己的肉体去同任何别的商品交换，哪怕这个商品生得比马立托奈斯还丑。商品所缺乏的这种感知其他商品体的具体属性的能力，由商品所有者用他自己的五种和五种以上的感官补足了。商品所有者的商品对他没有直接的使用价值。否则，他就不会把它拿到市场上去。他的商品对别人有使用价值。他的商品对他来说，直接有的只是这样的使用价值：它是交换价值的承担者，从而是交换手段。所以，他愿意让渡他的商品来换取那些使用价值为他所需要的商品。一切商品对它们的所有者是非使用价值，对它们的非所有者是使用价值。因此，商品必须全面转手。这种转手就形成商品交换，而商品交换使商品彼此作为价值发生关系并作为价值来实现。可见，商品在能够作为使用价值实现以前，必须先作为价值来实现。

另一方面，商品在能够作为价值实现以前，必须证明自己是使用价值，因为耗费在商品上的人类劳动，只有耗费在对别人有用的形式上，才能算数。但是，这种劳动对别人是否有用，它的产品是否能够满足别人的需要，只有在商品交换中才能得到证明。

每一个商品所有者都只想让渡自己的商品，来换取别种具有能够满足他本人需要的使用价值的商品。就这一点说，交换对于他只是个人的过程。另一方面，他想把他的商品作为价值来实现，也就是通过他所中意的任何另一种具有同等价值的商品来实现，而不问他自己的商品对于这另一种商品的所有者是不是有使用价值。就这一点说，交换对于他是一般社会的过程。但是，同一过程不可能同时对于一切商品所有者只是个人的过程，同时又只是一般社会的过程。

我们仔细看一下就会发现，对每一个商品所有者来说，每个别人的商品都是他的商品的特殊等价物，从而他的商品是其他一切商品的一般等价物。既然一切商品所有者都这样做，所以没有一种商品是一般等价物，商品也就不具有使它们作为价值彼此等同、作为价值量互相比较的一般的相对价值形式。因此，它们并不是作为商品，而只是作为产品或使用价值彼此对立着。

我们的商品所有者在他们的困难处境中是象浮士德那样想的：起初是行动。因此他们还没有想就已经做起来了。商品本性的规律通过商品所有者的天然本能表现出来。他们只有使他们的商品同任何别一种作为一般等价物的商品相对立，才能使他们的商品作为价值，从而作为商品彼此发生关系。商品分析已经表明了这一点。但是，只有社会的活动才能使一种特定的商品成为一般等价物。因此，其他一切商品的社会的行动使一种特定的商品分离出来，通过这种商品来全面表现它们的价值。于是这一商品的自然形式就成为社会公认的等价形式。由于这种社会过程，充当一般等价物就成为被分离出来的商品的特殊社会职能。这种商品就成为货币。

"他们同心合意，把力量和权柄授予那只兽。凡没有这种印记即没有这个兽名或兽名的数字者，都不能买或卖。"（《启示录》）

货币结晶是交换过程的必然产物，在交换过程中，各种不同的劳动产品事实上彼此等同，从而事实上转化为商品。交换的扩大和加深的历史过程，使商品本性中潜伏着的使用价值和价值的对立发展起来。为了交易，需要这一对立在外部表现出来，这就要求商品价值有一个独立的形式，这个需要一直存在，直到由于商品分为商品和货币这种二重化而最终取得这个形式为止。可见，随着劳动产品转化为商品，商品就在同一程度上转化为货币。

直接的产品交换一方面具有简单价值表现形式，另一方面还不具有这种形式。这种形式就是 x 量商品 A＝y 量商品 B。直接的产品交换形式是 x 量使用物品 A=y 量使用物品 B。在这里，A 物和 B 物在交换之前不是商品，它们通过交换才成为商品。使用物品可能成为交换价值的第一步，就是它作为非使用价值而存在，作为超过它的所有者的直接需要的使用价值量而存在。物本身存在于人之外，因而是可以让渡的。为使让渡成为相互的让渡，人们只须默默地彼此当作被让渡的物的私有者，从而彼此当作独立的人相对立就行了。然而这种彼此当作外人看待的关系在原始共同体的成员之间并不存在，不管这种共同体的形式是家长制家庭，古代印度公社，还是印加国，等等。商品交换是在共同体的尽头，在它们与别的共同体或其成员接触的地方开始的。但是物一旦对外成为商品，由于反作用，它们在共同体内部也成为商品。它们交换的量的比例起初完全是偶然的。它们能够交换，是由于它们的所有者彼此愿意把它们让渡出去的意志行为。同时，对别人的使用物品的需要渐渐固定下来。交换的不断重复使交换成为有规则的社会过程。因此，随着时间的推移，至少有一部分劳动产品必定是有意为了交换而生产的。从那时起，一方面，物满足直接需要的效用和物用于交换的效用的分离固定下来了。它们的使用价值同它们的交换价值分离开来。另一方面，它们相交换的量的比例是由它们的生产本身决定的。习惯把它们作为价值量固定下来。

在直接的产品交换中，每个商品对于它的所有者直接就是交换手段，对于它的非所有者直接就是等价物，不过它要对于后者是使用价值。因此，交换物还没有取得同它本身的使用价值或交换者的个人需要相独立的价值形式。随着进入交换过程的商品数量和种类的增多，就越来越需要这种形式。问题和解决问题的手段同时产生。如果不同商品所有者的不同商品在它们的交易中不和同一个第三种商品相交换并作为价值和它相比较，商品所有者拿自己的物品同其他种种物品相交换、相比较的交易就决不会发生。这第三种商品由于成为其他各种商品的等价物，就直接取得一般的或社会的等价形式，虽然是在狭小的范围内。这种一般等价形式同引起这个形式的瞬息间的社会接触一起产生和消失。这种形式交替地、暂时地由这种或那种商品承担。但是，随着商品交换的发展，这种形式就只是固定在某些特定种类的商品上，或者说结晶为货币形式。它究竟固定在哪一种商品上，最初是偶然的。但总的说来，有两种情况起着决定的作用。货币形式或者固定在最重要的外来交换物品上，这些物品事实上是本地产品的交换价值的自然形成的表现形式；或者固定在本地可让渡的财产的主要部分如牲畜这种使用物品上。游牧民族最先发展了货币形式，因为他们的一切财产都具有可以移动的因而可以直接让渡的形式，又因为他们的生活方式使他们经常和别的共同体接触，因而引起产品交换。人们过去常常把作为奴隶的人本身当作原始的货币材料，但是从来没有把土地当作这种材料。这种想法只有在发达的资产阶级社会里才会产生。它出现在十七世纪最后三十多年，而只是在一个世纪以后的法国资产阶级革命时期，有人才试图在全国范围内来实现它。

随着商品交换日益突破地方的限制，从而商品价值日益发展成为一般人类劳动的化身，货币形式也就日益转到那些天然适于执行一般等价物这种社会职能的商品身上，即转到贵金属身上。

"金银天然不是货币，但货币天然是金银"，这句话已为金银的自然属性适于担任货币的职能而得到证明。但至此我们只知道货币的一种职能：它是商品价值的表现形式，或者是商品价值量借以取得社会表现的材料。一种物质只有分成的每一份都是均质的，才能成为价值的适当的表现形式，或抽象的因而等同的人类劳动的化身。另一方面，因为价值量的差别纯粹是量的差别，所以货币商品必须只能有纯粹量的差别，就是说，必须能够随意分割，又能够随意把它的各部分合并起来。金和银就天然具有这种属性。

货币商品的使用价值二重化了。它作为商品具有特殊的使用价值，如金可以镶牙，可以用作奢侈品的原料等等，此外，它又取得一种由它的特殊的社会职能产生的形式上的使用价值。

既然其他一切商品只是货币的特殊等价物，而货币是它们的一般等价物，所以它们是作为特殊商品来同作为一般商品的货币发生关系。

我们已经知道，货币形式只是其他一切商品的关系固定在一种商品上面的反映。所以，只有在那些从货币的完成的形态出发而从后往前分析商品的人看来，"货币是商品"才是一种发现。对于交换过程使之转化为货币的那个商品，交换过程给予它的，不是它的价值，而是它的特殊的价值形式。有人由于把这两种规定混淆起来，曾误认为金银的价值是想象的。由于货币在某些职能上可以用它本身的单纯的符号来代替，又产生了另一种误解，以为货币是一种单纯符号。但另一方面，在这种误解里面包含了一种预感：物的货币形式是物本身以外的东西，它只是隐藏在物后面的人的关系的表现形式。从这个意义上说，每个商品都是一个符号，因为它作为价值只是耗费在它上面的人类劳动的物质外壳。但是，当人们把物在一定的生产方式的基础上取得的社会性质，或者说，把劳动的社会规定在一定的生产方式的基础上取得的物质性质说成是单纯的符号时，他们就把这些性质说成是人随意思考的产物。这是十八世纪流行的启蒙方法，其目的是要在人们还不能解释人的关系的谜一般的形态的产生过程时，至少暂时把这种形态的奇异外观除掉。

前面已经指出，一个商品的等价形式并不包含该商品的价值量的量的规定。即使我们知道金是货币，因而可以同其他一切商品直接交换，我们并不因此就知道例如 10 磅金的价值是多少。货币同任何商品一样，只能相对地通过别的商品来表现自己的价值量。它本身的价值是由生产它所需要的劳动时间决定的，并且是通过每个含有同样多劳动时间的别种商品的量表现出来的。金的相对价值量是在金的产地通过直接的物物交换确定的。当它作为货币进入流通时，它的价值已经是既定的了。还在十七世纪最后几十年，人们已经知道货币是商品，这在货币分析上是跨出很大一步的开端，但终究只是开端而已。困难不在于了解货币是商品，而在于了解商品怎样、为什么、通过什么成为货币。

我们已经看到，在 x 量商品 A = y 量商品 B 这个最简单的价值表现中，就已经存在一种假象，好象表现另一物的价值量的物不通过这种关系就具有自己的等价形式，好象这种形式是天然的社会属性。我们已经探讨了这种假象是怎样确立起来的。当一般等价形式同一种特殊商品的自然形式结合在一起，即结晶为货币形式的时候，这种假象就完全形成了。一种商品成为货币，似乎不是因为其他商品都通过它来表现自己的价值，相反，似乎因为这种商品是货币，其他商品才都通过它来表现自己的价值。中介运动在它本身的结果中消失了，而且没有留下任何痕迹。商品没有出什么力就发现一个在它们之外、与它们并存的商品体是它们的现成的价值形态。这些物，即金和银，一从地底下出来，就是一切人类劳动的直接化身。货币的魔术就是由此而来的。人们在自己的社会生产过程中的单纯原子般的关系，从而，人们自己的生产关系的不受他们控制和不以他们有意识的个人活动为转移的物的形式，首先就是通过他们的劳动产品普遍采取商品形式这一点而表现出来。因此，货币拜物教的谜就是商品拜物教的谜，只不过变得明显了，耀眼了。

第三章
货币或商品流通

1. 价值尺度

为了简单起见，我在本书各处都假定金是货币商品。

金的第一个职能是为商品世界提供表现价值的材料，或者说，是把商品价值表现为同名的量，使它们在质的方面相同，在量的方面可以比较。因此，金执行一般的价值尺度的职能，并且首先只是由于这个职能，金这个特殊的等价商品才成为货币。

商品并不是由于有了货币才可以通约。恰恰相反。因为一切商品作为价值都是物化的人类劳动，它们本身就可以通约，所以它们能共同用一个特殊的商品来计量自己的价值，这样，这个特殊的商品就成为它们共同的价值尺度或货币。货币作为价值尺度，是商品内在的价值尺度即劳动时间的必然表现形式。

商品在金上的价值表现——x 量商品 A=y 量货币商品——是商品的货币形式或它的价格。现在，要用社会公认的形式表现铁的价值，只要有 1 吨铁=2 盎斯金这样一个等式就够了。这个等式不需要再同其他商品的价值等式排成一个行列，因为金这个等价商品已经具有货币的性质。因此，现在商品的一般相对价值形式又具有商品最初的即简单的或个别的相对价值形式的样子。另一方面，扩大的相对价值表现，或相对价值表现的无限的系列，成为货币商品所特有的相对价值形式。而这个系列现在已经在商品价格中社会地提供了。把一份行情表上的价目倒过来读，就可以看出货币的价值量表现在各式各样的商品上。然而货币并没有价格。货币要参加其他商品的这个统一的相对价值形式，就必须把自己当作自己的等价物。

商品的价格或货币形式，同商品的所有价值形式一样，是一种与商品的可以捉摸的实在的物体形式不同的，因而只是观念的或想象的形式。铁、麻布、小麦等等的价值虽然看不见，但是存在于这些物的本身中；它们的价值通过它们同金相等，同金发生一种可以说只是在它们头脑中作祟的关系而表现出来。因此，商品监护人必须把自己的舌头塞进它们的脑袋里，或者给它们挂上一张纸条，以便向外界表明它们的价格。既然商品在金上的价值表现是观念的，所以要表现商品的价值，也可以仅仅用想象的或观念的金。每一个商品监护人都知道：当他给予商品价值以价格形式或想象的金的形式时，他远没有把自己的商品转化为金，而为了用金估量数百万的商品价值，他不需要丝毫实在的金。因此，货币在执行价值尺度的职能时，只是想象的或观念的货币。这种情况引起了种种最荒谬的学说。尽管只是想象的货币执行价值尺度的职能，但是价格完全取决于实在的货币材料。例如，一吨铁所包含的价值，即人类劳动量，是通过想象中包含等量劳动的货币商品量表现出来的。所以，一吨铁的价值，根据充当价值尺度的是金、银还是铜，就具有完全不同的价格表现，或者说，在金、银或铜的完全不同的数量中表现出来。

因此，如果两种不同的商品，例如金和银，同时充当价值尺度，一切商品就会有两种不同的价格表现，即金价格和银价格；只要金和银的价值比例不变，例如总是 1：15，那末这两种价格就可以安然并存。但是，这种价值比例的任何变动，都会扰乱商品的金价格和银价格之间的比例，这就在事实上证明，价值尺度的二重化是同价值尺度的职能相矛盾的。

凡是价格已经确定的商品都表现为这样的形式：a 量商品 A＝x 量金；b 量商品 B＝z 量金；c 量商品 C＝y 量金，等等，在这里，a，b，c 代表商品 A，B，C 的一定量，x，z，y 代表金的一定量。这样，商品价值就转化为大小不同的想象的金量，就是说，尽管商品体五花八门，商品价值都变为同名的量，即金量。各种商品的价值作为不同的金量互相比较，互相计量，这样在技术上就有必要把某一固定的金量作为商品价值的计量单位。这个计量单位本身通过进一步分成等分而发展成为标准。金、银、铜在变成货币以前，在它们的金属重量中就有这种标准，例如，以磅为计量单位，磅一方面分成盎斯等等，另一方面又合成咀等等。因此，在一切金属的流通中，原有的重量标准的名称，也是最初的货币标准或价格标准的名称。

作为价值尺度和作为价格标准，货币执行着两种完全不同的职能。作为人类劳动的社会化身，它是价值尺度；作为规定的金属重量，它是价格标准。作为价值尺度，它用来使形形色色的商品的价值变为价格，变为想象的金量；作为价格标准，它计量这些金量。价值尺度是用来计量作为价值的商品，相反，价格标准是用一个金量计量各种不同的金量，而不是用一个金量的重量计量另一个金量的价值。要使金充当价格标准，必须把一定重量的金固定为计量单位。在这里，正如在其他一切同名量的尺度规定中一样，尺度比例的固定性有决定的意义。因此，充当计量单位的那个金量越是不变，价格标准就越是能更好地执行自己的职能。金能够充当价值尺度，只是因为它本身是劳动产品，因而是潜在可变的价值。

首先很明显，金的价值变动丝毫不会妨碍金执行价格标准的职能。不论金的价值怎样变动，不同的金量之间的价值比例总是不变。哪怕金的价值跌落1000％，12 盎斯金的价值仍然是 1 盎斯金的 12 倍，在价格上问题只在于不同金量彼此之间的比例。另一方面，1 盎斯金决不会因为它的价值涨落而改变它的重量，也不会因而改变它的等分的重量，所以，不论金的价值怎样变动，金作为固定的价格标准总是起同样的作用。

金的价值变动也不会妨碍金执行价值尺度的职能。这种变动会同时影响一切商品，因此，在其他条件相同的情况下，它们相互间的相对价值不会改变，尽管这些价值这时都是在比过去高或低的金价格中表现出来。

同某一商品的价值由任何别一个商品的使用价值来表现一样，商品用金来估价也只是以下面一点为前提：在一定时间内生产一定量的金要耗费一定量的劳动。至于商品价格的变动，前面阐述的简单相对价值表现的规律也是适用的。

商品价格，只有在货币价值不变、商品价值提高时，或在商品价值不变、货币价值降低时，才会普遍提高。反之，商品价格，只有在货币价值不变、商品价值降低时，或在商品价值不变、货币价值提高时，才会普遍降低。由此决不能得出结论说，货币价值提高，商品价格必定相应降低，货币价值降低，商品价格必定相应提高。这只适用于价值不变的商品。例如，某些商品的价值和货币的价值同时按同一比例提高，这些商品的价格就不会改变。如果这些商品的价值比货币价值增加得慢些或者增加得快些，那末，这些商品的价格的降低或提高，就由这些商品的价值变动和货币的价值变动之间的差额来决定。余此类推。

现在我们回过来考察价格形式。

由于各种原因，金属重量的货币名称同它原来的重量名称逐渐分离。其中在历史上有决定意义的是下列原因：1. 外国货币流入较不发达的民族，例如在古罗马，银币和金币最初是作为外国商品流通的。这些外国货币的名称与本地的重量名称是不同的。2. 随着财富的增长，不大贵重的金属逐渐为比较贵重的金属所排挤，失去价值尺度的职能。铜为银所排挤，银为金所排挤，尽管这个顺序是同诗人想象的年代顺序相抵触的。例如，镑原来是真正一磅重的银的货币名称。当金排挤作为价值尺度的银时，这个名称就依照金和银的价值比例，可能用来称呼 $\frac{1}{15}$ 磅的金等等。现在，作为货币名称的镑就和作为金的通常重量名称的磅分开了。3. 几百年来君主不断伪造货币，使铸币原来的重量实际上只剩下一个名称。

这些历史过程使金属重量的货币名称同它的通常重量名称的分离成为民族的习惯。货币标准一方面纯粹是约定俗成的，另一方面必须是普遍通用的。因此，最后就由法律来规定了。一定重量的贵金属，如一盎斯金，由官方分成若干等分，取得法定的教名，如镑、塔勒等等。这种等分成为真正的货币计量单位后，又分为新的等分，并具有法定的教名，如先令、便士等等。一定的金属重量仍旧是金属货币的标准。改变的只是分法和名称。

因此，价格或商品价值在观念上转化成的金量，现在用金标准的货币名称或法定的计算名称来表现了。英国人不说 1 夸特小麦等于 1 盎斯金，而说等于 3 镑 17 先令 $10\frac{1}{2}$ 便士。这样，商品就用自己的货币名称说明自己值多少，每当需要把一物当作价值，从而用货币形式来确定时，货币就充当计算货币。

物的名称对于物的本性来说完全是外在的。即使我知道一个人的名字叫雅各，我对他还是一点不了解。同样，在镑、塔勒、法郎、杜卡特等货币名称上，价值关系的任何痕迹都消失了。由于货币名称既表示商品价值，同时又表示某一金属重量即货币标准的等分，对这些神秘记号的秘密含意的了解就更加混乱了。另一方面，价值和商品世界的形形色色的物体不同，必然发展为这种没有概念的物而又纯粹是社会的形式。

价格是物化在商品内的劳动的货币名称。因此，商品同称为它的价格的那个货币量等价，不过是同义反复，因为一个商品的相对价值表现总是两个商品等价的表现。虽然价格作为商品价值量的指数，是商品同货币的交换比例的指数，但不能由此反过来说，商品同货币的交换比例的指数必然是商品价值量的指数。假定等量的社会必要劳动表现为 1 夸特小麦和 2 镑（约 $\frac{1}{2}$ 盎斯金）。2 镑是 1 夸特小麦的价值量的货币表现或 1 夸特小麦的价格。如果情况许可把 1 夸特小麦标价为 3 镑，或者迫使把它标价为 1 镑，那末作为小麦的价值量的表现，1 镑是太少了，3 镑是太多了。但是 1 镑和 3 镑都是小麦的价格，因为第一，它们是小麦的价值形式，是货币；第二，它们是小麦同货币的交换比例的指数。在生产条件不变或者劳动生产力不变的情况下，再生产 1 夸特小麦仍需要耗费同样多的社会劳动时间。这一事实既不以小麦生产者的意志为转移，也不以其他商品所有者的意志为转移。因而，商品的价值量表现着一种必然的、商品形成过程内在的同社会劳动时间的关系。随着价值量转化为价格，这种必然的关系就表现为商品同在它之外存在的货币商品的交换比例。这种交换比例既可以表现商品的价值量，也可以表现比它大或小的量，在一定条件下，商品就是按这种较大或较小的量来让渡的。可见，价格和价值量之间的量的不一致的可能性，或者价格偏离价值量的可能性，已经包含在价格形式本身中。但这并不是这种形式的缺点，相反地，却使这种形式成为这样一种生产方式的适当形式，在这种生产方式下，规则只能作为没有规则性的盲目起作用的平均数规律来为自己开辟道路。

价格形式不仅可能引起价值量和价格之间即价值量和它的货币表现之间的量的不一致，而且能够包藏一个质的矛盾，以致货币虽然只是商品的价值形式，但价格可以完全不是价值的表现。有些东西本身并不是商品，例如良心、名誉等等，但是也可以被它们的所有者出卖以换取金钱，并通过它们的价格，取得商品形式。因此，没有价值的东西在形式上可以具有价格。在这里，价格表现是虚幻的，就象数学中的某些数量一样。另一方面，虚幻的价格形式——如未开垦的土地的价格，这种土地没有价值，因为没有人类劳动物化在里面——又能掩盖实在的价值关系或由此派生的关系。

同所有相对价值形式一样，价格通过下列方式来表现一种商品如一吨铁的价值：一定量的等价物，如一盎斯金，能直接与铁交换。但决不能反过来说，铁也能直接与金交换。因此，商品要实际上起交换价值的作用，就必须抛弃自己的自然形体，从只是想象的金变为实在的金，诚然，商品实现这种变体，同黑格尔的"概念"实现由必然到自由的过渡相比，同龙虾脱壳相比，同教父圣热罗尼莫解脱原罪相比，是"更为困难的"。商品除了有例如铁这种实在的形态以外，还可以在价格上有观念的价值形态或想象的金的形态，但它不能同时既是实在的铁，又是实在的金。要规定商品的价格，只需要使想象的金同商品相等。但商品必须为金所代替，它才能对它的所有者起一般等价物的作用。例如，铁的所有者遇见某种享乐商品的所有者，他向后者说铁的价格已经是货币形式了，后者就会象圣彼得在天堂听了但丁讲述信仰要义之后那样回答说：

"这个铸币经过检验，

重量成色完全合格，

但告诉我，你钱袋里有吗？"

价格形式包含着商品为取得货币而让渡的可能性和这种让渡的必要性。另一方面，金所以充当观念的价值尺度，只是因为它在交换过程中已作为货币商品流通。因此，在观念的价值尺度中隐藏着坚硬的货币。

2.　流通手段

（a）商品的形态变化

我们看到，商品的交换过程包含着矛盾的和互相排斥的关系。商品的发展并没有扬弃这些矛盾，而是创造这些矛盾能在其中运动的形式。一般说来，这就是解决实际矛盾的方法。例如，一个物体不断落向另一个物体而又不断离开这一物体，这是一个矛盾。椭圆便是这个矛盾借以实现和解决的运动形式之一。

交换过程使商品从把它们当作非使用价值的人手里转到把它们当作使用价值的人手里，就这一点说，这个过程是一种社会的物质变换。一种有用劳动方式的产品代替另一种有用劳动方式的产品。商品一到它充当使用价值的地方，就从商品交换领域转入消费领域。在这里，我们感兴趣的只是商品交换领域。因此，我们只是从形式方面考察全部过程，就是说，只是考察为社会的物质变换作媒介的商品形式变换或商品形态变化。

人们对这种形式变换之所以理解得很差,除了对价值概念本身不清楚以外,是因为商品的每次形式变换都是通过两种商品即普通商品和货币商品的交换实现的。如果我们只注意商品和金的交换这个物质因素，那就会恰恰看不到应该看到的东西，即形式发生了怎样的变化。我们就会看不到：金当作单纯的商品并不是货币，而其他的商品通过它们的价格才把金当作它们自己的货币形态。

商品首先是没有镀金，没有蘸糖，以本来面目进入交换过程的。交换过程造成了商品分为商品和货币这种二重化，即造成了商品得以表现自己的使用价值和价值之间的内在对立的一种外部对立。在这种外部对立中，作为使用价值的商品同作为交换价值的货币对立着。另一方面，对立的双方都是商品，也就是说，都是使用价值和价值的统一。但这种差别的统一按相反的方向表现在两极中的每一极上，并且由此同时表现出它们的相互关系。商品实际上是使用价值，它的价值存在只是观念地表现在价格上，价格使商品同对立着的金发生关系，把金当作自己的实际的价值形态。反之，金这种物质只是充当价值化身，充当货币。因此金实际上是交换价值。金的使用价值只是观念地表现在相对价值表现的系列上，金通过这个相对价值表现的系列，同对立着的商品发生关系，把它们当作自己的实际使用形态的总和。商品的这种对立的形式就是它们的交换过程的实际的运动形式。

现在，我们随同任何一个商品所有者，比如我们的老朋友织麻布者，到交换过程的舞台上去，到商品市场上去。他的商品即 20 码麻布的价格是规定了的。它的价格是 2 镑。他把麻布换成 2 镑，接着，这个守旧的人又用这 2 镑换一本价格相等的家庭用的圣经。麻布——对于他来说只是商品，只是价值承担者——被转让出去，换取了金，麻布的价值形态，然后又从这个价值形态被让渡出去，换取了另一种商品圣经，而圣经就作为使用物品来到织布者的家里，满足他受教化的需要。可见，商品交换过程是在两个互相对立、互为补充的形态变化中完成的：从商品转化为货币，又从货币转化为商品。商品形态变化的两个因素同时就是商品所有者的两种行为，一种是卖，把商品换成货币，一种是买，把货币换成商品，这两种行为的统一就是：为买而卖。

如果织麻布者看看交易的最终结果，那末现在他占有的不是麻布，而是圣经，不是他原来的商品，而是另外一种价值相等而用处不同的商品。他用同样的方法取得他的其他生活资料和生产资料。在他看来，全部过程不过是他的劳动产品同别人的劳动产品进行交换的媒介，是产品交换的媒介。

因此，商品的交换过程是在下列的形式变换中完成的：

商品—货币—商品

W—G—W

从物质内容来说，这个运动是W—W，是商品换商品，是社会劳动的物质变换，这种物质变换的结果一经达到，过程本身也就结束。

W—G。商品的第一形态变化或卖。商品价值从商品体跳到金体上，象我在别处说过的，是商品的惊险的跳跃。这个跳跃如果不成功，摔坏的不是商品，但一定是商品所有者。社会分工使商品所有者的劳动成为单方面的，又使他的需要成为多方面的。正因为这样，他的产品对他来说仅仅是交换价值。这个产品只有通过货币，才取得一般的社会公认的等价形式，而货币又在别人的口袋里。为了把货币吸引出来，商品首先应当对于货币所有者是使用价值，就是说，用在商品上的劳动应当是以社会有用的形式耗费的，或者说，应当证明自己是社会分工的一部分。但分工是自然形成的生产机体，它的纤维在商品生产者的背后交织在一起，而且继续交织下去。商品可能是一种新的劳动方式的产品，它声称要去满足一种新产生的需要，或者想靠它自己去唤起一种需要。一种特殊的劳动操作，昨天还是同一个商品生产者许多职能中的一种职能，今天就可能脱离这种联系，独立起来，从而把它的局部产品当作独立商品送到市场上去。这个分离过程的条件可能已经成熟，或者可能尚未成熟。某种产品今天满足一种社会需要，明天就可能全部地或部分地被一种类似的产品排挤掉。即使某种劳动，例如我们这位织麻布者的劳动，是社会分工的特许的一部分，这也决不能保证他的 20 码麻布就有使用价值。社会对麻布的需要，象对其他各种东西的需要一样，是有限度的，如果他的竞争者已经满足了这种需要，我们这位朋友的产品就成为多余的、过剩的，因而是无用的了。接受赠马，不看岁口，但是我们这位织麻布者决不是到市场去送礼的。我们就假定他的产品证明自己有使用价值，因而商品会把货币吸引出来。但现在要问：它能吸引多少货币呢？当然，答案已经由商品的价格即商品价值量的指数预示了。我们把商品所有者可能发生的纯粹主观的计算错误撇开，因为这种错误在市场上马上可以得到客观的纠正。假定他耗费在他的产品上的只是平均社会必要劳动时间。因此，商品的价格只是物化在商品中的社会劳动量的货币名称。但是，织麻布业的以往可靠的生产条件，没有经过我们这位织麻布者的许可而在他的背后发生了变化。同样多的劳动时间，昨天还确实是生产一码麻布的社会必要劳动时间，今天就不是了。货币所有者会非常热心地用我们这位朋友的各个竞争者定出的价格来说明这一点。真是不幸，世上竟有很多织麻布者。最后，假定市场上的每一块麻布都只包含社会必要劳动时间。即使这样，这些麻布的总数仍然可能包含耗费过多的劳动时间。如果市场的胃口不能以每码 2 先令的正常价格吞下麻布的总量，这就证明，在全部社会劳动时间中，以织麻布的形式耗费的时间太多了。其结果就象每一个织布者花在他个人的产品上的时间都超过了社会必要劳动时间一样。这正象俗话所说："一起捉住，一起绞死。"在市场上，全部麻布只是当作一个商品，每一块麻布只是当作这个商品的相应部分。事实上，每一码的价值也只是同种人类劳动的同一的社会规定的量的化身。

我们看到，商品爱货币，但是"真爱情的道路决不是平坦的"。把自己的"分散的肢体"表现为分工体系的社会生产机体，它的量的构成，也象它的质的构成一样，是自发地偶然地形成的。所以我们的商品所有者发现：分工使他们成为独立的私人生产者，同时又使社会生产过程以及他们在这个过程中的关系不受他们自己支配；人与人的互相独立为物与物的全面依赖的体系所补充。

分工使劳动产品转化为商品，因而使它转化为货币成为必然的事情。同时，分工使这种转化能否成功成为偶然的事情。但是在这里应当纯粹地考察现象，因此假定这种现象是正常进行的。其实，只要这种现象发生，就是说，只要商品不是卖不出去，就总会发生商品的形式变换，尽管在这种形式变换中，实体——价值量——可能在不正常的场合亏损或增加。

对一个商品所有者来说，金代替了他的商品，对另一个商品所有者来说，商品代替了他的金。可以感觉到的现象是商品和金，即 20 码麻布和 2 镑转手了，换位了，就是说，交换了。但是商品同什么交换呢？同它自己的一般价值形态交换。金又同什么交换呢？同它的使用价值的特殊形态交换。金为什么作为货币同麻布对立呢？因为麻布的价格 2 镑或它的货币名称，已经使麻布把金当作货币。原来的商品形式的转换是通过商品的让渡完成的，就是说，是在商品的使用价值确实把商品价格中只是想象的金吸引出来的时刻完成的。因此，商品价格的实现，或商品的仅仅是观念的价值形式的实现，同时就是货币的仅仅是观念的使用价值的实现。商品转化为货币，同时就是货币转化为商品。这一个过程是两方面的：从商品所有者这一极看，是卖；从货币所有者这另一极看，是买。或者说，卖就是买，W—G 同时就是 G—W。

到这里，我们还只知道人与人之间的一种经济关系，即商品所有者之间的关系，在这种关系中，商品所有者只是由于让出自己的劳动产品，才占有别人的劳动产品。因此，一个商品所有者所以能够作为货币所有者同另一个商品所有者对立，或者是因为他的劳动产品天然具有货币形式，是货币材料，是金等等；或者是因为他自己的商品已经蜕皮，已经蜕掉它原来的使用形式。金要执行货币的职能，自然就必须在某个地点进入商品市场。这个地点就在金的产地，在那里，金作为直接的劳动产品与另一种价值相同的劳动产品相交换。但是，从这个时候起，它就总是代表已经实现了的商品价格。撇开金在产地同商品的交换不说，金在每个商品所有者手里都是他所让渡的商品的转换形态，都是卖的产物，或商品第一形态变化 W—G 的产物。金能够成为观念的货币或价值尺度，是因为一切商品都用金来计量它们的价值，从而使金成为它们的使用形态的想象的对立面，成为它们的价值形态。金能够成为实在的货币，是因为商品通过它们的全面让渡使金成为它们的实际转换或转化的使用形态，从而使金成为它们的实际的价值形态。商品在它的价值形态上蜕掉了它自然形成的使用价值的一切痕迹，蜕掉了创造它的那种特殊有用劳动的一切痕迹，蛹化为无差别的人类劳动的同样的社会化身。因此，从货币上看不出它是由哪种商品转化来的。在货币形式上，一种商品和另一种商品完全一样。因此，货币可以是粪土，虽然粪土并不是货币。假定我们的织麻布者让渡他的商品而取得的两块金是一夸特小麦的转化形态。卖麻布W—G同时就是买麻布G—W。作为卖麻布，这个过程开始了一个运动，而这个运动是以卖的反面，以买圣经结束的；作为买麻布，这个过程结束了一个运动，而这个运动是以买的反面，以卖小麦开始的。W—G（麻布—货币），即W—G—W（麻布—货币—圣经）这一运动的始段，同时就是G—W（货币—麻布），即另一运动W—G—W（小麦—货币—麻布）的终段。一个商品的第一形态变化，即从商品形式变成货币，同时总是另一个商品的相反的第二形态变化，即从货币形式又变成商品。

G—W。商品的第二形态变化，或最终的形态变化：买。——货币是其他一切商品的转换形态，或者说，是它们普遍让渡的产物，因此是绝对可以让渡的商品。货币把一切价格倒过来读，从而把自己反映在一切商品体上，即为货币本身转化为商品而献身的材料上。同时，价格，即商品向货币送去的秋波，表明货币可以转化的限度，即指明货币本身的量。既然商品在变成货币后就消失了，所以，从货币上就看不出它究竟怎样落到货币所有者的手中，究竟是由什么东西转化来的。货币没有臭味，无论它从哪里来。一方面，它代表已经卖掉的商品，另一方面，它代表可以买到的商品。

G—W，即买，同时就是卖，即W—G；因此，一个商品的后一形态变化，同时就是另一商品的前一形态变化。对我们的织麻布者来说，他的商品的生命旅程是以他把2镑又转化为圣经而结束的。卖圣经的人则把从织麻布者那里得到的2镑换成烧酒。G—W，即W—G—W（麻布—货币—圣经）的终段，同时就是W—G，即W—G—W（圣经—货币—烧酒）的始段。因为商品生产者只提供单方面的产品，所以他常常是大批地卖；而他的多方面的需要，又迫使他不断地把已经实现的价格，或得到的全部货币额，分散在许多次买上。卖一次就要买许多次各种各样的商品。这样，一种商品的最终的形态变化，就是许多其他商品的第一形态变化的总和。

如果我们来考察一个商品例如麻布的总形态变化，那末我们首先就会看到，这个形态变化由两个互相对立、互为补充的运动W—G和G—W组成。商品的这两个对立的转化是通过商品所有者的两个对立的社会过程完成的，并反映在商品所有者充当的两种对立的经济角色上。作为卖的当事人，他是卖者，作为买的当事人，他是买者。但是，在商品的每一次转化中，商品的两种形式即商品形式和货币形式同时存在着，只不过是在对立的两极上，所以，对同一个商品所有者来说，当他是卖者时，有一个买者和他对立着，当他是买者时，有一个卖者和他对立着。正象同一个商品要依次经过两个相反的转化，由商品转化为货币，由货币转化为商品一样，同一个商品所有者也要由扮演卖者改为扮演买者。可见，这两种角色不是固定的，而是在商品流通中经常由人们交替扮演的。

一个商品的总形态变化，在其最简单的形式上，包含四个极和三个登场人物。最先，与商品对立着的是作为它的价值形态的货币，而后者在彼岸，在别人的口袋里，具有物的坚硬的现实性。因此，与商品所有者对立着的是货币所有者。商品一变成货币，货币就成为商品的转瞬即逝的等价形式，这个等价形式的使用价值或内容在此岸，在其他的商品体中存在着。作为商品第一个转化的终点的货币，同时是第二个转化的起点。可见，在第一幕是卖者，在第二幕就成了买者，这里又有第三个商品所有者作为卖者同他对立着。

商品形态变化的两个相反的运动阶段组成一个循环：商品形式，商品形式的抛弃，商品形式的复归。当然，在这里，商品本身具有对立的规定。对它的所有者来说，它在起点是非使用价值，在终点是使用价值。同样，货币先表现为商品转化成的固定的价值结晶，然后又作为商品的单纯等价形式而消失。

组成一个商品的循环的两个形态变化，同时是其他两个商品的相反的局部形态变化。同一个商品（麻布）开始它自己的形态变化的系列，又结束另一个商品（小麦）的总形态变化。商品在它的第一个转化中，即在出卖时，一身兼有这两种作用。而当它作为金蛹结束自己的生涯的时候，它同时又结束第三个商品的第一形态变化。可见，每个商品的形态变化系列所形成的循环，同其他商品的循环不可分割地交错在一起。这全部过程就表现为商品流通。

商品流通不仅在形式上，而且在实质上不同于直接的产品交换。让我们回顾一下上面说过的过程。织麻布者确实拿麻布换了圣经，拿自己的商品换了别人的商品。但这种现象只有对于他才是真实的。宁愿要生暖的饮料而不要冰冷的圣物的圣经出卖者，不会想到麻布换他的圣经，正象织麻布者不会想到小麦换他的麻布一样，如此等等。B 的商品替换了 A 的商品，但 A 和 B 并不是互相交换自己的商品。A 同 B 彼此购买的事，实际上也可能发生，但这种特殊关系决不是由商品流通的一般条件决定的。在这里，一方面，我们看到，商品交换怎样打破了直接的产品交换的个人的和地方的限制，发展了人类劳动的物质变换。另一方面，又有整整一系列不受当事人控制的天然的社会联系发展起来。织布者能卖出麻布，只是因为农民已经卖了小麦；嗜酒者能卖出圣经，只是因为织布者已经卖了麻布；酿酒者能卖出酿造之水，只是因为另一个人已经卖了永生之水，如此等等。

因此，与直接的产品交换不同，流通过程在使用价值换位和转手之后并没有结束。货币并不因为它最终从一个商品的形态变化系列中退出来而消失。它不断地沉淀在商品空出来的流通位置上。例如，在麻布的总形态变化即麻布—货币—圣经中，先是麻布退出流通，货币补上它的位置，然后是圣经退出流通，货币又补上圣经的位置。一个商品由另一个商品代替，而货币商品留在第三人手中。流通不断地把货币象汗一样渗出来。

有一种最愚蠢不过的教条：商品流通必然造成买和卖的平衡，因为每一次卖同时就是买，反过来也是一样。如果这是指实际完成的卖的次数等于买的次数，那是毫无意义的同义反复。但这种教条是要证明，卖者会把自己的买者带到市场上来。作为两极对立的两个人即商品所有者和货币所有者的相互关系来看，卖和买是同一个行为。但作为同一个人的活动来看，卖和买是两极对立的两个行为。因此，卖和买的同一性包含着这样的意思：如果商品被投入流通的炼金炉，没有炼出货币，没有被商品所有者卖掉，也就是没有被货币所有者买去，商品就会变成无用的东西。这种同一性还包含这样的意思：如果这个过程成功，它就会形成商品的一个休止点，形成商品生命中的一个时期，而这个时期可长可短。既然商品的第一形态变化是卖又是买，这个局部过程同时就是一个独立的过程。买者有商品，卖者有货币，也就是有一种不管早一些或晚一些再进入市场都保持着能够流通的形式的商品。没有人买，也就没有人能卖。但谁也不会因为自己已经卖，就得马上买。流通所以能够打破产品交换的时间、空间和个人的限制，正是因为它把这里存在的换出自己的劳动产品和换进别人的劳动产品这二者之间的直接的同一性，分裂成卖和买这二者之间的对立。说互相对立的独立过程形成内部的统一，那也就是说，它们的内部统一是运动于外部的对立中。当内部不独立（因为互相补充）的过程的外部独立化达到一定程度时，统一就要强制地通过危机显示出来。商品内在的使用价值和价值的对立，私人劳动同时必须表现为直接社会劳动的对立，特殊的具体的劳动同时只是当作抽象的一般的劳动的对立，物的人格化和人格的物化的对立，——这种内在的矛盾在商品形态变化的对立中取得了发展的运动形式。因此，这些形式包含着危机的可能性，但仅仅是可能性。这种可能性要发展为现实，必须有整整一系列的关系，从简单商品流通的观点来看，这些关系还根本不存在。

作为商品流通的媒介，货币取得了流通手段的职能。

（b）货币的流通

劳动产品的物质变换借以完成的形式变换W—G—W，要求同一个价值作为商品成为过程的起点，然后又作为商品回到这一点。因此，商品的这种运动就是循环。另一方面，这个形式又排斥货币的循环。其结果是货币不断地离开它的起点，不再回来。只要卖者还紧紧握着他的商品的转化形态即货币，这个商品就仍然处在第一形态变化的阶段，或者说，只通过了流通的前半段。如果为买而卖的过程已经完成，货币就会再从它原来的所有者手里离开。当然，如果织麻布者买了圣经之后再卖麻布，货币就会再回到他的手里。但货币返回来，并不是由于上次那 20 码麻布的流通，相反地，那次流通已经使货币从织麻布者的手里离开，而到了圣经出售者的手里。货币返回来，只是由于新的商品又更新了或重复了同样的流通过程，并且这次的结果和上次相同。因此，商品流通直接赋予货币的运动形式，就是货币不断地离开起点，就是货币从一个商品所有者手里转到另一个商品所有者手里，或者说，就是货币流通（currency,cours de la monnaie）。

货币流通表示同一个过程的不断的、单调的重复。商品总是在卖者方面，货币总是作为购买手段在买者方面。货币作为购买手段执行职能，是在它实现商品的价格的时候。而货币在实现商品的价格的时候，把商品从卖者手里转到买者手里，同时自己也从买者手里离开，到了卖者手里，以便再去同另一种商品重复同样的过程。货币运动的单方面形式来源于商品运动的两方面形式，这一点是被掩盖着的。商品流通的性质本身造成了相反的假象。商品的第一形态变化表现出来的不仅是货币的运动，而且是商品本身的运动；而商品的第二形态变化表现出来的只是货币的运动。商品在流通的前半段同货币换了位置。同时，商品的使用形态便离开流通，进入消费。它的位置由它的价值形态或货币化装所占据。商品不再是包在它自己的天然外皮中，而是包在金外皮中来通过流通的后半段。因此，运动的连续性完全落在货币方面；这个运动对商品来说包含两个对立的过程，但作为货币本身的运动却总是包含同一个过程，就是货币同一个又一个的商品变换位置。因此，商品流通的结果，即一种商品被另一种商品所代替，似乎并不是由商品本身的形式变换引起的，而是由货币作为流通手段的职能引起的，似乎正是作为流通手段的货币使本身不能运动的商品流通起来，使商品从把它们当作非使用价值的人手里转到把它们当作使用价值的人手里，并且总是朝着同货币本身运动相反的方向运动。货币不断使商品离开流通领域，同时不断去占据商品在流通中的位置，从而不断离开自己的起点。因此，虽然货币运动只是商品流通的表现，但看起来商品流通反而只是货币运动的结果。

　　另一方面，货币所以具有流通手段的职能，只因为货币是商品的独立出来的价值。因此，货币作为流通手段的运动，实际上只是商品本身的形式的运动。因而这种运动也必然明显地反映在货币流通上。例如，麻布就是先把它的商品形式转化为它的货币形式。然后它的第一形态变化W—G的终极，即货币形式，成为它的第二形态变化G—W（即再转化为圣经）的始极。但这两个形式变换的每一个都是通过商品和货币的交换，通过二者互相变换位置而实现的。同一些货币作为商品的转换形态来到卖者手里，然后又作为商品的绝对可以让渡的形态从他的手里离开。这些货币变换位置两次。麻布的第一形态变化使这些货币进入织布者的口袋里，麻布的第二形态变化又使这些货币从那里出来。这样，同一个商品的两个互相对立的形式变换就反映在货币的两次方向相反的位置变换上。

　　反之，如果只有单方面的商品形态变化，不论单是卖或单是买，这个货币就只变换位置一次。货币的第二次位置变换总是表明商品的第二次形态变化，表明又由货币转化为商品。同一些货币反复不断地变换位置，不仅反映一个商品的形态变化的系列，而且反映整个商品世界的无数形态变化的交错联系。不言而喻，这一切只适合于这里所考察的简单商品流通形式。

　　每一个商品在流通中走第一步，即进行第一次形式变换，就退出流通，而总有新的商品进入流通。相反，货币作为流通手段却不断地留在流通领域，不断地在那里流动。于是产生了一个问题，究竟有多少货币不断地被流通领域吸收。

　　在一个国家里，每天都发生大量的、同时发生的、因而在空间上并行的单方面的商品形态变化，换句话说，一方面单是卖，另一方面单是买。商品在自己的价格上已经等于一定的想象的货币量。因为这里所考察的直接的流通形式总是使商品和货币作为物体彼此对立着，商品在卖的一极，货币在买的一极，所以，商品世界的流通过程所需要的流通手段量，已经由商品的价格总额决定了。事实上，货币不过是把已经在商品价格总额中观念地表现出来的金额实在地表现出来。因此，这两个数额相等是不言而喻的。但是我们知道，在商品价值不变的情况下，商品的价格会同金（货币材料）本身的价值一起变动，金的价值降低，商品的价格会相应地提高；金的价值提高，商品的价格会相应地降低。随着商品价格总额这样增加或减少，流通的货币量必须以同一程度增加或减少。诚然，在这里，流通手段量的变化都是由货币本身引起的，但不是由它作为流通手段的职能，而是由它作为价值尺度的职能引起的。先是商品价格同货币价值成反比例地变化，然后是流通手段量同商品价格成正比例地变化。比如说，如果不是金的价值降低，而是银代替金充当价值尺度，或者不是银的价值提高，而是金使银失去价值尺度的职能，那也会发生完全相同的现象。在前一种情况下，流通的银要比以前的金多，在后一种情况下，流通的金要比以前的银少。在这两种情况下，货币材料的价值，即执行价值尺度的职能的商品的价值都改变了，因此，商品价值的价格表现也会改变，实现这些价格的流通货币量也会改变。我们已经知道，商品流通领域有一个口，金（或银，总之，货币材料）是作为具有一定价值的商品，从这个口进入流通领域的。这个价值在货币执行价值尺度的职能时，即在决定价格时，是作为前提而存在的。比如说，如果价值尺度本身的价值降低了，那末，这首先会在贵金属产地直接同作为商品的贵金属交换的那些商品的价格变化中表现出来。而很大一部分其他商品会在一个较长的时期继续按照价值尺度的已变得虚幻的旧有的价值来估价，特别在资产阶级社会还不太发展的阶段是这样。可是，通过商品间的价值关系，一种商品会影响别一种商品，于是这些商品的金价格或银价格会逐渐同商品价值本身所决定的比例趋于一致，直到最后所有的商品价值都相应地根据货币金属的新价值来估价。随着这个趋于一致的过程，贵金属不断增加，它们是由于代替那些直接同它们交换的商品而流进来的。因此，商品改订价格普遍到什么程度，或者说，商品的价值根据金属已经跌落并继续跌落到一定点的新价值来估价达到什么程度，实现商品价值所需要的贵金属数量也已经增加到同样的程度了。由于对发现新的金银矿以后出现的事实做了片面的考察，在十七世纪，特别是在十八世纪，有人得出了错误的结论，以为商品价格上涨是因为有更多的金银充当了流通手段。下面假设金的价值是既定的，实际上在估量价格的一瞬间，金的价值确实也是既定的。

在这种前提下，流通手段量决定于待实现的商品价格总额。如果我们再假设每一种商品的价格都是既定的，显然，商品价格总额就决定于流通中的商品量。只要稍微动一下脑筋就可以知道，1 夸特小麦要是值 2 镑，100 夸特就值 200 镑，200 夸特就值 400 镑，等等，因此，在小麦出售时与小麦换位的货币量必须同小麦量一起增加。

假设商品量已定，流通货币量就随着商品价格的波动而增减。流通货币量之所以增减，是因为商品的价格总额随着商品价格的变动而增减。为此，完全不需要所有商品的价格同时上涨或跌落。只要若干主要商品的价格在一种情况下上涨，或在另一种情况下跌落，就足以提高或降低全部流通商品的待实现的价格总额，从而使进入流通的货币增加或减少。无论商品价格的变动是反映实际的价值变动，或只是反映市场价格的波动，流通手段量所受的影响都是相同的。

　　假定有若干互不相干的、同时发生的、因而在空间上并行的卖，或者说局部形态变化，例如有 1 夸特小麦、20 码麻布、1 本圣经、4 加仑烧酒同时出售。如果每种商品的价格都是 2 镑，待实现的价格总额就是 8 镑，那末进入流通的货币量必须是 8 镑。相反，如果这 4 种商品是我们上面所说过的形态变化系列的各个环节，即 1 夸特小麦—2 镑—20 码麻布—2 镑—1 本圣经—2 镑—4 加仑烧酒—2 镑，那末，有 2 镑就可以使所有这些商品依次流通，因为它依次实现它们的价格，从而实现 8 镑的价格总额，最后停留在酿酒者手中。这 2 镑完成了 4 次流通。同一些货币的这种反复的位置变换既表示商品发生双重的形式变换，表示商品通过两个对立的流通阶段的运动，也表示各种商品的形态变化交错在一起。这个过程经过的各个互相对立、互为补充的阶段，不可能在空间上并行，只能在时间上相继发生。因此，时间就成为计量这个过程久暂的尺度，或者说，同一些货币在一定时间内的流通次数可以用来计量货币流通的速度。例如，假定上述 4 种商品的流通过程持续 1 天。这样，待实现的价格总额为 8 镑，同一些货币 1 天的流通次数是 4 次，流通的货币量是 2 镑，或者就一定时间的流通过程来说是：$\dfrac{\text{商品价格总额}}{\text{同名货币的流通次数}}$＝执行流通手段职能的货币量。这个规律是普遍适用的。在一定的时间内，一个国家的流通过程包括两方面：一方面是许多分散的、同时发生的和空间上并行的卖（或买）或局部形态变化，其中同一些货币只变换位置一次或只流通一次；另一方面是许多部分互相平行，部分互相交错的具有多少不等的环节的形态变化系列，其中同一些货币流通的次数多少不等。但是，流通中的全部同名货币的总流通次数提供了每个货币的平均流通次数或货币流通的平均速度。例如，在每天流通过程开始时进入流通的货币量，当然由同时地和空间上并行地流通着的商品的价格总额来决定。但在过程之内，可以说每一货币都对另一货币承担责任。如果一个货币加快流通速度，另一个货币就会放慢流通速度，甚至完全退出流通领域，因为流通领域只能吸收这样一个金量，这个金量乘以它的单个元素的平均流通次数，等于待实现的价格总额。因此，货币的流通次数增加，流通的货币量就会减少，货币的流通次数减少，货币量就会增加。因为在平均流通速度一定时，能够执行流通手段职能的货币量也是一定的，所以，例如只要把一定量 1 镑的钞票投入流通，就可以从流通中取回等量的索维林，——这是一切银行都很熟悉的手法。

　　既然货币流通只是表现商品流通过程，即商品通过对立的形态变化而实现的循环，所以货币流通的速度也就表现商品形式变换的速度，表现形态变化系列的不断交错，表现物质变换的迅速，表现商品迅速退出流通领域并同样迅速地为新商品所代替。因此，货币流通的迅速表现互相对立、互为补充的阶段——由使用形态转化为价值形态，再由价值形态转化为使用形态——的流水般的统一，即卖和买两个过程的流水般的统一。相反，货币流通的缓慢则表现这两个过程分离成彼此对立的独立阶段，表现形式变换的停滞，从而表现物质变换的停滞。至于这种停滞由什么产生，从流通本身当然看不出来。流通只是表示出这种现象本身。一般人在货币流通迟缓时看到货币在流通领域各点上出没的次数减少，就很容易用流通手段量不足来解释这种现象。

可见，在每一段时期内执行流通手段职能的货币的总量，一方面取决于流通的商品世界的价格总额，另一方面取决于这个商品世界的互相对立的流通过程流动的快慢，这种流动决定着同一些货币能够实现价格总额的多大部分。但是，商品的价格总额又决定于每种商品的数量和价格。这三个因素，即价格的变动、流通的商品量、货币的流通速度，可能按不同的方向和不同的比例变动，因此，待实现的价格总额以及受价格总额制约的流通手段量，也可能有多种多样的组合。在这里，我们只举出商品价格史上最重要的几种组合。

在商品价格不变时，由于流通商品量增加，或者货币流通速度减低，或者这两种情况同时发生，流通手段量就会增加。反之，由于商品量减少，或者货币流通速度增加，流通手段量就会减少。

在商品价格普遍提高时，如果流通商品量的减少同商品价格的上涨保持相同的比例，或流通的商品量不变，而货币流通速度的增加同价格的上涨一样迅速，流通手段量就会不变。如果商品量的减少或货币流通速度的增加比价格的上涨更迅速，流通手段量就会减少。

在商品价格普遍下降时，如果商品量的增加同商品价格的跌落保持相同的比例，或货币流通速度的减低同价格的跌落保持相同的比例，流通手段量就会依然不变。如果商品量的增加或货币流通速度的减低比商品价格的跌落更迅速，流通手段量就会增加。

各种因素的变动可以互相抵销，所以尽管这些因素不断变动，待实现的商品价格总额，从而流通的货币量可以依然不变。因此，特别是考察一个较长的时期，我们就会发现：在每一国家中流通的货币量的平均水平比我们根据表面现象所预料的要稳定得多；除了周期地由生产危机和商业危机引起的，以及偶尔由货币价值本身的变动引起的强烈震动时期以外，流通的货币量偏离这一平均水平的程度，比我们根据表面现象所预料的要小得多。

流通手段量决定于流通商品的价格总额和货币流通的平均速度这一规律，还可以表述如下：已知商品价值总额和商品形态变化的平均速度，流通的货币或货币材料的量决定于货币本身的价值。有一种错觉，认为情况恰恰相反，即商品价格决定于流通手段量，而流通手段量又决定于一个国家现有的货币材料量，这种错觉在它的最初的代表者那里是建立在下面这个荒谬的假设上的：在进入流通过程时，商品没有价格，货币也没有价值，然后在这个过程内，商品堆的一定部分同金属堆的相应部分相交换。

（c）铸币。价值符号

从货币作为流通手段的职能中产生出货币的铸币形式。在商品的价格或货币名称中想象地表现出来的金重量，必须在流通中作为同名的金块或铸币同商品相对立。正象确立价格标准一样，铸造硬币也是国家的事。金银作为铸币穿着不同的国家制服，但它们在世界市场上又脱掉这些制服。这就表明，商品流通的国内领域或民族领域，同它们的普遍的世界市场领域是分开的。

因此，金币和金块本来只有形状上的差别，金始终能从一种形式变为另一种形式。它离开造币厂的道路，同时就是通向熔炉的道路。这是因为金币在流通中受到磨损，有的磨损得多，有的磨损得少。金的名称和金的实体，名义含量和实际含量，开始了它们的分离过程。同名的金币，具有了不同的价值，因为重量不同了。作为流通手段的金同作为价格标准的金偏离了，因此，金在实现商品的价格时不再是该商品的真正等价物。中世纪和直到十八世纪为止的近代的铸币史就是一部这样混乱的历史。流通过程的自然倾向是要把铸币的金存在变为金假象，或把铸币变为它的法定金属含量的象征。这种倾向甚至为现代的法律所承认，这些法律规定，金币磨损到一定程度，便不能通用，失去通货资格。

既然货币流通本身使铸币的实际含量同名义含量分离，使铸币的金属存在同它的职能存在分离，所以在货币流通中就隐藏着一种可能性：可以用其他材料做的记号或用象征来代替金属货币执行铸币的职能。铸造重量极小的金币或银币在技术上有困难，而且起初是较贱的金属而不是较贵的金属（是银不是金，是铜不是银）充当价值尺度，因而在它们被较贵的金属赶下宝座之前曾一直作为货币流通，这些事实历史地说明了银记号和铜记号可以代替金币发挥作用。这些记号在铸币流通最快因而磨损最快的商品流通领域中，即在极小额的买卖不断重复进行的领域中代替了金。为了不让金的这些侍从永远篡夺金的位置，法律规定一个极小的比例，只有在这个比例内，它们代替金来支付才能强人接受。不同种铸币流通的各种特殊领域当然是互相交错的。辅币在支付最小金币的尾数时与金同时出现；金不断地进入零售流通，但是又因与辅币兑换而从那里不断地被抛出来。

银记号或铜记号的金属含量是由法律任意规定的。它们在流通中比金币磨损得还要快。因此，它们的铸币职能实际上与它们的重量完全无关，就是说，与任何价值完全无关。金的铸币存在同它的价值实体完全分离了。因此，相对地说没有价值的东西，例如纸票，就能代替金来执行铸币的职能。在金属货币记号上，这种纯粹的象征性质还在一定程度上隐藏着。但在纸币上，这种性质就暴露无遗了。我们看到，困难的只是第一步。

这里讲的只是强制流通的国家纸币。这种纸币是直接从金属流通中产生出来的。而信用货币产生的条件，我们从简单商品流通的观点来看还是根本不知道的。但不妨顺便提一下，正如本来意义的纸币是从货币作为流通手段的职能中产生出来一样，信用货币的自然根源是货币作为支付手段的职能。

国家把印有1镑、5镑等等货币名称的纸票从外部投入流通过程。只要这些纸票确实是代替同名的金额来流通，它们的运动就只反映货币流通本身的规律。纸币流通的特殊规律只能从纸币是金的代表这种关系中产生。这一规律简单说来就是：纸币的发行限于它象征地代表的金（或银）的实际流通的数量。诚然，流通领域所能吸收的金量经常变动，时常高于或低于一定的平均水平。但是，一个国家的流通手段量决不会降到一定的由经验确定的最低限量以下。这个最低限量不断变动它的组成部分，就是说，不断由另外的金块组成，这种情况当然丝毫不会影响这个量的大小和它在流通领域内的不断流动。因此，这个最低限量可以由纸做的象征来代替。但是，如果今天一切流通渠道中的纸币已达到这些渠道所能吸收货币的饱和程度，明天纸币就会因商品流通发生变动而泛滥开来。一切限度都消失了。不过，如果纸币超过了自己的限度，即超过了能够流通的同名的金币量，那末，即使不谈有信用扫地的危险，它在商品世界毕竟只是代表由商品世界的内在规律所决定的那个金量，即它所能代表的那个金量。例如，如果一定的纸票量按其名称代表2盎斯金，而实际是代替1盎斯金，那末事实上1镑比如说就是 $\frac{1}{8}$ 盎斯金的货币名称，而不是原来 $\frac{1}{4}$ 盎斯金的货币名称了。其结果无异于金在它作为价格尺度的职能上发生了变化，同一价值，原来用1镑的价格来表现，现在要用2镑的价格来表现了。

纸币是金的符号或货币符号。纸币同商品价值的关系只不过是：商品价值观念地表现在一个金量上，这个金量则由纸象征地可感觉地体现出来。纸币只有代表金量（金量同其他一切商品量一样，也是价值量），才成为价值符号。

最后要问，为什么金可以用它本身的没有任何价值的符号来代替呢？而我们已经知道，只有当金执行铸币或流通手段的职能而被孤立起来或独立出来时，金才可以被代替。当然，就个别金币来说，这种职能并没有独立出来，虽然磨损了的金币的继续流通已表明这种职能已经独立出来。金块只有实际处在流通中的时候，才是单纯的铸币或流通手段。对于个别金币不适用的情况，对于能由纸币代替的最低限度的金量却是适用的。这个金量经常处在流通领域中，不断地执行流通手段的职能，从而只是作为这种职能的承担者而存在。因此，它的运动只表示商品形态变化 W—G—W 的对立过程的不断互相转化。在这种形态变化中，商品的价值形态与商品对立，只是为了马上又消失。在这里，商品的交换价值的独立表现只是转瞬即逝的要素。它马上又会被别的商品代替。因此，在货币不断转手的过程中，单有货币的象征存在就够了。货币的职能存在可以说吞掉了它的物质存在。货币作为商品价格的转瞬即逝的客观反映，只是当作它自己的符号来执行职能，因此也能够由符号来代替。但是，货币符号本身需要得到客观的社会公认，而纸做的象征是靠强制流通得到这种公认的。国家的这种强制行动，只有在一国范围内或国内的流通领域内才有效，也只有在这个领域内，货币才完全执行它的流通手段或铸币的职能，因而才能在纸币形式上取得一种同它的金属实体在外部相脱离的并纯粹是职能的存在形式。

3.　货币

作为价值尺度并因而以自身或通过代表作为流通手段来执行职能的商品，是货币。因此，金（或银）是货币。金作为货币执行职能，一方面是在这样的场合：它必须以其金体（或银体）出现，因而作为货币商品出现，就是说，它不象在充当价值尺度时那样纯粹是观念的，也不象在充当流通手段时那样可以用别的东西来代表；另一方面是在这样的场合：它的职能——不论由它亲自执行，还是由它的代表执行——使它固定成为唯一的价值形态，成为交换价值的唯一适当的存在，而与其他一切仅仅作为使用价值的商品相对立。

（a）货币贮藏

两种对立的商品形态变化的不断循环，或卖与买的不息转换，表现在不停的货币流通上，或表现在货币作为流通的永动机的职能上。只要商品的形态变化系列一中断，卖之后没有继之以买，货币就会停止流动，或者如布阿吉尔贝尔所说的，由动的东西变为不动的东西，由铸币变为货币。

随着商品流通的最初发展，把第一形态变化的产物，商品的转化形式或它的金蛹保留在自己手中的必要性和欲望也发展起来了。出售商品不是为了购买商品，而是为了用货币形式来代替商品形式。这一形式变换从物质变换的单纯媒介变成了目的本身。商品的转换形态受到阻碍，不能再作为商品的绝对可以让渡的形态或作为只是转瞬即逝的货币形式而起作用。于是货币硬化为贮藏货币，商品出售者成为货币贮藏者。

在商品流通的初期，只是使用价值的多余部分转化为货币。这样，金和银自然就成为这种多余部分或财富的社会表现。在有些民族中，与传统的自给自足的生产方式相适应，需要范围是固定有限的，在这些民族中，这种素朴的货币贮藏形式就永恒化了。在亚洲人那里，特别是在印度人那里，情况就是这样。范德林特以为商品价格决定于一个国家现有的金银量，他自问：为什么印度的商品这样便宜？他回答说：因为印度人埋藏货币。他指出，从 1602 年到 1734 年，他们埋藏的银值 15000 万镑，这些银最先是从美洲运到欧洲去的。从 1856 年到 1866 年这 10 年间，英国输往印度和中国的银（输到中国的银大部分又流入印度）值 12000 万镑，这些银原先是用澳大利亚的金换来的。

随着商品生产的进一步发展，每一个商品生产者都必须握有这个物的神经，这个"社会的抵押品"。他的需要不断更新，因而促使他不断购买别人的商品，而他生产和出售自己的商品是要费时间的，并且带有偶然性。他要买而不卖，就必须在以前曾经卖而不买。这种做法要普遍实行，似乎是自相矛盾的。但是，贵金属在它的产地直接同其他商品交换。在那里就是卖（商品所有者方面）而不买（金银所有者方面）。而以后的没有继之以买的卖，不过是使贵金属进一步分配给一切商品所有者的媒介。因此，在交易的各个点上，有不同数量的金银贮藏。自从有可能把商品当作交换价值来保持，或把交换价值当作商品来保持以来，求金欲就产生了。随着商品流通的扩展，货币——财富的随时可用的绝对社会形式——的权力也日益增大。

"金真是一个奇妙的东西！谁有了它，谁就成为他想要的一切东西的主人。有了金，甚至可以使灵魂升入天堂。"（哥伦布 1503 年寄自牙买加的信）

因为从货币身上看不出它是由什么东西变成的，那末，一切东西，不论是不是商品，都可以变成货币。一切东西都可以买卖。流通成了巨大的社会蒸馏器，一切东西抛到里面去，再出来时都成为货币的结晶。连圣徒的遗骨也不能抗拒这种炼金术，更不用说那些人间交易范围之外的不那么粗陋的圣物了。正如商品的一切质的差别在货币上消灭了一样，货币作为激进的平均主义者把一切差别都消灭了。但货币本身是商品，是可以成为任何人的私产的外界物。这样，社会权力就成为私人的私有权力。因此，古代社会咒骂货币是换走了自己的经济秩序和道德秩序的辅币。还在幼年时期就抓着普路托的头发把他从地心里拖出来的现代社会，则颂扬金的圣杯是自己最根本的生活原则的光辉体现。

商品作为使用价值满足一种特殊的需要，构成物质财富的一种特殊的要素。而商品的价值则衡量商品对物质财富的一切要素的吸引力的大小，因而也衡量商品所有者的社会财富。在野蛮的简单的商品所有者看来，甚至在西欧的农民看来，价值是同价值形式分不开的，因而金银贮藏的增多就是价值的增多。当然，货币的价值在变化，这或者是由于它本身的价值变化，或者是由于商品的价值变化。但是一方面，这不会妨碍 200 盎斯金始终比 100 盎斯金包含的价值多，300 盎斯金又比 200 盎斯金包含的价值多等等，另一方面，这也不会妨碍这种物的天然的金属形式仍旧是一切商品的一般等价形式，是一切人类劳动的直接的社会化身。贮藏货币的欲望按其本性是没有止境的。在质的方面，或按形式来说，货币是无限的，也就是说，是物质财富的一般代表，因为它能直接转化成任何商品。但是在量的方面，每一个现实的货币额又是有限的，因而只是作用有限的购买手段。货币的这种量的有限性和质的无限性之间的矛盾，迫使货币贮藏者不断地从事息息法斯式的积累劳动。他们同世界征服者一样，这种征服者把征服每一个新的国家只看作是取得了新的国界。

要把金作为货币，从而作为贮藏货币的要素保存起来，就必须阻止它流通，不让它作为购买手段化为消费品。因此，货币贮藏者为了金偶像而牺牲自己的肉体享受。他虔诚地信奉禁欲的福音书。另一方面，他能够从流通中以货币形式取出的，只是他以商品形式投入流通的。他生产的越多，他能卖的也就越多。因此，勤劳、节俭、吝啬就成了他的主要美德。多卖少买就是他的全部政治经济学。

除直接的贮藏形式以外，还有一种美的贮藏形式，即占有金银制的商品。它是与资产阶级社会的财富一同增长的。"让我们成为富人或外表象富人吧。"（狄德罗）这样，一方面，形成了一个日益扩大的金银市场，这个市场不以金银的货币职能为转移，另一方面，也形成了一个潜在的货币供应源泉，这个源泉特别在社会大风暴时期涌现出来。

货币贮藏在金属流通的经济中执行着种种不同的职能。它的第一个职能是从金银铸币的流通条件中产生的。我们已经知道，随着商品流通在范围、价格和速度方面的经常变动，流通的货币量也不断增减。因此，这个量必须能伸缩。有时货币必须当作铸币被吸收，有时铸币必须当作货币被排斥。为了使实际流通的货币量总是同流通领域的饱和程度相适应，一个国家的现有的金银量必须大于执行铸币职能的金银量。这个条件是靠货币的贮藏形式来实现的。货币贮藏的蓄水池，对于流通中的货币来说，既是排水渠，又是引水渠；因此，货币永远不会溢出它的流通的渠道。

（b）支付手段

在上面我们所考察的商品流通的直接形式中，同一价值量总是双重地存在着，在一极上是商品，在另一极上是货币。所以，商品所有者只是作为现存的互相等价的物的代表来接触。但是，随着商品流通的发展，使商品的让渡同商品价格的实现在时间上分离开来的关系也发展起来。这里我们只举出其中一些最简单的关系。一些商品需要的生产时间较长，另一些商品需要的生产时间较短。不同的商品的生产与不同的季节有关。一些商品在市场所在地生产，另一些商品要旅行到远方的市场去。因此，一个商品所有者可以在另一个商品所有者作为买者出现之前，作为卖者出现。当同样一些交易总是在同一些人中间反复进行时，商品的出售条件就按照商品的生产条件来调节。另一方面，有一些商品例如房屋的使用权是出卖一定期限的。买者只是在期满时才真正取得商品的使用价值。因而他先购买商品，后对商品支付。一个商品所有者出售他现有的商品，而另一个商品所有者却只是作为货币的代表或作为未来货币的代表来购买这种商品。卖者成为债权人，买者成为债务人。由于商品的形态变化或商品的价值形式的发展在这里起了变化，货币也就取得了另一种职能。货币成了支付手段。

债权人或债务人的身分在这里是从简单商品流通中产生的。简单商品流通形式的改变，在卖者和买者身上打上了这两个新烙印。最初，同卖者和买者的角色一样，这也是暂时的和由同一些流通当事人交替扮演的角色。但是，现在这种对立一开始就不是那样愉快，并且能够更牢固地结晶起来。而这两种角色还可以不依赖商品流通而出现。例如，古代世界的阶级斗争主要是以债权人和债务人之间的斗争的形式进行的；在罗马，这种斗争以负债平民的破产，沦为奴隶而告终。在中世纪，这种斗争以负债封建主的破产，他们的政治权力随着它的经济基础一起丧失而告终。但是在这里，货币形式——债权人和债务人的关系具有货币关系的形式——所反映的不过是更深刻的经济生活条件的对抗。

现在我们回到商品流通领域来。等价的商品和货币不再同时出现在卖的过程的两极上。现在，第一，货币在决定所卖商品的价格上执行价值尺度的职能。由契约规定的所卖商品的价格，计量买者的债务，即买者到期必须支付的货币额。第二，货币执行观念的购买手段的职能。虽然货币只是存在于买者支付货币的承诺中，但它使商品的转手实现了。只是当支付日期到来时，支付手段才真正进入流通，就是说，从买者手里转到卖者手里。流通手段转化为贮藏货币，是因为流通过程在第一阶段中断，或商品的转化形态退出了流通。支付手段进入流通，但这是在商品已经退出流通之后。货币不再是过程的媒介。它作为交换价值的绝对存在，或作为一般商品，独立地结束这一过程。卖者把商品变为货币，是为了通过货币来满足某种需要，货币贮藏者把商品变为货币，是为了以货币形式保存商品，欠债的买者把商品变为货币，则是为了能够支付。如果他不支付，他的财产就会被强制拍卖。因此，现在由于流通过程本身的关系所产生的一种社会必要性，商品的价值形态即货币就成了卖的目的本身。

买者在把商品变为货币之前，已经把货币再转化为商品，或者说，他先完成商品的第二形态变化，后完成商品的第一形态变化。卖者的商品在流通，但它只是靠私法的索债权实现它的价格。它在转化为货币之前，已经转化为使用价值。它的第一形态变化只是以后才完成的。

在流通过程的每一个一定的时期内，到期的债务代表着产生这些债务的已售商品的价格总额。实现这一价格总额所必需的货币量，首先取决于支付手段的流通速度。它决定于两种情况：一是债权人和债务人的关系的锁链，即 A 从他的债务人 B 那里得到的货币，付给他的债权人 C 等等；一是各种不同的支付期限的间隔。一个接一个的支付的锁链或事后进行的第一形态变化的锁链，同我们前面考察的形态变化系列的交错，有着本质的区别。在流通手段的流通中，卖者和买者的联系不仅仅被表现出来，而且这种联系本身只是在货币流通中产生，并且是与货币流通一同产生。相反地，支付手段的运动则表现了一种在这种运动之前已经现成地存在的社会联系。

若干卖的同时并行，使流通速度对铸币量的补偿作用受到了限制。反之，这种情况却为节省支付手段造成了新的杠杆。随着支付集中于同一地点，使这些支付互相抵销的专门机构和方法就自然地发展起来。例如中世纪里昂的转账处就是如此。只要把 A 对 B、B 对 C、C 对 A 等等所有的债权对照一下，就可以有一定的数额作为正数和负数互相抵销。这样需要偿付的只是债务差额。支付越集中，差额相对地就越小，因而流通的支付手段量也相对地越小。

货币作为支付手段的职能包含着一个直接的矛盾。在各种支付互相抵销时，货币就只是在观念上执行计算货币或价值尺度的职能。而在必须进行实际支付时，货币又不是充当流通手段，不是充当物质变换的仅仅转瞬即逝的媒介形式，而是充当社会劳动的单个化身，充当交换价值的独立存在，充当绝对商品。这种矛盾在生产危机和商业危机中称为货币危机的那一时刻暴露得特别明显。这种货币危机只有在一个接一个的支付的锁链和抵销支付的人为制度获得充分发展的地方，才会发生。当这一机构整个被打乱的时候，不问其原因如何，货币就会突然直接地从计算货币的纯粹观念形态变成坚硬的货币。这时，它是不能由平凡的商品来代替的。商品的使用价值变得毫无价值，而商品的价值在它自己的价值形式面前消失了。昨天，资产者还被繁荣所陶醉，怀着启蒙的骄傲，宣称货币是空虚的幻想。只有商品才是货币。今天，他们在世界市场上到处叫嚷：只有货币才是商品！象鹿渴求清水一样，他们的灵魂渴求货币这唯一的财富。在危机时期，商品和它的价值形态（货币）之间的对立发展成绝对矛盾。因此，货币的表现形式在这里也是无关紧要的。不管是用金支付，还是用银行券这样的信用货币支付，货币荒都是一样的。

现在我们来考察一定时期内的流通货币的总额。假定流通手段和支付手段的流通速度是已知的，这个总额就等于待实现的商品价格总额加上到期的支付总额，减去彼此抵销的支付，最后减去同一货币交替地时而充当流通手段、时而充当支付手段的流通次数。例如，一个农民卖谷物得到 2 镑，在这里，这 2 镑起着流通手段的作用。他在支付日把这 2 镑用来支付织布者先前交给他的麻布。这时，这 2 镑起着支付手段的作用。接着织布者又拿现金去买圣经，于是这 2 镑又重新充当流通手段，如此等等。因此，即使价格、货币流通速度和支付的节省程度是既定的，一定时期内例如一天内流通的货币量和流通的商品量也不再相符。货币在流通，而它所代表的是早已退出流通的商品。商品在流通，而它的货币等价物只有在将来才出现。另一方面，每天订立的支付和同一天到期的支付完全不是可通约的量。

信用货币是直接从货币作为支付手段的职能中产生的，而由出售商品得到的债券本身又因债权的转移而流通。另一方面，随着信用事业的扩大，货币作为支付手段的职能也在扩大。作为支付手段的货币取得了它特有的各种存在形式，并以这些形式占据了大规模交易的领域，而金银铸币则主要被挤到小额贸易的领域之内。

在商品生产达到一定水平和规模时，货币作为支付手段的职能就会越出商品流通领域。货币变成契约上的一般商品。地租、赋税等等由实物交纳转化为货币支付。这种转化在多大程度上取决于生产过程的总的状态，可以由例如罗马帝国两次企图用货币征收一切赋税都告失败来证明。路易十四统治下的法国农民极端贫困，这种受到布阿吉尔贝尔、沃邦元帅等人如此有力地斥责的现象，不仅是由重税引起的，而且是由实物税改为货币税造成的。另一方面，在亚洲，地租的实物形式（它同时又是国税的主要因素）是建立在象自然关系那样一成不变地再生产出来的生产关系的基础上的，这种支付形式反过来又维护着这种古老的生产形式。这种支付形式是土耳其帝国自身得以维持的秘密之一。如果欧洲强加于日本的对外贸易使日本把实物地租改为货币地租，日本的模范的农业就会崩溃。这种农业的狭隘的经济存在条件也就会消失。

在每个国家，都规定一定的总的支付期限。撇开再生产的其他周期不说，这些期限部分地是以同季节变化有关的生产的自然条件为基础的。这些期限还调节着那些不是直接由商品流通产生的支付，如赋税、地租等等。这些分散在社会上各个地方的支付在一年的某些天所需的货币量，会在节省支付手段方面引起周期性的但完全是表面的混乱。从支付手段的流通速度的规律中可以看出，一切周期性的支付（不问其起因如何）所必需的支付手段量，与支付期限的长短成正比。

由于充当支付手段的货币的发展，就必须积累货币，以便到期偿还债务。随着资产阶级社会的发展，作为独立的致富形式的货币贮藏消失了，而作为支付手段准备金的形式的货币贮藏却增长了。

（c）世界货币

货币一越出国内流通领域，便失去了在这一领域内获得的价格标准、铸币、辅币和价值符号等地方形式，又恢复原来的贵金属块的形式。在世界贸易中，商品普遍地展开自己的价值。因此，在这里，商品独立的价值形态，也是作为世界货币与商品相对立。只有在世界市场上，货币才充分地作为这样一种商品起作用，这种商品的自然形式同时就是抽象人类劳动的直接的社会实现形式。货币的存在方式与货币的概念相适合了。

在国内流通领域内，只能有一种商品充当价值尺度，从而充当货币。在世界市场上，占统治地位的是双重价值尺度，即金和银。

世界货币执行一般支付手段的职能、一般购买手段的职能和一般财富的绝对社会化身的职能。它的最主要的职能，是作为支付手段平衡国际贸易差额。由此产生重商主义体系的口号——贸易差额！金银充当国际购买手段，主要是在各国间通常的物质变换的平衡突然遭到破坏的时候。最后，它们充当财富的绝对社会化身是在这样的场合：不是要买或是要支付，而是要把财富从一个国家转移到另一个国家，同时，商品市场的行情或者要达到的目的本身，不容许这种转移以商品形式实现。

每个国家，为了国内流通，需要有准备金，为了世界市场的流通，也需要有准备金。因此，货币贮藏的职能，一部分来源于货币作为国内流通手段和国内支付手段的职能，一部分来源于货币作为世界货币的职能。在后一种职能上，始终需要实在的货币商品，真实的金和银。因此，詹姆斯·斯图亚特为了把金银和它们的仅仅是地方的代表区别开来，就明确地指出金银的特征是世界货币。

金银的流动是二重的。一方面，金银从产地分散到整个世界市场，在那里，在不同程度上为不同国家的流通领域所吸收，以便进入国内流通渠道，补偿磨损了的金银铸币，供给奢侈品的材料，并且凝固为贮藏货币。这第一种运动是以实现在商品上的一国劳动和实现在贵金属上的金银出产国的劳动之间的直接交换为媒介的。另一方面，金银又不断往返于不同国家的流通领域之间，这是一个随着汇率的不断变化而产生的运动。

资产阶级生产发达的国家把大量集中在银行准备库内的贮藏货币，限制在它执行各种特殊职能所必需的最低限度以内。除了某些例外，如果准备库内的货币贮藏大大超过平均水平，那就表明商品流通停滞了，或者商品形态变化的流动中断了。

第二篇

货币转化为资本

第四章
货币转化为资本

1. 资本的总公式

商品流通是资本的起点。商品生产和发达的商品流通，即贸易，是资本产生的历史前提。世界贸易和世界市场在十六世纪揭开了资本的近代生活史。

如果撇开商品流通的物质内容，撇开各种使用价值的交换，只考察这一过程所造成的经济形式，我们就会发现，货币是这一过程的最后产物。商品流通的这个最后产物是资本的最初的表现形式。

资本在历史上起初到处是以货币形式，作为货币财产，作为商人资本和高利贷资本，与地产相对立。然而，为了认识货币是资本的最初的表现形式，不必回顾资本产生的历史。这个历史每天都在我们眼前重演。现在每一个新资本最初仍然是作为货币出现在舞台上，也就是出现在市场上——商品市场、劳动市场或货币市场上，经过一定的过程，这个货币就转化为资本。

作为货币的货币和作为资本的货币的区别，首先只是在于它们具有不同的流通形式。

商品流通的直接形式是W—G—W，商品转化为货币，货币再转化为商品，为买而卖。但除这一形式外，我们还看到具有不同特点的另一形式G—W—G，货币转化为商品，商品再转化为货币，为卖而买。在运动中通过后一种流通的货币转化为资本，成为资本，而且按它的使命来说，已经是资本。

现在我们较仔细地研究一下G—W—G这个流通。和简单商品流通一样，它也经过两个对立阶段。在第一阶段G—W（买）上，货币转化为商品。在第二阶段W—G（卖）上，商品再转化为货币。这两个阶段的统一是一个总运动：货币和商品交换，同一商品再和货币交换，即为卖商品而买商品；如果不管买和卖的形式上的区别，那就是用货币购买商品，又用商品购买货币。整个过程的结果，是货币和货币交换，G—G。假如我用100镑买进2000磅棉花，然后又把这2000磅棉花按110镑卖出，结果我就是用100镑交换110镑，用货币交换货币。

很清楚，假如G—W—G这个流通过程只是兜个圈子，是同样大的货币价值相交换，比如说，100镑和100镑交换，那末这个流通过程就是荒唐的、毫无内容的了。货币贮藏者的办法倒是无比地简单，无比地牢靠，他把100镑贮藏起来，不让它去冒流通中的风险。另一方面，不论商人把他用100镑买来的棉花卖110镑，还是100镑，甚至只是50镑，他的货币总是经过一种独特和新奇的运动，这种运动根本不同于货币在简单商品流通中的运动，例如在农民手中的运动——出售谷物，又用卖得的货币购买衣服。因此，首先我们应该说明G—W—G和W—G—W这两种循环的形式上的区别。这样，隐藏在这种形式上的区别后面的内容上的区别同时也就暴露出来。

我们先来看一下这两种形式的共同点。

这两种循环都分成同样两个对立阶段：W—G（卖）和G—W（买）。在其中每一个阶段上，都是同样的两个物的因素即商品和货币互相对立，都是扮演同样两种经济角色的两个人即买者和卖者互相对立。这两个循环的每一个都是同样两个对立阶段的统一，这种统一在这两种情形下都是通过三个当事人的登场而实现的：一个只是卖，一个只是买，一个既买又卖。

但是，W—G—W和G—W—G这两个循环从一开始就不同，是由于同样两个对立的流通阶段具有相反的次序。简单商品流通以卖开始，以买结束；作为资本的货币的流通以买开始，以卖结束。作为运动的起点和终点的，在前一场合是商品，在后一场合是货币。在整个过程中起媒介作用的，在前一形式是货币，在后一形式是商品。

在W—G—W这个流通中，货币最后转化为充当使用价值的商品。于是，货币就最终花掉了。而在G—W—G这个相反的形式中，买者支出货币，却是为了作为卖者收入货币。他购买商品，把货币投入流通，是为了通过出卖这同一商品，从流通中再取回货币。他拿出货币时，就蓄意要重新得到它。因此，货币只是被预付出去。

在W—G—W形式中，同一块货币两次变换位置。卖者从买者那里得到货币，又把它付给另一个卖者。整个过程以交出商品收入货币开始，以交出货币得到商品告终。在G—W—G形式中，情形则相反。在这里，两次变换位置的，不是同一块货币，而是同一件商品。买者从卖者手里得到商品，又把商品交到另一个买者手里。在简单商品流通中，同一块货币的两次变换位置，使货币从一个人手里最终转到另一个人手里；而在这里，同一件商品的两次变换位置，则使货币又流回到它最初的起点。

货币流回到它的起点同商品是否贱买贵卖没有关系。后者只影响流回的货币额的大小。只要买进的商品再被卖掉，就是说，只要G—W—G的循环全部完成，就发生货币流回的现象。可见，作为资本的货币的流通和单纯作为货币的货币的流通之间，存在着可以感觉到的区别。

一旦出卖一种商品所得到的货币又被用去购买另一种商品，W—G—W的循环就全部结束。如果货币又流回到起点，那只是由于整个过程的更新或重复。假如我把一夸特谷物卖了3镑，然后用这3镑买了衣服，对我来说，这3镑就是最终花掉了。我和这3镑再没有任何关系。它是衣商的了。假如我又卖了一夸特谷物，货币就又流回到我的手里，但这不是第一次交易的结果，而只是这一交易重复的结果。一旦我结束了这第二次交易，又买了东西，货币就又离开我。因此，在W—G—W这个流通中，货币的支出和货币的流回没有任何关系。相反，在G—W—G中，货币的流回是由货币支出的性质本身决定的。没有这种流回，活动就失败了，或者过程就中断而没有完成，因为它的第二阶段，即作为买的补充和完成的卖没有实现。

在W—G—W循环中，始极是一种商品，终极是另一种商品，后者退出流通，转入消费。因此，这一循环的最终目的是消费，是满足需要，总之，是使用价值。相反，G—W—G循环是从货币一极出发，最后又返回同一极。因此，这一循环的动机和决定目的是交换价值本身。

在简单商品流通中，两极具有同样的经济形式。二者都是商品，而且是价值量相等的商品。但它们是不同质的使用价值，如谷物和衣服。在这里，产品交换，体现着社会劳动的不同物质的交换，是运动的内容。G—W—G 这个流通则不同。乍一看来，它似乎是无内容的，因为是同义反复。两极具有同样的经济形式。二者都是货币，从而不是不同质的使用价值，因为货币正是商品的转化形式，在这个形式中，商品的一切特殊使用价值都已消失。先用 100 镑交换成棉花，然后又用这些棉花交换成 100 镑，就是说，货币兜了一个圈子又交换成货币，同样的东西又交换成同样的东西。这似乎是一种既无目的又很荒唐的活动。一个货币额和另一个货币额只能有量的区别。因此，G—W—G 过程所以有内容，不是因为两极有质的区别（二者都是货币），而只是因为它们有量的不同。最后从流通中取出的货币，多于起初投入的货币。例如，用 100 镑买的棉花卖 100 镑+10 镑，即 110 镑。因此，这个过程的完整形式是 G—W—G'。其中的 G' = G + ΔG，即等于原预付货币额加上一个增殖额。我把这个增殖额或超过原价值的余额叫做剩余价值。可见，原预付价值不仅在流通中保存下来，而且在流通中改变了自己的价值量，加上了一个剩余价值，或者说增殖了。正是这种运动使价值转化为资本。

诚然，在 W—G—W 中，两极 W 和 W，如谷物和衣服，也可能是大小不等的价值量。农民卖谷物的价钱可能高于谷物的价值，或者他买衣服的价钱可能低于衣服的价值。他也可能受衣商的骗。但是这种价值上的差异，对这种流通形式本身来说完全是偶然的。即使这种流通形式的两极（如谷物和衣服）是等价的，它也丝毫不会象 G—W—G 过程一样丧失自己的意义。在这里，两极的价值相等倒可以说是这种流通形式正常进行的条件。

为买而卖的过程的重复或更新，与这一过程本身一样，以达到这一过程以外的最终目的，即消费或满足一定的需要为限。相反，在为卖而买的过程中，开端和终结是一样的，都是货币，都是交换价值，单是由于这一点，这种运动就已经是没有止境的了。诚然，G 变成了 G + ΔG，100 镑变成了 100 镑+10 镑。但是单从质的方面来看，110 镑和 100 镑一样，都是货币。而从量的方面来看，110 镑和 100 镑一样，都是有限的价值额。如果把这 110 镑当作货币用掉，那它就不再起作用了。它不再成为资本。如果把它从流通中取出，那它就凝固为贮藏货币，即使藏到世界末日，也不会增加分毫。因此，如果问题是要使价值增殖，那末 110 镑和 100 镑一样，也需要增殖，因为二者都是交换价值的有限的表现，从而具有相同的使命：通过量的增大以接近绝对的富。不错，原预付价值 100 镑和它在流通中所增殖的剩余价值 10 镑在一瞬间是有区别的，但这个区别马上又消失了。过程终了时，不是 100 镑原价值在一边，10 镑剩余价值在另一边。得到的结果是一个 110 镑的价值。这个价值和原先的 100 镑一样，也完全适宜于开始价值增殖过程。货币在运动终结时又成为运动的开端。因此，每一次为卖而买所完成的循环的终结，自然成为新循环的开始。简单商品流通——为买而卖——是达到流通以外的最终目的，占有使用价值，满足需要的手段。相反，作为资本的货币的流通本身就是目的，因为只是在这个不断更新的运动中才有价值的增殖。因此，资本的运动是没有限度的。

作为这一运动的有意识的承担者，货币所有者变成了资本家。他这个人，或不如说他的钱袋，是货币的出发点和复归点。这种流通的客观内容——价值增殖——是他的主观目的；只有在越来越多地占有抽象财富成为他的活动的唯一动机时，他才作为资本家或作为人格化的、有意志和意识的资本执行职能。因此，绝不能把使用价值看作资本家的直接目的。他的目的也不是取得一次利润，而只是谋取利润的无休止的运动。这种绝对的致富欲，这种价值追逐狂，是资本家和货币贮藏者所共有的，不过货币贮藏者是发狂的资本家，资本家是理智的货币贮藏者。货币贮藏者竭力把货币从流通中拯救出来，以谋求价值的无休止的增殖，而精明的资本家不断地把货币重新投入流通，却达到了这一目的。

商品的价值在简单流通中所采取的独立形式，即货币形式，只是充当商品交换的媒介，运动一结束就消失。相反，在 G—W—G 流通中，商品和货币这二者仅仅是价值本身的不同存在方式：货币是它的一般存在方式，商品是它的特殊的也可以说只是化了装的存在方式。价值不断地从一种形式转化为另一种形式，在这个运动中永不消失，从而变成一个自动的主体。如果把增殖中的价值在其生活的循环中交替采取的各种特殊表现形式固定下来，就得出这样的说明：资本是货币，资本是商品。但是实际上，价值在这里已经成为一个过程的主体，在这个过程中，它不断地交替采取货币形式和商品形式，改变着自己的量，作为剩余价值同作为原价值的自身分出来，自行增殖着。既然它生出剩余价值的运动是它自身的运动，它的增殖也就是自行增殖。它所以获得创造价值的奇能，是因为它是价值。它会产仔，或者说，它至少会生金蛋。

价值时而采取时而抛弃货币形式和商品形式，同时又在这种变换中一直保存自己和扩大自己；价值作为这一过程的扩张着的主体，首先需要一个独立的形式，把自身的同一性确定下来。它只有在货币上才具有这种形式。因此，货币是每个价值增殖过程的起点和终点。它以前是 100 镑，现在是 110 镑，等等。

但货币本身在这里只是价值的一种形式，因为价值有两种形式。货币不采取商品形式，就不能成为资本。因此，货币在这里不象在货币贮藏的情况下那样，与商品势不两立。资本家知道，一切商品，不管它们多么难看，多么难闻，在信仰上和事实上都是货币，是行过内部割礼的犹太人，并且是把货币变成更多的货币的奇妙手段。

在简单流通中，商品的价值在与商品的使用价值的对立中，至多取得了独立的货币形式，而在这里，商品的价值突然表现为一个处在过程中的、自行运动的实体，商品和货币只是这一实体的两种形式。不仅如此。现在，它不是表示商品关系，而可以说同它自身发生私自关系。它作为原价值同作为剩余价值的自身区别开来，作为圣父同作为圣子的自身区别开来，而二者年龄相同，实际上只是一个人。这是因为预付的 100 镑只是由于有了 10 镑剩余价值才成为资本，而它一旦成为资本，一旦生了儿子，并由于有了儿子而生了父亲，二者的区别又马上消失，合为一体——110 镑。

因此，价值成了处于过程中的价值，成了处于过程中的货币，从而也就成了资本。它离开流通，又进入流通，在流通中保存自己，扩大自己，扩大以后又从流通中返回来，并且不断重新开始同样的循环。G—G′，生出货币的货币，——money which begets money，——资本的最初解释者重商主义者就是这样来描绘资本的。

为卖而买，或者说得完整些，为了贵卖而买，即 G—W—G′，似乎只是一种资本即商人资本所特有的形式。但产业资本也是这样一种货币，它转化为商品，然后通过商品的出售再转化为更多的货币。在买和卖的间歇，即在流通领域以外发生的行为，丝毫不会改变这种运动形式。最后，在生息资本的场合，G—W—G′的流通简化地表现为没有中介的结果，表现为一种简练的形式，G—G′，表现为等于更多货币的货币，比本身价值更大的价值。

因此，G—W—G′事实上是直接在流通领域内表现出来的资本的总公式。

2. 总公式的矛盾

货币羽化为资本的流通形式，是和前面阐明的所有关于商品、价值、货币和流通本身的性质的规律相矛盾的。它和简单商品流通不同的地方，在于同样两个对立过程（卖和买）的次序相反。但这种纯粹形式上的区别，是用什么魔法使这一过程的性质改变的呢?

　　不仅如此。在互相进行交易的三个同行中间，只是对其中一个人来说，次序才是颠倒过来了。作为资本家，我从 A 手里购买商品，再把商品卖给 B；作为简单的商品所有者，我把商品卖给 B，然后从 A 手里购买商品。对 A 和 B 这两个同行来说，这个区别是不存在的。他们只是作为商品的买者或卖者出现。我自己也总是作为简单的货币所有者或商品所有者，作为买者或卖者与他们相对立。在这两个序列中，对于一个人我只是买者，对于另一个人我只是卖者；对于一个人我只是货币，对于另一个人我只是商品，不论对于这两个人中的哪一个，我都不是资本，不是资本家，不是比货币或商品更多的什么东西的代表，或者能起货币或商品以外的什么作用的东西的代表。对我来说，向 A 购买商品和把商品卖给 B，构成一个序列。但是这两个行为之间的联系，只有对我来说才是存在的。A 并不关心我同 B 的交易，B 并不关心我同 A 的交易。假如我想向他们说明我把交易的序列颠倒过来而作出的特殊功绩，他们就会向我指出，是我把序列本身弄错了，整个交易不是由买开始和由卖结束，而是相反，由卖开始和由买结束。实际上，我的第一个行为买，在 A 看来是卖，我的第二个行为卖，在 B 看来是买。A 和 B 并不满足于这一点，他们还会说，这整个序列是多余的，是耍把戏。A 可以直接把商品卖给 B，B 可以直接向 A 购买商品。这样，整个交易就缩短为普通商品流通的一个单方面的行为：从 A 看来只是卖，从 B 看来只是买。可见，我们把序列颠倒过来，并没有越出简单商品流通领域，相反，我们倒应该看一看：这个领域按其性质来说，是否允许进入这一领域的价值发生增殖，从而允许剩余价值的形成。

　　我们拿表现为单纯的商品交换的流通过程来说。在两个商品所有者彼此购买对方的商品，并到支付日结算债务差额时，流通过程总是表现为单纯的商品交换。在这里，货币充当计算货币，它把商品的价值表现为商品价格，但不是用它的物体同商品本身相对立。就使用价值来看，交换双方显然都能得到好处。双方都是让渡对自己没有使用价值的商品，而得到自己需要使用的商品。但好处可能不止是这一点。卖葡萄酒买谷物的 A，在同样的劳动时间内，大概会比种植谷物的 B 酿出更多的葡萄酒，而种植谷物的 B，在同样的劳动时间内，大概会比酿酒的 A 生产出更多的谷物。可见，与两人不进行交换而各自都不得不为自己生产葡萄酒和谷物相比，用同样的交换价值，A 能得到更多的谷物，B 能得到更多的葡萄酒。因此，就使用价值来看，可以说，"交换是双方都得到好处的交易"。就交换价值来看，情况就不同了。

"一个有许多葡萄酒而没有谷物的人，同一个有许多谷物而没有葡萄酒的人进行交易，在他们之间，价值50的小麦和价值50的葡萄酒相交换了。这种交换不论对哪一方来说都不是交换价值的增多，因为每一方通过这次行为得到的价值，是和他在交换以前握有的价值相等的。"

货币作为流通手段出现在商品之间，以及买和卖的行为明显地分离开来，这对事情毫无影响。商品的价值在商品进入流通以前就表现为商品价格，因此它是流通的前提，不是流通的结果。

如果抽象地来考察，就是说，把不是从简单商品流通的内在规律中产生的情况撇开，那末，在这种流通中发生的，除了一种使用价值被另一种使用价值代替以外，只是商品的形态变化，即商品的单纯形式变换。同一价值，即同量的物化社会劳动，在同一个商品所有者手里，起初表现为他的商品的形式，然后是该商品转化成的货币的形式，最后是由这一货币再转化成的商品的形式。这种形式变换并不包含价值量的改变。商品价值本身在这一过程中所经历的变化，只限于它的货币形式的变化。起初，这个货币形式是待售商品的价格，然后是在价格中已经表现出来的货币额，最后是等价商品的价格。这种形式变换，象一张5镑的钞票换成若干索维林、若干半索维林和若干先令一样，本身并不包含价值量的改变。因此，商品流通就它只引起商品价值的形式变换来说，在现象纯粹地进行的情况下，就只引起等价物的交换。连根本不懂什么是价值的庸俗经济学，每当它想依照自己的方式来纯粹地观察现象的时候，也都假定供求是一致的，就是说，假定供求的影响是完全不存在的。因此，就使用价值来看，交换双方都能得到利益，但在交换价值上，双方都不能得到利益。不如说，在这里是："在平等的地方，没有利益可言。"诚然，商品可以按照和自己的价值相偏离的价格出售，但这种偏离是一种违反商品交换规律的现象。商品交换就其纯粹形态来说是等价物的交换，因此，不是增大价值的手段。

因此，那些试图把商品流通说成是剩余价值的源泉的人，其实大多是弄混了，是把使用价值和交换价值混淆了。例如，孔狄亚克说：

"认为在商品交换中是等量的价值相交换，那是错误的。恰恰相反，当事人双方总是用较小的价值去换取较大的价值……如果真的总是等量的价值交换，那任何一方都不会得到利益。但双方都得到利益，或都应该得到利益。为什么呢？物的价值只在于物和我们的需要的关系。某物对一个人来说是多了，对另一人来说则不够，或者相反……不能设想，我们会把自己消费所必需的物拿去卖……我们是要把自己用不着的东西拿去卖，以取得自己需要的东西；我们是要以少换多……人们自然会认为，只要每个被交换的物在价值上等于同一货币量，那就是等量的价值交换等量的价值……但还必须考虑到另一方面；试问：我们双方不是都用剩余物来交换需要物吗？"

我们看到，孔狄亚克不但把使用价值和交换价值混在一起，而且十分幼稚地把商品生产发达的社会硬说成是这样一种状态：生产者自己生产自己的生存资料，而只把满足自己需要以后的余额即剩余物投入流通。然而，孔狄亚克的论据却经常为现代经济学家所重复，当他们要说明商品交换的发达形式即贸易会产生剩余价值的时候，更是如此。例如，有人说：

"贸易使产品增添价值，因为同一产品在消费者手里比在生产者手里具有更大的价值，因此，严格说来，贸易应看作是一种生产活动。"

但是，人们购买商品不是付两次钱：一次是为了它的使用价值，一次是为了它的价值。如果说商品的使用价值对买者比对卖者更有用，那末商品的货币形式对卖者比对买者就更有用。不然他何必出卖商品呢？因此，我们同样也可以说，例如，买者把商人的袜子变成货币，严格说来，就是完成一种"生产活动"。

假如互相交换的是交换价值相等的商品，或交换价值相等的商品和货币，就是说，是等价物，那末很明显，任何人从流通中取出的价值，都不会大于他投入流通的价值。在这种情形下，就不会有剩余价值形成。商品的流通过程就其纯粹的形式来说，要求等价物的交换。但是在实际上，事情并不是纯粹地进行的。因此，我们假定是非等价物的交换。

在任何情形下，在商品市场上，只是商品所有者与商品所有者相对立，他们彼此行使的权力只是他们商品的权力。商品的物质区别是交换的物质动机，它使商品所有者互相依赖，因为他们双方都没有他们自己需要的物品，而有别人需要的物品。除使用价值上的这种物质区别以外，商品之间就只有一种区别，即商品的自然形式和它的转化形式之间的区别，商品和货币之间的区别。因此，商品所有者之间的区别，只不过是卖者即商品所有者和买者即货币所有者之间的区别。

假定卖者享有某种无法说明的特权，可以高于商品价值出卖商品，把价值100的商品卖110，即在名义上加价10%。这样，卖者就得到剩余价值10。但是，他当了卖者以后，又成为买者。现在第三个商品所有者作为卖者和他相遇，并且也享有把商品贵卖10%的特权。我们那位商品所有者作为卖者赚得了10，但是作为买者要失去10。实际上，整个事情的结果是，全体商品所有者都高于商品价值10%互相出卖商品，这与他们把商品按其价值出售完全一样。商品的这种名义上的普遍加价，其结果就象例如用银代替金来计量商品价值一样。商品的货币名称即价格上涨了，但商品间的价值比例仍然不变。

我们再反过来，假定买者享有某种特权，可以低于商品价值购买商品。在这里，不用说，买者还要成为卖者。他在成为买者以前，就曾经是卖者。他在作为买者赚得 10% 以前，就已经作为卖者失去了 10%。结果一切照旧。

因此，剩余价值的形成，从而货币的转化为资本，既不能用卖者高于商品价值出卖商品来说明，也不能用买者低于商品价值购买商品来说明。

即使偷偷加进一些不相干的东西，如象托伦斯上校那样，问题也绝不会变简单些。这位上校说：

"有效的需求在于，消费者通过直接的或间接的交换能够和愿意〈！〉付给商品的部分，大于生产它们时所耗费的资本的一切组成部分。"

在流通中，生产者和消费者只是作为卖者和买者相对立。说生产者得到剩余价值是由于消费者付的钱超过了商品的价值，那不过是把商品所有者作为卖者享有贵卖的特权这个简单的命题加以伪装罢了。卖者自己生产了某种商品，或代表它的生产者，同样，买者也是自己生产了某种已体现为货币的商品，或代表它的生产者。因此，是生产者和生产者相对立。他们的区别在于，一个是买，一个是卖。商品所有者在生产者的名义下高于商品价值出卖商品，在消费者的名义下对商品付出高价，这并不能使我们前进一步。

因此，坚持剩余价值来源于名义上的加价或卖者享有贵卖商品的特权这一错觉的代表者，是假定有一个只买不卖，从而只消费不生产的阶级。从我们上面达到的观点来看，即从简单流通的观点来看，还不能说明存在着这样一个阶级。但是，我们先假定有这样一个阶级。这个阶级不断用来购买的货币，必然是不断地、不经过交换、白白地、依靠任何一种权利或暴力，从那些商品所有者手里流到这个阶级手里的。把商品高于价值卖给这个阶级，不过是骗回一部分白白交出去的货币罢了。例如，小亚细亚的城市每年向古罗马缴纳贡款，就是如此。罗马则用这些货币购买小亚细亚城市的商品，而且按高价购买。小亚细亚人通过贸易从征服者手里骗回一部分贡款，从而欺骗了罗马人。但是，吃亏的还是小亚细亚人。他们的商品仍旧是用他们自己的货币支付的。这决不是发财致富或创造剩余价值的方法。

所以，我们还是留在卖者也是买者、买者也是卖者的商品交换范围内吧。我们陷入困境，也许是因为我们只把人理解为人格化的范畴，而不是理解为个人。

商品所有者 A 可能非常狡猾，总是使他的同行 B 或 C 受骗，而 B 和 C 无论如何也报复不了。A 把价值 40 镑的葡萄酒卖给 B，换回价值 50 镑的谷物。A

把自己的 40 镑变成了 50 镑，把较少的货币变成了较多的货币，把自己的商品变成了资本。我们仔细地来看一下。在交换以前，A 手中有价值 40 镑的葡萄酒，B 手中有价值 50 镑的谷物，总价值是 90 镑。在交换以后，总价值还是 90 镑。流通中的价值没有增大一个原子，只是它在 A 和 B 之间的分配改变了。一方的剩余价值，是另一方的不足价值，一方的增加，是另一方的减少。如果 A 不用交换形式作掩饰，而直接从 B 那里偷去 10 镑，也会发生同样的变化。显然，流通中的价值总量不管其分配情况怎样变化都不会增大，正象一个犹太人把安女王时代的一法寻当作一基尼来卖，不会使本国的贵金属量增大一样。一个国家的整个资本家阶级不能靠欺骗自己来发财致富。

可见，无论怎样颠来倒去，结果都是一样。如果是等价物交换，不产生剩余价值；如果是非等价物交换，也不产生剩余价值。流通或商品交换不创造价值。

由此可以了解，为什么我们在分析资本的基本形式，分析决定现代社会的经济组织的资本形式时，开始根本不提资本的常见的、所谓洪水期前的形态，即商业资本和高利贷资本。

G—W—G′ 的形式，为贵卖而买，在真正的商业资本中表现得最纯粹。另一方面，它的整个运动是在流通领域内进行的。但是，既然不能从流通本身来说明货币转化为资本，说明剩余价值的形成，所以只要是等价物相交换，商业资本看来是不可能存在的。因而，商业资本只能这样来解释：寄生在购买的商品生产者和售卖的商品生产者之间的商人对他们双方进行欺骗。富兰克林就是在这个意义上说："战争是掠夺，商业是欺骗。"如果不是单纯用对商品生产者的欺骗来说明商业资本的增殖，那就必须举出一长串的中间环节，但是在这里，商品流通及其简单要素是我们唯一的前提，因此这些环节还完全不存在。

关于商业资本所说的一切，更加适用于高利贷资本。在商业资本中，两极，即投入市场的货币和从市场取出的增大的货币，至少还以买和卖，以流通运动为媒介。在高利贷资本中，G—W—G′ 形式简化成没有媒介的两极 G—G′，即交换成更多货币的货币。这种形式是和货币的性质相矛盾的，因而从商品交换的角度是无法解释的。所以，亚里士多德说：

"货殖有两种，一种属于商业方面，一种属于经济方面。后者是必要的，值得称赞的，前者以流通为基础，理应受到谴责（因为它不以自然为基础，而以互相欺骗为基础）。所以，高利贷受人憎恨完全理所当然，因为在这里，货币本身成为赢利的源泉，没有用于发明它的时候的用途。货币是为商品交换而产生的，但利息却使货币生出更多的货币。它的名称〈τόχος，利息和利子〉就是由此而来的。利子和母财是相象的。但利息是货币生出的货币，因此在所有的赢利部门中，这个部门是最违反自然的。"

在我们研究的进程中，我们将会发现，生息资本和商业资本一样，也是派生的形式，同时会看到，为什么它们在历史上的出现早于资本的现代基本形式。

上面已经说明，剩余价值不能从流通中产生；因此，在剩余价值的形成上，必然有某种在流通中看不到的情况发生在流通的背后。但是，剩余价值能不能从流通以外的什么地方产生呢？流通是商品所有者的全部相互关系的总和。在流通以外，商品所有者只同他自己的商品发生关系。就商品的价值来说，这种关系只是：他的商品包含着他自己的、按一定社会规律计量的劳动量。这个劳动量表现为他的商品的价值量，而价值量是表现在计算货币上的，因此劳动量就表现为一个价格，例如 10 镑。但是，他的劳动不能表现为商品的价值和超过这个商品本身价值而形成的余额，不能表现为等于 10 镑又等于 11 镑的价格，不能表现为一个大于自身价值的价值。商品所有者能够用自己的劳动创造价值，但是不能创造进行增殖的价值。他能够通过新的劳动给原有价值添加新价值，从而使商品的价值增大，例如把皮子制成皮靴就是这样。这时，同一个材料由于包含了更大的劳动量，也就有了更大的价值。因此，皮靴的价值大于皮子的价值，但是皮子的价值仍然和从前一样。它没有增殖，没有在制作皮靴时添加剩余价值。可见，商品生产者在流通领域以外，也就是不同其他商品所有者接触，就不能使价值增殖，从而使货币或商品转化为资本。

因此，资本不能从流通中产生，又不能不从流通中产生。它必须既在流通中又不在流通中产生。

这样，就得到一个双重的结果。

货币转化为资本，必须根据商品交换的内在规律来加以说明，因此等价物的交换应该是起点。我们那位还只是资本家幼虫的货币所有者，必须按商品的价值购买商品，按商品的价值出卖商品，但他在过程终了时必须取出比他投入的价值更大的价值。他变为蝴蝶，必须在流通领域中，又必须不在流通领域中。这就是问题的条件。这里是罗陀斯，就在这里跳罢！

3. 劳动力的买和卖

要转化为资本的货币的价值变化，不可能发生在这个货币本身上，因为货币作为购买手段和支付手段，只是实现它所购买或所支付的商品的价格，而它如果停滞在自己原来的形式上，它就凝固为价值量不变的化石了。同样，在流通的第二个行为即商品的再度出卖上，也不可能发生这种变化，因为这一行为只是使商品从自然形式再转化为货币形式。因此，这种变化必定发生在第一个行为G—W中所购买的商品上，但不是发生在这种商品的价值上，因为互相交换的是等价物，商品是按它的价值支付的。因此，这种变化只能从这种商品的使用价值本身，即从这种商品的使用上产生。要从商品的使用上取得价值，我们的货币所有者就必须幸运地在流通领域内即在市场上发现这样一种商品，它的使用价值本身具有成为价值源泉的特殊属性，因此，它的实际使用本身就是劳动的物化，从而是价值的创造。货币所有者在市场上找到了这种特殊商品，这就是劳动能力或劳动力。

我们把劳动力或劳动能力，理解为人的身体即活的人体中存在的、每当人生产某种使用价值时就运用的体力和智力的总和。

但是，货币所有者要在市场上找到作为商品的劳动力，必须存在各种条件。商品交换本身除了包含由它自己的性质所产生的从属关系以外，不包含任何其他从属关系。在这种前提下，劳动力只有而且只是因为被它自己的所有者即有劳动力的人当作商品出售或出卖，才能作为商品出现在市场上。劳动力所有者要把劳动力当作商品出卖，他就必须能够支配它，从而必须是自己的劳动能力、自己人身的自由的所有者。劳动力所有者和货币所有者在市场上相遇，彼此作为身分平等的商品所有者发生关系，所不同的只是一个是买者，一个是卖者，因此双方是在法律上平等的人。这种关系要保持下去，劳动力所有者就必须始终把劳动力只出卖一定时间，因为他要是把劳动力一下子全部卖光，他就出卖了自己，就从自由人变成奴隶，从商品所有者变成商品。他作为人，必须总是把自己的劳动力当作自己的财产，从而当作自己的商品。而要做到这一点，他必须始终让买者只是在一定期限内暂时支配他的劳动力，使用他的劳动力，就是说，他在让渡自己的劳动力时不放弃自己对它的所有权。

货币所有者要在市场上找到作为商品的劳动力，第二个基本条件就是：劳动力所有者没有可能出卖有自己的劳动物化在内的商品，而不得不把只存在于他的活的身体中的劳动力本身当作商品出卖。

一个人要出卖与他的劳动力不同的商品，他自然必须占有生产资料，如原料、劳动工具等等。没有皮革，他就不能做皮靴。此外，他还需要有生活资料。任何人，即使是未来音乐的创作家，都不能靠未来的产品过活，也不能靠尚未生产好的使用价值过活。人从出现在地球舞台上的第一天起，每天都要消费，不管在他开始生产以前和在生产期间都是一样。如果产品是作为商品生产的，在它生产出来以后就必须卖掉，而且只有在卖掉以后，它才能满足生产者的需要。除生产时间外，还要加上出售所需要的时间。

可见，货币所有者要把货币转化为资本，就必须在商品市场上找到自由的工人。这里所说的自由，具有双重意义：一方面，工人是自由人，能够把自己的劳动力当作自己的商品来支配，另一方面，他没有别的商品可以出卖，自由得一无所有，没有任何实现自己的劳动力所必需的东西。

为什么这个自由工人在流通领域中同货币所有者相遇，对这个问题货币所有者不感兴趣。他把劳动市场看作是商品市场的一个特殊部门。我们目前对这个问题也不感兴趣。货币所有者是在实践上把握着这个事实，我们则是在理论上把握着这个事实。但是有一点是清楚的。自然界不是一方面造成货币所有者或商品所有者，而另一方面造成只是自己劳动力的所有者。这种关系既不是自然史上的关系，也不是一切历史时期所共有的社会关系。它本身显然是已往历史发展的结果，是许多次经济变革的产物，是一系列陈旧的社会生产形态灭亡的产物。

我们前面所考察的经济范畴，也都带有自己的历史痕迹。产品成为商品，需要有一定的历史条件。要成为商品，产品就不应作为生产者自己直接的生存资料来生产。如果我们进一步研究，在什么样的状态下，全部产品或至少大部分产品采取商品的形式，我们就会发现，这种情况只有在一种十分特殊的生产方式即资本主义生产方式的基础上才会发生。但是这种研究不属于商品分析的范围。即使绝大多数产品直接用来满足生产者自己的需要，没有变成商品，从而社会生产过程按其广度和深度来说还远没有为交换价值所控制，商品生产和商品流通仍然能够产生。产品要表现为商品，需要社会内部的分工发展到这样的程度：在直接的物物交换中开始的使用价值和交换价值的分离已经完成。但是，这样的发展阶段是历史上完全不同的社会经济形态所共有的。

如果考察一下货币，我们就会看到，货币是以商品交换发展到一定高度为前提的。货币的各种特殊形式，即单纯的商品等价物，或流通手段，或支付手段、贮藏货币和世界货币，按其中这种或那种职能的不同作用范围和相对占优势的情况，表示社会生产过程的极不相同的阶段。但是根据经验，不很发达的商品流通就足以促使所有这些形式的形成。资本则不然。有了商品流通和货币流通，决不是就具备了资本存在的历史条件。只有当生产资料和生活资料的所有者在市场上找到出卖自己劳动力的自由工人的时候，资本才产生；而单是这一历史条件就包含着一部世界史。因此，资本一出现，就标志着社会生产过程的一个新时代。

现在应该进一步考察这个特殊商品——劳动力。同一切其他商品一样，劳动力也具有价值。这个价值是怎样决定的呢？

同任何其他商品的价值一样，劳动力的价值也是由生产从而再生产这种特殊物品所必需的劳动时间决定的。就劳动力代表价值来说，它本身只代表在它身上物化的一定量的社会平均劳动。劳动力只是作为活的个体的能力而存在。因此，劳动力的生产要以活的个体的存在为前提。假设个体已经存在，劳动力的生产就是这个个体本身的再生产或维持。活的个体要维持自己，需要有一定量的生活资料。因此，生产劳动力所需要的劳动时间，可化为生产这些生活资料所需要的劳动时间，或者说，劳动力的价值，就是维持劳动力所有者所需要的生活资料的价值。但是，劳动力只有表现出来才能实现，只有在劳动中才能发挥出来。而劳动力的发挥即劳动，耗费人的一定量的肌肉、神经、脑等等，这些消耗必须重新得到补偿。支出增多，收入也得增多。劳动力所有者今天进行了劳动，他应当明天也能够在同样的精力和健康条件下重复同样的过程。因此，生活资料的总和应当足以使劳动者个体能够在正常生活状况下维持自己。由于一个国家的气候和其他自然特点不同，食物、衣服、取暖、居住等等自然需要也就不同。另一方面，所谓必不可少的需要的范围，和满足这些需要的方式一样，本身是历史的产物，因此多半取决于一个国家的文化水平，其中主要取决于自由工人阶级是在什么条件下形成的，从而它有哪些习惯和生活要求。因此，和其他商品不同，劳动力的价值规定包含着一个历史的和道德的因素。但是，在一定的国家，在一定的时期，必要生活资料的平均范围是一定的。

劳动力所有者是会死的。因此，要使他不断出现在市场上（这是货币不断转化为资本的前提），劳动力的卖者就必须"象任何活的个体一样，依靠繁殖使自己永远延续下去"。因损耗和死亡而退出市场的劳动力，至少要不断由同样数目的新劳动力来补充。因此，生产劳动力所必需的生活资料的总和，要包括工人的补充者即工人子女的生活资料，只有这样，这种特殊商品所有者的种族才能在商品市场上永远延续下去。

要改变一般的人的本性，使它获得一定劳动部门的技能和技巧，成为发达的和专门的劳动力，就要有一定的教育或训练，而这就得花费或多或少的商品等价物。劳动力的教育费随着劳动力性质的复杂程度而不同。因此，这种教育费——对于普通劳动力来说是微乎其微的——包括在生产劳动力所耗费的价值总和中。

劳动力的价值可以归结为一定量生活资料的价值。因此，它也随着这些生活资料的价值即生产这些生活资料所需要的劳动时间量的改变而改变。

一部分生活资料，如食品、燃料等等，每天都有新的消耗，因而每天都必须有新的补充。另一些生活资料，如衣服、家具等等，可以使用较长的时期，因而只是经过较长的时期才需要补充。有些商品要每天购买或支付，有些商品要每星期购买或支付，还有些商品要每季度购买或支付，如此等等。但不管这些支出的总和在例如一年当中怎样分配，都必须由每天的平均收入来担负。假如生产劳动力每天所需要的商品量=A，每星期所需要的商品量=B，每季度所需要的商品量=C，其他等等，那末这些商品每天的平均需要量$=\dfrac{365A+52B+4C+\text{其他等等}}{365}$。假定平均每天所需要的这个商品量包含 6 小时社会劳动，那末每天物化在劳动力中的就是半天的社会平均劳动，或者说，每天生产劳动力所需要的是半个工作日。生产劳动力每天所需要的这个劳动量，构成劳动力的日价值，或每天再生产出的劳动力的价值。假定半天的社会平均劳动又表现为 3 先令或 1 塔勒的金量，那末 1 塔勒就是相当于劳动力日价值的价格。如果劳动力所有者按每天 1 塔勒出卖劳动力，劳动力的出售价格就等于劳动力的价值，而且根据我们的假定，一心要把自己的塔勒转化为资本的货币所有者是支付这个价值的。

劳动力价值的最低限度或最小限度，是劳动力的承担者即人每天得不到就不能更新他的生命过程的那个商品量的价值，也就是维持身体所必不可少的生活资料的价值。假如劳动力的价格降到这个最低限度，那就降到劳动力的价值以下，因为这样一来，劳动力就只能在萎缩的状态下维持和发挥。但是，每种商品的价值都是由提供标准质量的该种商品所需要的劳动时间决定的。

认为这种由事物本性产生的劳动力的价值规定是粗暴的，并且象罗西那样为之叹息，那是一种极其廉价的感伤主义：

"在考察劳动能力时，撇开生产过程中维持劳动的生存资料，那就是考察一种臆想的东西。谁谈劳动，谈劳动能力，同时也就是谈工人和生存资料，工人和工资"。

谁谈劳动能力并不就是谈劳动，正象谈消化能力并不就是谈消化一样。谁都知道，要有消化过程，光有健全的胃是不够的。谁谈劳动能力，谁就不会撇开维持劳动能力所必需的生活资料。生活资料的价值正是表现在劳动能力的价值上。劳动能力不卖出去，对工人就毫无用处，不仅如此，工人就会感到一种残酷的自然必然性：他的劳动能力的生产曾需要一定量的生存资料，它的再生产又不断地需要一定量的生存资料。于是，他就和西斯蒙第一样地发现："劳动能力……不卖出去，就等于零。"

劳动力这种特殊商品的特性，使劳动力的使用价值在买者和卖者缔结契约时还没有在实际上转到买者手中。和其他任何商品的价值一样，它的价值在它进入流通以前就已确定，因为在劳动力的生产上已经耗费了一定量的社会劳动，但它的使用价值只是在以后的力的表现中才实现。因此，力的让渡和力的实际表现即力作为使用价值的存在，在时间上是互相分开的。但是，对于这类先通过出售而在形式上让渡使用价值、后在实际上向买者转让使用价值的商品来说，买者的货币通常执行支付手段的职能。在资本主义生产方式占统治地位的一切国家里，给劳动力支付报酬，是在它按购买契约所规定的时间发挥作用以后，例如在每周的周末。因此，到处都是工人把劳动力的使用价值预付给资本家；工人在得到买者支付他的劳动力价格以前，就让买者消费他的劳动力，因此，到处都是工人给资本家以信贷。这种信贷不是什么臆想，这不仅为贷方碰到资本家破产时失掉工资所证明，而且也为一系列远为经常的影响所证明。但是，无论货币执行购买手段还是支付手段的职能，商品交换本身的性质并不因此发生变化。劳动力的价格已由契约确定下来，虽然它同房屋的出租价格一样，要在以后才实现。劳动力已经卖出，虽然报酬要在以后才得到。但是，为了在纯粹的形式上理解这种关系，我们暂且假定，劳动力所有者每次出卖劳动力时就立即得到了契约所规定的价格。

现在我们知道了，货币所有者付给劳动力这种特殊商品的所有者的价值是怎样决定的。货币所有者在交换中得到的使用价值，在劳动力的实际使用即消费过程中才表现出来。这个过程所必需的一切物品，如原料等等，是由货币所有者在商品市场上买来并且按十足的价格支付的。劳动力的消费过程，同时就是商品和剩余价值的生产过程。劳动力的消费，象任何其他商品的消费一样，是在市场以外，或者说在流通领域以外进行的。因此，让我们同货币所有者和劳动力所有者一道，离开这个嘈杂的、表面的、有目共睹的领域，跟随他们两人进入门上挂着"非公莫入"牌子的隐蔽的生产场所吧！在那里，不仅可以看到资本是怎样进行生产的，还可以看到资本本身是怎样被生产出来的。赚钱的秘密最后一定会暴露出来。

劳动力的买和卖是在流通领域或商品交换领域的界限以内进行的，这个领域确实是天赋人权的真正乐园。那里占统治地位的只是自由、平等、所有权和边沁。自由！因为商品例如劳动力的买者和卖者，只取决于自己的自由意志。他们是作为自由的、在法律上平等的人缔结契约的。契约是他们的意志借以得到共同的法律表现的最后结果。平等！因为他们彼此只是作为商品所有者发生关系，用等价物交换等价物。所有权！因为他们都只支配自己的东西。边沁！因为双方都只顾自己。使他们连在一起并发生关系的唯一力量，是他们的利己心，是他们的特殊利益，是他们的私人利益。正因为人人只顾自己，谁也不管别人，所以大家都是在事物的预定的和谐下，或者说，在全能的神的保佑下，完成着互惠互利、共同有益、全体有利的事业。

一离开这个简单流通领域或商品交换领域，——庸俗的自由贸易论者用来判断资本和雇佣劳动的社会的那些观点、概念和标准就是从这个领域得出的，——就会看到，我们的剧中人的面貌已经起了某些变化。原来的货币所有者成了资本家，昂首前行；劳动力所有者成了他的工人，尾随于后。一个笑容满面，雄心勃勃；一个战战兢兢，畏缩不前，象在市场上出卖了自己的皮一样，只有一个前途——让人家来鞣。

第四篇

相对剩余价值的生产

第十章
相对剩余价值的概念

工作日的一部分只是生产出资本所支付的劳动力价值的等价物。到现在为止，工作日的这一部分被看作不变量，而在一定的生产条件下，在社会现有的经济发展阶段上，它实际上也是这样的。在这个必要劳动时间之外，工人还能劳动 2 小时、3 小时、4 小时、6 小时等。剩余价值率和工作日的长度就取决于这个延长的量。如果说必要劳动时间是不变的，那末相反，整个工作日是可变的。现在假定有一个工作日，它的总长度以及它的必要劳动和剩余劳动的划分是已定的。例如 ac 线 a————————b——c 代表一个十二小时工作日，ab 段代表 10 小时必要劳动，bc 段代表 2 小时剩余劳动。现在，如果没有 ac 的进一步延长，或者说不依靠 ac 的进一步延长，怎样才能增加剩余价值的生产呢？也就是说，怎样才能延长剩余劳动呢？

尽管工作日的界限 ac 已定，看来 bc 仍然可以延长，不过不是越过它的终点 c（同时也是工作日 ac 的终点）延长，而是由它的起点 b 以相反的方向向 a 端推移而延长。假定在 a————————b'—b——c 中，b'—b 等于 bc 的一半，或一个劳动小时。假定在一个十二小时工作日 ac 中，b 移到 b'，bc 就延长到 b'c，剩余劳动就增加了一半，从 2 小时增加到 3 小时，虽然工作日仍旧是 12 小时。但是很明显，如果必要劳动不同时从 ab 缩短到 ab'，从 10 小时缩短到 9 小时，要使剩余劳动这样从 bc 延长到 b'c，从 2 小时延长到 3 小时是不可能的。必要劳动的缩短要与剩余劳动的延长相适应，或者说，工人实际上一直为自己耗费的劳动时间的一部分，要变成为资本家耗费的劳动时间。这里，改变的不是工作日的长度，而是工作日中必要劳动和剩余劳动的划分。

另一方面，知道工作日的量和劳动力的价值，显然也就知道剩余劳动量本身。劳动力的价值，即生产劳动力所需要的劳动时间，决定再生产劳动力价值所必要的劳动时间。如果一个劳动小时用金量来表示是半先令或 6 便士，劳动力的日价值是 5 先令，那末工人每天就必须劳动 10 小时，才能补偿资本支付给他的劳动力的日价值，或者说，才能生产出他每天必要生活资料的价值的等价物。知道这些生活资料的价值，也就知道工人劳动力的价值，知道工人劳动力的价值，也就知道他的必要劳动时间的量。从整个工作日中减去必要劳动时间，就得到剩余劳动的量。12 小时减去 10 小时，还剩 2 小时，这里看不出，在这种条件下剩余劳动怎么能够延长到 2 小时以上。当然资本家可以不付给工人 5 先令，而只付给 4 先令 6 便士，或者更少。再生产这 4 先令 6 便士价值，有 9 个劳动小时就够了，这样，在一个十二小时工作日中，剩余劳动就不是 2 小时，而是 3 小时了，剩余价值本身也就从 1 先令提高到 1 先令 6 便士了。但是这个结果的获得，只是由于把工人的工资压低到劳动力价值以下。工人只得到他在 9 小时内生产的 4 先令 6 便士，他所支配的生活资料比以前少 $\frac{1}{10}$，因此，他的劳动力只能有萎缩的再生产。在这里，剩余劳动的延长，只是由于打破剩余劳动的正常界限，剩余劳动的范围的扩大，只是由于侵占了必要劳动时间的范围。虽然这种方法在工资的实际运动中起着重要的作用，但是在这里它应该被排除，因为我们假定，一切商品，包括劳动力在内，都是按其十足的价值买卖的。既然作了这样的假定，那末劳动力的生产或劳动力价值的再生产所必要的劳动时间，就不能因为工人的工资低于他的劳动力的价值而减少，而只有当这个价值本身降低时才减少。在工作日长度已定的情况下，剩余劳动的延长必然是由于必要劳动时间的缩短，而不是相反，必要劳动时间的缩短是由于剩余劳动的延长。就我们的例子来说，劳动力的价值必需在实际上降低 $\frac{1}{10}$，必要劳动时间才能减少 $\frac{1}{10}$，从 10 小时减到 9 小时，从而使剩余劳动从 2 小时延长到 3 小时。

但是，劳动力的价值要这样降低 $\frac{1}{10}$，同量的生活资料，从前用 10 小时生产出来，现在要求用 9 小时生产出来。不过，要做到这一点，不提高劳动生产力是不可能的。例如，一个鞋匠使用一定的手段，在一个十二小时工作日内可以做一双皮靴。如果他要在同样的时间内做两双皮靴，他的劳动生产力就必须提高一倍。不改变他的劳动资料或他的劳动方法，或不同时改变这二者，就不能把劳动生产力提高一倍。因此，他的劳动生产条件，也就是他的生产方式，从而劳动过程本身，必须发生革命。劳动生产力的提高，在这里一般是指劳动过程中的这样一种变化，这种变化能缩短生产某种商品的社会必需的劳动时间，从而使较小量的劳动获得生产较大量使用价值的能力。在研究我们上面考察的那种形式的剩余价值的生产时，我们曾假定生产方式是既定的。而现在，对于由必要劳动变成剩余劳动而生产剩余价值来说，资本只是占有历史上遗留下来的或者说现存形态的劳动过程，并且只延长它的持续时间，就绝对不够了。必须变革劳动过程的技术条件和社会条件，从而变革生产方式本身，以提高劳动生产力，通过提高劳动生产力来降低劳动力的价值，从而缩短再生产劳动力价值所必要的工作日部分。

我把通过延长工作日而生产的剩余价值，叫做绝对剩余价值；相反，我把通过缩短必要劳动时间、相应地改变工作日的两个组成部分的量的比例而生产的剩余价值，叫做相对剩余价值。

要降低劳动力的价值，就必须提高这样一些产业部门的生产力，这些部门的产品决定劳动力的价值，就是说，它们或者属于日常生活资料的范围，或者能够代替这些生活资料。但是，商品的价值不仅取决于使商品取得最终形式的那种劳动的量，而且还取决于该商品的生产资料所包含的劳动量。例如皮靴的价值不仅取决于鞋匠的劳动，而且还取决于皮革、蜡、线等等的价值。因此，那些为生产必要生活资料提供不变资本物质要素（劳动资料和劳动材料）的产业部门中生产力的提高，以及它们的商品相应的便宜，也会降低劳动力的价值。相反，那些既不提供必要生活资料、也不为制造必要生活资料提供生产资料的生产部门中生产力的提高，并不会影响劳动力的价值。

便宜的商品当然只是相应地，即只是按照该商品在劳动力的再生产中所占的比例，降低劳动力的价值。例如，衬衫是一种必要生活资料，但只是许多种必要生活资料中的一种。这种商品变得便宜只会减少工人购买衬衫的支出。但是必要生活资料的总和是由各种商品、各个特殊产业部门的产品构成的，其中每种商品的价值总是劳动力价值的相应部分。劳动力价值随着劳动力再生产所必要的劳动时间的减少而降低，这种劳动时间的全部减少等于所有这些特殊生产部门劳动时间减少的总和。在这里我们把这个总结果看成好象是每个个别场合的直接结果和直接目的。当一个资本家提高劳动生产力来使例如衬衫便宜的时候，他决不是必然抱有相应地降低劳动力的价值，从而减少必要劳动时间的目的；但是只要他最终促成这个结果，他也就促成一般剩余价值率的提高。必须把资本的一般的、必然的趋势同这种趋势的表现形式区别开来。

这里不考察资本主义生产的内在规律怎样表现为资本的外部运动，怎样作为竞争的强制规律发生作用，从而怎样成为单个资本家意识中的动机。然而有一点一开始就很清楚：只有了解了资本的内在本性，才能对竞争进行科学的分析，正象只有认识了天体的实际的、但又直接感觉不到的运动的人，才能了解天体的表面运动一样。但是，为了理解相对剩余价值的生产，并且只根据已经得出的结果，要作如下的说明。

如果一个劳动小时用金量来表示是 6 便士或 $\frac{1}{2}$ 先令，一个十二小时工作日就会生产出 6 先令的价值。假定在一定的劳动生产力的条件下，在这 12 个劳动小时内制造 12 件商品；每件商品用掉的生产资料、原料等的价值是 6 便士。在这种情况下，每件商品花费 1 先令，即 6 便士是生产资料的价值，6 便士是加工时新加进的价值。现在假定有一个资本家使劳动生产力提高一倍，在一个十二小时工作日中不是生产 12 件这种商品，而是生产 24 件。在生产资料的价值不变的情况下，每件商品的价值就会降低到 9 便士，即 6 便士是生产资料的价值，3 便士是最后的劳动新加进的价值。生产力虽然提高一倍，一个工作日仍然同从前一样只创造 6 先令新价值，不过这 6 先令新价值现在分散在增加了一倍的产品上。因此分摊在每件产品上的不是这个总价值的 $\frac{1}{12}$，而只是 $\frac{1}{24}$，不是 6 便士，而是 3 便士，也就是说，在生产资料变成产品时，就每件产品来说，现在加到生产资料上的，不象从前那样是一个劳动小时，而是半个劳动小时。现在，这个商品的个别价值低于它的社会价值，就是说，这个商品所花费的劳动时间，少于在社会平均条件下生产的大宗同类商品所花费的劳动时间。每件商品平均花费 1 先令，或者说，代表 2 小时社会劳动；在生产方式发生变化以后，它只花费 9 便士，或者说，只包含 $1\frac{1}{2}$ 个劳动小时。但是商品的现实价值不是它的个别价值，而是它的社会价值，就是说，它的现实价值不是用生产者在个别场合生产它所实际花费的劳动时间来计量，而是用生产它所必需的社会劳动时间来计量。因此，如果采用新方法的资本家按 1 先令这个社会价值出售自己的商品，那末他的商品的售价就超出它的个别价值 3 便士，这样，他就实现了 3 便士的超额剩余价值。但是另一方面，对他来说，一个十二小时工作日现在表现为 24 件商品，而不是过去的 12 件商品。因此要卖掉一个工作日的产品，他就需要有加倍的销路或大一倍的市场。在其他条件相同的情况下，他的商品只有降低价格，才能获得较大的市场。因此资本家要高于商品的个别价值但又低于它的社会价值来出售商品，例如一件商品卖 10 便士，这样，他从每件商品上仍然赚得 1 便士的超额剩余价值。对于资本家来说，剩余价值总会这样提高，不管他的商品是不是属于必要生活资料的范围，是不是参加劳动力的一般价值的决定。因此，即使撇开后面这种情况，每个资本家都抱有提高劳动生产力来使商品便宜的动机。

然而，甚至在这种场合，剩余价值生产的增加也是靠必要劳动时间的缩短和剩余劳动的相应延长。假定必要劳动时间是 10 小时，或者说，劳动力的日价值是 5 先令，剩余劳动是 2 小时，因而每日生产的剩余价值是 1 先令。但我们的资本家现在是生产 24 件商品，每件卖 10 便士，或者说，一共卖 20 先令。因为生产资料的价值等于 12 先令，所以 $14\frac{2}{5}$ 件商品只是补偿预付的不变资本。十二小时工作日表现为其余的 $9\frac{3}{5}$ 件商品。因为劳动力的价格=5 先令，所以 6 件产品表现必要劳动时间，$3\frac{3}{5}$ 件产品表现剩余劳动。必要劳动和剩余劳动之比在社会平均条件下是 5∶1，而现在是 5∶3。用下列方法也可以得到同样结果。一个十二小时工作日的产品价值是 20 先令。其中 12 先令属于只是再现的生产资料的价值。因此，剩下的 8 先令是体现一个工作日的价值的货币表现。这个货币表现比同类社会平均劳动的货币表现要多，因为 12 小时的同类社会平均劳动只表现为 6 先令。生产力特别高的劳动起了自乘的劳动的作用，或者说，在同样的时间内，它所创造的价值比同种社会平均劳动要多。但是我们的资本家仍然和从前一样，只用 5 先令支付劳动力的日价值。因此工人现在要再生产这个价值，用不着象过去那样需要 10 小时，只要 $7\frac{1}{2}$ 小时就够了。这样，他的剩余劳动就增加了 $2\frac{1}{2}$ 小时，他生产的剩余价值就从 1 先令增加到 3 先令。可见，采用改良的生产方式的资本家比同行业的其余资本家，可以在一个工作日中占有更大的部分作为剩余劳动。他个别地所做的，就是资本全体在生产相对剩余价值时所做的。但是另一方面，当新的生产方式被普遍采用，因而比较便宜地生产出来的商品的个别价值和它的社会价值之间的差额消失的时候，这个超额剩余价值也就消失。价值由劳动时间决定的规律，既会使采用新方法的资本家感觉到，他必须低于商品的社会价值来出售自己的商品，又会作为竞争的强制规律，迫使他的竞争者也采用新的生产方式。因此，只有当劳动生产力的提高扩展到同生产必要生活资料有关的生产部门，以致使属于必要生活资料范围、从而构成劳动力价值要素的商品便宜时，一般剩余价值率才会最终受到这一整个过程的影响。

商品的价值与劳动生产力成反比。劳动力的价值也是这样，因为它是由商品价值决定的。相反，相对剩余价值与劳动生产力成正比。它随着生产力提高而提高，随着生产力降低而降低。在货币价值不变的情况下，一个十二小时社会平均工作日总是生产 6 先令的价值产品，而不管这个价值额如何分割为劳动力价值的等价物和剩余价值。但是，如果由于生产力的提高，每天的生活资料的价值，从而劳动力的日价值，从 5 先令下降到 3 先令，那末剩余价值就从 1 先令增加到 3 先令。再生产劳动力的价值，从前需要 10 个劳动小时，现在只要 6 个劳动小时就够了。有 4 个劳动小时空了出来，可以并入剩余劳动的范围。因此，提高劳动生产力来使商品便宜，并通过商品便宜来使工人本身便宜，是资本的内在的冲动和经常的趋势。

商品的绝对价值本身，是生产商品的资本家所不关心的。他关心的只是商品所包含的、在出售时实现的剩余价值。剩余价值的实现本身就包含着预付价值的补偿。因为相对剩余价值的增加和劳动生产力的发展成正比，而商品价值的降低和劳动生产力的发展成反比，也就是说，因为同一过程使商品便宜，并使商品中包含的剩余价值提高，所以就揭示了一个谜：为什么只是关心生产交换价值的资本家，总是力求降低商品的交换价值；这也就是政治经济学奠基人之一魁奈用来为难他的论敌、而后者至今还没有回答的那个矛盾。魁奈说：

"你们认为，在工业产品的生产中，只要不损害生产，越能节省费用或昂贵的劳动，这种节省就越有利，因为这会降低产品的价格。尽管如此，你们又认为，由工人劳动创造的财富的生产，在于增大他们产品的交换价值。"

可见，在资本主义生产条件下，通过发展劳动生产力来节约劳动，目的绝不是为了缩短工作日。它的目的只是为了缩短生产一定量商品所必要的劳动时间。工人在他的劳动的生产力提高时，一小时内例如会生产出等于过去 10 倍的商品，从而每件商品需要的劳动时间只是过去的 $\frac{1}{10}$，这绝不能阻止他仍旧劳动 12 小时，并且在 12 小时内生产 1200 件商品，而不是以前的 120 件商品。他的工作日甚至还可能延长，以致他现在要在 14 小时内生产 1400 件商品等等。因此，在麦克库洛赫、尤尔、西尼耳之流的经济学家的著作中，在这一页可以读到，工人应当感谢资本发展了生产力，因为这种发展缩短了必要劳动时间，在下一页接着就会读到，工人为了表示这种感谢，以后必须劳动 15 小时，以代替原来的 10 小时。在资本主义生产中，发展劳动生产力的目的，是为了缩短工人必须为自己劳动的工作日部分，以此来延长工人能够无偿地为资本家劳动的工作日的另一部分。在商品没有变便宜的情况下，究竟会在多大的程度上达到这个结果，我们在下面考察相对剩余价值的各种特殊的生产方法时，就可以看到。

第五篇
绝对剩余价值和
相对剩余价值的生产

第十四章
绝对剩余价值和相对剩余价值

　　劳动过程最初是抽象地，撇开它的各种历史形式，作为人和自然之间的过程来考察的（见第五章）。在那里曾指出："如果整个劳动过程从其结果的角度加以考察，那末劳动资料和劳动对象表现为生产资料，劳动本身则表现为生产劳动。"在注（7）中还补充说："这个从简单劳动过程的观点得出的生产劳动的定义，对于资本主义生产过程是绝对不够的。"在这里要进一步研究这个问题。

　　就劳动过程是纯粹个人的劳动过程来说，同一劳动者是把后来彼此分离开来的一切职能结合在一起的。当他为了自己的生活目的对自然物实行个人占有时，他是自己支配自己的。后来他成为被支配者。单个人如果不在自己的头脑的支配下使自己的肌肉活动起来，就不能对自然发生作用。正如在自然机体中头和手组成一体一样，劳动过程把脑力劳动和体力劳动结合在一起了。后来它们分离开来，直到处于敌对的对立状态。产品从个体生产者的直接产品转化为社会产品，转化为总体工人即结合劳动人员的共同产品。总体工人的各个成员较直接地或者较间接地作用于劳动对象。因此，随着劳动过程本身的协作性质的发展，生产劳动和它的承担者即生产工人的概念也就必然扩大。为了从事生产劳动，现在不一定要亲自动手；只要成为总体工人的一个器官，完成他所属的某一种职能就够了。上面从物质生产性质本身中得出的关于生产劳动的最初的定义，对于作为整体来看的总体工人始终是正确的。但是，对于总体工人中的每一单个成员来说，就不再适用了。

但是，另一方面，生产劳动的概念缩小了。资本主义生产不仅是商品的生产，它实质上是剩余价值的生产。工人不是为自己生产，而是为资本生产。因此，工人单是进行生产已经不够了。他必须生产剩余价值。只有为资本家生产剩余价值或者为资本的自行增殖服务的工人，才是生产工人。如果可以在物质生产领域以外举一个例子，那末，一个教员只有当他不仅训练孩子的头脑，而且还为校董的发财致富劳碌时，他才是生产工人。校董不把他的资本投入香肠工厂，而投入教育工厂，这并不使事情有任何改变。因此，生产工人的概念决不只包含活动和效果之间的关系，工人和劳动产品之间的关系，而且还包含一种特殊社会的、历史地产生的生产关系。这种生产关系把工人变成资本增殖的直接手段。所以，成为生产工人不是一种幸福，而是一种不幸。在阐述理论史的本书第四卷将更详细地谈到，古典政治经济学一直把剩余价值的生产看作生产工人的决定性的特征。因此，由于古典政治经济学对剩余价值性质的看法的改变，它对生产工人所下的定义也就有所变化。例如，重农学派认为，只有农业劳动才是生产劳动，因为只有农业劳动才提供剩余价值。在重农学派看来，剩余价值只存在于地租形式中。

把工作日延长，使之超出工人只生产自己劳动力价值的等价物的那个点，并由资本占有这部分剩余劳动，这就是绝对剩余价值的生产。绝对剩余价值的生产构成资本主义体系的一般基础，并且是相对剩余价值生产的起点。就相对剩余价值的生产来说，工作日一开始就分成必要劳动和剩余劳动这两个部分。为了延长剩余劳动，就要用各种方法缩短生产工资的等价物的时间，从而缩短必要劳动。绝对剩余价值的生产只同工作日的长度有关；相对剩余价值的生产使劳动的技术过程和社会组织发生根本的革命。

因此，相对剩余价值的生产以特殊的资本主义的生产方式为前提；这种生产方式连同它的方法、手段和条件本身，最初是在劳动在形式上隶属于资本的基础上自发地产生和发展的。劳动对资本的这种形式上的隶属，又让位于劳动对资本的实际上的隶属。

至于各种中间形式，在这里只要提一下就够了。在这些中间形式中，剩余劳动不是用直接强制的办法从生产者那里榨取的，生产者也没有在形式上隶属于资本。资本在这里还没有直接支配劳动过程。在那些用古老传统的生产方式从事手工业或农业的独立生产者的身旁，有高利贷者或商人，有高利贷资本或商业资本，他们象寄生虫似地吮吸着这些独立生产者。这种剥削形式在一个社会内占统治地位，就排斥资本主义的生产方式，不过另一方面，这种剥削形式又可以成为通向资本主义生产方式的过渡，例如中世纪末期的情况就是这样。最后，正如现代家庭劳动的例子所表明的，某些中间形式还会在大工业的基础上在某些地方再现出来，虽然它的样子完全改变了。

对于绝对剩余价值的生产来说，只要劳动在形式上隶属于资本就够了，例如，只要从前为自己劳动或者作为行会师傅的帮工的手工业者变成受资本家直接支配的雇佣工人就够了；另一方面却可以看到，生产相对剩余价值的方法同时也是生产绝对剩余价值的方法。无限度地延长工作日正是表现为大工业的特有的产物。特殊的资本主义的生产方式一旦掌握整整一个生产部门，它就不再是单纯生产相对剩余价值的手段，而一旦掌握所有决定性的生产部门，那就更是如此。这时它成了生产过程的普遍的、在社会上占统治地位的形式。现在它作为生产相对剩余价值的特殊方法，只在下面两种情况下起作用：第一，以前只在形式上隶属于资本的那些产业部门为它所占领，也就是说，它扩大作用范围；第二，已经受它支配的产业部门由于生产方法的改变不断发生革命。

从一定观点看来，绝对剩余价值和相对剩余价值之间的区别似乎完全是幻想的。相对剩余价值是绝对的，因为它以工作日的绝对延长超过工人本身生存所必需的劳动时间以上为前提。绝对剩余价值是相对的，因为它以劳动生产率发展到能够把必要劳动时间限制为工作日的一个部分为前提。但是，如果注意一下剩余价值的运动，这种表面上的同一性就消失了。在资本主义生产方式一旦确立并成为普遍的生产方式的情况下，只要涉及到剩余价值率的提高，绝对剩余价值和相对剩余价值之间的差别就可以感觉到了。假定劳动力按其价值支付，那末，我们就会碰到这样的抉择：如果劳动生产力和劳动的正常强度已定，剩余价值率就只有通过工作日的绝对延长才能提高；另一方面，如果工作日的界限已定，剩余价值率就只有通过工作日两个组成部分即必要劳动和剩余劳动的相对量的变化才能提高，而这种变化在工资不降低到劳动力价值以下的情况下，又以劳动生产率或劳动强度的变化为前提。

如果工人需要用他的全部时间来生产维持他自己和他的家庭所必需的生活资料，那末他就没有时间来无偿地为第三者劳动。没有一定程度的劳动生产率，工人就没有这种可供支配的时间，而没有这种剩余时间，就不可能有剩余劳动，从而不可能有资本家，而且也不可能有奴隶主，不可能有封建贵族，一句话，不可能有大私有者阶级。

因此，可以说剩余价值有一个自然基础，但这只是从最一般的意义来说，即没有绝对的自然障碍会妨碍一个人把维持自身生存所必要的劳动从自身上解脱下来并转嫁给别人，例如，同样没有绝对的自然障碍会妨碍一个人去把别人的肉当作食物。绝不应该象有时发生的情况那样，把神秘的观念同这种自然发生的劳动生产率联系起来。只有当人类通过劳动摆脱了最初的动物状态，从而他们的劳动本身已经在一定程度上社会化的时候，一个人的剩余劳动成为另一个人的生存条件的关系才能出现。在文化初期，已经取得的劳动生产力很低，但是需要也很低，需要是同满足需要的手段一同发展的，并且是依靠这些手段发展的。其次，在这个文化初期，社会上依靠别人劳动来生活的那部分人的数量，同直接生产者的数量相比，是微不足道的。随着社会劳动生产力的增进，这部分人也就绝对地和相对地增大起来。并且，资本关系就是在作为一个长期发展过程的产物的经济基础之上产生的。作为资本关系的基础和起点的已有的劳动生产率，不是自然的恩惠，而是几十万年历史的恩惠。

撇开社会生产的不同发展程度不说，劳动生产率是同自然条件相联系的。这些自然条件都可以归结为人本身的自然（如人种等等）和人的周围的自然。外界自然条件在经济上可以分为两大类：生活资料的自然富源，例如土壤的肥力，鱼产丰富的水等等；劳动资料的自然富源，如奔腾的瀑布、可以航行的河流、森林、金属、煤炭等等。在文化初期，第一类自然富源具有决定性的意义；在较高的发展阶段，第二类自然富源具有决定性的意义。例如，可以用英国同印度比较，或者在古代，用雅典、科林斯同黑海沿岸的地方比较。

绝对必需满足的自然需要的数量越少，土壤自然肥力越大，气候越好，维持和再生产生产者所必需的劳动时间就越少。因而，生产者在为自己从事的劳动之外来为别人提供的剩余劳动就可以越多。狄奥多洛斯谈到古代埃及人时就这样说过：

"他们抚养子女所花的力气和费用少得简直令人难以相信。他们给孩子随便煮一点最简单的食物；甚至纸草的下端，只要能用火烤一烤，也拿来给孩子们吃。此外也给孩子们吃沼泽植物的根和茎，有的生吃，有的煮一煮或烧一烧再吃。因为气候非常温暖，大多数孩子不穿鞋和衣服。因此父母养大一个子女的费用总共不超过 20 德拉马。埃及有那么多的人口并有可能兴建那么多宏伟的建筑，主要可由此得到说明。"

但是古代埃及能兴建这些宏伟建筑，与其说是由于埃及人口众多，还不如说是由于有很大一部分人口可供支配。个体工人的必要劳动时间越少，他能提供的剩余劳动就越多；同样，工人人口中从事生产必要生活资料的部分越小，可以用在其他事情方面的部分就越大。

资本主义生产一旦成为前提，在其他条件不变并且工作日保持一定长度的情况下，剩余劳动量随劳动的自然条件，特别是随土壤的肥力而变化。但绝不能反过来说，最肥沃的土壤最适于资本主义生产方式的生长。资本主义生产方式以人对自然的支配为前提。过于富饶的自然"使人离不开自然的手，就象小孩子离不开引带一样"。它不能使人自身的发展成为一种自然必然性。资本的祖国不是草木繁茂的热带，而是温带。不是土壤的绝对肥力，而是它的差异性和它的自然产品的多样性，形成社会分工的自然基础，并且通过人所处的自然环境的变化，促使他们自己的需要、能力、劳动资料和劳动方式趋于多样化。社会地控制自然力以便经济地加以利用，用人力兴建大规模的工程以便占有或驯服自然力，——这种必要性在产业史上起着最有决定性的作用。如埃及、伦巴第、荷兰等地的治水工程就是例子。或者如印度、波斯等地，在那里人们利用人工渠道进行灌溉，不仅使土地获得必不可少的水，而且使矿物质肥料同淤泥一起从山上流下来。兴修水利是阿拉伯人统治下的西班牙和西西里岛产业繁荣的秘密。

良好的自然条件始终只提供剩余劳动的可能性，从而只提供剩余价值或剩余产品的可能性，而绝不能提供它的现实性。劳动的不同的自然条件使同一劳动量在不同的国家可以满足不同的需要量，因而在其他条件相似的情况下，使得必要劳动时间各不相同。这些自然条件只作为自然界限对剩余劳动发生影响，就是说，它们只确定开始为别人劳动的起点。产业越进步，这一自然界限就越退缩。在西欧社会中，工人只有靠剩余劳动才能买到为维持自己生存而劳动的许可，因此容易产生一种错觉，似乎提供剩余产品是人类劳动的一种天生的性质。但是，我们可以举出亚洲群岛的东部一些岛屿上的居民的例子。那里的森林中长着野生的西米树。

"居民在西米树上钻个孔，确定树髓已经成熟时，就把树放倒，分成几段，取出树髓，再掺水和过滤，就得到完全可以食用的西米粉。从一棵西米树上通常可以采得西米粉 300 磅，有时可采得 500 磅至 600 磅。那里的居民到森林去采伐面包，就象我们到森林去砍柴一样。"

假定东亚的这样的面包采伐者为了满足自己的全部需要，每周需要劳动 12 小时。良好的自然条件直接给予他的，是许多闲暇时间。要他把这些闲暇时间用于为自己生产，需要一系列的历史条件；要他把这些时间用于为别人从事剩余劳动，需要外部的强制。如果那里出现了资本主义生产，这个诚实的人为了占有一个工作日的产品，也许每周就得劳动 6 天。良好的自然条件并不说明，为什么他现在每周要劳动 6 天，或者为什么他要提供 5 天的剩余劳动。它只是说明，为什么他的必要劳动时间限于每周一天。但是，他的剩余产品无论如何不是来自人类劳动的某种天生的神秘性质。

同历史地发展起来的社会劳动生产力一样，受自然制约的劳动生产力也表现为合并劳动的资本的生产力。

李嘉图从来没有考虑到剩余价值的起源。他把剩余价值看作资本主义生产方式固有的东西，而资本主义生产方式在他看来是社会生产的自然形式。他在谈到劳动生产率的时候，不是在其中寻找剩余价值存在的原因，而只是寻找决定剩余价值量的原因。相反，他的学派公开宣称，劳动生产力是利润（应读作剩余价值）产生的原因。这无论如何总比重商主义者前进了一步，因为重商主义者认为，产品的价格超过产品生产费用而形成的余额是从交换中，从产品高于其价值的出售中产生的。不过对这个问题，李嘉图学派也只是回避，而没有解决。这些资产阶级经济学家实际上具有正确的本能，懂得过于深入地研究剩余价值的起源这个爆炸性问题是非常危险的。可是在李嘉图以后半个世纪，约翰·斯图亚特·穆勒先生还在拙劣地重复那些最先把李嘉图学说庸俗化的人的陈腐遁辞，郑重其事地宣称他比重商主义者高明，对此我们该说些什么呢？

穆勒说：

"利润的原因在于，劳动生产的东西比维持劳动所需要的东西多。"

这不过是旧话重提；但是穆勒还想加上一些自己的东西。

"或者换句话说，资本提供利润的原因在于，食物、衣服、原料和劳动资料等存在的时间比生产它们所需要的时间长。"

这里，穆勒把劳动时间的持续与劳动产品的持续混为一谈了。按照这种看法，面包业主永远不可能从他的雇佣工人那里取得同机器制造业主相同的利润，因为面包业主的产品只能持续一天，而机器制造业主的产品却能持续二十年或更长的时间。自然，如果鸟巢存在的时间不比造巢所需的时间长，鸟只好不要巢了。

这一基本真理一旦确立，穆勒就来确立他比重商主义者高明之处了：

"因此，我们看到，利润不是来自交换这种偶然的事情，而是来自劳动生产力；不管交换是否发生，一个国家的总利润总是由劳动生产力决定的。如果没有职业的区分，那就既没有买，也没有卖，但是利润依然存在"。

在这里，交换、买和卖这些资本主义生产的一般条件被说成是纯粹偶然的事情；并且没有劳动力的买和卖，利润依然存在！

他接下去又说：

"如果一个国家的全体工人所生产的东西超过了他们的工资总额的 20％，那末不论商品价格的水平如何，利润总是 20％。"

从一方面看，这是绝妙的同义反复，因为既然工人为自己的资本家生产了 20％的剩余价值，利润和工人工资总额之比自然是 20：100。但另一方面，说利润"总是 20％"却是完全错误的。它必然总是小于 20％，因为利润要按预付资本的总额来计算。例如，假设资本家预付了 500 镑，其中 400 镑预付在生产资料上，100 镑预付在工资上。假定剩余价值率照上面所说是 20％，那末利润率则是 20：500，即 4％，而不是 20％。

接下去又有一个光辉的例证，说明穆勒是怎样对待社会生产的各种历史形式的：

"我到处假定，除少数例外，事物的现状到处都占统治地位，这就是说，资本家预付全部费用，包括工人的报酬在内"。

把地球上迄今只是作为例外而占统治地位的一种状态看作到处存在的状态，这真是奇怪的错觉！我们再往下看。穆勒很乐于承认，"资本家这样做也没有绝对的必要"。事情正好相反。

"如果工人在他完成全部工作以前已有维持这段时间生活所必需的资料，他就可以在完工后再去领他的工资，甚至他的全部工资。但在这种情况下，他在某种程度上成了资本家了，因为他把资本投入企业，提供了经营企业所需的一部分基金。"

穆勒同样可以说，一个不仅为自己预付生活资料，而且为自己预付劳动资料的工人实际上是他自己的雇佣工人。或者说，只为自己服劳役而不为主人服劳役的美国农民是他自己的奴隶。

穆勒在这样清楚地论证了资本主义生产甚至在它不存在的时候也总是存在的以后，又完全合乎逻辑地证明，资本主义生产在它存在的时候也是不存在的。他说：

"甚至在前一场合〈即资本家预付雇佣工人的全部生活资料〉，我们也可以用同一观点来考察工人〈即把他看作资本家〉。""因为他是在市场价格以下〈！〉提供他的劳动的，所以他好象是把其中的差额〈？〉预付给他的企业主……"

实际上工人是在一周或其他一段时间内把自己的劳动无偿地预付给资本家，然后在一周之末或其他一段时间结束时才取得他的劳动的市场价格；在穆勒看来，这就使工人成了资本家！平地上的一堆土，看起来也象座小山；现代资产阶级的平庸，从它的"大思想家"的水平上就可以测量出来。

第六篇
工　资

第二十章
工资的国民差异

在第十五章，我们考察了可以引起劳动力价值的绝对量或相对量（即同剩余价值相比较的量）发生变化的种种组合的情况，而另一方面，劳动力价格借以实现的生活资料量，又可以发生与这一价格的变动无关或不同的运动。我们已经说过，只要把劳动力的价值或价格换成外在的工资形式，那里的一切规律就会转化为工资运动的规律。在这一运动中表现为各种变动着的组合的情况，对于不同的国家说来，会表现为国民工资的同时存在的差异。因此，在比较国民工资时，必须考虑到决定劳动力的价值量的变化的一切因素：自然的和历史地发展起来的首要的生活必需品的价格和范围，工人的教育费，妇女劳动和儿童劳动的作用，劳动生产率，劳动的外延量和内含量。即使作最肤浅的比较，首先也要求把不同国家同一行业的平均日工资化为长度相等的工作日。在对日工资作了这样换算以后，还必须把计时工资换算为计件工资，因为只有计件工资才是计算劳动生产率和劳动内含量的尺度。

每一个国家都有一个中等的劳动强度，在这个强度以下的劳动，在生产一种商品时所耗费的时间要多于社会必要劳动时间，所以不能算作正常质量的劳动。在一个国家内，只有超过国民平均水平的强度，才会改变单纯以劳动的持续时间来计量的价值尺度。在以各个国家作为组成部分的世界市场上，情形就不同了。国家不同，劳动的中等强度也就不同；有的国家高些，有的国家低些。于是各国的平均数形成一个阶梯，它的计量单位是世界劳动的平均单位。因此，强度较大的国民劳动比强度较小的国民劳动，会在同一时间内生产出更多的价值，而这又表现为更多的货币。

但是，价值规律在国际上的应用，还会由于下述情况而发生更大的变化：只要生产效率较高的国家没有因竞争而被迫把它们的商品的出售价格降低到和商品的价值相等的程度，生产效率较高的国民劳动在世界市场上也被算作强度较大的劳动。

一个国家的资本主义生产越发达，那里的国民劳动的强度和生产率，就越超过国际水平。因此，不同国家在同一劳动时间内所生产的同种商品的不同量，有不同的国际价值，从而表现为不同的价格，即表现为按各自的国际价值而不同的货币额。所以，货币的相对价值在资本主义生产方式较发达的国家里，比在资本主义生产方式不太发达的国家里要小。由此可以得出结论：名义工资，即表现为货币的劳动力的等价物，在前一种国家会比在后一种国家高；但这决不是说，实际工资即供工人支配的生活资料也是这样。

但是即使撇开不同国家货币价值的这种相对的差异，也常常可以发现，日工资、周工资等等在前一种国家比在后一种国家高，而相对的劳动价格，即同剩余价值和产品价值相比较的劳动价格，在后一种国家却比在前一种国家高。

1833年工厂委员会委员约·伍·考威尔，曾对纺纱业作了仔细调查，并得出如下结论：

"英国的工资虽然对于工人说来可能比大陆高，但是对于工厂主说来，实际上比大陆低。"（尤尔《工厂哲学》第314页）

英国工厂视察员亚历山大·雷德格雷夫在1866年10月31日的工厂报告中，根据同大陆各国比较的统计材料指出，大陆的劳动，尽管工资较低，劳动时间也长得多，但是同产品相比较，还是比英国贵。奥登堡一家棉纺织厂的一位英国经理说，那里的劳动时间是从早晨5点半到晚上8点，星期六也不例外，而当地工人即使在英国监工的监视下在这个时间内提供的产品，也比英国工人在10小时内提供的产品少，要是在德国监工的监视下，那还要少得多。工资比英国的低得多，在许多场合低50%，但是同机器相比的工人数却要比英国的多得多，在一些部门达5:3。雷德格雷夫先生提供了有关俄国棉纺织厂的非常详尽的材料。这些材料是一位不久前还在俄国工厂任职的英国经理提供给他的。

在这块充满种种丑事的俄国土地上，英国工厂幼年时期的那些陈旧的骇人听闻的现象还非常盛行。管理人当然都是英国人，因为当地的俄国资本家不会管理工厂。尽管工人从事过度劳动，夜以继日地干活，而报酬却微乎其微，但是俄国的工业品仍然只有在禁止外国货的情况下才能勉强站住脚。最后，我还要举出雷德格雷夫先生的一张关于欧洲各国每个工厂和每个纺纱工人的平均纱锭数的比较表。雷德格雷夫先生本人指出，这些数字是他几年以前收集的，从那时以来，英国工厂的规模和每个工人的纱锭数都扩大了。但是他假定，所列举的大陆国家也有了同样程度的进步，因此这些数字材料仍然有比较的价值。

每个工厂的平均纱锭数

英格兰	12600
瑞　士	8000
奥地利	7000
萨克森	4500
比利时	4000
法　国	1500
普鲁士	1500

每个工人的平均纱锭数

法　国	14
俄　国	28
普鲁士	37
巴伐利亚	46
奥地利	49
比利时	50
萨克森	50
德意志各小邦	55
瑞　士	55
大不列颠	74

雷德格雷夫先生说：

"这一比较对大不列颠是不利的，除了别的原因以外，特别是因为：在大不列颠，有许多工厂是兼营机器织布业和纺纱业的，而在计算时，连一个织工也没有除去。相反地，外国工厂大多只经营纺纱业。如果能够拿同样的情况进行精确比较，我就可以从我的管区中举出许多棉纺厂，在这些工厂里，只要一个男工和两个女助手就能看管几台共有 2200 个纱锭的走锭精纺机，每天生产出重 220 磅、长 400 哩的棉纱。"（散见《工厂视察员报告。1866 年 10 月 31 日》第 31—37 页）

我们知道，英国的一些公司在东欧和亚洲承包过铁路建筑工程，它们除了使用当地工人外，还使用了一定数量的英国工人。它们迫于实际的需要，就不得不考虑劳动强度的国民差异，但是这并没有使它们受到任何损失。它们根据经验知道，即使工资水平多少同中等劳动强度是相符合的，但是劳动的相对价格（同产品相比较的价格）通常是按相反方向变动的。

亨·凯里在他的最早的经济学著作之一《论工资率》中企图证明，不同的国民工资同各国工作日的生产率水平成正比，以便从这种国际的对比中得出结论说，工资总是随着劳动生产率而升降。即使凯里没有象往常那样把毫无批判地、表面地拼凑起来的统计材料杂乱无章地罗列在一起，而是论证了自己的前提，我们关于剩余价值生产的全部分析还是证明，他的这个推论是荒谬的。最妙的是，他并不认为，事物实际上是同理论上所说的一样。正是国家的干涉歪曲了这种自然的经济关系。因此，在计算国民工资时，似乎必须把工资中以税收的形式归国家所有的那一部分看作是归工人自身所有的。凯里先生难道不应当进一步想一想：这种"国家费用"不也是资本主义发展的"自然果实"吗？这样的推论对这样的人说来是十分相称的：他起初把资本主义生产关系说成是永恒的自然规律和理性规律，并且说这些规律的自由的、和谐的作用只是由于国家干涉才遭到破坏，可是后来他发现，英国对世界市场的恶魔般的影响（似乎这种影响不是从资本主义生产的自然规律中产生的），使国家干涉即通过国家来保护那些"自然规律和理性规律"成为必要，换句话说，就是使实行保护关税制度成为必要。其次他发现，李嘉图等人用来表述现存社会的对立和矛盾的定理，并不是现实经济运动的观念的产物，相反地，英国和其他地方的资本主义生产中的现实对立倒是李嘉图等人的理论的结果！最后，他发现，破坏资本主义生产方式固有的优美与和谐的，归根到底是贸易。再前进一步，他也许会发现，资本主义生产的唯一祸害就是资本本身。只有一个如此惊人地缺乏批判能力和如此假装博学的人（尽管他相信保护关税的异端邪说），才配成为一位名叫巴师夏的人和现代自由贸易派其他一切乐观主义者的和谐智慧的秘密源泉。

第七篇

资本的积累过程

一个货币额转化为生产资料和劳动力，这是要执行资本职能的价值量所完成的第一个运动。这个运动是在市场上，在流通领域内进行的。运动的第二阶段，生产过程，在生产资料转化为商品时就告结束，这些商品的价值大于其组成部分的价值，也就是包含原预付资本加上剩余价值。接着，这些商品必须再投入流通领域。必须出售这些商品，把它们的价值实现在货币上，把这些货币又重新转化为资本，这样周而复始地不断进行。这种不断地通过同一些连续阶段的循环，就形成资本流通。

积累的第一个条件，是资本家能够卖掉自己的商品，并把由此得到的绝大部分货币再转化为资本。下面假定资本是按正常的方式完成自己的流通过程的。对这一过程的详细分析要在第二卷里进行。

生产剩余价值即直接从工人身上榨取无酬劳动并把它固定在商品上的资本家，是剩余价值的第一个占有者，但决不是剩余价值的最后所有者。以后他还必须同在整个社会生产中执行其他职能的资本家，同土地所有者等等，共同瓜分剩余价值。因此，剩余价值分为各个不同的部分。它的各部分归不同类的人所有，并具有不同的、互相独立的形式，如利润、利息、商业利润、地租等等。剩余价值的这些转化形式要在第三卷里才来研究。

因此，我们在这里一方面假定，生产商品的资本家按照商品的价值出售商品，而不去进一步研究资本家如何回到商品市场：既不研究资本在流通领域里所采取的那些新形式，也不研究这些形式所包含的再生产的具体条件。另一方面，我们把资本主义的生产者当作全部剩余价值的所有者，或者，不妨把他当作所有参加分赃的人的代表。总之，我们首先抽象地来考察积累，也就是把积累只看作直接生产过程的一个要素。

此外，只要积累在进行，资本家就是在出售所生产的商品，并把出售商品所取得的货币再转化为资本。其次，剩余价值分为各个不同的部分，丝毫也不会改变它的性质以及使它成为积累要素的那些必要条件。不管资本主义生产者自己握有的或分给别人的剩余价值的比例如何，他总是最先占有剩余价值。因此，我们在说明积累时假定的情况，也就是积累进行中实际发生的情况。另一方面，剩余价值的分割和流通的中介运动模糊了积累过程的简单的基本形式。因此，对积累过程的纯粹的分析，就要求我们暂时抛开掩盖它的机构的内部作用的一切现象。

第二十一章

简单再生产

不管生产过程的社会形式怎样，它必须是连续不断的，或者说，必须周而复始地经过同样一些阶段。一个社会不能停止消费，同样，它也不能停止生产。因此，每一个社会生产过程，从经常的联系和它不断更新来看，同时也就是再生产过程。

生产的条件同时也就是再生产的条件。任何一个社会，如果不是不断地把它的一部分产品再转化为生产资料或新生产的要素，就不能不断地生产，即再生产。在其他条件不变的情况下，社会在例如一年里所消费的生产资料，即劳动资料、原料和辅助材料，只有在实物形式上为数量相等的新物品所替换，社会才能在原有的规模上再生产或保持自己的财富，这些新物品要从年产品总量中分离出来，重新并入生产过程。因此，一定量的年产品是属于生产的。这部分本来供生产消费之用的产品，就采取的实物形式来说，大多数不适于个人消费。

生产具有资本主义的形式，再生产也就具有同样的形式。在资本主义生产方式下，劳动过程只表现为价值增殖过程的手段，同样，再生产也只表现为把预付价值作为资本即作为自行增殖的价值来再生产的手段。某个人之所以扮演资本家的经济角色，只是由于他的货币不断地执行资本的职能。比如说，如果100镑预付货币额在今年转化为资本，生产了20镑剩余价值，那末，在明年及以后各年它必须重复同样的活动。剩余价值作为资本价值的周期增加额或处在过程中的资本的周期果实，取得了来源于资本的收入的形式。

如果这种收入只是充当资本家的消费基金，或者说，它周期地获得，也周期地消费掉，那末，在其他条件不变的情况下，这就是简单再生产。虽然简单再生产只是生产过程在原来规模上的重复，但是这种重复或连续性，赋予这个过程以某些新的特征，或者不如说，消除它仅仅作为孤立过程所具有的虚假特征。

生产过程是以购买一定时间的劳动力作为开端的，每当劳动的售卖期限届满，从而一定的生产期间（如一个星期，一个月等等）已经过去，这种开端就又更新。但是，工人只是在自己的劳动力发挥了作用，把它的价值和剩余价值实现在商品上以后，才得到报酬。因此，工人既生产了我们暂时只看作资本家的消费基金的剩余价值，也生产了付给他自己报酬的基金即可变资本，而后者是在它以工资形式流回到工人手里之前生产的，只有当他不断地再生产这种基金的时候，他才被雇用。由此就产生了在第十六章里提到的经济学家的公式Ⅱ，这个公式把工资表现为产品本身的一部分。这就是工人自己不断再生产的产品中不断以工资形式流回到工人手里的那一部分。当然，资本家用货币把这个商品价值支付给工人。但这些货币不过是劳动产品的转化形式。当工人把一部分生产资料转化为产品的时候，他以前的一部分产品就再转化为货币。工人今天的劳动或下半年的劳动是用他上星期的劳动或上半年的劳动来支付的。只要我们不是考察单个资本家和单个工人，而是考察资本家阶级和工人阶级，货币形式所造成的错觉就会立即消失。资本家阶级不断地以货币形式发给工人阶级票据，让他们用来领取由工人阶级生产而为资本家阶级所占有的产品中的一部分。工人也不断地把这些票据还给资本家阶级，以便从资本家阶级那里取得他自己的产品中属于他自己的那一部分。产品的商品形式和商品的货币形式掩饰了这种交易。

因此，可变资本不过是劳动者为维持和再生产自己所必需的生活资料基金或劳动基金的一种特殊的历史的表现形式；这种基金在一切社会生产制度下都始终必须由劳动者本身来生产和再生产。劳动基金所以不断以工人劳动的支付手段的形式流回到工人手里，只是因为工人自己的产品不断以资本的形式离开工人。但是劳动基金的这种表现形式丝毫没有改变这样一个事实：资本家把工人自己的物化劳动预付给工人。以徭役农民为例。比如说，他每周3天用自己的生产资料在自己的耕地上劳动，其余3天在主人的田庄服徭役。他不断再生产自己的劳动基金，而这一劳动基金对他来说，从来也没有采取第三者为换取他的劳动而预付的支付手段的形式。然而，他的无酬的强制的劳动也从来没有采取自愿的和有酬的劳动的形式。一旦地主把徭役农民的耕地、耕畜、种子，一句话，把他的生产资料都攫为己有，那末，徭役农民从此以后就不得不把自己的劳动力出卖给地主了。在其他条件不变的情况下，他现在也和过去一样，每周劳动6天，3天为自己，3天为现在变为雇主的过去的地主。他现在也和过去一样，要把这些生产资料作为生产资料来消费，把它们的价值转移到产品上。现在也和过去一样，一定部分的产品仍要进入再生产。但是，既然徭役劳动采取了雇佣劳动的形式，徭役农民和过去一样所生产和再生产的劳动基金也就采取了由地主预付给徭役农民的资本的形式。资产阶级经济学家由于头脑狭隘不能区别表现形式和它所表现的东西，他们无视这样一个事实：甚至今天，劳动基金在地球上也只是例外地表现为资本的形式。

诚然，只有从生产过程的不断更新来考察资本主义生产过程，可变资本才会失去从资本家私人基金中预付的价值的性质。但是，这一过程总要从某地某时开始。因此，从我们上面所持的观点来看，下面的情况是可能的：资本家曾经一度依靠某种与别人的无酬劳动无关的原始积累而成为货币所有者，因而能够作为劳动力的购买者进入市场。然而，资本主义生产过程的单纯连续或者说简单再生产，还会引起其他一些特殊的变化，这些变化不仅影响资本的可变部分，而且影响整个资本。

如果 1000 镑资本周期地（例如每年）创造剩余价值 200 镑，而这些剩余价值每年又都被消费掉，那就很清楚，同一过程重复五年以后，所消费的剩余价值量 = 5 × 200，也就是等于原预付资本价值 1000 镑。如果年剩余价值只是部分地被消费掉，例如只消费掉一半，那末，在生产过程重复十年以后，也会产生同样的结果，因为 10 × 100 = 1000。总之，预付资本价值除以每年所消费的剩余价值，就可以求出，经过若干年或者说经过若干个再生产期间，原预付资本就会被资本家消费掉，因而消失了。资本家认为，他所消费的是别人无酬劳动的产品即剩余价值，而保存了原资本价值，但这种看法绝对不能改变事实。经过若干年以后，资本家占有的资本价值就等于他在这若干年不付等价物而占有的剩余价值额，而他所消费的价值额就等于原有资本价值。诚然，他手中握有一笔数量没有改变的资本，而且其中一部分如厂房、机器等等，在他开始经营的时候就已经存在。但是，这里问题在于资本的价值，而不在于资本的物质组成部分。如果某人借了等于自己全部财产的价值的债务而把全部财产耗尽，那末他的全部财产正好只代表他的全部债务。同样，如果资本家把自己预付资本的等价物消费掉，那末这些资本的价值不过只代表他无偿占有的剩余价值的总额。他的原有资本的任何一个价值原子都不复存在了。

因此，撇开一切积累不说，生产过程的单纯连续或者说简单再生产，经过一个或长或短的时期以后，必然会使任何资本都转化为积累的资本或资本化的剩余价值。即使资本在进入生产过程的时候是资本使用者本人挣得的财产，它迟早也要成为不付等价物而被占有的价值，成为别人无酬劳动的货币形式或其他形式的化身。

我们在第四章已经看到，要使货币转化为资本，只有商品生产和商品流通的存在还是不够的。为此首先必须有下列双方作为买者和卖者相对立：一方是价值或货币的所有者，另一方是创造价值的实体的所有者；一方是生产资料和生活资料的所有者，另一方是除了劳动力以外什么也没有的所有者。所以，劳动产品和劳动本身的分离，客观劳动条件和主观劳动力的分离，是资本主义生产过程事实上的基础或起点。

但是，起初仅仅是起点的东西，后来通过过程的单纯连续，即通过简单再生产，就作为资本主义生产本身的结果而不断重新生产出来，并且永久化了。一方面，生产过程不断地把物质财富转化为资本，转化为资本家的价值增殖手段和消费品。另一方面，工人不断地象进入生产过程时那样又走出这个过程——是财富的人身源泉，但被剥夺了为自己实现这种财富的一切手段。因为在他进入过程以前，他自己的劳动就同他相异化而为资本家所占有，并入资本中了，所以在过程中这种劳动不断物化在别人产品中。因为生产过程同时就是资本家消费劳动力的过程，所以工人的产品不仅不断地转化为商品，而且也转化为资本，转化为吸收创造价值的力的价值，转化为购买人身的生活资料，转化为使用生产者的生产资料。可见，工人本身不断地把客观财富当作资本，当作同他相异化的、统治他和剥削他的权力来生产，而资本家同样不断地把劳动力当作主观的、同它本身物化的和实现的资料相分离的、抽象的、只存在于工人身体中的财富源泉来生产，一句话，就是把工人当作雇佣工人来生产。工人的这种不断再生产或永久化是资本主义生产的必不可少的条件。

工人的消费有两种。在生产本身中他通过自己的劳动消费生产资料，并把生产资料转化为价值高于预付资本价值的产品。这就是他的生产消费。同时这也是购买他的劳动力的资本家对他的劳动力的消费。另一方面，工人把购买他的劳动力而支付给他的货币用于生活资料：这是他的个人消费。可见，工人的生产消费和个人消费是完全不同的。在前一种情况下，工人起资本动力的作用，属于资本家；在后一种情况下，他属于自己，在生产过程以外执行生活职能。前者的结果是资本家的生存，后者的结果是工人自己的生存。

在考察"工作日"等等时，有些场合已经表明：工人往往被迫把自己的个人消费变成生产过程的纯粹附带的事情。在这种情况下，他给自己添加生活资料，是为了维持自己劳动力的运转，正象给蒸汽机添煤加水，给机轮上油一样。在这里，他的消费资料只是一种生产资料的消费资料，他的个人消费是直接生产的消费。但是，这表现为一种与资本主义生产过程的本质无关的无谓消耗。

只要我们考察的不是单个资本家和单个工人，而是资本家阶级和工人阶级，不是孤立的商品生产过程，而是在社会范围内不断进行的资本主义生产过程，那情况就不同了。当资本家把自己一部分资本变成劳动力时，他就由此增殖了自己的总资本。他一举两得。他不仅从他由工人那里取得的东西中，而且从他给工人的东西中获取利益。用来交换劳动力的资本转化为生活资料，这种生活资料的消费是为了再生产现有工人的肌肉、神经、骨骼、脑髓和生出新的工人。因此，工人阶级的个人消费，在绝对必需的限度内，只是把资本用来交换劳动力的生活资料再转化为可供资本重新剥削的劳动力。这种消费是资本家最不可少的生产资料即工人本身的生产和再生产。可见，工人的个人消费，不论在工场、工厂等以内或以外，在劳动过程以内或以外进行，都是资本生产和再生产的一个要素，正象擦洗机器，不论在劳动过程中或劳动过程的一定间歇进行，总是生产和再生产的一个要素一样。虽然工人实现自己的个人消费是为自己而不是为资本家，但事情并不因此有任何变化。役畜的消费并不因为役畜自己享受食物而不成为生产过程的必要的要素。工人阶级的不断维持和再生产始终是资本再生产的条件。资本家可以放心地让工人维持自己和繁殖后代的本能去实现这个条件。他所操心的只是把工人的个人消费尽量限制在必要的范围之内，这种做法同南美洲那种强迫工人吃营养较多的食物，不吃营养较少的食物的粗暴行为，真有天壤之别。

因此，资本家及其思想家即政治经济学家认为，只有使工人阶级永久化所必需的，也就是为了使资本能消费劳动力所实际必要的那部分工人个人消费，才是生产消费。除此以外，工人为了自己享受而消费的一切都是非生产消费。假使资本积累引起工资的提高，从而使工人的消费资料增加，但资本并没有消费更多的劳动力，那末追加资本就会非生产地消费掉。实际上，工人的个人消费对他自己来说是非生产的，因为这种消费仅仅是再生产贫困的个人；而对资本家和国家来说是生产的，因为它生产了创造别人财富的力量。

因此，从社会角度来看，工人阶级，即使在直接劳动过程以外，也同死的劳动工具一样是资本的附属物。甚至工人的个人消费，在一定限度内，也不过是资本再生产过程的一个要素。不过，这个过程关心的是，在它不断使工人的劳动产品从工人这一极移到资本那一极时，不让这种有自我意识的生产工具跑掉。工人的个人消费一方面保证他们维持自己和再生产自己，另一方面通过生活资料的耗费来保证他们不断重新出现在劳动市场上。罗马的奴隶是由锁链，雇佣工人则由看不见的线系在自己的所有者手里。他这种独立的假象是由雇主的经常更换以及契约的法律虚构来保持的。

从前，资本在它认为必要的时候，就通过强制的法律来实现对自由工人的所有权。例如在1815年以前,英国曾以严厉的刑罚来禁止机器工人向国外迁移。

工人阶级的再生产，同时也包括技能的世代传授和积累。资本家竭力把这种熟练的工人阶级的存在算作属于自己的生产条件，并且实际上把这种熟练的工人阶级看作自己的可变资本的实际存在，每当危机使这种工人阶级有丧失的危险时，这一点就会明显地表现出来。大家知道，美国的南北战争以及随之而来的棉荒，把郎卡郡等地的大部分棉纺织业工人抛向街头。于是从工人阶级自身以及其他社会阶层中发出呼声，要求通过国家援助或国民的自愿捐款把"多余的人"迁往英国的殖民地或美国。当时《泰晤士报》（1863 年 3 月 24 日）发表了曼彻斯特前任商会会长艾德蒙·波特尔的一封信。这封信在下院被恰当地称为"工厂主宣言"。我们在这里举出几处有代表性的地方，这些地方毫无掩饰地表明了资本对劳动力的所有权。

"可能有人对棉纺织业工人说，他们的劳动供给太多了……也许应当减少三分之一，这样才能保障对其余三分之二的正常需求……社会舆论坚决要求移民……雇主〈即棉纺织厂主〉不愿意看到他的劳动供给转移出去；他会想，这样做既不公正又不正确……如果靠公共基金实行移民，他就有权提出意见，也许有权提出抗议。"

这个波特尔接着谈到，棉纺织业是如何有用，如何"无疑地吸收了爱尔兰和英国农业区的多余人口"，它的规模是如何的大，如何在 1860 年占英国输出总额的 $\frac{5}{13}$，它如何经过几年后，会由于市场特别是印度市场的扩大，并由于"按每磅 6 便士输入足够数量的棉花"而再行扩展。他继续说：

"时间（一年两年或许是三年）会生产出必要的数量…… 于是我要提出一个问题：这种工业值得维持吗？这种机器〈指活的劳动机器〉值得费力去维护吗？想抛弃这种机器不是最大的愚蠢吗？我认为是这样。我承认，工人不是财产，不是郎卡郡和雇主们的财产，然而他们是二者的力量；他们是有智慧的和受过训练的力量，不是在一代之内就能替换的；相反地，其他机器即工人进行操作的机器，很大一部分可以在 12 个月内加以替换和改良而获得利益。如果鼓励或允许〈！〉劳动力迁往国外，那资本家怎么办呢？"

这种发自内心的叫喊使人想起了宫廷侍卫长卡尔勃。

"…… 抛掉工人的精华，固定资本就会大大贬值，流动资本就会经不起同劣等劳动供应不足的斗争……有人对我们说，工人自己希望迁往国外。工人要这样做，那是很自然的……抛掉棉纺织业的劳动力，把支付给他们的工资比如降低 $\frac{1}{3}$，或 5 百万，使棉纺织业生产缩减，这样一来，工人上面的一个阶级即小店主怎么办呢？地租及小屋租金怎么办呢？……小租地农场主、比较优裕的房主和土地所有者怎么办呢？输出国家最优秀的工厂工人，降低它的那部分生产效率最高的资本和财富的价值，以使这个国家贫弱，请问，对国内一切阶级说来，还有什么计划会比这种计划更具有自杀性呢？""我建议两三年内分批发行 5—6 百万公债；这笔钱由棉纺织工业区济贫所所属的特别委员掌管，依照特别法律的规定来使用，并实行一定的强制劳动来保持受救济者的道德标准……放弃自己最优秀的工人，并且由于实行大规模的造成国内空虚的移民，以及把全区的资本和价值弄得一干二净，而使剩下的工人道德败坏，意志消沉，对土地所有者或雇主来说，还有什么比这更坏的事情吗？"

波特尔这位棉纺织厂主选中的喉舌，把"机器"分为两类，这两类都属于资本家。一类在资本家的工厂里，另一类在夜间和星期日住在厂外的小屋中。一类是死机器，另一类是活机器。死机器不仅逐日损坏和贬值，而且由于技术不断进步，它的现有数量中的大部分也变得陈旧了，以致在几个月之内可以用新机器来替换而获得利益。活机器则相反，它延续的时间越久，历代的技能积累得越多，就越好。《泰晤士报》在回答这位大厂主时写道：

"艾·波特尔先生深深感到棉纺织企业主的异乎寻常的绝对的重要性，以致为了维持这个阶级并且使他们的行业永世长存，他准备把 50 万工人强行关进庞大的有道德的贫民习艺所。波特尔先生问道，这种工业值得维持吗？我们回答说，当然值得，应当用一切正直的手段来维持。波特尔先生又问，这种机器值得费力去维护吗？这里我们就犹豫了。波特尔先生指的机器是人这种机器，因为他断言他并不打算把这种机器当作绝对的财产。我们必须承认，维护人这种机器，也就是把他们关起来并且给他们上油，直到需要他们的时候为止，我们认为这是'不值得费力的'，甚至是不可能的。人这种机器有一种特性：尽管你上油擦洗，不使用就会生锈。此外，正如我们已经看见的，人这种机器能自己放出蒸汽，发生爆炸，在我们的大城市里疯狂地胡闹。正如波特尔先生所说，再生产工人可能需要更长的时间，但是只要我们手里有机械师和货币，我们总是能够找到克勤克俭、吃苦耐劳的人，从这些人中间可以造就出超过我们任何时候所能需要的工厂工长……波特尔先生谈到过一年、两年或三年工业又会活跃起来，要求我们不鼓励或不允许劳动力迁往国外！他说工人希望迁移国外是很自然的，但是他认为，国家必须不顾他们的要求，把这 50 万工人和他们的 70 万家属关闭在棉纺织工业区里，并且——这是必然会得出的——国家必须用暴力压制他们的不满，用救济维持他们的生存；所有这一切都是由于考虑到有朝一日棉纺织企业主可能再需要他们……现在已经是这个岛国强大的舆论行动起来，从那些想把劳动力同煤、铁、棉花一样看待的人的手里拯救出'这种劳动力'的时候了。"

《泰晤士报》的文章只不过是一种益智游戏。"强大的舆论"实际上同波特尔先生的意见一样，认为工厂工人是工厂的活动的附属物。工人被制止迁往国外。他们被关进棉纺织工业区的"有道德的贫民习艺所"，他们仍然是"郎卡郡棉纺织企业主的力量"。

因此，资本主义生产过程在本身的进行中，再生产出劳动力和劳动条件的分离。这样，它就再生产出剥削工人的条件，并使之永久化。它不断迫使工人为了生活而出卖自己的劳动力，同时不断使资本家能够为了发财致富而购买劳动力。现在资本家和工人作为买者和卖者在商品市场上相对立，已经不再是偶然的事情了。过程本身必定把工人不断地当作自己劳动力的卖者投回商品市场，同时又把工人自己的产品不断地变成资本家的购买手段。实际上，工人在把自己出卖给资本家以前就已经属于资本了。工人经济上的隶属地位，是由他的卖身行为的周期更新、雇主的更换和劳动的市场价格的变动造成的，同时又被这些事实所掩盖。

可见，把资本主义生产过程联系起来考察，或作为再生产过程来考察，它不仅生产商品，不仅生产剩余价值，而且还生产和再生产资本关系本身：一方面是资本家，另一方面是雇佣工人。

第二十二章
剩余价值转化为资本

1. 规模扩大的资本主义生产过程。
商品生产所有权规律转变为
资本主义占有规律

我们以前考察了剩余价值怎样从资本产生，现在我们考察资本怎样从剩余价值产生。把剩余价值当作资本使用，或者说，把剩余价值再转化为资本，叫做资本积累。

首先，我们从单个资本家的角度来考察这个过程。例如，一个纱厂主预付了 10000 镑的资本，其中 $\frac{4}{5}$ 用于棉花、机器等等，其余 $\frac{1}{5}$ 用于工资。假定他每年生产棉纱 240000 磅，价值为 12000 镑。如果剩余价值率为 100%，剩余价值就包含在 40000 磅棉纱的剩余产品或纯产品中，它占总产品的 $\frac{1}{6}$，价值 2000 镑。这 2000 镑价值将由出售而实现。2000 镑的价值额就是 2000 镑的价值额。从这笔货币上既嗅不出也看不出它是剩余价值。一个价值是剩余价值这一点，表明这一价值怎样来到它的所有者手里，但是丝毫也不能改变价值或货币的本性。

因此，纱厂主要把他新增加的 2000 镑货币变成资本，在其他条件不变的情况下，就得预付其中的 $\frac{4}{5}$ 去购买棉花等物，$\frac{1}{5}$ 去购买新的纺纱工人，这些纺纱工人会在市场上找到生活资料，而生活资料的价值已由纱厂主预付给他们了。于是，这 2000 镑新资本就在纺纱厂中执行职能，并又带来 400 镑的剩余价值。

资本价值最初是以货币形式预付的；相反，剩余价值一开始就作为总产品的一定部分的价值而存在。如果总产品卖出去，变成货币，那末资本价值就又取得了自己最初的形式，而剩余价值则改变了自己最初的存在方式。但是从这时候起，资本价值和剩余价值二者都成了货币额，并且以完全相同的方式重新转化为资本。资本家把这二者都用来购买商品，以便能够重新开始制造自己的产品，而这次是在扩大规模上进行的。但是，他要买到这些商品，就必须在市场上找到这些商品。

他自己的棉纱所以能流通，只是因为他把自己的年产品投入市场，正象其他所有的资本家也把自己的商品投入市场一样。但这些商品在进入市场以前，就已经存在于年生产基金中了，也就是说，已经存在于由各个单个资本的总额或社会总资本在一年中转化成的各种物品的总额中了，而每个资本家只占有其中的一个相应部分。市场上的过程只是实现年生产的各个组成部分的交换，使它们从一个人的手里转到另一人的手里，但它既不能增大年生产的总额，也不能改变产品的本性。可见，全部年产品能有什么用途，取决于它本身的构成，而绝不取决于流通。

首先，年生产必须提供一切物品（使用价值）以补偿一年中所消费的资本的物质组成部分。扣除这一部分以后，剩下的就是包含剩余价值的纯产品或剩余产品。但这种剩余产品究竟是由什么构成的呢？也许是那些供资本家阶级满足需要和欲望的物品，即加入他们的消费基金的物品吧？如果真是这样，剩余价值就会被挥霍尽，这样就只能进行简单再生产了。

要积累，就必须把一部分剩余产品转化为资本。但是，如果不是出现了奇迹，能够转化为资本的，只是在劳动过程中可使用的物品，即生产资料，以及工人用以维持自身的物品，即生活资料。所以，一部分年剩余劳动必须用来制造追加的生产资料和生活资料，它们要超过补偿预付资本所需的数量。总之，剩余价值所以能转化为资本，只是因为剩余产品（它的价值就是剩余价值）已经包含了新资本的物质组成部分。

但要使这些组成部分真正执行资本的职能，资本家阶级还需要追加劳动。如果从外延方面或内含方面都不能增加对就业工人的剥削，那就必须雇用追加的劳动力。而资本主义生产的机构也已经考虑到了这一点，因为它把工人阶级当作靠工资过活的阶级再生产出来，让他们的通常的工资不仅够用来维持自己，而且还够用来进行繁殖。资本只要把工人阶级每年向它提供的各种年龄的追加劳动力同已经包含在年产品中的追加生产资料合并起来，剩余价值向资本的转化就完成了。具体说来，积累就是资本的规模不断扩大的再生产。简单再生产的循环改变了，按照西斯蒙第的说法，变成螺旋形了。

现在我们再回过头来谈我们所举的例子。这是亚伯拉罕生以撒，以撒生雅各等等的老故事。10000镑原有资本带来2000镑剩余价值，这些剩余价值资本化了；新的2000镑资本又带来400镑剩余价值；这个剩余价值又资本化了，于是变成了第二个追加资本，又带来 80 镑新的剩余价值，依此类推。

我们在这里撇开资本家自己所消费的那部分剩余价值不说。追加资本是同原有资本合并，还是同它分开而独立增殖；是由积累它的同一资本家使用，还是转人别的资本家手中，这些我们暂时也不必过问。只是我们不应当忘记，在新形成的资本旁边，原有资本仍在继续再生产自己，并生产剩余价值，而且每一个积累起来的资本就它同自己所创造的追加资本的关系来说，也是这样。

原有资本是由预付 10000 镑而形成的。它的所有者是从哪里得到它的呢？它是通过所有者本人的劳动和他的祖先的劳动得到的！——政治经济学的代表人物一致这样回答我们，而他们的这种假定好象真的是唯一符合商品生产的规律的。

2000 镑追加资本的情况就完全不同了。它的产生过程我们是一清二楚的。这是资本化了的剩余价值。它一开始就没有一个价值原子不是由别人的无酬劳动产生的。合并追加劳动力的生产资料，以及维持这种劳动力的生活资料，都不外是剩余产品的不可缺少的组成部分，即资本家阶级每年从工人阶级那里夺取的贡品的不可缺少的组成部分。如果资本家阶级用贡品的一部分来购买追加劳动力，甚至以十足的价格来购买，就是说，用等价物交换等价物，那还是征服者的老把戏，用从被征服者那里掠夺来的货币去购买被征服者的商品。

如果追加资本所雇用的就是把它生产出来的人，那末后者首先必须继续使原有资本增殖，其次要对自己过去劳动的产品用比它所费劳动更多的劳动买回来。如果我们把这看作资本家阶级和工人阶级之间的交易，那末，即使用从前雇用的工人的无酬劳动来雇用追加的工人，问题的实质也不会有丝毫改变。资本家也许还把追加资本转化为机器，而机器又把这种追加资本的生产者抛向街头，用几个儿童来代替他们。不管怎样，工人阶级总是用他们这一年的剩余劳动创造了下一年雇用追加劳动的资本。这就是所谓"资本生资本"。

第一个追加资本 2000 镑的积累的前提，是资本家所预付的、由于他的"最初劳动"而属于他的 10000 镑价值额。而第二个追加资本 400 镑的前提，只能是第一个追加资本 2000 镑的预先积累，400 镑就是这 2000 镑的资本化的剩余价值。现在，对过去无酬劳动的所有权，成为现今以日益扩大的规模占有活的无酬劳动的唯一条件。资本家已经积累的越多，就越能更多地积累。

既然构成第一个追加资本的剩余价值，是用一部分原资本购买劳动力的结果，而这种购买完全符合商品交换的规律，从法律上看来，这种购买的前提不外是工人自由地支配自己的能力，而货币或商品的所有者自由地支配属于他的价值；既然第二个追加资本等等不过是第一个追加资本的结果，因而是前一种关系的结果；既然每一次交易都始终符合商品交换的规律，资本家总是购买劳动力，工人总是出卖劳动力，甚至还可以假定这种交易是按劳动力的实际价值进行的；那末很明显，以商品生产和商品流通为基础的占有规律或私有权规律，通过它本身的内在的、不可避免的辩证法转变为自己的直接对立物。表现为最初行为的等价物交换，已经变得仅仅在表面上是交换，因为，第一，用来交换劳动力的那部分资本本身只是不付等价物而占有的别人劳动产品的一部分；第二，这部分资本不仅必须由它的生产者即工人来补偿，而且在补偿时还要加上新的剩余额。这样一来，资本家和工人之间的交换关系，仅仅成为属于流通过程的一种表面现象，成为一种与内容本身无关的并只能使它神秘化的形式。劳动力的不断买卖是形式。其内容则是，资本家用他总是不付等价物而占有的别人的已经物化的劳动的一部分，来不断再换取更大量的别人的活劳动。最初，在我们看来，所有权似乎是以自己的劳动为基础的。至少我们应当承认这样的假定，因为互相对立的仅仅是权利平等的商品所有者，占有别人商品的手段只能是让渡自己的商品，而自己的商品又只能是由劳动创造的。现在，所有权对于资本家来说，表现为占有别人无酬劳动或产品的权利，而对于工人来说，则表现为不能占有自己的产品。所有权和劳动的分离，成了似乎是一个以它们的同一性为出发点的规律的必然结果。

因此，不论资本主义占有方式好象同最初的商品生产规律如何矛盾，但这种占有方式的产生决不是由于这些规律遭到违反，相反地，是由于这些规律得到应用。只要略微回顾一下以资本主义积累为终点的各个依次发生的运动阶段，就可以再次弄清楚这一点。

首先我们看到，一个价值额最初转化为资本是完全按照交换规律进行的。契约的一方出卖自己的劳动力，他方购买劳动力。前者取得自己商品的价值，从而把这种商品的使用价值即劳动让渡给后者。后者就借助于现在也归他所有的劳动，把已经归他所有的生产资料转化为一种新产品，这个产品在法律上也归他所有。

这个产品的价值首先包含了已被消费掉的生产资料的价值。有用劳动不把生产资料的价值转移到新产品上去，就不能消费这些生产资料；但劳动力要卖得出去，必须能够向使用它的工业部门提供有用劳动。

新产品的价值还包含了劳动力价值的等价物和剩余价值。这是由于按一定时期（一日，一周等等）出卖的劳动力的价值，低于它在这期间被使用后所创造的价值。但是，工人得到付给他的劳动力的交换价值，因而让渡了他的劳动力的使用价值，这同任何买卖都一样。

劳动力这种特殊商品具有独特的使用价值，它能提供劳动，从而能创造价值，但这并不触犯商品生产的一般规律。所以，如果说预付在工资上的价值额不仅仅在产品中简单地再现出来，而且还增加了一个剩余价值，那末，这也并不是由于卖者被欺诈，——他已获得了自己商品的价值，——而只是由于买者消费了这种商品。

交换规律只要求彼此出让的商品的交换价值相等。这一规律甚至从来就要求商品的使用价值各不相同，并且同它们的消费毫无关系，因为消费只是在买卖结束和完成以后才开始的。

可见，货币最初转化为资本，是完完全全符合商品生产的经济规律以及由此产生的所有权的。尽管这样，这种转化仍然有以下的结果：

1. 产品属于资本家，而不属于工人；

2. 这一产品的价值除包含预付资本的价值外，还包含剩余价值，后者要工人耗费劳动，而不要资本家耗费任何东西，但它却成为资本家的合法财产；

3. 工人保持了自己的劳动力，只要找到买者就可以重新出卖。

简单再生产仅仅是这种最初的活动的周期反复。货币总是一次又一次地重新转化为资本。因此，规律并没有遭到违反，相反地，只是得到不断发生作用的机会。

"好多次连续发生的交换行为，不过使最后一次成为最初一次的代表。"（西斯蒙第《政治经济学新原理》第1卷第70页）

然而，我们已经知道，简单再生产足以使这种最初的活动具有一种同把它当作孤立过程来考察时完全不同的性质。

"在参加国民收入分配的人中间，一部分人〈工人〉每年通过新的劳动获得新的分配权；另一部分人〈资本家〉则通过最初劳动已经预先取得了永久的分配权。"（同上，第110、111页）

大家知道，劳动领域并不是长子继承权创造奇迹的唯一领域。

如果简单再生产为规模扩大的再生产，为积累所代替，事情也还是一样。在前一种情况下，资本家花费了全部剩余价值，在后一种情况下，他只消费了剩余价值的一部分，而把其余部分转化为货币，以此表现了自己的公民美德。

剩余价值是资本家的财产，它从来不属于别人。资本家把剩余价值预付在生产上，完全象他最初进入市场的那一天一样，是从自己的基金中预付的。至于这一次他的基金是由他的工人的无酬劳动产生的这一事实，和问题绝对无关。如果工人B是用工人A所生产的剩余价值来雇用的，那末，第一，A提供这种剩余价值时，资本家对他的商品支付了全部合理价格，分文也没有少给；第二，这一交易同工人 B 毫无关系。B 所要求的而且有权要求的，是资本家把他的劳动力的价值付给他。

"双方都有利，因为对工人来说，他在劳动前〈应当说：在他自己的劳动带来成果前〉就预先得到他的劳动〈应当说：别的工人的无酬劳动〉的果实；对雇主来说，这个工人的劳动的价值大于他的工资的价值〈应当说：他生产的价值大于他的工资的价值〉。"（西斯蒙第《政治经济学新原理》第 1 卷第 135 页）

诚然，如果我们把资本主义生产看作不断更新的过程，如果我们考察的不是单个资本家和单个工人，而是他们的整体，即资本家阶级和与它对立的工人阶级，那末，情况就会完全不同了。但这样一来，我们就得应用一个与商品生产完全不同的标准。

在商品生产中，互相对立的仅仅是彼此独立的卖者和买者。他们之间的相互关系，随着他们所签订的契约期满而告结束。要是交易重复进行，那是由于订了新的契约，这同以前的契约完全无关，在这里同一买者和同一卖者再次碰在一起只是偶然的事情。

因此，如果要把商品生产或属于商品生产的过程按其本身的经济规律来加以判断，我们就必须把每个交换行为就其本身来加以考察，撇开它与以前和以后的交换行为的一切联系。由于买卖只是在个别人之间进行，所以不可能在这里找到整个社会阶级之间的关系。

现在执行职能的资本，不管它经过的周期的再生产和先行积累的系列多么长，总是保持着它本来的处女性。尽管每一个单独考察的交换行为仍遵循交换规律，但占有方式却会发生根本的变革，而这丝毫不触犯与商品生产相适应的所有权。同一所有权，在产品归生产者所有，生产者用等价物交换等价物，只能靠自己劳动致富的初期，是有效的；在社会财富越来越多地成为那些能不断地重新占有别人无酬劳动的人的财产的资本主义时期，也是有效的。

一旦劳动力由工人自己作为商品自由出卖，这种结果就是不可避免的。但只有从这时起，商品生产才普遍化，才成为典型的生产形式；只有从这时起，每一个产品才一开始就是为卖而生产，而生产出来的一切财富都要经过流通。只有当雇佣劳动成为商品生产的基础时，商品生产才强加于整个社会，但也只有这时，它才能发挥自己的全部潜力。说雇佣劳动的介入使商品生产变得不纯，那就等于说，商品生产要保持纯粹，它就不该发展。商品生产按自己本身内在的规律越是发展成为资本主义生产，商品生产的所有权规律也就越是转变为资本主义的占有规律。

我们已经看到，甚至在简单再生产的情况下，全部预付资本，不管它的来源如何，都转化为积累资本或资本化的剩余价值。但在生产的巨流中，全部原预付资本，与直接积累的资本即重新转化为资本（不论它是在积累者手中，还是在别人手中执行职能）的剩余价值或剩余产品比较起来，总是一个近于消失的量（数学意义上的无限小的量）。所以，政治经济学一般都把资本说成是"用来重新生产剩余价值的积累起来的财富"（转化了的剩余价值或收入），或把资本家说成是"剩余产品的占有者"。这种看法不过是用另一种方式来说明全部现存的资本是积累起来的或资本化的利息，因为利息不过是剩余价值的一部分。

2. 政治经济学关于规模扩大的再生产的错误见解

在进一步探讨积累或剩余价值再转化为资本的某些规定以前，我们必须清除古典经济学提出的一种含糊观点。

资本家为自己消费而用一部分剩余价值购买的商品，对他不能起生产资料和价值增殖手段的作用，同样，他为满足自己的自然需要和社会需要而购买的劳动，也不起生产劳动的作用。资本家没有通过购买这种商品和劳动，把剩余价值转化为资本，相反地，把它作为收入消费掉或花费掉了。旧贵族的思想，如黑格尔正确地指出的，主张"消费现存的东西"，特别是讲究个人侍奉的豪华，以示阔绰，与此相反，在资产阶级经济学看来，具有决定性重要意义的是，宣布积累资本是每个公民的首要义务，并谆谆告诫人们，如果把全部收入吃光用尽，而不把其中相当的一部分用来雇用追加的生产工人，让他们带来的东西超过他们耗费的东西，那就不能积累。另一方面，资产阶级经济学又不得不同一般人的偏见作斗争，这种偏见把资本主义生产和货币贮藏混为一谈，以为积累财富就是使财富现有的实物形式免遭破坏，也就是不被消费掉，或者说，把财富从流通中救出来。其实，把货币贮藏起来不加入流通，同把货币作为资本而增殖，恰恰是相反的两回事，从货币贮藏的意义上进行商品积累，是十足的愚蠢行为。大量商品的积累是流通停滞或生产过剩的结果。诚然，在一般人的观念中是把下面这两种现象混在一起了：一方面是富人消费基金中积累的供慢慢消费的财物，另一方面是一切生产方式所共有的储备。后一现象，我们在分析流通过程时还要略微谈到。

因此，古典经济学强调指出，积累过程的特点是，剩余产品由生产工人消费，而不由非生产工人消费，这一点是对的。但它的错误也正是从这里开始。亚·斯密使人们形成一种流行的看法，把积累仅仅看成剩余产品由生产工人消费，或者说，把剩余价值的资本化仅仅看成剩余价值转变为劳动力。例如，我们可以听听李嘉图的说法：

"必须懂得，一个国家的全部产品都是要消费掉的，但究竟由再生产另一个价值的人消费，还是由不再生产另一个价值的人消费，这中间有难以想象的区别。我们说收入节约下来加入资本，我们的意思是，加入资本的那部分收入，是由生产工人消费，而不是由非生产工人消费。如果认为资本可以由于不消费而增加，那就大错特错了。"

李嘉图和一切以后的经济学家追随亚·斯密一再重复地说："加入资本的那部分收入，是由生产工人消费"，这就大错特错了。根据这种看法，所有转化为资本的剩余价值都要成为可变资本了。其实，剩余价值和原预付价值一样，分成不变资本和可变资本，分成生产资料和劳动力。劳动力是可变资本在生产过程中的存在形式。在这个过程中，它本身被资本家消费了。它通过自己的职能——劳动——去消费生产资料。同时，购买劳动力所付出的货币，转化为不是由"生产劳动"而是由"生产工人"消费的生活资料。亚·斯密根据自己根本错误的分析得出了以下的荒谬结论：虽然每一单个资本分成不变组成部分和可变组成部分，但社会资本只分解为可变资本，或者说，只用来支付工资。例如，一个呢绒厂主把 2000 镑转化为资本。他把这些货币的一部分用来雇织工，另一部分用来购买毛纱和织毛机等等。而把毛纱和织毛机卖给他的人，又把其中的一部分用来支付劳动，依此类推，直到 2000 镑完全用于支付工资，或者这 2000 镑所代表的全部产品都由生产工人消费掉。我们看到，这个论据的全部力量就在于把我们推来推去的"依此类推"这几个字。事实上，亚当·斯密正是在困难开始的地方中止了他的研究。

要是我们只考察年总生产基金，每年的再生产过程是容易理解的。但年生产的各个组成部分都必须投入商品市场，而困难就在这里开始。各个资本的运动和个人收入的运动交错混合在一起，消失在普遍的换位中，即消失在社会财富的流通中，这就迷惑了人们的视线，给我们的研究提出了极其复杂的问题需要解决。在本书第二卷第三篇中，我将对实际的联系进行分析。重农学派最大的功劳，就在于他们在自己的《经济表》中，首次试图对通过流通表现出来的年生产的形式画出一幅图画。

不言而喻，政治经济学不会不利用亚·斯密的所谓纯产品中转化为资本的部分完全由工人阶级消费这一论点，来为资本家阶级的利益服务。

《资本论》

第二卷

资本的流通过程

第三篇
社会总资本的再生产和流通

第十八章
导　言

Ⅰ. 研究的对象

　　资本的直接生产过程，就是资本的劳动过程和价值增殖过程。这个过程的结果是商品产品，它的决定性动机是生产剩余价值。

　　资本的再生产过程，既包括这个直接的生产过程，也包括真正流通过程的两个阶段，也就是说，包括全部循环。这个循环，作为周期性的过程，即经过一定期间不断地重新反复的过程，形成资本的周转。

　　无论我们考察的是 G…G′形式的循环，还是 P…P 形式的循环，直接生产过程 P 本身始终只是这个循环的一个环节。在前一种形式中，它表现为流通过程的媒介；在后一种形式中，流通过程表现为它的媒介。它的不断更新，资本作为生产资本的不断再现，在这两种场合，都以资本在流通过程中的转化为条件。另一方面，不断更新的生产过程，是资本在流通领域不断地重新完成各种转化的条件，是资本交替地表现为货币资本和商品资本的条件。

但是，正如每一单个资本家只是资本家阶级的一个分子一样，每一单个资本只是社会总资本中一个独立的、可以说赋有个体生命的部分。社会资本的运动，由社会资本的各个独立部分的运动的总和，即各个单个资本的周转的总和构成。正如单个商品的形态变化是商品世界的形态变化序列——商品流通——的一个环节一样，单个资本的形态变化，它的周转，是社会资本循环中的一个环节。

这个总过程，既包含生产消费（直接的生产过程）和作为其媒介的形式转化（从物质方面考察，就是交换），也包含个人消费和作为其媒介的形式转化或交换。一方面，它包含可变资本向劳动力的转化，从而包含劳动力的并入资本主义生产过程。在这里，工人是他的商品——劳动力的卖者，资本家是这种商品的买者。另一方面，商品的出售，包含工人阶级对商品的购买，也就是说，包含工人阶级的个人消费。在这里，工人阶级是买者，资本家是向工人出售商品的卖者。

商品资本的流通，还包含剩余价值的流通，从而也包含对资本家的个人消费，即对剩余价值的消费起媒介作用的买和卖。

因此，各个单个资本综合而成的社会资本的循环，也就是说，就社会资本的总体来考察的循环，不仅包括资本的流通，而且也包括一般的商品流通。后者本来只能由两部分构成：1. 资本本身的循环；2. 进入个人消费的商品的循环，也就是工人用工资，资本家用剩余价值（或其中的一部分）购买的那些商品的循环。当然，资本的循环也包括剩余价值的流通，因为剩余价值构成商品资本的一部分，而且还包括可变资本向劳动力的转化，工资的支付。但是，这个剩余价值和工资耗费在商品上，并不构成资本流通的环节，虽然至少工资的耗费是这个流通所不可缺少的。

在本书第一卷，我们把资本主义生产过程，既作为孤立过程，又作为再生产过程来分析，我们分析了剩余价值的生产和资本本身的生产。资本在流通领域所经历的形式变换和物质变换被假定为前提，而没有进一步加以论述。我们假定，一方面，资本家按照产品的价值出售产品；另一方面，他在流通领域找到使过程重新开始或连续进行所必需的各种物质生产资料。我们在那里需要考察的流通领域中的唯一行为，是作为资本主义生产的基本条件的劳动力的买和卖。

在本卷的第一篇，我们考察了资本在它的循环中所采取的不同的形式和这个循环本身的各种形式。除了第一卷所考察的劳动时间，现在又加上了流通时间。

在第二篇，循环是作为周期的循环，也就是作为周转来考察的。这里一方面指出了，资本的不同组成部分（固定资本和流动资本）怎样在不同的时间以不同的方式完成各种形式的循环；另一方面又研究了决定劳动期间和流通期间长短不同的各种情况。我们还指出了，循环期间及其组成部分的不同比例，对生产过程本身的范围和年剩余价值率有怎样的影响。事实上，第一篇主要是考察资本在它的循环中不断地依次采取和抛弃的各种形式，而第二篇研究的，是在各种形式的这种运动和相继更替中，一定量的资本怎样同时（尽管按不同的比例）分成生产资本、货币资本和商品资本这些不同的形式，以致不仅这些形式互相交替，而且总资本价值的不同部分也不断地并存于这些不同的状态中，并执行职能。特别是货币资本表示出一种在第一卷里没有讲过的特性。在这里揭示了一些规律，按照这些规律，一定量资本的大小不等的组成部分，必须按照周转的条件，不断地以货币资本的形式预付和更新，以便使一个定量的生产资本能够不断地执行职能。

但是在第一篇和第二篇，我们考察的，始终只是单个资本，只是社会资本中一个独立部分的运动。

但是，各个单个资本的循环是互相交错的，是互为前提、互为条件的，而且正是在这种交错中形成社会总资本的运动。在简单商品流通中，一个商品的总形态变化表现为商品世界形态变化系列的一个环节，同样，单个资本的形态变化现在则表现为社会资本形态变化系列的一个环节。虽然简单商品流通决没有必要包括资本的流通，——因为它可以在非资本主义生产的基础上进行，——但如上所述，社会总资本的循环却包括那种不属于单个资本循环范围内的商品流通，即包括那些不形成资本的商品的流通。

现在，我们就要考察作为社会总资本的组成部分的各个单个资本的流通过程（这个过程的总体就是再生产过程的形式），也就是考察这个社会总资本的流通过程。

Ⅱ. 货币资本的作用

｛虽然下面阐述的内容属于本篇的后面部分，但我们还是想立即在这里研究一下，就是说，把货币资本作为社会总资本的一个组成部分来考察。｝

在考察单个资本的周转时，货币资本显示出两个方面。

第一，它是每个单个资本登上舞台，作为资本开始它的过程的形式。因此，它表现为发动整个过程的第一推动力。

第二，由于周转期间的长短不同和周转期间两个组成部分——劳动期间和流通期间——的比例不同，必须不断以货币形式预付和更新的那部分预付资本价值与它所推动的生产资本即连续进行的生产的规模之间的比例，也就不同。但不管这个比例如何，能够不断执行生产资本职能的那部分处在过程中的资本价值，总是受必须不断以货币形式与生产资本同时存在的那部分预付资本价值的限制。这里说的只是正常的周转，一个抽象的平均数。为消除流通的停滞而追加的货币资本是撇开不说的。

关于第一点。商品生产以商品流通为前提，而商品流通又以商品表现为货币，以货币流通为前提；商品分为商品和货币的这种二重化，是产品表现为商品的规律。同样，资本主义的商品生产，——无论是社会地考察还是个别地考察，——要求货币形式的资本或货币资本作为每一个新开办的企业的第一推动力和持续的动力。特别是流动资本，要求货币资本作为动力经过一段短时间不断地反复出现。全部预付资本价值，即资本的一切由商品构成的部分——劳动力、劳动资料和生产材料，都必须不断地用货币一再购买。在这里，就单个资本说是如此，就社会资本说也是如此，后者不过是以许多单个资本的形式执行职能。但是正如第一卷已经指出的，由此决不能得出结论说，资本执行职能的范围，生产的规模——即使在资本主义的基础上——就其**绝对的**界限来说，是由执行职能的货币资本的大小决定的。

并入资本中的各种生产要素的扩大，在一定的界限之内，不是取决于预付货币资本的量。在劳动力的报酬相同时，可以从外延方面或内含方面加强对劳动力的剥削。如果货币资本随着这种剥削的加强而增加（即如果工资提高），那末，它也不是和这种剥削成比例地增加的，因而，根本不是相应地增加的。

生产上利用的自然物质，如土地、海洋、矿山、森林等等，不是资本的价值要素。只要提高原有劳动力的紧张程度，不增加预付货币资本，就可以从外延方面或内含方面，加强对这种自然物质的利用。这样，生产资本的现实要素增加了，而无需追加货币资本。如果由于追加辅助材料而必须追加货币资本，那末，资本价值借以预付的货币资本，也不是和生产资本效能的扩大成比例地增加的，因而，根本不是相应地增加的。

同一些劳动资料，也就是同一固定资本，可以用延长每天的使用时间的办法，也可以用增加使用强度的办法，更有效地加以利用，而无需为固定资本追加货币支出。这时，只是固定资本的周转加快了，可是它的再生产的各种要素也更迅速地提供出来。

撇开自然物质不说，各种不费分文的自然力，也可以作为要素，以或大或小的效能并入生产过程。它们发挥效能的程度，取决于各种方法和科学进步，这些也是不花费资本家分文的。

关于劳动力在生产过程中的社会结合和各个单个工人积累起来的熟练程度，情况也是如此。凯里推算出，土地所有者从来没有得到足够的报酬，因为支付给他的，并不是自古以来为使土地具有现在这样的生产能力而投下的全部资本或劳动。（当然不提从土地掠夺去的生产能力。）根据这种算法，对单个工人就必须按照整个人类为把一个野蛮人造就成一个现代的机器工人所花费的劳动，来支付报酬了。正好相反，我们倒是应该这样说：如果把投在土地上的一切没有报酬的、但已被土地所有者和资本家转化为货币的劳动计算一下，那末，全部投在土地上的资本已经一再以高额的利息偿还了，土地所有权也早就一再被社会赎买回来了。

劳动生产力的提高，如果不包含资本价值的追加支出，当然首先只是增加产品的量，而不是增加产品的价值，除非它能够用同量的劳动把更多的不变资本再生产出来，从而把更多不变资本的价值保存下来。但是，劳动生产力的提高同时形成新的资本材料，从而形成资本积累扩大的基础。

社会劳动组织本身，从而社会劳动生产力的提高，要求生产大规模地进行，从而要求单个资本家预付大量货币资本。关于这一点，如第一卷已经指出的，这部分地是通过资本在少数人手中的集中实现的，而执行职能的资本价值的量，从而表现这些价值的预付货币资本的量，并不需要绝对地增大。单个资本的量可以通过这些资本在少数人手中的集中来增大，而它们的社会总额并没有增大。这只是改变各个单个资本的分配而已。

最后，上一篇已经指出，通过周转期间的缩短，能用较少的货币资本推动同一的生产资本，或者能用同一的货币资本推动较多的生产资本。

但是，这一切显然和真正的货币资本问题无关。这只是表明，预付资本——一个既定的价值额，它在它的自由形式上，在它的价值形式上，是由一定的货币额构成的——在转化为生产资本之后，包含着生产的潜力，这些潜力的界限，不是由这个预付资本的价值界限规定的，这些潜力能够在一定的活动范围之内，在外延方面或内含方面按不同程度发挥作用。如果生产要素——生产资料和劳动力——的价格是已定的，那末，购买一定数量的以商品形式存在的这些生产要素所必需的货币资本量，也是确定的。或者说，要预付的资本的价值量是确定的。但这个资本作为价值形成要素和产品形成要素的作用大小是可以伸缩，可以变化的。

关于第二点。 社会劳动和生产资料每年都必须有一部分用来生产或购买货币，以补偿磨损掉的铸币。不言而喻，这对社会生产的规模相应地是一种削减。但是，至于那个部分地充当流通手段，部分地充当贮藏货币的货币价值，那末，既然它已经存在，已经取得，它就同劳动力、生产出来的生产资料和财富的自然源泉并存。不能把这种货币价值看成是限制这些东西的。通过它转化为生产要素，通过它和外国进行交换，生产规模就能扩大。但这以货币依旧起世界货币的作用为前提。

由于周转期间的长短不同，推动生产资本所必要的货币资本量也就有大有小。我们还知道，周转期间划分为劳动时间和流通时间，就要求增加那种在货币形式上潜在的或暂歇的资本。

周转期间，就它由劳动期间的长度决定而言，在其他条件不变的情况下，由生产过程的物质性质所决定，因此，不是由这个生产过程的特殊的社会性质所决定。但是，在资本主义生产的基础上，历时较长范围较广的事业，要求在较长时间内预付较大量的货币资本。所以，这一类领域里的生产取决于单个资本家拥有的货币资本的界限。这个限制被信用制度和与此相联的联合经营（例如股份公司）打破了。因此，货币市场的混乱会使这类企业陷于停顿，而这类企业反过来也会引起货币市场的混乱。

有些事业在较长时间内取走劳动力和生产资料，而在这个时间内不提供任何有效用的产品；而另一些生产部门不仅在一年间不断地或者多次地取走劳动力和生产资料，而且也提供生活资料和生产资料。在社会公有的生产的基础上，必须确定前者按什么规模进行，才不致有损于后者。在社会公有的生产中，和在资本主义的生产中一样，在劳动期间较短的生产部门，工人将照旧只在较短时间内取走产品而不提供产品；在劳动期间长的生产部门，则在提供产品之前，在较长时间内不断取走产品。因此，这种情况是由各该劳动过程的物质条件造成的，而不是由这个过程的社会形式造成的。在社会公有的生产中，货币资本不再存在了。社会把劳动力和生产资料分配给不同的生产部门。生产者也许会得到纸的凭证，以此从社会的消费品储备中，取走一个与他们的劳动时间相当的量。这些凭证不是货币。它们是不流通的。

我们知道，如果对货币资本的需求是由劳动期间的持续所引起的，那末，这是由两种情况造成的：**第一，** 货币一般地说是每一单个资本（撇开信贷不说）

为了转化成生产资本所必须采取的形式；这是由资本主义生产的性质，由一般商品生产的性质引起的。——**第二**，必要的预付货币量的产生，是由于在较长时间内不断从社会取走劳动力和生产资料，而在这个时间内却不向社会提供任何可以再转化为货币的产品。第一种情况，即要预付的资本必须以货币形式预付，并不会由于这个货币本身的形式——不论是金属货币、信用货币、价值符号或其他等等——而消除。第二种情况也决不会由于通过哪一种货币媒介或通过哪一种生产形式取走劳动、生活资料和生产资料却不把等价物投回流通，而受到影响。

第十九章
前人对这个问题的阐述

I. 重农学派

　　魁奈的《经济表》用几根粗线条表明，国民生产的具有一定价值的年产品怎样通过流通进行分配，才能在其他条件不变的情况下，使它的简单再生产即原有规模的再生产进行下去。上一年度的收获，当然构成生产期间的起点。无数单个的流通行为，从一开始就被综合成为它们的具有社会特征的大量运动，——几个巨大的、职能上确定的、经济的社会阶级之间的流通。在这里，我们感兴趣的是：总产品的一部分，——它和总产品的任何其他部分一样，作为使用物品，是过去一年劳动的新的结果，——同时只是以同一实物形式再现的原有资本价值的承担者。它不流通，而是留在它的生产者租地农场主阶级手里，以便在那里重新充当资本。魁奈还把一些无关的要素包括在年产品的这个不变资本部分中，但是他把握住了问题的实质，这要归功于他的有限的眼界，即认为农业是使用人类劳动来生产剩余价值的唯一领域，就是说，从资本主义的观点看，是唯一的真正生产的领域。经济的再生产过程，不管它的特殊的社会性质如何，在这个部门（农业）内，总是同一个自然的再生产过程交织在一起。后者的显而易见的条件，会阐明前者的条件，并且会排除只是由流通幻影引起的思想混乱。

　　一种理论体系的标记不同于其他商品的标记的地方，也在于它不仅欺骗买者，而且也往往欺骗卖者。魁奈本人和他的最亲近的门生，都相信他们的封建招牌。直到现在，我们的学究们也还是如此。然而在实际上，重农主义体系是对资本主义生产的第一个系统的理解。产业资本的代表——租地农场主阶级——指导着全部经济运动。农业按资本主义方式经营，就是说，作为大规模的资本主义租地农场主的企业经营；土地的直接耕作者是雇佣工人。生产不仅创造使用物品，而且也创造它们的价值；而生产的动机是获得剩余价值，剩余价值的出生地是生产领域，不是流通领域。在作为以流通为媒介的社会再生产过程的承担者的三个阶级中，"生产"劳动的直接剥削者，剩余价值的生产者，资本主义的租地农场主，和那些剩余价值的单纯占有者区别开来了。

还在重农主义体系的全盛时期，这种体系的资本主义性质就已经一方面引起了兰盖和马布利的反对，另一方面引起了自由小土地所有制的辩护者们的反对。

———

亚·斯密在再生产过程的分析上的退步之所以更加明显，是因为他在其他方面不仅对魁奈的正确分析作了进一步的加工，例如把魁奈的"原预付"和"年预付"普遍化，说成是"固定"资本和"流动"资本，而且在某些地方，完全重犯了重农学派的错误。例如，为了证明租地农场主比任何其他种类的资本家生产更大的价值，他说：

"没有任何等量资本，比租地农场主的等量资本，能推动数量更大的生产劳动。不仅他的雇工是生产工人，而且他的役畜也是生产工人。〔这对雇工是一个多么好听的赞语啊！〕在农业中，自然也和人一起**劳动**；虽然**自然的劳动不需任何费用**，但是它的产品，**和费用最大的工人的产品一样**，仍然具有它的**价值**。农业中最重要的工作，看来与其说是为了增加自然的肥力，——虽然它也这样做，——不如说是要使用自然的肥力来生产对人类最有用的植物。杂草丛生的原野，往往可以提供和精心耕作的葡萄园或庄稼地同样多的植物。栽培和耕作往往更多地是调节而不是促进自然的能动的肥力；并且在完成这一切劳动之后，总会留下许多工作让自然去做。因此，农业中使用的工人和役畜〈！〉，象制造业中的工人那样，不仅再生产一个等于他们自己消费的价值，或等于使用他们的资本连同资本家的利润的价值；而且还再生产一个更大得多的价值。除租地农场主的资本和他的全部利润之外，他们还经常再生产出土地所有者的地租。地租可以看作是土地所有者租给租地农场主使用的各种自然力的产物。地租多少，要看设想的各种自然力的大小而定，换句话说，要看设想的土地的自然肥力或人为肥力而定。地租是扣除或补偿一切可以看作人工产物的东西之后所留下的自然的产物。它很少于总产品的四分之一，而常常多于总产品的三分之一。制造业中使用的等量生产劳动，决不可能引起这样大的再生产。在制造业中，自然什么也没有做，一切都是人做的；并且再生产必须始终和实行再生产的当事人的力量成比例。因此，投于农业的资本，与制造业中使用的任何一个等量资本相比，不仅推动数量较大的生产劳动，而且按照它所使用的生产劳动的量，把一个更大得多的价值，加到一个国家的土地和劳动的年产品中去，加到该国居民的现实财富和收入中去。"（第2篇第5章第242、243页）

亚·斯密在第二篇第一章中说：

"种子的全部价值，在本来的意义上，也是固定资本。"

因此在这里，资本=资本价值；它以"固定"的形式存在。

"虽然种子往返于土地和谷仓之间，但它从不更换所有者，所以实际上并没有进入流通。租地农场主取得利润，不是靠种子的出售，而是靠种子的繁殖。"（第186页）

在这里，局限性在于，斯密没有象魁奈已经看到的那样，看到不变资本价值以更新的形式再现出来，因而看不到再生产过程的一个重要因素，他只是为他的流动资本和固定资本的区别多提出了一个例证，而且是一个错误的例证。——斯密把"原预付"和"年预付"换成"固定资本"和"流动资本"，进步之处在于"资本"这个名词，他使资本这个概念普遍化，摆脱了重农学派特别注意把它应用于"农业"领域这种情况；退步之处在于把"固定"和"流动"理解为决定性的区别，并且坚持不变。

II. 亚当·斯密

1. 斯密的一般观点

亚·斯密在第一篇第六章第42页上说：

"在每一个社会中，每一种商品的价格最终地分解为这三个部分〈工资、利润、地租〉之一，或三者全体；并且在每一个进步的社会中，这三者都多少不等地作为组成部分加入绝大部分商品的价格中去"；或者，象他接下去在第43页上说的："工资、利润和地租，是一切收入的**三个原始源泉**，也是**一切交换价值的三个原始源泉**。"

亚·斯密关于"商品价格的"或"一切交换价值的组成部分"这一学说，我们以后还要进一步研究。——他还说：

"既然就每一个特殊商品分别来说是如此，那末，就形成每一个国家的土地和劳动的**全部年产品**的一切商品整体来说也必然是如此。这个年产品的**全部价格或交换价值**，必须**分解为同样三个部分**，在国内不同居民之间**进行分配**，或是作为他们的劳动的**工资**，或是作为他们的资本的**利润**，或是作为他们占有的土地的**地租**。"（第2篇第2章第190页）

亚·斯密就是这样把一切个别考察的商品的价格和"每一个国家的土地和劳动的年产品的……全部价格或交换价值"，分解为雇佣工人、资本家和土地所有者的收入的三个源泉，即分解为工资、利润和地租，在这之后，他还是不得不迂回曲折地把第四个要素，即资本的要素偷偷地塞了进来。这是通过划分总收入和纯收入的区别来达到的。

　　"一个大国全体居民的**总收入**，包括他们的土地和劳动的**全部年产品**；**纯收入**是在先**扣除固定资本的维持费用**，再扣除流动资本的维持费用之后，余下供他们使用的**部分**，或者说，是他们可以列入消费储备的部分，即用于生活和享乐而不侵占资本的部分。他们的实际财富同样不是和他们的总收入，而是和他们的纯收入成比例的。"（同上，第190页）

　　对此我们评述如下：

　　1. 亚·斯密在这里显然只是考察简单再生产，而不是考察规模扩大的再生产或积累；他所说的只是为维持执行职能的资本的支出。"纯"收入等于年产品——不管是社会的还是单个资本家的年产品——中可以加入"消费基金"的部分，不过这个基金的数量不能侵占执行职能的资本。因此，个人的产品和社会的产品，都有一个价值部分既不分解为工资，也不分解为利润或地租，而是分解为资本。

　　2. 亚·斯密借助"总收入"和"纯收入"的区别这个名词游戏，背弃了自己的理论。单个资本家，和整个资本家阶级或所谓的国民一样，得到商品产品来代替生产中消费掉的资本。这个商品产品的价值，——它可以表现为这个产品本身的各个比例部分，——一方面补偿用掉的资本价值，因此形成收入，或按原来的用词，就是形成《Revenue》（《revenu》是动词《revenir》的分词，意思是"回来"），但要注意，这是资本收入；另一方面，形成几个价值组成部分，它们"在国内不同居民之间进行分配，或是作为他们的劳动的工资，或是作为他们的资本的利润，或是作为他们占有的土地的地租"——就是我们日常生活中所说的收入。按照这种观点，全部产品的价值，无论是单个资本家的还是全国的，都会形成某个人的收入；不过一方面是资本收入，另一方面是与此不同的"收入"。因此，在把商品价值分解为它的组成部分时除掉的东西，就又从后门——通过"收入"这个名词的双重含义——引了进来。但是，只有那些已经存在于产品中的价值组成部分，才能够被"收入"。**资本**要作为收入拿回来，它就必须事先被用掉。

　　亚·斯密还说：

　　"最低的普通利润率，除了要足以补偿资本在各种使用中不时遇到的损失以外，总还要有些剩余。只有这个余额才是纯利润或净利润。"

　　｛哪个资本家把利润理解为必要的资本支出？｝

　　"人们所说的总利润，往往不仅包括这个余额，而且也包括为补偿这种意外损失而保留的部分。"（第1篇第9章第72页）

　　这不过是说，一部分剩余价值，作为总利润的一部分，必须形成一个生产保险基金。这个保险基金是由一部分剩余劳动创造出来的，就这一点说，剩余劳动直接生产资本，就是说，直接生产那种要用在再生产上的基金。至于固定资本的"维持"费用等等（见以上引文），那末，用新的固定资本补偿消费掉的固定资本，并不是什么新的投资，而仅仅是旧资本价值以新的形式更新。至于固定资本的修理，亚·斯密把它也算在维持费用之内，那末，这种费用也应算在预付资本的价格中。资本家无需一次支出这种费用，他只是根据资本执行职能期间的需要逐渐地支出，并且可以用已经赚得的利润支出，这个事实并不改变这个利润的源泉。产生这个利润的价值组成部分，只是证明，工人既为保险基金，也为修理基金提供剩余劳动。

然后亚·斯密告诉我们说，要从纯收入即特殊意义上的收入中，排除掉全部固定资本，也要排除掉维修和更新固定资本所必需的全部流动资本，实际上就是要排除掉一切不是处于用作消费基金的实物形式的资本。

"维持固定资本的全部费用，显然要从社会纯收入中排除掉。无论是为维持有用机器、生产工具……所必需的原料，还是为使这些原料转化为适当的形式所必需的劳动的产品，从来都不可能成为社会纯收入的一部分。这种劳动的**价格**，当然可以是社会纯收入的一部分，因为从事这种劳动的工人，可以把他们工资的全部价值用在他们的直接的消费储备上。但是，在其他各种劳动中，**价格**｛即为这种劳动支付的工资｝和**产品**｛这种劳动体现在其中｝二者都加入这个消费储备；价格加入工人的消费储备，产品则加入另一些人的消费储备，这些人靠这种工人的劳动来增加自己的生活必需品、舒适品和享乐品。"（第 2 篇第 2 章第 190、191 页）

亚·斯密在这里碰上了一种非常重要的区别，即生产**生产资料**的工人和直接生产**消费资料**的工人之间的区别。在前者的商品产品的价值中，有一个组成部分和工资总额相等，即和为购买劳动力所耗费的那部分资本的价值相等；这部分价值，就它的物体形态说，是作为这种工人所生产的生产资料的一定部分而存在的。他们以工资形式得到的货币，形成他们的收入，但是他们的劳动，既没有为自己，也没有为别人生产出可供消费的产品。因此，这些产品本身并不形成用来提供社会消费基金（"纯收入"只能在其中实现）的那部分年产品的任何要素。这里亚·斯密忘记加上一句：工资是如此，生产资料价值中在利润和地租的范畴下作为剩余价值（首先）成为产业资本家的收入的组成部分，同样也是如此。这些价值组成部分也存在于生产资料中，存在于不能消费的物品中；它们在转化为货币之后，才能在第二类工人所生产的消费资料中，取出一个同它们的价格相当的数量，转入它们的所有者的个人消费基金。但是，亚·斯密尤其应该知道，在每年生产的生产资料的价值中，有一部分和在这个生产领域执行职能的生产资料——用来生产生产资料的生产资料——的价值相等，也就是和这个生产领域内使用的不变资本的价值相等，这部分价值不仅由于它借以存在的实物形式，而且也由于它的资本职能，绝对不可能成为任何形成"收入"的价值组成部分。

关于第二类工人，即直接生产消费资料的工人，亚·斯密的规定是不十分确切的。他说，在这种劳动中，劳动的价格和产品，二者都加入直接消费基金；"**价格**〈即作为工资得到的货币〉加入**工人**的消费储备，产品则加入**另一些人**的消费储备，这些人靠这种工人的劳动来增加自己的必需品、舒适品和享乐品"。

但是，工人不能用他的劳动的"**价格**"，即作为他的工资支付给他的货币来过活；他要使这个货币得到实现，即用这个货币来购买消费资料。这种消费资料，有一部分可能是由他自己生产的商品构成。另一方面，他自己的产品，也可能是只供剥削劳动的人消费的产品。

亚·斯密这样把固定资本从一个国家的"纯收入"中完全排除掉之后，接着说道：

"虽然维持固定资本的全部费用这样必须从社会的纯收入中排除掉，但维持流动资本的费用却不是这样。在流动资本由以构成的四部分即货币、生活资料、原料和成品中，我们讲过，后面三部分有规则地从流动资本中取出，或者转化为社会的固定资本，或者转化为用作直接消费的储备。不用来维持前者｛固定资本｝的那部分可供消费的物品，则全部加入后者｛用作直接消费的储备｝，成为社会纯收入的一部分。因此，这三部分流动资本的维持从社会纯收入中减去的数量，不外就是年产品中必须用来维持固定资本的部分。"（第2篇第2章第191、192页）

不用来生产生产资料的那部分流动资本，加入消费资料的生产，也就是加入用来形成社会消费基金的那部分年产品，这种说法不过是同义反复而已。但重要的是接下去说的一段话：

"一个社会的流动资本，在这方面来说是和单个人的流动资本不同的。单个人的流动资本完全要从他的纯收入中排除掉，决不能成为其中的一部分；纯收入只能由他的利润构成。但是，每个单个人的流动资本虽然都是他所属的那个社会的流动资本的一部分，然而决不因此就必定要从社会的纯收入中排除掉，它可以成为其中的一部分。一个小商人店里的全部商品，虽然完全不可能列入供他自己直接消费的储备，但可以是另一些人的消费基金。这些人用他们由别的基金得到的收入，有规则地为他补偿这些商品的价值，并且加上他的利润，既不致引起他的资本的减少，也不致引起他们的资本的减少。"（同上）

这样，我们在这里听到的是：

1. 任何单个资本家用来生产消费资料的流动资本，同固定资本以及为再生产（他忘记了固定资本的职能）和维持固定资本所必需的流动资本一样，也要从**他的**只能由他的利润构成的纯收入中完全排除掉。因此，他的商品产品中补偿他的资本的部分，不能分解为任何形成他的收入的价值组成部分。

2. 任何单个资本家的流动资本都形成社会流动资本的一部分，和任何单个固定资本都形成社会固定资本的一部分完全一样。

3. 社会流动资本虽然只是各单个流动资本的总和，但具有一种和任何单个资本家的流动资本都不相同的性质。任何单个资本家的流动资本，都永远不能形成**他的收入**的一部分；但社会流动资本的一部分（即由消费资料构成的部分），可以同时形成**社会收入**的一部分，或者象斯密前面说过的那样，没有必要因为有这部分资本，就要从社会的纯收入中减去一部分年产品。亚·斯密这里叫做流动资本的东西，实际上就是每年生产的、生产消费资料的资本家每年投入流通的商品资本。他们的这种年商品产品，全部由可供消费的物品构成，从而形成社会纯收入（包括工资）得以实现或支出的基金。亚·斯密举例说明时，本应该选择堆放在产业资本家仓库内的大量货物，而不是选择小商人店里的商品。

如果亚·斯密把他先前在考察他称之为固定资本的再生产时和现在在考察他称之为流动资本的再生产时涌现出的一些思想片断综合起来，他就会得出如下的结论：

I. 社会年产品是由两个部类构成的：第一部类包括生产资料，第二部类包括消费资料。二者必须分别加以论述。

II. 由**生产资料**构成的那部分年产品的总价值，分成下面几个部分：第一个价值部分，只是生产这种生产资料时所消费的生产资料的价值，因而只是以更新的形式再现的资本价值；第二个部分，等于投在劳动力上的资本的价值，或者说，等于该生产领域内资本家付出的工资的总额。最后，第三个价值部分，形成这个部类产业资本家的利润（包括地租）的源泉。

第一个组成部分，按亚·斯密的说法，就是在这个第一部类中所使用的一切单个资本的再生产出来的固定资本部分，无论对单个资本家来说还是对社会来说，"显然要从纯收入中排除掉，决不可能成为纯收入的一部分"。它总是作为资本，而从不作为收入执行职能。就这一点来说，任何单个资本家的"固定资本"都和社会的固定资本没有区别。但社会年产品中由生产资料构成的其他价值部分，——因而也是作为这个生产资料总量的相应部分而存在的价值部分，——固然同时形成**一切参与这种生产的当事人的收入**，即工人的工资，资本家的利润和地租。但是**对社会来说**，它们不是形成收入，而是形成**资本**，虽然社会的这个年产品只是由该社会所属各单个资本家的产品的总和构成。这些产品，按照它们的性质，大部分只能作为生产资料执行职能，即使那些在必要时可以作为消费资料执行职能的部分，也是要作为新生产时的原料或辅助材料来用的。它们作为这样的东西，即作为资本执行职能，不过不是在它们的生产者手中，而是在它们的使用者手中，那就是：

Ⅲ. 在第二部类资本家即**消费资料**的直接生产者手中。它们为这些资本家补偿在生产消费资料时用掉的资本（指的是不转化为劳动力，从而不是由这个第二部类工人的工资总额构成的那部分资本）；而这个用掉的资本，现在以消费资料的形式处在那些生产这种消费资料的资本家手中，从它这方面说，也就是从社会的观点来看，又形成第一部类的资本家和工人借以实现其收入的消费基金。

如果亚·斯密的分析达到了这一步，那末，离全部问题的解决也就相差无几了。他已经接近问题的实质，因为他已经指出，社会全部年产品由以构成的商品资本中的**一种**商品资本（生产资料）的某些价值部分，虽然形成从事这种生产的单个工人和资本家的收入，但并不形成社会收入的组成部分，而**另一种**商品资本（消费资料）的价值部分，虽然对它的单个所有者即在这个投资领域内活动的资本家来说，形成资本价值，但只形成社会收入的一部分。

仅就以上所说已经可以得出：

第一，虽然社会资本只等于各单个资本的总和，社会的年商品产品（或商品资本）等于这些单个资本的商品产品的总和；因而，虽然商品价值之分解为它的组成部分适用于各单个商品资本，也必定适用于并且结果也确实适用于整个社会的商品资本，但是，这些组成部分在整个社会再生产过程中的表现形式，却是**不同的**。

第二，甚至在简单再生产的基础上，也不仅有工资（可变资本）和剩余价值的生产，而且有新的不变资本价值的直接生产；虽然工作日只是由两部分组成：一部分由工人用来补偿可变资本，事实上就是为他的劳动力的购买生产一个等价物，而另一部分由工人用来生产剩余价值（利润、地租等等）。就是说，每天在生产资料再生产上耗费的劳动，——其价值分为工资和剩余价值，——是实现在新的生产资料上的，这些新的生产资料用来补偿在生产消费资料时用掉的不变资本部分。

主要的困难——绝大部分已经由以上的说明解决了——不是发生在对积累

的考察上，而是发生在对简单再生产的考察上。因此，亚·斯密（第2篇）和他以前的魁奈（《经济表》），每当研究社会年产品的运动和它的以流通为媒介的再生产时，都是从简单再生产出发的。

2. 斯密把交换价值分解为 v+m

亚·斯密的教条是：每一个单个商品——从而合起来构成社会年产品的一切商品（他到处都正确地以资本主义生产为前提）——的价格或交换价值，都是由三个组成部分构成，或者说分解为：工资、利润和地租。这个教条可以还原为：商品价值=v+m，即等于预付可变资本的价值加上剩余价值。而且我们确实也能够把利润和地租还原为一个我们叫做 m 的共同单位。这样做是亚·斯密所明确许可的，这可以由以下的引文来证明。在这些引文中，我们首先撇开一切次要之点，也就是撇开一切同这一教条——商品价值完全是由我们用 v+m 来表示的要素构成——似乎相背离或实际相背离的东西。

在制造业中：

"工人加到材料上的价值……分成两部分，一部分支付工人的工资，另一部分支付他们的雇主的利润，作为他预付在材料和工资上的全部资本的报酬。"（第1篇第6章第40、41页）——"虽然制造业者｛制造业工人｝的工资是他的业主预付的，但实际上业主并不花费什么，因为这种工资的价值连同利润，通常保留在有工人的劳动加于其上的物品的增大了的价值中。"（第2篇第3章第221页）

用来"维持生产劳动"的资本部分，"在为他｛雇主｝执行资本的职能之后，就形成他们｛工人｝的收入"（第2篇第3章第223页）。

亚·斯密在刚才引述的这一章中明确地说：

"每一个国家的土地和劳动的全部年产品……自然分成两部分。其中一部分，而且往往是最大的部分，首先用来补偿资本，更新那些已经从资本中取出的生活资料、原料和成品；另一部分则用来形成收入，——或是作为这个资本的所有者的**资本的**利润，或是作为另一个人的**土地**的地租。"（第222页）

只有一部分资本，即为购买生产劳动所耗费的那部分资本，象亚·斯密刚才所说的那样，同时又形成某人的收入。这部分资本——可变资本——先是在雇主手中为他执行"资本的职能"，然后又为生产工人自己"形成收入"。资本家把他的一部分资本价值转化为劳动力，并且正是由此转化为可变资本；只是通过这种转化，不仅这部分资本，而且他的全部资本，才执行产业资本的职能。工人，即劳动力的卖者，以工资的形式取得劳动力的价值。在工人手里，劳动力仅仅是可以出卖的商品，他就是靠出卖这种商品为生的，因此，这种商品就是他的收入的唯一源泉。劳动力只有在它的买者资本家手中，才执行可变资本的职能。资本家只是在表面上预付劳动力的购买价格，因为它的价值已经事先由工人提供给他了。

亚·斯密告诉我们制造业中产品的价值=v+m（这里的 m=资本家的利润）后，又告诉我们说，在农业中，工人除了

"再生产一个等于他们自己的消费或雇用他们的﹛可变﹜资本以及资本家利润的价值"以外，

"通常还会超出租地农场主的资本和他的全部利润，再生产出土地所有者的地租"（第 2 篇第 5 章第 243 页）。

地租落到土地所有者手里这件事，和我们这里考察的问题毫无关系。地租落到土地所有者手里之前，必然在租地农场主手里，即在产业资本家手里。它在成为某个人的收入之前，必然是产品价值的一个组成部分。因此，在亚·斯密那里，地租和利润只是剩余价值的组成部分，这些部分是由生产工人在不断再生产他自己的工资即可变资本的价值的同时，不断再生产出来的。所以，地租和利润是剩余价值 m 的部分，因此，在亚·斯密那里，一切商品的价格都分解为 v+m。

一切商品（从而年商品产品）的价格分解为工资加利润加地租这个教条，在斯密著作中时常表露的内在的部分里，甚至采取了这样的形式：每一个商品从而社会年商品产品的价值=v+m，=投在劳动力上的并由工人不断再生产出来的资本价值加上由工人通过他们的劳动追加的剩余价值。

亚·斯密得出的这个最后结果，同时向我们泄露了——见后面——他对商品价值可以分解成的各个组成部分的片面分析的来源。但是，这些组成部分同时是在生产中执行职能的不同阶级的不同的收入源泉这种情况，却和它们当中任何一个组成部分的量的规定，以及它们的价值总和的界限，都没有关系。

亚·斯密说：

"工资、利润和地租，是一切收入的三个原始源泉，也是一切交换价值的三个原始源泉。任何其他一种收入，最终地都是从其中某一个派生出来的。"（第 1 篇第 6 章第 43 页）

他这样一说，就把各式各样的混乱堆积在一起了。

1. 一切不直接参加再生产的社会成员，不管劳动与否，首先只能从首先得到产品的那几个阶级，即生产工人、产业资本家和土地所有者的手中，取得自己在年商品产品中的份额，即取得自己的消费资料。就这一点说，他们的收入在物质上是由（生产工人的）工资、利润和地租派生出来的，因此，和那些原

始的收入相对而言，表现为派生的收入。但是另一方面，在这个意义上的派生的收入的承受人，是靠他们作为国王、牧师、教授、娼妓、士兵等等的社会职能来取得这种收入的，因此他们可以把自己的这种职能看作是他们的收入的原始源泉。

2. 正是在这里，亚·斯密的可笑错误达到了登峰造极的地步：在首先正确地规定商品价值的各个组成部分和体现在其中的价值产品的总额，然后证明这些组成部分形成同样多的不同的收入源泉之后，在这样从价值引出收入之后，他又反过来，使收入由"组成部分"变为"一切交换价值的**原始源泉**"，——而这在他那里是占主导地位的见解，——这样一来，他就为庸俗经济学大开了方便之门。（见我们的罗雪尔的著作。）

3. 不变资本部分

现在让我们看看，亚·斯密企图用什么魔术，把资本的不变价值部分从商品价值中驱逐出去。

"例如，在谷物的价格中，就有一部分支付土地所有者的地租。"

这个价值组成部分的起源，和这个部分付给土地所有者并以地租形式形成土地所有者的收入毫无关系，就象其他价值组成部分的起源，和这些部分作为利润和工资形成收入的源泉毫无关系一样。

"另一部分支付在谷物生产上使用的工人{他还加上役畜！}的工资或给养，第三部分支付租地农场主的利润。这三部分看来{seem，确实是**看来**}直接地或最终地构成谷物的全部价格。"

这全部价格，即它的量的规定，和它在三种人中间进行的分配绝对无关。

"也许有人以为必须有第四个部分，用来补偿租地农场主的资本，或者说，补偿他的役畜和其他农具的损耗。但是必须考虑到，任何一种农具的价格，例如一匹役马的价格，本身又是由上述三个部分构成：养马用的土地的地租，养马的劳动，预付这块土地的地租和这种劳动的工资的租地农场主的利润。因此，谷物的价格虽然要补偿马的价格和给养费用，但全部价格仍然直接地或最终地分解为这三个部分：地租、劳动{他指的是工资}和利润。"（第1篇第6章第42页）

这些就是亚·斯密用来论证他那令人惊异的学说所说的一切原话，他的证明不过是重复同一个论断而已。他在所举的例子中承认，谷物的价格不仅由 v+m 构成，而且也由生产谷物时所消耗的生产资料的价格，即由一个不是被租地农场主花费在劳动力上的资本价值构成。但是，他说，这一切生产资料本身的价格，和谷物的价格一样，也分为 v+m；不过亚·斯密忘记加上一句：此外，还分为生产这些生产资料本身所耗费的生产资料的价格。他引导我们由一个生产部门到另一个生产部门，又由另一个生产部门到第三个生产部门。商品的全部价格"直接地"或"最终地"分解为 v+m 这个论断，不过是一个空洞的遁辞，否则他就得证明，价格直接分解为 c（所消费的生产资料的价格）+v+m 的商品产品，最后会由这样一类商品产品来补偿，它们全部补偿"所消费的生产资料"，但它们本身相反地只需花费可变资本即投在劳动力上的资本就能生产出来。如果这样，后一类商品产品的价格就直接=v+m。因而前一类商品产品的价格 c+v+m（c 代表不变资本部分），也就最后可分解为 v+m。亚·斯密自己也不相信，他用苏格兰玛瑙采集者的例子已经提出了这样的证明。照他的说法，这种采集者 1. 不提供剩余价值，而只生产他们自己的工资；2. 不使用生产资料（但是他们也使用篮子、口袋以及其他装运小石子的容器这类形式的生产资料）。

我们从前面已经知道，亚·斯密自己后来也抛弃了他自己的理论，但并没有意识到自己的矛盾。而这些矛盾的来源，恰好要到他的科学的起点上去寻找。转化为劳动的资本所生产的价值，大于这个资本本身的价值。这是怎样产生的呢？亚·斯密说，这是因为工人在生产过程中把一个价值加到他们所加工的物品中去，这个价值除了为他们自己的购买价格形成一个等价物之外，还形成一个不归他们而归他们的雇主所得的剩余价值（利润和地租）。但是，这也就是他们所完成并且能够完成的一切。一天的产业劳动是如此，整个资本家阶级在一年当中推动的劳动也是如此。因此，年社会价值产品的总量，只能分解为 v+m，分解为一个等价物和一个追加价值，前者工人用来补偿作为他们自己的购买价格而耗费的资本价值，后者工人必须作为这个资本价值的超额部分提供给他们的雇主。但商品的这两个价值要素同时又形成参与再生产的不同阶级的收入源泉：前者形成工资，即工人的收入；后者形成剩余价值，其中一部分被产业资本家以利润形式保留在自己手里，另一部分则被作为地租让出，成为土地所有者的收入。既然年价值产品除 v+m 之外不包含任何其他要素，那末，还有一个价值组成部分又是从哪里来的呢？我们在这里说的是简单再生产。既然年劳动的总量分解为再生产花费在劳动力上的资本价值所需要的劳动，和创造剩余价值所需要的劳动，那末，生产那个不是花费在劳动力上的资本价值的劳动，究竟又是从哪里来的呢？

情况有如下述：

1. 亚·斯密是用雇佣工人加进（adds）劳动对象中去的劳动量来决定商品

的价值的。用他的话来说，就是加进"材料"中去的劳动量，因为他所考察的是那种本身就是加工劳动产品的制造业；但这丝毫也不影响问题的实质。工人加进（这个《adds》是亚当的用语）一物中去的价值，和这个被加进价值的物在这种加进之前本身是否具有价值的问题毫无关系。因此，工人以商品形式创造了价值产品；按照亚·斯密的说法，这个价值产品一部分是他的工资的等价物，因而这一部分由他的工资的价值量决定；工人必须根据这个价值量的大小加进或多或少的劳动，以便生产或再生产一个和他的工资价值相等的价值。但是另一方面，工人还要超出这样决定的界限，加进更多的劳动，为雇用他的资本家形成剩余价值。这个剩余价值无论是完全保留在资本家手中，还是有一部分由资本家让给第三者，都绝对不会影响这个由雇佣工人加进的剩余价值的质的规定（它毕竟是剩余价值）和量的规定（大小）。它是价值，和产品价值的任何其他部分都一样，不过有一点不同：工人为此没有得到而且以后也不会得到任何等价物，相反地，资本家不付等价物就占有这个价值。商品的总价值是由工人在生产商品时耗费的劳动量决定的；这个总价值的一部分是由下面这一点决定的：它等于工资的价值，即它是工资的等价物。因此，第二部分，即剩余价值，也必然是由下面这一点决定的：它等于产品总价值减去其中作为工资等价物的价值部分，即等于生产商品时创造的价值产品超过其中所包含的等于工资等价物的价值部分而形成的余额。

2. 每一单个工人在一个单个产业企业内生产的商品是如此，一切生产部门合在一起的年产品也是如此。一个单个生产工人一天的劳动是如此，整个生产工人阶级所推动的年劳动也是如此。这个年劳动把耗费的年劳动的量所决定的总价值"固定"（斯密的用语）在年产品中，而这个总价值则分为两部分，一部分是由年劳动中工人阶级用来为他们的年工资创造等价物，事实上就是创造这个工资本身的部分决定的；另一部分是由年劳动中工人用来为资本家阶级创造剩余价值的追加的部分决定的。因此，年产品中包含的年价值产品只由两个要素构成：工人阶级取得的年工资的等价物和为资本家阶级提供的年剩余价值。但年工资形成工人阶级的收入，年剩余价值额则形成资本家阶级的收入；因而二者代表年消费基金的两个相对的部分（这个观点在说明简单再生产时是正确的），并且在年消费基金中得到实现。这样一来，就没有为不变的资本价值，为那个以生产资料形式执行职能的资本的再生产，留下任何地盘。但是亚·斯密在他著作的序论中明确地说，商品价值中一切作为收入执行职能的部分，和用于社会消费基金的年劳动产品是一致的：

"全体人民的收入是由什么构成的？或者说……供给他们年消费的基金的性质是怎样的？说明这一点是本书前四篇的目的"（第 12 页）。

并且，序论的开头第一句就是：

"每一个国家的年劳动，都是这样一个基金，它最初提供该国一年当中消费的全部生活资料，而这些生活资料总是要末由这个劳动的直接产品构成，要末由用这个产品从别国购进的物品构成。"（第 11 页）

亚·斯密的第一个错误，是把年**产品价值**和年**价值产品**等同起来。后者只是过去一年劳动的产品；前者除此以外，还包含在生产年产品时消费掉的、然而是**前一年生产的、一部分甚至是前几年生产的**一切价值要素——生产资料，它们的价值只是**再现**而已，就它们的价值来说，它们既不是过去一年间耗费的劳动生产的，也不是它再生产的。亚·斯密把这两种不同的东西混淆起来，从而赶走了年产品中的不变价值部分。这种混淆本身建立在他的基本观点的另一个错误上：他没有区分劳动本身的二重性，这就是，劳动，作为劳动力的耗费，创造价值；作为具体的有用的劳动，创造使用物品（使用价值）。每年生产的商品的总额，即**全部年产品**，是过去一年发生作用的**有用**劳动的产品；这一切商品所以存在，只是因为社会地使用的劳动已经在各种有用劳动的一个枝权繁多的系统中耗费。只是因为如此，在生产它们时消费的生产资料的价值，才得以保留在它们的总价值中，而以新的实物形式再现出来。因此，全部**年产品**是当年耗费的**有用**劳动的结果，但年**产品价值**只有一部分是当年创造出来的；这一部分就是年**价值产品**，它体现了一年之内所推动的劳动的总和。

因此，既然亚·斯密在上述的引语中说：

"每一个国家的年劳动，都是这样一个基金，它最初提供该国一年当中消费的全部生活资料……"

那他就是片面地注意到单纯的有用劳动，诚然，这种劳动使这一切生活资料取得可以消费的形式。但是，这里他忘记了，如果没有前几年留下的劳动资料和劳动对象的帮助，这是不可能的，因而形成价值的"年劳动"，无论如何也没有创造它所完成的产品的全部价值；他忘记了，价值产品是小于产品价值的。

固然我们不能责备亚·斯密，说他在这种分析上并不比他所有的后继者高明（虽然在重农学派那里已经可以看到正确解决问题的苗头），但是，他却继续迷失在混乱之中。这主要是因为，关于商品价值，他的"内在的"见解不断和他的在广度上占优势的外在的见解纠缠在一起，但他的科学本能还不时让内在的观点一再表露出来。

4. 亚·斯密所说的资本和收入

每一个商品（从而年产品）中只形成工资等价物的那部分价值，等于资本家预付在工资上的资本，即等于他预付的总资本中的可变组成部分。资本家通过雇佣工人提供的商品中新生产的价值组成部分，把预付资本价值的这个组成部分收回。不管这种可变资本是不是在这种意义上预付的，即资本家在产品尚未完成以供出售之前，或在产品虽已完成但还未被资本家卖掉之前，就用货币支付了产品中属于工人的份额，不管他是不是用他通过出售工人所提供的商品已经得到的货币来支付给工人，也不管他是不是通过信贷已经预先得到这个货币，——在所有这些场合，资本家都要支出以货币形式流到工人手中的可变资本，另一方面，又在他的商品的这样一个价值部分上占有这个资本价值的等价物，在这个价值部分上，工人重新生产出商品总价值中属于他自己的部分，换句话说，生产出自己工资的价值。资本家不是用工人自己生产的产品的实物形式，而是用货币把这个价值部分支付给工人。因此，对资本家来说，他的预付资本价值的可变组成部分，现在已处在商品形式中，而工人则以货币形式取得了他所出卖的劳动力的等价物。

因此，当资本家所预付的资本中通过购买劳动力而转化为可变资本的部分，在生产过程中作为发挥作用的劳动力而执行职能，并通过这种力的耗费，作为新的价值以商品形式重新生产即再生产出来——也就是预付资本价值的再生产，即新生产！——的时候，工人也就把他所出卖的劳动力的价值或价格耗费在生活资料上；耗费在再生产他的劳动力的各种资料上。一个和可变资本相等的货币额，形成他的所得，他的收入，这种收入能持续多久，要看他能够在多长时间内把自己的劳动力出卖给资本家。

雇佣工人的商品——他的劳动力本身——在并入资本家的资本，发挥资本作用时，只是执行商品的职能；另一方面，资本家在购买劳动力时以货币资本形式支出的资本，在劳动力的卖者即雇佣工人手中，则起收入的作用。

在这里，几种不同的流通过程和生产过程交织在一起，亚·斯密并没有加以区分。

第一，属于**流通**过程的几种行为：工人把他的商品即劳动力卖给资本家；资本家购买这个商品所用的货币，对资本家来说，是为增殖价值所使用的货币，也就是货币资本；它不是被花掉，而是被预付。（这就是"预付"——重农学派所说的《avance》——的真正含义，这和资本家从哪里弄到这笔货币完全无关。

资本家为生产过程支付的每一个价值，对他来说都是预付，而不管他是事前支付还是事后支付；它是为生产过程本身预付的。）这里发生的情形，只不过是任何商品出售时发生的情形：卖者交出一个使用价值（在这里是劳动力），而以货币形式得到它的价值（实现它的价格）；买者交出货币，而得到商品本身，——在这里就是劳动力。

第二，在**生产**过程中，所购买的劳动力现在形成执行职能的资本的一部分；工人本身在这里只是作为这个资本的一个特殊的实物形式，而和这个资本的处在生产资料实物形式上的要素相区别。在生产过程中，工人通过耗费他的劳动力，把一个价值加进被他转化为产品的生产资料中，这个价值等于他的劳动力的价值（撇开剩余价值不说）；因此，他以商品形式为资本家再生产资本家以工资形式预付或要预付给他的那部分资本；为资本家生产这部分资本的等价物；也就是说，为资本家生产一个他在购买劳动力时能够重新"预付"的资本。

第三，因此，在出售商品时，商品出售价格的一部分补偿资本家预付的可变资本，从而既使资本家能够重新购买劳动力，也使工人能够重新出卖劳动力。

在一切商品买卖中，如果只是考察这种交易本身，那末，卖者用出售商品获得的货币干什么，买者用买到的使用物品干什么，这是完全没有关系的。因此，如果只是考察流通过程，那末，资本家购买的劳动力为他再生产资本价值，另一方面，作为劳动力的购买价格获得的货币则形成工人的收入，这也是完全没有关系的。工人的交易品即他的劳动力的价值量，既不会因为它形成他的"收入"而受到影响，也不会因为他的交易品在买者使用时为这个买者再生产资本价值而受到影响。

因为劳动力的价值——即这种商品的适当的出售价格——是由再生产劳动力所需要的劳动量决定的，而这个劳动量本身在这里又是由生产工人的必要生活资料所需要的劳动量，也就是维持工人生活所需要的劳动量决定的，所以工资成了工人赖以生活的收入。

亚·斯密所说的（第223页），是完全错误的：

"维持生产劳动所使用的**资本部分**……在为他｜资本家｜执行资本的职能之后……就形成他们｜工人｜的收入。"

资本家用来支付他所购买的劳动力的**货币**，所以能"为他执行资本的职能"，是因为他由此把劳动力并入他的资本的物质组成部分，而只有这样，他的资本才能够执行生产资本的职能。我们应当分清：劳动力，在工人手中，是**商品**，不是资本。在工人能不断地反复出卖它的时候，它构成工人的收入；**在**

它卖掉之后，在资本家手中，在生产过程本身中，它执行资本的职能。劳动力在这里起双重作用：在工人手中，它是按价值出卖的商品；在购买它的资本家手中，它是生产价值和使用价值的力。但是，工人从资本家那里得到的货币，是工人在把自己劳动力交给资本家使用之后，是在劳动力已经在劳动产品的价值中实现之后，才得到的。资本家在支付这个价值之前，已经取得了它。因此，不是货币执行双重职能：首先作为可变资本的货币形式，然后又作为工资。而是劳动力执行了双重职能：首先是在劳动力的出卖时作为**商品**（在应付的工资约定的情况下，货币只起观念的价值尺度的作用，这时它根本不需要在资本家手中）；其次是在生产过程中作为资本家手中的**资本**，即作为创造使用价值和价值的要素执行职能。在资本家以货币形式把那个应支付给工人的等价物支付给工人之前，劳动力已经以商品形式把这个等价物提供出来了。因此，资本家用来支付工人报酬的支付基金，是工人自己创造的。但这还不是事情的全部。

工人把得到的货币又花掉，以便维持自己的劳动力，也就是——就资本家阶级和工人阶级的整体来考察——给资本家维持一种工具，只有靠这种工具，资本家才能够仍旧是资本家。

因此，一方面，劳动力的不断买和卖，使劳动力永远充当资本的要素，由于这一点，资本就表现为商品的创造者，即具有价值的使用物品的创造者，其次，由于这一点，购买劳动力的那部分资本就由劳动力自己制造的产品不断地生产出来，也就是工人自己不断地创造出用来对他进行支付的资本基金。另一方面，劳动力的不断出卖，成为工人维持生活的不断更新的源泉，于是，他的劳动力就表现为他取得自己赖以生活的收入的能力。在这里，收入只不过意味着通过不断地反复出卖一种商品（劳动力）而占有价值，而这些价值本身仅仅是用来不断再生产出这种要出卖的商品。亚·斯密说，对工人自己创造的产品中的一部分价值，资本家以工资形式付给他一个等价物，这部分价值成为工人收入的源泉。就这一点说，斯密是对的。但是，这并不改变商品的这部分价值的性质或大小，就象生产资料执行资本价值的职能并不改变它本身的价值，一条直线作为三角形底边或椭圆直径并不改变它本身的性质和长短一样。劳动力的价值，正如那些生产资料的价值一样，仍然是不受上述情况的影响而决定的。商品的这部分价值，既不是**由**作为一个构成这部分价值的独立因素的收入**组成**，也不**分解**为收入。虽然这个由工人不断再生产出来的新价值，形成工人收入的源泉，但是他的收入并不反过来形成他所生产的新价值的组成部分。在他所创造的新价值中支付给他的那部分的量，决定他的收入的价值大小，而不是相反。

这部分新价值形成他的收入这一点，只是表明这部分价值变成什么，表明它的用途的性质，而和它的形成无关，就象和任何其他价值的形成无关一样。假设我每周收入十塔勒，这个每周的收入的情况，既不会改变这十塔勒的价值**性质**，也不会改变它们的价值**量**。和任何其他商品的价值一样，劳动力的价值也是由它的再生产所必要的劳动量决定的；而这个劳动量是由工人的必要生活资料的价值决定的，从而等于再生产他的生活条件本身所必要的劳动，——这个情况是这种商品（劳动力）的特征，但并不比以下的事实具有更多的特征：役畜的价值是由维持役畜所必要的生活资料的价值决定的，从而是由生产这种生活资料所必要的人类劳动量决定的。

但是，亚·斯密在这里遭遇的全部不幸，都是"收入"这个范畴造成的。在他那里，不同种类的收入就是每年生产的、新形成的商品价值的"组成部分"，而反过来，这个商品价值**对资本家来说**分解成的两部分，——他购买劳动时以货币形式预付的可变资本的等价物和另一个也属于他但不费他分文的价值部分即剩余价值，——则是收入的源泉。可变资本的等价物重新预付在劳动力上面，就这一点说，形成工人的工资形式的收入；另一部分，即剩余价值，因为不必为资本家补偿任何预付资本，可以由资本家用在消费资料（必需品和奢侈品）上，作为收入消费掉，而不形成任何种类的资本价值。取得这种收入的前提是商品价值本身，而商品价值的这两个组成部分的区别，对资本家来说，只在于其中一部分是**为**他所预付的可变资本价值而形成的等价物，另一部分则是**超过**他所预付的可变资本价值而形成的余额。二者都不外是由在商品生产中支出的、在劳动中推动的劳动力构成的。它们都是由支出——劳动的支出——构成，而不是由收入构成。

把收入看成是商品价值的源泉，不把商品价值看成是收入的源泉，这是一种颠倒。由于这种颠倒，商品价值好象是由不同种类的收入"构成"的。这各种收入在斯密看来是互不影响地决定的，而商品的总价值是由这些收入的价值量加在一起决定的。但是现在要问，被认为是商品价值源泉的各种收入，它们各自的价值又是怎样决定的呢？就工资说，它是可以决定的，因为工资是它的商品即劳动力的价值，而这个价值，和任何其他商品的价值一样，可以由再生产这种商品所必要的劳动决定。但剩余价值，或者在亚·斯密那里确切地说是它的两个形式，即利润和地租，又怎样才可以决定呢？在这方面，亚·斯密只是说了一些空话。他时而把工资和剩余价值（或工资和利润）说成是商品价值或价格由以构成的两个组成部分，时而——并且往往几乎是在同一瞬间——又把它们说成是商品价格"分解"成的两个部分。但这就是反过来说，商品价值是事先既定的，这个既定价值的不同部分，以不同的收入形式，归参与生产过程的不同的人所有。这个说法和价值由这三个"组成部分"构成的说法，决不是一回事。如果我任意确定三条不同直线的长短，然后用这三条线作为"组成部分"，构成同这三条直线之和一样长的第四条直线；另一方面如果我取一条一定长度的直线，为了某种目的把它分成也可以说"分解"成三个不同的部分，那末，这两种情况决不是同一程序。在前一个场合，线的长短完全随构成此线的那三条线的长短而变化；在后一个场合，线的三个部分的长短一开始就由它们是一条一定长度的线的各个部分而受到限制。

但实际上，如果我们抓住亚·斯密叙述中的正确部分，即包含在社会的年商品产品中（象包含在任何一个单个商品中，或日产品、周产品等等中一样）的、**由年劳动新创造的价值**，等于预付的可变资本价值（也就是用来重新购买劳动力的那部分价值)，加上资本家能够——在简单再生产和其他条件不变的情况下——在他的个人消费资料上实现的剩余价值；其次，如果我们又注意到，亚·斯密把创造价值的劳动，即耗费劳动力的劳动，和创造使用价值的劳动，即以有用的、合乎目的的形式耗费的劳动混为一谈，那末，全部概念就归结为：每个商品的价值都是劳动的产物；从而年劳动产品的价值或社会的年商品产品的价值，也是劳动的产物。但是，因为一切劳动都分解为：1. 必要劳动时间，在这段时间里，工人只为购买他的劳动力时预付的资本再生产一个等价物；2. 剩余劳动，工人通过这种劳动为资本家提供一个后者没有支付任何等价物的价值，也就是为资本家提供剩余价值，所以，一切商品价值也就只能分解为这两个不同的组成部分，因而最终地作为工资形成工人阶级的收入，作为剩余价值形成资本家阶级的收入。至于不变资本价值，即在年产品生产中消费的生产资料的价值，那末，虽然亚·斯密说不上（除了用一句空话，说资本家在出售他的商品时把这个价值算到买者的账上）这个价值怎样加入新产品的价值，但是，既然生产资料本身是劳动的产物，这部分价值本身最终地也只能由可变资本的等价物和剩余价值构成，由必要劳动的产物和剩余劳动的产物构成。如果这些生产资料的价值在它们的使用者手中执行资本价值的职能，那末，这也并不妨碍它们"最初"（如果我们对它们追根究底的话）在另一个人手中——虽然是在以前——是可以分成这两个价值部分的，也就是可以分成两个不同的收入源泉的。

这里包括一个正确的观点：事物在社会资本即单个资本的总和的运动中的

表现，和它从每个个别考察的资本来看的表现，也就是从每一单个资本家角度来看时的表现，是不同的。对每一单个资本家来说，商品价值分解为 1. 不变要素（斯密所说的第四要素）；2. 工资和剩余价值之和，或工资、利润和地租之和。而从社会的观点来看，斯密的第四要素即不变资本价值，就消失了。

5. 总　结

工资、利润、地租这三种收入形成商品价值的三个"组成部分"这个荒谬的公式，在亚·斯密那里，是来源于下面这个似乎较为可信的公式：商品价值分解为这三个组成部分。但是后一种说法，即使假设商品价值只能分成所消费的劳动力的等价物和劳动力所创造的剩余价值，也是错误的。不过，错误在这里又是建立在更为深刻而真实的基础上的。资本主义生产的基础是：生产工人把自己的劳动力作为商品卖给资本家，然后劳动力在资本家手中只作为他的生产资本的一个要素来执行职能。这个属于流通的交易，即劳动力的卖和买，不仅引出生产过程，而且也决定生产过程的独特的性质。使用价值的生产，甚至商品的生产（因为这种生产也可以由独立的生产工人进行），在这里只是为资本家生产绝对剩余价值和相对剩余价值的手段。因此，我们在分析生产过程时已经知道，绝对剩余价值和相对剩余价值的生产，怎样决定着 1. 每天劳动过程的持续时间；2. 资本主义生产过程全部社会的和技术的形式。正是在这个生产过程中，价值（不变资本价值）的单纯保存，预付价值（劳动力的等价物）的现实再生产，和剩余价值（即资本家事先和事后都没有为之预付任何等价物的价值）的生产三者互相区别开来。

虽然剩余价值——超过资本家预付价值的等价物而形成的余额——的占有，是由劳动力的买和卖引出的，但这种占有是在生产过程中完成的一种行为，并且是生产过程的一个本质的要素。

先导的行为是流通行为：劳动力的买和卖。这种行为本身又是建立在先于社会**产品**的分配并作为其前提的生产**要素**的分配的基础上的，也就是建立在作为工人的商品的劳动力和作为非工人的财产的生产资料互相分离的基础上的。

但同时，剩余价值的这种占有，或价值生产分为预付价值的再生产和不补偿任何等价物的新价值（剩余价值）的生产，丝毫也不影响价值实体本身和价值生产的性质。价值实体不外是而且始终不外是已经耗费的劳动力，——劳动，即和这种劳动的特殊的有用性质无关的劳动，——而价值生产不外就是这种耗费的过程。例如，一个农奴在六天当中耗费了劳动力，他劳动六天。这种耗费的事实本身，不会因为他例如其中三天是在自己的田里为自己干活，另外三天是在地主的田里为地主干活，而发生变化。他为自己干的自愿劳动，和为地主干的强制劳动，同样都是劳动；如果我们对他这六天的劳动从它所创造的价值或从它所创造的有用产品来考察，那我们就看不出他这六天的劳动有什么差别。差别只涉及一点：在六天劳动时间内，农奴的劳动力在一半时间内的耗费和在另一半时间内的耗费是在不同的条件下进行的。雇佣工人的必要劳动和剩余劳动的情形也是这样。

生产过程消失在商品中。在商品生产中耗费了劳动力这一事实，现在表现为商品的物的属性，即商品具有价值的属性；这个价值的量，是由所耗费的劳动的量来计量的；商品价值不分解为任何别的东西，也不由任何别的东西构成。如果我画一条一定长度的直线，那我首先是用那种按照某些不以我为转移的规则（规律）的画法"生产"（当然只是象征性地"生产"，这一点我事先就知道）一条直线。如果我把这条线分成三段（为的是再和我们当前的问题相适应），这三段的每一段仍然是直线；由这三段线构成的整个这条线，并不会因这种分割而变成和直线不同的东西，例如某种曲线。同样，我在分割一条一定长度的线时，也不能使它的各段线之和比未分割的原线长。因此，未分割的原线的长度，也不是由各段线的随意决定的长度决定的。相反，各段线的相对量一开始就受到由各段线构成的原线的长度的限制。

在这方面，资本家所生产的商品，和独立劳动者或劳动者公社或奴隶所生产的商品，没有任何差别。但在我们这个场合，全部劳动产品及其全部价值是属于资本家的。和任何其他生产者一样，他先要把商品卖掉，使它转化为货币，才有可能完成进一步的行为；他必须把商品转化成一般等价物的形式。——

我们考察一下转化为货币以前的商品产品。它全部属于资本家。另一方面，作为有用的劳动产品，作为使用价值，它完全是过去的劳动过程的产物。它的价值却不是这样。这个价值的一部分，只是生产商品时耗费掉的生产资料以新形式再现的价值；这部分价值不是在这个商品的生产过程中生产的；因为生产资料在这个生产过程之前就具有这个价值，这是和这个生产过程无关的；生产资料是作为这个价值的承担者进入这个过程的；进行更新和发生变化的，只是这个价值的表现形式。这部分商品价值，对资本家来说，形成他所预付的在生产商品时消费掉的那部分不变资本价值的等价物。它原先以生产资料的形式存在，现在则作为新生产的商品的价值的组成部分存在。这个新生产的商品一旦转化为货币，这个现在以货币形式存在的价值，就必须重新转化为生产资料，转化为它原来的、由生产过程和它在生产过程中的职能所决定的形式。这个价值的资本职能丝毫不会改变商品的价值性质。——

　　商品价值的第二个部分，是雇佣工人卖给资本家的劳动力的价值。它和生产资料的价值一样，是决定了的，是和劳动力所要进入的生产过程无关的；在劳动力进入生产过程之前，它在流通行为中，即在劳动力的买卖中已经固定下来。雇佣工人通过执行他的职能——耗费他的劳动力——生产出一个与资本家为使用他的劳动力应支付给他的价值相等的商品价值。工人以商品形式把这个价值交给资本家，资本家则以货币形式把它支付给工人。这部分商品价值，对资本家来说，只是他应预付在工资上的可变资本的等价物，这一点丝毫不会改变如下的事实：这部分价值是生产过程中新创造的商品价值，它和剩余价值一样，都是由劳动力的以往的耗费构成的。同样，这个事实也不受下述情况的影响：资本家以工资形式付给工人的劳动力的价值，对工人来说，采取收入的形式；由此不仅劳动力不断地再生产出来，而且雇佣工人阶级本身，从而整个资本主义生产的基础，也不断地再生产出来。

　　但是，这两部分价值之和，并不构成全部商品价值。在二者之外，还有一个余额：剩余价值。这个价值，和补偿预付在工资上的可变资本的价值部分一样，是工人在生产过程中新创造的价值——凝固的劳动。不过，它并不需要全部产品的所有者即资本家花费分文。这种情况实际上使资本家能够把这个价值全部作为收入消费掉，除非他要从中取出某些部分，转给另外的参与者，比如作为地租转给土地所有者，这时，这些部分就形成这种第三者的收入。这同一情况也就是我们的资本家所以要从事商品生产的动机。但是，无论是他原来猎取剩余价值的善良意图，还是这种剩余价值后来被他和其他人作为收入用掉，都不会影响到剩余价值本身。它们改变不了剩余价值是凝固的无酬劳动这一事实，也改变不了剩余价值的量，这个量是由完全不同的条件决定的。

　　但是，如果亚·斯密想要象他所做的那样，在考察商品价值的时候，就研究商品价值的不同部分在整个再生产过程中的作用，那很清楚，当某些部分执行收入的职能时，另外的部分同样不断地执行资本的职能，因此，按照他的逻辑，这些部分也应该称为商品价值的构成部分，或商品价值分解成的部分。

　　亚·斯密把一般商品生产和资本主义商品生产等同起来；生产资料一开始就是"资本"，劳动一开始就是雇佣劳动，因此，

"有用的和生产的工人的人数到处……都和用来使他们就业的资本的量成比例"（序论第12页）。

总之，劳动过程的不同因素——物的因素和人的因素——一开始就是戴着资本主义生产时期的面具出现的。因此，对商品价值的分析，也直接与这种考虑相一致：一方面这个价值在什么程度之内只是所花费的资本的等价物；另一方面它在什么程度之内是"免费的"、不补偿任何预付资本价值的价值，即剩余价值。从这个观点加以互相比较的各部分商品价值，这样就不知不觉地转化为它的独立的"组成部分"，并且最终地转化为"一切价值的源泉"。进一步的结论是，商品价值由不同种类的收入构成，或"分解为"不同种类的收入，这样一来，不是收入由商品价值组成，而是商品价值由"收入"组成。但是，正如商品价值或货币执行资本价值的职能，并不改变商品价值作为商品价值的性质或货币作为货币的性质一样，商品价值后来执行这个人或那个人的收入的职能，也并不改变商品价值的性质。亚·斯密所要研究的商品，一开始就是商品资本（它除了包含生产商品时消耗的资本价值，还包含剩余价值），也就是以资本主义方式生产的商品，是资本主义生产过程的结果。因此，本应该先分析这个生产过程，从而分析其中包含的价值增殖过程和价值形成过程。但因为资本主义生产过程的前提本身又是商品流通，所以，在阐述资本主义生产过程时，就要撇开这个生产过程，事先分析商品。亚·斯密有时"内在地"抓到了正确的东西，即使在这种场合，他也只是在分析商品的时候，也就是在分析商品资本的时候，才考虑价值的生产。

III. 以后的经济学家

李嘉图几乎是逐字地重复亚·斯密的理论：

"必须懂得，一个国家的全部产品都是要消费掉的，但究竟由再生产另一个价值的人消费，还是由不再生产另一个价值的人消费，这中间有难以想象的区别。我们说收入节约下来加入资本，我们的意思是，加入资本的那部分收入，是由生产工人消费，而不是由非生产工人消费。"（《原理》第163页）

事实上，李嘉图完全接受了亚·斯密关于商品价格分解为工资和剩余价值（或可变资本和剩余价值）的理论。他和斯密争论的问题是，1. 关于剩余价值的各个组成部分：李嘉图把地租排除在剩余价值的必要的要素之外；2. 李嘉图把商品价格**分解**为这些组成部分。因此，价值量是前提。他假定各组成部分之和是一个定量，并以它为出发点，而亚·斯密却相反，他常常背离自己固有的比较深刻的见解，总是事后由各个组成部分相加得出商品的价值量。

拉姆赛反对李嘉图，他说：

"李嘉图忘记了，全部产品不仅分为工资和利润，而且还必须有一部分补偿固定资本。"（《论财富的分配》1836年爱丁堡版第174页）

拉姆赛所说的固定资本，正是我所说的不变资本：

"固定资本存在的形式是这样的：它虽用来制造处在加工过程中的商品，但不用来维持工人的生活。"（第59页）

亚·斯密把商品的价值，从而把社会年产品的价值，分解为工资和剩余价值，从而分解为单纯的收入，但是他反对从这种论断中必然得出的结论：全部年产品都可以被消费掉。具有独创精神的思想家从来不会作出荒谬的结论。他们把这件事留给萨伊和麦克库洛赫之流去做。

萨伊实际上轻而易举地处理了这个问题。一个人的资本预付就是或曾经是另一个人的收入和纯产品；总产品和纯产品的区别纯粹是主观上的，

"因此，一切产品的总价值，是作为收入在社会上进行分配的"（萨伊《论政治经济学》1817年版第2卷第64页）。"任何产品的总价值，都是由促成它的生产的土地所有者、资本家和勤劳者的利润｜工资在这里充当"勤劳者"的利润｜相加而成的。因此，社会的收入和**生产的总价值**相等，而不象某派经济学家｜重农学派｜所认为的那样，只和土地的纯产品相等。"（第63页）

顺便指出，萨伊的这个发现也为蒲鲁东据为己有。

施托尔希在原则上也接受亚·斯密的学说，但发现萨伊对这一学说的实际应用是站不住脚的。

"如果承认一个国家的收入等于该国的总产品，就是说不必扣除任何资本｜应该说是不变资本｜，那末也必须承认，这个国家可以把年产品的全部价值非生产地消费掉，而丝毫无损于该国的未来收入……构成一个国家的｜不变｜资本的产品，是不能消费的。"（施托尔希《论国民收入的性质》1824年巴黎版第147、150页）

但是，施托尔希忘记告诉我们，这个不变资本部分的存在，和他所接受的斯密的价格分析，是怎样一致的，按照这种分析，商品价值只包括工资和剩余价值，并不包括不变资本部分。只是通过萨伊他才弄清楚，这种价格分析导致荒谬的结果。关于这个问题，他自己的最后一句话是：

"把必要价格分解为它的最简单的要素，是不可能的。"（《政治经济学教程》1815年彼得堡版第2卷第141页）

西斯蒙第曾专门研究资本和收入的关系，但事实上把对这种关系的特别说

法当成他的《新原理》的特征。他没有说出一个科学的字眼，对于问题的说明，没有做出一丝一毫的贡献。

巴顿、拉姆赛和舍尔比利埃都试图超出斯密的解释。他们失败了，因为他们不能把不变资本价值和可变资本价值之间的区别，与固定资本和流动资本之间的区别截然分开，从而一开始提出问题就是片面的。

约翰·斯图亚特·穆勒以他惯有的妄自尊大，重复亚·斯密传给他的后继者们的理论。

结果是：斯密的混乱思想一直延续到今天，他的教条成了政治经济学的正统信条。

《资本论》

第三卷

资本主义生产的总过程

第二篇

利润转化为平均利润

第九章
一般利润率（平均利润率）的形成
和商品价值转化为生产价格

资本的有机构成，在任何时候都取决于两种情况：第一，所使用的劳动力和所使用的生产资料量的技术比率；第二，这些生产资料的价格。我们以前讲过，资本的有机构成，必须按它的百分比来考察。一个资本的 $\frac{4}{5}$ 为不变资本，$\frac{1}{5}$ 为可变资本，它的有机构成，我们用 80c+20v 这个公式来表示。其次，在比较时，假定剩余价值率不变，并且可以任意假定这个比率，例如 100%。因此，80c+20v 的资本产生 20m 的剩余价值，按总资本计算，利润率为 20%。它的产品的实际价值有多大，现在要看不变资本的固定部分有多大，并且要看固定部分中作为损耗加入产品的部分有多大。但是，因为这种情况对于利润率，从而对于我们现在的研究毫无意义，所以，为了简便起见，假定不变资本到处都是同样地全部加入所考察的资本的年产品。其次还假定，不同生产部门的资本，会和它们的可变部分的量成比例地每年实现同样多的剩余价值，就是说，把周转时间的差别能在这方面引起的差别暂时撇开不说。这一点以后再研究。

让我们拿五个不同的生产部门来说。投在这五个生产部门的资本的有机构成各不相同，例如：

资 本	剩余价值率	剩余价值	产品价值	利润率
I. 80c+20v	100%	20	120	20%
II. 70c+30v	100%	30	130	30%
III. 60c+40v	100%	40	140	40%
IV. 85c+15v	100%	15	115	15%
V. 95c+5v	100%	5	105	5%

在这里我们看到，不同的生产部门，在劳动的剥削程度相等的情况下，按照资本的不同有机构成，会有很不相同的利润率。

投在五个部门的资本的总额等于 500；它们生产的剩余价值的总额等于110；它们生产的商品的总价值等于610。如果我们把这500看作一个资本，I—V 不过是这个资本的不同部分（好象一个棉纺织厂分成不同部分，如梳棉间、粗纺间、纺纱间和织布间，这些部分的不变资本和可变资本的比率各不相同，而整个工厂的平均比率只有通过计算才能得出），那末，首先这个资本500的平均构成是 390c+110v，用百分比表示，是 78c+22v。既然每个资本100都只是被看作总资本的五分之一，那末它的构成就是这个平均构成 78c+22v；同样，每100都有 22 作为平均剩余价值；因此，平均利润率=22%；最后，这500所生产的总产品的任何五分之一的价格 = 122。因此，全部预付资本的任何五分之一所生产的产品，都必须按 122 的价格出售。

但是，为了避免得出完全错误的结论，必须认为不是所有成本价格都=100。在资本有机构成 =80c+20v，剩余价值率 =100%时，如果全部不变资本都加入年产品，资本 I = 100 所生产的商品的总价值就 = 80c+20v+20m = 120。在一定条件下，这个结果可以在一定生产部门内发生。但并不是在所有 c 和 v 的比率 = 4：1 的地方，都有这样的结果。因此，在谈到不同资本每 100 所生产的商品的价值时，必须考虑到，商品价值会由于 c 的固定组成部分和流动组成部分之间的比率不同而不同，并且不同资本的固定组成部分又会快慢不等地损耗，从而在相同的时间内把不等的价值量加入产品。不过，这对利润率来说没有什么关系。不论80c是把价值80，50，或5转移到年产品中去，从而也不论年产品是 = 80c+20v+20m = 120，还是 = 50c+20v+20m = 90，或者 = 5c+20v+20m = 45，在所有这些场合，产品的价值超过它的成本价格的余额，都等于20；并且在所有这些场合，在确定利润率时，这20都按资本100计算；因此，在所有这些场合，资本 I 的利润率都 = 20%。为了把这一点说得更清楚些，我们在为上述五个资本编制的下表中，假定不变资本各以不同的部分加入产品的价值。

资　　本	剩余价值率	剩余价值	利润率	已经用掉的 c	商品价值	成本价格
I.　80c+20v	100%	20	20%	50	90	70
II.　70c+30v	100%	30	30%	51	111	81
III.　60c+40v	100%	40	40%	51	131	91
IV.　85c+15v	100%	15	15%	40	70	55
V.　95c+5v	100%	5	5%	10	20	15
合　　计 390c+110v	—	110				
平均　78c+22v	—	22	22%	—	—	—

如果我们再把资本 I—V 看作一个总资本，那末就会看到，在这个场合，这五个资本的总和的构成是 500 = 390c+110v，平均构成 = 78c+22v，仍然和以前一样；平均剩余价值也是22。把剩余价值平均分配给 I—V，就会得到如下的商品价格：

资　　本	剩余价值	商品价值	商品成本价格	商品价格	利润率	价格同价值的偏离
I.　80c+20v	20	90	70	92	22%	+2
II.　70c+30v	30	111	81	103	22%	− 8
III.　60c+40v	40	131	91	113	22%	− 18
IV.　85c+15v	15	70	55	77	22%	+7
V.　95c+5v	5	20	15	37	22%	+17

总起来说，这些商品比价值高 2+7+17 = 26 出售，又比价值低 8+18 = 26 出售，所以，价格的偏离，由于剩余价值的均衡分配，或者说，由于每 100 预付资本有平均利润 22 分别加入 I—V 的各种商品的成本价格，而互相抵销。一部分商品出售时比自己的价值高多少，另一部分商品出售时就比自己的价值低多少。并且，只因为它们是按照这样的价格出售，I—V 的利润率才同样是 22%，虽然资本 I—V 的有机构成不同。求出不同生产部门的不同利润率的平均数，把这个平均数加到不同生产部门的成本价格上，由此形成的价格，就是**生产价格**。生产价格以一般利润率的存在为前提；而这个一般利润率，又以每个特殊生产部门的利润率已经分别化为同样大的平均率为前提。这些特殊的利润率在每个生产部门都 = $\frac{m}{C}$，并且象本卷第一篇所作的那样，它们要从商品的价值引伸出来。没有这种引伸，一般利润率（从而商品的生产价格），就是一个没有意义、没有内容的概念。因此，商品的生产价格，等于商品的成本价格加上按一般利润率计算，按百分比应加到这个成本价格上的利润，或者说，等于商品的成本价格加上平均利润。

由于投在不同生产部门的资本有不同的有机构成，也就是说，由于等量资本按可变部分在一定量总资本中占有不同的百分比而推动极不等量的劳动，等量资本也就占有极不等量的剩余劳动，或者说，生产极不等量的剩余价值。根据这一点，不同生产部门中占统治地位的利润率，本来是极不相同的。这些不同的利润率，通过竞争而平均化为一般利润率，而一般利润率就是所有这些不同利润率的平均数。按照这个一般利润率归于一定量资本（不管它的有机构成如何）的利润，就是平均利润。一个商品的价格，如等于这个商品的成本价格，加上生产这个商品所使用的资本（不只是生产它所消费的资本）的年平均利润中根据这个商品的周转条件归于它的那部分，就是这个商品的生产价格。例如，我们拿一个 500 的资本来说，其中 100 为固定资本，400 为流动资本，并且在流动资本每一个周转期间内，固定资本的损耗为 10%。再假定这个周转期间内的平均利润是 10%。这样，在这个周转期间内制造的产品的成本价格就是：固定资本的损耗 10c+流动资本 400（c+v）= 410，它的生产价格则是成本价格 410+利润 50（500 的 10%）= 460。

因此，虽然不同生产部门的资本家在出售自己的商品时收回了生产这些商品所用掉的资本价值，但是他们不是得到了本部门生产这些商品时所生产的剩余价值或利润，而只是得到了社会总资本在所有生产部门在一定时间内生产的总剩余价值或总利润均衡分配时归于总资本的每个相应部分的剩余价值或利润。每 100 预付资本，不管它的构成怎样，每年或在任何期间得到的利润，就是作为总资本一个部分的 100 在这个期间所得的利润。就利润来说，不同的资本家在这里彼此只是作为一个股份公司的股东发生关系，在这个公司中，按每100 资本均衡地分配一份利润。因此，对不同的资本家来说，他们的利润之所以有差别，只是因为他们投在总企业中的资本量不等，因为他们在总企业中的入股比例不等，因为他们持有的股票数不等。因此，商品价格的一个部分，即用来补偿生产商品所用掉的资本价值，从而必须用来买回这些用掉的资本价值的部分，也就是说，成本价格，完全是由各生产部门的支出决定的，而商品价格的另一个组成部分，即加在这个成本价格上的利润，却不是由这个一定资本在这个一定生产部门于一定时间内生产的利润量决定的，而是由每个所使用的资本作为总生产所使用的社会总资本的一定部分在一定时间内平均得到的利润量决定的。

因此，如果资本家按商品的生产价格出售他的商品，他就取回与他在生产上所耗费的资本的价值量相一致的货币，并且取得与他的只是作为社会总资本的一定部分的预付资本成比例的利润。他的成本价格是特殊的。加在这个成本价格上的利润，不以他的特殊生产部门为转移，而只是归于每 100 预付资本的平均数。

我们假定上述例子中五个不同的投资 I—V 属于一个人。I—V 中每个投资所使用的每 100 资本在商品的生产上所消费的可变资本和不变资本的数量是已知的，而且 I—V 的商品的这个价值部分自然会形成它们的价格的一部分，因为至少必须用这个价格来补偿预付的并用掉的资本部分。因此，这些成本价格对 I—V 的每种商品来说是不同的，而且作为成本价格被所有者不同地确定下来。至于 I—V 所生产的不同的剩余价值量或利润量，资本家会很容易认为这是他所预付的总资本的利润，所以，每 100 资本都能得到一个相应的部分。因此，I—V 中每个投资所生产的商品的成本价格各不相同，但在所有这些商品中，由每 100 资本追加的利润形成的那部分出售价格，都是相等的。这样，I—V 的商品的总价格是同它们的总价值相等的，也就是说，是同 I—V 的成本价格的总和加上 I—V 所生产的剩余价值或利润的总和相等的；因而，事实上也就是 I—V 的商品所包含的过去劳动和新追加劳动的总量的货币表现。同样，如果把社会当作一切生产部门的总体来看，社会本身所生产的商品的生产价格的总和等于它们的价值的总和。

这个论点好象和下述事实相矛盾：在资本主义生产中，生产资本的要素通常要在市场上购买，因此，它们的价格包含一个已经实现的利润，这样，一个产业部门的生产价格，连同其中包含的利润一起，会加入另一个产业部门的成本价格，就是说，一个产业部门的利润会加入另一个产业部门的成本价格。但是，如果我们把全国商品的成本价格的总和放在一方，把全国的利润或剩余价值的总和放在另一方，那末很清楚，我们就会得到正确的计算。例如，我们拿商品 A 来说。A 的成本价格可以包含 B、C、D 等等的利润，A 的利润也可以再加入 B、C、D 等等的成本价格。如果我们进行计算，A 的利润就不会算到它自己的成本价格中，B、C、D 等等的利润也不会算到它们自己的成本价格中。谁也不会把自己的利润算到自己的成本价格中。举例来说，如果有 n 个生产部门，每个部门的利润都等于 p，所有部门合起来计算，成本价格就 = k−np。从总的计算来看，只要一个生产部门的利润加入另一个生产部门的成本价格，这个利润就已经算在最终产品的总价格一方，而不能再算在利润一方。如果这个利润算在利润一方，那只是因为这个商品本身已经是最终产品，它的生产价格不加入另一种商品的成本价格。

如果有一个总额 p 表示生产资料的生产者的利润，加入一个商品的成本价格，又有一个利润 p_1 加到这个成本价格上，总利润 P 就 = $p+p_1$。商品的总成本价格，抽去一切代表利润的价格部分以后，就是这个商品本身的不包括 P 在内的成本价格。把这个成本价格称为 k，很清楚，$k+P = k+p+p_1$。我们在第一卷第七章第二节第 211/203 页研究剩余价值时已经看到，每一个资本的产品都可以这样看待，好象其中一部分只补偿资本，另一部分只代表剩余价值。把这种计算方法应用到社会总产品上，必须作一些修改，因为就整个社会来看，例如，亚麻价格中包含的利润不能出现两次，不能既作为麻布价格的部分，同时又作为亚麻生产者的利润的部分。

例如，A 的剩余价值加入 B 的不变资本，就这方面说，剩余价值和利润二者之间没有区别。对商品的价值来说，商品中包含的劳动由有酬劳动构成还是由无酬劳动构成，是完全没有关系的。这不过表示，A 的剩余价值由 B 支付。在总计算中，A 的剩余价值不能计算两次。

但是二者之间存在着如下的区别。一个产品的价格，例如资本 B 的产品的价格，同它的价值相偏离，是因为实现在 B 中的剩余价值可以大于或小于加入 B 的产品价格的利润，除此之外，在形成资本 B 的不变部分的商品上，以及在作为工人生活资料因而间接形成资本 B 的可变部分的商品上，也会发生同样的情况。先说不变部分。不变部分本身等于成本价格加上剩余价值，在这里等于成本价格加上利润，并且这个利润又能够大于或小于它所代替的剩余价值。再说可变资本。平均的日工资固然总是等于工人为生产必要生活资料而必须劳动的小时数的价值产品；但这个小时数本身，由于必要生活资料的生产价格同它的价值相偏离又不会原样反映出来。不过这一切总是这样解决的：加入某种商品的剩余价值多多少，加入另一种商品的剩余价值就少多少，因此，商品生产价格中包含的偏离价值的情况会互相抵销。总的说来，在整个资本主义生产中，一般规律作为一种占统治地位的趋势，始终只是以一种极其错综复杂和近似的方式，作为从不断波动中得出的、但永远不能确定的平均情况来发生作用。

因为一般利润率是由每100预付资本在一定期间比如说一年内的不同利润率的平均数形成的，所以，在一般利润率中，由不同资本的周转时间的差别引起的差别，也就消失了。但这种差别，对不同生产部门的不同利润率有决定作用，而这些不同的利润率的平均数形成一般利润率。

在上述关于一般利润率形成的例解中，我们假定每个生产部门每个资本都等于100。这样做，是为了说明利润率的百分比差别，从而说明各等量资本所生产的商品的价值的差别。但是不言而喻，由于每个这样的生产部门的资本构成都是已定的，每个特殊生产部门所生产的实际的剩余价值量就取决于所使用的资本的量。不过，一个生产部门的特殊的利润**率**，不会由于所使用的资本是100，是 $m \times 100$，还是 $xm \times 100$，而受到影响。不管总利润是 $10:100$，还是 $1000:10000$，利润率总是10%。

但是，因为不同生产部门的利润率各不相同，——这又是由于它们各自的可变资本和总资本的比率不同，因而所生产的剩余价值量从而利润量差别很大，——所以很清楚，社会资本每100的平均利润，也就是平均利润率或一般利润率，由于投在不同部门的资本量不等而差别很大。假定有四个资本 A、B、C、D。它们的剩余价值率都等于100%。再假定每100总资本中的可变资本，A是25，B是40，C是15，D是10。这时，每100总资本所得的剩余价值或利润，A是25，B是40，C是15，D是10；合计 = 90。如果这四个资本一样大，平均利润率就是 $\frac{90}{4}$ % = $22\frac{1}{2}$ %。

如果这几个总资本的量分别是：A = 200，B=300，C = 1000，D=4000，所生产的利润也就分别是50、120、150和400。资本5500的利润合计为720，平均利润率为 $13\frac{1}{11}$ %。

所生产的总价值的量，由于分别预付在 A、B、C、D 上的各个总资本的量的不同而不同。因此，在一般利润率的形成上，不仅要考虑到不同生产部门利润**率**的差别，求出它们的简单平均数，而且还要考虑到不同利润率在平均数形成上所占的比重。而这取决于投在每个特殊部门的资本的相对量，也就是取决于投在每个特殊生产部门的资本在社会总资本中占多大的部分。总资本中究竟是较大的部分或较小的部分提供较高的利润率或较低的利润率，当然会有很大的差别。而这又取决于有多少资本投在可变资本在总资本中所占比例较大的部门，有多少资本投在可变资本所占比例较小的部门。这和高利贷者计算平均利息率的情况完全一样。高利贷者按不同的利息率，如 4%、5%、6%、7%等等，贷出不同的资本。平均利息率完全要看他按各种利息率贷出的资本各有多少而定。

可见，一般利润率取决于两个因素：

1. 不同生产部门的资本的有机构成，从而各个部门的不同的利润率。

2. 社会总资本在这些不同部门之间的分配，即投在每个特殊部门因而有特殊利润率的资本的相对量；也就是，每个特殊生产部门在社会总资本中所吸收的相应份额。

我们在第一卷和第二卷只是研究了商品的**价值**。现在，一方面，**成本价格**作为这个价值的一部分而分离出来了，另一方面，商品的**生产价格**作为价值的一个转化形式而发展起来了。

假定社会平均资本的构成是 80c+20v，年剩余价值率 m′= 100%。这样，一个 100 的资本的年平均利润就 = 20，一般的年利润率就=20%。不管一个 100 的资本一年内生产的商品的成本价格 k 如何，它的生产价格总是 = k+20。在资本构成 = （80−x）c+（20+x）v 的生产部门，实际生产的剩余价值或在这个部门内生产的年利润 = 20+x，比 20 大，所生产的商品价值 = k+20+x，也比 k+20 大，也就是说，比它的生产价格大。在资本构成是（80+x）c+（20−x）v 的部门，每年生产的剩余价值或利润 = 20−x，比 20 小，因此，商品价值 k+20−x，也比生产价格 k+20 小。撇开周转时间上可能发生的差别不说，只有在资本构成偶然 = 80c+20v 的部门，商品的生产价格才等于商品的价值。

社会劳动生产力在每个特殊生产部门的特殊发展，在程度上是不同的，有的高，有的低，这和一定量劳动所推动的生产资料量成正比，或者说，和一定数目的工人在工作日已定的情况下所推动的生产资料量成正比，也就是说，和推动一定量生产资料所必需的劳动量成反比。因此，我们把那种同社会平均资本相比，不变资本占的百分比高，从而可变资本占的百分比低的资本，叫作**高构成**的资本。反之，把那种同社会平均资本相比，不变资本比重小，而可变资本比重大的资本，叫作**低构成**的资本。最后，我们把那种和社会平均资本有同样构成的资本，叫作平均构成的资本。如果社会平均资本，用百分比表示，由 80c+20v 构成，那末一个由 90c+10v 构成的资本就**高于**社会平均数，一个由 70c+30v 构成的资本，就**低于**社会平均数。一般地说，在社会平均资本的构成 = m_c+n_v，m 和 n 为不变量，并且 m+n = 100 时，（m+x）c+（n−x）v 就代表一个资本或资本群的高构成，（m−x）c+（n+x）v 则代表一个资本或资本群的低构成。这些资本在平均利润率确定之后，在一年周转一次的前提下，怎样执行职能，可由下表看出。在表内，I 代表平均构成，因此，平均利润率 = 20%。

I. 80c+20v+20m。利润率 = 20%。

产品的价格 = 120。价值=120。

II.　90c+10v+10m。利润率＝20%。

　　　　　　　　　　产品的价格＝120。价值＝110。

III.　70c+30v+30m。利润率＝20%。

　　　　　　　　　　产品的价格＝120。价值＝130。

这样，就资本 II 生产的商品来说，价值小于生产价格，就资本 III 生产的商品来说，生产价格小于价值。只有就资本构成偶然是社会平均构成的生产部门的资本 I 来说，价值才等于生产价格。此外，我们把这些符号应用到一定场合时，当然还要考虑到，c 和 v 之比同一般平均数的偏离，在多大程度上不是由技术构成的差别，而只是由不变资本各要素的价值变动引起的。

　　当然，以上所说，对商品成本价格的定义是一种修改。我们原先假定，一个商品的成本价格，等于该商品生产时所消费的各种商品的**价值**。但一个商品的生产价格，对它的买者来说，就是成本价格，并且可以作为成本价格加入另一个商品的价格形成。因为生产价格可以偏离商品的价值，所以，一个商品的包含另一个商品的这个生产价格在内的成本价格，可以高于或低于它的总价值中由加到它里面的生产资料的价值构成的部分。必须记住成本价格这个修改了的意义，因此，必须记住，如果在一个特殊生产部门把商品的成本价格看作和生产该商品时所消费的生产资料的价值相等，那就总可能有误差。对我们现在的研究来说，这一点没有进一步考察的必要。无论如何，商品的成本价格总是小于商品的价值这个论点，在这里仍然是正确的。因为，无论商品的成本价格能够怎样偏离商品所消费的生产资料的价值，这个过去的误差对资本家来说是没有意义的。商品的成本价格是既定的，它是一个不以资本家的生产为转移的前提，而资本家生产的结果则是一个包含剩余价值的商品，也就是一个包含超过商品成本价格的价值余额的商品。此外，成本价格小于商品价值的论点，现在实际上变成了成本价格小于生产价格的论点。对生产价格和价值相等的社会总资本来说，这个论点同以前关于成本价格小于价值的论点是一致的。尽管这个论点对特殊生产部门来说要加以修改，但其根据始终是如下的事实：从社会总资本来看，它所生产的商品的成本价格小于价值，或者在这里从所生产的商品总量来看，小于和这个价值相一致的生产价格。商品的成本价格，只是涉及商品中包含的有酬劳动的量；价值，是涉及商品中包含的有酬劳动和无酬劳动的总量；生产价格，是涉及有酬劳动加上不以特殊生产部门本身为转移的一定量无酬劳动之和。

　　商品的生产价格＝k+p，即等于成本价格加上利润，这个公式，现在由于

$p=kp'$（p'代表一般利润率）而得到了进一步的规定，即生产价格＝$k+kp'$。如果 $k=300$，$p'=15\%$，生产价格 $k+kp'$ 就＝$300+300\times\dfrac{15}{100}=345$。

商品的生产价格，在每个特殊生产部门，都会在下述每个场合发生量的变动：

1. 商品价值不变（也就是说，加入商品生产的死劳动和活劳动的量不变），但一般利润率发生了一种不以该部门为转移的变化。

2. 一般利润率不变，但价值发生了变动，这或是由于该生产部门本身的技术发生了变化，或是由于作为形成要素加入该部门不变资本的商品的价值发生了变动。

3. 上述两种情况共同发生作用。

尽管各个特殊生产部门的实际利润率不断发生巨大的变动，——这一点以后我们会进一步看到，——一般利润率的实际变化，在不是例外地由特殊的经济事件引起的时候，总是由一系列延续很长时期的波动所造成的、很晚才出现的结果，这些波动需要有许多时间才能固定成为和平均化为一般利润率的一个变化。因此，在任何一个较短的时期内（把市场价格的波动完全撇开不说），生产价格的变化显然总是要由商品的实际的价值变动来说明，也就是说，要由生产商品所必需的劳动时间的总和的变动来说明。价值不变，而只是它的货币表现发生变动的情形，在这里当然完全不予考察。

另一方面，很清楚，从社会总资本来看，由这个总资本生产的商品的价值总额（用货币表示，就是它们的价格）＝不变资本的价值＋可变资本的价值＋剩余价值。假定劳动的剥削程度不变，那末，在剩余价值量不变时，只有不变资本的价值发生变动，或可变资本的价值发生变动，或二者都发生变动，以致 C 发生变化，从而 $\dfrac{m}{C}$ 即一般利润率发生变化，利润率才会发生变化。因此，在每一个场合，一般利润率的变动，都以那些作为形成要素加入不变资本，或加入可变资本，或加入二者的商品的价值变动为前提。

或者，如果商品价值不变，而劳动的剥削程度发生变动，那末，一般利润率就会发生变动。

或者，如果劳动的剥削程度不变，而由于劳动过程中的技术变化，所使用的劳动的总额同不变资本相比发生相对变动，那末，一般利润率就会发生变动。但这样的技术变化，必然总是表现在商品的价值变动上，并且必然总是伴随有商品的价值变动，因为现在生产这些商品所需要的劳动比以前更多或者更少了。

我们在第一篇已经看到，从量的方面来看，剩余价值和利润是同一的。但是，利润率一开始就和剩余价值率有区别，这首先只表现为不同的计算方式；但因为利润率会在剩余价值率不变时提高或下降，或者反过来，并且因为利润率是资本家实际上唯一关心的事情，所以，这种区别一开始就使剩余价值的真实起源完全模糊了，并且神秘化了。然而，量的差别只存在于剩余价值率和利润率之间，而不是存在于剩余价值和利润本身之间。因为在利润率中，剩余价值是按总资本计算的，是以总资本为尺度的，所以剩余价值本身也就好象从总资本产生，而且同样地从总资本的一切部分产生，这样，不变资本和可变资本的有机差别就在利润的概念中消失了；因此，实际上，剩余价值本身在它的这个转化形式即利润上否定了自己的起源，失去了自己的性质，成为不能认识的东西。但到目前为止，利润和剩余价值的差别，只同质的变化，同形式变换有关，而在转化的这个第一阶段上，实际的量的差别还只存在于利润率和剩余价值率之间，而不是存在于利润和剩余价值之间。

一般利润率，从而与不同生产部门所使用的一定量资本相适应的平均利润一经形成，情况就不同了。

现在，如果一个特殊生产部门实际生产的剩余价值或利润，同商品出售价格中包含的利润相一致，那只是一种偶然的现象。现在，不仅利润率和剩余价值率，而且利润和剩余价值，通常都是实际不同的量。现在，在劳动的剥削程度已定时，一个特殊生产部门生产的剩余价值量，对社会资本的总平均利润，从而对整个资本家阶级，比直接对每个生产部门的资本家更重要。它对每个特殊生产部门的资本家之所以重要，只是由于他那个部门生产的剩余价值量作为决定因素之一参与平均利润的调节。但这是一个在他背后进行的过程，这个过程是他所看不见的，不理解的，实际上不关心的。现在，在各特殊生产部门内，利润和剩余价值之间——不仅是利润率和剩余价值率之间——实际的量的差别，把利润的真正性质和起源完全掩盖起来，这不仅对存心要在这一点上自欺欺人的资本家来说是这样，而且对工人来说也是这样。随着价值转化为生产价格，价值规定的基础本身就被掩盖起来。最后，如果在剩余价值单纯转化为利润时，形成利润的商品价值部分，与作为商品成本价格的另一个价值部分相对立，以致对资本家来说，价值概念在这里已经消失，——因为他看到的不是生产商品所耗费的总劳动，而只是总劳动的一部分，即他已经在活的或死的生产资料的形式上支付的部分，——因而在他看来，利润是某种存在于商品的内在价值以外的东西，那末，现在这种看法就完全得到确认，并且固定和僵化起来，因为当我们考察特殊生产部门时，加在成本价格上的利润，的确不是由该部门的价值形成过程的界限决定，而是由完全外在的条件确定的。

这个内在联系在这里还是第一次被揭示出来；我们在后面和在第四卷中将会看到，以前的经济学，或者硬是抽掉剩余价值和利润之间、剩余价值率和利润率之间的差别，以便能够保持作为基础的价值规定，或者在放弃这个价值规定的同时，也放弃了对待问题的科学态度的全部基础；以便保持那种在现象上引人注目的差别，——理论家的这种混乱最好不过地表明，那些陷在竞争中，无论如何不能透过竞争的现象来看问题的实际资本家，必然也不能透过假象来认识这个过程的内在本质和内在结构。

第一篇所阐述的关于利润率提高和降低的一切规律，实际上都具有下述双重意义：

1. 一方面，这些规律是一般利润率的规律。根据以上的阐述，有多种多样的原因会使利润率提高或降低，这样，人们可能认为，一般利润率必定每天都会变动。但是，一个生产部门的运动，会抵销另一个生产部门的运动，各种影响交错在一起，并失去作用。我们以后将要研究，这些波动最终趋向哪一方；然而这些波动是缓慢的；个别生产部门的波动的突然性、多面性和时间的长短，使波动部分地由于自己时间的先后而得到平衡，以致涨价后又跌价，或者跌价后又涨价，因而波动依然是局部的，也就是限于特殊生产部门；最后，不同的局部的波动还会互相中和。在每个特殊生产部门中都发生变动，都发生同一般利润率的偏离，但一方面，它们在一定时间内互相抵销，因此不会影响一般利润率；另一方面，它们不会影响一般利润率，还因为它们为另一些同时发生的局部波动所抵销。因为一般利润率不仅由每个部门的平均利润率决定，而且还由总资本在不同特殊部门之间的分配决定；并且因为这种分配经常在变动，所以这又是一般利润率变动的一个经常的原因，——但是变动的这个原因，又由于这个运动的不间断性和全面性，在很大程度上使自己失去作用。

2. 在每个生产部门中，本部门利润率的波动会持续或长或短的时期，直到这种波动经过一系列提高或降低充分固定下来，能赢得时间来影响一般利润率，从而取得超出局部的意义为止。因此，在这样的空间和时间的界限内，本卷第一篇所阐明的关于利润率的规律同样是适用的。

关于剩余价值最初转化为利润时的理论见解，即认为资本的每个部分都同样地产生利润的见解，表现了一个实际的事实。不管一个产业资本的构成怎样，不管它推动的是四分之一死劳动，四分之三活劳动，还是四分之三死劳动，四分之一活劳动，以致在一个场合比在另一个场合吸收大两倍的剩余劳动，生产大两倍的剩余价值，——假定劳动的剥削程度相等，并且把个别的、会自行消失的差别撇开不说，因为在这两个场合，我们所指的只是整个生产部门的平均构成，——它在这两个场合都会提供相等的利润。目光短浅的单个资本家（或每一个特殊生产部门的全体资本家）有理由认为，他的利润不只是来自他所雇用的或他那个部门所雇用的劳动。这对他的平均利润来说是完全正确的。这个利润究竟在多大程度上由总资本，即由他的全体资本家同伙对劳动的总剥削引起，——这对他来说完全是一个秘密，因为连资产阶级的理论家，政治经济学家，直到现在也没有揭露这个秘密。节省劳动——不仅指节省生产某种产品所必需的劳动，而且也指节省所雇用的工人人数——和更多地使用死劳动（不变资本），都表现为经济上完全合理的行为，看来一点也不会降低一般利润率和平均利润。既然生产上所必需的劳动量的减少，不仅不会表现为降低利润，而且在某些条件下反而会表现为增加利润的直接源泉，至少对单个资本家来说是这样，那末，活劳动又怎么能是利润的唯一源泉呢？

如果在一个生产部门，成本价格中代表不变资本价值的部分增加了或减少了，那末，这个部分就会从流通中退出来，并且一开始就以增大了的量或减少了的量进入商品的生产过程。另一方面，如果所雇用的一定数目的工人在相同的时间内生产得更多了或更少了，从而在工人人数不变时，生产一定量商品所需要的劳动量发生了变化，那末，成本价格中代表可变资本价值的部分可以仍旧不变，也就是说，可以以相同的量加入总产品的成本价格。但就每个商品（它们的总和形成总产品）来说，它包含的劳动（有酬劳动从而无酬劳动）增多了或减少了，因此，为这个劳动的支出也增多了或减少了，工资部分也增多了或减少了。资本家支付的总工资仍旧不变，但是按单个商品计算，工资已经不同了。因此在这里，商品成本价格的这个部分也发生了变化。尽管单个商品的成本价格（或一定量资本所生产的商品的总和的成本价格），由于商品本身或商品要素的这种价值变化而提高了或降低了，但是，只要平均利润比如说原来是 10%，现在就仍然是 10%；虽然就单个商品来看，由于这里假定的价值变动而引起的单个商品成本价格的量的变动，10% 已经代表完全不同的量了。

谈到可变资本，——而这是最重要的，因为可变资本是剩余价值的源泉，并且因为一切把可变资本同资本家致富的关系掩盖起来的东西，都使整个体系神秘化了，——事情变得粗糙了，或者说，在资本家看来是这样：例如一个 100 镑的可变资本，代表 100 个工人的周工资。如果这 100 个工人，在工作日已定时，每周生产 200 件商品 = 200W，那末，既然 100 镑 = 200W，撇开成本价格中由不变资本加人的部分不说，1W 就 $= \dfrac{100镑}{200} = 10$ 先令。现在假定劳动生产力发生了变化：假如它提高了一倍，同样数目的工人在以前生产 200W 的时间内生产的比 200W 多一倍。在这个场合（就成本价格只由工资构成来说），因为现在 100 镑 = 400W，所以 1W $= \dfrac{100镑}{400} = 5$ 先令。如果生产力降低一半，那末，同量劳动就只生产 $\dfrac{200W}{2}$；并且因为 100 镑 $= \dfrac{200W}{2}$，所以 1W 现在就$= \dfrac{200镑}{200} =$ 1 镑。生产商品所需要的劳动时间的变化，从而商品价值的变动，现在就成本价格因而就生产价格来说，都表现为相同工资在更多的或更少的商品上的不同分配，这要看在相同的劳动时间内，用相同的工资所生产的商品更多或更少而定。资本家从而政治经济学家看到，分摊到每个商品上的有酬劳动部分，因而每件商品的价值，会随着劳动生产率的变化而变化；但是他没有看到，每件商品中包含的无酬劳动的情况也是这样。因为平均利润事实上只是偶然地由他本生产部门吸收的无酬劳动决定，所以，他更加看不到这一点。商品价值由其中包含的劳动决定这一事实，现在只是在这种粗糙而没有概念的形式中表现出来。

第十章
一般利润率通过竞争而平均化。
市场价格和市场价值。超额利润

　　一部分生产部门具有资本的中等构成或平均构成，也就是说，这部分生产部门的资本的构成完全是或接近于社会平均资本的构成。

　　在这些部门中生产的商品的生产价格，是同这些商品的用货币来表现的价值完全一致或接近一致的。如果没有别的方法可以达到数学上的极限，那末，用这样的方法就会达到。竞争会把社会资本这样地分配在不同的生产部门中，以致每个部门的生产价格，都按照这些中等构成部门的生产价格来形成，也就是说，它们＝k+kp′（成本价格加上成本价格乘以平均利润率所得之积）。但是这种平均利润率，不外就是这些中等构成部门的用百分比计算的利润，在这些部门中利润是同剩余价值一致的。因此，利润率在一切生产部门都是一样的，也就是说，是同资本的平均构成占统治地位的中等生产部门的利润率相等的。因此，一切不同生产部门的利润的总和，必然等于剩余价值的总和；社会总产品的生产价格的总和，必然等于它的价值的总和；但是很清楚，具有不同构成的各生产部门之间的平均化，总是力求使这些部门同那些具有中等构成的部门相等，而不管后者是同社会的平均数恰好一致，还是仅仅接近一致。在那些或多或少接近平均数的部门中间，又可以看到这样一种平均化的趋势，它力求达到理想的即实际上并不存在的中等水平，也就是说，以这种理想的中等水平为中心来进行调整。于是，这样一种趋势必然会起支配作用，它使生产价格成为价值的单纯转化形式，或者使利润转化为剩余价值的单纯部分，不过这些部分不是按照每个特殊生产部门所生产的剩余价值，而是按照每个生产部门所使用的资本量来分配的，因此，只要资本的量相等，那就不管资本的构成如何，它们都会从社会总资本所生产的总剩余价值中分到相等的份额（部分）。

　　因此，对中等构成或接近中等构成的资本来说，生产价格是同价值完全一致或接近一致的，利润是同这些资本所生产的剩余价值完全一致或接近一致的。

一切其他资本，不管它们的构成如何，在竞争的压力下，都力求和中等构成的资本拉平。但是，因为中等构成的资本是同社会平均资本相等或接近相等的，所以一切资本，不管它们本身生产多少剩余价值，都力求通过它们的商品的价格来实现平均利润，而不是实现这个剩余价值，也就是说，力求实现生产价格。

另一方面，可以说，凡是在平均利润，从而一般利润率已经形成的地方，不管这个结果是怎么达到的，这个平均利润只能是社会平均资本的利润，它的总和等于剩余价值的总和，并且由于这个平均利润加入成本价格而形成的价格，只能是转化为生产价格的价值。即使某些生产部门的资本，由于某些原因没有参与平均化过程，事情也不会发生任何变化。在这种情况下，平均利润就按参加平均化过程的那一部分社会资本来计算。很清楚，平均利润只能是按照每个生产部门的资本量的比例分配在这些资本量上的剩余价值总量。这是已经实现的无酬劳动的总和，而这个总量同有酬的死劳动和活劳动一样，体现在资本家所占有的商品和货币的总量中。

在这里，真正困难的问题是：利润到一般利润率的这种平均化是怎样进行的，因为这种平均化显然是结果，而不可能是起点。

首先很清楚，对商品价值的估计，例如，用货币来估计，只能是商品交换的结果；因此，如果我们把这种估计作为前提，我们就必须把这种估计看作是商品价值同商品价值实际交换的结果。但是，这种按照实际价值进行的商品交换，又是怎样发生的呢？

我们先假定，不同生产部门的一切商品都按照它们的实际价值出售。这样一来会怎么样呢？如前所述，在不同的生产部门占统治地位的就会是极不相同的利润率。商品是按照它们的价值来出售（即按照它们包含的价值的比例，按照与它们的价值相一致的价格来交换），还是按照那种使它们的出售能为生产它们所预付的等量资本提供等量利润的价格来出售，这显然是完全不同的两件事情。

推动不等量活劳动的资本会生产出不等量剩余价值这件事，至少在一定程度上是以劳动剥削程度或剩余价值率相等为前提，或以这方面存在的差别会通过某些实际的或想象的（习惯的）补偿理由而拉平为前提。而这又以工人之间的竞争，并以工人不断地由一个生产部门转移到另一个生产部门而达到平衡为前提。这样一个一般的剩余价值率，——象一切经济规律一样，要当作一种趋势来看，——是我们为了理论上的简便而假定的；但是实际上，它也确实是资本主义生产方式的前提，尽管它由于实际的阻力会多少受到阻碍，因而会引起一些相当显著的地方差别，例如，定居法对于英国的农业短工来说就是如此。

但是我们在理论上假定，资本主义生产方式的规律是以纯粹的形式展开的。实际上始终只存在着近似的情况；但是，资本主义生产方式越是发展，它同以前的经济状态的残余混杂不清的情况越是被消除，这种近似的程度也就越大。

全部困难是由这样一个事实产生的：商品不只是当作**商品**来交换，而是当作**资本的产品**来交换。这些资本要求从剩余价值的总量中，分到和它们各自的量成比例的一份，或者在它们的量相等时，要求分到相等的一份。一定资本在一定时间内生产的商品的总价格，应该满足这种要求。但是，这些商品的总价格，只是这个资本所生产的各个商品的价格的总和。

如果把问题看成是工人各自占有自己的生产资料，并且互相交换他们的商品，那末，问题的关键就非常清楚地显示出来了。这时，这种商品就不会是资本的产品了。不同劳动部门所使用的劳动资料和劳动材料的价值，就会由于不同部门的劳动的技术性质而有所不同；同样，撇开所使用的生产资料具有不等的价值这一点不说，一定量的劳动所需要的生产资料的量，就会由于一种商品一小时就能制成，而另一种商品一天才能制成等等，而有所不同。其次，假定这些工人的平均劳动时间相等，并且把由劳动强度不同等等而产生的平均化考虑在内。这时，第一，两个工人会从商品中，即从他们一天劳动的产品中，补偿他们的支出，即已经消耗掉的生产资料的成本价格。这种支出由于各个劳动部门的技术性质而有所不同。第二，他们两人会创造出等量的新价值，即追加到生产资料中去的那个工作日。这个新价值包含他们的工资加上剩余价值，后者也就是超过他们的必要的需要的剩余劳动，而且这种剩余劳动的结果属于他们自己。按照资本主义的说法，他们两人得到相等的工资加上相等的利润，即得到比如体现在一个十小时工作日的产品中的价值。但是第一，他们的商品的价值会不相同。例如，商品Ⅰ中已经用掉的生产资料所占的价值部分，可能比商品Ⅱ中的要大；并且，为了把各种可能的差别立即估计在内，假定商品Ⅰ吸收的活劳动比商品Ⅱ多，因而在制造商品时比商品Ⅱ需要更长的劳动时间。这样，商品Ⅰ和商品Ⅱ的价值会大不相同。同样，商品价值的总和，即工人Ⅰ和工人Ⅱ在一定时间内所完成的劳动的产物，也是如此。如果在这里我们把剩余价值和投入的生产资料的总价值的比率叫作利润率，那末，对Ⅰ和Ⅱ来说，利润率也会大不相同。在这里，Ⅰ和Ⅱ在生产期间每天消费的并且代表着工资的生活资料，形成预付生产资料中通常被我们叫作可变资本的部分。但是，Ⅰ和Ⅱ在相等的劳动时间内会有相等的剩余价值。或者更确切地说，因为Ⅰ和Ⅱ各自得到一个工作日的产品的价值，所以，在扣除预付的"不变"要素的价值以后，他们各自会得到相等的价值，其中一部分可以看作是生产上消费掉的生活资料的补偿，另一部分可以看作是除此以外的剩余价值。如果 I 的支出较多，那末，这些支出会由他的商品中一个较大的、补偿这个"不变"部分的价值部分来补偿，因而他也必须把他的产品总价值中一个较大的部分再转化为这个不变部分的物质要素。而如果 II 在这方面收回的较少，那末，他必须再转化的价值也就较少。因此，在这种假定下，利润率的差别是一件无所谓的事情，正象在今天，从雇佣工人身上榨取的剩余价值量表现为什么样的利润率，对雇佣工人来说是一件无所谓的事情一样；也正象在国际贸易上，不同国家的利润率的差别，对各国的商品交换来说是一件无所谓的事情一样。

因此，商品按照它们的价值或接近于它们的价值进行的交换，比那种按照它们的生产价格进行的交换，所要求的发展阶段要低得多。而按照它们的生产价格进行的交换，则需要资本主义的发展达到一定的高度。

不同商品的价格不管最初用什么方式来互相确定或调节，它们的变动总是受价值规律的支配。在其他条件相同的情况下，如果生产商品所必需的劳动时间减少了，价格就会降低；如果增加了，价格就会提高。

因此，撇开价格和价格变动受价值规律支配不说，把商品价值看作不仅在理论上，而且在历史上先于生产价格，是完全恰当的。这适用于生产资料归劳动者所有的那种状态；这种状态，无论在古代世界还是近代世界，都可以在自耕农和手工业者那里看到。这也符合我们以前所说的见解，即产品发展成为商品，是由不同共同体之间的交换，而不是由同一共同体各个成员之间的交换引起的。这一点，正象它适用于这种原始状态一样，也适用于后来以奴隶制和农奴制为基础的状态，同时也适用于手工业行会组织，那时固定在每个生产部门中的生产资料很不容易从一个部门转移到另一个部门，因而不同生产部门的互相关系在一定限度内就好象不同的国家或不同的共产主义共同体一样。

要使商品互相交换的价格接近于符合它们的价值，只需要：1. 不同商品的交换，不再是纯粹偶然的或仅仅临时的现象；2. 就直接的商品交换来说，这些商品是双方按照大体符合彼此需要的数量来生产的，这一点是由交换双方在销售时取得的经验来确定的，因此是从连续不断的交换行为中自然产生的结果；3. 就出售来说，没有任何自然的或人为的垄断能使立约双方的一方高于价值出售，或迫使一方低于价值抛售。我们把偶然的垄断看成是那种对买者或卖者来说由偶然的供求状况所造成的垄断。

不同生产部门的商品按照它们的价值来出售这个假定，当然只是意味着：

它们的价值是它们的价格围绕着运动的重心，而且价格的不断涨落也是围绕这个重心来拉平的。此外，必须始终把**市场价值**——下面我们就要谈到它——与不同生产者所生产的个别商品的个别价值区别开来。在这些商品中，有些商品的个别价值低于市场价值（也就是说，生产这些商品所需要的劳动时间少于市场价值所表示的劳动时间），另外一些商品的个别价值高于市场价值。市场价值，一方面，应看作是一个部门所生产的商品的平均价值，另一方面，又应看作是在这个部门的平均条件下生产的、构成该部门的产品很大数量的那种商品的个别价值。只有在特殊的组合下，那些在最坏条件下或在最好条件下生产的商品才会调节市场价值，而这种市场价值又成为市场价格波动的中心，不过市场价格对同类商品来说是相同的。如果满足通常的需求的，是按平均价值，也就是按两端之间的大量商品的中等价值来供给的商品，那末，个别价值低于市场价值的商品，就会实现一个额外剩余价值或超额利润，而个别价值高于市场价值的商品，却不能实现它们所包含的剩余价值的一部分。

说什么在最坏条件下生产的商品能够出售，就证明这样的商品是满足需求所必需的，这种说法是无济于事的。在上述假定的情况下，如果价格高于中等的市场价值，需求就会减少。在一定的价格下，一种商品只能在市场上占有一定的地盘；在价格发生变化时，这个地盘只有在价格的提高同商品量的减少相一致，价格的降低同商品量的增加相一致的情况下，才能保持不变。另一方面，如果需求非常强烈，以致当价格由最坏条件下生产的商品的价值来调节时也不降低，那末，这种在最坏条件下生产的商品就决定市场价值。这种情况，只有在需求超过通常的需求，或者供给低于通常的供给时才可能发生。最后，如果所生产的商品的量大于这种商品按中等的市场价值可以找到销路的量，那末，那种在最好条件下生产的商品就调节市场价值。例如，这种商品能够完全按照或者大致按照它们的个别价值来出售，这时可能出现这样的情况：那些在最坏条件下生产的商品，也许连它们的成本价格都不能实现，而那些按中等平均条件生产的商品，也只能实现它们所包含的剩余价值的一部分。这里关于市场价值所说的，也适用于生产价格，只要把市场价值换成生产价格就行了。生产价格是在每个部门中调节的，并且是按照特殊的情况调节的。不过它本身又是一个中心，日常的市场价格就是围绕着这个中心来变动，并且在一定时期内围绕这个中心来拉平的。（见李嘉图关于生产价格由在最坏条件下经营的企业决定的论述。）

不管价格是怎样调节的，我们都会得到如下的结论：

1. 价值规律支配着价格的运动，生产上所需要的劳动时间的减少或增加，会使生产价格降低或提高。正是在这个意义上李嘉图（他当然感到了，他的生产价格是同商品价值偏离的）说，他

"希望引起读者注意的这个研究，涉及的是商品相对价值的变动的影响，而不是商品绝对价值的变动的影响"。

2. 决定生产价格的平均利润，必定总是同一定资本作为社会总资本的一个相应部分所分到的剩余价值量接近相等。假定一般利润率，从而平均利润，表现为一个货币价值，这个价值高于按货币价值计算的实际平均剩余价值。就资本家来说，他们互相计算的利润是10%还是15%，是没有什么关系的。一个百分率并不比另一个百分率代表更多的实际商品价值，因为货币表现上的过度是相互的。至于就工人（在这里，假定他们得到的是正常工资，因而平均利润的提高并不是表示工资的实际扣除，也就是说，并不是表示与资本家的正常剩余价值完全不同的什么东西）来说，那末，可变资本的货币表现的提高，必然同平均利润的提高所引起的商品价格的提高相一致。事实上，利润率和平均利润这样普遍地在名义上提高到超过实际的剩余价值和全部预付资本的比率，不能不引起工资的提高，以及引起形成不变资本的那些商品价格的提高。如果降低，情况就会相反。既然商品的总价值调节总剩余价值，而总剩余价值又调节平均利润从而一般利润率的水平，——这是一般的规律，也就是支配各种变动的规律，——那末，价值规律就调节生产价格。

竞争首先在一个部门内实现的，是使商品的各种不同的个别价值形成一个相同的市场价值和市场价格。但只有不同部门的资本的竞争，才能形成那种使不同部门之间的利润率平均化的生产价格。这后一过程同前一过程相比，要求资本主义生产方式发展到更高的水平。

要使生产部门相同、种类相同、质量也接近相同的商品按照它们的价值出售，必须具备两个条件：

第一，不同的个别价值，必须平均化为**一个**社会价值，即上述市场价值，为此就需要在同种商品的生产者之间有一种竞争，并且需要有一个可供他们共同出售自己商品的市场。为了使种类相同，但各自在不同的带有个别色彩的条件下生产的商品的市场价格，同市场价值相一致，而不是同市场价值相偏离，即既不高于也不低于市场价值，这就要求各个卖者互相施加足够大的压力，以便把社会需要所要求的商品量，也就是社会能够按市场价值支付的商品量提供到市场上来。如果产品量超过这种需要，商品就必然会低于它们的市场价值出

售；反之，如果产品量不够大，就是说，如果卖者之间的竞争压力没有大到足以迫使他们把这个商品量带到市场上来，商品就必然会高于它们的市场价值出售。如果市场价值发生了变化，总商品量得以出售的条件也就会发生变化。如果市场价值降低了，社会需要（在这里总是指有支付能力的需要）平均说来就会扩大；并且在一定限度内能够吸收较大量的商品，如果市场价值提高了，商品的社会需要就会缩减，就只能吸收较小的商品量。因此，如果供求调节着市场价格，或者确切地说，调节着市场价格同市场价值的偏离，那末另一方面，市场价值调节着供求关系，或者说，调节着一个中心，供求的变动使市场价格围绕着这个中心发生波动。

如果作进一步的考察，我们就会发现，适用于单个商品的价值的条件，在这里会作为决定这种商品总额的价值的条件再现出来；这是因为资本主义生产一开始就是大量生产，而且，甚至其他不太发达的生产方式，——至少就主要商品来说，——也是把较小量地生产出来的东西，作为共同产品（哪怕是许多零星小生产者的共同产品），而在市场上大量地集中在相对说来比较少的商人手中，由他们作为整个一个生产部门或其中一个或大或小的部分的共同产品堆积在一起并加以出售的。

在这里顺便指出，"社会需要"，也就是说，调节需求原则的东西，本质上是由不同阶级的互相关系和它们各自的经济地位决定的，因而也就是，第一是由全部剩余价值和工资的比率决定的，第二是由剩余价值所分成的不同部分（利润、利息、地租、赋税等等）的比率决定的。这里再一次表明，在供求关系借以发生作用的基础得到说明以前，供求关系绝对不能说明什么问题。

虽然商品和货币这二者都是交换价值和使用价值的统一，但我们已经看到（第1卷第1章第3节），在买和卖的行为上，这两个规定分别处在两端，商品（卖者）代表使用价值，货币（买者）代表交换价值。商品要有使用价值，因而要满足社会需要，这是卖的一个前提。另一个前提是，商品中包含的劳动量要代表社会必要的劳动，因而，商品的个别价值（在这里的前提下，也就是出售价格）要同它的社会价值相一致。

让我们把这一点应用到市场上现有的、构成某一整个部门的产品的商品总量上来。

如果我们把商品总量，首先是把一个生产部门的商品总量，当作一个商品，并且把许多同种商品的价格总额，当作一个总价格，那末问题就很容易说明了。这样一来，关于单个商品所说的话就完全适用于市场上现有的一定生产部门的商品总量。商品的个别价值应同它的社会价值相一致这一点，现在在下面这一点上得到了实现或进一步的规定：这个商品总量包含着为生产它所必需的社会劳动，并且这个总量的价值=它的市场价值。

现在假定这些商品的很大数量是在大致相同的正常社会条件下生产出来的，因而社会价值同时就是这个很大数量的商品由以构成的各个商品的个别价值。这时，如果这些商品中有一个较小的部分的生产条件低于这些条件，而另一个较小的部分的生产条件高于这些条件，因而一部分的个别价值大于大部分商品的中等价值，另一部分的个别价值小于这种中等价值，如果这两端互相平衡，从而使属于这两端的商品的平均价值同属于中间的大量商品的价值相等，那末，市场价值就会由中等条件下生产的商品的价值来决定。商品总量的价值，也就同所有单个商品合在一起——既包括那些在中等条件下生产的商品，也包括那些在高于或低于中等条件下生产的商品——的价值的实际总和相等。在这种情况下，商品总量的市场价值或社会价值，即其中包含的必要劳动时间，就由中间的大量商品的价值来决定。

另一方面，假定投到市场上的该商品的总量仍旧不变，然而在较坏条件下生产的商品的价值，不能由较好条件下生产的商品的价值来平衡，以致在较坏条件下生产的那部分商品，无论同中间的商品相比，还是同另一端的商品相比，都构成一个相当大的量，那末，市场价值或社会价值就由在较坏条件下生产的大量商品来调节。

最后，假定在高于中等条件下生产的商品量，大大超过在较坏条件下生产的商品量，甚至同中等条件下生产的商品量相比也构成一个相当大的量；那末，市场价值就由在最好条件下生产的那部分商品来调节。这里撇开市场商品过剩的情况不说，因为在那种情况下，市场价格总是由在最好条件下生产的那部分商品来调节的；但是，我们这里所谈的，并不是和市场价值不同的市场价格，而是市场价值本身不同的规定。

事实上，严格地说（当然，实际上只是接近如此，而且还会有千变万化），在第一种情况下，由中等价值调节的商品总量的市场价值，等于它们的个别价值的总和；尽管这个价值，对两端生产的商品来说，表现为一种强加于它们的平均价值。这样，在最坏的一端生产的人，必然低于个别价值出售他们的商品；在最好的一端生产的人，必然高于个别价值出售他们的商品。

在第二种情况下，在两端生产的两个个别价值量是不平衡的，而且在较坏条件下生产的商品起了决定作用。严格地说，每一单个商品或商品总量的每一相应部分的平均价格或市场价值，在这里是由那些在不同条件下生产的商品的价值相加而成的这个总量的总价值，以及每一单个商品从这个总价值中所分摊到的部分决定的。这样得到的市场价值，不仅会高于有利的一端生产的商品的个别价值，而且会高于属于中等部分的商品的个别价值；但它仍然会低于不利的一端生产的商品的个别价值。至于它和后一种个别价值接近到什么程度，或最后是否和它相一致，这完全要看不利的一端生产的商品量在该商品部门中具有多大规模。只要需求稍占优势，那末市场价格就会由在不利条件下生产的商品的个别价值来调节。

最后，假定和第三种情况一样，在有利的一端生产的商品量，不仅同另一端相比，而且同中等条件下生产的商品量相比，都占优势，那末，市场价值就会降低到中等价值以下。于是，由两端和中等条件下生产的商品的价值额合计得到的平均价值，就会低于中等价值；它究竟是接近还是远离这个中等价值，这要看有利的一端所占的相对地盘而定。如果需求小于供给，那末在有利条件下生产的那部分不管多大，都会把它的价格缩减到它的个别价值的水平，以便强行占据一个地盘。但市场价值决不会同在最好的条件下生产的商品的这种个别价值相一致，除非供给极大地超过了需求。

以上**抽象地**叙述的市场价值的确定，在需求恰好大到足以按这样确定的价值吸收掉全部商品的前提下，在实际市场上是通过买者之间的竞争来实现的。在这里，我们就谈到另外一点了。

第二，说商品有使用价值，无非就是说它能满足某种社会需要。当我们只是说到单个商品时，我们可以假定，存在着对这种特定商品的需要，——它的量已经包含在它的价格中，——而用不着进一步考察这个有待满足的需要的量。但是，只要一方面有了整个生产部门的产品，另一方面又有了社会需要，这个量就是一个重要的因素了。因此，现在有必要考察一下这个社会需要的规模，即社会需要的量。

在上述关于市场价值的各个规定中，我们假定，所生产的商品的量是不变的，是已定的，只是这个总量的在不同条件下生产的各个组成部分的比例发生了变化，因此，同样数量的商品的市场价值要按不同的方法来调节。假定这个总量就是普通的供给量，并且我们撇开所生产的商品的一部分会暂时退出市场的可能性不说。如果对这个总量的需求仍旧是普通的需求，这个商品就会按照它的市场价值出售，而不管这个市场价值是按以上研究过的三种情况中的哪一种情况来调节。这个商品量不仅满足了一种需要，而且满足了社会范围内的需要。与此相反，如果这个量小于或大于对它的需求，市场价格就会偏离市场价值。第一种偏离就是：如果这个量过小，市场价值就总是由最坏条件下生产的商品来调节，如果这个量过大，市场价值就总是由最好条件下生产的商品来调节，因而市场价值是由两端中的一端来规定的，尽管单纯就不同条件下生产的各个量的比例来看，必然会得到另外的结果。如果需求和生产量之间的差额更大，市场价格也就会偏离市场价值更远，或更高于市场价值或更低于市场价值。但是所生产的商品量和按市场价值出售的商品量之间的差额，可以由双重原因产生。或者是这个量本身发生了变化，变得过小或过大了，从而再生产必须按照与调节现有市场价值的规模不同的另一种规模来进行。在这种情况下，供给发生了变化，尽管需求仍旧不变，这样一来，就会产生相对的生产过剩或生产不足的现象。或者是再生产即供给保持不变，但需求由于各种各样的原因而增加或减少了。在这里，尽管供给的绝对量不变，但它的相对量，也就是同需要相比较或按需要来计量的量，还是发生了变化。结果是和第一种情形一样，不过方向相反。最后：如果两方面都发生了变化，但方向相反，或者方向相同，但程度不同，总之，如果双方都发生了变化，而且改变了它们之间的以前的比例，那末，最后结果就必然总是归结为上述两种情况中的一种。

要给需求和供给这两个概念下一般的定义，真正的困难在于，它们好象只是同义反复。让我们首先考察供给，这就是处在市场上的产品，或者能提供给市场的产品。为了不涉及在这里完全无用的细节，我们在这里只考虑每个产业部门的年再生产总量，而把不同商品有多少能够从市场取走，储存起来，以备比如说下一年消费这一点撇开不说。这个年再生产首先表现为一定的量，是多大量还是多少个，要看这个商品量是作为可分离的量还是作为不可分离的量来计量而定。它们不仅是满足人类需要的使用价值，而且这种使用价值还以一定的量出现在市场上。其次，这个商品量还有一定的市场价值，这个市场价值可以表现为单位商品的或单位商品量的市场价值的倍数。因此，市场上现有商品的数量和它们的市场价值之间，没有必然的联系，例如，有些商品的价值特别高，另一些商品的价值特别低，因而一定的价值额可以表现为一种商品的很大的量，也可以表现为另一种商品的很小的量。在市场上现有的物品量和这些物品的市场价值之间只有这样一种联系：在一定的劳动生产率的基础上，每个特殊生产部门制造一定量的物品，都需要一定量的社会劳动时间，尽管这个比例在不同生产部门是完全不同的，并且同这些物品的用途或它们的使用价值的特殊性质没有任何内在联系。在其他条件完全相同的情况下，如果 a 量的某种商品花费劳动时间 b，na 量的商品就花费劳动时间 nb。其次，既然社会要满足需要，并为此目的而生产某种物品，它就必须为这种物品进行支付。事实上，因为商品生产是以分工为前提的，所以，社会购买这些物品的方法，就是把它所能利用的劳动时间的一部分用来生产这些物品，也就是说，用该社会所能支配的劳动时间的一定量来购买这些物品。社会的一部分人，由于分工的缘故，要把他们的劳动用来生产这种既定的物品；这部分人，当然也要从体现在各种满足他们需要的物品上的社会劳动中得到一个等价物。但是，一方面，耗费在一种社会物品上的社会劳动的总量，即总劳动力中社会用来生产这种物品的部分，也就是这种物品的生产在总生产中所占的数量，和另一方面，社会要求用这种物品来满足的需要的规模之间，没有任何必然的联系，而只有偶然的联系。尽管每一物品或每一定量某种商品都只包含生产它所必需的社会劳动，并且从这方面来看，所有这种商品的市场价值也只代表必要劳动，但是，如果某种商品的产量超过了当时社会的需要，社会劳动时间的一部分就浪费掉了，这时，这个商品量在市场上代表的社会劳动量就比它实际包含的社会劳动量小得多。（只有在生产受到社会实际的预定的控制的地方，社会才会在用来生产某种物品的社会劳动时间的数量，和要由这种物品来满足的社会需要的规模之间，建立起联系。）因此，这些商品必然要低于它们的市场价值出售，其中一部分甚至会根本卖不出去。如果用来生产某种商品的社会劳动的数量，同要由这种产品来满足的特殊的社会需要的规模相比太小，结果就会相反。但是，如果用来生产某种物品的社会劳动的数量，和要满足的社会需要的规模相适应，从而产量也和需求不变时再生产的通常规模相适应，那末这种商品就会按照它的市场价值来出售。商品按照它们的价值来交换或出售是理所当然的，是商品平衡的自然规律。应当从这个规律出发来说明偏离，而不是反过来，从偏离出发来说明规律本身。

现在，我们考察另一个方面：需求。

商品被买来当作生产资料或生活资料，以便进入生产消费或个人消费，——即使有些商品能达到这两个目的，也不会引起任何变化。因此，生产者（这里指的是资本家，因为假定生产资料已经转化为资本）和消费者都对商品有需求。看来，这首先要假定：在需求方面有一定量的社会需要，而在供给方面则有不同生产部门的一定量的社会生产与之相适应。如果棉纺织业每年按一定规模进行再生产，那就要有往年那样数量的棉花；如果考虑到再生产因资本积累每年在扩大，在其他条件不变的情况下，就还要有棉花的追加量。生活资料也是这样。工人阶级要维持通常的中等水平的生活，至少必须再得到同样数量的必要生活资料，虽然商品品种可能会有或多或少的变化；如果考虑到人口每年在增长，那就还要有必要生活资料的追加量。这里所说的情况，经过或多或少的修改，也适用于其他阶级。

因此，在需求方面，看来存在着某种数量的一定社会需要，要满足这种需要，就要求市场上有一定量的某种物品。但是，从量的规定性来说，这种需要具有很大伸缩性和变动性。它的固定性是一种假象。如果生活资料便宜了或者货币工资提高了，工人就会购买更多的生活资料，对这些商品就会产生更大的"社会需要"。这里还完全撇开需要救济的贫民等等不说，这种人的"需求"甚至低于他们的身体需要的最低限度。另一方面，比如说，如果棉花便宜了，资本家对棉花的需求就会增长，投入棉纺织业中的追加资本就会增加，等等。这里决不要忘记，根据我们的前提，生产消费的需求是资本家的需求，他的真正目的是生产剩余价值，因此，只是为了这个目的，他才生产某种商品。另一方面，这种情况并不妨碍资本家在他作为例如棉花的买者出现在市场上的时候，代表着对棉花的需要；就象棉花的买者把棉花变成衬衣料子，还是变成火棉，还是想用它来堵塞自己和世人的耳朵，都与棉花的卖者无关一样。可是，这种情况对于资本家是什么样的买者当然会有很大的影响。他对棉花的需要会由于下述情况而发生本质的改变：这种需要实际上只是掩盖他榨取利润的需要。**市场上**出现的对商品的需要，即需求，和**实际的社会**需要之间存在着数量上的差别，这种差别的界限，对不同的商品说来当然是极不相同的；我说的是下面二者之间的差额：一方面是实际需要的商品量；另一方面是商品的货币价格发生变化时所需要的商品量，或者说，买者的货币条件或生活条件发生变化时所需要的商品量。

要理解供求之间的不平衡，以及由此引起的市场价格同市场价值的偏离，是再容易不过的了。真正的困难在于确定，供求一致究竟是指什么。

如果供求之间处于这样的比例，以致某个生产部门的商品总量能够按照它们的市场价值出售，既不高，也不低，供求就是一致的。这是我们听到的第一点。

第二点是：如果商品都能够按照它们的市场价值出售，供求就是一致的。

如果供求一致，它们就不再发生作用，正因为如此，商品就按照自己的市场价值出售。如果有两种力量按照相反的方向发生相等的作用，它们就会互相抵销，而不会对外界发生任何影响，在这种条件下发生的现象，就必须用另外的作用，而不是用这两种力量的作用来解释。如果供求一致，它们就不再说明任何事情，就不会对市场价值发生影响，并且使我们完全无从了解，为什么市场价值正好表现为这样一个货币额，而不表现为另外一个货币额。资本主义生产的实际的内在规律，显然不能由供求的互相作用来说明（完全撇开对这两种社会动力的更深刻的分析不说，在这里不需要作出这种分析），因为这种规律只有在供求不再发生作用时，也就是互相一致时，才纯粹地实现。供求实际上从来不会一致；如果它们达到一致，那也只是偶然现象，所以在科学上等于零，可以看作没有发生过的事情。可是，在政治经济学上必须假定供求是一致的。为什么呢？这是为了对各种现象要在它们的合乎规律的、符合它们的概念的形态上来进行考察；也就是说，要撇开由供求变动引起的假象来进行考察。另一方面，为了找出供求变动的实际趋势，就要在一定程度上把这种趋势确定下来。因为各式各样的不平衡具有互相对立的性质，并且因为这些不平衡会彼此接连不断地发生，所以它们会由它们的相反的方向，由它们互相之间的矛盾而互相平衡。这样，虽然在任何一定的场合供求都是不一致的，但是它们的不平衡会这样接连发生，——而且偏离到一个方向的结果，会引起另一个方向相反的偏离，——以致就一个或长或短的时期的整体来看，供求总是一致的；不过这种一致只是作为过去的变动的平均，并且只是作为它们的矛盾的不断运动的结果。由此，各种同市场价值相偏离的市场价格，按平均数来看，就会平均化为市场价值，因为这种和市场价值的偏离会作为正负数互相抵销。这个平均数决不是只有理论意义，而且对资本来说还有实际意义；因为投资要把或长或短的一定时期内的变动和平均化计算在内。

　　因此，供求关系一方面只是说明市场价格同市场价值的偏离，另一方面是说明抵销这种偏离的趋势，也就是抵销供求关系的影响的趋势。（那种有价格而没有价值的商品是一种例外，在这里不必考察。）供求可以在极不相同的形式上消除由供求不平衡所产生的影响。例如，如果需求减少，因而市场价格降低，结果，资本就会被抽走，这样，供给就会减少。但这也可能导致这样的结果：由于某种发明缩短了必要劳动时间，市场价值本身降低了，因而与市场价格平衡。反之，如果需求增加，因而市场价格高于市场价值，结果，流入这个生产部门的资本就会过多，生产就会增加到如此程度，甚至使市场价格降低到市场价值以下；或者另一方面，这也可以引起价格上涨，以致需求本身减少。这还可以在这个或者那个生产部门，在一个或长或短的期间内引起市场价值本身的提高，因为所需要的一部分产品在这个期间内必须在较坏的条件下生产出来。

　　如果供求决定市场价格，那末另一方面，市场价格，并且进一步分析也就是市场价值，又决定供求。说到需求，那是很清楚的，因为需求按照和价格相反的方向变动，如果价格跌落，需求就增加，相反，价格提高，需求就减少。不过供给也是这样。因为加到所供给的商品中去的生产资料的价格，决定对这种生产资料的需求，因而也决定这样一些商品的供给，这些商品的供给本身包括对这种生产资料的需求。棉花的价格对棉布的供给具有决定意义。

除了价格由供求决定而同时供求又由价格决定这种混乱观点之外，还要加上：需求决定供给，反过来供给决定需求，生产决定市场，市场决定生产。

甚至一个普通的经济学家（见脚注）都懂得，即使没有由外界情况引起的供给或需要的变化，供求关系仍然可以由于商品市场价值的变化而变化。甚至他也不得不承认，不论市场价值如何，供求必须平衡，以便实现市场价值。这就是说，供求关系并不说明市场价值，而是相反，市场价值说明供求的变动。《评用语的争论》的作者在说了脚注中引用的这段话之后，接着说道：

"但是〈供求之间的〉这个比例——如果'需求'和'自然价格'这两个词的意义，正好和我们引用亚当·斯密时所说的意义一样的话——必然总是相等的，因为只有在供给同实际需求，也就是同不多不少正好会支付自然价格的那种需求相等的时候，自然价格才会在实际上被支付；结果是，同一商品在不同时期可以有两个极不相同的自然价格，但求求比例在两个场合能够是一样的，即相等的。"

这就是承认，当同一商品在不同时期有两个不同的"自然价格"时，供求在每个场合都能够互相一致，并且必须互相一致，以便商品在两个场合都按照它的"自然价格"出售。既然在这两个场合，供求关系没有差别，而"自然价格"本身的量有差别，那就很明显，"自然价格"的决定同供求无关，因此也极少可能由供求来决定。

要使一个商品按照它的市场价值来出售，也就是说，按照它包含的社会必要劳动来出售，耗费在这种商品总量上的社会劳动的总量，就必须同这种商品的社会需要的量相适应，即同有支付能力的社会需要的量相适应。竞争，同供求关系的变动相适应的市场价格的波动，总是力图把耗费在每一种商品上的劳动的总量化为这个标准。

在商品的供求关系上再现了下列关系：第一，使用价值和交换价值的关系，商品和货币的关系，买者和卖者的关系；第二，生产者和消费者的关系，尽管二者可以由第三者即商人来代表。在考察买者和卖者时，为了阐明他们之间的关系，把他们单个地对立起来就行了。要把商品的完整的形态变化，从而把买和卖的全部过程表示出来，有三个人也就够了。A 把商品卖给 B 时，把自己的商品转化为 B 的货币；他用货币向 C 购买时，又把自己的货币转化为商品；整个过程就是在这三个人中间进行的。其次，在考察货币时，我们曾假定，商品是按照它们的价值出售的，因为，既然问题只在于商品在它转化为货币，再由货币转化为商品时所经历的形式变化，那就没有任何理由去考察那种同价值相偏离的价格。只要商品已经售出，并且用所得的货币又购买了新的商品，全部形态变化就摆在我们面前了，而商品价格究竟是低于还是高于它的价值，对这种形态变化本身来说是没有关系的。商品价值作为基础仍然是重要的，因为货币只有从这个基础出发才能在概念上得到说明，而价格就其一般概念来说，首先也只是货币形式上的价值。当然，当我们把货币作为流通手段考察时，假定所发生的不只是一个商品的**一个**形态变化。相反，我们考察的是这种形态变化的社会交错的现象。只有这样，我们才谈到货币的流通，谈到货币作为流通手段的职能的发展。但是，虽然这个联系对货币转化为流通手段以及由此引起的货币的形式变化来说，如此重要，但它对买者和卖者个人之间的交易来说，却是无关紧要的。

但是，说到供给和需求，那末供给等于某种商品的卖者或生产者的总和，需求等于这同一种商品的买者或消费者（包括个人消费和生产消费）的总和。而且，这两个总和是作为两个统一体，两个集合力量来互相发生作用的。个人在这里不过是作为社会力量的一部分，作为总体的一个原子来发生作用，并且也就是在这个形式上，竞争显示出生产和消费的**社会**性质。

在竞争中一时处于劣势的一方，同时就是这样一方，在这一方中，个人不顾自己那群竞争者，而且常常直接反对这群竞争者而行动，并且正因为如此，使人可以感觉出一个竞争者对其他竞争者的依赖，而处于优势的一方，则或多或少地始终作为一个团结的统一体来同对方相抗衡。如果对这种商品来说，需求超过了供给，那末，在一定限度内，一个买者就会比另一个买者出更高的价钱，这样就使这种商品对全体买者来说都昂贵起来，提高到市场价值以上；另一方面，卖者却会共同努力，力图按照高昂的市场价格来出售。相反，如果供给超过了需求，那末，一个人开始廉价抛售，其他的人不得不跟着干，而买者却会共同努力，力图把市场价格压到尽量低于市场价值。只有各方通过共同行动比没有共同行动可以得到更多好处，他们才会关心共同行动。只要自己这一方变成劣势的一方，而每个人都力图找到最好的出路，共同行动就会停止。其次，只要一个人用较便宜的费用进行生产，用低于现有市场价格或市场价值出售商品的办法，能售出更多的商品，在市场上夺取一个更大的地盘，他就会这样去做，并且开始起这样的作用，即逐渐迫使别人也采用更便宜的生产方法，把社会必要劳动减少到新的更低的标准。如果一方占了优势，每一个属于这一方的人就都会得到好处；好象他们实现了一种共同的垄断一样。如果一方处于劣势，每个人就企图通过自己的努力来取得优势（例如用更少的生产费用来进行生产），或者至少也要尽量摆脱这种劣势；这时，他就根本不顾他周围的人了，尽管他的做法，不仅影响他自己，而且也影响到他所有的同伙。

供求以价值转化为市场价值为前提；当供求是在资本主义基础上发生的时候，当商品是资本的产品的时候，供求以资本主义生产过程为前提，因而是和单纯的商品买卖完全不同的复杂化了的关系。这里问题已经不是由商品的价值到价格的形式上的转化，即不是单纯的形式变化，而是市场价格同市场价值，进一步说，同生产价格的一定的量的偏离。在简单的买和卖上，只要有商品生产者自身互相对立就行了。如果作进一步的分析，供求还以不同的阶级和阶层的存在为前提，这些阶级和阶层在自己中间分配社会的总收入，把它当作收入来消费，因此形成那种由收入形成的需求；另一方面，为了理解那种由生产者自身互相形成的供给，就需要弄清资本主义生产过程的全貌。

在资本主义生产中，问题不仅在于，要为那个以商品形式投入流通的价值额，取出另一种形式（货币形式或其他商品形式）的等量的价值额，而且在于，要为那个预付在生产中的资本，取出和任何另一个同量资本同样多的或者与资本的大小成比例的剩余价值或利润，而不管预付资本是用在哪个生产部门；因此，问题在于，最低限度要按照那个会提供平均利润的价格，即生产价格来出售商品。在这种形式上，资本就意识到自己是一种**社会权力**；每个资本家都按照他在社会总资本中占有的份额而分享这种权力。

第一，资本主义生产本身并不关心它所生产的商品具有什么样的使用价值，不关心它所生产的商品具有什么样的特殊性质。在每个生产部门中，它所关心的只是生产剩余价值，在劳动产品中占有一定量的无酬劳动。同样，从属于资本的雇佣劳动，按它的性质来说，也不关心它的劳动的特殊性质，它必须按照资本的需要变来变去，让人们把它从一个生产部门抛到另一个生产部门。

第二，事实上，一个生产部门和另一个生产部门一样好或一样坏。每个生产部门都提供同样的利润，而且，如果它所生产的商品不去满足某种社会需要，它就是无用的。

但是，如果商品都按照它们的价值出售，那就象已经说过的那样，不同生产部门由于投入其中的资本量的有机构成不同，会产生极不相同的利润率。但是资本会从利润率较低的部门抽走，投入利润率较高的其他部门。通过这种不断的流出和流入，总之，通过资本在不同部门之间根据利润率的升降进行的分配，供求之间就会形成这样一种比例，以致不同的生产部门都有相同的平均利润，因而价值也就转化为生产价格。资本主义在一个国家的社会内越是发展，也就是说，这个国家的条件越是适应资本主义生产方式，资本就越能实现这种平均化。随着资本主义生产的发展，它的各种条件也发展了，它使生产过程借以进行的全部社会前提从属于它的特殊性质和它的内在规律。

那种在不断的不平衡中不断实现的平均化，在下述两个条件下会进行得更快：1. 资本有更大的活动性，也就是说，更容易从一个部门和一个地点转移到另一个部门和另一个地点；2. 劳动力能够更迅速地从一个部门转移到另一个部门，从一个生产地点转移到另一个生产地点。第一个条件的前提是：社会内部已有完全的商业自由，消除了自然垄断以外的一切垄断，即消除了资本主义生产方式本身造成的垄断；其次，信用制度的发展已经把大量分散的可供支配的社会资本集中起来，而不再留在各个资本家手里；最后，不同的生产部门都受资本家支配。最后这一点，在我们假定一切按资本主义方式经营的生产部门的价值转化为生产价格时，已经包括在我们的前提中了；但是，如果有数量众多的非资本主义经营的生产部门（例如小农经营的农业）插在资本主义企业中间并与之交织在一起，这种平均化本身就会遇到更大的障碍。最后还必须有很高的人口密度。——第二个条件的前提是：废除了一切妨碍工人从一个生产部门转移到另一个生产部门，或者从一个生产地点转移到另一个生产地点的法律；工人对于自己劳动的内容是无所谓的；一切生产部门的劳动都已最大限度地化为简单劳动；工人抛弃了一切职业的偏见；最后，特别是工人受资本主义生产方式的支配。关于这个问题的进一步说明，属于专门研究竞争的范围。

根据以上所说可以得出结论，每一单个资本家，同每一个特殊生产部门的所有资本家总体一样，参与总资本对全体工人阶级的剥削，并参与决定这个剥削的程度，这不只是出于一般的阶级同情，而且也是出于直接的经济利害关系，因为在其他一切条件（包括全部预付不变资本的价值）已定的前提下，平均利润率取决于总资本对总劳动的剥削程度。

平均利润和每100资本所生产的平均剩余价值相一致；就剩余价值来说，以上所述是不言而喻的。就平均利润来说，不过要把预付资本价值作为利润率的一个决定因素加进来。事实上，一个资本家或一定生产部门的资本，在对他直接雇用的工人的剥削上特别关心的只是：或者通过例外的过度劳动，或者通过把工资降低到平均工资以下的办法，或者通过所使用的劳动的额外生产率，可以获得一种额外利润，即超出平均利润的利润。撇开这一点不说，一个在本生产部门内完全不使用可变资本，因而完全不使用工人的资本家（事实上这是一个极端的假定），会象一个只使用可变资本，因而把全部资本都投到工资上面的资本家（又是一个极端的假定）一样地关心资本对工人阶级的剥削，并且会象后者一样地从无酬的剩余劳动获取他的利润。但劳动的剥削程度，在工作日已定时，取决于劳动的平均强度，而在劳动强度已定时，则取决于工作日的长度。剩余价值率的高低，因而，在可变资本的总额已定时，剩余价值量，从而利润量，取决于劳动的剥削程度。与总资本不同的一个部门的资本对该部门直接雇用的工人的剥削会表现出特别关心，与整个部门不同的单个资本家对他个人直接雇用的工人的剥削会表现出同样的特别关心。

另一方面，资本的每一个特殊部门和每一个资本家，都同样关心总资本所使用的社会劳动的生产率。因为有两件事取决于这种生产率：第一是平均利润借以表示的使用价值量；这一点有双重的重要性，因为这个平均利润既可以充当新资本的积累基金，又可以充当供享受的收入基金。第二是全部预付资本（不变资本和可变资本）价值的大小；在整个资本家阶级的剩余价值量或利润量已定时，利润率或一定量资本的利润取决于这个价值的大小。在一个特殊的生产部门或这个部门的特殊的单个企业内出现的特殊的劳动生产率，只有当它使单个部门同总资本相比，或者使单个资本家同他所属的部门相比能够获得一笔额外利润的时候，才会使那些直接有关的资本家关心。

因此，我们在这里得到了一个象数学一样精确的证明：为什么资本家在他们的竞争中表现出彼此都是虚伪的兄弟，但面对着整个工人阶级却结成真正的共济会团体。

生产价格包含着平均利润。我们把它叫作生产价格，——实际上这就是亚·斯密所说的"自然价格"，李嘉图所说的"生产价格"、"生产费用"，重农学派所说的"必要价格"，不过他们谁也没有说明生产价格同价值的区别，——因为从长期来看生产价格是供给的条件，是每个特殊生产部门商品再生产的条件。我们也理解了，为什么那些反对商品价值由劳动时间，由商品中包含的劳动量来决定的经济学家，总是把生产价格说成是市场价格围绕着发生波动的中心。他们所以会这样做，因为生产价格是商品价值的一个已经完全表面化的、而且乍看起来是没有概念的形式，是在竞争中表现的形式，因而是存在于庸俗资本家的意识中，也就是存在于庸俗经济学家的意识中的形式。

——

根据以上所说可以看出，市场价值（关于市场价值所说的一切，加上必要的限定，全都适用于生产价格）包含着每个特殊生产部门中在最好条件下生产的人所获得的超额利润。把危机和生产过剩的情况完全除外，这一点也适用于所有的市场价格，而不管市场价格同市场价值或市场生产价格有多大的偏离。就是说，市场价格包含这样的意思：对同种商品支付相同的价格，虽然这些商品可以在极不相同的个别条件下生产出来，因而会有极不相同的成本价格。（这里我们不说那种普通意义上的垄断——人为垄断或自然垄断——所产生的超额利润。）

此外，超额利润还能在下列情况下产生出来：某些生产部门可以不把它们的商品价值转化为生产价格，从而不把它们的利润化为平均利润。在论述地租的那一篇，我们将研究超额利润这两种形式的更进一步的变形。

第三篇
利润率趋向下降的规律

第十三章
规律本身

在工资和工作日已定时，一个可变资本，例如 100，代表着一定数目的被推动的工人；它就是这个人数的指数。例如，假定 100 镑是 100 个工人一周的工资。如果这 100 个工人所完成的必要劳动和剩余劳动一样多，也就是说，如果他们每天为自己劳动的时间，即再生产他们的工资的时间，和他们为资本家劳动的时间，即生产剩余价值的时间一样多，那末，他们的总价值产品就 = 200 镑，他们生产的剩余价值则是 100 镑。剩余价值率 $\frac{m}{v}$ 就 = 100%。但是我们已经知道，这个剩余价值率由于不变资本 c 的大小不等，从而由于总资本 C 的大小不等，会表现为极不相同的利润率，因为利润率 = $\frac{m}{C}$。假定剩余价值率为 100%：

如果 c = 50，v = 100，那末 $p' = \frac{100}{150} = 66\frac{2}{3}\%$；

如果 c = 100，v = 100，那末 $p' = \frac{100}{200} = 50\%$；

如果 c = 200，v = 100，那末 $p' = \frac{100}{300} = 33\frac{1}{3}\%$；

如果 c = 300，v = 100，那末 $p' = \frac{100}{400} = 25\%$；

如果 $c=400$，$v=100$，那末 $p'=\dfrac{100}{500}=20\%$。

因此，在劳动的剥削程度不变时，同一个剩余价值率会表现为不断下降的利润率，因为随着不变资本的物质量的增加，不变资本从而总资本的价值量也会增加，虽然不是按相同的比例增加。

如果我们进一步假定，资本构成的这种逐渐变化，不仅发生在个别生产部门，而且或多或少地发生在一切生产部门，或者至少发生在具有决定意义的生产部门，因而这种变化就包含着某一个社会的总资本的平均有机构成的变化，那末，不变资本同可变资本相比的这种逐渐增加，就必然会有这样的结果：在剩余价值率不变或资本对劳动的剥削程度不变的情况下，**一般利润率会逐渐下降**。但是，随着资本主义生产方式的发展，可变资本同不变资本相比，从而同被推动的总资本相比，会相对减少，这是资本主义生产方式的规律。这只是说，由于资本主义生产内部所特有的生产方法的日益发展，一定价值量的可变资本所能支配的同数工人或同量劳动力，会在同一时间内推动、加工、生产地消费掉数量不断增加的劳动资料，机器和各种固定资本，原料和辅助材料，——也就是价值量不断增加的不变资本。可变资本同不变资本从而同总资本相比的这种不断的相对减少，和社会资本的平均有机构成的不断提高是同一的。这也只是劳动的社会生产力不断发展的另一种表现，而这种发展正好表现在：由于更多地使用机器和一般固定资本，同数工人在同一时间内可以把更多的原料和辅助材料转化为产品，也就是说，可以用较少的劳动把它们转化为产品。不变资本价值量的这种增加，——虽然它只是在某种程度上表现出在物质上构成不变资本的各种使用价值的实际数量的增加，——会使产品相应地日益便宜。每一个产品就其本身来看，同较低的生产阶段相比，都只包含一个更小的劳动量，因为在较低的生产阶段上，投在劳动上的资本比投在生产资料上的资本大得多。因此，本章开头假定的序列，表示了资本主义生产的实际趋势。资本主义生产，随着可变资本同不变资本相比的日益相对减少，使总资本的有机构成不断提高，由此产生的直接结果是：在劳动剥削程度不变甚至提高时，剩余价值率会表现为一个不断下降的一般利润率。（以后我们将会看到，为什么这种下降不是以这个绝对的形式而是以不断下降的趋势表现出来。）因此，一般利润率日益下降的趋势，只是劳动的社会生产力日益发展**在资本主义生产方式下所特有的表现**。这并不是说利润率不能由于别的原因而暂时下降，而是根据资本主义生产方式的本质证明了一种不言而喻的必然性：在资本主义生产方式的发展中，一般的平均的剩余价值率必然表现为不断下降的一般利润率。因为所使用的活劳动的量，同它所推动的物化劳动的量相比，同生产中消费掉的生产资料的量相比，不断减少，所以，这种活劳动中物化为剩余价值的无酬部分同所使用的总资本的价值量相比，也必然不断减少。而剩余价值量和所使用的总资本价值的比率就是利润率，因而利润率必然不断下降。

尽管这个规律经过上述说明显得如此简单，但是我们在以后的一篇中将会看到，以往的一切经济学都没有能把它揭示出来。经济学看到了这种现象，并且在各种自相矛盾的尝试中绞尽脑汁地去解释它。由于这个规律对资本主义生产极其重要，因此可以说，它是一个秘密，亚当·斯密以来的全部政治经济学一直围绕着这个秘密的解决兜圈子，而且亚·斯密以来的各种学派之间的区别，也就在于解决这个秘密的不同的尝试。另一方面，如果我们考虑到：以往的一切政治经济学虽然摸索过不变资本和可变资本的区别，但从来不懂得把它明确地表述出来；它们从来没有把剩余价值和利润区别开来，没有在纯粹的形式上说明过利润本身，把它和它的彼此独立的各个组成部分——产业利润、商业利润、利息、地租——区别开来；它们从来没有彻底分析过资本有机构成的差别，因而从来没有彻底分析过一般利润率的形成，——那末，它们从来不能解决这个谜这一点，就不再是什么谜了。

在说明利润分割为互相独立的不同范畴以前，我们有意识地先说明这个规律。这个说明同利润分割为归各类人所有的各个部分这一点无关，这一事实一开始就证明，这个规律，就其一般性来说，同这种分割无关，同这种分割所产生的各种利润范畴的相互关系无关。我们这里所说的利润，只是剩余价值本身的另一个名称；不过在这里，剩余价值是对总资本而言，不是对产生它的可变资本而言。所以，利润率的下降表示剩余价值本身和全部预付资本的比率的下降，因而同这个剩余价值在各个范畴之间的任何一种分配无关。

我们已经看到，在资本构成 $c:v=50:100$ 的资本主义发展阶段上，剩余价值率100%表现为利润率 $66\frac{2}{3}\%$；在资本构成 $c:v=400:100$ 的较高的阶段上，同一个剩余价值率却仅仅表现为利润率20%。一个国家中各个相继发展的阶段的情况是这样，不同国家中同时并存的不同发展阶段的情况也是这样。在前一种资本构成作为平均构成的不发达国家，一般利润率 $=66\frac{2}{3}\%$，而在后一种资本构成作为平均构成的高度发达的国家，一般利润率 $=20\%$。

两个国家的利润率的差别，可以由于下述情况而消失，甚至颠倒过来：在比较不发达的国家里，劳动的生产效率比较低，因而较大量的劳动表现为较小量的同种商品，较大的交换价值表现为较小的使用价值，就是说，工人必须用他的大部分时间来再生产他自己的生活资料或它的价值，而用小部分时间来生产剩余价值，提供较少的剩余劳动，结果剩余价值率也比较低。假定在一个比较不发达的国家里，工人以工作日的 $\frac{2}{3}$ 为自己劳动，以 $\frac{1}{3}$ 为资本家劳动，那末，按照上述例子的假定，同一个劳动力得到的报酬是 $133\frac{1}{3}$，而提供的余额只有 $66\frac{2}{3}$。假定同 $133\frac{1}{3}$ 这个可变资本相适应的不变资本是 50。这样，剩余价值率就等于 $66\frac{2}{3} : 133\frac{1}{3} = 50\%$，利润率则等于 $66\frac{2}{3} : 183\frac{1}{3}$，约 $36\frac{1}{2}\%$。

因为我们到现在为止还没有研究利润分割成的各个组成部分，因而它们对我们来说还是不存在的，所以，我们仅仅为了避免误解，才预先指出下面这一点：把发展阶段不同的各个国家加以比较时，即把资本主义生产发达的国家同工人虽然在实际上受资本家剥削但劳动在形式上还不从属于资本的国家（例如在印度，莱特就是作为独立的农民从事经营，他的生产本身还不从属于资本，虽然高利贷者以利息的形式不仅榨取他的全部剩余劳动，而且按照资本主义的说法，甚至还榨取他的一部分工资）加以比较时，如果我们用一个国家的利息率水平来衡量一个国家的利润率水平，那是非常错误的。在劳动在形式上还不从属于资本的国家，利息包含全部利润，甚至比利润更多，不象在资本主义生产发达的国家，它只代表所生产的剩余价值或利润的一部分。另一方面，这里主要决定利息率的各种情况（高利贷者对显贵们即地租所有者的贷款），同利润完全无关，相反，它们只是说明高利贷按什么比率占有地租。

在资本主义生产发展阶段不同、因而资本有机构成也不同的两个国家中，正常工作日较短的国家的剩余价值率（剩余价值是决定利润率的一个因素），可以高于正常工作日较长的国家。**第一**，如果英国的 10 小时工作日由于劳动强度较高，而和奥地利的 14 小时工作日相等，那末，在工作日同样分割时，英国 5 小时剩余劳动，在世界市场上可以比奥地利 7 小时剩余劳动代表更高的价值。**第二**，同奥地利相比，英国的工作日可以有较大的部分形成剩余劳动。

一个同样的甚至不断提高的剩余价值率表现为不断下降的利润率，这个规律换句话说就是：一定量的社会平均资本（例如资本 100）表现为劳动资料的部分越来越大，表现为活劳动的部分越来越小。这样，因为追加在生产资料上的活劳动的总量，同这种生产资料的价值相比，是减少了，所以，无酬劳动和体现无酬劳动的价值部分，同预付总资本的价值相比，也减少了。或者说，所投总资本中转化为活劳动的部分越来越小，因而这个总资本所吸收的剩余劳动，同它自己的量相比，也越来越小，虽然所使用的劳动的无酬部分和有酬部分的比率可以同时增大。可变资本的相对减少和不变资本的相对增加（尽管这两个部分都已经绝对增加），如上所说，只是劳动生产率提高的另一种表现。

假定资本 100 由 80c+20v 构成，后者 = 20 个工人；剩余价值率为 100%，就是说，工人半天为自己劳动，半天为资本家劳动。再假定在一个比较不发达的国家，资本 = 20c+80v，后者 = 80 个工人。但是，这些工人需要用工作日的 $\frac{2}{3}$ 为自己劳动，只用 $\frac{1}{3}$ 为资本家劳动。如果其他一切条件相同，工人在前一场合生产价值 40，在后一场合生产价值 120。前一个资本生产 80c+20v+20m = 120；利润率 = 20%；后一个资本生产 20c+80v+40m = 140；利润率 = 40%。所以，尽管剩余价值率在前一场合 = 100%，在后一场合只 = 50%，前者二倍于后者，利润率在后一场合还是二倍于前一场合。但是另一方面，一个同样大小的资本在前一场合只占有 20 个工人的剩余劳动，在后一场合却占有 80 个工人的剩余劳动。

利润率不断下降的规律，或者说，所占有的剩余劳动同活劳动所推动的物化劳动的量相比相对减少的规律，决不排斥这样的情况：社会资本所推动和所剥削的劳动的绝对量在增大，因而社会资本所占有的剩余劳动的绝对量也在增大；同样也决不排斥这样的情况：单个资本家所支配的资本支配着日益增加的劳动量，从而支配着日益增加的剩余劳动量，甚至在它们所支配的工人人数并不增加的时候，也支配着日益增加的剩余劳动量。

假定工人人口已定，例如 200 万，再假定平均工作日的长度、强度以及工资也已定，因而必要劳动和剩余劳动的比率也已定，那末，这 200 万工人的总劳动，以及他们的表现为剩余价值的剩余劳动，就总是生产出同样大小的价值量。但是，随着这个劳动所推动的不变资本（固定资本和流动资本）的量不断增加，这个价值量和这个资本的价值（这个价值和资本的量一起增加，虽然不是按相同的比例增加）的比率会下降。因此，这个比率从而利润率会下降，尽管资本所支配的活劳动的量和它吸收的剩余劳动的量同以前一样。这个比率所以会发生变化，并不是因为活劳动的量减少了，而是因为活劳动所推动的已经物化的劳动的量增加了。这种减少是相对的，不是绝对的，实际上同所推动的劳动和剩余劳动的绝对量毫无关系。利润率的下降，不是由于总资本的可变组成部分的绝对减少，而只是由于它的相对减少，由于它同不变组成部分相比的减少。

关于劳动量和剩余劳动量已定的情况所说的话，也适用于工人人数增加的情况，从而，在上述前提下，也适用于所支配的劳动量增加的情况，特别是适用于这个劳动的无酬部分即剩余劳动的量增加的情况。如果工人人口由 200 万增加到 300 万，以工资形式付给工人人口的可变资本现在也由以前的 200 万增加到 300 万，而不变资本由 400 万增加到 1500 万，那末，在上述前提下（工作日和剩余价值率不变），剩余劳动量或剩余价值量就增加一半，即 50%，由 200 万增加到 300 万。但是，尽管剩余劳动的绝对量，因而剩余价值的绝对量增加了 50%，可变资本和不变资本的比率还是会由 2∶4 下降到 3∶15，而剩余价值和总资本的比率如下（以百万为单位）：

I.　$4c+2v+2m$；$C = 6$，$p' = 33\frac{1}{3}\%$；

II.　$15c+3v+3m$；$C = 18$，$p' = 16\frac{2}{3}\%$。

剩余价值量增加了一半，而利润率则比以前下降了一半。但是，利润只是按社会资本计算的剩余价值，因而就社会范围来说，利润量，利润的绝对量，同剩余价值的绝对量相等。因此，尽管这个利润量和全部预付资本的比率大大下降了，即一般利润率大大下降了，利润的绝对量，它的总量，还是增加了 50%。所以，尽管利润率不断下降，资本所使用的工人人数，即它所推动的劳动的绝对量，从而它所吸收的剩余劳动的绝对量，从而它所生产的剩余价值量，从而它所生产的利润的绝对量，仍然**能够**增加，并且不断增加。事情还不只是**能够**如此。在资本主义生产的基础上，撇开那些暂时的波动，事情也**必然**如此。

资本主义生产过程实质上同时就是积累过程。我们已经指出，在资本主义生产的发展中，那个只是必须再生产和保存的价值量，甚至在所使用的劳动力不变的情况下，也会随着劳动生产率的提高而增加。但是，随着劳动的社会生产力的发展，所生产的使用价值——生产资料是其中的一个部分——的总量，还会增加得更多。而追加劳动——通过对它的占有，这种追加财富能够再转化为资本——并不是取决于这种生产资料（包括生活资料）的价值，而是取决于它的量，因为工人在劳动过程中不是同生产资料的价值发生关系，而是同生产资料的使用价值发生关系。然而，资本的积累本身以及随之而来的资本积聚，本身就是提高生产力的一个物质手段。但是，生产资料的这种增加已经包含工人人口的增加，包含同剩余资本相适应、甚至大体说来总是超过这个资本的需要的工人人口的创造，即过剩工人人口的创造。剩余资本暂时超过它所支配的工人人口，这会发生双重的作用。一方面，这会提高工资，从而缓和那些使工人后代减少和绝灭的影响，使结婚变得容易，由此使工人人口逐渐增加。另一方面，这会使创造相对剩余价值的方法（机器的采用和改良）得到采用，由此更迅速得多地创造出人为的相对过剩人口；而这种相对过剩人口又成为使人口实际上迅速增加的温室，因为在资本主义生产中，贫困会产生人口。因此，从资本主义积累过程——它只是资本主义生产过程的一个要素——的性质来看，自然会得出如下的结论：用来转化为资本的已经增加了的生产资料的量，总会随时找到相应地增加了的、甚至过剩的可供剥削的工人人口。所以，在生产过程和积累过程的发展中，可以被占有和已经被占有的剩余劳动的量，从而社会资本所占有的利润的绝对量，都**必然**会增加。但是，同样一些生产规律和积累规律，会在不变资本的量增加时，使不变资本的价值同转化为活劳动的可变资本部分的价值相比，越来越迅速地增加起来。因此，同样一些规律，会使社会资本的绝对利润量日益增加，而使它的利润率日益下降。

这里完全撇开了下述情况：随着资本主义生产以及与之相适应的社会劳动生产力的发展，随着生产部门以及产品的多样化，同一个价值量所代表的使用价值量和奢侈品的量会不断增加。

资本主义生产和积累的发展，要求劳动过程的规模及其范围日益扩大，要求每一个企业的预付资本相应地日益增加。因此，日益增长的资本积聚（与此同时，资本家人数也会增加，只是增加的程度较小），既是资本主义生产和积累的物质条件之一，又是二者本身产生的结果之一。与此同时进行并互相影响的，是或多或少直接从事生产的人日益被剥夺。因此，对资本家个人来说，不言而喻的是：他们支配的劳动军越来越大（尽管对他们来说，可变资本同不变资本相比已经减少）；他们占有的剩余价值量，从而利润量，会随着利润率的下降并且不顾这种下降而同时增长起来。那些使大批劳动军集中在资本家个人支配下的原因，又正好使所使用的固定资本和原料、辅助材料的量同所使用的活劳动量相比以越来越大的比例增加起来。

在这里还需要提一下，在工人人口已定时，如果剩余价值率提高了，不管这是由于工作日的延长或强化，还是由于劳动生产力的发展而引起的工资价值下降，那末，剩余价值量，从而绝对利润量，就必然会增加，尽管可变资本同不变资本相比是相对地减少了。

社会劳动生产力的发展，即表现为可变资本同总资本相比相对减少和积累由此加速的那些规律，——而另一方面，积累又反过来成为生产力进一步发展和可变资本进一步相对减少的起点，——就是这种发展，撇开一切暂时的波动，还会表现为所使用的总劳动力越来越增加，表现为剩余价值的从而利润的绝对量越来越增加。

利润**率**的下降和绝对利润**量**的同时增加产生于同一些原因的这个二重性的

规律，必然会在什么形式上表现出来呢？也就是说，这样一个规律，——这个规律建立在下面这个事实上，即在一定条件下，所占有的剩余劳动量，从而所占有的剩余价值量，将会增加，而从总资本来看，或者从单个资本只是作为总资本的一个部分来看，利润和剩余价值是相同的量，——必然会在什么形式上表现出来呢？

假定我们拿资本的一部分，例如 100，来计算利润率。这 100 代表总资本的平均构成，比如说 80c+20v。我们在本卷第二篇已经看到，不同生产部门的平均利润率，不是由每一个部门特殊的资本构成决定，而是由资本的社会平均构成决定。随着可变部分同不变部分相比，从而同总资本 100 相比的相对减少，利润率在劳动剥削程度不变甚至提高时会下降，剩余价值的相对量，即剩余价值和全部预付资本 100 的价值的比率也会下降。但是不仅这个相对量会下降。总资本 100 所吸收的剩余价值量或利润量，也会绝对地下降。在剩余价值率为 100％时，资本 60c+40v 生产剩余价值量或利润量 40；资本 70c+30v 生产利润量 30；在资本为 80c+20v 时，利润就下降到 20。这种下降同剩余价值量从而利润量有关，它产生于：因为总资本 100 只推动较少的活劳动，所以在剥削程度不变时，也只推动较少的剩余劳动，因而只生产较少的剩余价值。如果我们拿社会资本即有社会平均构成的资本的任何一部分作为计量剩余价值的尺度，——在计算利润时总是这样做的，——那末，剩余价值的相对下降和它的绝对下降总是一致的。在上面所举的例子中，利润率由 40％下降到 30％，再下降到 20％，因为同一个资本所生产的剩余价值量从而利润量，实际上已经绝对地由 40 下降到 30，再下降到 20。因为用来计量剩余价值的资本价值量已定，即 = 100，所以，剩余价值和这个不变量的比率下降，就只能是剩余价值的绝对量和利润的绝对量减少的另一种表现。事实上这是一个同义反复。但是，这种减少产生于资本主义生产过程发展的性质，这一点我们在前面已经证明了。

但是另一方面，使一定资本的剩余价值从而利润绝对减少，因而使按百分比计算的利润率绝对下降的同样一些原因，又会引起社会资本（即资本家全体）所占有的剩余价值从而利润的绝对量的增加。这种情况是怎样表现的呢？只能怎样表现呢？或者说，这个表面上的矛盾包含着哪些条件呢？

如果社会资本任何一个 = 100 的部分，从而任何一个具有社会平均构成的资本 100 是一个已定量，因而对这个已定量来说，利润率的下降和利润绝对量的减少是一致的，这正是因为在这里用来计量这个绝对量的资本是一个不变量，那末，与此相反，社会总资本的量以及单个资本家手中的资本量，是一个可变量，而且为了符合上面所假定的条件，这个可变量的变化必须和它的可变部分的减少成反比。

在前面的例子中，当百分比构成为 60c+40v 时，剩余价值或利润为 40，因而利润率为 40%。假定在构成的这个阶段上总资本为 100 万，那末，总剩余价值，从而总利润，就是 40 万。当构成后来变为 80c+20v 时，剩余价值或利润，在劳动剥削程度不变时，每 100 就 = 20。但是，因为前面我们已经指出，尽管利润率下降了，资本每 100 所生产的剩余价值减少了，剩余价值或利润，就其绝对量来说，还是增加了，比如说由 40 万增加到 44 万，所以，这种情况之可能发生，只是由于和这种新的构成同时形成的总资本已经增加到 220 万。被推动的总资本的量增加到 220%，而利润率下降了 50%。如果资本只增加一倍，它在利润率为 20%时所能生产的剩余价值量和利润量，和原有资本 100 万在利润率为 40%时所生产的正好相等。如果资本增加不到一倍，它所生产的剩余价值或利润，就比原有资本 100 万所生产的要少，而这个资本在其构成和以前一样的时候，为了使它的剩余价值由 40 万增加到 44 万，只要由 100 万增加到 110 万就行了。

这里又出现了以前已经阐述过的规律：随着可变资本的相对减少，就是说，随着劳动的社会生产力的发展，为了推动同量的劳动力和吸收同量的剩余劳动，所需要的总资本量越来越大。因此，工人人口相对过剩的可能性随着资本主义生产的发展而同样地发展起来，这并不是因为社会劳动的生产力**降低了**，而是因为社会劳动的生产力**提高了**；就是说，不是由于劳动和生活资料或生产这种生活资料的资料之间的绝对的不协调，而是由于对劳动的资本主义剥削所引起的不协调，即资本的不断增加和它对不断增加的人口的需要的相对减少之间的不协调。

利润率下降 50%，也就是下降一半。因此，要使利润量保持不变，资本就必须增加一倍。要使利润量在利润率下降时保持不变，表示总资本增加的乘数，就必须和表示利润率下降的除数相等。如果利润率由 40 下降到 20，要使结果保持不变，总资本就必须反过来按 20：40 的比例增加。如果利润率由 40 下降到 8，资本就必须按 8：40 的比例增加，即增加到五倍。资本 100 万在利润率为 40%时生产 40 万，资本 500 万在利润率为 8%时也生产 40 万。必须如此，结果才会保持不变。但是要使结果增加，资本增加的比例就必须大于利润率下降的比例。换句话说，要使总资本的可变组成部分不仅绝对地保持不变，而且绝对地增加（尽管它作为总资本的一个部分所占的百分比已经下降），总资本增加的比例必须大于可变资本所占百分比下降的比例。总资本必须这样增加：它在新的构成上，不仅需要有原来的可变资本部分，而且需要有比这更大的部分来购买劳动力。如果资本 100 的可变部分由 40 减少到 20，那末，总资本必须增加到 200 以上，才能使用一个比 40 更大的可变资本。

甚至在被剥削的工人人口的总数不变，只是工作日的长度和强度增加时，所使用的资本的量也必须增加，因为在资本构成变化时，即使要按旧的剥削关系使用同量劳动，资本量也必须增加。

因此，劳动的社会生产力的同一发展，在资本主义生产方式的发展中，一方面表现为利润率不断下降的趋势，另一方面表现为所占有的剩余价值或利润的绝对量的不断增加；结果，可变资本和利润的相对减少总的说来是同二者的绝对增加相适应的。我们讲过，这种双重的作用，只是在总资本的增加比利润率的下降更为迅速的时候才能表现出来。要在构成较高或不变资本的相对增加较多的情况下使用一个绝对增加了的可变资本，总资本不仅要和较高的构成成比例地增加，而且要增加得更迅速。由此可见，资本主义生产方式越是发展，要使用同量劳动力，就需要越来越大的资本量；如果要使用更多的劳动力，那就更是如此。因此，在资本主义的基础上，劳动生产力的提高必然会产生永久性的显而易见的工人人口过剩。如果可变资本以前占总资本的 $\frac{1}{2}$，现在只占 $\frac{1}{6}$，那末，要使用同量劳动力，总资本就必须增加到三倍；如果所用的劳动力要增加一倍，总资本就必须增加到六倍。

以往的经济学一直不知道怎样说明利润率下降的规律，它把利润量的增加，单个资本家或者社会资本的利润绝对量的增加，当作一种安慰的理由，但这种理由也只是以一些陈词滥调和可能性为根据的。

说利润量决定于两个因素，一是利润率，二是按这个利润率所使用的资本的量，这只是同义反复。因此，说利润量有可能不管利润率下降而同时增加，这也只是这个同义反复的另一种表现，无助于我们前进一步，因为资本增加而利润量不增加，甚至资本增加而利润量减少的情况，都同样是可能的。100 按 25% 算，得 25，而 400 按 5% 算，只得 20。但是，如果使利润率下降的同一些原因，也会促进积累，即促进追加资本的形成，如果每个追加资本都会推动追加劳动，并且生产追加剩余价值；另一方面，如果单是利润率的下降就包含不变资本从而全部旧资本已经增加这一事实，那末，这整个过程就不再是神秘的了。我们以后将会看到，为了抹杀利润量随着利润率的下降而同时增加的可能性，曾怎样求助于在计算时有意伪造数字的办法。

我们已经指出，造成一般利润率趋向下降的同一些原因，又会引起资本的加速积累，从而引起资本所占有的剩余劳动（剩余价值、利润）绝对量或总量的增加。在竞争中，从而在竞争当事人的意识中，一切都以颠倒的形式表现出来，这个规律——我指的是两个表面上互相矛盾的事物之间的这种内在的和必然的联系——也同样如此。很明显，在上面列举的比例中，一个拥有巨额资本的资本家所赚得的利润量，大于一个表面上赚得高额利润的小资本家所赚得的利润量。其次，对竞争的最肤浅的考察表明，在某种情况下，例如在危机时期，当大资本家要在市场上夺取地盘，排挤小资本家时，他在实际上就是利用这个办法，即有意识地压低自己的利润率，以便把小资本家排挤出去。特别是以后要详细说到的商人资本，会显示出各种现象，似乎利润的下降是营业扩大和资本扩大的结果。对于这种错误见解，我们将在以后提出真正科学的说明。类似的肤浅见解，是由于比较各个特殊营业部门在自由竞争的统治下还是在垄断的统治下所得到的利润率而产生的。这种存在于竞争当事人头脑中的非常浅薄的观念，在我们的罗雪尔身上就可以找到：利润率这样下降，是"比较明智和比较人道的"。在这里，利润率的下降好象是资本增加的**结果**，好象是资本家由于资本增加而考虑到利润率较低时会赚得较大的利润量的**结果**。这一切（除了以后要说到的亚·斯密）都是由于完全不理解一般利润率究竟是怎么回事，并且也是由于这样一种粗浅的观念：价格实际上是通过把一个多少带有任意性的利润量加到商品的实际价值上来决定的。这些观念无论多么粗浅，但它们是必然会产生的，这是因为资本主义生产的内在规律在竞争中是以颠倒的形式表现出来的。

————

利润率因生产力的发展而下降，同时利润量却会增加，这个规律也表现为：资本所生产的商品的价格下降，同时商品所包含的并通过商品出售所实现的利润量却会相对增加。

因为生产力的发展以及与之相适应的较高的资本构成，会使数量越来越小的劳动，推动数量越来越大的生产资料，所以，总产品中任何一个部分，任何一个商品，或者说，生产的全部商品中任何一定量商品，都只吸收较少的活劳动，而且也只包含较少的物化劳动，即所使用的固定资本的损耗以及所消费的原料和辅助材料中所体现的物化劳动。因此，任何一个商品都只包含一个较小的、物化在生产资料中的劳动和生产中新追加的劳动的总和。这样，单个商品的价格就下降了。尽管如此，单个商品中包含的利润量，在绝对剩余价值率或相对剩余价值率提高时仍能增加。它包含较少的新追加劳动，但是这种劳动的无酬部分同有酬部分相比却增加了。不过，只有在一定范围内情况才是这样。当单个商品中包含的新追加的活劳动的总和在生产发展过程中大大地绝对减少时，其中包含的无酬劳动的量也会绝对地减少，不管它同有酬部分相比相对地增加了多少。尽管剩余价值率提高了，每个商品中的利润量却会随着劳动生产力的发展而大大减少；而这种减少和利润率的下降完全一样，只是由于不变资本要素的日益便宜，由于本卷第一篇所指出的在剩余价值率不变甚至下降时使利润率提高的其他情况而延缓下来。

加在一起构成资本总产品的各单个商品的价格下降，只是意味着一定量劳动实现在一个较大的商品量中，因而每个商品所包含的劳动比以前少。甚至在不变资本的一部分如原料等等的价格提高时，情况也是这样。除了个别情况（例如在劳动生产力同样地使不变资本和可变资本的一切要素便宜的时候），利润率会不管剩余价值率提高而下降，1. 因为一个较小的新追加劳动的总量中即使有一个较大的无酬部分，这个部分同从前一个较大的总量中的一个较小的无酬部分相比，仍然是比较小的；2. 因为在单个商品中，较高的资本构成表现为：单个商品中代表新追加劳动的价值部分，同其中代表原料、辅助材料和固定资本损耗的价值部分相比已经减少。单个商品的价格的不同组成部分的比例上的这种变化，即代表新追加的活劳动的价格部分的减少和代表过去的物化劳动的价格部分的增加——是可变资本同不变资本相比已经减少这个事实在单个商品价格中表现出来的形式。这种减少对一定量资本例如 100 来说是绝对的，同样，它对作为再生产的资本的一个部分的每个商品来说，也是绝对的。不过，利润率如果只按单个商品的价格要素计算，它就会表现得和实际的利润率不同。

这里又一次表明下述一点是多么重要：在资本主义生产下，不能把单个商品或某一时期内生产的商品产品作为单纯的商品孤立地就它本身来进行考察，而要把它作为预付资本的产物，就这个商品和生产它的总资本的关系来进行考察。

虽然在计算利润率时，所生产和所实现的剩余价值量，不只是要按在商品中再现出来的已经消费掉的资本部分来计算，而且要按这个部分加上没有被消费掉、但已被使用并且在生产中继续被使用的资本部分来计算，但是利润量仍然只能和商品本身包含的并由商品的出售实现的利润量或剩余价值量相等。

如果产业的生产率提高了，单个商品的价格就会降低。商品中包含的劳动，有酬劳动和无酬劳动都更少了。假定同量劳动生产的产品比如说增加到三倍；这时，单个产品所包含的劳动就减少三分之二。因为利润只能形成单个商品所包含的这个劳动量的一部分，所以单个商品的利润量必然减少，并且在一定限度内，甚至在剩余价值率提高时，情况也是这样。但是，只要资本在剥削程度不变的情况下使用的工人人数同以前一样多，总产品的利润量在任何情况下都不会下降到原利润量以下。（如果在剥削程度提高的情况下使用较少的工人，情况也会是这样。）因为单个产品的利润量减少的比例和产品的数量增加的比例相同。利润量保持不变，只是按另一种方式分配在商品总量上；新追加劳动所创造的价值量在工人和资本家之间的分配，也不会因此发生任何变化。利润量只有在使用的劳动量相同而无酬的剩余劳动增加时才能增加，或者只有在劳动的剥削程度不变而工人人数增加时才能增加。或者只有在这两种情况共同发生作用时才能增加。在所有这些场合，——但是按照假定，这些场合以不变资本同可变资本相比已经增加和所使用的总资本的量已经增加为前提，——单个商品包含的利润量较少，利润率甚至按单个商品计算也下降；一定量追加劳动表现为较大量的商品；单个商品的价格下降。抽象地考察，在单个商品的价格由于生产力提高而下降的时候，从而在这些比较便宜的商品的数量同时增加的时候，利润率可以保持不变；例如，生产力的提高同时对商品的一切组成部分发生同等程度的影响，以致商品总价格下降的比例和劳动生产率提高的比例相同，而商品价格的不同组成部分的相互比例保持不变，这时，情况就是这样。如果随着剩余价值率的提高，不变资本特别是固定资本的各种要素的价值显著减少，那末，利润率甚至可以提高。但是，我们已经看到，实际上利润率从长远来说会下降。在任何场合，都不能只由单个商品价格的下降而得出有关利润率的结论。一切取决于参加商品生产的资本的总额有多大。例如，一码布的价格由 3 先令下降到 $1\frac{2}{3}$ 先令；如果我们知道，在价格跌落以前，其中 $1\frac{2}{3}$ 先令是不变资本如棉纱等等，$\frac{2}{3}$ 先令是工资，$\frac{2}{3}$ 先令是利润，而在价格跌落以后，其中 1 先令是不变资本，$\frac{1}{3}$ 先令是工资，$\frac{1}{3}$ 先令是利润，那末，我们还是不知道，利润率是否保持不变。这取决于全部预付资本是否增加，增加多少，以及在一定时间内多生产了多少码。

在劳动生产率提高时，单个商品或一定量商品的价格下降，商品数量增加，单个商品的利润量和商品总额的利润率下降，而商品总额的利润量却增加，这是从资本主义生产方式的性质产生的现象，这种现象在表面上只表现为：单个商品的利润量下降，它的价格也下降，社会总资本或单个资本家所生产的已经增加了的商品总量的利润量则增加。于是有人这样理解这个现象，似乎资本家心甘情愿地从单个商品取得较少的利润，然而会从他所生产的商品数量的增加而得到补偿。这种看法的基础是让渡利润的观念，而这个观念又是从商人资本的看法引伸出来的。

　　我们以前在第一卷第四篇和第七篇已经看到，同劳动生产力一起增加的商品量和单个商品本身的变得便宜（只要这些商品对劳动力的价格不发生决定性的影响），尽管价格下降，也不会影响单个商品内有酬劳动和无酬劳动的比例。

　　因为在竞争中一切都以假象出现，也就是以颠倒的形式表现出来，所以单个资本家会以为：1. 他用降低商品价格的办法来降低他的单个商品的利润，但是由于他所出售的商品的量较大，因此仍然赚到较大的利润；2. 他是先确定单个商品的价格，然后用乘法决定总产品的价格，可是本来的过程是除法的过程（见第 1 卷第 10 章第 314/323 页），而且乘法只是作为第二步即以这种除法为前提才是正确的。庸俗经济学家所做的实际上只是把那些为竞争所束缚的资本家的奇特观念，翻译成表面上更理论化、更一般化的语言，并且煞费苦心地论证这些观念是正确的。

　　商品价格下降，而数量已经增加的变得便宜的商品的利润量增加，这种情况实际上只是利润率下降，而利润量同时增加这个规律的另一种表现。

　　研究下降的利润率能够在多大程度上和上涨的价格相一致，这和以前在第一卷第 314/323 页论述相对剩余价值时说到的那个论点一样，也不属于这里讨论的范围。一个采用经过改良的但尚未普遍推广的生产方法的资本家，可以低于市场价格，但高于他个人的生产价格出售产品；因此，他的利润率会提高，直到竞争使它平均化为止；在这个平均化期间会出现另一个必要的条件，即所投资本增加；根据资本增加的程度，资本家现在能够在新的条件下，使用他从前雇用的工人的一部分，也许是全部，或者更多，因而能够生产出同样大或者更大的利润量。

第十五章
规律的内部矛盾的展开

I. 概 论

我们在本卷第一篇已经看到，用利润率来表现剩余价值率总是比剩余价值率本身低。现在我们看到，甚至提高的剩余价值率也具有表现为下降的利润率的趋势。只有 $c = 0$，就是说，只有全部资本都投在工资上，利润率才等于剩余价值率。只有不变资本的价值和推动它的劳动力的量之间的比例保持不变，或者这种劳动力的量同不变资本的价值相比已经增加，下降的利润率才表现下降的剩余价值率。

李嘉图自以为考察了利润率，实际上只是考察了剩余价值率，而且只是考察了在工作日的内含和外延都是不变量这个前提下的剩余价值率。

利润率的下降和积累的加速，就二者都表示生产力的发展来说，只是同一个过程的不同表现。积累既然引起劳动的大规模集中，从而引起资本有机构成的提高，所以又加速利润率的下降。另一方面，利润率的下降又加速资本的积聚，并且通过对小资本家的剥夺，通过对那些还有一点东西可供剥夺的直接生产者的最后残余的剥夺，来加速资本的集中。所以，虽然积累率随着利润率的下降而下降，但是积累在量的方面还是会加速进行。

另一方面，总资本的增殖率，即利润率，是资本主义生产的刺激（因为资本的增殖是资本主义生产的唯一目的），就这一点来说，利润率的下降会延缓新的独立资本的形成，从而表现为对资本主义生产过程发展的威胁；利润率的下降在促进人口过剩的同时，还促进生产过剩、投机、危机和资本过剩。所以，象李嘉图那样把资本主义生产方式看作绝对生产方式的经济学家，在这里也感觉到，这种生产方式为它自己造成了一种限制，因此，他们不是把这种限制归咎于生产，而是把它归咎于自然（在地租学说中就是这样）。但是在他们对利润率的下降所感到的恐惧中，重要的是这样一种感觉：资本主义生产方式在生产力的发展中遇到一种同财富生产本身无关的限制；而这种特有的限制证明了资本主义生产方式的局限性和它的仅仅历史的、过渡的性质；证明了它不是财富生产的绝对的生产方式，反而在一定阶段上同财富的进一步发展发生冲突。

诚然，李嘉图及其学派只考察了包括利息在内的产业利润。但是地租率也有下降趋势，虽然它的绝对量在增加，它同产业利润相比也可以相对地增加。（见爱·威斯特的著作，他在李嘉图之前阐述了地租的规律。）如果我们考察社会总资本 C，用 p_1 表示扣除利息和地租以后剩下的产业利润，z 表示利息，r 表示地租，那末，$\frac{m}{C} = \frac{p}{C} = \frac{p_1 + z + r}{C} = \frac{p_1}{C} + \frac{z}{C} + \frac{r}{C}$。我们已经知道，虽然在资本主义生产发展的进程中，剩余价值总额 m 不断增加，但是 $\frac{m}{C}$ 仍然不断下降，因为 C 比 m 会增加得更快。所以，在 $\frac{m}{C} = \frac{p}{C}$ 以及 $\frac{p_1}{C}$、$\frac{z}{C}$、$\frac{r}{C}$ 各自变得越来越小时，p_1、z 和 r 都能各自变得越来越大；或者，p_1 同 z 相比，或 r 同 p_1 相比，或 r 同 p_1 和 z 相比会相对地增大，这完全没有什么矛盾。在全部剩余价值或利润 m = p 增加而利润率 $\frac{m}{C} = \frac{p}{C}$ 同时下降时，由 m = p 所分成的各部分 p_1、z 和 r 之间的量的比例，可以在总量 m 的界限以内任意变动，而 m 或 $\frac{m}{C}$ 的大小不致由此受到影响。

p_1、z 和 r 互相之间的变化，只是 m 在不同项目之间的不同分配。因此，虽然一般利润率 $\frac{m}{C}$ 下降了，但是，个别产业利润率、利息率和地租对总资本的比率，即 $\frac{p_1}{C}$、$\frac{z}{C}$ 和 $\frac{r}{C}$，一个同另一个相比可以提高；唯一的条件是三者之和 = $\frac{m}{C}$。如果资本构成在剩余价值率 = 100% 时由 50c+50v 变为 75c+25v，利润率由 50% 下降到 25%，那末，在前一场合，资本 1000 提供利润 500，在后一场合，资本 4000 提供利润 1000。m 或 p 增加一倍，但是 p′ 下降一半。如果以前在 50% 中有 20 是利润，10 是利息，20 是地租，那末，$\frac{p_1}{C} = 20\%$，$\frac{z}{C} = 10\%$，$\frac{r}{C} = 20\%$。如果在变为 25% 时这些比率仍旧不变，那末，$\frac{p_1}{C} = 10\%$，$\frac{z}{C} = 5\%$，$\frac{r}{C} = 10\%$。但是，如果 $\frac{p_1}{C}$ 下降到 8%，$\frac{z}{C}$ 下降到 4%，那末，$\frac{r}{C}$ 就提高到 13%。r 同 p_1 和 z 相比已经相对增大，但是 p′ 仍旧不变。在这两种假定下，p_1、z 和 r 之和增加了，因为生产它的资本已经增加了三倍。此外，李嘉图关于产业利润（加上利息）包含全部剩余价值这个假定，从历史上和概念上来说都是错误的。其实，只是资本主义生产的发展，才使 1. 全部利润首先归于产业资本家和商业资本家，然后再行分配；2. 地租归结为超过利润的余额。在这个资本主义的基础上，地租以后还会增加，它是利润（即看作总资本的产物的剩余价值）的一部分，但不是这个产物中被资本家装进腰包的那个特殊部分。

假定已经有必要的生产资料，即充足的资本积累，那末，在剩余价值率从而劳动的剥削程度已定时，剩余价值的创造就只会遇到工人人口的限制，在工人人口已定时，就只会遇到劳动剥削程度的限制。资本主义的生产过程，实质上就是剩余价值的生产，而剩余价值体现为剩余产品或体现为所生产的商品中由无酬劳动物化成的相应部分。决不应当忘记，这种剩余价值的生产——剩余价值的一部分再转化为资本，或积累，也是这种剩余价值生产的不可缺少的部分——是资本主义生产的直接目的和决定性动机。因此，决不能把这种生产描写成它本来不是的那个东西，就是说，不能把它描写成以享受或者以替资本家生产享受品为直接目的的生产。如果这样，就完全看不到这种生产在其整个内在本质上表现出来的特有性质。

这个剩余价值的取得，形成直接的生产过程，而这个生产过程，正如我们已经指出的，除了上面所说的那些限制，再没有别的限制。一旦可以榨出的剩余劳动量物化在商品中，剩余价值就生产出来了。但是，这样生产出剩余价值，只是结束了资本主义生产过程的第一个行为，即直接的生产过程。资本已经吸收了一定量无酬劳动。随着表现为利润率下降的过程的发展，这样生产出来的剩余价值的总量会惊人地膨胀起来。现在开始了过程的第二个行为。总商品量，即总产品，无论是补偿不变资本和可变资本的部分，还是代表剩余价值的部分，都必须卖掉。如果卖不掉，或者只卖掉一部分，或者卖掉时价格低于生产价格，那末，工人固然被剥削了，但是对资本家来说，这种剥削没有原样实现，这时，榨取的剩余价值就完全不能实现，或者只是部分地实现，甚至资本也会部分或全部地损失掉。直接剥削的条件和实现这种剥削的条件，不是一回事。二者不仅在时间和空间上是分开的，而且在概念上也是分开的。前者只受社会生产力的限制，后者受不同生产部门的比例和社会消费力的限制。但是社会消费力既不是取决于绝对的生产力，也不是取决于绝对的消费力，而是取决于以对抗性的分配关系为基础的消费力；这种分配关系，使社会上大多数人的消费缩小到只能在相当狭小的界限以内变动的最低限度。这个消费力还受到追求积累的欲望的限制，受到扩大资本和扩大剩余价值生产规模的欲望的限制。这是资本主义生产的规律，它是由生产方法本身的不断革命，由不断和这种革命联系在一起的现有资本的贬值，由普遍的竞争斗争以及仅仅为了保存自身和避免灭亡而改进生产和扩大生产规模的必要性决定的。因此，市场必须不断扩大，以致市场的联系和调节这种联系的条件，越来越采取一种不以生产者为转移的自然规律的形式，越来越无法控制。这个内部矛盾力图用扩大生产的外部范围的办法求得解决。但是生产力越发展，它就越和消费关系的狭隘基础发生冲突。在这个充满矛盾的基础上，资本过剩和日益增加的人口过剩结合在一起是完全不矛盾的；因为在二者结合在一起的时候，所生产的剩余价值的量虽然会增加，但是生产剩余价值的条件和实现这个剩余价值的条件之间的矛盾，正好因此而日益增长。

如果利润率已定，利润量就总是取决于预付资本的量。而在这种情况下，积累取决于这个利润量中再转化为资本的部分。但因为这个部分等于利润减去资本家所消费的收入，所以它不仅仅取决于这个利润量的价值，而且也取决于资本家能够用这个利润量来购买的各种商品的便宜程度；这些商品一部分为他所消费，成为他的收入，一部分成为他的不变资本。（这里假定工资已定。）

由工人推动的、其价值通过工人的劳动保存下来并再现在产品中的资本量，是和工人追加的价值完全不同的。如果资本量＝1000，追加劳动＝100，那末，再生产出来的资本＝1100。如果资本量＝100，追加劳动＝20，那末再生产出来的资本＝120。利润率在前一场合＝10%，在后一场合＝20%。从100中可以用于积累的总是比从20中可以用于积累的多。因此，资本的源流，或者说资本的积累，将比例于资本已有的量而不是比例于利润率的高度而滚滚向前（撇开资本由于生产力的提高而发生的贬值）。如果工作日很长，即使劳动的生产效率不高，高的利润率也是可能的，只要它以高的剩余价值率为基础；高的利润率之所以可能，是因为劳动的生产效率虽然不高，但是工人的需要很小，平均工资因此也很低。与工资低相适应的将是工人的精力缺乏。因此，尽管利润率高，资本的积累还是很慢。人口停滞，生产产品所耗费的劳动时间很多，虽然支付给工人的工资很少。

利润率下降，不是因为对工人的剥削少了，而是因为所使用的劳动同所使用的资本相比少了。

如果象前面指出的那样，利润率的下降和利润量的增加同时发生，那末，在劳动的年产品中，一个较大的部分就会在资本范畴下为资本家所占有（作为已经耗费的资本的补偿），一个较小的部分就会在利润范畴下为资本家所占有。这样就产生了查默斯牧师的幻想：年产品中资本家用作资本的量越小，他们吞掉的利润就越大；于是，国教会就来帮助他们，要他们把很大一部分的剩余产品用于消费，而不要把它资本化。这位牧师把原因和结果混淆了。此外，利润量甚至在利润率较低时也会随着所投资本量的增加而增加。但是，这同时需要有资本的积聚，因为这时各种生产条件都要求使用大量资本。这同样需要有资本的集中，即小资本家为大资本家所吞并，小资本家失去资本。这不过又是劳动条件和生产者的再一次的分离，这些小资本家还算是生产者，因为对他们来说，本人的劳动还起着作用；总的说来，资本家的劳动和他的资本量成反比，就是说，和他成为资本家的程度成反比。正是劳动条件和生产者之间的这种分离，形成资本的概念；这种分离从原始积累（第1卷第24章）开始，然后在资本的积累和积聚中表现为不断的过程，最后表现为现有资本集中在少数人手中和许多人丧失资本（现在剥夺正向这方面变化）。如果没有相反的趋势不断与向心力一起又起离心作用，这个过程很快就会使资本主义生产崩溃。

Ⅱ. 生产扩大和价值增殖之间的冲突

劳动社会生产力的发展表现在两方面：第一，表现在已经生产出来的生产力的量上，表现在新的生产借以进行的生产条件的价值量和数量上，表现在已经积累起来的生产资本的绝对量上。第二，表现在投在工资上的资本部分同总资本相比的相对微小上，即表现在为一定量资本的再生产和增殖、为进行大量生产所必需的活劳动的相对微小上。这同时也要以资本的积聚为前提。

就所使用的劳动力来说，生产力的发展也表现在两方面：第一，表现在剩余劳动的增加上，即表现在再生产劳动力所必需的必要劳动时间的缩短上。第二，表现在推动一定量资本所使用的劳动力的数量（即工人人数）的减少上。

这两种运动不仅同时并进，而且互为条件，是表现同一个规律的两种现象。但是，它们对利润率起着相反的影响。利润总量等于剩余价值总量，利润率 $= \dfrac{m}{C} = \dfrac{剩余价值}{全部预付资本}$。但是，剩余价值作为一个总量，一方面取决于剩余价值率，另一方面取决于按这个比率同时使用的劳动量，即取决于可变资本量。一方面，前一个因素即剩余价值率提高；另一方面，后一个因素即工人人数（相对地或绝对地）减少。只要生产力的发展使所使用劳动的有酬部分减少，它就使剩余价值增加，因为它使剩余价值率提高了；但是，只要它使一定量资本所使用的劳动的总量减少，它就使人数这个在求剩余价值量时和剩余价值率相乘的因素减少。两个每天劳动 12 小时的工人，即使可以只靠空气生活，根本不必为自己劳动，他们所提供的剩余价值量也不能和 24 个每天只劳动 2 小时的工人所提供的剩余价值量相等。就这方面来说，靠提高劳动剥削程度来补偿工人人数的减少，有某些不可逾越的界限；因此，这种补偿能够阻碍利润率下降，但是不能制止它下降。

因此，随着资本主义生产方式的发展，利润率会下降，而利润量会随着所使用的资本量的增加而增加。在利润率已定的情况下，资本增加的绝对量，就取决于现有的资本量。另一方面，在现有的资本量已定的情况下，它增加的比率，即它的增长率，就取决于利润率。只有生产力的提高（前面已经提到，它总是和现有资本的贬值同时并进的）通过利润率的提高使年产品中再转化为资本的价值部分增加时，它才能直接增加资本的价值量。如果我们考察的是劳动生产力，那末，只有相对剩余价值由此提高，或不变资本的价值由此减少，就是说，只有加入劳动力再生产或不变资本要素的那些商品由此变得便宜，这种情况才能发生（因为这个生产力同现有资本的**价值**没有直接关系）。但是，二者都包含现有资本的贬值，二者都和可变资本同不变资本相比的相对减少同时并进。二者都引起利润率的下降，二者都延缓这种下降。其次，只要利润率的提高引起对劳动需求的增加，它就会使工人人口增加，从而使可供剥削的材料增加；而正是这种可供剥削的材料，使资本成为资本。

但是，劳动生产力的发展间接促使现有资本价值增加，因为它增加了使用价值的数量和种类，而这些使用价值体现同一交换价值，并形成资本的物质实体，物质要素，即那些直接构成不变资本和至少间接构成可变资本的物品。用同一资本和同一劳动会创造出更多的可以转化为资本的物品，而不管它们的交换价值如何。这些物品可以用来吸收追加劳动，从而也可以用来吸收追加的剩余劳动，由此形成追加资本。资本所能支配的劳动量，不是取决于资本的价值，而是取决于构成资本的原料和辅助材料、机器和固定资本要素以及生活资料的数量，而不管这些物品的价值如何。只要所使用的劳动的量由此增加了，因而剩余劳动的量也由此增加了，再生产出来的资本的价值和新加入资本的剩余价值也就增加了。

但是，我们不能象李嘉图那样，只在静止的并存状态中考察这两个包含在积累过程中的要素；它们包含着一个矛盾，后者表现为互相矛盾的趋势和现象。互相对抗的要素同时发生互相对抗的作用。

社会总产品中作为资本起作用的部分的增加，刺激工人人口的实际增加，同时，创造仅仅相对的过剩人口的一些要素也在起作用。

利润率下降，同时，资本量增加，与此并进的是现有资本的贬值，这种贬值阻碍利润率的下降，刺激资本价值的加速积累。

生产力发展，同时，资本构成越来越高，可变部分同不变部分相比越来越相对减少。

这些不同的影响，时而主要是在空间上并行地发生作用，时而主要是在时间上相继地发生作用；各种互相对抗的要素之间的冲突周期性地在危机中表现出来。危机永远只是现有矛盾的暂时的暴力的解决，永远只是使已经破坏的平衡得到瞬间恢复的暴力的爆发。

总的说来，矛盾在于：资本主义生产方式包含着绝对发展生产力的趋势，而不管价值及其中包含的剩余价值如何，也不管资本主义生产借以进行的社会关系如何；而另一方面，它的目的是保存现有资本价值和最大限度地增殖资本价值（也就是使这个价值越来越迅速地增加）。它的独特性质是把现有的资本价值用作最大可能地增殖这个价值的手段。它用来达到这个目的的方法包含着：降低利润率，使现有资本贬值，靠牺牲已经生产出来的生产力来发展劳动生产力。

现有资本的周期贬值，这个为资本主义生产方式所固有的、阻碍利润率下降并通过新资本的形成来加速资本价值的积累的手段，会扰乱资本流通过程和再生产过程借以进行的现有关系，从而引起生产过程的突然停滞和危机。

与生产力发展并进的、可变资本同不变资本相比的相对减少，刺激工人人口的增加，同时又不断地创造出人为的过剩人口。资本的积累，从价值方面看，由于利润率下降而延缓下来，但更加速了使用价值的积累，而使用价值的积累又使积累在价值方面加速进行。

资本主义生产总是竭力克服它所固有的这些限制，但是它用来克服这些限制的手段，只是使这些限制以更大的规模重新出现在它面前。

资本主义生产的**真正限制**是**资本自身**，这就是说：资本及其自行增殖，表现为生产的起点和终点，表现为生产的动机和目的；生产只是为**资本**而生产，而不是相反：生产资料只是不断扩大生产者**社会**的生活过程的手段。以广大生产者群众的被剥夺和贫困化为基础的资本价值的保存和增殖，只能在一定的限制以内运动，这些限制不断与资本为它自身的目的而必须使用的并旨在无限制地增加生产，为生产而生产，无条件地发展劳动社会生产力的生产方法相矛盾。手段——社会生产力的无条件的发展——不断地和现有资本的增殖这个有限的目的发生冲突。因此，如果说资本主义生产方式是发展物质生产力并且创造同这种生产力相适应的世界市场的历史手段，那末，它同时也是它的这个历史任务和同它相适应的社会生产关系之间的经常的矛盾。

Ⅲ. 人口过剩时的资本过剩

单个资本家手中为了生产地使用劳动所必需的资本最低限额，随着利润率的下降而增加；这个最低限额所以是必需的，既是为了剥削劳动，也是为了使所用劳动时间成为生产商品的必要劳动时间，使它不超过生产商品的平均社会必要劳动时间。而且积聚会同时增长，因为超过一定的界限，利润率低的大资本比利润率高的小资本积累得更迅速。这种日益增长的积聚，达到一定程度时，又引起利润率重新下降。因此，大量分散的小资本被迫走上冒险的道路：投机、信用欺诈、股票投机、危机。所谓的资本过剩，实质上总是指那种利润率的下降不会由利润量的增加得到补偿的资本——新形成的资本嫩芽总是这样——的过剩，或者是指那种自己不能独立行动而以信用形式交给大产业部门的指挥人去支配的资本的过剩。资本的这种过剩是由引起相对过剩人口的同一些情况产生的，因而是相对过剩人口的补充现象，虽然二者处在对立的两极上：一方面是失业的资本，另一方面是失业的工人人口。

因此，资本的生产过剩，——不是个别商品的生产过剩，虽然资本的生产过剩总是包含着商品的生产过剩，——仅仅是资本的积累过剩。要了解这种积累过剩究竟是怎么回事（以后还要详细地研究），必须假定它只是绝对的。资本的生产过剩在什么时候是绝对的呢？而且生产过剩在什么时候不仅扩展到这个或那个或两三个重要的生产部门，而且在范围上成为绝对的，即包括一切生产部门呢？

只要为了资本主义生产目的而需要的追加资本＝0，那就会有资本的绝对生产过剩。但是，资本主义生产的目的是资本增殖，就是说，是占有剩余劳动，生产剩余价值，利润。因此，只要资本同工人人口相比已经增加到如此程度，以致既不能延长这些人口所提供的绝对劳动时间，也不能增加相对剩余劳动时间（后一点在对劳动的需求相当强烈从而工资有上涨趋势时，本来是不能实现的）；就是说，只要增加以后的资本同增加以前的资本相比，只生产一样多甚至更少的剩余价值量，那就会发生资本的绝对生产过剩；这就是说，增加以后的资本 C+ΔC 同增加 ΔC 以前的资本 C 相比，生产的利润不是更多，甚至更少了。

在这两个场合，一般利润率也都会急剧地和突然地下降，但是这一回是由资本构成的这样一种变化引起的，这种变化的原因不是生产力的发展，而是可变资本货币价值的提高（由于工资已经提高），以及与此相适应的、剩余劳动同必要劳动相比的相对减少。

实际上事情可能是这样：一部分资本全部或部分地闲置下来（因为它要自行增殖就得先把已经执行职能的资本排挤出去），另一部分资本由于受到失业或半失业的资本的压迫以较低的利润率来增殖。一部分追加资本是否代替旧资本，而旧资本是否因此算到追加资本中去，在这里是没有关系的。我们总是一方面有旧资本额，另一方面有追加资本额。这一回，利润率的下降会引起利润量的绝对减少，因为在我们的前提下，所使用的劳动力的量不能增加，剩余价值率不能提高，因而剩余价值量也不能增加，而且，减少了的利润量却要按增大了的总资本来计算。——但是，即使就业的资本继续按原来的利润率来增殖，因而利润量不变，那末，这个利润量仍然要按增加了的总资本来计算，这也包含着利润率的下降。如果总资本 1000 提供利润 100，在增加到 1500 之后同样只提供 100，那末，在后一场合，1000 就只提供 $66\frac{2}{3}$。旧资本的增殖已经绝对减少。在新的条件下，资本 1000 所提供的利润并不比以前资本 $666\frac{2}{3}$ 提供的多。

但是很清楚，不经过斗争，就不可能发生旧资本这种实际上的贬值，不经过斗争，追加资本 ΔC 也不可能作为资本执行职能。利润率不是由于资本的生产过剩所引起的竞争而下降。而是相反，因为利润率的下降和资本的生产过剩产生于同一些情况，所以现在才会发生竞争斗争。原来执行职能的资本家会把他们手中的 ΔC 部分或多或少地闲置下来，以便使他们的原资本不致贬值，使它在生产领域中占有的地位不致缩小，或者，他们会使用 ΔC，以便即使自己遭受暂时的损失，也能把追加资本的闲置转嫁给新的侵入者，转嫁给他们的竞争者。

新资本家手中的 ΔC 部分，力图排挤旧资本来取得自己的地位，而且只要它使一部分旧资本闲置下来，强迫旧资本把旧位置让给它，使旧资本处于部分就业或完全失业的追加资本的地位，这就部分地获得了成功。

在任何情况下，一部分旧资本必然会闲置下来，必然会把它必须执行资本职能并自行增殖的那种资本属性闲置下来。究竟是哪部分会这样闲置下来，这取决于竞争斗争。在一切都顺利的时候，正如我们在研究一般利润率的平均化时已经指出的那样，竞争实际上表现为资本家阶级的兄弟情谊，使他们按照各自的投资比例，共同分配共同的赃物。但是，一旦问题不再是分配利润，而是分配损失，每一个人就力图尽量缩小自己的损失量，而把它推给别人。对整个阶级来说，损失是不可避免的。但是每个资本家要分担多少，要分担到什么程度，这就取决于力量的大小和狡猾的程度了，在这种情况下，竞争也就变为敌对的兄弟之间的斗争了。这时，每个资本家的利益和资本家阶级的利益之间的对立就显示出来了，正如以前这两种利益的一致性通过竞争在实际上得到实现一样。

这种冲突怎样再得到解决，同资本主义生产的"健康的"运动相适应的关系又怎样再建立起来呢？解决的方法已经包含在这里所说的要加以解决的那个冲突的表现本身中。这个方法就是：把在价值上与全部追加资本 ΔC 或其一部分相等的资本闲置下来，甚至使它部分地毁灭。虽然，正如我们在说明这种冲突时已经指出的一样，这种损失决不是均衡地分配给各个特殊资本，而是这种损失的分配决定于竞争斗争：在竞争斗争中，损失将按照特殊的优势或既得的地位，极不平均地、以极不相同的形式进行分配，结果，一个资本闲置下来，另一个资本被毁灭，第三个资本只受到相对的损失，或者只是暂时地贬值，等等。

但是在任何情况下，平衡都是由于一个或大或小的资本被闲置下来，甚至被毁灭而得到恢复。这会部分地影响到资本的物质实体；就是说，一部分生产资料即一部分固定资本和流动资本将不执行资本的职能，不起资本的作用；已经开始生产的一部分企业将会停工。虽然就这方面来说，时间会对一切生产资料（土地例外）起侵蚀和毁坏作用，但是在这里，由于职能停滞，生产资料所受到的实际破坏要大得多。然而这方面的主要影响是：这些生产资料不再起生产资料的作用；它们作为生产资料的职能在一个或长或短的时期内遭到破坏。

遭受主要的并且最严重的破坏的，是具有价值属性的资本，即资本**价值**。资本价值中仅仅表现为未来参与剩余价值即利润分配的凭证的那部分，实际上就是不同形式的对生产的债券，当它预计的收入减少时，将会立即贬值。现有的一部分金银闲置下来，不再执行资本的职能。市场上的一部分商品，只有通过它的价格的极大的下降，即通过它所代表的资本的贬值，才能完成它的流通过程和再生产过程。同样，固定资本的要素也会或多或少地贬值。此外，一定的、预定的价格关系是再生产过程的条件，所以，由于价格的普遍下降，再生产过程就陷入停滞和混乱。这种混乱和停滞，会削弱货币的那种和资本一同发展起来并以这些预定的价格关系为基础的支付手段职能，会在许多地方破坏一定期限内的支付债务的锁链，而在和资本一同发展起来的信用制度由此崩溃时，会更加严重起来，由此引起强烈的严重危机，突然的强制贬值，以及再生产过程的实际的停滞和混乱，从而引起再生产的实际的缩小。

同时，另一些要素也会起作用。生产的停滞会使工人阶级的一部分闲置下来，由此使就业的部分处于这样一种境地：他们只好让工资下降，甚至下降到平均水平以下。这种情况对资本所发生的影响，就好象在工资保持平均水平而相对剩余价值或绝对剩余价值已经提高时一样。繁荣时期会使更多的工人结婚，并会减少他们子女的死亡；这种情形——不管它使人口实际增加多少——并没有使实际劳动的人口增加，但是会对工人和资本的关系发生这样的影响，好象实际从事劳动的工人人数已经增加了。另一方面，价格下降和竞争斗争也会刺激每个资本家采用新的机器、新的改良的劳动方法、新的结合，来使他的总产品的个别价值下降到它的一般价值以下，就是说，提高一定量劳动的生产力，降低可变资本和不变资本的比率，从而把工人游离出来，总之，就是造成人为的过剩人口。其次，不变资本要素的贬值，本身就是一个会使利润率提高的要素。所使用的不变资本的量同可变资本相比相对增加，但是这个量的价值可能下降。已经发生的生产停滞，为生产在资本主义界限内以后的扩大准备好了条件。

这样，周期将重新通过。由于职能停滞而贬值的一部分资本，将重新获得它原有的价值。而且，在生产条件扩大，市场扩大以及生产力提高的情况下，同样的恶性循环将再次发生。

但是，即使在最极端的假定下，资本的绝对生产过剩，也不是一般的绝对生产过剩，不是生产资料的绝对生产过剩。它只是在下面这个意义上说的生产资料的生产过剩，就是说，生产资料应当**作为资本执行职能**，从而应当同随着自己的量的增加而增加的价值成比例地增殖这个价值，生产追加价值。

但是，这终究是生产过剩，因为资本已经不能按照资本主义生产过程的"健康的、正常的"发展所需要的剥削程度来剥削劳动，而这种发展所需要的剥削程度至少要使利润量随着所使用的资本量的增加而增加，从而使利润率不会在资本增加时按同一程度下降，更不会比资本的增加更为迅速地下降。

资本的生产过剩，仅仅是指可以作为资本执行职能即可以用来按一定剥削程度剥削劳动的生产资料——劳动资料和生活资料——的生产过剩；而这个剥削程度下降到一定点以下，就会引起资本主义生产过程的混乱和停滞、危机、资本的破坏。资本的这种生产过剩伴随有相当可观的相对人口过剩，这并不矛盾。使劳动生产力提高、商品产量增加、市场扩大、资本在量和价值方面加速积累和利润率降低的同一些情况，也会产生并且不断地产生相对的过剩人口，即过剩的工人人口，这些人口不能为过剩的资本所使用，因为他们只能按照很低的劳动剥削程度来使用，或者至少是因为他们按照一定的剥削程度所提供的利润率已经很低。

如果资本输往国外，那末，这种情况之所以发生，并不是因为它在国内已经绝对不能使用。这种情况之所以发生，是因为它在国外能够按更高的利润率来使用。但是，这种资本对就业的工人人口和这整个国家来说，都是绝对的过剩资本。它是作为绝对的过剩资本和相对的过剩人口并存的；这是二者同时并存和互为条件的一个例子。

另一方面，和积累结合在一起的利润率的下降也必然引起竞争斗争。利润率的下降由利润量的增加得到补偿，这只适用于社会总资本和地位已经巩固的大资本家。新的、独立执行职能的追加资本不具备这种补偿条件，它必须争得这种条件，因而是利润率的下降引起资本之间的竞争斗争，而不是相反。诚然，这种竞争斗争会引起工资的暂时提高和由此产生的利润率进一步暂时下降。这种情况也表现为商品的生产过剩和市场商品充斥。因为资本的目的不是满足需要，而是生产利润，因为资本达到这个目的所用的方法，是按照生产的规模来决定生产量，而不是相反，所以，在立足于资本主义基础的有限的消费范围和不断地力图突破自己固有的这种限制的生产之间，必然会不断发生冲突。而且，资本是由商品构成的，因而资本的生产过剩包含商品的生产过剩。由此产生了这样一种奇怪的现象：否认商品生产过剩的那些经济学家，却承认资本的生产过剩。如果说，发生的不是一般的生产过剩，而是不同生产部门之间的不平衡，那末，这仅仅是说，在资本主义生产内部，各个生产部门之间的平衡表现为由不平衡形成的一个不断的过程，因为在这里，全部生产的联系是作为盲目的规律强加于生产当事人，而不是作为由他们的集体的理性所把握、从而受他们支配的规律来使生产过程服从于他们的共同的控制。其次，这又要求资本主义生产方式不发达的国家，按照和资本主义生产方式的国家相适应的程度来进行消费和生产。如果说生产过剩只是相对的，这是完全正确的；但是整个资本主义生产方式也只是相对的生产方式，它的限制不是绝对的，然而对这种生产方式来说，在这种生产方式的基础上，则是绝对的。否则，人民群众缺乏的那些商品，怎么会没有需求呢；为了在国内能支付工人平均程度的必要生活资料，必须到国外、到远方市场去寻找这种需求，这种事情又怎么可能发生呢？因为只是在这种独特的、资本主义的关系中，剩余产品才具有这样一种形式：剩余产品的所有者只有在这种产品对他来说再转化为资本的时候，才能让这种产品由消费去支配。最后，如果说资本家只需要在他们之间互相交换和消费商品，那末，这就忘记了资本主义生产的全部性质，忘记了这里的问题是资本的增殖，而不是资本的消费。总之，所有否认显而易见的生产过剩现象的意见（它们并不能阻止这种现象的发生）可以归结为：**资本主义**生产的限制，不是**一般生产**的限制，因而也不是这种独特的、资本主义的生产方式的限制。但是，这种资本主义生产方式的矛盾正好在于它的这种趋势：使生产力绝对发展，而这种发展和资本在其中运动、并且只能在其中运动的特有的生产**条件**不断发生冲突。

生活资料和现有的人口相比不是生产得太多了。正好相反。要使大量人口能够体面地、象人一样地生活，生活资料还是生产得太少了。

对于人口中有劳动能力的那部分人的就业来说，生产资料生产得不是太多了。正好相反。首先是在人口中生产出了一个过大的部分，他们实际上不会劳动，他们由于自己的条件可以靠剥削别人的劳动来生活，或者靠这样一种劳动来生活，这种劳动只有在可鄙的生产方式下才能称为劳动。其次，要使全部有劳动能力的人口在生产效率最大的情况下劳动，就是说，要使他们的绝对劳动时间能够由于劳动时间内所使用的不变资本的数量和效率而得到缩短，已经生产出来的生产资料还很不够。

但是，要使劳动资料和生活资料作为按一定的利润率剥削工人的手段起作用，劳动资料和生活资料就周期地生产得太多了。要使商品中包含的价值和剩余价值能够在资本主义生产所决定的分配条件和消费关系下实现并再转化为新的资本，就是说，要使这个过程能够进行下去，不致于不断地发生爆炸，商品就生产得太多了。

不是财富生产得太多了。而是资本主义的、对抗性的形式上的财富，周期地生产得太多了。

资本主义生产方式的限制表现在：

1. 劳动生产力的发展使利润率的下降成为一个规律，这个规律在某一点上和劳动生产力本身的发展发生最强烈的对抗，因而必须不断地通过危机来克服。

2. 生产的扩大或缩小，不是取决于生产和社会需要即社会地发展了的人的需要之间的关系，而是取决于无酬劳动的占有以及这个无酬劳动和物化劳动之比，或者按照资本主义的说法，取决于利润以及这个利润和所使用的资本之比，即一定水平的利润率。因此，当生产的扩大程度在另一个前提下还远为不足的时候，对资本主义生产的限制已经出现了。资本主义生产不是在需要的满足要求停顿时停顿，而是在利润的生产和实现要求停顿时停顿。

如果利润率下降，那末一方面，资本就紧张起来，个别资本家就用更好的方法等等，把他的单个商品的个别价值压低到它的社会平均价值以下，因而在市场价格已定时赚得额外利润；另一方面，就出现了欺诈，而普遍促进这种欺诈的是狂热地追求新的生产方法、新的投资、新的冒险，以便取得某种不以一般平均水平为转移并且高于一般平均水平的额外利润。

利润率即资本的相对增长率，对一切新的独立形成的资本嫩芽来说，是特别重要的。只要资本的形成仅仅发生在某些可以用利润量来弥补利润率的极少数现成的大资本手中，使生产活跃的火焰就会熄灭。生产就会进入睡眠状态。利润率是资本主义生产的推动力；那种而且只有那种生产出来能够提供利润的东西才会被生产出来。英国经济学家对利润率下降的担忧就是由此产生的。单是这种可能性就使李嘉图感到不安，这正好表明他对资本主义生产条件的深刻理解。有人责难他，说他在考察资本主义生产时不注意"人"，只看到生产力的发展，而不管这种发展牺牲了多少人和资本价值。这正好是他的学说中出色的地方。发展社会劳动生产力，是资本的历史任务和存在理由。资本正是以此不自觉地为一个更高级的生产形式创造物质条件。使李嘉图感到不安的是：利润率，资本主义生产的刺激，积累的条件和动力，会受到生产本身发展的威胁。而且在这里，数量关系就是一切。实际上，成为基础的还有某种更为深刻的东西，他只是模糊地意识到了这一点。在这里，以纯粹经济学的方式，就是说，从资产阶级立场出发，在资本主义理解力的界限以内，从资本主义生产本身的立场出发，表现出资本主义生产的限制，它的相对性，即表现出资本主义生产不是绝对的生产方式，而只是一种历史的、和物质生产条件的某个有限的发展时期相适应的生产方式。

Ⅳ. 补充说明

因为劳动生产力的发展在不同的产业部门极不相等，不仅程度上不相等，而且方向也往往相反，所以，平均利润（＝剩余价值）的量必然会大大低于按最进步的产业部门中生产力的发展程度来推算的水平。不同产业部门生产力的发展不仅比例极不相同，而且方向也往往相反，这不仅仅是由竞争的无政府状态和资产阶级生产方式的特性产生的。劳动生产率也是和自然条件联系在一起的，这些自然条件所能提供的东西往往随着由社会条件决定的生产率的提高而相应地减少。因此，在这些不同的部门中就发生了相反的运动，有的进步了，有的倒退了。例如，我们只要想一想决定大部分原料数量的季节的影响，森林、煤矿、铁矿的枯竭等等，就明白了。

不变资本中的流动部分即原料等等，就数量来说，和劳动生产力的提高成比例地不断增加，而固定资本即厂房、机器、照明设备、取暖设备等等却不是这样。虽然机器随着它的体积的增大绝对地变得更贵了，但它相对地却变得更便宜了。当五个工人生产的商品为以前的十倍时，固定资本的支出并不因此为以前的十倍；虽然不变资本中这个部分的价值随着生产力的发展而增加，但它远不是按同一比例增加。关于在利润率的下降上表现出来的不变资本和可变资本的比率和随着劳动生产率的发展在单个商品及其价格上表现出来的同一比率之间的差别，我们已经多次指出过了。

|商品的价值，取决于加入商品的总劳动时间，即过去劳动的时间和活劳动的时间。劳动生产率的提高正是在于：活劳动的份额减少，过去劳动的份额增加，但结果是商品中包含的劳动总量减少；因而，所减少的活劳动要大于所增加的过去劳动。体现在商品价值中的过去劳动，——不变资本部分，——一部分由固定不变资本的损耗构成，一部分由全部加入商品的流动不变资本——原料和辅助材料——构成。来自原料和辅助材料的价值部分，必然随着劳动生产率的[提高]而减少，因为就这些材料来说，这种生产率正好表现在：它们的价值已经下降。另一方面，劳动生产力提高的特征正好是：不变资本的固定部分大大增加，因而其中由于损耗而转移到商品中的价值部分也大大增加。一种新的生产方法要证明自己实际上提高了生产率，就必须使固定资本由于损耗而转移到单个商品中的追加价值部分小于因活劳动的减少而节约下来的价值部分，总之，它必须减少商品的价值。即使象个别情况下所发生的那样，除了固定资本的追加损耗部分以外，还有一个由于原料或辅助材料的增加或更贵而追加的价值部分加入商品价值的形成中去，它也不言而喻地必须减少商品的价值。由于活劳动的减少而减少的价值部分必须抵销一切增加的价值部分而有余。

因此，加入商品的劳动总量的这种减少，好象是劳动生产力提高的主要标志，无论在什么社会条件下进行生产都一样。在生产者按照预定计划调节生产的社会中，甚至在简单的商品生产中，劳动生产率也无条件地要按照这个标准来衡量。但是资本主义生产的情况又怎样呢？

假定某个资本主义生产部门在下述条件下生产它的商品的标准件：固定资本的损耗每件为 $\frac{1}{2}$ 先令或马克；加入每一件的原料和辅助材料为 $17\frac{1}{2}$ 先令；工资为 2 先令，在剩余价值率为 100% 时，剩余价值为 2 先令。总价值 = 22 先令或马克。为了简便起见，我们假定，这个生产部门的资本构成是社会资本的平均构成，从而商品的生产价格和它的价值是一致的，资本家的利润和所生产的剩余价值是一致的。这样，商品的成本价格 $=\frac{1}{2}+17\frac{1}{2}+2=20$ 先令，平均利润率 $\frac{2}{20}=10\%$，一件商品的生产价格等于它的价值 $=22$ 先令或马克。

我们假定发明了一种机器，它使每件商品所需要的活劳动减少一半，但是由固定资本的损耗所构成的价值部分因此增加了两倍。于是，情况就变为：损耗 $=1\frac{1}{2}$ 先令，原料和辅助材料同以前一样为 $17\frac{1}{2}$ 先令，工资 1 先令，剩余价值 1 先令，总计 21 先令或马克。现在商品价值下降 1 先令；新机器确实提高了劳动生产力。但是对资本家来说，情况却变为：他的成本价格现在是：损耗 $1\frac{1}{2}$ 先令，原料和辅助材料 $17\frac{1}{2}$ 先令，工资 1 先令，总计 20 先令，同以前一样。因为利润率不会由于新机器的采用而立即发生变化，所以，他一定会在成本价格以上得到 10%，赚得 2 先令；因此，生产价格不变 $=22$ 先令，但高于价值 1 先令。对于在资本主义条件下进行生产的社会来说，商品并**没有**便宜，新机器也**不是**什么改良。因此，资本家对采用新机器并没有什么兴趣。并且，因为采用新机器会使他原有的还没有用坏的机器变得一钱不值，变成一堆废铁，从而使他受到直接的损失，所以他十分小心谨慎，不做这种对他来说纯属空想的蠢事。

因此，对资本来说，劳动生产力提高的规律不是无条件适用的。对资本来说，不是在活劳动一般地得到节约的时候，而是只有在活劳动中节约下来的**有酬**部分大于过去劳动的追加部分的时候，这种生产力才提高了，这一点在本书第一卷第十三章第二节第 409/398 页已经简略地说明过了。资本主义生产方式在这里陷入了新的矛盾。它的历史使命是无所顾虑地按照几何级数推动人类劳动的生产率的发展。如果它象这里所说的那样，阻碍生产率的发展，它就背叛了这个使命。它由此只是再一次证明，它正在衰老，越来越过时了。

——

一个独立的工业企业为进行有效的生产所必需的资本的最低限额，随着生产力的提高而提高，这种情况在竞争中表现为：只要新的较贵的生产设备普遍得到采用，较小的资本在将来就会被排除在这种生产之外。只是在各生产部门机器发明的初期，较小的资本才能在这些部门独立执行职能。另一方面，象铁路之类的规模极大的企业，不变资本占的比例异常巨大，它们不提供平均利润率，只提供它的一部分，即利息。否则，一般利润率就会降得更低。但是，资本在股份形式上的巨大的结合，在这里也找到了直接的活动场所。

资本的增长，即资本的积累，只是在资本的各个有机组成部分的比例随着这种增长发生上述变化的时候，才包含着利润率的下降。但是，尽管生产方式不断地每天发生变革，总资本中这个或那个或大或小的部分，在一定时期内，会在那些组成部分保持某个既定的平均比例的基础上继续积累，结果在它们增长的同时，并没有发生任何有机的变化，因而也没有产生利润率下降的原因。旧的生产方法在新方法已经被采用的同时仍然会安然存在，资本在旧生产方法基础上的这种不断的增大，从而生产在这个基础上的扩大，又是使利润率下降的程度和社会总资本增长的程度不一致的一个原因。

尽管投在工资上的可变资本相对减少，工人的绝对人数仍然会增加，这并不是在一切生产部门都发生，也不是在一切生产部门按同等程度发生。在农业中，活劳动要素的减少可以是绝对的。

此外，雇佣工人的人数尽管相对减少，但仍然会绝对增加，这只是资本主义生产方式的需要。对资本主义生产方式来说，只要不再需要每天使用劳动力12—15小时，劳动力就已经过剩了。只要生产力的发展，会使工人的绝对人数减少，就是说，只要它实际上会使整个国家能在较少的时间内完成自己的全部生产，它就会引起革命，因为它会断绝大多数人口的活路。在这里，资本主义生产的特有限制又出现了，资本主义生产决不是发展生产力和生产财富的绝对形式，它反而会在一定点上和这种发展发生冲突。这种冲突部分地出现在周期性危机中，这种危机是由于工人人口中这个或那个部分在他们原来的就业方式上成为过剩所引起的。资本主义生产的限制，是工人的剩余时间。社会所赢得的绝对的剩余时间，与资本主义生产无关。生产力的发展，只是在它增加工人阶级的剩余劳动时间，而不是减少物质生产的一般劳动时间的时候，对资本主义生产才是重要的；因此，资本主义生产是在对立中运动的。

我们已经知道，资本积累的增长包含着资本积聚的增长。因此，资本的权力在增长，社会生产条件与实际生产者分离而在资本家身上人格化的独立过程也在增长。资本越来越表现为社会权力，这种权力的执行者是资本家，它和单个人的劳动所能创造的东西根本没有任何关系；但是资本表现为异化的、独立化了的社会权力，这种权力作为物，作为资本家通过这种物取得的权力，与社会相对立。由资本形成的一般的社会权力和资本家个人对这些社会生产条件拥有的私人权力之间的矛盾，发展得越来越尖锐，并且包含着这种关系的解体，因为它同时包含着生产条件向一般的、共同的、社会的生产条件的转化。这种转化是由生产力在资本主义生产条件下的发展和实现这种发展的方式所决定的。

————

一种新的生产方法，不管它的生产效率有多高，或者它使剩余价值率提高多少，只要它会降低利润率，就没有一个资本家愿意采用。但每一种这样的新生产方法，都会使商品便宜。因此，资本家最初会高于商品的生产价格出售商品，也许还会高于商品的价值出售商品。他会得到他的商品的生产费用和按照较高的生产费用生产出来的其他商品的市场价格之间的差额。他能够这样做，是因为生产这种商品所需要的平均社会劳动时间大于采用新的生产方法时所需要的劳动时间。他的生产方法比平均水平的社会生产方法优越。但是竞争会使他的生产方法普遍化，使它服从普遍的规律。于是，利润率就下降，——也许首先就是在这个生产部门下降，然后与别的生产部门相平衡，——这丝毫不以资本家的意志为转移。

关于这一点，还应当指出，有些生产部门的产品既不直接也不间接加入工人的消费或加入工人的生活资料的生产条件；因而，有些生产部门的商品的变得便宜，既不能增加相对剩余价值，也不能使劳动力便宜，对这些生产部门来说，这同一规律也起支配作用。（当然，在所有这些部门，不变资本的变得便宜，在对工人的剥削不变时，会提高利润率。）只要新的生产方法开始推广，因而在实际上证明这些商品可以更便宜地生产出来，在旧的生产条件下进行工作的资本家，就必须低于产品的充分的生产价格来出售他们的产品，因为这种商品的价值已经下降，他们生产这种商品所需要的劳动时间多于社会必要劳动时间。总之，——这是竞争的结果，——他们也必须采用使可变资本同不变资本相比已经相对减少的新的生产方法。

机器的使用会使机器生产的商品的价格便宜，所有造成这种结果的情况总是会减少单个商品所吸收的劳动量；其次，还会减少把自己的价值加入单个商品的机器磨损部分。机器磨损得越慢，它的磨损就越是分配在更多的商品上，机器在它的再生产期限到来以前所代替的活劳动就越多。在这两种情况下，同可变资本相比，固定不变资本的量和价值都增加了。

"在其他一切条件相同的情况下，一个国家从它的利润中进行积蓄的能力，随着利润率的变化而变化，这种能力在利润率高时就大，在利润率低时就小；但是在利润率下降时，其他一切条件就不会保持不变……在利润率低时，积累的速度通常会比人口增加的速度快，例如在英国……在利润率高时，积累的速度通常会比人口增加的速度慢。"例如：波兰、俄国、印度等等。（理查·琼斯《政治经济学绪论》1833年伦敦版第50—51页）

琼斯正确地指出：尽管利润率下降，积累的欲望和能力仍然会增加。第一，由于相对过剩人口增加。第二，由于随着劳动生产率的提高，同一个交换价值所代表的使用价值量。即资本的物质要素的量会增加。第三，由于生产部门会多样化。第四，由于信用制度、股份公司等等的发展以及由此引起的结果，即自己不成为产业资本家，也很容易把货币转化为资本。第五，由于需要和致富欲望的增长。第六，由于固定资本的巨额投资不断增长，如此等等。

————

资本主义生产的三个主要事实：

1. 生产资料集中在少数人手中，因此不再表现为直接劳动者的财产，而是相反地转化为社会的生产能力，尽管首先表现为资本家的私有财产。这些资本家是资产阶级社会的受托人，但是他们会把从这种委托中得到的全部果实装进私囊。

2. 劳动本身由于协作、分工以及劳动和自然科学的结合而组织成为社会的劳动。

从这两方面，资本主义生产方式把私有财产和私人劳动取消了，虽然是在对立的形式上把它们取消的。

3. 世界市场的形成。

在资本主义生产方式内发展的、与人口相比显得惊人巨大的生产力，以及虽然不是与此按同一比例的、比人口增加快得多的资本价值（不仅是它的物质实体）的增加，同这个惊人巨大的生产力为之服务的、与财富的增长相比变得越来越狭小的基础相矛盾，同这个日益膨胀的资本的价值增殖的条件相矛盾。危机就是这样发生的。

第七篇
各种收入及其源泉

第四十八章
三位一体的公式

I ①

　　资本—利润（企业主收入加上利息），土地—地租，劳动—工资，这就是把社会生产过程的一切秘密都包括在内的三位一体的公式。

　　其次，因为正如以前已经指出的那样，利息表现为资本所固有的、独特的产物，与此相反，企业主收入则表现为不以资本为转移的工资，所以，上述三位一体的公式可以更确切地归结为：

　　资本—利息，土地—地租，劳动—工资；在这个公式中，利润，这个作为资本主义生产方式特征的剩余价值形式，就幸运地被排除了。

　　如果我们现在更仔细地考察一下这个经济上的三位一体，我们就会发现：

　　第一，每年可供支配的财富的各种所谓源泉，属于完全不同的领域，彼此之间毫无共同之处。它们互相之间的关系，就象公证人的手续费、甜菜和音乐

---

　　① 以下三个片断，分散在第6篇的手稿的不同地方。——弗·恩·

之间的关系一样。

　　资本，土地，劳动！但资本不是物，而是一定的、社会的、属于一定历史社会形态的生产关系，它体现在一个物上，并赋予这个物以特有的社会性质。资本不是物质的和生产出来的生产资料的总和。资本是已经转化为资本的生产资料，这种生产资料本身不是资本，就象金和银本身不是货币一样。社会某一部分人所垄断的生产资料，同活劳动力相对立而独立化的这种劳动力的产品和活动条件，通过这种对立在资本上被人格化了。不仅工人的已经转化为独立权力的产品（这种产品已成为它们的生产者的统治者和购买者），而且这种劳动的社会力量及未来的……｛？这里字迹不清｝① 形式，也作为生产者的产品的属性而与生产者相对立。因此，在这里，关于历史地形成的社会生产过程的因素之一，我们有了一个确定的、乍一看来极为神秘的社会形式。

　　现在，与此并列，又有土地，这个无机的自然界本身，这个完全处在原始状态中的"粗糙的混沌一团的天然物"。价值是劳动，因此，剩余价值不可能是土地创造的。土地的绝对肥力所起的作用，不过是使一定量的劳动提供一定的、受土地的自然肥力所制约的产品。土地肥力的差别所造成的结果是，同量劳动和资本，也就是同一价值，体现在不等量的土地产品上；因此，这些产品具有不同的个别价值。这些个别价值平均化为市场价值，促使

　　"肥沃土地同较坏的土地相比所提供的利益……从耕种者或消费者手里转移到土地所有者手里"。（李嘉图《原理》第 62 页）

　　最后，作为其中的第三个同盟者的，只是一个幽灵——劳动，这只是一个抽象，就它本身来说，是根本不存在的；或者，如果我们就……｛这里字迹不清｝② 来说，只是指人用来实现人和自然之间的物质变换的一般人类生产活动，它不仅已经摆脱一切社会形式和性质规定，而且甚至在它的单纯的自然存在上，不以社会为转移，超乎一切社会之上，并且作为生命的表现和证实，是还没有社会化的人和已经有某种社会规定的人所共同具有的。

II

　　资本—利息；土地所有权（即对土地的私有权，而且是现代的、与资本主义生产方式相适应的土地私有权）—地租；雇佣劳动—工资。这样，这个公式

---

　　① 根据后人的辨认，这里是"这种劳动的社会力量及其有关的形式"。
　　② 根据后人的辨认，这里是"如果我们就它在这里所表示的意思来说"。

应该包括各种收入源泉之间的联系。象资本一样，雇佣劳动和土地所有权也是历史规定的社会形式；一个是劳动的社会形式，另一个是被垄断的土地的社会形式。而且二者都是与资本相适应的、属于同一个社会经济形态的形式。

在这个公式中第一件引人注目的事情是：在资本旁边，在一个生产要素的这个属于一定生产方式、属于社会生产过程一定历史形态的形式旁边，在一个与一定社会形式融合在一起、并且表现在这个社会形式上的生产要素旁边，直接地一方面排上土地，另一方面排上劳动，即排上现实劳动过程的两个要素，而这二者在这种物质形式上，是一切生产方式共同具有的，是每一个生产过程的物质要素，而与生产过程的社会形式无关。

第二，在资本—利息，土地—地租，劳动—工资这个公式中，资本、土地和劳动，分别表现为利息（代替利润）、地租和工资的源泉，而利息、地租和工资则是它们各自的产物，它们的果实。前者是根据，后者是归结；前者是原因，后者是结果；而且每一个源泉都把它的产物当作是从它分离出来的、生产出来的东西。这三种收入，利息（代替利润）、地租、工资，就是产品价值的三个部分，总之，就是价值部分，用货币来表示，就是一定的货币部分，价格部分。虽然资本—利息这个公式是资本的最无概念的公式，但终究是资本的一个公式。但土地怎么会创造一个价值，即一个社会规定的劳动量，而且恰恰又是它自己的产品中形成地租的那个特殊价值部分呢？在生产一种使用价值、一种物质产品例如小麦时，土地是起着生产因素的作用的。但它和**小麦价值**的生产无关。就小麦上体现着价值来说，小麦只是被看作一定量的物化社会劳动，和这种劳动借以体现的特殊物质或这种物质的特殊使用价值完全无关。这同下述情况并不矛盾：1. 在其他条件相同时，小麦的贵贱取决于土地的生产率。农业劳动的生产率是和自然条件联系在一起的，并且由于自然条件的生产率不同，同量劳动会体现为较多或较少的产品或使用价值。体现在一舍费耳中的劳动量究竟有多大，取决于同量劳动所提供的舍费耳的数量。在这里，价值体现为多少产品，取决于土地的生产率；但这个价值却是已定的，同这种分配无关。价值体现在使用价值中，而使用价值又是创造价值的一个条件；但是，如果一方面摆上一个使用价值，即土地，另一方面摆上一个价值，而且是一个特殊的价值部分，由此形成一种对立，那就是愚蠢的做法。2. {手稿至此中断。}

Ⅲ

庸俗经济学所做的事情，实际上不过是对于局限在资产阶级生产关系中的生产当事人的观念，教条式地加以解释、系统化和辩护。因此，毫不奇怪，庸俗经济学对于各种经济关系的异化的表现形式——在这种形式下，各种经济关系乍一看来都是荒谬的，完全矛盾的；如果事物的表现形式和事物的本质会直接合而为一，一切科学就都成为多余的了——感到很自在，而且各种经济关系的内部联系越是隐蔽，这些关系对庸俗经济学来说就越显得是不言自明的（虽然对普通人来说，这些关系是很熟悉的）。因此，庸俗经济学丝毫没有想到，它作为出发点的这个三位一体：土地—地租，资本—利息，劳动—工资或劳动价格，是三个显然不可能综合在一起的部分。首先，我们看到的是没有价值的使用价值**土地**和交换价值**地租**：于是，一种当作物来理解的社会关系，竟被安置在一种和自然的比例关系上；也就是说，让两个不能通约的量互相保持一定比例。然后是**资本—利息**。如果资本被理解为一定的、独立地表现在货币上的价值额，那末，说一个价值是比它的所值更大的价值，显然是无稽之谈。正是在资本—利息这个形式上，一切媒介都已经消失，资本归结为它的最一般的、但因此也就无法从它本身得到说明的、荒谬的公式。正是由于这个缘故，庸俗经济学家宁愿用资本—利息这个公式，而不用资本—利润这个公式，因为前一个公式具有一种神秘性质，即一个价值和它自身并不相等；而后一个公式却和现实的资本关系较为接近。不过，由于庸俗经济学家不安地感到，4 不是 5，因而 100 塔勒不可能是 110 塔勒，所以他又抛开作为价值的资本，而求助于资本的物质实体，求助于资本作为劳动生产条件的使用价值，如机器、原料等等。这样一来，为了代替前一个无法理解的 4 = 5 的关系，就又重新搬出一个完全不能通约的关系，即一方是使用价值，是物，另一方是一定的社会生产关系，是剩余价值；就象在土地所有权的场合见到的情形一样。对庸俗经济学家来说，只要他达到了这种不能通约的关系，一切就都清楚了，他就不感到还有进一步深思的必要了。因为，他正好达到了资产阶级观念上的"合理"了。最后，**劳动—工资**，劳动的价格，象我们在第一卷中所证明过的那样，这种说法显然是和价值的概念相矛盾的，也是和价格的概念相矛盾的，因为一般说来，价格只是价值的一定表现；而"劳动的价格"是和"黄色的对数"一样不合理的。但在这里，庸俗经济学家才感到真正的满足，因为他现在终于达到了资产者的深刻见解，即认为他为劳动支付货币；还因为，正好是这个公式和价值概念的矛盾，使他免除了理解价值的义务。

————

我们① 已经看到，资本主义生产过程是一般社会生产过程的一个历史规定的形式。而社会生产过程既是人类生活的物质生存条件的生产过程，又是一个在历史上经济上独特的生产关系中进行的过程，是生产和再生产着这些生产关系本身，因而生产和再生产着这个过程的承担者、他们的物质生存条件和他们的互相关系即他们的一定的社会经济形式的过程。因为，这种生产的承担者对自然的关系以及他们互相之间的关系，他们借以进行生产的各种关系的总和，就是从社会经济结构方面来看的社会。资本主义生产过程象它以前的所有生产过程一样，也是在一定的物质条件下进行的，但是，这些物质条件同时也是个人在他们的生命的再生产过程中所处的一定的社会关系的承担者。这些物质条件，和这些社会关系一样，一方面是资本主义生产过程的前提，另一方面又是资本主义生产过程的结果和创造物；它们是由资本主义生产过程生产和再生产的。我们还看到，资本——而资本家只是人格化的资本，他在生产过程中只是作为资本的承担者执行职能——会在与它相适应的社会生产过程中，从直接生产者即工人身上榨取一定量的剩余劳动，这种剩余劳动是资本未付等价物而得到的，并且按它的本质来说，总是强制劳动，尽管它看起来非常象是自由协商同意的结果。这种剩余劳动体现为剩余价值，而这个剩余价值存在于剩余产品中。一般剩余劳动，作为超过一定的需要量的劳动，必须始终存在。只不过它在资本主义制度下，象在奴隶制度等等下一样，具有对抗的形式，并且是以社会上的一部分人完全游手好闲作为补充。为了对偶然事故提供保险，为了保证必要的、同需要的发展以及人口的增长相适应的累进的扩大再生产（从资本主义观点来说叫作积累），就需要一定量的剩余劳动。资本的文明面之一是，它榨取剩余劳动的方式和条件，同以前的奴隶制、农奴制等形式相比，都更有利于生产力的发展，有利于社会关系的发展，有利于更高级的新形态的各种要素的创造。因此，资本一方面会导致这样一个阶段，在这个阶段上，社会上的一部分人靠牺牲另一部分人来强制和垄断社会发展（包括这种发展的物质方面和精神方面的利益）的现象将会消失；另一方面，这个阶段又会为这样一些关系创造出物质手段和萌芽，这些关系在一个更高级的社会形态内，使这种剩余劳动能够同一般物质劳动所占用的时间的较显著的缩短结合在一起。因为，按照劳动生产力发展的不同情况，剩余劳动可以在一个小的总工作日中显得大，也可以在一个大的总工作日中相对地显得小。如果必要劳动时间＝3，剩余劳动＝3，

————
① 按照手稿，这才是第48章的开始。——［弗·恩·］

总工作日就 = 6，剩余劳动率就 = 100%。如果必要劳动 = 9，剩余劳动 = 3，总工作日就 = 12，剩余劳动率就只 = $33\frac{1}{3}$%。由此可见，在一定时间内，从而在一定的剩余劳动时间内，究竟能生产多少使用价值，取决于劳动生产率。也就是说，社会的现实财富和社会再生产过程不断扩大的可能性，并不是取决于剩余劳动时间的长短，而是取决于剩余劳动的生产率和这种剩余劳动借以完成的优劣程度不等的生产条件。事实上，自由王国只是在由必需和外在目的规定要做的劳动终止的地方才开始；因而按照事物的本性来说，它存在于真正物质生产领域的彼岸。象野蛮人为了满足自己的需要，为了维持和再生产自己的生命，必须与自然进行斗争一样，文明人也必须这样做；而且在一切社会形态中，在一切可能的生产方式中，他都必须这样做。这个自然必然性的王国会随着人的发展而扩大，因为需要会扩大；但是，满足这种需要的生产力同时也会扩大。这个领域内的自由只能是：社会化的人，联合起来的生产者，将合理地调节他们和自然之间的物质变换，把它置于他们的共同控制之下，而不让它作为盲目的力量来统治自己；靠消耗最小的力量，在最无愧于和最适合于他们的人类本性的条件下来进行这种物质变换。但是不管怎样，这个领域始终是一个必然王国。在这个必然王国的彼岸，作为目的本身的人类能力的发展，真正的自由王国，就开始了。但是，这个自由王国只有建立在必然王国的基础上，才能繁荣起来。工作日的缩短是根本条件。

在资本主义社会中，这个剩余价值或剩余产品——如果我们把分配上的偶然变动撇开不说，只考察分配的调节规律，分配的正常界限——是作为一份份的股息，按照社会资本中每个资本应得的份额的比例，在资本家之间进行分配的。在这个形态上，剩余价值表现为资本应得的平均利润。这个平均利润又分为企业主收入和利息，并在这两个范畴下分归各种不同的资本家所有。但资本对于剩余价值或剩余产品的这种占有和分配，受到了土地所有权方面的限制。正象职能资本家从工人身上吸取剩余劳动，从而在利润的形式上吸取剩余价值和剩余产品一样，土地所有者也要在地租的形式上，按照以前已经说明的规律，再从资本家那里吸取这个剩余价值或剩余产品的一部分。

因此，当我们在这里说利润是归资本所有的那部分剩余价值时，我们所指的是平均利润（等于企业主收入加上利息），它已经由于从总利润（在数量上和总剩余价值相等）中扣除地租而受到限制；地租的扣除是前提。因此，资本利润（企业主收入加上利息）和地租不过是剩余价值的两个特殊组成部分，不过是剩余价值因属于资本或属于土地所有权而区别开来的两个范畴，两个项目。它们丝毫也不会改变剩余价值的本质。它们加起来，就形成社会剩余价值的总和。资本直接从工人身上吸取体现为剩余价值和剩余产品的剩余劳动。因此，在这个意义上，资本可以被看作剩余价值的生产者。土地所有权却和现实的生产过程无关。它的作用只限于把已经生产出来的剩余价值的一部分，从资本的口袋里转移到它自己的口袋里。不过，土地所有者在资本主义生产过程中起作用，不仅因为他会对资本施加压力，也不仅因为大土地所有制是资本主义生产的前提和条件（因为大土地所有制是对劳动者的劳动条件进行剥夺的前提和条件），而且特别因为土地所有者表现为最重要的生产条件之一的人格化。

最后，工人作为他个人的劳动力的所有者和出售者，在工资的名义下得到一部分产品。这部分产品体现着他的劳动中被我们叫作必要劳动的那个部分，也就是维持和再生产这个劳动力所必需的劳动部分，而不管这种维持和再生产的条件是较贫乏的还是较富裕的，是较有利的还是较不利的。

不管这些关系在其他方面看起来多么不一致，但它们都有一个共同点：资本逐年为资本家提供利润，土地逐年为土地所有者提供地租，劳动力——在正常条件下，并且在它仍然是可以使用的劳动力的时期内——逐年为工人提供工资。每年生产的总价值中的这三个价值部分，以及每年生产的总产品中和它们相适应的部分，——在这里我们先撇开积累不说，——可以每年由它们各自的所有者消费掉，而不致造成它们的再生产源泉的枯竭。它们好象是一棵长生树上或者不如说三棵长生树上的每年供人消费的果实，它们形成三个阶级即资本家、土地所有者和工人的常年收入。这些收入，是由职能资本家作为剩余劳动的直接吸取者和一般劳动的使用者来进行分配的。因此，资本家的资本，土地所有者的土地，工人的劳动力或者不如说他的劳动本身（因为他实际出售的只是外部表现出来的劳动力，而且象以前所说的那样，在资本主义生产方式的基础上，劳动力的价格必然会对他表现为劳动的价格），对资本家、土地所有者和工人来说，表现为他们各自特有的收入（利润、地租和工资）的三个不同的源泉。它们从下述意义上讲确实是收入的源泉：对资本家来说，资本是一台永久的吸取剩余劳动的抽水机；对土地所有者来说，土地是一块永久的磁石，它会把资本所吸取的剩余价值的一部分吸引过来；最后，劳动则是一个不断更新的条件和不断更新的手段，使工人在工资的名义下取得他所创造的一部分价值，从而取得由这部分价值来计量的一部分社会产品，即必要生活资料。其次，它们从下述意义上讲是收入的源泉：资本会把价值的一部分，从而把年劳动产品的一部分固定在利润的形式上，土地所有权会把另一部分固定在地租的形式上，雇佣劳动会把第三部分固定在工资的形式上，并且正是由于这种转化，使它们变成了资本家的收入、土地所有者的收入和工人的收入，但是并没有创造转化为这几个不同范畴的实体本身。相反，这种分配是以这种实体已经存在为前提的，也就是说，是以年产品的总价值为前提的，而这个总价值不外就是物化的社会劳动。但在生产当事人看来，在生产过程的不同职能的承担者看来，事情却不是以这种形式表现出来的，而是相反地以颠倒的形式表现出来的。为什么会这样呢，在研究的进程中，我们将进一步说明。在那些生产当事人看来，资本、土地所有权和劳动，是三个不同的、独立的源泉，每年生产的价值——从而这个价值借以存在的产品——的三个不同的组成部分，就是从这些源泉本身产生出来的；因此，不仅这个价值作为收入分归社会生产过程的各个特殊因素时所采取的不同形式，是从这些源泉产生出来的，而且这个价值本身，从而这些收入形式的实体，也是从这些源泉产生出来的。

{这里，手稿缺了对开纸一页。}

……级差地租是和土地的相对肥力结合在一起的，也就是说，是和土地本身产生的各种属性结合在一起的。但是第一，就它以不同等级的土地的产品所具有的不同的个别价值为基础来说，这不过就是我们刚刚说过的那个规定；第二，就它以起调节作用的、不同于这些个别价值的一般市场价值为基础来说，这是一个通过竞争来实现的社会规律，既和土地无关，也和土地肥力的不同程度无关。

看来，也许至少在"劳动—工资"这个公式中表现着合理的关系。但是，它象"土地—地租"一样没有表现这种关系。就劳动形成价值，并体现为商品的价值来说，它和这个价值在不同范畴之间的分配无关。就劳动具有雇佣劳动的特殊的社会性质来说，它不形成价值。整个说来，我们以前已经指出，工资或劳动的价格只是劳动力的价值或价格的不合理的说法；并且，这种劳动力出售时的一定的社会条件同作为一般生产要素的劳动无关。劳动也物化在商品的这样一个价值部分中，即作为工资形成劳动力价格的价值部分中；它创造产品的这个部分，和创造产品的其他部分一样；它物化在这个部分中，和物化在那些形成地租或利润的部分中相比，不会更多，也没有什么不同。而且整个说来，当我们把劳动确定为形成价值的要素时，我们不是从它作为生产条件的具体形式上来考察它，而是从一种和雇佣劳动的社会规定性不同的社会规定性上来考察它。

甚至"资本—利润"这个说法，在这里也是不正确的。如果仅从资本生产剩余价值这方面来说，也就是，从资本通过它对劳动力，即对雇佣工人的强制，来榨取剩余劳动这种它同工人的关系来说，那末，这个剩余价值，除了包括利润（企业主收入加上利息）之外，还包括地租，总之，包括全部没有分割的剩余价值。相反，在这里，资本作为收入的源泉，只和归资本家所有的那部分有关。这不是资本榨取的全部剩余价值，而只是资本为资本家榨取的那部分剩余价值。一旦这个公式转化为"资本—利息"的公式，一切联系就更看不出来了。

如果说，第一，我们考察的是这三个源泉的不一致，那末，第二，现在我们看到，它们的产物，它们的幼仔，即各种收入，反而全都属于一个范围，即价值的范围。但是，这种情况（这不仅是不能通约的量之间的关系，而且是完全不同的、彼此毫无关系的、不能互相比较的物之间的关系）会因下述缘故而一致起来：事实上，资本也象土地和劳动一样，只是就它的物质实体来看的，因而是单纯作为生产出来的生产资料来看的；这时，它同工人的关系以及它作为价值的性质都被抽象掉了。

第三，因此，在这个意义上，资本—利息（利润），土地—地租，劳动—工资这个公式，显示出了一种整齐的对称的不相称的东西。事实上，既然雇佣劳动不是表现为劳动的社会规定的形式，而是一切劳动按它的性质来说都表现为雇佣劳动（被资本主义生产关系束缚的人，就是这样看的），那末，物质劳动条件——生产出来的生产资料和土地——对于雇佣劳动所采取的一定的特有的社会形式（它们反过来又以雇佣劳动为前提），也就直接地和这些劳动条件的物质存在，换句话说，和它们在实际劳动过程中一般具有的、不以这个过程的每一种历史规定的社会形式为转移的、甚至不以**任何**社会形式为转移的形态合而为一了。因此，劳动条件的这种和劳动相异化的、和劳动相对立而独立化的、并由此形成的转化形态（在这种形态下，生产出来的生产资料已转化为资本，土地已转化为被人垄断的土地，转化为土地所有权），这种属于一定历史时期的形态，就和生产出来的生产资料和土地在一般生产过程中的存在和职能合而为一了。这种生产资料就其本身来说天然是资本，资本则不外是这种生产资料的纯粹"经济名称"；土地就其本身来说也天然是若干土地所有者所垄断的土地。正象在资本和资本家——他事实上不外是人格化的资本——那里，产品会成为对生产者独立的权力一样，土地也会人格化为土地所有者，也会用后腿站立起来，并且作为一种独立的权力，要求在它帮助下生产出来的产品中占有自己的一份；所以，不是土地得到了产品中归它所有的那一部分，以便用来恢复和提高自己的生产率，而是土地所有者得到了这个产品的一部分，以便用来高价变卖和挥霍浪费。很清楚，资本是以作为雇佣劳动的劳动为前提的。但是，同样很清楚，如果从作为雇佣劳动的劳动出发，以致一般劳动和雇佣劳动合而为一好象是不言而喻的事情，那末资本和被垄断的土地，也就必然会表现为劳动条件的自然形式，而与一般劳动相对立。现在，资本表现为劳动资料的自然形式，从而表现为纯粹物的、由劳动资料在一般劳动过程中的职能所产生的性质。因此，资本和生产出来的生产资料就变成了一个同义词。同样，土地和被私有权垄断的土地也变成了一个同义词。因此，天然就是资本的劳动资料本身也就成了利润的源泉，土地本身则成了地租的源泉。

劳动本身，就它作为有目的的生产活动这个简单的规定性而言，不是同具有社会形式规定性的生产资料发生关系，而是同作为物质实体、作为劳动材料和劳动资料的生产资料发生关系。这些生产资料也只是在物质方面，作为各种使用价值来互相区别：土地不是生产出来的劳动资料，其余的东西是生产出来的劳动资料。因此，如果劳动和雇佣劳动合而为一，那种使劳动条件和劳动对立的一定的社会形式也就会和劳动条件的物质存在合而为一。这样，劳动资料本身就是资本，土地本身也就是土地所有权了。这些劳动条件在劳动面前所显示出来的形式上的独立，它们在雇佣劳动面前所具有的这种独立化的特殊形式，也就成了它们作为物，作为物质生产条件所具有的不可分离的属性，成了它们作为生产要素必然会有的、内在地固有的性质了。它们在资本主义生产过程中获得的、为一定的历史时代所决定的社会性质，也就成了它们自然的、可以说是永恒的、作为生产过程的要素天生就有的物质性质了。因此，土地作为劳动的原始活动场所，作为自然力的王国，作为一切劳动对象的现成的武库在一般生产过程中所起的作用，和生产出来的生产资料（工具、原料等等）在一般生产过程中所起的作用，似乎必然表现在它们作为资本和土地所有权各自应得的份额上，也就是表现在它们的社会代表在利润（利息）和地租的形式上应得的份额上，就象工人的劳动在生产过程中所起的作用，会以工资的形式表现在工人应得的份额上一样。因此地租、利润、工资，好象是由土地、生产出来的生产资料和劳动在简单劳动过程中所起的作用产生的；甚至在我们把这个劳动过程看作只是人和自然之间发生的过程，并把一切历史规定性都撇开不说的时候，也是这样。如果说体现雇佣工人为自己完成的劳动的产品，即体现他的收益，体现他的收入的产品，只是工资，只是价值（因而是用这个价值来计量的社会产品）中代表他的工资的部分，那末，这又只是在另一种形式上说的同一件事情。因此，如果雇佣劳动和一般劳动合而为一，工资也就会和劳动的产品合而为一，工资所代表的价值部分也就会和劳动所创造的一般价值合而为一。但是这样一来，其他的价值部分，即利润和地租，也就会同工资相独立；它们必须由它们自己的、和劳动根本不同并且不以劳动为转移的源泉产生；它们必须由那些共同起作用的生产要素产生，而它们就是属于那些生产要素的所有者的；这样，利润就是由生产资料，即资本的物质要素产生的，地租就是由土地所有者所代表的土地或自然产生的（罗雪尔）。

因此，土地所有权、资本和雇佣劳动，就从下述意义上的收入源泉，即资本以利润的形式使资本家吸取他从劳动中榨取的剩余价值的一部分，土地的垄断以地租的形式使土地所有者吸取剩余价值的另一部分，劳动以工资的形式使工人取得最后一个可供支配的价值部分这种意义上的源泉，也就是从这种作为媒介使价值的一部分转化为利润形式，第二部分转化为地租形式，第三部分转化为工资形式的源泉，转化成了真正的源泉，这个源泉本身产生出这几个价值部分和这几个价值部分借以存在或可以转化成的那些有关产品部分，因而是产生出产品价值本身的最后源泉。

在论述资本主义生产方式甚至商品生产的最简单的范畴时，在论述商品和货币时，我们已经指出了一种神秘性质，它把在生产中以财富的各种物质要素作为承担者的社会关系，变成这些物本身的属性（商品），并且更直截了当地把生产关系本身变成物（货币）。一切已经有商品生产和货币流通的社会形态，都有这种颠倒。但是，在资本主义生产方式下和在资本这个资本主义生产方式的占统治的范畴、起决定作用的生产关系下，这种着了魔的颠倒的世界就会更厉害得多地发展起来。如果我们首先在直接生产过程中考察资本，把它看作是剩余劳动的吸取者，那末，这种关系还是非常简单的，实际的联系会强使这个过程的承担者即资本家本身接受，并且还被他们意识到。为了工作日的界限而进行的激烈斗争，有力地证明了这一点。但是，甚至在这个没有中介的领域内，在劳动和资本之间的直接过程的领域内，事情也不会如此简单。随着相对剩余价值在真正的独特的资本主义生产方式下的发展，——与此同时劳动的社会生产力也发展了，——这些生产力以及劳动在直接劳动过程中的社会联系，都好象由劳动转移到资本身上了。因此，资本已经变成了一种非常神秘的东西，因为劳动的一切社会生产力，都好象不为劳动本身所有，而为资本所有，都好象是从资本自身生长出来的力量。然后流通过程插进来了。资本甚至农业资本的一切部分，都会随着这种独特的资本主义生产方式的发展，被卷入流通过程的物质变换和形式变换中去。这是原始的价值生产的关系完全退居次要地位的一个领域。早在直接生产过程中，资本家就已经同时作为商品生产者，作为商品生产的指挥者进行活动。因此，对他来说，这个生产过程决不单纯表现为剩余价值的生产过程。但是，不管资本在直接生产过程中吸取了多少剩余价值并把它体现在商品中，商品中包含的价值和剩余价值都必须在流通过程中才能得到实现。于是，生产上预付的价值的收回，特别是商品中包含的剩余价值，似乎不是单纯在流通中实现，而是从流通中产生出来的；这个假象特别由于以下两个情况而更加令人迷惑：首先是让渡时的利润，这种利润取决于欺诈、狡猾、熟知内情、随机应变和千万种市场状况；其次是这样一个情况，即除了劳动时间以外，在这里又出现了第二个决定的要素，即流通时间。流通时间虽然只是对价值和剩余价值的形成起消极限制的作用，但是它具有一种假象，好象它和劳动本身一样是一个积极的原因，好象它会带来一个从资本的本性中产生的、不以劳动为转移的规定。在第二卷中，我们对于这个流通领域当然只能就它所产生的各种形式规定进行说明，论证资本的形态在流通领域内的继续发展。但是事实上，这个领域是一个竞争的领域，就每一个别情况来看，这个领域是偶然性占统治地位的。因此，在这个领域中，通过这些偶然性来为自己开辟道路并调节着这些偶然性的内部规律，只有在对这些偶然性进行大量概括的基础上才能看到。因此，对单个的生产当事人本身来说，这种内部规律仍然是看不出来，不能理解的。此外，现实的生产过程，作为直接生产过程和流通过程的统一，又产生出种种新的形式，在这些形式中，内部联系的线索越来越消失，各种生产关系越来越互相独立，各种价值组成部分越来越硬化为互相独立的形式。

我们已经看到，剩余价值转化为利润，既是由生产过程决定的，也同样是由流通过程决定的。利润形式的剩余价值，不再和它得以产生的投在劳动上的资本部分相比，而是和总资本相比。利润率受它本身的各种规律调节；这些规律，在剩余价值率不变时，允许利润率发生变化，甚至决定着利润率的变化。这一切使剩余价值的真正性质越来越隐蔽，从而也使资本的实际机构越来越隐蔽。由于利润转化为平均利润，价值转化为生产价格，转化为起调节作用的平均市场价格，情况就更是这样了。在这里，一个复杂的社会过程插进来了。这就是资本的平均化过程。这个过程使商品的相对平均价格同它们的价值相分离，使不同生产部门（完全撇开每个特殊生产部门内的单个投资不说）的平均利润同特殊资本对劳动的实际剥削相分离。在这里，不仅看起来是这样，而且事实上商品的平均价格不同于商品的价值，因而不同于实现在商品中的劳动；特殊资本的平均利润不同于这个资本从它所雇用的工人身上榨取出来的剩余价值。商品的价值只是直接地表现在这件事情上：变化的劳动生产力，对生产价格的涨落，对生产价格的运动产生影响，而不是对生产价格的最后界限产生影响。既然对劳动的直接剥削，允许资本家按照似乎和这种剥削无关但起着调节作用的市场价格来实现一个和平均利润相偏离的利润，那末利润好象只是附带地由对劳动的直接剥削决定的。正常的平均利润本身好象是资本所固有的，同剥削无关；过度的剥削，或者，甚至特别有利条件下的平均剥削，好象只是决定同平均利润的偏离，而不是决定平均利润本身。利润分割为企业主收入和利息（更不用说这中间还要插进商业利润和货币经营业利润了，这两种利润都是以流通为基础，好象完全是从流通中产生的，而不是从生产过程本身中产生的），就完成了剩余价值形式的独立化，完成了它的形式对于它的实体，对于它的本质的硬化。利润的一部分与它的另一部分相反，完全从资本关系本身中分离出来，并且好象它不是来自剥削雇佣劳动的职能，而是来自资本家本身从事的雇佣劳动。与此相反，利息则好象和工人的雇佣劳动无关，也和资本家自己的劳动无关，而是来自作为它本身的独立源泉的资本。如果说资本起初在流通的表面上表现为资本拜物教，表现为创造价值的价值，那末，现在它又在生息资本的形式上，取得了它最异化最特别的形式。由于这个原因，"资本—利息"这个公式，作为"土地—地租"和"劳动—工资"的第三个环节，也就比"资本—利润"这个公式彻底得多了，因为在利润的场合，我们总会想起它的起源；而在利息的场合，不仅想不到它的起源，而且想到和这个起源完全相反的形式上去了。

最后，同作为剩余价值的独立源泉的资本相并列的，是土地所有权，它所起的作用是限制平均利润，并把剩余价值的一部分转移到这样一个阶级手里，这个阶级既不亲自劳动，又不直接剥削工人，也不象生息资本那样可以找到一些在道义上宽慰自己的理由，比如说，贷放资本要冒风险和作出牺牲。在这里，因为剩余价值的一部分好象不是直接和社会关系联系在一起，而是直接和一个自然要素（土地）联系在一起，所以剩余价值的不同部分互相异化和硬化的形式就完成了，内部联系就最终割断了，剩余价值的源泉就完全被掩盖起来了，而这正是由于和生产过程的不同物质要素结合在一起的生产关系已经互相独立化了。

在资本—利润（或者，更好的形式是资本—利息），土地—地租；劳动—工资中，在这个表示价值和一般财富的各个组成部分同财富的各种源泉的联系的经济三位一体中，资本主义生产方式的神秘化，社会关系的物化，物质生产关系和它的历史社会规定性直接融合在一起的现象已经完成：这是一个着了魔的、颠倒的、倒立着的世界。在这个世界里，资本先生和土地太太，作为社会的人物，同时又直接作为单纯的物，在兴妖作怪。古典经济学把利息归结为利润的一部分，把地租归结为超过平均利润的余额，使这二者在剩余价值中合在一起；此外，把流通过程当作单纯的形态变化来说明；最后，在直接生产过程中把商品的价值和剩余价值归结为劳动；这样，它就把上面那些虚伪的假象和错觉，把财富的不同社会要素互相间的这种独立化和硬化，把这种物的人格化和生产关系的物化，把日常生活中的这个宗教揭穿了。这是古典经济学的伟大功绩。然而，甚至古典经济学的最优秀的代表，——从资产阶级的观点出发，必然是这样，——也还或多或少地被束缚在他们曾批判地予以揭穿的假象世界里，因而，都或多或少地陷入不彻底性、半途而废和没有解决的矛盾中。另一方面，实际的生产当事人对资本—利息，土地—地租，劳动—工资这些异化的不合理的形式，感到很自在，这也同样是自然的事情，因为他们就是在这些假象的形式中活动的，他们每天都要和这些形式打交道。庸俗经济学无非是对实际的生产当事人的日常观念进行训导式的、或多或少教条式的翻译，把这些观念安排在某种合理的秩序中。因此，它会在这个消灭了一切内部联系的三位一体中，为自己的浅薄的妄自尊大，找到自然的不容怀疑的基础，这也同样是自然的事情。同时，这个公式也是符合统治阶级的利益的，因为它宣布统治阶级的收入源泉具有自然的必然性和永恒的合理性，并把这个观点推崇为教条。

在描述生产关系的物化和生产关系对生产当事人的独立化时，我们没有谈到，这些联系由于世界市场，世界市场行情，市场价格的变动，信用的期限，工商业的周期，繁荣和危机的交替，会按怎样的方式对生产当事人表现为不可抗拒的、自发地统治着他们的自然规律，并且作为盲目的必然性对他们发生作用。我们没有谈到这些问题，是因为竞争的实际运动不在我们的研究计划之内，我们只需要把资本主义生产方式的内部组织，在它的可说是理想的平均形式中表现出来。

在以前的各种社会形态下，这种经济上的神秘化主要只同货币和生息资本有关。按照事物的性质来说，这种神秘化在下述场合是被排除的：第一，生产主要是为了使用价值，为了本人的直接需要；第二，例如在古代和中世纪，奴隶制或农奴制形成社会生产的广阔基础，在那里，生产条件对生产者的统治，已经为统治和从属的关系所掩盖，这种关系表现为并且显然是生产过程的直接动力。在原始共产主义占统治地位的原始公社中，甚至在古代的城市公社中，公社本身及其条件表现为生产的基础，而公社的再生产表现为生产的最终目的。甚至在中世纪的行会制度中，无论资本还是劳动都不是不受束缚的。相反，它们的关系由公会制度，由各种与这种制度相联系的关系，各种与这些关系相适应的关于职业义务、师徒制度等等的观念所决定。只有在资本主义生产方式中……①

---

① 手稿到此中断。

第四十九章
关于生产过程的分析

我们在以下的研究中可以把生产价格和价值的区别撇开不说，因为象在这里所作的那样，当我们考察劳动的全部年产品的价值，也就是考察社会总资本的产品的价值时，这种区别就不存在了。

利润（企业主收入加上利息）和地租，不外是商品剩余价值的各个特殊部分所采取的独特形式。剩余价值的大小，是剩余价值可以分割成的各个部分的总和的界限。因此，平均利润加上地租就等于剩余价值。商品中包含的一部分剩余劳动，从而一部分剩余价值，有可能不直接加入平均利润的平均化过程；这时，商品价值的一部分就根本不会在商品的价格中表现出来。不过，第一，这种情况将会由于下述事实得到补偿：或者是在低于价值出售的商品形成不变资本的要素时，利润率会提高，或者是在低于价值出售的商品作为个人消费品加入作为收入来消费的那部分价值时，利润和地租会表现为更多的产品。第二，这种情况在平均运动中会抵销。无论如何，即使商品价格中没有表现出来的一部分剩余价值在形成价格时消失了，平均利润加上地租的总和在其正常形式上决不会大于全部剩余价值，虽然会小于全部剩余价值。它的正常形式是以与劳动力的价值相适应的工资为前提的。甚至垄断地租，只要它不是对工资的扣除，因而不形成任何特殊的范畴，它就必然间接地总是剩余价值的一部分；虽然它不象级差地租那样，是包含地租的那种商品本身的价格超过商品本身的生产费用的余额；也不象绝对地租那样，是包含地租的那种商品本身的剩余价值超过商品本身的按平均利润计算的剩余价值部分的余额，但毕竟是同这种具有垄断价格的商品进行交换的其他商品的剩余价值的一部分。——平均利润加上地租的总和，决不会大于分成这两部分而在这种分割以前就已存在的量。因此，不管商品的全部剩余价值，即商品中包含的全部剩余劳动，是否都在商品的价格中得到实现，这对我们的研究来说是没有关系的。由于劳动生产力的不断变动，生产某个商品的社会必要劳动的量也会不断变动，在这种情况下，有一部分商品总是要在不正常的条件下生产出来，总是要低于自己的个别价值出售，单是由于这一原因，剩余劳动就已经不会全部实现。但无论如何，利润加上地租等于全部已实现的剩余价值（剩余劳动），而对我们这里的研究来说，已实现的剩余价值可以看作同全部剩余价值相等；因为利润和地租就是已实现的剩余价值，总的说来，也就是加入商品价格的剩余价值，因而实际上也就是形成这个价格的一个组成部分的全部剩余价值。

另一方面，工资，即收入的第三个独特形式，总是等于资本的可变组成部分，即不是用于劳动资料，而是用来购买活劳动力，用来支付工人的报酬的组成部分。（靠人们花费收入来得到报酬的那种劳动，是从工资、利润或地租中得到报酬的，因而它不形成它作为报酬得到的那些商品的价值部分。因此，在分析商品价值及其分割成的各个组成部分时，这种劳动可以不必考察。）这是工人的总工作日中用来再生产可变资本价值，从而再生产劳动价格的那部分工作日的物化，是工人用来再生产他自己的劳动力的价值或他的劳动的价格的那部分商品价值。工人的总工作日分为两部分。一部分是工人为了再生产他自己的生活资料的价值所必须完成的劳动量；这是他的总劳动中的有酬部分，是他的劳动中为维持他自己和再生产他自己所必要的部分。工作日中整个其余的部分，是工人在他的工资价值中实现的劳动以外完成的全部超额劳动量，这是剩余劳动，是无酬劳动，表现为他的全部商品生产得到的剩余价值（因而表现为超额的商品量）；这个剩余价值又分为几个名称不同的部分，分为利润（企业主收入加上利息）和地租。

可见，商品总价值中代表工人在一天或一年内所追加的总劳动的那部分，即年产品中由这个劳动所创造的总价值，分为工资价值、利润和地租。因为，这个总劳动分为必要劳动和无酬的剩余劳动，工人通过必要劳动创造出作为报酬支付给自己的产品价值部分即工资，通过无酬的剩余劳动创造出代表剩余价值的产品价值部分，而这一部分后来又分为利润和地租。除了这个劳动之外，工人没有完成任何劳动；除了这个采取工资、利润、地租形式的产品总价值之外，工人没有创造任何价值。年产品中体现工人在一年内新追加的劳动的那个价值，等于工资（或可变资本的价值）加上剩余价值，这个剩余价值又分为利润和地租的形式。

因此，年产品的总价值中由工人在一年内创造的那部分价值，表现为三种收入的年价值总额，也就是表现为工资价值、利润和地租。因此很明显，在一年所创造的产品价值中没有再生产出不变资本部分的价值，因为工资只等于生产中预付的可变资本部分的价值，地租和利润只等于剩余价值，即超过预付资本的总价值（等于不变资本的价值加上可变资本的价值）而生产的价值余额。

转化为利润和地租形式的剩余价值，有一部分不是作为收入来消费，而是被用于积累，这种情况与我们这里要解决的困难完全没有关系。其中作为积累基金积蓄下来的部分，是用来形成新的追加资本，而不是用来补偿旧的资本，——既不补偿旧资本中投在劳动力上面的组成部分，也不补偿旧资本中投在劳动资料上面的组成部分。因此，在这里为了简便起见，我们可以假定，收入全部用于个人消费。困难表现在两个方面。一方面：在各种收入（工资、利润、地租）所消费的年产品的价值中，包含一个等于加入年产品的不变资本部分的价值部分。年产品，除了包含分解为工资的价值部分和分解为利润和地租的价值部分以外，还包含这样一个价值部分。因此，年产品的价值＝工资+利润+地租+C（代表不变价值部分）。只同工资+利润+地租相等的一年内生产的价值，怎么能够买到一个价值等于（工资+利润+地租）+C的产品呢？一年内生产的价值，怎么能够买到一个比这个价值本身有更大价值的产品呢？

另一方面：如果我们把不变资本中没有加入产品的部分，因而在商品的年生产之后仍然继续存在，但是价值已经减少的部分撇开不说，也就是，如果我们把那个曾被使用但是没有消费掉的固定资本暂时撇开不说，那末，预付资本中以原料和辅助材料形式存在的不变部分，就会完全加入新产品，劳动资料的一部分会完全消费掉，而另一部分只是部分地消费掉，因此，它的价值只有一部分会在生产中消费掉。所有这些在生产中消费掉的不变资本部分，都必须在实物形式上得到补偿。假定其他一切条件不变，特别是劳动生产力不变，它就要花费同以前一样多的劳动量来得到补偿，也就是说，必须用一个相等的价值来得到补偿。如果不是这样，再生产本身就不能按原有的规模进行。但是，谁应当去完成这种劳动，又是谁完成这种劳动的呢？

关于第一个困难：谁应当支付产品中包含的不变价值部分，并且用什么来支付？这里的前提是，在生产中消费的不变资本的价值，会作为产品价值部分再现出来。这个前提和第二个困难的前提并不矛盾。因为，我们在第一卷第五章（劳动过程和价值增殖过程）已经指出：单纯新劳动的追加，虽然不是再生产旧的价值，而只是给旧的价值创造一个追加额，只是创造一个追加的价值，但同时会把旧的价值保存在产品中；这种旧价值的保存，并不是由于创造价值的劳动，不是由于一般劳动，而是由于执行某种职能的生产劳动。因此，为了在收入即一年内创造的全部价值借以花费的那些产品中保存不变部分的价值，并不需要任何追加劳动。但是，为了在价值和使用价值两方面补偿过去一年已经消费的不变资本，当然需要新的追加劳动。没有这种补偿，再生产就根本不可能继续进行。

新追加的全部劳动表现为一年内新创造的价值，而这种价值又会分解为三种收入：工资、利润和地租。——因此，一方面，没有留下任何多余的社会劳动，可以用来补偿已经消费的、一部分必须在实物和价值两方面再生产出来、一部分只需要在价值方面（只就固定资本的损耗来说）再生产出来的不变资本。另一方面，每年由劳动创造出来的，分割为工资、利润和地租形式的并以这些形式来花费的价值，不足以支付或购买年产品中除了这些收入的价值之外还必然包含的不变资本部分。

我们看到，这里提出的问题已经在第二卷第三篇考察社会总资本的再生产时解决了。我们在这里回过来谈这个问题，首先是因为在那里剩余价值还没有在它的收入形式上即利润（企业主收入加上利息）和地租形式上加以阐明，因而还不能在这些形式上加以研究；其次还因为正是在工资、利润和地租形式的分析上，包含着一个从亚当·斯密以来贯穿整个政治经济学的令人难以置信的错误。

在那里，我们把全部资本分成两大部类：第 I 部类生产生产资料；第 II 部类生产个人消费资料。某些产品（例如马、谷物等）既可以供个人消费又可以用作生产资料的事实，丝毫也不会排除这种分类的绝对正确性。这种分类实际上不是假说，而只是事实的表现。我们拿一个国家的年产品来说。这个产品的一部分，尽管它能够充当生产资料，却进入个人消费。这是工资、利润和地租花费在上面的产品。这个产品是社会资本的一定部类的产品。这种资本本身也可能生产属于第 I 部类的产品。只要这样做，那末，属于第 I 部类的供生产消费的产品的部分，就不是由这个资本中耗费在第 II 部类产品即真正属于个人消费的产品上的部分提供的。第 II 部类的全部产品，即进入个人消费的全部产品，从而收入花费在上面的全部产品，是耗费在它上面的资本加上所生产的余额的存在形式。因此，它是只投在消费资料生产上的资本的产品。同样，年产品中充当再生产资料（原料和劳动工具）的第 I 部类，尽管在实物形式上也能够充当消费资料，但它是只投在生产资料生产上的资本的产品。构成不变资本的绝大部分产品，从物质方面来看也是处在不能进入个人消费的形式上。即使它能够进入个人消费，例如农民可以吃掉他的谷种，可以杀掉他的役畜，经济上的限制作用，也会使农民感到这个部分完全象处在不能消费的形式上一样。

正如已经指出的那样，我们在考察这两个部类时，都把不变资本中那个从实物和价值两方面来看与两个部类的年产品无关而继续独立存在的固定部分撇开不说。

在第 II 部类，——工资、利润和地租就是花费在这个部类的产品上，总之，收入就是耗费在这个部类的产品上，——从价值方面来看，产品也是由三个组成部分构成的。一个组成部分等于生产中已经消耗的不变资本部分的价值；第二个组成部分等于生产中预付的可变资本部分，即支付工资的资本部分的价值；最后，第三个组成部分等于生产出来的剩余价值，也就是 = 利润+地租。第 II 部类产品的第一个组成部分，不变资本部分的价值，既不能为第 II 部类的资本家和工人所消费，也不能为土地所有者所消费。它不是他们的收入的部分，它必须在实物形式上得到补偿，而为了能够进行这种补偿，就必须把它卖掉。相反，这个产品的其他两个组成部分，等于这个部类所创造的各种收入的价值，即 = 工资+利润+地租。

在第 I 部类，从形式上看，产品是由同样几个组成部分构成的。但是，在这里形成收入的部分，工资+利润+地租，总之，可变资本部分+剩余价值，并不是在第 I 部类产品的实物形式上消费，而是在第 II 部类的产品上消费。因此，第 I 部类各种收入的价值，必须耗费在第 II 部类中形成第 II 部类待补偿的不变资本的那部分产品上。第 II 部类中必须用来补偿自己的不变资本的那部分产品，会在它的实物形式上，被第 I 部类的工人、资本家和土地所有者消费。他们把他们的收入用在第 II 部类的这个产品上。另一方面，代表第 I 部类收入的第 I 部类的产品，也会在其实物形式上，由第 II 部类用在生产消费上，因为它会在实物形式上补偿第 II 部类的不变资本。最后，第 I 部类消费掉的不变资本部分，会用该部类自己的产品，即由劳动资料、原料、辅助材料等等构成的产品来补偿，这部分地是由于第 I 部类的资本家互相之间进行交换，部分地是由于这些资本家中的一部分人又可以把自己的产品直接当作生产资料来使用。

让我们再来看看以前的简单再生产的公式（第 2 卷第 20 章第 II 节）：

I. 4000c+1000v+1000m = 6000 ⎫
II. 2000c+500v+500m = 3000 ⎭ = 9000

按照这个公式，第 II 部类的 500v+500m = 1000 会由生产者和土地所有者作为收入来消费；剩下的 2000c 需要补偿。这个部分会被第 I 部类的工人、资本家和收租人消费掉，他们的收入 = 1000v+1000m = 2000。这样消费的第 II 部类的产品，是由第 I 部类作为收入来消费的，而表现为不能消费的产品的第 I 部类的收入部分，则由第 II 部类作为不变资本来消费。因此，剩下来要计算的是第 I

部类的 4000c。这要由第 I 部类自己的产品＝6000，或者不如说＝6000-2000 来补偿；因为这 2000 已经转化为第 II 部类的不变资本了。必须指出，数字当然是任意假定的，因此，第 I 部类的收入的价值和第 II 部类的不变资本的价值之间的比例，看起来好象是任意的。但是很明显，如果再生产过程正常进行，其他条件不变，因而也把积累撇开不说，那末第 I 部类的工资、利润和地租的价值总额，就必须等于第 II 部类的不变资本部分的价值。否则，不是第 II 部类不能补偿它的不变资本，就是第 I 部类不能把它的收入由不能消费的形式转化为可以消费的形式。

因此，每年的商品产品的价值，和一个特殊投资部门的商品产品的价值以及任何一个商品的价值完全一样，会分解成两个价值组成部分：一个部分是补偿预付不变资本价值的 A，另一个部分是表现为工资、利润和地租这种收入形式的 B。既然前一个部分 A 在其他条件不变时，1. 决不采取收入的形式，2. 总是以资本的形式，而且正是以不变资本的形式流回，所以，后一个部分 B 会和前一个部分 A 形成一种对立。但是，后一个组成部分 B 本身又包含着对立。利润和地租同工资的共同之处在于：三者都是收入的形式。尽管如此，它们有着本质的区别：利润和地租体现着剩余价值，即无酬劳动，工资则体现着有酬劳动。产品中代表已经支出的工资的价值部分，即补偿工资的价值部分，在我们假定再生产按相同的规模并在相同的条件下进行的时候，会再转化为工资的价值部分，首先会作为可变资本，作为必须重新预付在再生产上的资本的组成部分流回。这个组成部分执行双重职能。它先以资本的形式存在，并且作为资本和劳动力相交换。在工人手里，它转化为工人出卖自己的劳动力所取得的收入，并且作为收入，转化为生活资料并被消费掉。这个双重的过程，是以货币流通作为媒介表现出来的。可变资本要用货币预付，作为工资支付出去。这是它作为资本的第一个职能。它和劳动力相交换，并转化为这种劳动力的表现，即转化为劳动。这是从资本家方面来看的过程。但是第二，工人会用这个货币来购买自己生产的商品产品的一部分，这部分是用这个货币来计量的，并且由工人作为收入来消费。如果我们在想象中把货币流通撇开，那末工人的一部分产品就是以现成资本的形式存在于资本家手中。资本家把这个部分作为资本来预付，把它付给工人以换取新的劳动力；而工人则直接地或者通过同其他商品的交换，把它作为收入来消费。因此，在再生产中要转化为工资，转化为工人收入的那部分产品价值，首先以资本的形式，更确切地说，以可变资本的形式，流回资本家手中。它以这种形式流回，是劳动作为雇佣劳动、生产资料作为资本、生产过程本身作为资本主义生产过程不断重新再生产出来的一个重要条件。

为了避免不必要的困难，必须把总收益和纯收益同总收入和纯收入区别开来。

总收益或总产品是再生产出来的全部产品。把固定资本中曾被使用但是没有消费掉的部分撇开不说，总收益或总产品的价值，等于预付的、并在生产中消费掉的资本即不变资本和可变资本的价值，加上分解为利润和地租的剩余价值。或者，如果我们不是考察单个资本的产品，而是考察社会总资本的产品，那末，总收益等于构成不变资本和可变资本的物质要素加上表现为利润和地租的那种剩余产品的物质要素。

总收入是总产品扣除了补偿预付的、并在生产中消费掉的不变资本的价值部分和由这个价值部分计量的产品部分以后，所余下的价值部分和由这个价值部分计量的产品部分。因而，总收入等于工资（或要重新转化为工人收入的产品部分）+利润+地租。但是，纯收入却是剩余价值，因而是剩余产品，这种剩余产品是扣除了工资以后所余下的、实际上也就是由资本实现的并与土地所有者瓜分的剩余价值和由这个剩余价值计量的剩余产品。

我们已经知道，每一个商品的价值，每一个资本的全部商品产品的价值，都分成两部分：一部分只补偿不变资本；另一部分——虽然其中有一小部分会作为可变资本流回，因而会以资本的形式流回——却要全部转化为总收入，并采取工资、利润和地租的形式，这三者的总和就是总收入。我们还知道，一个社会的年总产品的价值也是这样。单个资本家的产品和社会的产品之间的区别只在于：从单个资本家来看，纯收入不同于总收入，因为后者包括工资，前者不包括工资。如果考察整个社会的收入，那末国民收入是工资加上利润加上地租，也就是总收入。但是，这也只是一种抽象，因为在资本主义生产的基础上，整个社会持有资本主义的观点，认为只有分解为利润和地租的收入才是纯收入。

但是，如果象萨伊先生那样，认为全部收益，全部总产品，对一个国家来说都可以分解为纯收益，或者同纯收益没有区别，因而这种区别从整个国民的观点来看就不存在了，那末，这种幻想不过是亚当·斯密以来贯穿整个政治经济学的荒谬教条，即认为商品价值最终会全部分解为收入即工资、利润和地租这样一种教条的必然的和最后的表现。

就每个单个资本家来说，他的一部分产品必须再转化为资本（这里也撇开再生产的扩大或积累不说），不仅要转化为可变资本（这种资本本身又要再转化为工人的收入，因而要转化为一种收入形式），而且要转化为不变资本（这种资本决不能转化为收入），要认识到这一点自然是非常容易的。最简单地观察一下生产过程，就可以清楚地看到这一点。困难只有当从总体上来考察生产过程的时候才会出现。作为收入即以工资、利润和地租的形式消费的（不管是个人消费还是生产消费都一样）全部产品部分的价值，实际上在分析时会完全归结为由工资加上利润加上地租所构成的价值总和，也就是归结为三种收入的总价值，虽然这个产品部分的价值和不加入收入的产品部分的价值完全一样，也包含一个价值部分=C，即这些产品部分中包含的不变资本的价值，因此，一看就知道，它不可能只包含收入的价值。以上这种情况，一方面在实际上是不可否认的事实，另一方面在理论上又是同样不可否认的矛盾，这是一个困难。要绕过这个困难，最容易的办法就是断言：商品价值只是在表面上，从单个资本家来看，才包含另外一个和以收入的形式存在的部分不同的价值部分。对一个人表现为收入的东西会对另一个人形成资本这样一句空话，使人们免除了一切更进一步的思考。但是，如果全部产品的价值都可以以收入的形式消费，旧资本又怎么能够得到补偿；每一个资本的产品价值怎么能够等于三种收入加上 C（不变资本）的价值总和，而所有资本的产品价值加起来的总和却等于三种收入加上零的价值总和。当然，这一切好象是无法解决的谜，因此必须这样来解释，即认为这种分析根本不可能发现价格的简单要素；不仅如此，而且只好在恶性循环中无穷无尽地推演下去。结果是，表现为不变资本的东西，可以分解为工资、利润和地租，而表现工资、利润和地租的商品价值，又是由工资、利润和地租决定的，依此类推，以至无穷。

商品价值最终可以分解为工资+利润+地租这样一个根本错误的教条，也可以这样来表述：消费者最终必须对总产品的全部价值实际支付。或者这样来表述：生产者和消费者之间的货币流通，最终必须同生产者彼此之间的货币流通相等。所有这些论点，都和它们所依据的那个根本论点一样是错误的。

导致这种错误的并且显然是荒谬的分析的各种困难，可以概述如下：

1. 不理解不变资本和可变资本的基本关系，因而不理解剩余价值的性质，并且也不理解资本主义生产方式的整个基础。资本的每个部分产品的价值，每个商品的价值，都包含：一个价值部分=不变资本，一个价值部分 = 可变资本（它转化为工人的工资）和一个价值部分 = 剩余价值（它后来分为利润和地租）。因此，工人用他的工资，资本家用他的利润，土地所有者用他的地租，怎么能够购买那样一些商品，它们每一个都不仅包含这三个组成部分之一，而且包含所有这三个组成部分？由工资、利润和地租这三个收入源泉加在一起形成的价值总和，怎么能够购买进入这各种收入的获得者的总消费中去的那样一些商品，它们除了包含这三个价值组成部分以外，还包含一个价值组成部分，即不变资本部分？他们怎么能够用一个由三部分构成的价值购买一个由四部分构成的价值？

我们在第二卷第三篇已经作了分析。

2. 不理解劳动在追加新价值时，如何和为什么会在新形式上把旧价值保存下来，而不是把这个旧价值重新生产出来。

3. 不理解再生产过程从总资本而不是从单个资本来看时所表现出来的联系。不理解这样一个困难：工资和剩余价值，从而一年内新追加的劳动创造的全部价值所实现的产品，怎么能补偿它的不变价值部分，同时又分解为仅限于各种收入的价值；进一步说，新追加劳动的总额既然只实现为工资和剩余价值，只表现为二者的价值总和，生产中消费掉的不变资本在物质和价值两方面怎么能够用新的东西来补偿。主要的困难正在于此，正在于对再生产以及再生产的各个组成部分之间的关系从物质性质和价值关系两方面来进行分析。

4. 此外，还有一个困难，这个困难在剩余价值的各个组成部分表现为互相独立的各种收入的形式时更会加剧。这个困难就是：收入和资本这两个固定的规定会互相交换、互换位置，以致从单个资本家来看，它们好象只是相对的规定，而从整个生产过程来看，它们就消失了。例如，生产不变资本的第 I 部类的工人和资本家的收入，在价值和物质两方面补偿生产消费资料的第 II 部类的资本家的不变资本。因此，人们可以用这样一种观念来避开困难：对一个人来说是收入的东西，对另一个人来说则是资本，因此，这些规定和商品价值的各个组成部分的实际独立化毫无关系。其次，最终要形成收入借以花费的物质要素即消费资料的那些商品，在一年内要通过不同的阶段，例如毛纱、毛织品。在一个阶段上，它们形成不变资本的一部分，在另一个阶段上，它们供个人消费，因而完全加入收入。这样，人们就可以象亚当·斯密一样认为，不变资本只是商品价值的一个表面的要素，它会在总的联系中消失。而且，这样就会发生可变资本和收入之间的交换。工人用他的工资购买商品中形成他的收入的部分。因此，他同时也就使资本家的可变资本的货币形式得到了补偿。最后，形成不变资本的一部分产品，会以实物形式或者通过不变资本的生产者互相之间的交换而得到补偿；这是一个同消费者毫无关系的过程。忽略了这一点，就会产生一种假象，似乎消费者的收入会补偿全部产品，因而也会补偿不变的价值部分。

5. 除了价值转化为生产价格所造成的混乱以外，由于剩余价值转化为各个特殊的、互相独立的并且同各个生产要素有关的收入形式，即转化为利润和地租，还会出现进一步的混乱。人们已经忘记：商品的价值是基础；至于这个商品价值分成各个特殊的组成部分，这些价值组成部分进一步发展成各种收入形式，转化为不同生产要素的不同所有者对这些个别的价值组成部分的关系，并按一定的范畴和名义在这些所有者之间进行分配，这丝毫也不会改变价值决定和价值决定的规律本身。利润的平均化即全部剩余价值在不同资本之间的分配，和土地所有权部分地（在绝对地租的场合）对这个平均化过程造成的障碍，会使商品的起调节作用的平均价格偏离它的个别价值，这种情况也丝毫不会改变价值规律。这种情况只会再影响剩余价值加到不同商品价格上去的增加额，但是不会把剩余价值本身取消，也不会把作为这些不同价格组成部分的源泉的商品总价值取消。

这就是我们将要在下一章考察的混乱；这种混乱必然同价值来源于它本身的各个组成部分的假象结合在一起。这就是说，商品的不同价值组成部分，首先会在各种收入上取得独立的形式，并且作为这样的收入，它们不是把商品的价值作为自己的源泉，而是把各个特别的物质生产要素作为自己的源泉。它们同这些生产要素确实有关，不过不是作为价值组成部分，而是作为收入，作为某一类生产当事人即工人、资本家、土地所有者所有的价值组成部分。现在人们可以设想，这些价值组成部分不是由商品的价值分解而成，相反，由于这些组成部分结合在一起才形成了商品的价值，于是形成了这样一个美妙的恶性循环：商品的价值来自工资、利润和地租的价值总和，而工资、利润和地租的价值，反过来又由商品的价值决定，等等。

在再生产的正常状态下，只有一部分新追加的劳动用在不变资本的生产上，因而用在不变资本的补偿上；这就是用来补偿生产消费资料即收入的物质要素时用掉的不变资本的那部分。这种情况会由于这个不变部分不花费第Ⅱ部类的任何追加劳动而得到平衡。但是，这个不变资本（从已经包含第Ⅰ部类和第Ⅱ部类之间的这种平衡的整个再生产过程来看）并不是新追加劳动的产品，尽管这个产品没有这个不变资本就不可能生产出来——这个不变资本在再生产过程中，从物质方面来看，总是处在各种会使它遭到损失的意外和危险中。（此外，从价值方面来看，由于劳动生产力的变化，这个不变资本也可能贬值；但这种情况只与单个资本家有关。）因此，利润的一部分，即剩余价值的一部分，从而只体现新追加劳动的剩余产品（从价值方面来看）的一部分，必须充当保险基金。在这里，这个保险基金是不是由保险公司作为一种单独的业务来管理，这丝毫也不会改变问题的实质。这种基金是收入中既不作为收入来消费也不一定用作积累基金的唯一部分。它是否事实上用作积累基金，或者只是用来补偿再生产上的短缺，取决于偶然的情况。这也是在剩余价值、剩余产品、从而剩余劳动中，除了用来积累，即用来扩大再生产过程的部分以外，甚至在资本主义生产方式消灭之后，也必须继续存在的唯一部分。当然，这要有一个前提，就是通常由直接生产者消费的部分，不再限于它目前的最低水平。除了为那些由于年龄关系还不能参加生产或者已不能参加生产的人而从事的剩余劳动以外，一切为养活不劳动的人而从事的劳动都会消失。如果我们想一想社会开始时的情况，那末，当时还不存在生产出来的生产资料，因此，也没有任何会把价值加到产品中去的不变资本，即在再生产按原有的规模进行时必须由产品在实物形式上并按照不变资本的价值决定的量来补偿的不变资本。但是在那里，自然界已经直接提供了生活资料，起初不需要人们去生产它们。因此，自然界也就使那些只有很少需要必须满足的野蛮人，除了为占有自然界已有的生活资料所花费的劳动以外，有时间把另一些自然产物变成弓箭、石刀、独木舟之类的生产资料，而不是利用还不存在的生产资料来进行新的生产。野蛮人的这个过程，单从物质方面来看，完全相当于剩余劳动再转化为新资本的过程。在积累过程中，剩余劳动的这种产品转化为资本的现象还会不断发生；而一切新资本都来自利润、地租或收入的其他形式，即来自剩余劳动这一事实，会使人产生一种错误的观念，好象商品的全部价值都来自收入。相反，更仔细地分析一下就可以看到，由利润到资本的再转化倒是表明了如下事实：不断地以收入形式表现出来的追加劳动，并非用来维持或再生产旧的资本价值，而是只要它不作为收入被消费掉，就用来创造新的剩余的资本。

　　全部困难来自这样一个事实：一切新追加的劳动，只要它所创造的价值不归结为工资，就表现为利润，——利润在这里被理解为剩余价值的一般形式，——也就是说，表现为不要资本家花费任何东西，因而也无须用来为资本家补偿任何预付的东西、补偿任何资本的那种价值。因此，这个价值存在于可供支配的追加财富的形式上，总之，从单个资本家来看，存在于他的收入的形式上。但是，这个新创造的价值既可以用于生产消费，也可以用于个人消费，既可以作为资本来用，也可以作为收入来用。按照它的实物形式来说，它的一部分必须用于生产消费。因此很明显，年追加劳动既创造资本，也创造收入；这一点也表现在积累过程上。但是，用来创造新资本的那部分劳动力（因而，同野蛮人的那部分不是用来获取食物，而是用来制造获取食物的工具的工作日相似），是看不出来的，因为剩余劳动的全部产品首先表现为利润的形式；而这个规定实际上同这个剩余产品本身毫无关系，而只是涉及资本家同他装进腰包的剩余价值的私自关系。工人创造的剩余价值实际上要分为收入和资本，也就是说，分为消费资料和追加的生产资料。但是，上年留下来的旧的不变资本（把已经受到损失、因而已经相应破坏的部分撇开不说，也就是单就旧资本无须再生产而言，——再生产过程遭到的上述破坏是属于保险的项目），从价值方面来看，并不是由新追加的劳动再生产的。

我们还看到，新追加劳动的一部分总是被吸收来再生产和补偿已经消费掉的不变资本，尽管这种新追加的劳动只是分解为各种收入，即工资、利润和地租。但在这里有两点被忽视了：1. 这个劳动的产品有一部分价值**并不是**这个新追加劳动的产品，而是已有的并且已经消费掉的不变资本；因此，代表这个价值部分的产品部分，也不转化为收入，而是以实物形式补偿这个不变资本的生产资料；2. 真正代表这个新追加劳动的价值部分，不是在实物形式上作为收入被消费，而是在另一个部门内补偿不变资本，在那里，不变资本被转化成了可以作为收入来消费的实物形式，但是这个实物形式也不完全是新追加劳动的产品。

当再生产按原有规模进行时，每一个已经消费掉的不变资本要素，都必须在实物形式上得到相应种类的新物品的补偿，即使不是同样数量和形式的新物品，至少也是同样效率的新物品。如果劳动生产力不变，那末，这种实物形式的补偿，就包含着不变资本在它的旧形式上具有的那个价值的补偿。但是，如果劳动生产力提高了，以致同一物质要素可以用较少的劳动再生产出来，那末，产品价值的一个较小的部分，就能够在实物形式上全部补偿不变部分。这时，余下的部分就可以用来形成新的追加资本，或者可以使较大部分的产品采取消费资料的形式，或者使剩余劳动减少。相反，如果劳动生产力降低了，那末，较大部分的产品必须用来补偿旧的资本；剩余产品就会减少。

由利润，或一般说来，由剩余价值的任何形式再转化为资本的事实——我们撇开历史规定的经济形式不说，只把这种转化看作新生产资料的单纯形成——表明：劳动者除了要用劳动来获得直接生活资料以外，还要用劳动来生产生产资料的状况始终会存在。利润转化为资本，无非就是把一部分剩余劳动用来形成新的追加的生产资料。而这一过程会以利润转化为资本的形式出现，无非就是说，支配着这种剩余劳动的不是工人，而是资本家。至于这种剩余劳动必须首先经过一个表现为收入（而例如在野蛮人那里，它却表现为直接用来生产生产资料的剩余劳动）的阶段，那也只是说，这种劳动或它的产品，要由非劳动者占有。但是，实际上转化为资本的东西，不是利润本身。剩余价值转化为资本，只是表明剩余价值和剩余产品不是被资本家当作收入用在个人消费上。实际上这样转化的东西，是价值，是物化劳动，是直接体现这个价值的产品，或者是这个价值先转化为货币、然后交换来的产品。即使是利润再转化为资本，剩余价值的这个特定形式，利润，也不是这个新资本的源泉。这时，剩余价值只是从一种形式转化为另一种形式。但是，使它变为资本的，并不是这种形式转化。现在作为资本来执行职能的，是商品及其价值。但是，对商品价值没有进行支付这一点，——只是由于这一点，这个价值才成为剩余价值，——同劳动的物化，同价值本身毫无关系。

误解在各种形式上表现出来。例如有人认为，构成不变资本的商品同样包含工资、利润和地租这几个要素。又如有人认为，对一个人来说代表收入的东西，对另一个人来说则代表资本，因此，这只是主观的关系。比如说，纺纱业主的棉纱就包含着一个对他来说代表利润的价值部分。因此，如果织布业主购买棉纱，他就把纺纱业主的利润实现了，但是这个棉纱对他自己来说，只是他的不变资本的一部分。

关于收入和资本的关系，除了我们在前面已经作过的说明以外，在这里还应指出：从价值方面来看，作为组成部分同棉纱一起加入织布业主的资本的东西，是棉纱的价值。不管这个价值的各部分对纺纱业主本人来说怎样分解为资本和收入，换句话说，怎样分解为有酬劳动和无酬劳动，这同商品本身的价值决定完全没有关系（撇开平均利润所引起的各种变化不说）。在这里，背后总是隐藏着这样一种看法：利润或一般剩余价值，是超过商品价值的余额，只有通过抬高价格、互相欺诈和让渡利润才能产生出来。在生产价格或者甚至商品价值得到支付时，表现为商品出售者收入形式的商品价值的各个组成部分，当然也得到支付。不言而喻，这里谈的不是垄断价格。

其次，说构成不变资本的各个商品组成部分，象一切其他商品价值一样，可以归结为各个价值部分，这些价值部分对生产者和生产资料的所有者来说会分解为工资、利润和地租，这种说法是完全正确的。这不过是下面这样一个事实的资本主义的表现形式：一切商品价值都只是商品中包含的社会必要劳动的尺度。但是，我们已经在第一卷中指出，这种情况根本不会妨碍任何一个资本的商品产品分割为各个单独的部分，其中一部分只代表不变资本部分，另一部分只代表可变资本部分，第三部分只代表剩余价值。

施托尔希下面这段话，也表达了许多其他人的意见。他说：

“形成国民收入的各种可出售的产品，在政治经济学上必须用两种不同的方法来考察：

在对个人的关系上应看作价值；在对国民的关系上应看作财富；因为国民的收入，不是象个人的收入那样，按照它的价值来估计，而是按照它的效用，或者说按照它所能满足的需要来估计。"（《论国民收入的性质》第 19 页）

第一，把一个在价值上建立起自己的生产方式，进而按照资本主义方式组织起来的国家，看成是一个单纯为了满足国民需要而工作的总体，这是错误的抽象。

第二，在资本主义生产方式消灭以后，但社会生产依然存在的情况下，价值决定仍会在下述意义上起支配作用：劳动时间的调节和社会劳动在各类不同生产之间的分配，最后，与此有关的簿记，将比以前任何时候都更重要。

第五十章

竞争的假象

以上已经指出，商品的价值或由商品总价值调节的生产价格，分解为如下几个部分：

1. 补偿不变资本的价值部分，也就是代表生产商品时以生产资料的形式用掉的过去劳动的价值部分；一句话，就是加入商品生产过程的生产资料的价值或价格。在这里，我们从来不是说单个商品，而是说商品资本，即资本产品在一定期间例如一年内借以表现的形式，单个商品只是商品资本的要素，单个商品的价值也同样分割为这些组成部分。

2. 可变资本的价值部分，这部分计量工人的收入，对工人来说，转化为工资；因此，工人就是在这个可变价值部分上再生产他的工资的；总之，在商品生产中新加到第一部分即不变部分上去的劳动的有酬部分，就是体现在这个价值部分上。

3. 剩余价值，即商品产品中体现无酬劳动或剩余劳动的价值部分。这个最后的价值部分，又采取各种独立的形式，这些形式同时又是收入的形式：资本利润（资本本身的利息，和资本作为职能资本的企业主收入）和地租（属于在生产过程中一同发生作用的土地的所有者所有）的形式。第二部分和第三部分，即不断采取工资（它总是要先通过可变资本的形式）、利润和地租这些收入形式的价值部分，和第一部分即不变部分的区别在于：由新加到不变部分即商品生产资料上的劳动所物化成的全部价值，都属于这个价值部分。如果把不变价值部分撇开不说，这样说是正确的：商品价值就其代表新加入的劳动来说，不断分解为三个部分，这三个部分形成三种收入形式，即工资、利润和地租，它们各自的价值量，即它们各自在总价值中所占的部分，是由不同的、特殊的、以前已经说明过的规律决定的。但是反过来，说工资的价值、利润率和地租率是独立的、构成价值的要素，说商品的价值（如果把不变部分撇开不说）就是由这些要素结合而成，却是错误的；换句话说，说它们是商品价值或生产价格的组成部分，是错误的。

我们立即可以看出这里的区别。

假定资本 500 的产品价值 = 400c+100v+150m = 650；这 150m 再分为利润 75+地租 75。为了避免不必要的困难，我们再假定，这个资本具有平均构成，因而它的生产价格和它的价值是一致的；当我们把这个单个资本的产品当作总资本中一个和它的量相适应的部分的产品来看时，这种一致性总是会产生的。

在这里，由可变资本计量的工资，占预付资本的 20%；按总资本计算的剩余价值，占预付资本的 30%，即利润占 15%，地租占 15%。商品中由新加入的劳动物化成的整个价值部分，等于 100v+150m = 250。它的量与它分为工资、利润和地租没有关系。我们从这几个部分互相间的比例看到，用货币 100，比如说 100 镑来支付的劳动力，会提供一个体现为 250 镑货币额的劳动量。从这里我们看到，工人所完成的剩余劳动，等于他为自己所完成的劳动的 $1\frac{1}{2}$ 倍。如果工作日 = 10 小时，他就是为自己劳动 4 小时，为资本家劳动 6 小时。因此，被付给 100 镑的工人的劳动，体现在 250 镑的货币价值中。在工人和资本家之间，在资本家和土地所有者之间进行分配的不外就是这 250 镑价值。这就是新加到生产资料价值 400 上的全部价值。因此，这样生产的、由其中物化劳动的量决定的商品价值 250，就形成工人、资本家和土地所有者能以收入形式，即工资、利润和地租形式，从这个价值取出的份额的界限。

假定一个有机构成相同，也就是说，所使用的活的劳动力和所推动的不变资本的比率相同的资本，不得不为同样推动不变资本 400 的劳动力支付 150，而不是支付 100 镑；再假定利润和地租也按不同的比例来分配剩余价值。因为已经假定 150 镑的可变资本，和以前 100 镑的可变资本推动同量的劳动，所以，新生产的价值仍旧 = 250，总产品的价值也仍旧 = 650。但现在我们看到的是 400c+150v+100m；并且这 100m 也许要分为利润 45 和地租 55。新生产的总价值分为工资、利润和地租的比例极不相同；全部预付资本的量也不相同，虽然它所推动的劳动总量还是一样。工资占预付资本的 $27\frac{3}{11}$%，利润占预付资本的 $8\frac{2}{11}$%，地租占预付资本的 10%；因此，全部剩余价值略多于预付资本的 18%。

由于工资的提高，总劳动中的无酬部分改变了，因而剩余价值也改变了。在 10 小时的工作日中，工人为自己劳动 6 小时，而只为资本家劳动 4 小时。利润和地租的比例也不同了。已经减少的剩余价值，在资本家和土地所有者之间按改变了的比例进行分配。最后，因为不变资本的价值仍旧不变，而预付的可变资本的价值增加了，所以，已经减少的剩余价值，会表现为一个减少得更多的总利润率。在这里，我们把总利润率理解为全部剩余价值对全部预付资本的比率。

工资价值、利润率和地租率的变动，不管调节这些部分互相间的比例的各种规律会起什么作用，总只能在新创造的商品价值 250 所划定的界限内进行。只有在地租以垄断价格为基础时，才会产生例外。这不会使规律有丝毫改变，只不过使研究复杂化。因为，在这种场合，如果我们只考察产品本身，不同的就只是剩余价值的分割；但是，如果我们考察它和其他商品比较而言的相对价值，区别就只在于，其他商品里包含的剩余价值，将会有一部分转移到这种特殊的商品上来。

让我们扼要地复述一下：

产品的价值	新价值	剩余价值率	总利润率
第一种情形：400c+100v+150m = 650	250	150%	30%
第二种情形：400c+150v+100m = 650	250	$66\frac{2}{3}\%$	$18\frac{2}{11}\%$

首先，剩余价值比以前减少三分之一，由 150 减为 100。利润率下降略多于三分之一，由 30% 下降到 18%，因为已经减少的剩余价值要按已经增加的全部预付资本来计算。但它并不和剩余价值率按相同的比例下降。剩余价值率由 $\frac{150}{100}$ 下降到 $\frac{100}{150}$，即由 150% 下降到 $66\frac{2}{3}\%$，而利润率只由 $\frac{150}{500}$ 下降到 $\frac{100}{550}$，即由 30% 下降到 $18\frac{2}{11}\%$。因此，利润率按比例来说比剩余价值量下降得多，但比剩余价值率下降得少。其次，我们看到，如果使用的劳动量和以前相同，尽管预付资本由于它的可变部分的增加而增大，产品的价值和总量却仍旧不变。预付资本的这种增大，对一个开始新营业的资本家来说，确实是件令人不安的事情。但是，从整个再生产来看，可变资本的增加只不过表示，在由新加入的劳动新创造的价值中，要有一个较大的部分转化为工资，因而要首先转化为可变资本，而不是转化为剩余价值和剩余产品。因此，产品的价值仍旧不变，因为它一方面受不变资本价值 400 的限制，另一方面受一个体现新加入的劳动的数字 250 的限制。这二者都没有改变。这个产品，只要它本身再加入不变资本，就会和以前一样，在同一价值量中，代表同样大的使用价值量；因此，同一数量的不变资本要素保持着相同的价值。如果工资提高不是因为工人得到自己劳动的一个较大的部分，而是相反，工人得到自己劳动的一个较大的部分，是因为劳动生产率已经降低，那末，情况就会不同。这时，体现同一劳动即有酬劳

动加上无酬劳动的总价值仍旧不变；但体现这个劳动量的产品量将会减少，因而产品的每个相应部分的价格就会提高，因为每个部分代表了更多的劳动。已经提高的工资 150 不会比以前的工资 100 代表更多的产品；已经减少的剩余价值 100，和以前相比，也只代表以前 100 所代表的产品或使用价值量的 $\frac{2}{3}$，或 $66\frac{2}{3}$%。在这种情况下，如果这个产品加入不变资本，不变资本就会变贵。但这不是工资提高的结果，相反，工资提高是商品变贵的结果，是同量劳动的生产率降低的结果。这里产生一种假象，似乎工资提高使得产品变贵；但实际上，工资的提高，并不是商品价值变化的原因，而是这种变化的结果，而商品价值的变化是由于劳动生产率的降低所引起的。

相反，如果在其他条件相同的情况下，所使用的同一劳动量仍旧体现为 250，但劳动所使用的生产资料的价值提高了或降低了，那末，同量产品的价值就会按同一数量提高或降低。450c+100v+150m 使产品价值 = 700；而 350c+100v+150m 则使同量产品的价值只等于 600，而不是等于以前的 650。因此，如果推动同量劳动的预付资本增加了或减少了，而这种增加或减少是由于不变资本部分价值量发生变化，那末，在其他条件相同时，产品的价值就会提高或降低。相反，如果预付资本的增加或减少，是由于在劳动生产力保持不变时可变资本部分的价值量发生变化，那末，产品的价值就仍旧不变。不变资本的价值的增加或减少，不会由相反的运动得到补偿。可变资本的价值的增加或减少，在劳动生产率不变的前提下，会由剩余价值的相反的运动得到补偿，以致可变资本的价值加上剩余价值，也就是说，由劳动新加到生产资料上的、新体现在产品中的价值仍旧不变。

相反地，如果可变资本或工资的价值的增加或减少是商品涨价或跌价的结果，也就是说，是这种投资所使用的劳动的生产率降低或提高的结果，那就会影响产品的价值。不过在这里，工资的涨落，不是原因，而只是结果。

与此相反，如果在上例中，在不变资本 400c 保持不变时，由 100v+150m 到 150v+100m 的变化，即可变资本的提高，不是该特殊部门例如纺纱业中劳动生产力降低的结果，而是为工人提供食物的农业中劳动生产力降低的结果，从而是这些食物变贵的结果，那末，产品的价值就保持不变。650 的价值，就会和以前一样体现在同一数量的棉纱中。

其次，从以上的说明可以得出结论：如果在那些以产品供工人消费的生产部门内，由于节约等等，不变资本的支出减少了，那末，这就会和所使用的劳动本身的生产率直接提高一样，引起工资的减少，因为这会使工人的生活资料便宜，从而引起剩余价值增加。因此，在这里，利润率的增长有双重原因：一是不变资本的价值减少，二是剩余价值增加。在考察剩余价值到利润的转化时，我们曾假定工资不是降低，而是保持不变，因为在那里，我们要撇开剩余价值率的变动来研究利润率的变动。此外，我们在那里说明的规律是普遍的规律，并且这些规律也适用于不提供工人消费的产品的、因而其产品的价值变化对工资没有影响的各种投资。

————

因此，每年由新加的劳动新加到生产资料或不变资本部分上的价值，分化并分解为工资、利润和地租这些不同的收入形式，这不会改变价值本身的界限，不会改变分为这些不同范畴的价值总和，就同这各个部分之间互相比例的变化不会改变它们的总和，不会改变这个既定的价值量一样。100 这个既定数始终是 100，而不管它是分为 50+50，还是 20+70+10，还是 40+30+30。产品中分割为这几种收入的价值部分，完全和资本的不变价值部分一样，是由商品的价值决定的，也就是说，是由在各该场合商品中物化的劳动量决定的。因此，第一，分为工资、利润和地租的商品价值量是已定的，也就是说，商品各价值部分的总和的绝对界限是已定的。第二，就各个范畴本身来说，它们的平均的和起调节作用的界限也是已定的。工资是各个范畴的这种界限的基础。一方面，工资由自然规律调节；工资的最低限度是由工人维持和再生产自己的劳动力时身体上所必需的生活资料的最低限度规定的，也就是由一定量的商品规定的。这些商品的价值是由它们的再生产所需要的劳动时间决定的，从而是由新加到生产资料上的那部分劳动决定的，或者是由工作日中工人为生产和再生产这种必要生活资料的价值的等价物所需要的部分决定的。比如工人每天平均的生活资料的价值=6 小时的平均劳动，工人就必须每天平均为自己劳动 6 小时。他的劳动力的实际价值和这个身体最低限度是不一致的；气候和社会发展水平不同，劳动力的实际价值也就不同；它不仅取决于身体需要，而且也取决于成为第二天性的历史上发展起来的社会需要。但在每个国家，在一定的时期，这个起调节作用的平均工资都是一个已定的量。因此，其他一切收入的价值就有了一个界限。这个价值总是等于体现总工作日（在这里，它和平均工作日相一致，因为它包括社会总资本所推动的劳动总量）的价值减去总工作日中体现工资的部分。因此，这个价值的界限是由无酬劳动所借以表现的价值的界限决定的，也就是由这个无酬劳动的量决定的。如果工人为再生产自己的工资价值所必需的工作日部分的最后界限，是他的工资的身体最低限度，那末，工作日的另一部分——

代表他的剩余劳动的部分，即表示剩余价值的价值部分——的界限，就是工作日的身体最高限度，即工人在维持和再生产自己的劳动力的情况下每天一般可以提供的劳动时间的总量。因为在当前的探讨中，说的是每年新加入的总劳动借以体现的价值的分配，所以在这里，可以把工作日看成是一个不变量，并且假定它是一个不变量，而不管它会或多或少地偏离它的身体最高限度。因此，形成剩余价值并分解为利润和地租的价值部分的绝对界限是已定的，是由工作日的有酬部分以外的无酬部分决定的，因而是由总产品中体现这个剩余劳动的价值部分决定的。如果我们象我已经做过的那样，把这些界限所决定的并且按全部预付资本计算的剩余价值叫作利润，那末，这个利润按绝对量来说，就等于剩余价值，因而它的界限也和剩余价值的界限一样，都是按照规律来决定的。但利润率的高度，也是一个要保持在确定的、由商品价值决定的界限以内的量。利润率是全部剩余价值对生产上预付的社会总资本的比率。如果资本＝500（假定单位是百万），剩余价值＝100，那末20%就是利润率的绝对界限。社会利润按这个比率在不同生产部门的投资之间进行分配，就产生偏离商品价值的生产价格，即实际上起调节作用的平均市场价格。但是这种偏离，既没有使价值决定价格的性质消失，也没有使利润的合乎规律的界限消失。商品的价值等于生产商品时用掉的资本加上包含在商品中的剩余价值，商品的生产价格则等于生产商品时用掉的资本 k 加上按一般利润率归它的剩余价值，例如按生产该商品所预付的资本（包括已经用掉的资本和单纯使用的资本）加上20%。但是这个20%的追加额本身，是由社会总资本所生产的剩余价值和这个剩余价值同资本价值的比率决定的，因此它是20%，不是10%，也不是100%。因此，价值转化为生产价格，并没有取消利润的界限，只是改变了它在构成社会资本的各个不同的特殊资本之间的分配，按照这些资本在这个总资本中所占的价值部分，把它均等地分配给这些资本。市场价格固然会高于或低于这个起调节作用的生产价格，但是这些变动会互相抵销。如果我们考察较长时期的物价表，把商品实际价值因劳动生产力变动而发生变化的情况和生产过程因自然事故或社会事故而受到干扰的情况撇开不说，我们将感到惊奇的是：第一，各次偏离的界限比较狭窄，第二，这各次偏离的平衡具有规律性。在这里，我们也将发现凯特勒在社会现象上论证过的那种起调节作用的平均数的统治作用。如果商品价值平均化为生产价格的过程没有遇到障碍，地租就都是级差地租，也就是说，地租就以这种超额利润的平均化为限，这种超额利润本来是由起调节作用的生产价格给予一部分资本家的，而现在为土地所有者所占有。因此，在这里，地租的确定的价值界限，就是一般利润率对生产价格的调节所引起的个别利润率的偏离。如果土地所有权阻碍商品价值平均化为生产价格，并占有绝对地租，那末，绝对地租就会受到土地产品的价值超过它的生产价格而形成的余额的限制，因而受到土地产品中包含的剩余价值超过按一般利润率应归各个资本的利润而形成的余额的限制。这个差额于是形成地租的界限；地租仍然只是已定的、商品中包含的剩余价值的确定部分。

最后，如果剩余价值平均化为平均利润的过程在不同生产部门内遇到人为的垄断或自然的垄断的障碍，特别是遇到土地所有权的垄断的障碍，以致有可能形成一个高于受垄断影响的商品的生产价格和价值的垄断价格，那末，由商品价值规定的界限也不会因此消失。某些商品的垄断价格，不过是把其他商品生产者的一部分利润，转移到具有垄断价格的商品上。剩余价值在不同生产部门之间的分配，会间接受到局部的干扰，但这种干扰不会改变这个剩余价值本身的界限。如果这种具有垄断价格的商品进入工人的必要的消费，那末，在工人照旧得到他的劳动力的价值的情况下，这种商品就会提高工资，并从而减少剩余价值。它也可能把工资压低到劳动力的价值以下，但只是工资要高于身体最低限度。这时，垄断价格就要通过对实际工资（即工人由于同量劳动而得到的使用价值的量）的扣除和对其他资本家的利润的扣除来支付。垄断价格能够在什么界限内影响商品价格的正常调节，是可以确定和准确计算出来的。

因此，正如新加入的、一般会分解为收入的商品价值的分割，会在必要劳动和剩余劳动之间，工资和剩余价值之间的比率上遇到既定的和起调节作用的界限一样，剩余价值本身在利润和地租间的分割，也会在那些调节利润率平均化过程的规律上遇到这种界限。就利润分为利息和企业主收入来说，平均利润本身就是二者合在一起的界限。平均利润提供一定量的价值由它们去分割，并且也只有这个量能够由它们去分割。在这里，一定的分割比率具有偶然性，这就是说，完全要由竞争关系来决定。在其他场合，供求相抵等于消除市场价格同它的起调节作用的平均价格的偏离，即等于消除竞争的影响，而在这里，竞争则是唯一的决定的要素。为什么呢？因为同一个生产因素即资本，必须把归它所有的剩余价值部分，在这个生产因素的两个所有者之间进行分割。至于平均利润的分割在这里没有确定的合乎规律的界限，这并不会使它作为商品价值部分所具有的界限消失；就象一个企业的两个股东，由于各种不同的外在条件而不等地分配利润，这丝毫不会影响这个利润的界限一样。

因此，如果商品价值中体现新加到生产资料价值上的劳动的部分，会分解成以收入形式取得互相独立的形式的不同部分，但决不因此就得出结论说：工资、利润和地租是这样的构成要素，它们的结合或总和会产生出商品本身的起调节作用的价格（"自然价格"，"必要价格"），因而，商品价值，在扣除不变价值部分后，不是一个原始的会分成这三部分的统一体，相反，这三部分中任何一部分的价格都已经独立决定，只要把这三个独立的量相加，就形成商品的价格。实际上，商品价值是一个已定的量，不管工资、利润、地租的相对量如何，商品价值总是它们的全部价值的整体。而按照上述错误的见解，工资、利润、地租是三个独立的价值量，它们的总量产生、限制和决定商品价值量。

首先，很清楚，如果工资、利润、地租构成商品的价格，那末，这种情况既适用于商品价值中的不变部分，也适用于商品价值中体现可变资本和剩余价值的其余部分。因此，这里可以完全不考虑这个不变部分，因为构成这个不变部分的各种商品的价值，也会归结为工资、利润和地租的价值的总和。正如已经指出的，这种见解甚至否认这样一个不变价值部分的存在。

其次，很清楚，价值的概念在这里完全消失了。剩下的只是如下意义上的价格的观念：把一定数量的货币支付给劳动力、资本和土地的所有者。但货币是什么呢？货币不是物，而是价值的一定的形式，因而又以价值为前提。因此，我们就说，用一定量的金或银来支付这些生产要素，或者说，使这些生产要素在头脑中和一定量的金或银相等。但金银和其他一切商品一样，本身也是商品（启蒙经济学家以有这种认识而感到骄傲）。因此，金银的价格，也是由工资、利润和地租决定的。因此，我们不能通过工资、利润和地租与一定量的金银相等，来决定工资、利润和地租，因为作为它们的等价物用来对它们进行估价的金银的价值，正是应该首先由它们决定，而不取决于金银，也就是说，不取决于任何一种正好是上述三因素的产物的商品价值。因此，说工资、利润和地租的价值在于它们与一定量的金银相等，那不过是说，它们与一定量的工资、利润和地租相等。

我们首先拿工资来说。因为，即使按照这种见解，我们也必须从劳动开始。工资的起调节作用的价格，即工资的市场价格围绕着波动的那个价格是怎样决定的呢？

我们不妨说，这是由劳动力的需求和供给决定的。但这里说的是对劳动力的什么样的需求呢？说的是资本提出的需求。因此，对劳动的需求就等于资本的供给。为了要说资本的供给，我们首先必须知道什么是资本。资本是由什么构成的呢？拿它的最简单的表现来说，是由货币和商品构成的。但货币不过是商品的一种形式。因此，资本是由商品构成的。但是，按照假定，商品价值首先是由生产商品的劳动的价格即工资决定的。在这里，工资是前提，并且被看成是商品价格的构成要素。于是，这个价格要由所提供的劳动对资本的比例来决定。资本本身的价格等于构成资本的商品的价格。资本对劳动的需求等于资本的供给。资本的供给等于有一定价格的商品量的供给，这个价格首先由劳动的价格调节，劳动的价格，又等于交换工人的劳动时付给工人的构成可变资本的那部分商品的价格；构成这个可变资本的商品的价格，首先又是由劳动的价格决定的，因为商品的价格是由工资、利润和地租的价格决定的。因此，我们不能以资本为前提来决定工资，因为资本本身的价值是由工资参与决定的。

此外，把竞争带到问题中来，丝毫也不能帮助我们。竞争使劳动的市场价格提高或降低。假定劳动的需求和供给相抵，那末工资又由什么决定呢？由竞争决定。但我们正好假定不再由竞争决定，竞争已经由于它的两种相反的力量的平衡而不起作用。我们正是要找出工资的自然价格，即不由竞争调节而是反过来调节竞争的劳动价格。

只有一个办法，就是说劳动的必要价格由工人的必要生活资料来决定。但这种生活资料也是有价格的商品。因此，劳动价格是由必要生活资料的价格决定的，而生活资料的价格，同所有其他商品的价格一样，首先是由劳动价格决定的。因此，由生活资料价格决定的劳动价格，还是要由劳动价格决定。劳动价格是由劳动价格决定的。换句话说，我们不知道劳动价格是由什么决定的。在这里，劳动一般来说有价格，是因为它被当作商品。因此，要谈劳动价格，我们就必须知道价格究竟是什么。但用这种方法，我们恰恰无法知道价格究竟是什么。

尽管如此，我们还是假定，劳动的必要价格就是按这种令人满意的方法决定的。但形成商品价格的第二要素的平均利润，即每个资本在正常条件下的利润又是怎样的呢？平均利润必须由平均利润率决定；平均利润率又是怎样决定的呢？由资本家之间的竞争决定吗？但这种竞争已经以利润的存在为前提。它假定同一个生产部门或不同的生产部门有不同的利润率，因而有不同的利润。竞争之所以能够影响利润率，只是因为它影响商品的价格。竞争只能使同一个生产部门内的生产者以相等的价格出售他们的商品，并使不同生产部门内的生产者按照这样一个价格出售商品，这个价格使他们得到相同的利润，得到加到已经部分地由工资决定的商品价格上的同一比例的加价。因此，竞争只能使不等的利润率平均化。要使不等的利润率平均化，利润作为商品价格的要素必须已经存在。竞争不创造利润。利润的水平，在平均化过程发生的时候已经确立。竞争不过使它提高或降低，但并不创造它。并且，当我们说必要利润率时，我们正是想要知道那种不以竞争的运动为转移却反而调节竞争的利润率。平均利润率是在互相竞争的资本家势均力敌的时候出现的。竞争可以造成这种均势，但不能造成在这种均势形成时出现的利润率。当这种均势形成的时候，一般利润率为什么会是 10%、20%或 100%呢？是由于竞争吗？正好相反，竞争消除了那些造成与 10%或 20%或 100%相偏离的原因。它带来一个商品价格，按照这个价格，每个资本都按照它的量提供相同的利润。但这个利润本身的量与竞争无关。竞争只是把一切偏离不断地化为这个数量。一个人和另一些人竞争；竞争迫使他和另一些人一样按同一商品价格出售商品。但这个价格为什么是 10或 20 或 100 呢？

这样，只有一个办法，就是把利润率，从而利润，解释为一个以无法理解的方式决定的、加到在此之前已经由工资决定的商品价格上去的加价。竞争告诉我们的唯一的一点是，这个利润率必须是一个已定的量。但我们在说一般利润率和利润的"必要价格"之前，就已经知道这一点了。

把这个荒谬的推论过程搬到地租上来重新探讨一番，是完全不必要的。无须重新探讨就可以看到，如果把这个过程多少贯彻下去，就会使利润和地租表现为由一些无法理解的规律决定的、加到首先由工资决定的商品价格上的单纯加价。一句话，竞争必须说明经济学家所不理解的一切东西，其实正好相反，经济学家必须说明竞争。

在这里，如果我们把认为利润和地租这两个价格组成部分是由流通创造出来，即通过出售产生的这种幻想撇开不说，——而流通永远不会提供没有事先给予它的东西，——那末，事情就可以简单地归结为：

假定一个商品由工资决定的价格 = 100；利润率为工资的 10%，地租为工资的 15%。这样，由工资、利润和地租的总和决定的商品价格就 = 125。这个 25 的加价不可能由商品的出售产生。因为所有互相出售商品的人，每人都把只值工资 100 的商品，按 125 卖给对方，结果就象大家都按 100 来卖一样。因此，这个行为必须脱离开流通过程来考察。

如果三者来分那个现在值 125 的商品本身，——假定资本家先按 125 把商品卖出，然后把 100 付给工人，把 10 付给自己，把 15 付给地租所得者，这并不会使事情发生变化，——工人就会得到价值和产品的 $\frac{4}{5}$ = 100。资本家就会得

到价值和产品的 $\frac{2}{25}$，地租所有者就会得到价值和产品的 $\frac{3}{25}$。在资本家是按 125 而不是按 100 来出售的时候，他也只是把体现工人劳动的产品的 $\frac{4}{5}$ 给工人。如果他给工人 80，留下 20，把其中的 8 归自己，12 归地租所得者，那情况也完全一样。这时，他似乎是按商品的价值出售商品的，因为这些加价事实上只是一些和商品价值（按照假定已经由工资价值决定）无关的提高。这是通过迂回的道路说明，按照这个见解，工资这个词，即 100，等于产品的价值，也就是说，等于体现这个一定量劳动的货币额；但是这个价值又不同于实际工资，因此它留下一个余额。不过，这个余额在这里是由于名义上的加价产生的。因此，如果工资等于 110，不是 = 100，利润就必须 = 11，地租就必须 = $16\frac{1}{2}$，因而商品的价格也必须 = $137\frac{1}{2}$。比例仍旧不变。但是，因为分配总是通过工资的百分之几的名义上的加价而实现的，所以价格会随工资而涨落，在这里，工资首先被假定和商品的价值相等，然后又和它区别开来。实际上，这是通过毫无概念的迂回道路把问题归结为：商品的价值是由其中包含的劳动量决定的，而工资的价值则是由必要生活资料的价格决定的，价值超过工资的余额形成利润和地租。

商品扣除它生产上所耗费的生产资料的价值以后的价值，这个既定的、由物化在商品产品中的劳动量决定的价值量，分为具有独立的、互不相关的收入形式，即工资、利润和地租这三个组成部分。这种分割，在资本主义生产的可以看到的表面上，因而也在那些局限于资本主义生产的表面现象的当事人的观念中，总是颠倒地表现出来。

假定某一个商品的总价值 = 300，其中 200 是商品生产上所消耗的生产资料或不变资本要素的价值。这样，剩下的 100 则作为在商品生产过程中加到这个商品上的新价值的总额。这个新价值 100，就是可以用来分为这三种收入形式的一切。我们假定工资 = x，利润 = y，地租 = z，那末，在我们所说的场合，x+y+z 的和就总是 = 100。但在工业家、商人和银行家的观念中，以及在庸俗经济学家的观念中，事情则完全不是这样。在他们看来，不是商品扣除它生产上所消耗的生产资料的价值以后的价值 = 100，然后这 100 分为 x、y、z。在他们看来，商品的价格只是由不以商品的价值为转移的并且互相独立地决定的工资、利润和地租的价值量合在一起构成的，因此，x、y、z 中每一个都是独立地提供和决定的，并且，这几个价值量的总和，不管可能大于 100 还是小于 100，形成商品本身的价值量，商品本身的价值量就是由这几个形成商品价值的要素相加的结果。这种混乱之所以必然产生，是因为：

第一：商品价值的各个组成部分是作为独立的收入互相对立的，并且它们作为独立的收入，是与劳动、资本和土地这三种彼此完全不同的生产要素发生关系，因而好象它们就是由这些东西产生的一样。劳动力的、资本的和土地的所有权，就是商品这些不同的价值组成部分所以会分别属于各自的所有者，并把这些价值组成部分转化为他们的收入的原因。但价值并不是因它转化为收入而产生的，它在能够转化为收入，能够取得这种形式以前，必须已经存在。这三个部分的相对量是由不同的规律决定的，它们和商品价值本身的联系以及它们受商品价值本身的限制的事实，决不会在表面上显现出来，所以，颠倒的假象必然更具有迷惑作用。

第二：我们已经说过，工资的一般提高或降低，在其他条件相同的情况下，会使一般利润率发生方向相反的变动，改变不同商品的生产价格，按照各有关生产部门的资本平均构成的不同情况，使其中一些上涨，另外一些下降。因此，在这里，无论如何在某些生产部门，经验说明：工资上涨，商品的平均价格就上涨，工资下跌，商品的平均价格就下跌。但"经验"不能说明，那种不以工资为转移的商品价值隐蔽地调节着这种变动。相反，如果工资的上涨是局部的，只是在特殊生产部门内由于特殊的情况才产生的，这些商品的价格在名义上就会相应地提高。一种商品与工资保持不变的其他商品相比相对价值上的这种提高，在这里，只是剩余价值在不同生产部门的平均分配上遭到局部破坏的反应，只是一个使特殊利润率平均化为一般利润率的手段。这里得到的"经验"，仍旧是价格由工资决定。因此，在这两种场合经验说明的，都是工资决定商品价格。经验不能说明的，则是这种联系的隐蔽的原因。其次，劳动的平均价格，即劳动力的价值，是由必要生活资料的生产价格决定的。后者上涨或下跌，前者也会随着上涨或下跌。在这里，经验再次说明，工资和商品价格之间存在着联系；但原因可以表现为结果，结果也可以表现为原因，这种情况在市场价格的变动上也可以看到。在那里，工资提高到平均工资以上的现象，和那种与繁荣时期联系在一起的市场价格提高到生产价格以上的现象相适应，随后而来的工资降低到平均工资以下的现象，则和市场价格降低到生产价格以下的现象相适应。撇开市场价格的波动不说，工资提高，利润率就降低，工资降低，利润率就提高的经验，显然总是必须和生产价格受商品价值的制约这一点相适应。但我们说过，利润率可以由与工资变动无关的不变资本价值的变动来决定；因此，工资和利润率可以不按相反的方向，而按相同的方向变动，二者可以一同提高，或一同降低。如果剩余价值率和利润率是直接一致的，这种情况就不可能发生。在工资由于生活资料价格提高而提高时，利润率也能因劳动强度加大或工作日延长而保持不变，甚至提高。所有这些经验，都肯定了由于各个价值组成部分具有独立的颠倒的形式而引起的假象，好象决定商品价值的，只是工资，或工资加上利润。只要一般地就工资来说产生了这样的假象，只要劳动的价格和由劳动创造的价值似乎一致，那末，不言而喻，就利润和地租来说，这样的假象也会产生。因此，利润和地租的价格即它们的货币表现的调节，就必然和劳动以及由劳动创造的价值无关。

　　第三：假定商品价值或不过表面看来和商品价值独立无关的生产价格，直接地、不断地表现为和商品的市场价格相一致，而不只是通过不断变动的市场价格的不断均衡来充当起调节作用的平均价格。再假定，再生产总是在同一些保持不变的条件下进行，因而在资本的一切要素上劳动生产率都保持不变。最后，假定每个生产部门的商品产品中由于新的劳动量从而新生产的价值加到生产资料价值上而形成的价值部分，总是按照不变的比例分为工资、利润和地租，以致实际支付的工资总是直接和劳动力的价值相一致，实际实现的利润总是直接和总剩余价值中按平均利润率应归总资本的各个独立执行职能的部分的那部分剩余价值相一致，实际的地租也总是直接和在这个基础上地租通常不能超出的界限相一致。一句话，假定社会价值产品的分割和生产价格的调节，都是在资本主义的基础上、但在排除竞争的情况下进行的。

　　在这各种假定下，——商品的价值不变，并且也表现为不变；商品产品分解为收入的价值部分仍旧是一个不变的量，并且总是表现为一个不变的量；最后，这个已定的不变的价值部分又总是按不变的比例分为工资、利润和地租，——甚至在这各种假定下，现实的运动也必然会以颠倒的形式表现出来：好象不是一个已预先规定的价值量分为具有互相独立的收入形式的三部分，而是反过来，好象这个价值量是由独立地、分别地决定的、构成这个价值量的工资、利润和地租这些要素的总和形成。这种假象必然会产生，因为在单个资本及其商品产品的现实运动中，不是商品价值表现为这种分割的前提，而是相反，它所分成的各个组成部分表现为商品价值的前提。首先，我们已经说过，对每个资本家来说，商品的成本价格表现为一个已定的量，并且在现实的生产价格上总是表现为这样一个已定的量。但成本价格等于不变资本即预付的生产资料的价值加上劳动力的价值，而后者对生产当事人来说表现为不合理的劳动价格形式，以致工资同时又表现为工人的收入。劳动的平均价格是一个已定的量，因为劳动力的价值，和任何其他商品的价值一样，是由它再生产上必要的劳动时间决定的。但就商品的这个分解为工资的价值部分来说，它的产生并不是因为它采取了工资这个形式，不是因为资本家以工资这个表现形式，把工人在他自己的产品中所得的部分预付给工人，而是因为工人生产了一个和他的工资相当的等价物，也就是说，因为他的日劳动或年劳动的一部分，生产了包含在他的劳动力价格内的价值。但工资在与它相当的价值等价物被生产出来以前，已经由契约规定。因此，工资作为一个在商品和商品价值生产出来以前数量已定的价格要素，作为成本价格的一个组成部分，不是表现为一个在独立形式上从商品总价值中分离出来的部分，而是相反，表现为已定的量，它预先决定商品的总价值，也就是说，是价格或价值的一个形成要素。平均利润在商品生产价格上所起的作用，和工资在商品成本价格上所起的作用相类似，因为生产价格等于成本价格加上预付资本的平均利润。这个平均利润之所以会在资本家本人的观念和计算中实际上成为一个起调节作用的要素，不仅因为它会决定资本由一个投资部门到另一个投资部门的转移，而且因为它对一切销售和包括长期再生产过程的契约来说，都起着调节的作用。就平均利润起这种作用来说，它是一个预先存在的量，实际上和每个特殊生产部门所生产的价值和剩余价值无关，因而更和那些部门内任何一个投资所生产的价值和剩余价值无关。从现象上看，平均利润不是价值分割的结果，相反，是一个和商品产品的价值无关的、在商品生产过程中预先存在并决定着商品本身的平均价格的量，也就是说，是形成价值的要素。剩余价值，由于它的不同部分分解为彼此完全独立的形式，也以更为具体的形式，表现为形成商品价值的前提。平均利润中采取利息形式的那一部分，在职能资本家面前，就是作为商品和商品价值的生产上一个预先存在的要素独立出现的。利息量尽管变动很大，但在任何一个瞬间，对任何一个资本家来说，总是作为一个已定的量，加入这个资本家所生产的商品的成本价格。农业资本家以契约规定的租金的形式和其他企业家以营业场所的租金的形式支付的地租，也是这样。剩余价值所分成的这些部分，因为对单个资本家来说作为成本价格的要素是已定的，所以反而表现为剩余价值的形成要素；它们表现为商品价格的一个部分的形成要素，就象工资表现为商品价格的另一个部分的形成要素一样。这些由商品价值分割产生的产物之所以会不断表现为价值形成本身的前提这样一个秘密，简单说来就是：资本主义的生产方式，和任何别的生产方式一样，不仅不断再生产物质的产品，而且不断再生产社会的经济关系，即再生产产品形成上的经济的形式规定性。因此，它的结果会不断表现为它的前提，象它的前提会不断表现为它的结果一样。单个资本家正是预先把这些关系的这种不断再生产当作不言而喻的、毫无疑问的事实。只要资本主义生产本身继续存在，新加入的劳动的一部分就会不断化为工资，另一部分就会不断化为利润（利息和企业主收入），第三部分就会不断化为地租。在不同生产要素所有者之间订立契约时，这是前提，并且，不管相对的数量关系在各个场合发生多大变动，这个前提总是正确的。互相对立的各个价值部分采取的确定形式是前提，因为这个确定形式不断地被再生产出来。它不断地被再生产出来，又因为它不断地成为前提。

诚然，经验和现象也都表明，市场价格（资本家实际上只把市场价格的影响看作价值决定），从量的方面来看，决不取决于这些预先的东西；市场价格不以契约所定的利息或地租的高低为转移。但市场价格只有通过变动才是不变的；它们在较长期间内的平均数，恰好提供工资、利润和地租各自的作为不变的、归根到底支配着市场价格的量的平均数。

另一方面，下面这种想法好象很简单：如果工资、利润和地租之所以成为价值的形成要素；是因为它们表现为价值生产的前提，并且是单个资本家的成本价格和生产价格的前提，那末，其价值作为已定量而加入每种商品生产的不变资本部分，也是价值的形成要素。但不变资本部分不外是一些商品的总和，因而不外是一些商品价值的总和。因此，我们就得到荒谬的同义反复：商品价值是商品价值的形成要素和原因。

但是，如果资本家出于某种利益要对这个问题进行思考，——一个资本家思考问题完全是由他的利益和他的利己的动机决定的，——经验就会告诉他，他自己生产的产品，会作为不变资本部分加入其他的生产部门，而其他生产部门的产品，也会作为不变资本部分加入他的产品。因为对他来说，在只涉及他进行的新的生产的情况下，价值的追加表面看来是由工资、利润、地租的量形成，所以，这也适用于由其他资本家的产品构成的不变部分。因此，不变资本部分的价格，以及商品的总价值，最后分析起来，虽然是按照一种有点莫名其妙的方法，都会归结为由几个独立的、按不同规律调节的和由不同源泉形成的工资、利润和地租这些价值形成要素相加而成的价值总额。

第四：商品是否按照价值出售，因而价值决定本身，对单个资本家来说，是完全没有关系的。价值决定，一开始就已经是某种在他背后，通过各种和他无关的条件来进行的过程，因为在每个生产部门，成为起调节作用的平均价格的，不是价值，而是和价值不同的生产价格。价值决定本身之所以会使每个特殊生产部门的单个资本家和资本感到兴趣，并对其有决定的作用，不过因为劳动生产力提高或降低时，商品生产上必要的劳动量的减少或增加，在一种情况下，使他按现有的市场价格能够得到额外的利润，在另一种情况下，则使他不得不提高商品的价格，因为已经有更多的工资，更多的不变资本，因而也有更多的利息，加入部分产品或单个商品。价值决定之所以会使他感到兴趣，只是因为对他自己来说，它会提高或降低商品的生产费用，也就是说，只是因为它会使他处于特殊的地位。

另一方面，在他看来，工资、利息和地租，不仅对于能使他实现作为职能资本家所得的利润部分（即企业主收入）的那种价格来说，是起调节作用的界限，而且对于为使再生产能够继续进行而必须作为商品出售依据的那种价格来说，也是起调节作用的界限。只要在这种价格下，除了由工资、利息和地租为他个人决定的成本价格以外，他还能获得普通的或较大的企业主收入，那末，他在出售时是否已经实现商品中包含的价值和剩余价值，对他来说是完全没有关系的。因此，撇开不变资本部分不说，工资、利息和地租，在他看来，就是商品价格的起限定作用、因而起创造作用和决定作用的要素。例如，如果他能够成功地把工资压低到劳动力的价值以下，即压低到工资的正常水平以下，按较低的利息率获得资本和在地租的正常水平以下支付租金，那末，他是否低于产品的价值，甚至是否低于一般生产价格出售产品，因而白白地放弃商品中包含的剩余劳动的一部分，对他来说是完全无关紧要的。以上所说，甚至也适用于不变资本部分。例如，如果一个产业家能够低于原料的生产价格购买原料，那末，即使他再低于生产价格出售这种原料制成的产品，他也还是能不受损失。只要商品价格超过各种必须支付报酬并用等价物来补偿的要素而形成的余额保持不变或者增加，他的企业主收入就会保持不变甚至增加。但是，除了作为已定的价格量加入他的商品生产中的生产资料的价值外，作为起限定作用和调节作用的价格量加入这种生产中的东西，正是工资、利息和地租。因此，在他看来，它们好象是决定商品价格的要素。从这个观点来看，企业主收入也就好象取决于那个以偶然的竞争关系为转移的市场价格超过由上述价格要素决定的内在商品价值而形成的余额；或者，就企业主收入本身作为决定市场价格的要素来说，它本身又好象取决于买者和卖者之间的竞争。

在单个资本家之间进行的竞争和在世界市场上进行的竞争中，作为不变的和起调节作用的量加入到计算中去的，是已定的和预先存在的工资、利息和地租的量。这个量不变，不是指它们的量不会变化，而是指它们在每个场合都是已定的，并且为不断变动的市场价格形成不变的界限。例如，在世界市场上进行的竞争中，问题仅仅在于：在工资、利息和地租已定时，是否能够按照或低于现有的一般市场价格出售商品而得利，也就是说，实现相当的企业主收入。如果一个国家的工资和土地价格低廉，资本的利息却很高，因为那里资本主义生产方式总的说来不发展，而另一个国家的工资和土地价格名义上很高，资本的利息却很低，那末，资本家在一个国家就会使用较多的劳动和土地，在另一个国家就会相对地使用较多的资本。在计算两个国家之间这里可能在多大程度上进行竞争时，这些因素是起决定作用的要素。因此在这里，经验从理论方面，资本家的利己打算从实际方面表明：商品价格由工资、利息和地租决定，由劳动的价格、资本的价格和土地的价格决定；这些价格要素确实是起调节作用的形成价格的要素。

当然，这里总有一个要素不是预先存在的，而是由商品的市场价格产生的。这就是超过由工资、利息和地租这几个要素相加得出的成本价格而形成的余额。这第四个要素，在每个场合，都表现为由竞争决定，在把各个场合加以平均的情况下，则是由平均利润决定。这个平均利润又是由同一个竞争来调节，不过这是在较长的期间内进行的。

第五：在资本主义生产方式的基础上，很清楚，体现新加入的劳动的价值会分割为工资、利润和地租这几种收入形式，因此，这个方法（不说我们论述地租时作为例证所举的各个过去的历史时期）在这几种收入形式的存在条件根本就不具备的地方，也会被人应用。这就是说，一切都会通过类比而被包括在这些收入形式中。

如果有一个独立劳动者——假定是一个小农，因为在这里，这三个收入形式都可以应用——是为自己而劳动，并且也出售自己的产品，那末，他首先就会被看成是他自己的雇主（资本家），把自己当作工人来使用，其次会被看成是他自己的土地所有者，把自己当作租佃者来使用。他把自己当作雇佣工人支付给自己工资，把自己当作资本家支付给自己利润，把自己当作土地所有者支付给自己地租。资本主义生产方式和与之相适应的关系既然被假定为一般的社会的基础，那末，就这个独立劳动者不是靠自己的劳动，而是靠对生产资料——在这里，生产资料一般已经采取资本的形式——的占有而能占有自己的剩余劳动来说，这种包括方法是正确的。其次，只要他是把他的产品作为商品来生产，因而要依赖于商品的价格（甚至在不是这样的时候，这个价格也还是可以估计的），他能够实现的剩余劳动的总量，也不是取决于剩余劳动自身的量，而是取决于一般利润率；同样，可能超过由一般利润率所决定的剩余价值部分而形成的余额，也同样不是由他所提供的劳动量决定，而他能够占有这个余额，只是因为他是土地的所有者。正因为这样一种和资本主义生产方式不相适应的生产形式可以包括在资本主义生产方式的几种收入形式中，——并且在一定程度上，这样做并不是不正确的，——所以，资本主义关系好象是每一种生产方式的自然关系的这种假象，就更加具有迷惑作用。

当然，如果我们把工资归结为它的一般基础，也就是说，归结为工人本人劳动产品中加入工人个人消费的部分；如果我们把这个部分从资本主义的限制下解放出来，把它扩大到一方面为社会现有的生产力（也就是工人的劳动作为现实的社会劳动所具有的社会生产力）所许可，另一方面为个性的充分发展所必要的消费的范围；如果我们再把剩余劳动和剩余产品，缩小到社会现有生产条件下一方面为了形成保险基金和准备金，另一方面为了按社会需求所决定的程度来不断扩大再生产所必要的限度；最后，如果我们把那些有劳动能力的人必须为社会上还不能劳动或已经不能劳动的成员而不断进行的劳动，包括到1. 必要劳动和2. 剩余劳动中去，也就是说，如果我们把工资和剩余价值，必要劳动和剩余劳动的独特的资本主义性质去掉，那末，剩下的就不再是这几种形式，而只是它们的为一切社会生产方式所共有的基础。

此外，这种包括方法，也为以前各种占统治地位的生产方式如封建的生产方式所固有。那些完全和封建的生产方式不相适应、完全处于这种生产方式之外的生产关系，也被包括在封建关系中。例如英国的 tenures in common socage〔自由农民保有地〕（与 tenures on knight's service〔骑士保有地〕相反）就是这样。其实，这种自由农民保有地只包含货币义务，不过在名义上是封建的。

第五十一章

分配关系和生产关系

可见，由每年新追加的劳动新加进的价值，——从而，年产品中体现这个价值并且能够从总产品价值中取出和分离出来的部分，——分成三部分，它们采取三种不同的收入形式，这些形式表明，这个价值的一部分属于或归于劳动力的所有者，另一部分属于或归于资本的所有者，第三部分属于或归于土地所有权的占有者。因此，这就是分配的关系或形式，因为它们表示出新生产的总价值在不同生产要素的所有者中间进行分配的关系。

按照通常的看法，这些分配关系被认为是自然的关系，是从一切社会生产的性质，从人类生产本身的各种规律产生出来的关系。诚然，不能否认，资本主义以前的社会出现过其他的分配方式，但是，人们把那些方式说成是这种自然分配关系的未发展的、未完成的、伪装了的、没有取得最纯粹表现和最高形式的、具有不同色彩的方式。

这种见解中唯一正确的一点是：在任何社会生产（例如，自然形成的印度公社，或秘鲁人的较多是人为发展的共产主义）中，总是能够区分出劳动的两个部分，一个部分的产品直接由生产者及其家属用于个人的消费，另一个部分即始终是剩余劳动的那个部分的产品，总是用来满足一般的社会需要，而不问这种剩余产品怎样分配，也不问谁执行这种社会需要的代表的职能；在这里我们撇开用于生产消费的部分不说。这样，不同分配方式的同一性就归结到一点：如果我们把它们的区别性和特殊形式抽掉，只注意它们的同区别性相对立的一致性，它们就是同一的。

更有学识、更有批判意识的人们，虽然承认分配关系的历史发展性质，但同时却更加固执地认为，生产关系本身具有不变的、从人类本性产生出来的、因而与一切历史发展无关的性质。

相反，对资本主义生产方式的科学分析却证明：资本主义生产方式是一种特殊的、具有独特历史规定性的生产方式；它和任何其他一定的生产方式一样，把社会生产力及其发展形式的一定阶段作为自己的历史条件，而这个条件又是一个先行过程的历史结果和产物,并且是新的生产方式由以产生的现成基础;同这种独特的、历史规定的生产方式相适应的生产关系,——即人们在他们的社会生活过程中、在他们的社会生活的生产中所处的各种关系,——具有独特的、历史的和暂时的性质;最后,分配关系本质上和生产关系是同一的,是生产关系的反面,所以二者都具有同样的历史的暂时的性质。

在考察分配关系时,人们首先是从年产品分为工资、利润和地租这种所谓的事实出发。但是,把事实说成这样是错误的。产品一方面分为资本,另一方面分为收入。其中一种收入,工资,总是先要以**资本形式**同工人相对立,然后才取得收入的形式,即工人的收入的形式。生产出来的劳动条件和劳动产品总的说来作为资本同直接生产者相对立这个事实,从一开始就意味着:物质劳动条件和工人相对立而具有一定的社会性质,因而在生产中,工人同劳动条件的所有者之间,并且工人彼此之间,是处在一定的关系中。这些劳动条件转化为资本这个事实,又意味着直接生产者被剥夺了土地,因而存在着一定的土地所有权形式。

如果产品的一部分不转化为资本,它的另一部分就不会采取工资、利润和地租的形式。

另一方面,如果说资本主义生产方式以生产条件的这种一定的社会形式为前提,那末,它会不断地把这种形式再生产出来。它不仅生产出物质的产品,而且不断地再生产出产品在其中生产出来的那种生产关系,因而也不断地再生产出相应的分配关系。

当然,可以说,资本(包括作为资本的对立物的土地所有权)本身已经以这样一种分配为前提:劳动者被剥夺了劳动条件,这些条件集中在少数个人手中,另外一些个人独占土地所有权,总之,就是在论原始积累的那一部分(第1卷第24章)已经说明过的全部关系。但是,这种分配完全不同于人们把分配关系和生产关系对立起来,赋予它以一种历史性质时所理解的分配关系。人们用这种分配关系来表示对产品中归个人消费的部分的各种索取权。相反,前面所说的分配关系,却是在生产关系本身范围内,落到同直接生产者相对立的、生产关系的一定当事人身上的那些特殊社会职能的基础。这种分配关系赋予生产条件本身及其代表以特殊的社会性质。它们决定着生产的全部性质和全部运动。

资本主义生产方式一开始就有两个特征。

第一。它生产的产品是商品。使它和其他生产方式相区别的,不在于生产商品,而在于,成为商品是它的产品的占统治地位的、决定的性质。这首先意味着，工人自己也只是表现为商品的出售者，因而表现为自由的雇佣工人，这样，劳动就表现为雇佣劳动。根据以上的说明，已无须重新论证资本和雇佣劳动的关系怎样决定着这种生产方式的全部性质。这种生产方式的主要当事人，资本家和雇佣工人，本身不过是资本和雇佣劳动的体现者，人格化，是由社会生产过程加在个人身上的一定的社会性质,是这些一定的社会生产关系的产物。

这种性质，即 1. 产品作为商品和 2. 商品作为资本产品的性质，已经包含着一切流通关系，即产品所必须通过并由以取得一定社会性质的一定的社会过程；同样，这种性质也包含着生产当事人之间的一定的关系，这种关系决定着他们的产品的价值增殖和产品到生活资料或生产资料的再转化。但是，即使撇开这点不说，从上述两种性质，即产品作为商品的性质，或商品作为资本主义生产的商品的性质,就会得出全部价值决定和得出全部生产由价值来进行调节。在这个十分独特的价值形式上，一方面，劳动只作为社会劳动起作用；另一方面，这个社会劳动的分配，它的产品的互相补充，它的产品的物质变换，它的从属和加入社会机构，却听任资本主义生产者个人偶然的、互相抵销的冲动去摆布。因为这些人不过作为商品所有者互相对立，每个人都企图尽可能以高价出售商品（甚至生产本身似乎也只是由他们任意调节的），所以，内在规律只有通过他们之间的竞争，他们互相施加的压力来实现，正是通过这种竞争和压力，各种偏离得以互相抵销。在这里，价值规律不过作为内在规律，对单个当事人作为盲目的自然规律起作用，并且是在生产的各种偶然变动中，维持着生产的社会平衡。

其次，在商品中，特别是在作为资本产品的商品中，已经包含着作为整个资本主义生产方式的特征的生产的社会规定的物化和生产的物质基础的主体化。

资本主义生产方式的**第二个**特征是，剩余价值的生产是生产的直接目的和决定动机。资本本质上是生产资本的，但只有生产剩余价值，它才生产资本。在考察相对剩余价值时，进而在考察剩余价值转化为利润时，我们已经看到，在这上面怎样建立起一种为资本主义时期所特有的生产方式。这是劳动社会生产力发展的一个特殊形式，不过，这种劳动社会生产力是作为与工人相对立的资本的独立力量，因而直接与工人本身的发展相对立。这种为了价值和剩余价值而进行的生产，象较为详细的说明所已经指出的那样，包含着一种不断发生作用的趋势，要把生产商品所必需的劳动时间，也就是把商品的价值，缩减到当时的社会平均水平以下。力求将成本价格缩减到它的最低限度的努力，成了提高劳动社会生产力的最有力的杠杆，不过在这里，劳动社会生产力的提高只是表现为资本生产力的不断提高。

资本家作为资本的人格化在直接生产过程中取得的权威，他作为生产的指挥者和统治者的社会职能，同建立在奴隶生产、农奴生产等等基础上的权威，有重大的区别。

尽管在资本主义生产的基础上，对于直接生产者大众来说，他们的生产的社会性质是以实行严格管理的权威的形式，并且是以劳动过程的完全按等级安排的社会机构的形式出现的，——这种权威的执掌者，只是作为同劳动相对立的劳动条件的人格化，而不是象在以前的各种生产形式中那样，以政治的统治者或神权的统治者的资格得到这种权威的，——但是，在这种权威的执掌者中间，在不过是作为商品所有者互相对立的资本家自己中间，占统治地位的却是极端无政府状态，在这种状态中，生产的社会联系只是表现为一种不顾个人自由意志而压倒一切的自然规律。

只是由于劳动采取雇佣劳动的形式，生产资料采取资本的形式这样的前提，——也就是说，只是由于这两个基本的生产要素采取这种独特的社会形式，——价值（产品）的一部分才表现为剩余价值，这个剩余价值才表现为利润（地租），表现为资本家的赢利，表现为可供支配的、归他所有的追加的财富。但也只是由于一部分价值这样表现为**他的利润**，那种用来扩大再生产并形成一部分利润的追加生产资料，才表现为新的追加资本，并且整个再生产过程的扩大，才表现为资本主义的积累过程。

尽管劳动作为雇佣劳动的形式对整个过程的面貌和生产本身的特殊方式有决定的作用，雇佣劳动却并不决定价值。在价值的决定上所涉及的，只是社会一般劳动时间，只是社会一般可以支配的劳动量，而不同的产品在这个劳动量中所吸收的相对量，又在一定程度上决定着它们各自在社会上所占的比重。当然，社会劳动时间在商品价值上作为决定要素起作用的一定形式，是同劳动作为雇佣劳动的形式，以及与此适应的生产资料作为资本的形式有关的，因为只有在这个基础上，商品生产才成为生产的一般形式。

我们再来考察一下这种所谓的分配关系本身。工资以雇佣劳动为前提，利润以资本为前提。因此，这些一定的分配形式是以生产条件的一定的社会性质和生产当事人之间的一定的社会关系为前提的。因此，一定的分配关系只是历史规定的生产关系的表现。

现在我们来谈利润。剩余价值的这种一定的形式，是在资本主义生产形式中新形成生产资料的前提；因而是一种支配再生产的关系，虽然在资本家个人看来，好象他真正能够把全部利润当作收入来消费掉。但他会在这方面碰到限制，这些限制以保险基金和准备金的形式，以竞争规律等形式出现在他面前，并且在实践中向他证明，利润并不只是个人消费品的分配范畴。其次，整个资本主义生产过程，都是由产品的价格来调节的，而起调节作用的生产价格，又是由利润率的平均化和与之相适应的资本在不同社会生产部门之间的分配来调节的。因此，在这里，利润不是表现为产品分配的主要因素，而是表现为产品生产本身的主要因素，即资本和劳动本身在不同生产部门之间分配的因素。利润分割为企业主收入和利息，表现为同一个收入的分配。但这种分割所以会发生，首先是由于资本作为自行增殖、生产剩余价值的价值的发展，由于占统治地位的生产过程的这种一定的社会形式的发展。它从它本身发展出了信用和信用制度，因而也发展了生产的形式。利息等等这些所谓分配形式，是作为决定的生产要素加入价格的。

至于地租，它能够表现为只是分配的形式，因为土地所有权本身在生产过程本身中不执行职能，至少不执行正常的职能；但是 1. 地租只限于超过平均利润的余额，2. 土地所有者从生产过程和整个社会生活过程的指挥者和统治者降为单纯土地出租人，单纯用土地放高利贷的人，单纯收租人，这些事实却是资本主义生产方式的独特的历史产物。土地取得土地所有权的形式，是资本主义生产方式的历史前提。土地所有权取得允许实行资本主义农业经营方式的形式，是这个生产方式的特殊性质的产物。人们尽可以把其他社会形式中土地所有者的收入也称为地租。但那种地租和这个生产方式中出现的地租有重大的区别。

可见，所谓的分配关系，是同生产过程的历史规定的特殊社会形式，以及人们在他们生活的再生产过程中互相所处的关系相适应的，并且是由这些形式和关系产生的。这些分配关系的历史性质就是生产关系的历史性质，分配关系不过表示生产关系的一个方面。资本主义的分配不同于各种由其他生产方式产生的分配形式，而每一种分配形式，都会同它由以产生并且与之相适应的一定的生产形式一道消失。

只把分配关系看作历史性的东西而不把生产关系看作历史性的东西的见解，一方面，只是对资产阶级经济学开始进行的、但具有局限性的批判。另一方面，这种见解建立在一种混同上面，这就是，把社会的生产过程，同反常的孤立的人没有任何社会帮助也必须进行的简单劳动过程相混同。就劳动过程只是人和自然之间的单纯过程来说，劳动过程的简单要素对于这个过程的一切社会发展形式来说都是共同的。但劳动过程的每个一定的历史形式，都会进一步发展这个过程的物质基础和社会形式。这个一定的历史形式达到一定的成熟阶段就会被抛弃，并让位给较高级的形式。当一方面分配关系，因而与之相适应的生产关系的一定的历史形式，和另一方面生产力，生产能力及其要素的发展，这二者之间的矛盾和对立扩大和加深时，就表明这样的危机时刻已经到来。这时，在生产的物质发展和它的社会形式之间就发生冲突。

第五十二章

阶　级

单纯劳动力的所有者、资本的所有者和土地的所有者，——他们各自的收入源泉是工资、利润和地租，——也就是说，雇佣工人、资本家和土地所有者，形成建立在资本主义生产方式基础上的现代社会的三大阶级。

在英国，现代社会的经济结构无疑已经有了最高度的、最典型的发展。但甚至在这里，这种阶级结构也还没有以纯粹的形式表现出来。在这里，也还有若干中间的和过渡的阶段到处使界限规定模糊起来（虽然这种情况在农村比在城市少得多）。不过，这种情况对我们的研究来说是无关紧要的。我们已经看到，资本主义生产方式的经常趋势和发展规律，是使生产资料越来越同劳动分离，分散的生产资料越来越大量集中成群，因此，劳动转化为雇佣劳动，生产资料转化为资本。另一方面，适应于这种趋势，土地所有权同资本和劳动相分离而独立，换句话说，一切土地所有权都转化为适应于资本主义生产方式的土地所有权形式。

首先要解答的一个问题是：什么事情形成阶级？这个问题自然会由另外一个问题的解答而得到解答：什么事情使雇佣工人、资本家、土地所有者成为社会三大阶级？

乍一看来，好象就是收入和收入源泉的同一性。三大社会集团的成员，即形成这些集团的个人，分别靠工资、利润和地租来生活，也就是分别靠他们的劳动力、他们的资本和他们的土地所有权来生活。

不过从这个观点来看，例如，医生和官吏也形成两个阶级了，因为他们属于两个不同的社会集团，其中每个集团的成员的收入都来自同一源泉。对于社会分工在工人、资本家和土地所有者中间造成的利益和地位的无止境的划分，——例如，土地所有者分成葡萄园所有者，农场所有者，森林所有者，矿山所有者，渔场所有者，——也同样可以这样说了。

{手稿到此中断。}

课外参考书目

1. 陈俊明：《〈资本论〉终篇研究》，暨南大学出版社 1996 年版。

2. 陈先达：《马克思早期思想研究》，北京出版社 1983 年版。

3. 恩格斯：《反杜林论》（节选），中共中央编译局译，见《马克思恩格斯选集》第 3 卷，人民出版社 1972 年版，第 186—296 页。

4. 恩格斯：《路德维希·费尔巴哈与德国古典哲学的终结》（节选），中共中央编译局译，见《马克思恩格斯选集》第 3 卷，人民出版社 1972 年版，第 207—254 页。

5. 恩格斯：《〈资本论〉第 3 卷增补》，中共中央编译局译，见《资本论》第 3 卷，人民出版社 1975 年版，第 1003—1030 页。

6. 恩格斯：《卡尔·马克思〈政治经济学批判〉》，中共中央编译局译，见《马克思恩格斯选集》第 2 卷，人民出版社 1972 年版，第 115—125 页。

7. ［德］弗·梅林：《马克思传》，樊集译，人民出版社 1965 年版。

8. ［日］见田石介：《资本论的方法》，张小金译，中国文史出版社 2005 年版。

9. 陆长平：《"剑桥资本争论"的困境与出路》，人民出版社 2005 年版。

10. ［法］路易·阿尔都塞：《读〈资本论〉》，李其庆译，中央编译出版社 2008 年版。

11. ［苏］罗森塔尔：《马克思"资本论"中的辩证法问题》，冯维静译，生活·读书·新知三联书店 1957 年版。

12. 罗郁聪：《恩格斯经济思想研究》，上海人民出版社 1985 年版。

13. 罗雄飞：《转形问题与马克思劳动价值论拓展》，中国经济出版社 2008 年版。

14. 马克思：《政治经济学批判》，中共中央编译局译，人民出版社 1955 年版。

15. 马克思：《1844 年经济学哲学手稿》，中共中央编译局译，人民出版社 2000 年版。

16.《马克思恩格斯〈资本论〉书信集》，中共中央编译局译，人民出版社 1976 年版。

17. 马克思：《1857—1858 年经济学手稿》，中共中央编译局译，见《马克思恩格斯全集》第 46 卷，人民出版社 1979 年版。

18. 马克思、恩格斯：《费尔巴哈》，中共中央编译局译，人民出版社 1988 年版，第 20—85 页。

19. 马克思：《剩余价值学说史》，郭大力译，人民出版社 1978 年版。

20. ［英］乔安·罗宾逊：《马克思、马歇尔和凯恩斯》，北京大学经济学系译，商务印书馆 1963 年版。

21. ［英］乔安·罗宾逊：《论马克思主义经济学》，纪明译，商务印书馆 1962 年版。

22. 汤在新主编：《〈资本论〉续篇探索》，中国金融出版社 1995 年版。

23. 汤在新：《马克思经济学手稿研究》，武汉大学出版社 1993 年版。

24. ［苏］伊利延科夫著：《马克思〈资本论〉中抽象和具体的辩证法》，郭铁民等译，福建人民出版社 1986 年版。

25. 杨继国：《价值运行论纲》，厦门大学出版社 2001 年版。

26. 张彤玉：《马克思主义经济思想史》（日本卷），东方出版中心 2006 年版。

27. 朱奎：《马克思主义经济思想史》（欧美卷），东方出版中心 2006 年版。